BETTER TRAINING FOR DISTANCE RUNNERS

中長距離ランナーの科学的トレーニング

◎デビッド・マーティン＋ピーター・コー＝著
◎征矢英昭＋尾縣 貢＝監訳
DAVID E. MARTIN, Ph.D. & PETER N. COE
HIDEAKI SOYA & MITSUGI OGATA

大修館書店

● 1984年のロサンゼルス・オリンピックの男子1500m決勝で優勝し，ウイニングランを行っているセバスチャン・コー（APF＝時事）。1500m種目では，モスクワ・オリンピックに続く2個めの金メダルであった。800mでは1979年から1997年の18年間，世界記録を保持し続けた。●

Better training for distance runners,
2nd ed.
By David E. Martin and Peter N. Coe

Copyright © 1997, 1991 by David E. Martin and Peter N. Coe
Japanese translation rights
arranged with Human Kinetics Publishers, Inc.
through Japan UNI Agency, Inc., Tokyo.

Taishukan Publishing Co., Ltd.
Tokyo, Japan, 2001

日本語版へ向けて

デビッド・マーティン

ピーター・コー

　このたび，本書の日本語翻訳版の出版が実現できたことは，我われにとって大きな喜びであります。我われと同様，現場と理論の融合を図ろうと日夜努力しておられる征矢英昭博士（運動生化学）と尾縣　貢博士（陸上競技コーチ学）のおふたりを中心とした日本の若きスポーツ科学者たちに翻訳の労をとっていただき，実現する運びとなりました。

　古くから，日本人選手の優れた持久能力は特にマラソンにおいて明らかであり，我われの著書が日本で歓迎されることを大変光栄に思います。有能な長距離ランナーを養成し，援助するための哲学はたくさんあります。しかし，その多くは共通した基礎的原理に基づいています。我われは，これらの基礎的原理を本書で説明しようと努めました。さらに，我われが指導する選手が成功するための，より効果的なトレーニングプログラムが提示できるように配慮しました。

　コーチは，哲学や生活習慣，そしてトレーニングの環境が人によってそれぞれ異なることを理解しなければなりません。すなわちそれは，トレーニング原理を応用する際に，その人によってやり方がいくらか異なることを意味します。成功への近道は，個人の取り組みに沿った環境を整えることです。我われは，この考え方を日本の数多くの選手や競技者と共有できることを期待し，本書が日本でも多くの人びとに利用されることを心から祈っております。

出版によせて

セバスチャン・コー

　ポーカーの名手だったW.C. Fieldsは，ポーカーは運任せのゲームではないのかと聞かれると「とんでもない，勝つべくして勝っているのさ！」と答えたといわれる。

　コーチングの極みを探求する中で，偶然を最小限にするためのあらゆる努力を払うこと。これが私の父親であり，コーチでもあるピーター・コーの考え方の柱にある。私が10年以上も世界の第一線に立つことができたのも，ピーターと本書の共著者であるデビッド・マーティン氏のお陰である。デビッドは著名な生理学者であり，もちろん，ピーターと同じ信条の持ち主でもある。

　彼ら2人が互いに協力し，それぞれの専門的知識をまとめたその仕事ぶりは，いわば作詞家と作曲家の連携に例えられる。多くの学問分野との調和をはかったその成果が，この一冊の中に集約されているはずである。

　スポーツ科学者はトレーニングに対する理論的貢献はしてきたものの，それを実際のコーチングに十分役立てようとはしなかった。同様に，多くのコーチは理論的にトレーニングを行うことや科学的評価を導入することが大きな進歩につながることに，ほとんど気づいていなかった。科学とは原理であり，コーチングもそうあるべきものである。両者は互いに感化し合うもので，決して独りよがりであってはならないものである。ところが実際には，両者の進む道筋は平行線をたどり，うまく融合できていなかったのである。

　私は，1980年から1984年にかけて，クラブの一選手からオリンピックの金メダリストになるまでの間，幸いにもこの2人（ピーターとデビッド）の指導を受ける幸運に恵まれた。そのお陰で，多くの障害や危険が取り払われ，まさに達成可能な挑戦とすることができたのである。

　良いコーチングとはひとつの技芸（arts）であると同時に科学でもある。本書はまさにその融合のたまものであり，また，2人の個性的な素晴らしい才能の融合のたまものでもある。それは，単に競技スポーツの一著作としての貢献をはるかに超えている。私は，本書が中長距離ランナーを育てるための科学とコーチング技芸（芸術）の融合を目指すうえで，このうえなく重要なものであると確信している。

　最後に，私をオリンピックの金メダルや数かずの世界記録に導いてくれた2人のエキスパートが，成功を目指す数多くのランナーのために，今も変わらず力を注いでいる姿を見て，心からうれしく思っている。

まえがき

　我々著者にとって，初版（1991年）の人気ほどうれしいものはなかった。エリートレベルの競技者やコーチのニーズに応えうる中長距離走のテキストを作成し始めたのは1986年にさかのぼる。— 運動生理学の総説やコーチングの百科事典でもない，中長距離走のコーチングテキストをつくろう— 我々2人はこの思いで初版の作成にとりかかった。予想に反して4年もの歳月を執筆に費やしてしまったが，コーチング，運動生理学というそれぞれのフィールドの知識的な基盤を統一し，実際に現場に役立つテキストとして生み出すことができた。これはコーチング，スポーツ科学，そしてなによりもそのノウハウを実践してくれた選手達との協力関係なくしては実現しえなかったと感じている。

　初版以来，世界各国（ドイツ語版，スペイン語版もある）で様ざまな人から改訂版に向けた建設的なコメントとともに，興味深い挿話や凡例，疑問などを送っていただき，次第に改訂版（第2版）を出版する必然性が高まっていった。というのも，初版当時の中長距離走の世界記録はほとんど塗り替えられており，どんな要素がそれらの結果をもたらしたのかが焦点となっていたからである。そこで，そのような時代に即した問題や期待に応えるべく改訂されたのが本書(第2版)である。

　初版と比べて，本書ではほとんどの章が改訂されている。これは我々が専門機関誌などで時代の動向を察知しているだけでなく，コーチ，科学者，そして特に選手達との個人的な情報交換や共同研究を行うことで新しい経験，知識を獲得した結果でもある。また，本書をより読みやすくするのに多くの時間を費やし，さらに読者からのコメントを参考に，いくつかの内容を変更した。特にコーチ達から多かったのは，科学的な事柄（バイオメカニクス，筋の解剖学，生理学，エネルギーダイナミクス）が専門的すぎるといった批判である。そこで，第1～3章にかけては，原則の重要性を説明するような凡例を添えることにした。他の章でも実践時の凡例を多く取り入れようと努めている。

　その他，コーチングや競技力向上のためのロードレース，障害レース，高地トレーニング，トレーニング時の心拍モニターの使用といった実践的に応用できるもの，さらに医・科学領域では，傷害回避，適性な栄養摂取に重点をおいている。最近では，女性アスリートの三大愁訴として知られる「骨粗鬆症」「無月経」「摂食障害」に関心が集まっており，中でも"勝つために痩せなければ！"と繰り返される脅迫観念が招く摂食障害について，第6章で詳しく解説している。

　ともあれ，本書は最初から通して読まなくても，例えばコーチであれば関心のある第5～8章を読んで，そこから必要に応じて専門的な記載のある章に戻ればよいであろう。

　今回も以前のように，我々のトレーニング，レース，そしてスポーツ科学に対する考え方が多くの論議を巻き起こすかもしれない。我々はそれを歓迎したい。我々が究極的に望んでいるのは，中長距離走に対するより深い理解であると同時に，我々が仕事を共にしてきた多くの選手たちのパフォーマンス向上に他ならない。

デビッド・マーティン（アトランタにて）
ピーター・コー （ロンドンにて）

中長距離ランナーの科学的トレーニング

目　　次

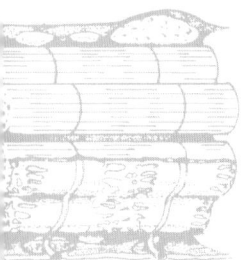

日本語版へ向けて　i

出版によせて　ii

まえがき　iii

目次　iv

イントロダクション　x

第1章 ランニングのバイオメカニクス 1

1 ランニングのバイオメカニクス 2
1. 動作にかかわる用語と概念 3
2. 動作におけるスキルの発達 4
3. 動作と脳のかかわり 6
4. トレーニングを通してのスキルの獲得 8

2 ランニングという動作の特徴 9
1. ランニング時の衝撃 9
2. バイオメカニクス的原理のランニングへの適用 10
3. 足病学的原理の理解 11
4. ランニングサイクルにおける動作の流れ 16
   コラム●足底筋膜炎 19
5. ランニングのバイオメカニクス的疑問 20
   コラム●ランニングにおける股関節の安定性 23
6. ランニングのバイオメカニクス的発達と評価 24

まとめ●バイオメカニクスの効果的利用 29

第2章 ランニングの筋生理学 31

1 骨格筋の構造と機能 32
1. 骨格筋の構造 32
2. 運動単位 35
3. 骨格筋の微細構造 35
4. 筋張力発生のメカニズム 37

2 骨格筋の筋線維タイプと特性 39
1. 筋線維の生理学的特性 39
2. 人間の筋線維組成 41
3. 筋線維の動員と調整 43
4. 筋線維タイプの変化 44
5. 骨格筋へのトレーニング効果 45

まとめ●トレーニングへの筋生理学の応用 47

第3章 ランニングのエネルギー力学　49

1 | 代謝における熱力学　50
1. 光合成　51
2. 燃料の分解と合成　51

2 | エネルギー供給システム　53
1. エネルギーの貯蔵形態　53
2. ローマン反応　54
3. 4つの主要なエネルギー供給システム　56
4. 有気的代謝と無気的代謝の比較　58
5. 燃料としての炭水化物と脂肪　60

3 | 代謝のプロセス　64
1. 炭水化物の代謝　64
2. 脂肪の代謝　74
3. 炭水化物代謝と脂肪代謝の相互作用　74
　コラム●ビタミンの大切さ　75

まとめ●トレーニングの生化学的理解　77

第4章 心臓，肺，血液のランニングへの適応　79

1 | パフォーマンスの生理学的指標　82
1. 代謝と心肺の相互作用　82
2. 最大酸素摂取量($\dot{V}O_2max$)　85
3. 血中乳酸と換気性閾値　89
　コラム●アスリートの可能性を評価するための生理学的原理の利用　92

2 | 心臓，肺，血液の機能　94
1. 運動に対する心臓の適応能力　95
2. 心脈管系の$\dot{V}O_2max$への貢献　98
3. 運動に対する肺システムの反応　104
4. 血液によるO_2の運搬　110
　コラム●鉄貯蔵を最適に保つための提案　117

3 | 実験室における心肺適応の測定　118
1. 実験室データの有用性　118
2. パフォーマンスの指標としての最大酸素摂取量　119
3. 負荷漸増運動テスト(GXT)　122
4. GXTの準備　123
5. GXTデータの解釈　127

まとめ●パフォーマンスのための心肺機能のモニタリング　133

第5章 トレーニング計画の立て方　135

1│目標の設定　136
1. 長期計画と中間目標　136
2. トレーニングとしてのレースの活用　137
3. 長期目標の設定　137

2│期分けの原則　140
1. トレーニングと期分けの用語　140
2. トレーニングのバランスと特殊性　143
   コラム●ケニアの長距離陣の強さを探る　145

3│マルチティアトレーニングを利用した期分け　145
1. マルチティアトレーニングの有効性　145
2. マルチティアトレーニングのメゾ周期　147
3. 超回復の利用　149
4. マルチティアトレーニングを構成する領域　150
5. 心拍数とトレーニング強度　158
6. いろいろな回復　159
7. マルチペーストレーニングに関する研究結果　160
   コラム●最適な回復時間を決定するためには　161

4│独自のトレーニング計画の設計　162
1. マクロ周期トレーニングの開始　163
2. トレーニング周期を通してのトレーニングの分配　163
3. 無気的トレーニングと有気的トレーニングの組み合わせ　165
4. 他の種目のタイムを推定する方法　168
5. 長年にわたるパフォーマンス改善の評価　172

5│マルチティアトレーニング活用の提案　175
1. ファルトレク　175
2. ヒルトレーニング　176
3. 加速の改善　177
4. スピードドリル　179
5. ペース感覚　181
6. ペースの変化　182
7. 体と心を癒すランニング　183

6│高地トレーニングの利用　183
1. パフォーマンスに及ぼす高地の影響　184
2. パフォーマンス低下の原因である低酸素症　185
3. 高地の低酸素に対する適応　185
4. 高地トレーニングの利益と弊害　186
5. 高地トレーニングを成功させるためのヒント　186

7│トレーニング日誌　187

まとめ●ランニングによる体力の改善　189

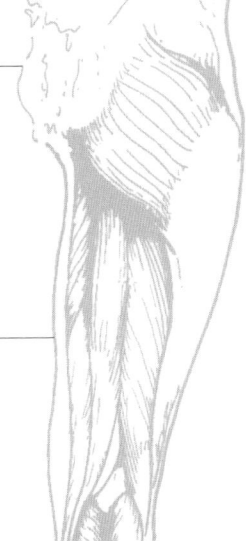

第6章 総合的体力の発達　191

1 │ 筋力とパワーのトレーニング　194
1. 体力トレーニングに関する専門用語　194
2. 静的筋力トレーニング　196
3. 動的筋力トレーニング　197
   コラム●アイソトニックスとアイソキネティックスはどちらが良いのだろうか　203
4. サーキット(ステージ)トレーニング　205
5. 総合的体力トレーニングのガイドライン　206
6. 筋力・パワートレーニングプログラム　210
   コラム●リフティング中の適切な呼吸　216

2 │ 柔軟性　217
ストレッチングの種類と実際例　217

3 │ 身体組成と測定方法　222
1. ランナーの体脂肪　222
2. 体脂肪の測定方法　223
3. 女性選手にみられる危険因子　228

まとめ●総合的体力トレーニングにより,ランニングパフォーマンスを高める　231

第7章 レースに勝つための戦略　233

1 │ レースに勝つための戦略　234
1. 800m走　234
2. 1500m走　238
3. 3000m障害　239
4. 5000m走　242
5. 10000走　245
6. ロードレース　248
7. マラソン　249

2 │ 競技会に向けての準備　260
1. 心理的準備　260
2. 戦術的準備　264
3. 重要なレースに向けての準備　265

まとめ●ベストレースをするために　267

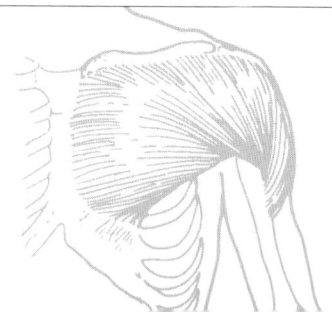

第8章　トレーニングにおけるストレスマネージメント　269

1｜トレーニングと疲労　270
1. 適応の過程　271
2. 疲労という現象　274
3. 疲労のメカニズム　275

2｜筋肉痛と関節組織の傷害　276
1. 過剰な負荷に対する筋肉の反応　277
2. オーバーユースによる関節組織の傷害　279
3. オーバーユースの防止　283

3｜オーバートレーニングとステイルネス　283
1. オーバートレーニングとステイルネス　283
2. 生活の負荷とオーバートレーニング　286
3. オーバートレーニングとステイルネスの生理学的側面　288
4. オーバートレーニングとステイルネスの心理学的側面　291

4｜オーバートレーニングの防止　294
1. オーバートレーニングの兆候　294
2. オーバートレーニングの引き金　295
3. 主観的指標　297
4. 客観的指標　299

> まとめ●ランニングキャリアを伸ばす　300

参考文献　303

索引　329

推薦文　348

監訳者あとがき　350

著者，監訳者，および共訳者の紹介　352

イントロダクション

　本書は8章から構成されており，その目的は中長距離選手を成功に導き，コーチと科学者の関係を深めることにある。前半の4章は科学的な基礎について，後半の4章は実践での応用についてまとめた。第1章では，ランニング特有の動作に関する生理学，バイオメカニクスについて，第2章では，動作を生み出す骨格筋の機能について，第3章では，筋活動に伴うエネルギー代謝について解説している。第4章では，高いパフォーマンスを発揮するうえで特に重要となる心肺機能についての概要を述べている。さらに生理学的なランナーの代謝的発達の評価方法を詳細に紹介している。

　基礎編は，専門分野外の人にとっては理解しにくい話題だと思われる。しかし，大切なのは全体像をとらえることである。細かいことにこだわるのではなく，人と話せるだけの基本的な考えを理解したうえで凡例について再読することを薦める。これが後半の応用編を詳しく理解する土台となるに違いない。

トレーニング計画

　前半の4章をうけた後半の応用編では，トレーニング計画の作成，テーパリング，コンディショニングについて論じている。第5章ではトレーニング計画の周期化，作成の概念などについて，第6章ではランニング以外の身体の総合的適応（発達）について，第7章ではオリンピックなどのレース戦略の種目別分析を盛り込んでいる。最終章の第8章では，トップレベルのトレーニング，試合という非常に大きな生理学的，心理学的ストレスの管理について，オーバートレーニングの早期発見，ストレッサーへの適切な対処法に重点をおいて論じている。

コーチの役割の定義

　勝利のために努力する過程で，選手は非常に優れたコーチング，管理，競技会を必要とする。"コーチ"という語には，選手に関わる複雑な人間関係を説明するという意味以外の記述はあまり見られず，あいまいな表現であるが，Frank Dick（1983）は，コーチという語を「選手の競技的野望（ambition）を指揮する人」とうまく定義している。careerという言葉をambitionの代わりに用いれば，さらにその概念は明確になる。もしコーチが選手の競技歴を指揮する人であるなら，選手の目標に合わせたトレーニング計画の作成などに始まるすべての局面を管理することが必要となる。

　そう考えると，コーチという概念を総括するために我々が探してきた用語は，結局はmanager（管理者）に落ち着きそうである。コーチングの世界では，最近ようやくこの概念が受け入れられるようになった（Prendergast, 1994）。つまり，良いコーチとは良い管理者であり，要素一つひとつを全体に織り込み，適材適所で機能させることができる人を指すのである。コーチによって投入されるこれらの要素が，選手生来の能力の適正な発達と後年における成功の維持といった選手のニーズに対して，一定の方向を指し示せるようになることが望まれている。

　しかし，これを実際に実行するのは難しい。個々のニーズに応えようとすればするほど，コーチは多くの時間を割かなくてはならない。コーチング以外の要求が増えると，選手を無視したトレーニングになり，選手もコーチから個人的なケアさえも受けられない状態に陥ってしまうことになる。

　学術的な視点からいうと，コーチは生徒（選手）がテスト（レース）で良い成績を修めることができるよう

準備する先生のようになるべきである。良いコーチはまた良い生徒でもある。他の人びとが何をしてきたか学び，そして注意深く記録するのである。前例を知ることは，自分の将来を予測することである。こうすることで選手たちを彼らが定めた目標へと誘導することができるのである。

だからといって選手のすべてをコーチが知ることはできない。しかし，今日は様ざまな測定方法が発達してきている。足病的ケア，バイオメカニクス的なフィルム分析，生化学的プロファイリング，栄養カウンセリング，心肺機能を定量化するトレッドミルテストなど，選手の状態の把握に役に立つものはまだまだあるはずである。これらをうまく利用すれば，故障やバーンアウトのリスクを減らし，選手の競技環境を改善することができる。

成功するための選手とコーチの関係

いかに優れたコーチでも，選手の内から湧いてくる情熱まで与えてやることはできない。まずは選手にやる気を出させることが必要である。そのうえで，コーチがステップアップのためのアドバイスをしていくべきである。最良の選手は，コーチ指向性だが，コーチ依存性ではない。

コーチと選手との人間関係はきわめて重要である。選手がコーチを選ぶときは，そのコーチの教育に忠実に従う覚悟が必要となる。もちろん選手のみの決断で事が運ぶ場合もあるが，それが両者の関係に悪影響を及ぼす決断であってはならない。ほとんどの成功は，この両者相互の信頼関係に左右されるといっても過言ではない。コーチは選手を疑ってはいけない。真のチャンピオン達は自分に最も厳しい。コーチが選手を信頼することで，お互いの視点からトレーニングをさらに改善していくことが可能となる。両者の知識は力であり，高いパフォーマンスを創出しようとする情熱によって結びついた2人（選手とコーチ）の相乗作用こそが，真の武器となる。

選手というのは基本的に一個人であり，"一つの実験例"でもある。選手がエリートであればあるほどその実験も特殊なものとなる。確かに，選手たちはそのすべてが唯一無二の個人ではあるが，生理学的には共通点のほうが多い。このため人間のパフォーマンス向上の生理学的機構を熟知することがきわめて重要となるのである。このため，トレッドミルテストなどで得られた生理学的なデータを記録し，注意深く観察することで有意義な分析が可能となる。コーチと選手はコミュニケーションをとりながら，これらの結果を解釈・分析していかなければならない。

もちろん完璧な人間など存在しない。優れたコーチと選手との関係とは，欠けている部分をお互い補いながら成功へと前進していける関係である。コーチは，選手の小さな変化さえも見逃さない，研ぎ澄まされた感受性をもつ必要がある。トレーニングの強度が上がるほど，大きな大会が近づくほど，この感度を上げなければならない。良いコーチは直感的に善し悪しを判断できるようになる。選手とよく息のあったコーチなら，話し合いながらトレーニングによる全体的な発達計画を進めていくことができるだろう。

成功する選手の特性

成功する選手の行動上の特性としては以下の3点が上げられる。
- 自身の改善に必要な練習に対して高い忍耐力を持つ。
- 動機づけが非常に高い。
- 練習に対する完遂率が高い。

コーチングにおいては，改善のために何が重要であるかを教えることが有効である。また，彼らの焦点は他人ではなく，自らするべきことに向けられているので，トレーニング負荷が選手に見合ったものかどうかが重

要となる。負荷が軽すぎれば不完全燃焼のため欲求不満に陥り，重すぎれば届かない目標に向かって無理をしてケガを起こしかねない。

選手・コーチは，これらの競技的特性をふまえたうえで，正しいトレーニング計画を立てていくことが必要となる。

健康と適応の科学的評価

トレーニングの原則のひとつに（負荷）漸増性の原則がある。効果的なトレーニングを望む場合，選手が適応していける範囲で徐々にその負荷を上げていくことが必要となる。この漸増性の原則に沿ったトレーニングでよりよい適応状態を獲得するには，それに耐えうるだけの高い健康状態が必須である。この健康状態全般の把握にスポーツ科学を適用することができる。

しかし，不幸にも選手やコーチたちは，スポーツ科学がトレーニング戦略を洗練するのに役に立つというメリットに気づいてこなかった。なぜなら，トップアスリートの運動能力の測定や比較に重点が置かれ，選手の立場に立った競技能力向上のためのプロファイリングではなかったからである。我われは，エリート選手と研究を行う以上，彼らの適応の改善や，高い健康状態の維持につながるような実践的な情報を彼らにフィードバックしていく必要があると考えている。

彼らを実際にアシストしていけるような実践的な情報として以下の3項目をあげることができる。

1つめは，基本的な健康に関する情報，2つめは，病気やケガの危険性を知らせる情報，3つめは，トレッドミルを利用した心肺系の評価など，トレーニングに左右される特定のパフォーマンス関連項目の測定から得られた情報である。

これら一つひとつのパフォーマンス関連項目の変動そのものが，個人の競技力の原因から結果までを確実に予測するわけではない。もちろん，本人のやる気，集中力といった決して定量化されることのない項目もからんでくる。しかし，この長期的なプロファイリングによって作成されたトレーニング計画やレース戦略が，選手自身の勝利への意志を十二分に発揮できるだけの機会を作ることは確かである。

本書では，研究熱心な中長距離ランナーが優れた選手に成長していくために必要な健康維持，パフォーマンス向上に貢献する要因の測定方法について述べている。

中長距離ランナーの科学的トレーニング

THE BIOMECHANICS OF RUNNING

第 1 章

ランニングの バイオメカニクス

● 男子800mで1分41秒11の世界記録を有するデンマークのW.キプケテール。写真は、1997年8月24日、ケルンで開催されたIAAFグランプリで世界記録をマークしたときのもの（APF＝時事）。女子800mの世界記録保持者はチェコスロバキアのJ.クラトフヴィロワ。1分53秒28の世界記録は1983年7月26日、ミュンヘンで樹立された。●

生活には必ず動作が伴う。ウォーキングやランニングはその動作の形態のひとつであるが，それらは繰り返し練習することで変わりうる複雑な運動スキルであり，我々にとっては最も馴染みが深い。特にランニングは，スタートラインからゴールまでの移動能力を容易にテストできることから，人類最古のスポーツとも考えられている。「より速く，より高く，より強く(Citius, Altius, Fortius)」はオリンピックのモットーであるが，古代ギリシャから現在に至るまで，より速く，そしてより長く走るという動作は常に人びとの注目を集めてきた。

　どうすれば速く，そして長く走れるのであろうか。これを知ることも，我われ人類の古来からの欲求である。才能ある選手はしばしばこの欲求を強く持ち，その情熱は抑えられないほど大きい場合もある。ランニングは，神経と筋によって成り立つスキルである。それはバイオメカニクスの原理に忠実に従い，代謝エネルギーに支えられている。また，ランニングは練習によって完成すると言われる。確かに，トレーニングと呼ばれる練習を数ヶ月行うことで，効率の悪い運動パターンを経済的に改善することができ，速いスピードや持久力を身につけることができる。しかし，完璧を目指すには，ただ練習するだけでは不十分である。いかにして練習するかということが本質的に重要となる。つまり，選手はどんな練習が良いのかという情報を知り，それにしたがって合理的な計画を立てて練習を行わなければならない。そして，その練習によってもたらされる結果こそが，さらなる改善を約束するのである。

　ランニングの能力改善には以下の疑問に答えるための情報が必要となる。

- ランニング時に，神経系と筋・骨格系はどのように協調しているのか。
- 個人のランニングスタイルをどのように改善すれば競技力は向上するのか。
- ランニングに伴うケガの防止策はあるのか。
- 筋力強化のトレーニングの間，筋ではどのような変化が生じているのか。その変化は神経系にだけ生じるのか，それとも心脈管系にも生じるのか。
- 運動にエネルギーは必要だが，いかにして多くの燃料をエネルギーに変換するのか。また，いかにしてエネルギーは蓄えられ，変換され，そして活動筋に有効に利用されるのか。
- 年間を通じて受ける運動負荷に対して体をうまく適応させるには，科学的知識をどう実践に適用するのか。

　これらの問題にすべて答えるのは難しいが，本書の始めの4つの章で我われは敢えてそれに挑戦している。第1章では一般的な動作およびランニングスキルの改善に関する基本的な概念についていくつか確認しながら，ランニングに必要なバイオメカニクスの原理のいくつかをみていくことにする。

1 ランニングのバイオメカニクス

　キネシオロジーは解剖学，生理学，物理学のそれぞれの原理に基づき，人間の身体運動を理解するための総合

的学問である。我々の関心は，その学問の力を借りて，おもにランニングの動作パターンを理解することにある。ランニングという身体運動を成り立たせているそれぞれの機構は，バイオメカニクスや生理学の原理に忠実に従って働く。したがって，その原理を理解することで，技術的に優れたランナーへの道が開けるのである。ランニングは身体運動の基礎であり，またそれは人生のかなり早期に身につけるべきスキルでもある。トレーニングをしながらそのスキルを改善できれば，パフォーマンスは向上する。特に高校から大学，そして大学卒業後にいたるまでは，体力の向上を図りながらパフォーマンスの能力を高めていく必要がある。

1. 動作にかかわる用語と概念

❶ ― 動作・動作パターン・スキル

我々は**動作**(movement)を身体各部位の働きによる身体の位置変化と定義する。**動作パターン**(movement pattern)とは特定の時間と空間で行われる，一連の動作をさす。したがって，ランニングは特別に組み立てられた動作パターンといえる。動作パターンという用語の代わりに，**身体運動**(motor activity)，あるいは**運動パターン**(motor pattern)という用語が使われるときもある。**運動スキル**(motor skill)とは，決められた課題を達成するための，シンプルで合理的な一連の動作としてとらえられる。筋の働きの結果生じる**パフォーマンス**は，**筋力**(strength)，**持久力**(endurance)，**スピード**(speed)の3つの要素に求められるが，どのような運動スキルを獲得するにも，その3つの要素が関わってくる。さらに，そこに**調整力**(coordination)が加わることで，これら3つが相互に結びつき，初めてなめらかな動作パターンが現われる(Henatsch and Langer, 1985)。

基本的な運動スキルは，身体運動をより高度で複雑なものに発達させるのに不可欠であり，また，基本的な運動パターンは，基本的なスキルの発揮に欠かせない。例えば，数歩でも歩き始めた幼い子どもは，すでにランニングのための基本的な運動パターンを習得しているが，その運動パターンは時間をかけて何度も繰り返すことによって著しく改善され，発達していく。同じように若い選手がじっくりと練習を行えば，基本的な「ランニング」の運動パターンが洗練され，「ランニング」能力が確実に発達する。このように運動スキルは学習されるものなのである。生まれながらに持ち合わせている反応の数々は，成長とともに，様々な刺激が引き金となって，組み合わせや順番を変えながらも少しずつ変化していく。これは，長い間繰り返された神経系への入力が再認識され，それに神経系がうまく適応した結果でもある。例えば，400mトラックを1周75秒のペースで，30秒の休憩をはさんで6回走るとしよう。その際，初心者のランナーではふつう1周のラップにつき少なくとも2, 3秒の誤差が生じる。しかし，多くの経験を積むことによって，天候が悪くとも，疲労があろうとも，200〜800mの距離ならほんの少しの誤差で走れる独自のペース感覚を持てるようになるのである。

スポーツスキルとは，ある特定のスポーツに適合するように洗練されたスキルを意味する。単に「走る」という行為は基本的なスキルのひとつではあるが，競技のためのランニングはスポーツスキルでもある。ランニングのフォームやスタイルは，その運動パターンから受ける視覚的印象と関連が深い。視覚的印象が滑らかで効率良いものなら，少なくともスキルのレベルは高いと評価できる。最後に，パフォーマンスとは，ある特定の身体運動を行うことであり，スポーツパフォーマンスとは，そのスポーツにおいて規定された運動が，意図的に最高の運動パターンで表現されたものといえる。

❷ ── 能力：abilityとcapacity

あらゆる文化活動(運動競技，芸術，文学など)において，同じ訓練やトレーニングを施しても**結果として現われる能力**(ability)の水準は人によって異なる。訓練やトレーニングを始める時点で，すでに**学習の能力**(capacity，許容量)が異なっていたのであろうか。このように，同じ"能力"でもabilityとcapacityには違いがある。abilityはトレーニングの結果現われる能力を意味し，客観的に観察や測定ができる。abilityは常にトレーニングのたまものであり，その高さはどれだけトレーニングを行ったかに強く影響される。いっぽう，capacityの能力は事前の準備状態を意味し，客観的に観察や測定ができない。一般的な運動におけるcapacity(運動能力)は，一般的な知能と同様に誰にでも授けられている。よく言われる"**生得的能力**(inherent ability)"というフレーズは，実はcapacityの"能力"を意味している。

新しい運動パターンを発達させる**脳の能力**(capacity)にはほとんど限界はない。新しく入力される知覚情報を脳が受け，それを認知すると，古い情報と統合され，次第により効果的な運動ができるようになる。我々はイメージのなかで動作を創ることができるだけでなく，トレーニングによってイメージ通りに動作を改善することもできる。もし動作パターンをうまく改善したいならば，正しいトレーニングをする以外に道はない。それぞれのスポーツに最適なトレーニングプログラムを最も高い強度で遂行できた選手こそが，最高のパフォーマンスを獲得できる。成功への重要なカギは，望む結果を導けるようなトレーニングをどれだけ正しく行うことができるかということである。そして，中長距離走のカギは，持久力とスピードである。

人間のスキルの獲得は，**肉体的能力**(ability)だけでなく，明確な目的意識を持つことによって初めてなされるということもここで強調しておきたい。強くなる選手は，ある種目に代表される過去の選手，例えば短距離走におけるオリンピックメダリストであるオーエンス選手(Jesse Owens)などの素晴らしさを知り，「いつか自分もオリンピックに出場したい」といった強い憧れを抱く。このような憧れこそが選手の動機づけや高い目標設定の基盤となるのである。

2. 動作におけるスキルの発達

スポーツスキルのレベル向上には，トレーニングと本人の持ち合わせている技術的側面が大きく影響する。人間の身体は**自己最適化機構**のしくみを持っており，課題とする動作に対して徐々に効率を高めながら適応していく。このしくみのおかげで，さらに高い課題を目指すことができ，やがてその新たな課題にも適応できるようになる。ところで，身体面のパフォーマンスのピークは肉体の適応が限界に達したときに現われるが，最高のパフォーマンスは，トレーニングが適切に行われ，身体的・精神的に優れた能力(ability)がバランスよく発揮されたときに現われる。トレーニングにより，細胞内での生化学的および生理学的適応が生まれ，スキルの向上により，動作パターンの効率改善が現われてくる。具体的には，ランニングスタイルの改善として現われてくるのである。

熟練した選手がエネルギー消費を最小限にしてより質の高いパフォーマンスを発揮するときには，次のような5つの特徴が観察される。

(1) バランス(平衡感覚)と調整力が向上し，それによって姿勢維持への負担が減る。
(2) 無駄な動作や力んだ動作がなくなる。
(3) 必要な動作が適切な速さで，適当な方向に行われるようになり，運動エネルギーの損失が

最小限に抑えられるようになる。
(4) その動作に最も必要とされる筋がより効果的に使われ、**主働筋***、**拮抗筋***、**共同筋*** が合理的に協調して働く。それにより、動作の開始に必要なエネルギーや抵抗を小さくしながら、動作の終了や方向転換に必要な力を最小限にできる。
(5) ゆっくりとコントロールされた動作が、**弾道的ストローク**（ballistic stroke）* に次第に置き換わっていく。

5つめの特徴について補足説明をしよう。例えば、タッピング（何かをたたく動作）やランニングなどの動作における速さは、それに関わる身体部位の動作の周期に左右される。すなわち、各身体部位を協調させて、うまく"**共振***"させる必要がある。特にランニングのような左右交互に行われる動作は、基本的に弾道的ストロークの連続である。1つの動作は筋張力の発生の瞬間から始まり、動作における身体のある部分が加速を終えた後は、その部分は**慣性*** で動き続ける。動作パターンを学習している最中は、ストロークの速度は不安定で遅く、力みが生じて全体的にぎこちない。しかし、スキルが獲得されるにつれて動作の速度は速くなり、さらに動作全体に及んでいた筋活動が洗練され、必要な動作部分に正確な方向と適度な加速が加えられるようになる。

もし手足の最適な共振周期が乱れると、より多くのエネルギーが必要となるため、動作は非効率なものとなる。ランニングでは手足の動作を合わせる、すなわち共振させる必要があるため、**ストライド頻度（ピッチ）**には限界があり、その分いくらかランニング速度は制限される。しかし、いったん最適な共振周期を身につけてしまえば、あとはストライドを伸ばすことでスピードを増加させることができる（これは適切な強化トレーニングの継続により達成できる）。速く走るための2つの基本的な要因が「ストライド長」と「ストライド周期」であるのはこの理由による。

2人のランナーを例にとり比較してみよう。同じ身長、脚長の2人のランナーがそれぞれの最大のパフォーマンスに対してある一定の割合で走るとき、より強く、パワフルなエリートレベルのランナーのほうがストライドは数cm長い。ストライドが長い場合、共振によって大腿がより速いスピードで前方へと移動する。その結果、移動範囲の増大に適応できるように、主働筋にはより強い張力の発揮が求められ、また拮抗筋には同程度の弛緩が要求されるようになる。

すなわち、足が前方に振り出されるとき、**大腿四頭筋*** が主働筋であるとすると、**ハムストリング*** は拮抗筋となる。このハムストリングに柔軟性が欠けると、ランニング強度が高い場合には合理的なストライドの維持ができなくなる。もしくは大腿四頭筋が過大な筋力を出しすぎると、ハムストリングを無理に伸展させることにより、ケガにつながる可能性がある。最適な筋力、筋長、関節可動範囲などの相互関係を理解することは、速く走るためだけでなく、ケガの回避にも役立つことになる。このように、ランニングを中心としたトレーニング計画に加えて（第5章参照）、体力的側面、いわゆる**トータルボディコンディショニング**を向上させる計画が必要である（第6章参照）。

***主働筋**：動きを生むために働くおもな筋群のこと。
***拮抗筋**：主働筋が働くとき、反対の動きをしたり、弛緩したり、その運動に関係する関節を安定化させたりする筋群のこと。
***共同筋**：主要な動きを助ける筋群のこと。
***弾道的ストローク**：腕や脚の振り子運動における1回の振幅、すなわち、踏み切りから着地までの1歩の動作のこと。
***共振**：動作が相互に連動し、かつ、連続しているとき、ある動作を強調しすぎたり、周期（速度）が変化すると、全体の動作がうまくいかなくなる。協調した動きをすることをいう。
***慣性**：運動の三法則（ニュートンの法則）のうちの第一法則のこと。物体には慣性があり、外力が作用しないと静止状態を続けるか、一直線上を一様に動き続ける。走り出すとなかなか止まれないし、方向も変えにくい。そうした抵抗が慣性である。
***大腿四頭筋**：大腿直筋、外側広筋、内側広筋の4頭を起始とし、膝蓋骨などに停止する筋群のこと。膝関節の伸展に働く。
***ハムストリング**：大腿の後面に位置する筋のこと。大腿二頭筋の長頭、半腱様筋と半膜様筋を含む。

3. 動作と脳のかかわり

　動作(movement)と姿勢(posture)をまったく異なる現象とみなす考えがある。すなわち，動作は時間の経過にともなう身体の位置変化を示すものだが，姿勢は身体の位置が固定された状態を示すものだからである。これに対して，著名な神経科医であるDerek Denny-Brownは，動作というものを単に「ある姿勢の連続体」と考えることを提案した。**図1-1**における3人の800mランナーの写真は，左から右へ，**ランニングサイクルの中間支持，フォロースルー，振り降ろし**の各局面をそれぞれ示している。ここで我々が特に関心を持つのは，そのような非常に素早い姿勢変化の連続であるランニングにおいて，中枢神経系のどの機構が関わっているのかを理解することである。コーチや選手がそこまで知る必要があるのかと批判する人もいるかもしれないが，我われはそうは思わない。そのような理解をして初めて，オーバートレーニングの原因やその管理について確かな判断ができるようになり，個々のランニングスタイルを変えるという試みもうまくいくようになるからである。

　脳と**脊髄**は1つのチームとして働きながら，効率良い機能的な動作の習得を可能にしている。我われの意志の座として知られる**大脳皮質**は，脳の動作に関わる領域のなかの一つにすぎない。また，脳と脊髄における他の多くの領域も動作に関わっており，大脳皮質と相互に作用して働いている(**図1-2**)。こうした脳内プロセスを完全に理解するには大学で解剖学と神経生理学の知識を学ぶ必要があるが，それほど大げさに考えなくてもよい。ここでは，重要ないくつかの概念を簡単に議論するだけで，ランニングが組織化された運動形態としてどう習得されるかを十分理解するべきである。

　脳幹網様体[*]は，脳の最も古い部位であり，姿勢の維持に必要な3つの重要な役割を担う。

図1-1●ランニングサイクルの3つの局面

　左からセバスチャン・コー（イギリス），スティーブ・クラム（イギリス），リシャード・オストロフスキー（ポーランド）。コーの右足は中間支持，クラムの左足はフォロースルー，オストロフスキーの左足は振り降ろし局面をそれぞれ示している。

- 重力に拮抗する支持動作
- 空間における方向感覚
- バランス（平衡感覚）

　知覚系路からのいくつかの入力がこの役割を遂行させる手助けをする。例えば，**視覚系**は空間における視覚的な方向づけを可能にする。内耳にある**前庭**は加速・減速といった連続する変化や重心位置についての情報を我われに教える。**筋紡錘**はすべての筋線維に分布しており，動的，静的な筋の伸び縮み変化を検知する。**ゴルジ腱器官**は骨格筋の緊張状態や張力を検知する。これらの様ざまな受容器は総称して**固有受容器**と呼ばれている。固有受容器は空間における自身の身体の位置を感知し，そこから得られるすべての情報は脊髄の神経を経由して脳幹網様体へと送られる。

　小脳はもうひとつの古い原始脳であり，意識化→無意識化→反射といった動作の洗練化の段階を通じて，入力される情報の処理を行うコンピューターのような働きをする。さらに大脳皮質および**脳幹網様体**と作用しながら，一連の動作を行うための意識的な指令が，適切な姿勢を維持しつつできるだけ効率よく調整されるように働いている。

　動作を開始するシグナルは，大脳皮質の下に位置する領域，特に**大脳辺縁系**および**視床下部**から発せられる（この領域では動くための動機づけや運動の企画などが形成される）。その刺激によって大脳皮質の連合野が活性化され，そこから動作パターンをつくり出すためのシグナルが発生する。そのシグナルが小脳へ伝わることによって，弾道的ストロークやきわめて正確な動作パターンができるようになる。いっぽう，**大脳皮質連合野**[*]から大脳皮質直下に位置する**大脳基底核**[*]へ伝わったシグナルは動

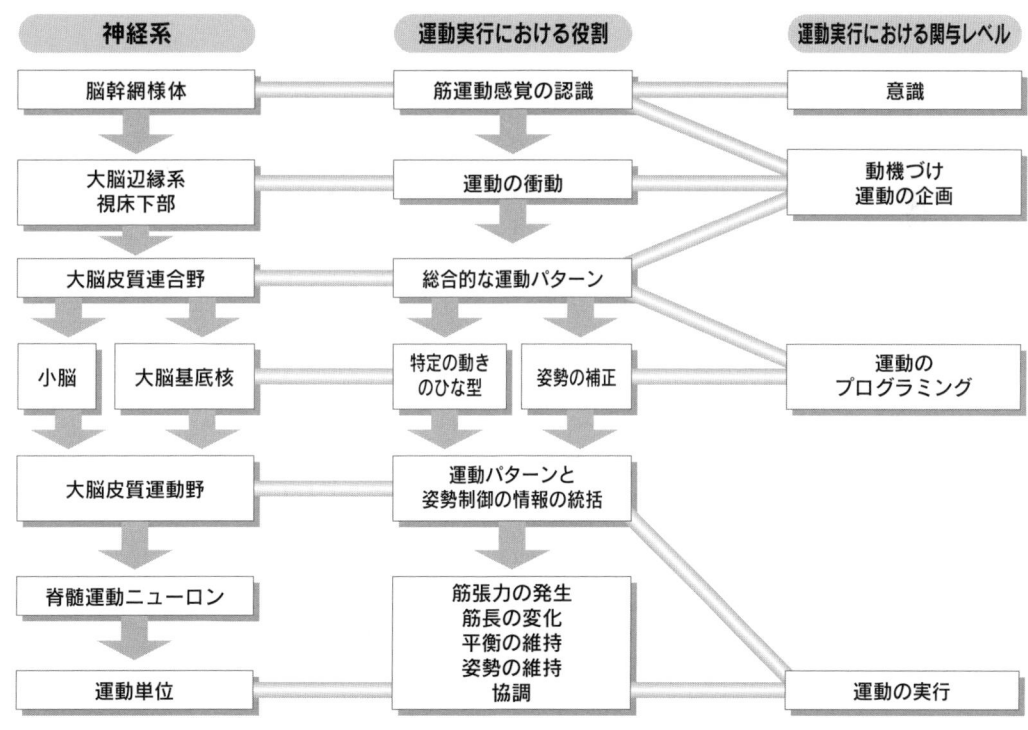

図1-2●随意運動に関わる神経機構と情報処理過程

作のひな型を創り，動作の開始時の姿勢の補正を行う。また，基底核と小脳は，そこで統合された動作パターンのシグナルを大脳皮質の運動野へ送り返す。その後シグナルは大脳皮質から下降し，脊髄を経て動作や姿勢の維持に関わる様々な筋へと送られる。

動作の開始や姿勢の変化は固有受容器（関節，皮膚，筋から脳に情報を伝える）の働きによりきわめて精緻に検知される。戻ってきた情報は，効率良く，効果的に動作を行うために脳がどれだけ意識的な指令を出さなければならないかを判断するのに役立てられる。図1-2はそうした自発的な動作を実行する種々の器官の情報処理過程の概略を示したものである。

---

*脳幹網様体：脳幹（中脳，橋，延髄）の中心部に位置し間脳（視床下部）まで続く。その働きは，例えばノルアドレナリンやセロトニンなどを介して上位の脳（大脳，辺縁系）を刺激し覚醒レベルを保持したり，下位の脊髄，運動神経などに働き，姿勢維持（筋緊張）などを保持する働きなども担う。

*大脳皮質連合野：通常の意味での感覚または運動の領域ではなく，高次の感覚情報処理，異なる種類の感覚情報統合，感覚運動統合に関与すると考えられる大脳皮質の広い領域を示す包括名称。

*大脳基底核：尾状核，レンズ核とその周辺の黒質など（まとめて黒質線状体などと言う）をさす。動作の協調などに重要な役割を果たす。パーキンソン病ではこの部位が退行する。

4. トレーニングを通してのスキルの獲得

スポーツの成績は，競技会やタイムトライアルなどの1回のパフォーマンスで実力を発揮できる素質，およびスキルのレベルによって決まる。日頃の動機づけはもちろんであるが，特にトレーニングや練習を辛抱強く継続することが重要となってくる。どのような努力を積み重ねるにしても，少なくとも以下のことは確認すべきである。

(1) その競技に見合った素質を持ち合わせているかどうか。
(2) 絶えず努力してトレーニングするための動機づけや環境に恵まれているかどうか。
(3) 習得したスキルを実践で効果的に発揮できるかどうか。

自ら見たり考えたりするだけではスキルを獲得するのは難しい。技芸（arts）と同様にスポーツにおいても，成功の裏には長年にわたる**コンディショニング**と練習がある。栄光を手にしたチャンピオンは誰であろうと，徹底的にトレーニングに取り組んでいたことは周知のことであろう。厳密に統合された動作の流れを繰り返し練習し続けることで，平均的な運動パターンが，より高いレベルの調整力を備えながら，洗練され，より正確になっていく。

運動学習の究極の目標は，ほとんど意識を介入させずに動きを正確に行えるようになることである。繰り返し練習することで，複雑なスキルでも意識せず自動的にできるようになり，そのうえミスも減ってくる。どんな素早い動作でも，その実現には**筋の緊張と弛緩**が正しい順序でいかにタイミングよく行われるかどうかが重要な意味を持つ。

人によって動作の流れを脳に記憶する能力は異なるが，**姿勢のバランス**を保つ動作パターンを生み出す複雑な神経回路のなかで，個々の潜在能力を発達させるには多くの時間を要する。しかし，動作パターンがいったん学習されると，動作そのものよりもスキルの発揮に関連した事柄に焦点が移る。例えばボウリング選手は，ボールを投げること自体よりも，構えてからピンへ集中することを教えられる。また，テニスプレーヤーは，ラケットや自分の腕を意識するよりも，リターンやサーブのボールに集中するように教えられる。

ランニングは複雑な技術志向の運動ではないので，技術よりも体力的側面の比重が大きい。しかしながら，ランニングのパフォーマンス向上のために意識すべき有効なスキルのヒントは数多くある。例

えば，レースにおいてランナーは，ランニング速度や力の発揮レベルに応じて，自分に適した**ストライド長**，**ストライド頻度(歩数)**，**呼吸数**を無意識のうちに選んでいるが，そのことで意識を他の側面に向けることができるようになる。すなわち，自分の力の発揮レベルを計算してみたり，周りのランナーの呼吸パターンや表情を比較してみたり，レースポジションに関する戦術を練ったりすることができるようになるのである。

　ところで，このように自動的に選んでいるストライド長とストライド頻度の組み合わせは，常にエネルギー効率の点からみても最適なものなのだろうか？　この答えを得るは，ランニングに関するバイオメカニクスの基礎，およびその応用について理解する必要がある。

2 ランニングという動作の特徴

1. ランニング時の衝撃

　優れた中長距離ランナーは，トレーニングにより着実に成績が向上し，ケガなどによる中断もほとんどない。より多くのトレーニングを積み重ねることによって体力は向上し，より良いパフォーマンス能力が約束される。しかし，トレーニングにも限度がある。何よりも重要なのは，トレーニングにおける自己の限界を見極めるということである。

　より高い適応を目指すための過剰なトレーニングは，選手に障害をもたらすのに十分なダメージを脚と足に与える。これから示す例はその問題の大きさを示している。

　片方の足が地面を蹴り，再び同じその足が地面を蹴るまでを1つの**ランニングサイクル**と定義する (Mann, 1982)。すなわち，1つのランニングサイクルは，両足のそれぞれ1つずつの**ストライド**を合わせた，2つのストライドから構成される。サイクルの代わりにストライド，ストライドの代わりに**ステップ**を使う研究者もいるので (Cavanagh and Kram, 1990)，それらは同義と考え，1サイクルは2つのストライド，2つのステップ，2回の着地とする。ストライド長を5フィート(1.52m)とし，6分30秒/マイルのペースで走ったとき，それぞれの着地足には体重の2倍の**衝撃**がかかると仮定する。その条件で，体重59kgの男性ランナーが10マイル(16.09km)のランニングを行うと，片足は5,293回着地し，その足への衝撃の総量は624.6トンにもなることが以下の計算からわかる。

10マイル＝16.09km
16,090 (m) ÷1.52 (m/歩) ÷2＝5,293歩
[数式1-1]
2×59 (kg/歩) ×5,293 (歩) ＝624,574kg
[数式1-2]

　ランニング速度が増すにつれて，ストライド長は長くなり，単位距離当たりの着地回数は減少する。しかし，足への衝撃力は体重の4倍にもなる。

体重50kgの女性ランナーが55インチ（1.40m）のストライド長，6分30秒/マイルの条件で走ったときには，片足で5,746回着地し，574.6トンの衝撃力を受けることになる。

実際，トップレベルにおいては，10000mランナーやマラソンランナーが，持久力の向上を目指す数週間のトレーニング期間で，毎週100マイル（161km）を超えるほど走ることも珍しくない（Kaggestad, 1987）。そのような練習における着地の衝撃力がどれほどの事態を招くかはとても計り知れない。このような足への衝撃を考えると，良い成績を残そうとトレーニングに励んでいる選手は，逆に勝利を望めない状況に自分を追い込んでいるとさえいえるのである。

しかし，レベルアップし，記録の更新が難しくなるにつれ，それを成し遂げるにはよりいっそうのトレーニング（量的，質的，あるいはその両方）が要求されるのもまた事実である。このことは個々人の最高記録であろうが，世界記録であろうが変わらない。そうすれば当然，ストレスが大きくなり，障害を起こす危険性が増大する。しかし，だからといって激しいトレーニングを放棄すれば，障害なくトレーニングを積み重ねている選手には太刀打ちできない。

以上のように，能力向上のための激しいトレーニングが必要な一方で，それによる足への衝撃のストレスが障害をもたらすという矛盾がある。しかしこの矛盾は，ランニングのバイオメカニクスや障害についての理解を深めることによって解決できる。例えば，ランニングフォームの改善によってランニング時の筋のエネルギー消費を減らすことができれば，**最大下ペース*** (submaximal pace) におけるランニング時の酸素消費量が減少し，おそらくパフォーマンスは向上するであろう。選手とコーチは，こうしたランニングのバイオメカニクスに関する専門用語も含めた基本的な概念の理解に努めるべきである。そうすることで，選手とコーチは多くの専門家（バイオメカニスト，足病医，整形外科医，他のコーチ）とより効果的な情報交換ができ，また，そのような専門家の助けを借りることによって，選手を障害から守り，さらにパフォーマンスをより効果的に向上させることができるようになる。

＊**最大下ペース**：ある距離を最高の速度で走る（ベストタイム）ときの平均速度よりも遅い速度をいう。

2. バイオメカニクス的原理のランニングへの適用

ランニングサイクルにはバイオメカニクスの観点からみて，少なくとも4つの重要な原理が関わっている。これらの原理から，ランニング1サイクル中に生じる手足や姿勢の調整について理解することができる。

❶ 動きのある物体の速度を変化させには力が必要である

人は**筋張力**の発生によって力を発揮する。この力でスタート，加速，減速，ストップ，動作方向の転換が可能となる。例えば，ランニング中の各ストライド局面で，身体が空中に浮いている間は，わずかながら減速が生じる。したがって，速度を維持するためには，支持脚が地面を離れる瞬間（離地局面）に加速力がうまく発揮されなければならない。

❷ 並進運動，回転運動の統合により，動作パターンの最適パフォーマンスが発揮できる

下肢は，関節の可動域内での**屈曲**と**伸展**によりその機能を果たす。例えば，ランニングの支持局面で骨盤は股関節と胸椎・腰椎＊を使って，地面を蹴るほうの脚の上に体重を乗せる働き（支持）をする。脚が支持局面から回復局面（スイング局面，遊脚局面ともいう）へと移るとき，股関節や脊柱の**回転運動**とともに大腿の伸展と屈曲が行われ，ストライド長が伸びる。このように，あらゆる平面への骨盤の動き

は，いずれも相補的であるべきで，矛盾したものであってはならない。

❸ テコが長いほどその末端の速度は大きい

ランニングではテコの原理*の逆が応用されている。ランニングサイクルにおける回復脚の膝や回復腕の肘は，脚や腕のテコを最短にするように折り曲げられている。そうすることで，少ないエネルギーで手足を素早く前方に戻すことができるのである。

❹ どの活動にもその反対方向に同じだけの反作用がある

ランニングで足が地面に触れるとき，その着地面は足が加えた衝撃力と同等の力で押し返されるので，ランナーは衝撃を加えた方向と反対，すなわち，斜め前方上へと動かされる。

もちろんその他にもまだトレーニング時のランナーの活動に関連したバイオメカニクスの原理はあるが，それらは特に総合的体力作りのプログラムのなかで様々な筋力トレーニングと関連することから，その解説は後に譲る（第6章）。

* **胸椎・腰椎**：胸椎（thoracic vertebrae）は12個の分節から，腰椎（lumbar vertebrae）は5個の分節からなる。
* **テコの原理**：骨格筋は関節をまたいで骨につき，テコの作用で力を骨に伝える。この多くは第三種のテコである。足の底屈は例外で第一種のテコである。これは，足の底屈動作で言えば，作用点（つま先），支点（距骨），そして力点（アキレス腱の付着する踵骨）の順番になる。アキレス腱を介した下腿の筋が大きな力を出してもつま先の底屈する力は著しく小さくなる。しかし，末端の大きな動きを引き出すので，テコの原理を応用することは力で損するが，動きで得をする。

3. 足病学的原理の理解

足病医（podiatrists）はウォーキングやランニングを，身体部位が解剖学的に回転することによって空間へ身体を推進させる運動であるとみなしている。接地時の衝撃力に耐え，離地時に地面を押し出す力を処理する，いわゆる脊柱から足までの骨格の**運動連鎖***は，上方から順番に，腰椎，骨盤，上腿（大腿），下腿（脛骨および腓骨），足部後方（踵骨および距骨），中足（舟状骨および立方骨），足部前方（楔状骨，中足骨，趾骨）から成り立っている。**図1-3**は下腿から足部にかけての骨を示している。**関節**は骨同士を結びつけており，例えば，股関節（骨盤と大腿骨），膝関節（大腿骨と脛骨），足関節もしくは距腿関節（脛骨ならびに腓骨と距骨），距骨下関節（距骨と舟状骨および踵骨と立方骨），2つの横足根関節——距舟関節と踵骨立方関節（距骨と舟状骨，踵骨と立方骨）などが中足指節関節（中足骨から指節骨）まで連なっている。このあたりは**図1-3**にも示した。

筋，腱，靱帯，骨，関節包は歩行サイクル時に生じる回転，屈曲，圧縮による力を吸収したり処理するためにともに働く。筋は運動を開始させ，骨を安定させ，突然の体重支持により加わる力を減速させたり打ち消すうえで特に重要である。当然，筋疲労はこの防衛機能を弱らせることになり，運動連鎖内のその他の組織の損傷へのリスクも増加させる。

身体には3つの回転軸があり，それぞれ回転運動面を持っている。1つは身体を前から後ろに向かって通り抜ける水平軸で，その回転運動面を**前額面**（frontal）*という。2つめは，身体を右から左に向かって通り抜ける水平軸で，その回転運動面を**矢状面**（sagittal）*という。3つめは，身体を下から上に向かって通り抜ける垂直軸で，その回転運動面を**横断面**（transverse）*という。これら3つの回転運動面を足部にあてはめると，前面における足部の回転は**内がえし**（inversion）および**外がえし**（eversion），矢状面における足部の回転は**背屈**（dorsiflexion）*および**底屈**（plantar flexion）*，横断面における足部の回転は**外転**（abduction）および**内転**（adduction）と呼ばれる。

足関節, 距骨下関節, 横足根関節*などの足部の主要関節は, 身体にある3つの回転運動面とは斜めに交わる回転軸を中心に動くため, 足の動きは複雑になってくる。すなわち**回内 (pronation)*** は背屈, 踵骨（かかと）の外がえし (calcaneal eversion), 外旋 (external rotation)*, あるいは**回外 (supination)*** は底屈, 踵骨（かかと）の内がえし (calcaneal inversion), 内旋 (internal rotation)* などの動きを含むようになる。足部の回内や回外は, 脛骨と踵骨* の連結による長軸周りの回転運動であるが, それを可能にしているのは, 脛骨と踵骨の直下にあり, 下肢と足部の動きを結びつけている距骨*である。

　図1-4は通常の歩行サイクル時の回内と回外を示している。被験者のドーナ・ガーシア(Donna Garcia, アメリカの長距離選手)は歩いても走ってもいないが, 踵の着地時に回外 (**図1-4a**), 中間支持時に回内 (**図1-4b**) が見られ, 足の離地局面に再び回外 (**図1-4c**) が, さらに支持局面の離脱相から実際に地面から離れる移行期の前後には再び回内 (**図1-4d**) が見られる。ゆっくりとしたペースのランニング時（歩行時と同様）には, 通常, 踵の接地があり, ペースが速くなると, ランナーは徐々に足の中央部で着地するようになる。実際に, エリート中距離ランナーは速いペースになると, 足の前部だけで接地するのをよく見かける。

***運動連鎖**: 複雑でスピードのある動きではより多くの運動連鎖が必要となる。運動連鎖は, 上行性および下行性の二方向があるが, 特にクローズドな動作においては, 圧倒的に足関節・足部からの上行性連鎖が多い。中でも最も影響するのは, 足部と下腿を結ぶショパール関節・距骨下関節・距腿関節での連鎖である.
***前額面**: 身体を前後に分ける面である。水平矢状軸

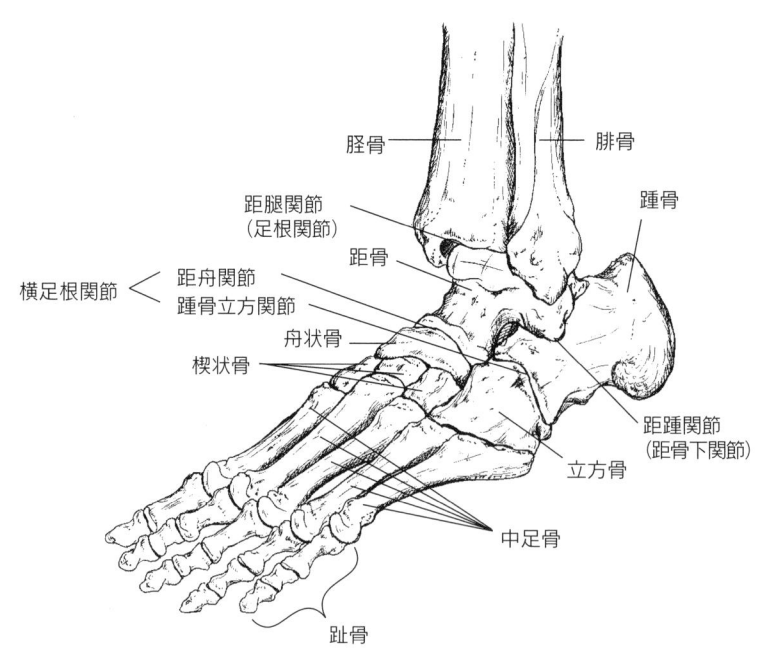

図1-3●左足の下腿から足部のおもな骨と関節
　この構造がランニング時の着地と離地の衝撃を分散する。

(sagittotransverse axis)を運動軸として，前額面上の動作が行われる。足部の前額面運動には内がえし(calcaneal inversion)と外がえし(calcaneal eversion)がある。

＊**矢状面**：身体を左右に分ける面である。水平前額軸(front transverse axis)を運動軸として，矢状面上の動作が行われる。足部の矢状面運動には底屈と背屈がある。

＊**横断面**：身体を上下に分ける面である。垂直軸(sagittal axis)を運動軸として，水平面上の動作が行われる。足部の水平面運動には内転と外転がある。

＊**背屈**：足の指などが上方に曲がること。下腿の前脛骨筋の収縮などによる。

＊**底屈**：足の指などが下方に曲がること。腓腹筋などの収縮による。

＊**横足根関節**：内側では距骨と舟状骨の間，外側では踵骨と立方骨の間にある関節で，足の内がえしや外がえしに関与する。

＊**回内と回外**：距骨下関節はその運動軸が斜軸構造をしていることから，三平面すべてにおいて動きが生じる。この動きを回内(背屈・外転・外がえし)と回外(底屈・内転・内がえし)という。距骨下関節の動きは下腿の動きと連動しており，距骨下関節の回内(踵骨の外反)で下腿は内旋する。また，距骨下関節の回外(踵骨の内反)で下腿は外旋する。距骨下関節の回内は下肢長を短縮し，回外は下肢長を延長する。このことは機能的脚長差を生じる原因になる。

＊**内旋**：四肢の前面が内側に向くような長軸の回転をいう。
＊**外旋**：内旋の反対。膝関節を直角に屈曲した状態で踵を回転軸として外側に回転することをいう。
＊**踵骨**：足根骨で最大のもの。踵を形成し，前方は立方骨，上方は距骨と関節をなす。
＊**距骨**：talus，下腿の脛骨とを結び関節をつくる骨のこと。

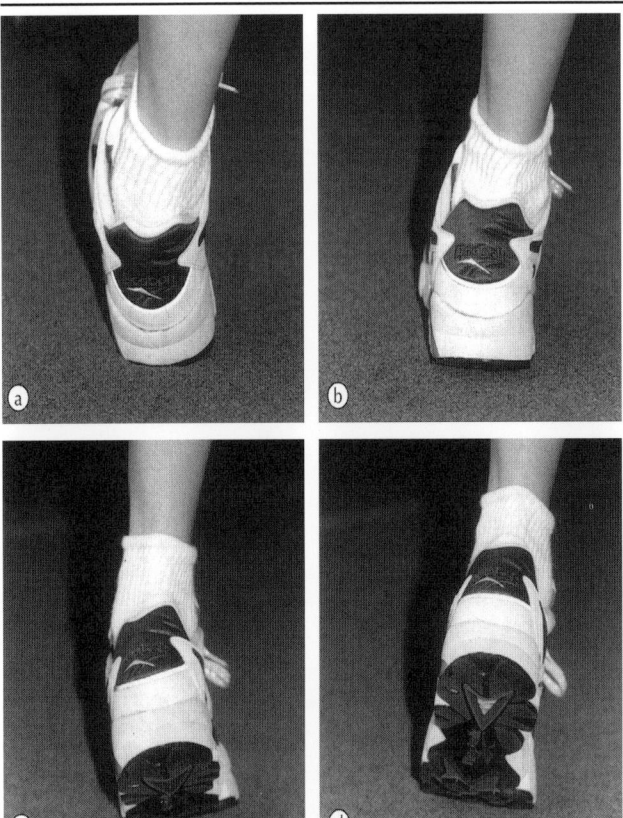

図1-4●ランニング時の足の動きを後方から見た図
　着地の開始時に足は回外し(a)，接地時には回内し衝撃が吸収される(b)。中間支持局面から離地開始への移行期には足が硬いテコのようになり再び回外する(c)。離地の直前に足は再び回内する(d)。

ランニングサイクル

図1-5●ランニングサイクル
　ジュリアン・ヘネーアの着地(右上のa)からはじまるランニングサイクル。同じ距離から写真が撮れるように撮影者はトラックの内側に立ち撮影した。

4. ランニングサイクルにおける動作の流れ

ランナーの脚が1回のランニングサイクルを行うときに注目してみよう。これに関連する専門用語や概念は足病医やバイオメカニクス学者や整形外科医にはよく知られているが，同時にコーチや選手にも浸透させるべきである。いくつかの優れた論文には，ランニング中の足の動きが比較的正確に書かれている（Adelaar, 1986；James and Brubaker, 1972；Mann, Moran and Dougherty, 1986; Slocum and Bowerman, 1962; Slocum and James, 1968）。ランニングサイクルのいろいろな局面の説明には多くの用語があるが，ここではSlocumとJamesのものを用いた。

ランニングとウォーキングはいずれも基本的なスキルであるが，途中で中断しない連続的な動作パターンであるという点で他の多くのスキルとは異なる。我われは，一方の足をもう一方の足の前に出すとき，腕も同時に動かすが，脚とは逆の側になる。すなわち，左脚と右腕が前方に動いたとき，右脚と左腕が相対的に後方に動く。この動作が連続して行われる。ウォーキングでもランニングでも，**姿勢維持（緊張）筋**への負担を軽くするために胴体の傾斜は最小限度にとどめるほうがよい。地面との支持接点の真上で体重の大部分（60%）を占める頭部と胴を保つようにすれば，姿勢維持筋への負担は最小となる。

ランニングとウォーキングとを区別する最も大きな特徴が，ランニング時には，体が宙に浮くフロート局面があるということである。この特徴について**図1-5**の一連の写真を参考に説明してみよう。この写真は1996年のオリンピックに出場したジュリアン・ヘネーア（Julianne Henner）が68秒/400mのペースで走ったときのものである。ランニング時には体が宙に浮く局面がある一方で，ウォーキングにもランニングにも**支持局面**（もしくは立った姿勢）と前方への**回復局面（振り出し）**の2つの共通した局面が見られる。ウォーキング時の支持局面はサイクル全体の65%を占めるが，ランニングではその割合は30%ぐらいに減り，しかも両足による支持局面は消失する。ランニングとウォーキングの違いを以下の3つにまとめてみた。

(1) ウォーキングでは後ろに残っている足のつま先が地面を蹴る寸前に，すでに前方に振り出されたもう一方の足の踵がまず着地する。ランニング時には（つま先による）この押し出しが強いので，体は宙に浮きバウンディングのようになる。

(2) ランニング中は肘が曲がっており，そのため腕のテコ（モーメントアーム）が短くなり，ピッチの増加に合わせて肘も素早くスイングできるようになる。いっぽう，ウォーキング中は，肘はほとんど伸びたままの状態である。

(3) ランニングでは体幹の上下の揺れ幅がより大きくなるうえ，着地時の衝撃もウォーキングより大きい。したがって，その衝撃をやわらげるため股関節，膝，足首の活動量が大きくなる。ランニングの接地時には，膝と股関節の素早い屈曲と足首の背屈（足首の柔軟性）が大きな衝撃を吸収するのに必要となる。ウォーキング時には，足首は背屈ではなく底屈状態となる。

ランニング時のサイクル（周期）とストライド（歩幅）の違いについてはすでに説明した。**ランニング速度はストライド長とストライド頻度によって決ま**る。ストライド長を測るときには，踵の後ろからでなく，着地した靴のつま先から計るのが良い。というのも，ウォーキングは踵からつま先への運動であるのに対し，ランニングはそれとは異なるからである。優秀なランナーのうち60%の者は足の前部で着

地し、残り30％の者は足の中間部で、そして、さらに残りの10％は足の後部（踵）で地面をとらえている（Cavanagh, Pollock and Landa, 1977）。ちなみに足の前部は後部よりも着地時の衝撃をより多く吸収できるため、足の前部を使うランナーのほうが有利になる。

❶──支持局面

ランニングサイクルの支持局面は、**着地**、**中間支持**、**離地**（接地、支持中期、足先離地：toe-offとも呼ばれる）の3つの相からなる。脚が前方へ戻る際にもやはり3つの相、すなわち**フォロースルー**、**フォワードスイング**、**振り降ろし**がある。フォロースルーと振り降ろしの相は**浮遊相**（フロート）と呼ばれることがある。

では**図1-5a**に示すようにジュリアンのランニングサイクルを例にとり、右脚が支持局面から非支持局面へと動いていくのをたどってみよう。まず脚が地面に向かって振り降ろされ着地が始まる（**図1-4a**も参照）。足は地面についたときでも依然として回外が強くみられ、重心よりも少し前に出ていて、ブレーキを最小限度に抑えるとともに前方への推進力を保持している。足の距骨下関節（足首の下方）は、下肢の回転運動を前方への動きへと変換させるための重要な働きをする。

足の着地から完全な支持局面に入る瞬間に（**図1-5aとb**）膝は屈曲し、脛骨は内側に回転して、足首は底屈し、さらに距骨下関節が回内することで、踵の外反が引き起こされる（後ろから見た図が**図1-4b**に示してある）。この回内の瞬間に、足部が、衝撃の吸収、トルクの変換、地面の凹凸の調整、バランスの維持などといった機能にうまく適合するように働く。膝の屈曲は、大腿の内側広筋、外側広筋、大腿直筋、縫工筋の**伸張性筋収縮*** により生まれる（**図1-6**参照）。後脛骨筋、ヒラメ筋、腓腹筋の伸張性筋収縮は

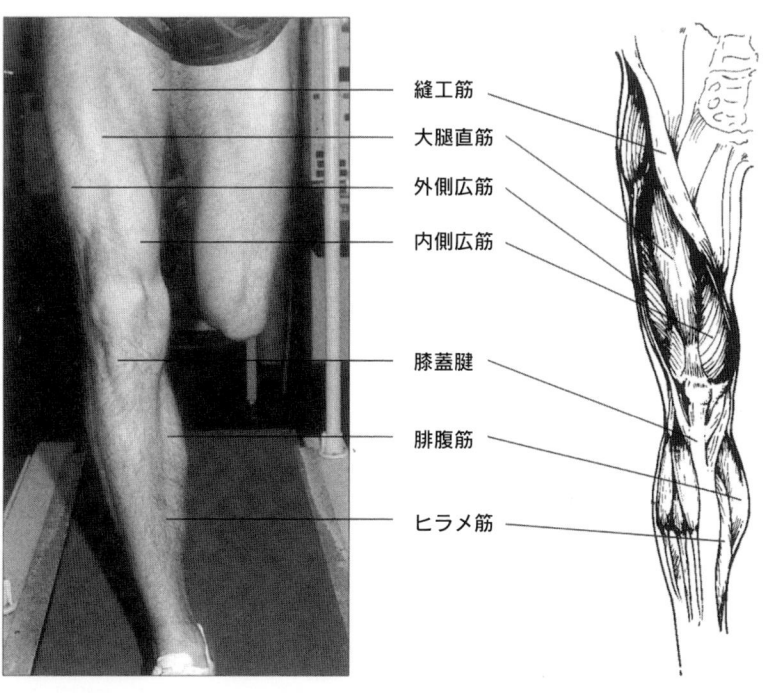

図1-6●大腿のおもな表層筋を前方から見た図

距骨下関節の回内と下腿の内旋に拮抗するよう働く。その際, 回内は最大となるが, その後再び十分な回外が起こることで(図1-4cで後ろから示してある), 中間支持局面を**ニュートラルポジション**(力のバランスのとれた状態)で体を移動することができる。ある程度の回内は着地の衝撃を足の中間部や前部へと散らすので好ましい。反対に回内が極端に少ないと過大な衝撃が足の後方へ伝わることになるし, また, 過剰な場合は踵骨の外反が大きくなり, 長軸のアーチ構造(土踏まず)を必要以上に歪めることになる。

中間支持局面は踵が上方へ上がり始め, つま先が地面から離れる瞬間まで続く(**図1-5c**)。その間, ジュリアンの足部は体重の2〜3倍となる重量をしっかり支えるために, 柔軟で可動性の高い構造から**硬いテコ**へと変わる必要がある。この変化における筋の貢献は小さく, むしろ距骨下関節および横足根関節の位置変化, 関連する骨の解剖学的な形状, 靱帯の張力の違いなどによる貢献が大きい。これにより, 膝関節は伸展, 下腿は**外旋**, 踵骨は内反, 横足根関節は固定, 距骨下関節は回外することにより, 硬いテコへの変容が実現する。このテコによる前方への推進力は, 地面を後方ならびに下方へ押し出す力となり, 股関節の伸展(殿筋とハムストリングの筋群), 膝の伸展(大腿四頭筋), そして足首の底屈(ヒラメ筋と腓腹筋)の協調も必要となる。こうして, 体の重心が宙に浮くことになる(フロート)。足の後部より前部が幅広いのはバランスをとるのに役立ち, 体重のかかる面積を増やすうえで有用となっている。

❷──回復局面

ジュリアンの足が地面から離れるとすぐに, 前方への回復局面からみて**浮遊期**の初期段階に入る。これはフォロースルーと呼ばれる。彼女の左足の動きはハムストリングの活動から反作用を受ける(遅くなる)。反対側の膝はまだ屈曲し高い位置にある。引き上げられた右脚はその後減速し, 左脚の股関節, 膝, 足関節は最大限に伸展される(**図1-5d**)。その後, 左脚は前方へ動き始め, 前方への振り出しが始まる(**図1-5e**)。

この後方へのキックから前方への振り出しへの方向転換には, ある程度の時間とエネルギーが必要となる。股関節の屈曲と骨盤の前方への回転で左大腿部は前方へ動き始める(**図1-5,f-i**)。Mann, Moran,

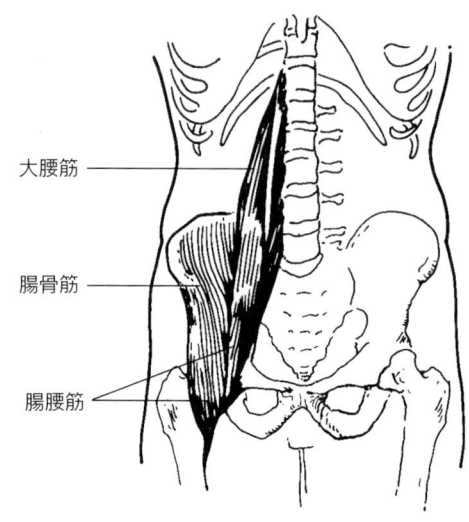

図1-7●腸骨筋と大腰筋
下肢の前方移動に重要な股関節を屈曲させる筋。大腰筋は最後の胸椎と5つある腰椎すべてから, 腸骨筋は腸骨から始まる。この2つの筋は1つになり腸腰筋として大腿骨の小転子に結合する。

コラム

●―足底筋膜炎

　足底筋膜は足底の縦アーチが伸びきるのを防ぎ，結果として着地による衝撃をより多く吸収する。離地時のわずかな回外もこの筋膜に応力を加える。この筋膜は踵骨の底にある隆起部から始まり（図1-8），その後3つに分かれる。そして足底の表面に沿ってつま先のほうへ伸び，足の指の近位部につながっている。もしこの筋膜を使いすぎて細かい断裂ができると，痛みを伴った局所的な炎症（足底筋膜炎）が引き起こされ，筋膜は弱体化していく。朝ベッドを出るときに足の裏に痛みを感じたら，それが足底筋膜炎になったという独特の合図になる。

　足底筋膜炎の原因として，過度の回内，扁平足の傾向，足自体の柔軟性が低い，アキレス腱の柔軟性が低い，トレーニングに誤りがある，シューズが合わない，などといったことが想定される（Warren, 1990）。シューズは適切なアーチ・サポートのあるもの，つま先がほどよくフィットするもの，ヒールカウンターが固いもの，靴底に柔軟性のあるものが良い。また，シューズは個人の足型に合ったものが良い。つまり，ハイアーチの人はローアーチの人用のシューズを履くべきでない。足底筋膜炎につながる誤ったトレーニングとは，段階的に適応する過程がなく突然厳しい練習へと変えるものである。例えば，ハードなヒルトレーニング，後から付け加えた（余分な）トレーニング，走路を柔らかい地面から固い地面へ突然変えることなどがあげられる。一度足底筋膜炎にかかると，休息をとったり積極的に治療を受けない限り治すのはかなり難しくなる。ゆえに，トレーニング内容や使用するシューズを慎重に管理することが，足底筋膜炎の防止策となる。

　治療法のうち最も有効なものはアイシングとストレッチングだが，シューズを見直すことも有効である。アイシングの例として，水を満たしたプラスチック製のカップを凍結して作った凍結シリンダで，5分間，足の底を前後に転がすという方法がある。こうすることで筋膜が冷やされながらマッサージされるのである。ふくらはぎのストレッチングも有効である。また，より積極的な治療法として，夜間に添え木をすること，超音波をあてること，強い摩擦力でマッサージを行うというのもある。

図1-8●足底筋膜
　足底腱膜と呼ばれることもある。伸ばされた腱のように光沢のある白い繊維質の膜。腱と同様に血流量はとても少ない。3本のコラーゲンを含む繊維の束がまとまって平行に配行しており，大きな張力を発揮する。結節状の踵の骨（踵骨隆起）の中ほどに付着し，踵から離れるにつれて幅が広くなり薄くなっていく。中足骨の先端付近で各指先につながる組織へと広がるように発達している。

Dougherty（1986）らの研究によると，腸骨筋と大腰筋（**図1-7**）による股関節の屈曲が，足の前方への動きに何よりも重要な要因と考えられている。腸骨筋は仙骨の基部と腸骨の前表面に始まる。また，**大腰筋**は胸椎の末端とすべての腰椎の椎体と椎間軟骨，そして腰椎の横突起にかけての広い範囲から始まり，それぞれ下方へ伸びたところで停止，結合する。これら2つの筋は同じ腱により小転子という大腿骨の狭い部分に結合している。このときの膝の屈曲は，おもに受動的なものであるが，キックのときに伸びていた脚を折り曲げ短縮することでこの股関節の屈曲を容易にする働きをする。それにより，体の前方へ移動する速度よりも速く大腿を前方へ引き出すことができる。股関節の屈曲が最大に達し大腿が地面から最も遠いところに行くとすぐに，足部の下降を示すフロート期間の最終局面へと入る（**図1-5, k と l**）。そして，次のサイクルを開始するための着地準備態勢に入る。大腿四頭筋の活動により下肢を前方へ動かし，膝を伸展させる。その後ハムストリングの筋群は，膝の過伸展を防ぐように張力を発揮し，足と脚の前方への動作を抑制するように働くため，受動的に伸展する。ここで（相対的に）体幹が遅くなった下肢に追いつく（横から見て重なる）。着地時には，足が体幹の前方への動きと同じ速度で後方へ動いていくことが理想である。

＊伸張性筋収縮：筋が引き伸ばされながら収縮する様式。短縮性筋収縮よりも大きな筋力が生まれる。

5. ランニングのバイオメカニクス的疑問

ランニングのバイオメカニクス的理解についてここで述べたような専門的な内容を知ると，様ざまな実践的な疑問も浮かび上がってくる。ここでそれらのいくつかについて述べよう。

❶ ランニングペースはストライドの頻度や長さに影響するのか？

ストライドの長さも頻度もランニング速度が増すと増加するが，前者（ストライド長）は後者以上に増

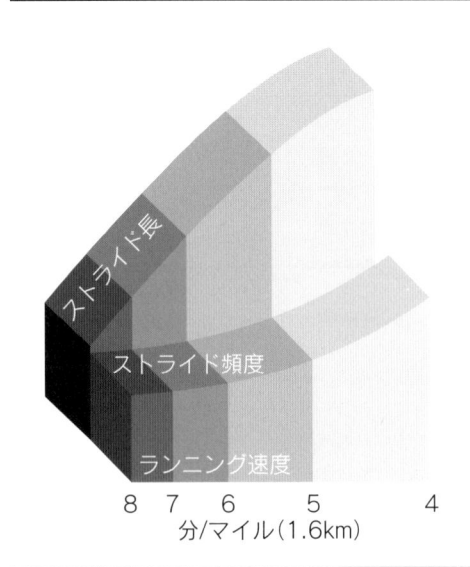

図1-9●ストライド頻度とストライド長の関係
　ランニング速度が増加していくと，ストライドの頻度，長さのいずれも増加していくが，長さのほうがより大きく増加する。これはそれまで動員されていなかった筋線維が動員されることによるものと考えられる。
「Should You Change Your Stride Length?」から引用。P.Cavanagh and K.R.Williams, 1979, Runner's World, 14(7), p.64.

加する（図1-9）。あるペースにおけるストライド長と頻度の適切なコンビネーションは，脚長，股関節の屈曲性，呼吸数，疲労状態などの変数により十人十色である。こうした重要な知見は，Cavanagh, Williamsと彼らの共同研究者が12年の歳月をかけて行ったランナーのバイオメカニクス的研究によるものである（Cavanagh et.al., 1985 ; Cavanagh and Kram, 1990 ; Williams and Cavanagh, 1987）。

❷ ストライド長はエネルギーの消費量とどのように関係するのか？

最も効率良いストライド長（酸素消費の少ないストライド長）は無意識的に生じるものである。この自動選択はそれまでの数え切れないランニングサイクルで刺激された関節受容器から入力される情報が小脳で統合されてできあがる。適切なトレーニングによる脚の筋力増加と適当な関節可動性の向上により，自然にストライド長は増加する。ストライド長を意図的に長く，短くすることは，過剰なエネルギー消費を引き起こし，早期の疲労を招くことになる。図1-10は，個人が独自に選択する最適値よりも長かったり短かったりした場合に，どのくらいエネルギーコストが増減するかを示している。少なくとも，直感的に感じとる自然なストライド長よりも断じて長くしてはならない（ブレーキが多くなるから）！

❸ ランニングで背中と骨盤はどのようにして脚と相互作用するのか？

これは重要である。地面をたたくのは足だが，動きを起こすテコの実際の軸は腰椎と骨盤である。中間支持と離地時，骨盤は腰の筋活動により前方へ傾き，脚の後方への大きな推進力を与えることになる（図1-5,bとc）。また体が左右にぶれないように，体幹はつり合う方向，つまりキックと反対の方向へと向けられる。大殿筋や中殿筋といった股関節の主要な筋がこのとき重要な働きをする。腰椎はフォロースルー時に最大伸展し（図1-5d），前方へのスイング時に最大屈曲する（図1-5g）。

❹ ストライドの効率はどのようにすれば良くなるのか？

最も効率の良いランナーは着地時の減速が最も少なく，上下動も少なく，一歩一歩に距離のロスもない。ストライドが大きすぎると重心よりもかなり前

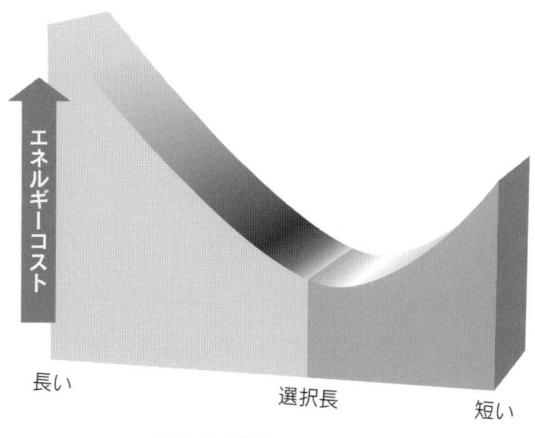

図1-10●エネルギーコストとストライド長の関係
　個人が選択する最適なストライド長（一般にエネルギーコストが最小になる長さ）からはなれるといかに非効率であるかがわかる。個人差はあるが，最適なストライドに対して，それよりもストライドが短くても長くてもエネルギーコストは高くなる。
「Should You Change Your Stride Length?」から引用。P.Cavanagh and K.R.Williams,1979,Runner's World,14（7）,p.64.

で着地するので着地時の減速が大きくなる傾向がある。上下動は体幹の長さと脚長の組み合わせ，あるいは伸展や屈曲の程度で決まる。前方へのストライド長は，それを生み出す主働筋の筋力発揮能力によって決まる。筋力の増大効果は運動単位*の動員の増加とともに，下肢や股関節の筋肉の強化により実現する。**ランニング効率***はこれらの微妙な調節具合で変化する。着地時の上下動と減速を減らすことでエネルギーが節約でき，下肢の筋力が増大すれば，エネルギー効率が良くなり，ストライド長も長くなるはずである。我われはすでにランニングサイクルを生み出す複雑な中枢神経系の活動や統合について述べた。この過程を意識的に変えるとき，つまりランニングフォームを改善しようとするときには十分に考える必要がある。というのも，意図したフォームの改良とは異なり，バイオメカニクス的にまずい変化が起こる可能性があり，それを防ぐ必要も出てくるからである。

❺ 身長の高い選手も低い選手も同様のバイオメカニクスで良いのか？

答えは多分イエスである。身長が高くても低くても同様なバイオメカニクスが通用する。ただし，身長が高いといくつか不利な点が生じる。体重が重くなることもそのひとつである。この関係は指数関数的である。ニューヨークシティマラソンに出場したおよそ1,500人のマラソンランナーでは，身長の増加に対して体重の増加が指数関数的（2.5乗）に増加していた（Stipe, 1982）。例えば，ランナーAの身長が66インチ（167.6cm），体重が120ポンド（54.4kg）とする。ランナーBの身長がAの1.1倍の72.6インチ（184.4cm）であったとすると，Bの予想される体重はAの1.3倍の156ポンド（70.8kg）になるだろう。この関係から，着地時の衝撃にも大きな影響が出ることが予想できる。しかし，足のサイズも約1.3倍大きくなるのかといえばそうはならない。衝撃を吸収する足底の表面積から見た足のサイズは，体重の増加に比例しない。当然，背の高いランナーは体重の支持局面でより大きなランニング負荷を受ける。彼らはこうした負荷による衝撃ストレスを繰り返し受けるため，ケガをする一歩手前で走っているようなものとの見方もできる。そうした理由から，シューズのサイズが大きくなるにしたがい，そのクッション性やエネルギー吸収特性は大きなストレスを調節するためにできる限り適切なものにすべきである。

❻ 男性と女性は同じランニングバイオメカニクスを示すのか？

この問題は解決までにまだ時間を要する。エリート女性ランナーを対象とした研究は今始まったばかりである（Williams, Cavanagh and Ziff, 1987）。少ない研究のなかでも，**性差**（gender）の存在はいくつか確認されている。エリート男性ランナーは明らかに股関節の屈曲度が小さく，脚長の割にストライド長が短い。さらに，エリート女性ランナーよりも上下動が少ない。ケガのなりやすさからみた解剖学的な性差を示す臨床的文献もある。それによれば，平均的な女性では男性に比べて骨盤が広いため，大腿骨内旋が大きく（内股），膝の外反（X脚）もあり内側広筋の発達が悪い（Hutchinson and Ireland, 1995）。すなわち女性は男性と比較して膝蓋骨と大腿骨との関節（膝蓋大腿関節）へのストレスが増加しやく，様ざまな膝の障害が出やすい。ただし，エリート女性ランナーの測定値を見てみると，男性の平均値に近い。彼女らは普通の女性が行うとケガをするような運動でもケガをしない。ゆえに，エリート女性ランナーは一般的女性に比べよりきついトレーニングにも耐えることができ，それに適応し，高いパフォーマンス能力を得ることができるかもしれない。

❼ ランニングによる障害にはバイオメカニクス的な原因があるのか？

ランニングによる障害にはバイオメカニクス的な原因が内在することが多い。例えば，前述したラン

コラム

●──ランニングにおける股関節の安定性

　ランニングによるケガとバイオメカニクスの関係は最近研究され始めたばかりである。先に取り上げた例に加え，これから取り上げるもう一つの例も注目を集めている。それは，特に女性エリートランナーがトレーニング負荷を上げる際にしばしば生じる，いわゆる"股関節の問題"である。腸腰筋，梨状筋，または殿筋の筋痛をともなう選手もいれば，腰椎，仙骨，あるいは腰の下部の痛み，または特に坐骨神経の刺激を感じる選手もいる。さらに悪化すると症状は複数，あるいはすべてが現れることもある。医学的助言を求めても，その専門（整形外科医，足病医，指圧師，理学療法士，マッサージ師）によって，その診断に対するアプローチの違いから，選手は違った意見を聞くはめになる。

　バイオメカニクスの原理によれば，おそらく身体のあらゆる部分の中で第4，5腰椎を含む，腰・骨盤領域ほど，組織へのストレスに対して弱い部分はないと言われている。この領域は，脚や腕による運動を行う際に安定性とバランスを保つのに重要な役割を持っている。それはまさに重量の軸受けのハブであり，上からの力（体幹，頭そして腕の動き）と下からの力（下肢を通じて伝達される地面の力）が"接続"する場所である。ランニングやジャンプはこの意味で特に負荷が高い。速く走れば走るほど，選手の背が高くなるほど，骨盤が広いほど，大きな回転力に耐えなければならない。

　選手が速く走ると腕と肩の回転運動が力強くなる。そうすると骨盤を安定させるための筋や靭帯への負担が大きくなる。骨盤の安定性がないと肩が一方向へ回転する反作用として骨盤が反対方向へ大きく回転する。もちろん，適度な股関節の回転はストライドを伸ばすのに効果的であるが，過剰に回転すると，主働筋ではなくその隣接する筋に不適当な力が加わり，ランニング効率が悪くなるだけでなく，傷害や関連する筋や腱を刺激するリスクが高くなる。もし，原因が足病学的なもの（不適切なシューズの使用，矯正板が必要にもかかわらず不使用だった場合など）であれば，腰骨盤領域のリハビリテーションにそれほど注意を払わなくても問題は解決するであろう。

　ランナーでは腰部の筋よりも腹筋が弱い傾向にある。なぜなら，前者はランニングにより鍛えられるが，後者はシットアップのような腹筋運動では十分鍛えられないからである。このアンバランスは骨盤の前傾の傾向につながる。過剰に骨盤が前傾すると股関節の可動域を制限するようになる。そうすると股関節の屈曲が減り，伸展が大きくなる。ランニングではストライドを縮小し，地面の接地時間が増加することになる。そこでピッチを速めようとするとケガの危険性が高まる。骨盤の回転の安定性や脚を前方へ動かす筋群の強化とストレッチングを意識して行ってこなかったランナーが，腸腰筋，梨状筋，そして殿筋に緊張を起こし，この問題が発生したとしても驚くにはあたらない。

　トレーニングにおける実際的なヒントとしては，シットアップのような腹筋運動を行う際に腹筋の横を強化できるようひねりを加えるのが良い。また，足に合ったトレーニングシューズを履いているか確認すべきである。

ニングサイクルにおいて大腿四頭筋とハムストリングの筋群が同時に緊張を生み出す瞬間があることを思い出して欲しい。大腿四頭筋は，脚の前方への引き出しと足の振り降ろしの際，股関節の屈曲と膝関節を伸展させる。同時にハムストリングの筋群は股関節の屈曲と膝の過伸展を防止するように，まさに拮抗筋として働く（Stanton and Purdam, 1989）。接地時の早期には，ハムストリングの筋群は股関節と膝関節にわたって最大限に伸ばされ，大腿四頭筋等とともに，接地時に足が体重の重さでつぶされないようにともに張力を発揮する。一般に，大腿四頭筋群のほうがハムストリングの筋群より強い。もしハムストリングの筋群が柔軟性に欠けていたり，（例えば，不十分なストレッチで）それらの筋と骨盤をつなぐ腱が弱かったりすると，両筋群から緊張が生み出される瞬間に組織の剥離が起こる（肉離れ）。この危険性は走行速度が大きくなればなるほど増大する。双方の筋がより大きく力を発揮し，大きく伸展する必要性が増大するからである。肉離れは短距離選手によくみられるが，試合期のピーキングで，短く速いインターバルのランニングを行う中長距離選手にも起こりやすい。

＊**運動単位**：筋とそれを支配する神経を合わせた機能的単位を指す。詳細は第2章。
＊**ランニング効率**：運動時の効率は機械的効率で評価する場合が多い。機械的効率は，運動時のエネルギー消費量（おもに酸素消費量）に対する外的仕事量の割合をいう。効率が良ければ，この値は上昇する。

6. ランニングのバイオメカニクス的発達と評価

合理的なランニングスタイルは，機械的効率が良い（少ないエネルギーで多くの仕事ができる）うえに，体幹や手足それぞれの動きが調和しており，見た目にも楽々と走っているように見える。つまり合理的なランニングスタイルは，バイオメカニクス的研究と視覚的に捉えたフォームの研究を組み合わせることから生まれる。ランニングスタイルをその改善という視点から評価する場合には，動作のエネルギーコストを減らすためのバイオメカニクス的改善がなされたかどうかが吟味される。効率的なランニングスタイルの1つの要因は，例えば，ピッチとストライド長の組み合わせが最適かどうかである。これは種目だけでなくランナー個人の身長や柔軟性によっても変わってくる。ストライドが長すぎても短すぎてもエネルギーコストは大きく，効率は悪い（図1-9，図1-10）。ある種目のランニングスタイルは別の種目のスタイルにはまったく当てはまらない。つまり，マラソンを100mダッシュや1500m走を走るスタイルで走ることなど，誰にもできないのである。

エネルギー効率の良いランニングスタイルが必ずしも素晴らしいパフォーマンスを約束するわけではないが，悪いランニングスタイルは確実に有害である。例外もあるが決して多くはない。1940～1950年代に活躍した，"人間機関車"の異名を持つエミール・ザトペック（Emil Zatopek）のやや不恰好なスタイルは，見た目の良いランニングスタイルが大して重要でなく，自然と現われるスタイルで走ることが一番！　という考え方を示す好例としてよく用いられてきた。実際に，1952年のヘルシンキオリンピックでの5000m，10000m，マラソンで3つの金メダル獲得という好成績がそれを物語っている。

しかし，ザトペックがもっと効率的な走り方へと改善するようなコーチングを受けていたとしたら，彼はさらに速く走れたと考えるべきではないか，というのが我々の見解である。ランニング時の肩の過度な逆回転（counterrotation），こわばり高く上がった腕，そして左右への頭部の振り，苦悶の表情を示す顔と首の筋の過緊張などがなかったならば，ザトペックは多くのエネルギーを節約できたはずである。彼が勝てたのは他の者に比べてより多くのハードトレー

ニングをしたということに他ならない。彼は膨大な長距離走と短距離走を繰り返して行う「**インターバルトレーニング法**」を開発した。同時代のランナー達と比較すると，彼のスタミナは並外れて高かったが，その際のスピードをみると，今日の長距離選手に必要なスピードからはほど遠いものとなる。彼の1500m走でのベスト記録である3分52秒は今日の16歳男子のベストに相当する。同様に，400mインターバルでのペースは，今日多くの男性エリートランナーが行っている長距離走のペースより遅いものである。

ザトペックの走りに代表されるいわゆる自然発生的なランニングスタイルが一番良く，しかもそれは変えられないものだとする考えは敗北主義者の態度である。トレーニングにより，神経系が多くの感覚信号の微妙な変化を統合し，動作パターンを改善するための高い適応能力（**脳の可塑性**）を持つという現実を無視しているからだ。多くのスポーツ，例えば，ゴルフ，テニス，水泳，体操などにおいて，正しい運動を身につけさせようとする教育的要求に応じてコーチ（教師）の指導がなされ，そこではじめて選手の運動スタイルが目に見えて変容し，パフォーマンスも向上する。ランニングでも同じことが起こるはずである。

我々はこうした神経系の発達の可塑性の例を発育期の子どもに見ることができる。Beck (1966) は小学校1～6年生の男子を対象に，発育にともなうランニングスタイルの変化を注意深く調べた。その結果，ランニング時のバイオメカニクスとフォームが改善されていくことがわかった。コーチングも，成熟したランナーへとスタイルを変える手助けとならなければならない。Beckは少年が発育にともない5つの点で向上することを見いだした。

- ストライド長の増加
- 着地点の重心直下への接近
- 浮遊時間の延長
- 上下動の減少
- 前方へのスイング終了時にみられる膝屈曲の増加

セブ・コーのランニングスタイルはスポーツライターやコメンテーターたちに「詩的なまでの洗練された動き」と言わしめた。しかし，初めからそうであったわけではない。彼はトレーニングを始めた10代初頭の頃は，肩の動きが大きく，腕の振りも高く，痙攣したような堅い動きだった。コーチングによる3年近い矯正に本人が努力した結果，これらの欠点は見られなくなり，新しい型が彼の「自然」なスタイルとして備わった。欠点矯正の成功を知る目安は，選手達が大試合など，いかなるプレッシャーのなかでも元のスタイルに戻らないということである。欠点の矯正は競技人生の早期に行われるべきである。しかし，効率面で有益だと思われれば，スタイルの改善を試みる機会はいつでも訪れる。もちろん，この考え方に対する反論はあっても不思議ではない。「完璧さ」の追求は，めったに達成されるものではない。また，コーチングにおいて，逆の結果を招くと予想される場合には，さらなる矯正を制限する判断も必要である。もちろん，フォームにうるさい人ならば，集大成したセブ・コーにおいてさえも，その疾走中，片方の肘がわずかに羽のように動くという癖を見落とすことはないだろう。しかし，20年にわたる競技生活で，彼からこれらの動きを常に取り去るよう矯正を行うことにはあまり意味はなかったであろう。

ランニングスタイルの分析には改善点や優れている部分の見極めが必要であることを念頭に置き，ランニングサイクルで重要となる各部位の評価をすることである。まず足部から始めよう。

❶──足の位置

一直線上を走るとき，足の着地は進行方向に向かって両足を平行に（もしくはきわめて平行近くに）すべきである。こうすることで足首と膝関節にかかる左右方向への**回転トルク**が軽減されると同時に，足が両側に広がってストライドが短くなることを防

止できる。股関節，膝関節，足首関節にはランニング中にかなりの負荷が加わるので，前後方向への動きを促進するために左右の回転トルクは小さくしたほうがよい。

図1-11は効率の異なる着地の仕方を示している。写真は1986年，シュツットガルト（西ドイツ）でのヨーロッパ選手権の800m決勝における，ゴール付近のイギリス人どうしの熾烈なメダル争いのシーンである。セブ・コー（ゼッケン326番）とトム・マキーン（Tom McKean，ゼッケン351番）はそれぞれ金と銀を獲得した。この2人の足の方向は明らかに進行方向に平行である。ところが銅メダルを獲得したスティーブ・クラム（Steve Cram，ゼッケン328番）の左足は左膝と同様外側を向いていて，推進力を発揮する瞬間に前方への力のベクトルが減少している。クラムの走る推進力の多くが，足が外側に向いて着地することで生じる捻転ストレスに対抗しようとして膝と足首関節に吸収されている。この着地スタイルはケガの危険性を高めるばかりか，ストライド長を1cm以上も短くする。シュツットガルトでのクラムのペースとストライド長では100mごとに50cm程度損をした計算となる。今日のレースにおいて，こうした損失は決定的な差となる。こうした欠点は，足病学的評価や着地の改善を図る努力により克服できるので，そうした努力はパフォーマンス能力を高めるうえでも有用なものとなる。残念ながら，クラムは競技生活において数年間にわたり，下腿，特にふくらはぎの筋（腓腹筋）の障害に悩まされていた事実がある。

❷──足首の柔軟性

足関節を評価するうえで重要な特徴はその柔軟性である。柔軟性を改善することでストライド長が長くなる。この重要性は国際大会のトラック競技でアフリカのランナー，とりわけ子どものとき，裸足で駆け回っていた選手たちを見るとよくわかる。彼らのスタイルは支持脚の膝が足首よりも前にあるため，離地時での足の可動域が大きくなる。筋張力が発生する前に予め筋が伸展されると発揮張力を大きくできることは生理学の常識である。膝が前方に動

図1-11●イギリス人の1500mトップランナー3人のランニング
セブ・コー(326)とトム・マキーン(351)の足は進行方向に平行に向いているが，スティーブ・クラム(328)の足は極端に外側を向いている（外反）ことがわかる。

いている間，踵が地面に近い位置，もしくは地面に接触している時間が長いほど，腓腹筋はより大きく伸展される。これはストライド長とパワーを増加させる。図1-12は足首の柔軟性の良し悪しで早く離地するか遅く離地するかが変わることを示している。

❸──膝を高く上げる

速度は膝の動き方にも影響を受ける。高速ランニングを行う際には膝を高く上げる必要があるが，マラソンではその必要はない。強いバネを持っているランナーは前方への振り出し局面において踵が臀部に触れるような弾道的ストロークを素早く行うことができる。しかし，長距離走者のランニングスタイルにこのような動作を取り入れるべきではない。ランニング速度が遅いので，バウンディングが小さくなり，上下動が小さくてすむから当然のことである。

❹──股関節の柔軟性

骨盤は一連の運動連鎖の流れに沿うと，膝の次に力の加わる関節であり，ランニング動作のなかで特徴的で重要な役割を担っている。それは大きな筋を収容し，キック後，前方へ足を力強く振り出し始めるとき，膝を上げ股関節を屈曲させる力を発揮する。股関節の可動域が狭いこともストライド長を伸ばせない一要因（制限要因）となる。股関節の回転トルクに対して体幹を安定させる筋群は，それらが過剰な負担を受けたときにケガをしないように特に丈夫でなければならない。例えば内転筋は骨との付着部が狭いためケガからの回復に相当時間がかかる。我われはすでに股関節の屈曲に腸腰筋群が重要であることを示した。これらの筋群には，選手が長く力強いストライドを生み出すために特別な筋力トレーニン

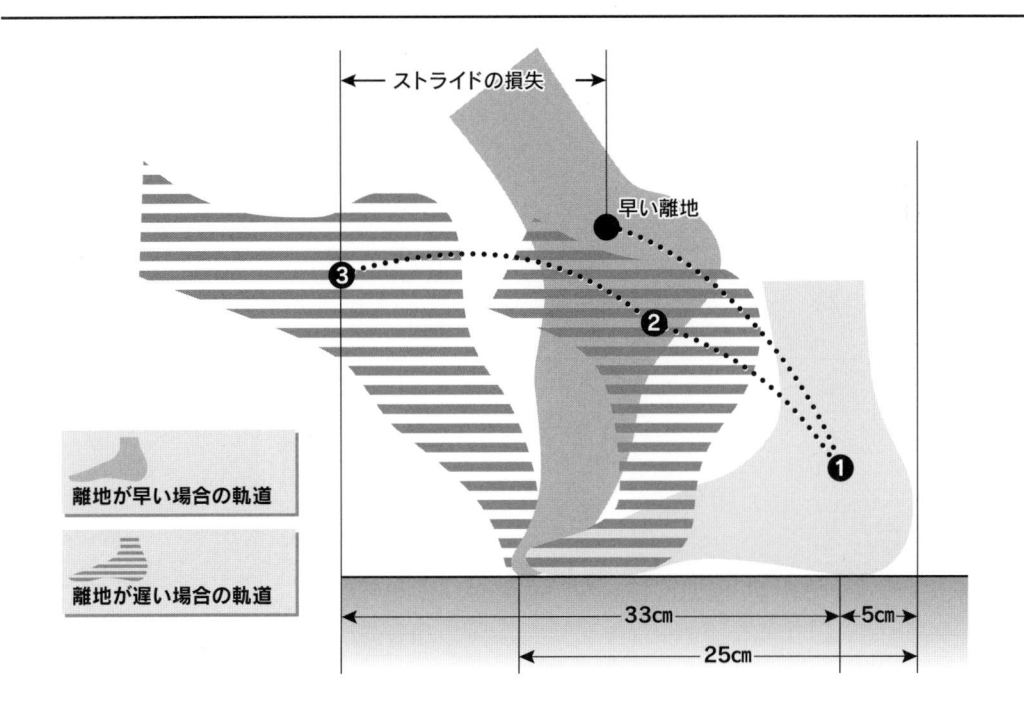

図1-12●足首の柔軟性が離地のタイミングとストライド長へ与える影響
　離地が早いとストライド長は短くなり重心も垂直方向へ移動してしまうので，離地が遅い場合よりも非効率的なランニングスタイルになってしまう。離地が遅いとストライド長が伸び垂直方向への移動も少なくなる。

グやストレッチが必要となる。偉大なオーストラリアの長距離選手であったロン・クラーク（Ron Clarke）は，選手やコーチたちとの会話のなかでよく，「ランナーの腰周りの筋は強ければ強いほど良い」と述べていたのを思い出す。彼の考えは賢明である。体幹の前傾は，おおかた股関節の柔軟性の欠如を補うために生じるものだ。したがって，股関節の柔軟性を向上させることは，エネルギー効率の良いランニングスタイル（直立姿勢）を約束してくれるはずである。

❺──上半身のバランス

肩と上腕もランニングにとって大変重要な要素である。これらは比較的低速度のランニングではおもにバランス保持に関わるが，速度が増したり丘を駆け登る際には，これらの機能は脚の筋群を助けるうえでより重要性が増す。適当に腕と肩とを相互作用させることで体幹の反応回転によるエネルギーの浪費を小さくできる。効率の良いランニングスタイルとは腕の振りはおおざっぱでも，あくまで自然体のほうが良い。肩は丸まっても後ろに反るものではなく，胸は前に突き出さないほうが良い。余分な筋の緊張はエネルギーを浪費する。肩は腰の上方に維持するのが良い。

腕の動きは，走る速さによって変化する。肘は体幹の近くにおかれ，手と前腕が胸の中心線で交わる傾向を最小限に押さえている。ランニング速度がどうあれ，腕のスイング全体を通して肘関節は約90°に保たれる。しかしながら，きわめて速いレースペースでは，この肘の屈曲角度は一定でなくてもよく，より流動性を与えるため，ロックせず90°前後で変化させるべきだ。ただし，腕のスイングがあまりにも一定しない傾向は，エネルギー消費も大きくなるので良くない。

図1-13●同時代のエリートアスリートに見られる異なるペースでのランニングスタイル
(a)セブ・コー（イギリス）の50秒/400mペースでトレーニング中のランニングスタイル。(b)サイード・アウィータ(モロッコ)の64秒/400mペースでの5000m走のときのランニングスタイル。(c)イングリッド・クリスチャンセン（ノルウェー）の75秒/400mペースでの10000m走のときのランニングスタイル。レースはいずれも1987年のローマ世界選手権でのものである。腕はリラックスし肘関節は90°である。ストライド長はペースが異なるので三者三様である。コーは他の2人よりも力強い脚の動きが必要となる。その結果，足は後方へと伸びる。体幹の姿勢は垂直に維持され，頭部は平行に保たれている。クリスチャンセンは他の2人よりも額の筋が緊張している。それぞれはレーンの内側で，ある程度の距離を保ちながら走っている。

手は常に余分な力を抜き，リラックスさせておくのが良い。このことは図1-11のゴールラインに向かってトップスピードで走る1500mランナー達にも見ることができる。彼らの親指は釘のように突き出てはおらず，手首も脱力している。指はやや曲がっている。しなびたレタスのように脱力させているのではなく，あくまでリラックスさせているのである。エネルギー消費を最小限に抑えようとする現われであることを重ねて強調したい。

❻——頭部の位置

ゴール直前での極端な体の前傾を除いて，頭部は肩の上に置くのが良い。頭部は解剖学的にきわめて重い部位である。もし適切な位置にないと，2つの問題が生じる。頭部が後方に行きすぎの場合には，首の筋肉に余分な負担をかけ，前方に行きすぎれば気道を圧迫し呼吸しにくくなる。

図1-13に3人の有名なランナー，セブ・コー，サイード・アウィータ(Said Aouita)，イングリッド・クリスチャンセン(Ingrid Kristiansen)のそれぞれ400m，5000m，10000mのペースにおける異なる走りを示した。いくつかのコメントを通して，読者が自身のスタイルを分析するのに役立つだろう。ランナーは同様な写真やビデオを友人に撮ってもらうといいだろう。このようにして得られる情報から，選手は自らの改善点を知ることができる。初めのうちは意識して肘の位置や手をリラックスしなければならないだろうが，練習しているうちに，随意的な動きが自動化され，生まれつきのフォームの一部のように改善される。必要とあれば，メカニクスの改善のために適当な柔軟性，ストレッチング，筋力強化の運動も計画することができる。

まとめ

●——バイオメカニクスの効果的利用

1. ランニングは我々の基本的な動作パターンの一つであり，幼年期から歩き始め，成長するにつれ，バイオメカニクスからみた効率が増加する。
2. 長年にわたるランニングの経験により，ランナーはエネルギー効率の最も良いストライドの周期と長さの組み合わせを習得できる。ゆえにランナーは少ないエネルギー消費で前方への動きを最大限発揮できる。
3. ランニングサイクルには支持局面と回復局面(非支持局面)がある。それぞれの局面は3つに区切られる。短い支持局面は，着地，中間支持，離地に区切られ，長い回復局面は，フォロースルー，フォワードスイング，振り降ろしに区切られる。支持局面が短くなればなるほど，こうした動きに必要な筋群の筋力トレーニングだけではなく，筋の伸張に耐えうる関節の可動性を高めるトレーニングも必要となる。
4. 着地の際の大きな衝撃は，速く走るほど大きくなり，全身の骨格筋系に与えるストレスを増大させる。ゆえに，速いペースでのトレーニングはレースを見据えたトレーニング内容に必須ではあるが，そのとき筋-骨格系の発達度に応じて適当なシューズを選ぶように十分な注意を払えばトレーニングによるケガは最小限に抑えられる。
5. 試合に強い選手を目指す熟練した選手は，まず，バイオメカニクス的改善より体力的改善を優先して考えがちである。しかし，ランニングにおけるバイオメカニクスの原理を理解することは，さらなるパフォーマンスの改善に有効となる。

MUSCLE PHYSIOLOGY FOR RUNNING

第2章

ランニングの筋生理学

● 男子1500mで3分26秒00の世界記録を有するモロッコのH.エル・ゲルージ。写真は，1998年7月14日，ローマで開催されたIAAF競技会で世界記録をマークしたときのもの（APF＝時事）。女子1500mの世界記録保持者は中国の曲 雲霞。3分50秒46の世界記録は1993年9月11日，北京で開催された中国全国運動会で樹立された。●

体内のすべての器官は独自の方法で運動の調節に関わり，日々の生活に貢献している。そのなかで競技成績に最も反映されるものは骨格筋である。骨格筋は男性で体重の約40％，女性では約35％を占め，安静時には総酸素摂取量の15％から30％の酸素を消費する巨大な器官である。骨格筋はそれ自体で機能するものではなく，神経系によりコントロールされる。さらに血液と心脈管系がうまく協調することで，活動筋に必要となる栄養と酸素が供給される。

筋生理学の進歩は今日ある仮説が明日にはどうなるかわからないほど早い。しかし，現時点で正しいと思われることを簡潔にまとめることは，選手，コーチ，科学者間のコミュニケーションを深めるだけでなく，骨格筋の機能を改善するトレーニングの概念を正しく理解することにもつながるものとして重要である。

1 骨格筋の構造と機能

1. 骨格筋の構造

人体の骨格筋（筋）の数は分類法により異なるが，435（Gregor, 1989）から650（Thomas, 1989）程度になると考えられている。筋は多くがペア(対)をなし，そのサイズは大，中，小様々まである。例えば，中耳内にあるあぶみ骨筋はわずか2～3mmしかないが，大腿の縫工筋（**図1-6**, P.17）は長身の人では50cmを超すこともある。筋は一般的に**筋外膜**と呼ばれる薄い結合組織に覆われており（**図2-1**），数十から数百の筋細胞（筋線維ともいう）によって構成されている。筋線維1本の直径はおよそ50μm（マイクロメートル）である。これらの筋線維は腱と骨に付着している。半ダースほどの小さな筋線維が集まったものは筋束と呼ばれ，**筋周膜**という膜に覆われている。**筋束**がいくつも集まって筋が形づくられている。これらの筋束には直径が250μmを超え，顕微鏡を使わなくても見えるほど大きいものもある。

筋は，また**筋膜**と呼ばれる光沢のある繊維状の結合組織に覆われている。我々はこの結合組織を別の部位で見ることができる。それは骨と筋を結びつける腱と骨同士を結びつける靭帯である。筋膜を筋の位置を安定させる帯のようなものと考えるとわかりやすい。ランナーに最もよく知られている筋膜は，**図2-2**に示す大腿筋膜の内部に位置する**腸脛靱帯**である。

筋パワーと筋が付着する関節の可動域は筋束の配列によりある程度決まる。この配列は筋により著しく異なる。**図1-6**，**図2-2**，**図2-3**，**図2-4**は，エリートランナーの筋の絵と写真で，筋線維の配列の例をいくつか示している。**大腿四頭筋**のひとつ（大腿直筋）は筋束が鳥類の羽毛のように配列し，中央にある腱に向かって筋束が両側から伸びており（**図1-6**），これは**双羽状筋**と呼ばれる。**ハムストリング**群のある筋（半膜様筋や半腱様筋など）の筋束も鳥類の羽毛のように配列するが，それらの腱は片側に

沿って存在しており(図2-3)，これらは**半羽状筋**と呼ばれる。縫工筋(図1-6)は代表的な平行筋で，帯状で薄く線維は筋全体を通じて平行に配行する。

図2-4に中距離走の花形選手トム・バイアース(Tom Byers)の大胸筋と三角筋を示す。大胸筋の筋線維は上腕の付着部から外側に向かって胸骨，鎖骨へと放射状に伸びる。三角筋の中間部は**多羽毛状**(半羽状の部分と双羽状の部分が混在している)で，いくつか存在する腱の間を筋線維が斜めに伸びる。三角筋の別の部位は**紡錘状**となっている。他の多羽状筋としては大殿筋があげられる(図2-2，2-3)。中殿筋や小殿筋は扇形をしている。これらすべての筋線維は各々の働きに最も適した形で配行する。羽状筋は羽状筋以外の筋より可動域は小さいが，**生理学的筋横断面積***が大きく，一般的にその大きさゆえに大きなパワーを発揮できる(Wirhed, 1984)。

関節に結合するすべての筋は，他の筋による筋収縮に拮抗する作用を備えている。例えば対になっている一方の筋が動き始めるとそれは主働筋と呼ばれ，もう一方の筋は拮抗筋と呼ばれる。**主働筋**が収

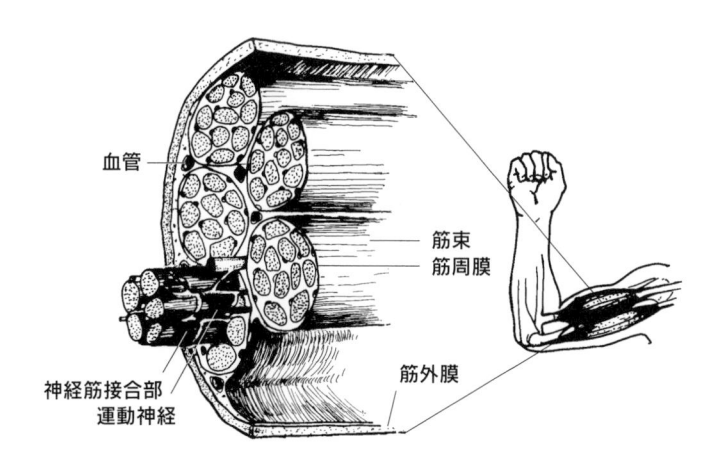

図2-1●骨格筋の構造
　骨格筋は筋束と呼ばれるいくつかの筋細胞が集まってできている組織からなっている。筋束はそれぞれが筋周膜という結合組織に囲まれており，筋細胞は1つの運動神経に支配される。

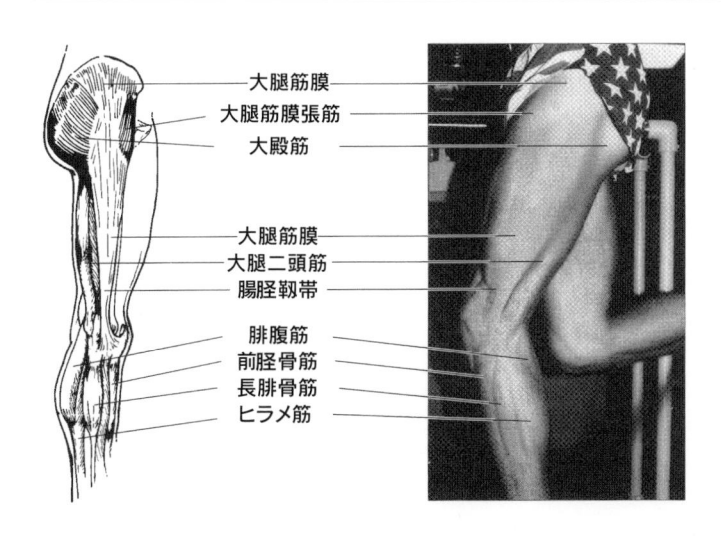

図2-2●下肢の筋を外側から見た図
　股関節部の大殿筋と大腿筋膜張筋，上腿の外側筋膜(大腿筋膜と腸脛靱帯)，下腿の筋をいくつか示している。

縮している間に**拮抗筋**は弛緩する。またそれまで主働筋だった筋が弛緩している間は拮抗筋だった筋が収縮し，関節の安定性は保たれる。よく知られる対として上腕の二頭筋と三頭筋がある。前者は肘を屈曲させ，後者は伸展させる。

骨格筋の活動は運動性の神経により制御される。**運動性神経**には多くの神経細胞（ニューロンとも呼ばれる）が含まれる。それらの神経細胞は途中で枝分かれし，いくつもの筋細胞に結合する。神経が筋に結合する入り口は**神経筋接合部**（モーターポイント）と呼ばれる。神経筋接合部ではわずかな電流刺激で筋が興奮する。

＊**生理学的筋横断面積**：筋横断面積には，筋の長軸に対して垂直に横断した場合の面積で表わされる解剖学的筋横断面積と，筋線維の配行方向に対して垂直に横断した場合の面積で表わされる生理学的筋横断面積がある。各筋線維の力が合計された発揮筋力は生理学的筋横断面積を反映する。羽状筋と羽状筋以外の筋を比較すると，明らかに羽状筋のほうの生理学的筋横断面積が大きくなり，発揮筋力も大きくなる。

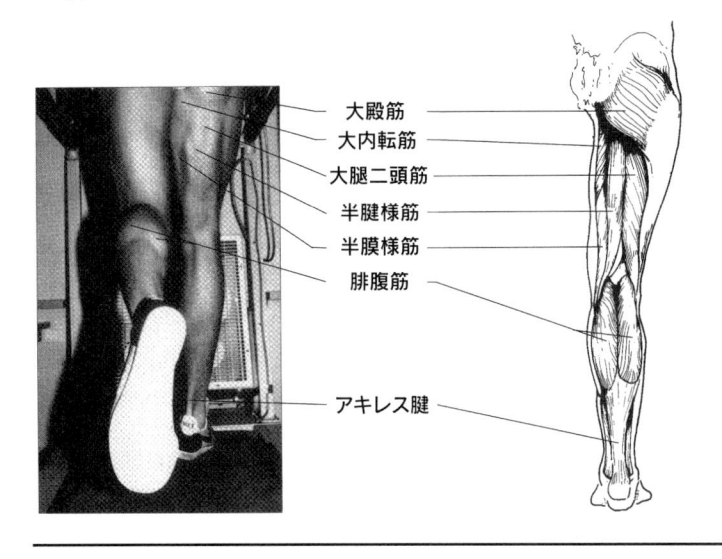

図2-3●股関節部と下肢の筋を後ろ側から見た図

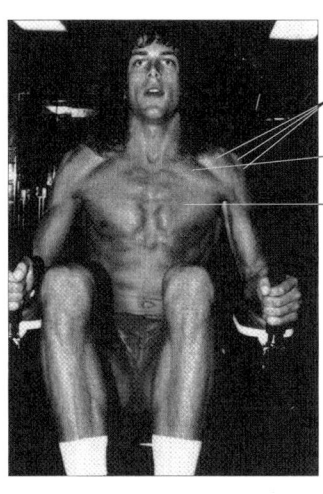

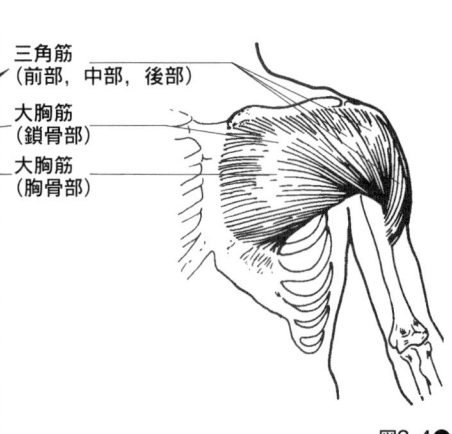

大殿筋
大内転筋
大腿二頭筋
半腱様筋
半膜様筋
腓腹筋
アキレス腱

図2-4●肩関節部の表層筋を前側から見た図

三角筋（前部，中部，後部）
大胸筋（鎖骨部）
大胸筋（胸骨部）

2. 運動単位

　運動単位とは1つの運動ニューロンとそれに支配されるすべての筋線維をいう。同じ運動単位に含まれる筋線維は互いに隣接しているのではなく，筋全体に分散している。このような分散した配置をとることで，運動単位が興奮するときに筋の形をより均一に保ったまま変化させることができるうえ，活動する筋線維同士が血液を奪い合うこともなくなる。もちろん，筋全体がきわめて活動的である場合は別である。**図2-5**は運動ニューロンの軸索終末を示している。軸索と筋線維の結合は神経筋接合部を介する（**図2-1**も参照）。1つの運動ニューロンが支配する筋線維数は運動単位により異なり，支配される筋がどのような働きを持つかによっても大きく異なる。例えば，ヒトの内側腓腹筋は，運動単位1個あたり1,900本の筋線維が含まれ，運動単位数は580近くにもなる（Gregor, 1989）。この筋はおおざっぱに活動し多くの動きに関わる。対称的に，喉頭筋の場合には運動単位1個あたりわずかに2～3本の線維しか含まれず，非常に精密な活動を行う。筋線維の多重神経支配はほとんど見られず，また支配される筋線維は筋全体に分散している。

3. 骨格筋の微細構造

　通常，神経と筋細胞（筋線維のこと）の膜は電気的にマイナス側に偏っている。運動ニューロンが十分に刺激されると，細胞膜の電位がゼロを超えてプラス側に変わる（**活動電位**と呼ばれる）。この電気的シグナルが神経筋接合部に到達するまで，いろいろな神経細胞（とそれらの枝）に沿って移動し，さらに接

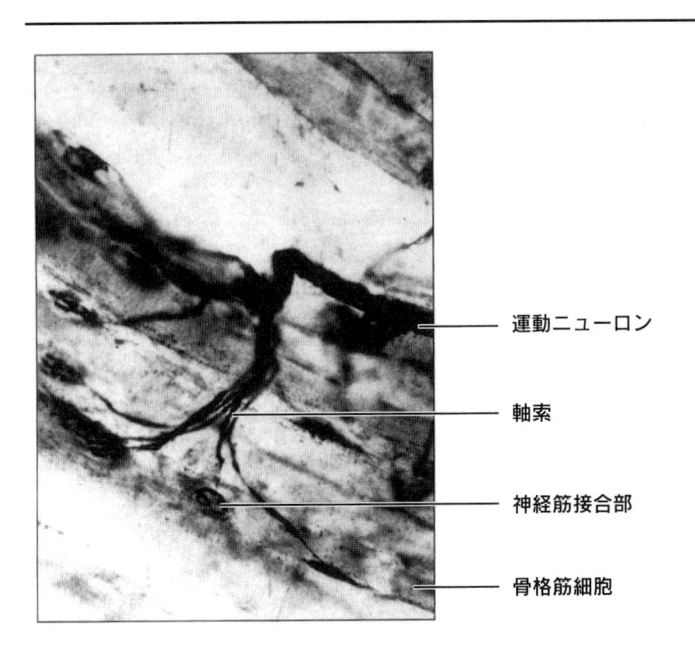

図2-5●運動単位の構造
　多くの軸索終末を持つ一つひとつの運動神経が神経筋接合部を介していくつかの筋線維に結合する。

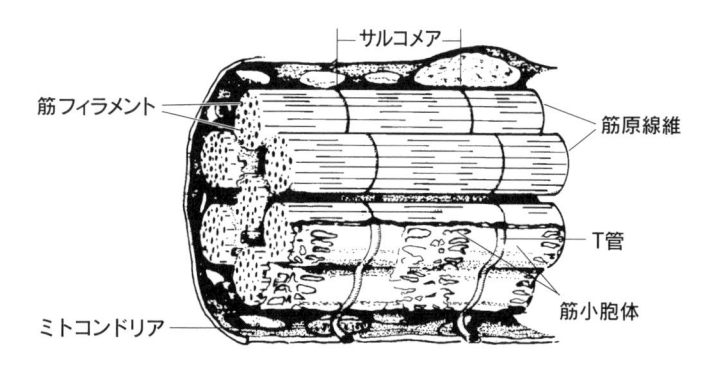

図2-6●骨格筋の微細構造(1)

筋原線維周辺の横行小管（T管）と筋小胞体の関係を示している。筋細胞の活動電位はT管の膜を移動し，最終的にCa^{2+}を蓄えた筋小胞体に到達する。活動電位の作用により筋小胞体から周辺にCa^{2+}が遊離する。その結果，アクチンとミオシン分子の相互作用（お互いの滑走）が起こり筋細胞が収縮する。

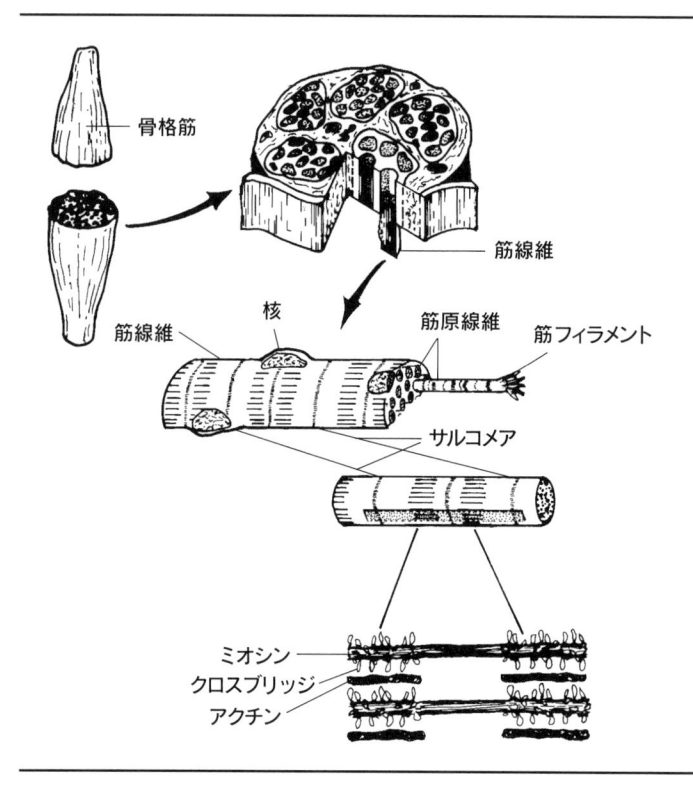

図2-7●骨格筋の微細構造(2)

筋フィラメントまでの構造を示している。主要な筋フィラメントはアクチンとミオシンである。ミオシンは太くて重く，クロスブリッジという部位には酵素活性がある。弛緩時にはアクチンとミオシンは間にあるトロポニン-トロポミオシン複合体というタンパク分子のために相互作用が起こらない（図には示していない）。

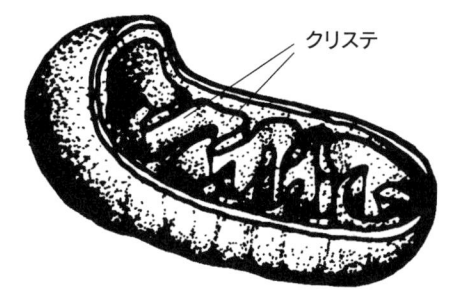

図2-8●ミトコンドリアの構造

ミトコンドリアは長さがおよそ2μmで幅がおよそ0.7μmの卵形で，二重膜構造をしている。内膜はクリステ（稜）を形成しひだ状に配列している。クリステ全体が燃料の酸化的代謝をすすめる酵素である。

合部を越えて筋細胞の表面に沿って伝播する活動電位として現れる。このシグナルがある点に到達すると，筋細胞膜の内部へと伸びる**横行小管（T管）**を介して筋細胞内の深部へと運ばれる（図2-6）。

筋細胞には平行にならぶ**筋原線維**が多数存在し，その間にいろいろな**細胞内小器官**がある（図2-6, 2-7）。これらの細胞内小器官は細胞の生存や機能を維持するために特別な働きをする。例えば，核は細胞分裂において不可欠な働きをする。筋原線維は平行にならぶ多くの**筋フィラメント**から構成されており，これには張力発生に重要な働きをする2種類のタンパク，**アクチン**（actin）と**ミオシン**（myosin）がある。太いミオシンフィラメントは細いアクチンフィラメントの周りに位置する。そして，**サルコメア**（sarcomere）と呼ばれる分節構造が繰り返される。他の細胞内小器官には**筋小胞体**と呼ばれるものがある。これはアクチンとミオシンの生化学的な相互作用に必要なカルシウムイオン（Ca^{2+}）の貯蔵庫である。

ミトコンドリアはエネルギーの供給と筋張力の発生にとって重要な細胞内小器官である（図2-8）。ミトコンドリアは酸素を利用することで，最終的にエネルギーを完全に分解できる酵素機構を備えており，運動を行うにあたり大量のエネルギーを放出する。燃料を分解することで得られたエネルギーは**アデノシン三リン酸**（ATP）と呼ばれる分子で貯蔵される。ミトコンドリアはその役割から細胞の発電所にたとえられることもある。ミトコンドリアは二重膜構造をしており，内膜は**クリステ**と呼ばれ，折りたたまれている。結果として膜の表面積は大幅に増える。ミトコンドリアの内膜の全タンパク容量の25%は有気的な燃料の分解に必要な酵素からできている。トレーニングにより得られる細胞レベルでの適応過程では，燃料の代謝にかかわる酵素に加えミトコンドリアのサイズと数がともに増加し，それにともない筋のエネルギー産生能力が増大する。

4. 筋張力発生のメカニズム

アクチン分子にはATPが結合しており，ミオシン分子にはATPを分解する酵素，**ATPase**が結合している。通常アクチンとミオシンは機能しないが，あるタンパクが関わると張力を発生するようになる。それは**トロポニン・トロポミオシン複合体**（troponin-tropomyosin complex）と呼ばれるものである。ミオシンの働きが抑制されたときに筋は弛緩する。細胞膜に沿って伝わる電気的シグナルは，筋小胞体内のCa^{2+}の貯蔵庫からCa^{2+}を放出させる。Ca^{2+}はトロポニン・トロポミオシン複合体の形成を介し，さらにATPの分解エネルギーを利用しながら，抑制されているミオシンの機能を解除し，アクチンとミオシンを相互作用させる。アクチンとミオシンの分子間の相互作用は**クロスブリッジリンケージ**（cross bridge linkage）*と呼ばれ，ここで筋張力が発生するのは筋フィラメントの滑走によるものであると

する**滑走説***が40年以上前に2つの研究チームにより提案された（Huxley and Hanson, 1954; Huxley and Niedergerke, 1954）。サルコメアが短縮したり伸張することで筋の長さが変わるのである。現在，この仮説は基本的に正しいことが証明されている。

筋張力は，筋の長さが変化せずに（**アイソメトリック**）維持されるか，筋フィラメントが滑走することで生じる。この滑走が筋の配列や負荷によって筋を伸張（**エキセントリック**）させたり短縮（**コンセントリック**）させたりする。ひとたび張力が発生すると，再びCa^{2+}が貯蔵庫に取り込まれ，筋が弛緩する。筋への刺激の強さや頻度を増やすと（活動する運動単位数が増え）総筋張力は増加する。

筋が発揮できる張力（筋力）と短縮や伸張速度との間には特別な関係がみられる。筋フィラメント間のクロスブリッジ（架橋タンパク，摩擦抵抗を生む）

の形成速度が速いほど，ミオシンとアクチンは相互に素早く滑り込むことができ，筋張力の発生速度が速くなる。しかし，クロスブリッジの形成速度が速いほど，その場所で形成されるクロスブリッジの数が少なくなり，発生する張力は小さくなる。つまり，人は「強く」と「速く」を同時に満たす運動はできないことを意味している。

このことを聞いて，短距離選手はまさに「強く」と「速く」を兼ね備えなければならない，という矛盾を連想する人がいるかもしれない。この2つを同時に満たす唯一の方法は，多くの筋線維を動員させると同時に各々の筋細胞のタンパク量を増加させるトレーニングを行うことである。これはある部分で，なぜ優れた短距離走者の大腿の筋が発達しているのかという問いに答えることにもつながる。**図2-9**は筋力と筋収縮速度との関係を示している。筋力を縦座標（Y軸）に示し，筋の収縮速度を横座標（X軸）に示した。筋の収縮速度が増すにつれて，行うことのできる仕事量は減少する。トレーニングにより筋タンパク量を増加させること，またある運動に対して動員させる筋線維を増やすことで，ある速度でなしうる仕事量を増やすことができる（グラフ上の点Y）。

***クロスブリッジリンケージと滑走説**：ミオシンフィラメントから突出したミオシン分子の頭部と首の部分をクロスブリッジといい，これがアクチンフィラメントと結合する役目を果たしている。筋収縮はミオシンフィラメントとアクチンフィラメントがお互いに滑り込んで起こる（滑走説）が，これはクロスブリッジでATPが分解されることで引き起こされる。この反応をクロスブリッジリンケージと呼んでいる。

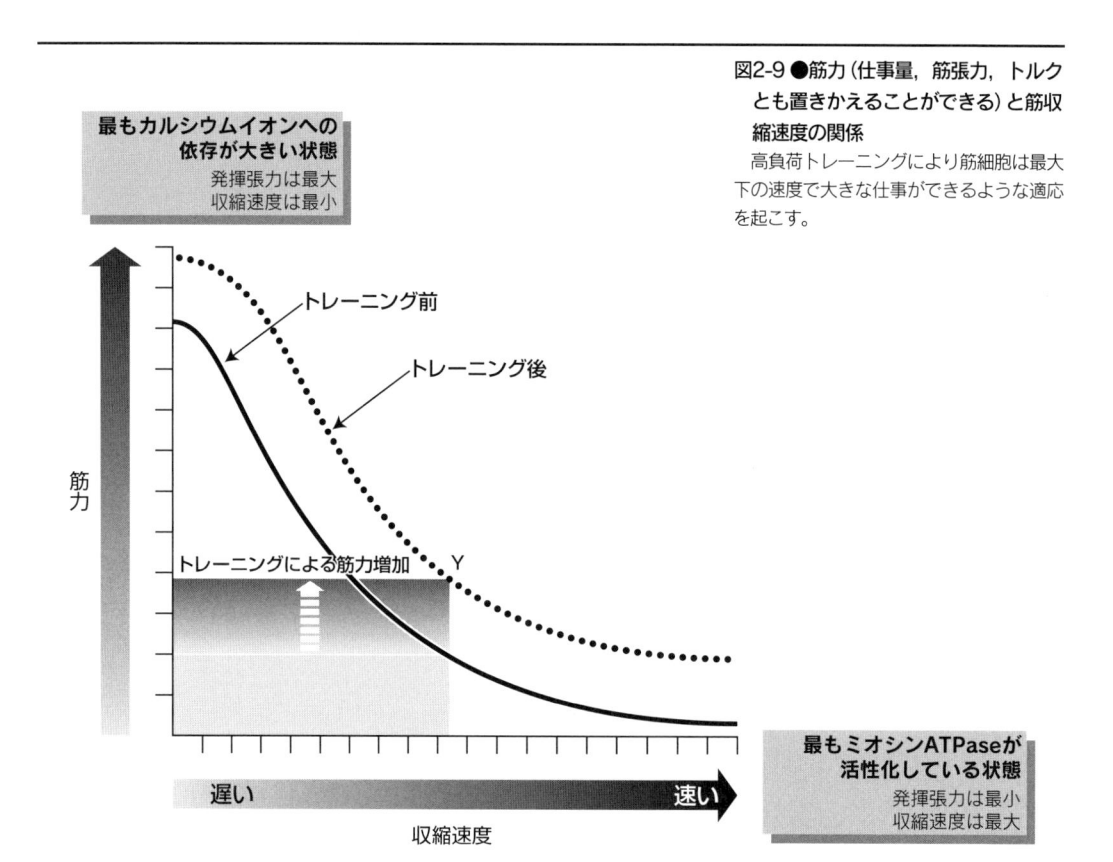

図2-9 ●筋力（仕事量，筋張力，トルクとも置きかえることができる）と筋収縮速度の関係
高負荷トレーニングにより筋細胞は最大下の速度で大きな仕事ができるような適応を起こす。

2 骨格筋の筋線維タイプと特性

1. 筋線維の生理学的特性

　19世紀後半，同じ種の動物で骨格筋（筋）の色が多様であるだけでなく，異なる種の動物間においても同じ違いのあることが認められた（Ranvier, 1873）。食料品店の肉売り場を訪れ，鶏の白っぽい肉や赤味の強い肉，豚の赤身などを眺めてみると，様ざまな種類の肉があると容易に気づくであろう。多くの研究者がそのような一目でわかる筋の違いに興味を持ち，その違いによる筋張力の生理学的特性の違いを解明する研究が始まった。そのおかげで，我々は筋の機能についてはたとえ分子レベル以下の情報であろうが，他の器官系よりも多くのことを知ることができるようになった。色が違う理由は比較的理解しやすい。個々の筋細胞内には，血流で酸素を運搬する赤い**ヘモグロビン**の他に，さらに2つの赤く染まった分子が燃料を完全に代謝するために存在している。1つは**ミオグロビン**で，これは機能的にヘモグロビンに似た酸素結合色素である。もう1つは**シトクロム酵素**と呼ばれる分子群である。これらが多く存在する筋は赤く見える。シトクロム酵素とO_2による燃料の完全分解とエネルギー放出との関連については後でふれる。

　白く見える骨格筋を構成する筋細胞には，赤い筋よりもミオグロビンやシトクロム酵素の含有量が著しく少ない。中間色の筋には多く含まれるものとたいして含まれない筋細胞が混在している。我々としては，骨格筋の色に関わる特徴が筋のパフォーマンスにも関係するかどうかが興味深いところである。

　筋の機能を生理学的に追求した初期の研究で，一般的に姿勢の維持に重要な役割をもつ筋（抗重力筋）は赤く，そうではない重力補助筋はより明るい色をしていることがわかった。このことから**緊張性**（tonic，耐疲労性）という語が生まれ，赤い線維を記述するのに用いられている。また**相同性**（phasic，易疲労性）という語も生まれた。これは白い線維のことをさす。

　1960年代後半から1970年代前半にかけて酵素反応を利用した組織化学的手法が発達し，筋の構造や機能を理解しようと，代謝に関わる特定の酵素に加え種々の筋線維タンパクも研究されるようになった。筋組織は**ニードルバイオプシー法**＊を用いてボランティアから採取された。採取された筋組織の断片はすみやかに凍結され，後で切片を作るまで保存される。そして研究室で用いられる分析方法も改良が進み，その結果いくつかの骨格筋線維の分類表ができ上がった。残念ながら，これらの分類のすべてに正確な互換性があるわけではない。この分野の発展については優れた総説があるのでそちらを参照していただきたい。（Gollnick and Hodgson, 1986; Rice et al., 1988; Saltin and Gollnick, 1983）。ここでは運動パフォーマンスの観点から，役に立つ基本的な情報——専門用語，概念，結論——として，筋線維のタイプの重要性を認識できる程度の内容に言及するにとどめる。

BrookeとEngel(1969)の研究により，専門用語に関する研究が初めて紹介された。彼らは，筋原線維のミオシンATPaseの反応性について研究し，筋線維を2つのグループに分類した。彼らはそれらを恣意的に**タイプⅠ**と**タイプⅡ**と命名した。彼らの命名したタイプⅠ線維は大まかにいって疲労耐性のある線維に相当し，タイプⅡは疲労しやすい線維に相当する。EdstromとNystrom(1969)はタイプⅠ線維を赤，タイプⅡを白と分類した。まもなく，タイプⅡ線維は酸化酵素活性が高い(**タイプⅡa**)か低い(**タイプⅡb**)かによって2つのサブカテゴリーに分類できることもわかった(Brooke and Kaiser, 1970)。

その後，Gollnick, Armstrong, Saubert, Piehl, Saltinら(1972)は生理学的研究を行い，タイプⅠの筋細胞を刺激したときにはタイプⅡの筋細胞のときよりもピーク張力に到達するまでに長い時間がかかる(75ミリ秒：35ミリ秒)ことを示した。これを図2-10に示した。その後，**ST**(slow-twitch)や**FT**(fast-twitch)という用語がタイプⅠとタイプⅡ線維をそれぞれ表現するのによく用いられるようになった。**表2-1**にこれら2種類の線維タイプの基本的な特性の違いを示した。それ以降も，別の基準を用いた分類法が細分化して発展したため，この分類はかなり簡略化してある。

同じ頃，Peterと彼の研究グループ(1972)は2種類のタイプⅡ線維の特性についてさらに研究した。彼らは線維のタイプを特定するのに張力発揮能力と代謝特性を組み合わせた別の用語を提案した。タイプⅠ線維を**SO**(slow oxidative)＊と命名し，タイプⅡ線維を**FG**(fast glycolytic)＊と**FOG**(fast oxidative-glycolytic)＊に分類した。FG線維はタイプⅡb線維と，FOG線維はタイプⅡa線維とほぼ同等である。

これらの内容を頭の片隅にとめて，人の骨格筋を線維タイプとパフォーマンスの観点から考えていこう。

＊ニードルバイオプシー法：ニードルバイオプシー法は，バイオプシー用ニードルを筋肉に挿入し，微量の筋断面を取り出す方法である。バイオプシーを行う周囲に局所麻酔を行うことで痛みは最小限に抑えられるが，ある程度の痛みは伴う。この方法を用いることにより，直接，筋組織を調べることが可能となる。

＊SO：oxidative(もしくはaerobic)という語は燃料の完全な代謝にO_2を利用することを表わしている。

＊FG：glycolyticはグリコーゲンやグルコースがピルビン酸へ分解されることを表わしている。この場合，O_2は必要としない。

＊FOG：完全な有気的代謝と不完全な代謝(glycolytic)の両方に優れた能力を持っている。

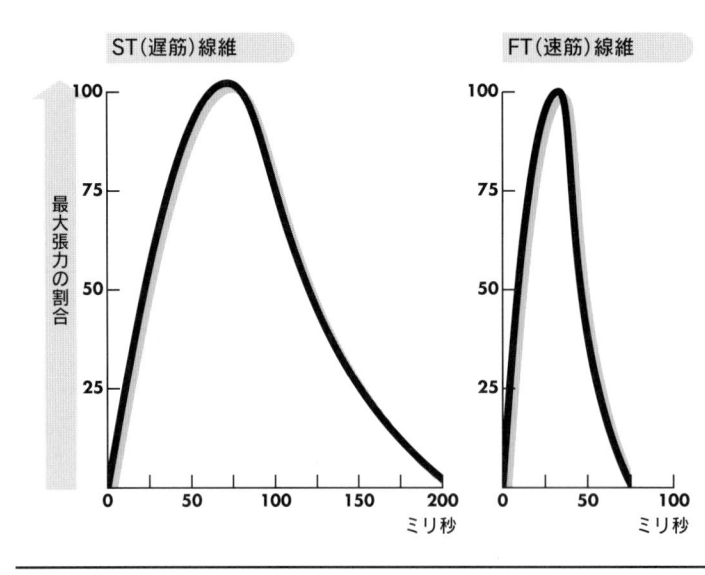

図2-10 ●FT(速筋)線維とST(遅筋)線維の収縮特性の違い

左側に示した遅筋線維は刺激後約75ミリ秒に最大張力に到達し，完全に元に戻るのは約200ミリ秒後である。速筋線維は遅筋線維よりも速く最大張力に到達し(30〜35ミリ秒)，元に戻るのも速い(約70ミリ秒までに戻る)。

"Relationship of Strength and Endurance With Skeletal Muscle Structure and Metabolic Potential" by P.D.Gollnick,1982, *International Journal of Sports Medicine*,3 (Suppl.1) ,p.26

2. 人間の筋線維組成

他の哺乳動物とは異なり，人の骨格筋は単純にFT線維かST線維だけからなるわけではなく，多くは混在筋である。どの筋の中身を見ても，線維タイプの分布が部位ごとに異なることがわかる。例えば，Saltinら(1977)はトレーニングを行っていない人の下腿の腓腹筋，上腿の外側広筋や大腿直筋，上腕二頭筋などでは，FT線維とST線維は基本的に同数であり，下腿のヒラメ筋(抗重力筋)はST線維が多いが(75〜90%)，上腕三頭筋はFT線維が多い(60〜80%)ことを示した。

❶——何が骨格筋の筋線維タイプを決定するのか？

Komiら(1977)は双子を対象に研究を行い，筋線維タイプが遺伝的要因に左右されることを示した。Buller, Eccles, Eccles(1960)は筋細胞がFT線維になるかST線維になるかは神経系により決定されることを示した。このことは1969年にCloseが，1971年にBaranyとCloseが実験動物を用いて行った交叉神経支配術*の研究ではっきりと証明された。ラットやネコのFT型の筋は，交叉神経支配術を施した後にST型の筋になり，その変化はミオシンの特性だけでなく，ミトコンドリア濃度や酵素の性質，筋細胞の周りの毛細血管数(FT線維よりもST線維の周囲に多い)など他の生理学的特徴においても認められた。

❷——男性と女性では筋線維タイプが異なるのか？

男性と女性の筋線維タイプについての有効なデータは少ないが，それらによると男女間に筋線維組成の違いは認められない。男性(Fink, Costill and Pollock, 1977)と女性(Costill et al., 1987)のエリート長距離ランナーを対象とした研究が2つある。これらの研究では，同様な種目を専門としている競技者は筋線維組成と筋線維特性(ミトコンドリアのサイズや酵素活性特性)がきわめて類似していた。また，マラソンランナーは中距離走者よりST線維

表2-1●骨格筋線維の特性

特性	ST(遅筋)線維	FT(速筋)線維
筋線維の特徴	●緊張性(緊張性線維と呼ばれる)	●相同性(相同性線維と呼ばれる)
筋線維の色	●赤(赤筋線維と呼ばれる)	●白(白筋線維と呼ばれる)
代表的な筋	●ヒラメ筋	●上腕三頭筋
収縮時の筋長の変化	●線維が長いので変化が大きい	●線維が短いので変化が小さい
おもな働き	●姿勢の維持	●素早い動き，自発的な動き
動員される運動強度	●低強度	●高強度
興奮に必要な刺激閾値	●低い	●高い
支配しているニューロンの大きさ	●小さい	●大きい
最大張力の到達時間	●遅い(75ミリ秒)	●速い(35ミリ秒)
運動単位内の筋線維数	●少ない	●多い
張力発揮能力	●低い	●高い
疲労	●しにくい	●しやすい
酵素活性	●酸化酵素活性が高い	●解糖酵素活性が高い
ミトコンドリアの数	●多い	●少ない
含有酵素	●心筋型の乳酸脱水素酵素	●骨格筋型の乳酸脱水素酵素
毛細血管数	●多い	●少ない
刺激後のグリコーゲン含有量	●1秒間に10回の電気刺激を2時間続けても変化しない	●比較的低頻度の刺激(1秒間に5回)で減少する
その他	●ミオグロビン含有量が多い	●カルシウムの貯蔵量が多い

の割合が高い傾向にあった。

　しかし，競技者のグループでも，普段の活動量が少ない者(座業者)のグループでも，一貫して性差は認められる。それは競技者であろうが座業者であろうが，男性の筋の横断面積が女性よりも大きいということである(Miller et al., 1993)。これはおそらくテストステロンによる筋タンパクの合成促進作用の結果と考えられる。テストステロンは女性よりも男性に高濃度で存在し，その作用で筋細胞は少しだが大きくなる。筋線維数，運動単位数，筋横断面積あたりの筋張力，運動単位の動員能力については男女でほぼ同じである。

❸——持久型と筋力型選手の筋線維タイプの違い

　マラソンランナーのような持久性種目を専門とする競技者は，スプリンター(FT線維の割合が高い傾向にある)のようなスピード志向の競技者よりST線維が多いことが示唆されている。しかし，持久型の競技者の筋にST線維が多いのは遺伝的要因によるものか，トレーニングによるものかは不明である。というのも，これらの研究では彼らが厳しいトレーニングを開始する前にバイオプシーを行っていないためである。持久型の選手も筋力型の選手もトレーニングを行い専門種目に適応していくのはもちろんだが，彼らがそれぞれの種目で抜きん出るのに適し

た遺伝的性質を持っていたことに予め気づいて自分の種目を決めたのかもしれないとの疑問も残る。男性エリート長距離ランナー14人について，外側腓腹筋のST線維の割合は50％から98％の範囲で(Fink, Costill and Pollock, 1977)，非トレーニング者については50％から64％の範囲であったという知見(Rice et al., 1988)が報告されている。しかしこの研究では，エリートランナーのST線維の平均横断面積はFT線維よりも29％大きかったために，平均で筋横断面積の82％がST筋で構成されていた。このことからトレーニングにより筋線維のサイズが選択的に増大することがわかる。そこでトレーニングで生じる変化をいくつか手短に述べることにしよう。

　エリートランナーの母集団で，個々のST：FTの比率と成功の指標でもあるベスト記録との関係は薄い。この乏しい関係を示す報告は他にもある(Gollnick and Matoba, 1984)。これは，筋線維組成だけでなく，多くの要素が競技者の成長に影響を与えることを示している。他の要素には，厳しいトレーニングを長年積み重ねること，ケガをせずにうまくステップアップできるふさわしいトレーニング計画を立てること，ランニング効率を改善することなどが含まれる。また，最高の適応状態でスタート地点に立つこと，成功するのに適切な心理状態であること，会心の試合運び，といった多くの変数も優

表2-2●サイード・アウィータの3ヶ月間の競技成績(1986年7月〜9月)

種目	タイム	大会のあった月	1986年の記録の中でのランク
1マイル	3分50秒33	8月	4番目
2000m	4分51秒98	9月	最高
3000m	7分32秒23	8月	最高
2マイル	8分14秒08	9月	最高
5000m	13分00秒86	8月	最高
10000m	27分26秒11	7月	2番目

表2-3●ハイレ・ゲブルセラシェの5ヶ月間の競技成績(1995年5月〜9月)

種目	タイム	大会のあった月	1995年の記録の中でのランク
3000m	7分35秒90	9月	最高
2マイル	8分07秒46	5月	世界記録
5000m	12分44秒39	8月	世界記録
10000m	26分43秒53	6月	世界記録

❹ーースポーツパフォーマンスと筋線維組成

最後に，スポーツパフォーマンスから筋線維組成を説明しようとすると，予想される組成はかなりばらつきが大きくなるという例を紹介したい。例えば，モロッコのサイード・アウィータの1986年のある3ヶ月間の6回の競技成績を例に考えてみよう。彼は短期間に種々の距離において素晴らしい記録を残した。後にも先にもこれに匹敵したものはなく，彼は信じられないほどの偉業を残したことになる。短距離では，FT線維の能力が優れている必要があるが，10000m走では有気的能力を供給するST線維の能力に優れていることが必要となる。筋線維タイプとパフォーマンスとの関連を扱った研究結果から，アウィータのランニングに関わる主要筋の筋線維組成，彼の筋のFT：ST線維の割合を推定してみよう。そうすると仮に，彼の筋のFT：ST線維の割合が60：40から40：60の範囲にあると予想した場合にそのパフォーマンスをうまく説明することができる。最近では1995年の夏にエチオピアのハイレ・ゲブルセラシェが3000mから10000mまでの距離で卓越した競技能力を世界に知らしめた。

＊**交叉神経支配術**：例えば，ST線維を支配している運動神経をFT線維に移植し，FT線維を支配している運動神経をST線維に移植すること。

3. 筋線維の動員と調整

1つの運動単位内に含まれる筋線維タイプは単一で，すべてがFT線維もしくはST線維となり運動単位内での筋線維の混在はない。筋が発揮する張力を増加させる方法は2つある。1つは**レートコーディング**（rate coding）といわれ，すでに興奮しているニューロン（α運動神経）の活動の強さを増加させることである。もう1つは**リクルートメント**（動員）といわれ，さらに多くの運動ニューロンが筋活動に参加することである。Deschenes（1989）の総説によると，高強度の負荷時にはレートコーディングにより筋張力が増加するようだが，一般的には（ニューロンサイズを基礎にした）リクルートメントのほうが筋張力の増加にはより支配的な機構のようだ。比較的低強度ではST線維がおもに利用される。これはST線維が低強度の刺激でも活性化されるより小さなニューロンに支配されているからである。負荷が大きくなると，他の運動単位も活動し筋の発揮張力が増大する。

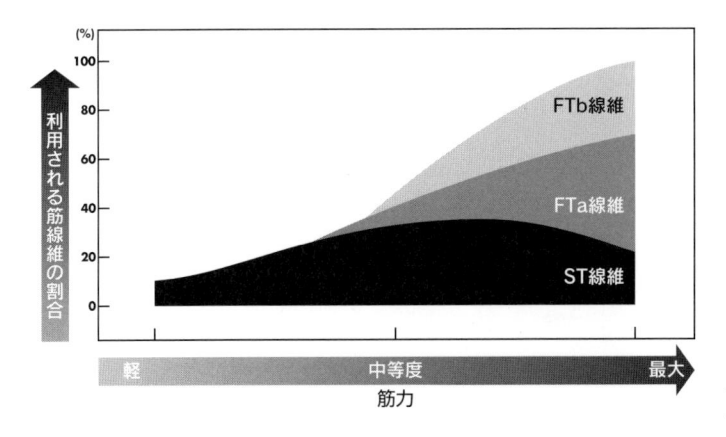

図2-11●運動強度と利用される筋線維タイプの関係

筋線維の組成を，ST線維が45%，FTa線維が40%，速筋のFTb線維が15%であるとおおまかに仮定した場合，比較的軽い負荷や中等度の負荷時には遅筋線維の利用される割合が多い。

"Weight Training for Swimmers-A Practical Approach" by R.Uebel,1987,*National Strength and Conditioning Association Journal*,9(3),p.39.

図2-11はこの関係をわかりやすく示している。ST線維を含む運動単位は容易に行うことのできる最大下負荷での運動時から活動を開始し，さらに要求が高くなり最大強度に近づくにつれてFTタイプのIIa線維とIIb線維を含む運動単位も活動するようになる。このシステムには，軽い負荷時に完全な有気的代謝に優れたST線維をうまく利用し，FTタイプのIIa線維が活動するとともに生じる無気的代謝産物（乳酸など）の蓄積を最小限にとどめるという利点がある。また，両タイプの燃料（炭水化物と脂肪酸）を利用するために見事にデザインされたシステムでもある。負荷強度が高くなるにつれ，FT線維がST線維の代役を務めるのではなく，FT線維はすでに活動しているST線維の出力を助けるように働く。ここで持久的ランナーが気をつけなければならないのは，もし数ヶ月間，高強度のトレーニングを少しも行わず，低強度のトレーニングのみを行った場合，FT線維にはほんの小さなトレーニング刺激すら与えることができないということである。この筋線維の動員システムは後で再度強調するトレーニング教義の生理学的な背景となっている。つまり，トレーニングのペースはトレーニングの時期によって変わるだろうが，FT線維のパフォーマンス能力を維持するためには，より速いペースを含むトレーニングプログラムを組み込む必要があるということである。

4. 筋線維タイプの変化

　激しい持久性トレーニング，あるいは筋力トレーニングはFT線維からST線維に，またその逆方向へ移行させうるだろうか？　この点については人や実験動物を使った縦断的な研究が長い間なされてきた（Pette, 1984）。しかし，酵素の変化，筋線維タンパクの変化，他の生理学的な要素を伴った完全な筋線維の転換（FTからST線維あるいはSTからFT線維）が起こるのかという問題はいまだ決着をみていない。しかし，FG線維およびFOG線維数の相対的な変化については証明されている（Henriksson and Reitman, 1976 ; Ingjer, 1979 ; Prince, Hikida and Hagerman, 1976）。FG（タイプIIb）線維は慢性的なトレーニングや最大下のトレーニング刺激に反応し，選択的にFOG線維の特徴をみせ，トレーニン

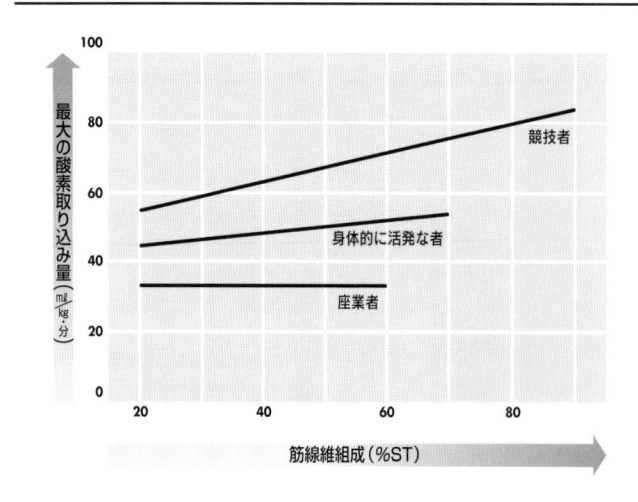

図2-12●取り込まれる酸素の最大量（V̇O₂max）と活動筋内の遅筋線維の割合との関係

　持続性トレーニングにより筋の作業能力が向上する。遅筋線維の割合の高い人は低い人よりも酸素の取り込み量が多く，トレーニングによる取り込み能力の向上も大きい。

"Muscle Fiber Composition, Metabolic Potentials, Oxygen Transport and Exercise Performance in Man" by J.Karlsson.*In Biochemical Aspects of Physical Exercise*（p.4）by G.Benzi, L.Packer, N.Siliprandi（Eds.）, 1986, Amsterdam:Elsevier Science.

グで活動する筋の酸化能力は大幅に増大する。その結果，細胞の有気的な機能は向上し無気的な機能は維持される。したがって競技能力は向上する。反対の変化（FOG線維からFG線維への移行）も筋力トレーニングで生じる。

5. 骨格筋へのトレーニング効果

筋組織は張力，持久力のいずれの面においても運動負荷の増加に対して優れた適応能力を持っている。この機能的能力の変化には構造的，生化学的，栄養学的要素，心脈管系の向上があげられる。トレーニングによる筋力の向上や最大下の運動を続ける能力の改善はパフォーマンスを向上させ，また（妥当な限界内で）ケガを防止する。この内容に関しては2つの総説が発表されている（Holloszy and Coyle, 1984; Nadel, 1985）。

持久性トレーニングにより骨格筋におけるミオグロビン含有量が80％増加する（Pattengale and Holloszy, 1967）。この報告は1926年にWhippleが座業群のイヌよりもハンティング群のイヌの骨格筋にミオグロビンが多いことを報告して以来大方予想されていたことを立証したものだ。ミオグロビンが増加することで，例えば最大に近いか最大負荷運動時など，O_2供給が不十分な運動時に，活動筋細胞内でのO_2貯蔵量が増える。

トレーニングに適応することで，細胞内のO_2貯蔵量が増加するとともに，筋細胞内のシトクロム酵素へのO_2運搬能力も向上する。Brodal, Ingjer, Hermansen（1977）は持久性トレーニングを行っている者の筋のほうが，トレーニングを行っていない者のそれと比べて毛細血管密度の高いことを示した。表2-1において，筋内の毛細血管数は一般的にST線維の周囲よりもFT線維の周囲のほうが少ないことに注目してほしい。Saltinら（1977）の研究での典型的な例をあげると，ST線維やFTのIIa線維の周囲には毛細血管が約4本あるのだが，FTのIIb線維の周囲には約3本である。持久性トレーニングによりST線維の周囲の毛細血管数が有意に増加する。その結果，O_2が毛細血管から活動筋細胞へ移動するときの拡散距離が短くなる。図2-12に示したように，Karlsson（1986a）は活動筋内のST線維の割合と運動時に取り込まれる最大酸素摂取量（$\dot{V}O_2$max）には正の相関関係があることを報告した。同様に，Saltinら（1977）は骨格筋線維の毛細血管密度が$\dot{V}O_2$maxと関係することを証明した。持久的パフォーマンスに関わる心肺のO_2運搬能力と毛細血管密度については第4章で述べる。

Holloszy（1967）は持久性トレーニング期間中にFTのIIa線維とST線維のミトコンドリアで燃料代謝に関わる酵素がより多く認められるようになることを示した。これによりATPの補給率が増加する。ミトコンドリア数も増加する（Hoppeler et al., 1973）。トレーニングにより筋の長時間にわたる最大下の負荷を維持する能力が心筋に近いものとなる。ミトコンドリアにみられる変化はトレーニングに影響を受ける筋だけに生じる。このことは重要なシンモアフォーシス（symmorphosis）の原理* に一部基づくことになる（Taylor and Weibel, 1981）。これは，適応は刺激による要求分だけ起こるという原理である。つまり，要求以上の適応は決して起こらないということである。あらゆる適応には一定の時間が必要である。これは細胞内の物質の入れ替わりと生成能力の限界に左右される。すなわち，レンガ職人はすでに最も速いペースで働いており，給料を上げたとしてももはやそれ以上多くのレンガを積むことはできないのである。

トレーニングにより活動した筋での筋グリコーゲン貯蔵量も増加する。この現象を説明する理由の一つとして筋細胞の酵素活性が増加し，貯蔵グリコー

ゲンの合成が高まることがあげられる。しかし，この増加の大部分は運動による筋の炭水化物の消耗という刺激により生じるもので，回復期に貯蔵が賦活される結果として起こる（超回復の原理）(Saltin and Gollnick, 1983)。第3章と第7章で，我われは運動における炭水化物の重要性と，長距離ランナーが長い忍耐を要するレースの前に炭水化物の貯蔵量を増やすために行っている方法について述べる。脂質は最も長い競技であっても十分に対応できるほど貯蔵されているが，炭水化物はそうはいかない。炭水化物の貯蔵量が増えると疲労の開始が遅れるので，炭水化物の貯蔵量が増えることは選手にとって大きな利点となる。このことは，2つの主要燃料の貯蔵様式における特徴は，運動時にこれらの燃料をどのように利用するのかという問題とも関連する。それについても後で述べることにしよう。

　筋力トレーニングでも筋機能が改善する。持久性トレーニングは相対的に運動強度が低いために，多くの運動単位を動員させるような刺激を神経系に加えることは難しい。しかし，筋力トレーニングではそれが可能となる。その結果，運動単位がこれまでよりもうまく協調し，動員されるようになる(Sale et al., 1983)。

　筋細胞の横断面積の変化は筋の肥大につながるが，これは筋張力自体を増大させる高強度のレジスタンストレーニングでよくみられる。特に，高強度のレジスタンストレーニングで生じやすい(McDonagh and Davies, 1984)。たとえ両タイプの線維が刺激されたとしても，FT線維の横断面積はST線維よりも増加するようだ。これはレジスタンストレーニングにより生じる筋細胞内の酸性度の進行に対して，FT線維とST線維のミオシンの反応性が異なることに原因があるのかもしれない。さらにこの反応性の違いが，ST線維数が多いエリート長距離ランナーがかなりの筋力トレーニングを行っても筋線維があまり肥大しない理由かもしれない。

　このように身体は厳しいトレーニング刺激に多様な方法で適応する能力を持っている。各々の器官系は，厳しいトレーニングストレスに適応し，それまでのトレーニングに容易に耐えられる身体になるという最終目標に向かってそれぞれ独自の方法で対応する。そうすることで，より大きなストレスが加わったとしても身体はさらに適応し，トレーニングと競技で良いパフォーマンスが発揮できるようになる。しかし，適応には時間がかかることを理解しておくべきである（決して一夜づけではできない）。そしてトレーニング刺激は手頃なものでなければならない。良いものであっても過剰であってはならないのである。第5章と第6章で種々のトレーニング様式について述べ，第8章ではトレーニング時のストレスを管理しうる範囲内にとどめるための試みについて考える。

＊**シンモアフォーシスの原理**：symは"同時に"という意味の接頭語。morphosisは形態形成。ここでは形態の大きさに見合った分だけ機能も変わるという意味。例えば，肺の酸素運搬機能において，大きな動物は小動物よりも大きな拡散能を持つ。

まとめ

●──トレーニングへの筋生理学の応用

1. 身体で最大の器官系である骨格筋は，まぶたを引きつらせるような運動からトライアスロンレースを成し遂げるような活動まで，きわめて幅広い強度と時間で活動する能力を持つ。

2. 運動刺激に対する筋の反応は，遺伝的要因，神経支配，細胞内小器官，トレーニングなどの相互作用により生じ，多様なものである。

3. 骨格筋細胞（筋線維）は大まかにFT線維とST線維に分類される。我われはそれら2つのタイプの線維を豊富に持つが，エリート競技者はどちらか一方のタイプの割合が多い。ST線維の割合の多い持久性競技者において，持久性トレーニングのほうがスピードトレーニングよりはるかに容易だと感じる理由はそこにある。効果的な指導で両者の特性を最適に向上させることができる。

4. 性差は筋のパフォーマンス特性にあるというより筋タンパク量と関連がある。よってトレーニング法に性差はみられない。

5. 筋は適切なテコの原理を利用して張力を発揮するために，その結合組織（腱）や骨と相互に作用し合う。種々の筋群の張力のアンバランスはケガや疲労の原因となり，結果的にパフォーマンスを低下させる。バランスが良ければ様ざまな種目における最近の世界記録保持者に見られるようなスキルレベルまで向上する可能性もある。トレーニングとは筋のパフォーマンスを改善させるものだが，それはケガを予防しながら行うべきものでもある。

6. 骨格筋のトレーニング過程は筋量，筋細胞の動員能力，細胞内の燃料貯蔵とその利用率の増加といった要因が結びついたものである。

THE ENERGY DYNAMICS OF RUNNING

第3章

ランニングの
エネルギー力学

● 男子3000mで7分20秒67の世界記録を有するケニアのD. コーメン。写真は1997年8月にギリシアのアテネで開催された第6回世界陸上の男子5000mで優勝したときのもの。女子3000mの世界記録保持者は中国の王 軍霞。8分06秒11の世界記録は1993年9月13日，北京で開催された中国全国運動会で樹立された。●

トレーニング計画はどんな内容であれ，常に筋がもつエネルギー利用能力の限界を超えないよう作成されるべきである。言いかえれば，活動する筋の細胞内のエネルギー燃料の出納がうまくいくよう配慮されるべきということである（エネルギー枯渇を常に起こすようなトレーニング計画はだめということ）。ここではランニング中の燃料代謝がどのようになっているかを学ぶために，運動に必要なエネルギーがどのように供給されるかを示す生化学的プロセスについて考えてみる。

　筋張力の発生には莫大な化学的エネルギーが必要となる。運動時の骨格筋では，安静時からの代謝効率の増加が他のどの身体組織よりも大きくなり，それにより莫大な機械的仕事をすることが可能となる。筋のパフォーマンスに関する細胞レベルでの研究は，実際には栄養化学・生化学的なものである。筋の張力発生過程における化学的エネルギーの動態を理解することにより，初めて我われの身体がいかにしてランニングという機械的仕事を行っているのかが理解できるのである。

　食物からエネルギーへの変換に関わるすべての化学的反応を正確かつ詳細に理解する必要はないが，その概念を理解することは重要である。栄養学的知識をランニングに適用するコーチや選手なら，常に多くの現実的な疑問を持っているはずである。エリート中長距離ランナーにとって最高の栄養とは何か？　我われが食べる食物はどのようにエネルギーに変えられるのか？　選手にとって最も良い食品とは何か？　ビタミンサプリメントは有益か？　持久的競技者にとって高炭水化物食は高脂肪食より望ましいか？　乳酸は代謝のなかでどのように位置づけられるのか？　乳酸生成やそれによるパフォーマンスの低下を最小限にとどめることはできるのか？　といったところであろうか。

1 | 代謝における熱力学

　代謝は**熱力学**の法則に支配されている。熱力学は，化学，熱などあらゆるエネルギーの相互関係を説明する学問である。その法則のうちの2つが我われにとって重要である。熱力学の第一の法則は**エネルギー保存の法則**である。エネルギーはあらゆるタイプの仕事と熱として定義できる。第二の法則は，これも単純だが，宇宙の**エントロピー**は増大するということである。我われはエントロピーを無秩序または無作為のものとして定義する。

　これら2つの法則はランニングとどのような関連があるのだろうか。ランニングはエネルギーを必要とするが，それらはエネルギーを含む燃料の分解によってまかなわれる。軽度の中長距離走などでは，有気的（エアロビック）な燃料の分解で生じる総エネルギーの約27％が運動に変わる（Jéquier and Flatt, 1986）。残りの73％は熱として放出される。また，貯蔵されるエネルギーは食事から吸収される。代謝と熱力学の法則の関連を捉えるには，燃料がたどる代謝の経過だけでなく，燃料がどのように利用されるのかを理解する必要がある。

1. 光合成

　太陽エネルギーはあらゆる生物学的エネルギーの源泉である。緑色植物はこのエネルギーを利用する。緑色植物には**クロロフィル**という色素があり，これは光の放射エネルギーを化学エネルギーに変える。さらに，この化学エネルギーは大気中のCO_2の化学的還元を経て**グルコース**の生成に利用される。この過程は**光合成**と呼ばれる。O_2は光合成で合成され，大気中に放出される。次の反応式は光合成の反応を示したものである。

$$6CO_2 + 6H_2O + エネルギー \rightarrow C_6H_{12}O_6 + 6O_2$$

反応式[3-1]

　グルコース（$C_6H_{12}O_6$）は他の2つの分子よりもその合成も含めて複雑なので，熱力学上の特殊用語を用いれば，この化学システムのエントロピー（無秩序）が減少したと表現される。グルコースの合成は大きな熱エネルギーを必要とする。それはカロリー（cal）*やジュール（J）*という単位で示される。

---

*カロリー：熱量の単位。1calは1気圧下で1gの純水の温度を14.5℃から15.5℃に高めるのに要する熱量。
*ジュール：仕事・エネルギーの単位。1ジュールは，1ニュートン（N）の力が物体に作用して，その力の方向に1mだけ動かす間に，その力がなす仕事。1J＝約0.24cal，1cal＝4.186J。

2. 燃料の分解と合成

　我われの生きた細胞は，光合成からつくられるエネルギー源を燃料や炭素の源として利用する。これは，我われの身体が，細胞を形成する材料や燃料としてCO_2のような単純な分子を利用できないからである。我われは，脂肪酸（トリグリセリドとして貯蔵される），糖（グリコーゲンのような複雑な炭水化物として貯蔵される），アミノ酸（互いに結合してタンパクとして貯蔵される）といった栄養素やエネルギーの原材料を植物に依存している。我われはこれらの燃料を摂取し，胃と小腸ではその消化酵素により最小単位である単糖類，脂肪酸，アミノ酸へと分解する。この過程は**異化作用**（catabolism）と呼ばれる。これらのエネルギー燃料は循環血を介して組織へ運搬された後，**同化作用**（anabolism）と呼ばれる過程で再合成され貯蔵される。もちろん骨格筋（筋）細胞はそのような貯蔵エネルギーをさらに分解することで運動エネルギーを獲得する。

　燃料の完全な分解がいわゆる細胞性呼吸を介して行われるならば，最終産物としてCO_2とH_2Oが生じる。したがって，最も単純な形での細胞性呼吸の化学反応式は光合成の化学式とは実質的に反対である。一例として単糖類であるグルコースを用いて，以下の反応式が書ける。

$$C_6H_{12}O_6 + 6O_2 \rightarrow 6CO_2 + 6H_2O + エネルギー$$

反応式[3-2]

　再び熱力学的観点からこの化学式について考えてみよう。大量の熱エネルギーが放出され，運動に利用される。これはグルコースの分解がより多くの無秩序をこの化学システムにもたらすことを示し，エントロピーの増大を示すものである。

　ここで重要な点がいくつかある。第一に，一般に主要なエネルギー源はタンパク質ではなく，炭水化物（グルコースに代表される）と脂肪（脂肪酸に代表される）であるということである。この2つの燃料源の合成・分解にはいくつか重要な違いもあるが，細かい部分でよく似ている。**表3-1**に細胞性燃料としてのグルコース（炭水化物）とパルミチン酸（脂肪酸）

の比較を示した。パルミチン酸の1gあたりのエネルギー価はグルコースよりも2.5倍大きい。

第二に，運動するすべての人は，代謝的に多くの熱エネルギーが生み出されている事実を認知していることである。我々の安静時の体温は約37℃である。我々はこの熱エネルギーを発汗と皮膚血管の拡張により取り去る機構を持っている。運動時，体温が上昇するが，これは皮膚への血流を増加させ，発汗と皮膚血管とを拡張させることで熱を放散させる。その際，血液が皮膚にまわることで活動筋が利用できる血液は減少する。これは一般に持久性競技者が猛暑のなかでのトレーニングや試合でパフォーマンスが低下する理由となっている。

第三に，グルコースの分解反応式はそれほど単純ではないということである。というのも，グルコースからCO_2とH_2Oへの化学分解反応には，種々の酵素による連続的な数十に及ぶステップがあるからである。これらの概略を**図3-12**に示した（詳しい点は後でも述べる）。我々はこれら代謝経路のなかで最も重要な経路について，特にトレーニングや競技中のパフォーマンス発揮に関係するものだけを重点的に述べる。

その前に燃料分解によって生成される利用可能なエネルギーを，最終的に運動に利用するためにどのような化学構造で獲得し，また貯蔵するのかを簡単に紹介しておこう。

表3-1●炭水化物と脂肪酸の比較

	炭水化物（グルコース）		脂肪酸（パルミチン酸）	
構造	（六員環グルコース構造）		$CH_3(CH_2)_{14}COOH$	
分子量	180 g		256 g	
炭素原子と水素原子の割合	47%		88%	
酸素原子の割合	53%		12%	
相対的な貯蔵エネルギー	3.81 kcal/g	15.9 kJ/g	9.1 kcal/g	38.1 kJ/g
絶対的な貯蔵エネルギー	686 kcal	2,872 kJ	2,340 kcal	9,795 kJ
ATPとして生じるエネルギー	360 kcal	1,507 kJ	1,300 kcal	5,442 kJ
エネルギー量	19 kcal/ATP	79.5 kJ/ATP	18 kcal/ATP	75.4 kJ/ATP
異化作用に必要なO_2量	130 ℓ		515 ℓ	
O_2 1ℓあたりのエネルギー産生量	5.28 kcal	22.1 kJ	4.54 kcal	19.0 kJ
異化作用によるCO_2の産生量	130 ℓ		358 ℓ	
CO_2 1ℓあたりのエネルギー産生量	5.28 kcal	22.1 kJ	6.54 kcal	27.4 kJ
1分子のO_2から作られるCO_2の割合（呼吸交換率）	1.00		0.71	

2 エネルギー供給システム

1. エネルギーの貯蔵形態

❶──アデノシン三リン酸(ATP)

　我々の身体には，細胞燃料の完全分解により放出されるエネルギーが**アデノシン三リン酸(ATP)**の形で貯蔵されていることを述べた。このATPの完全な異化過程は酸素の作用を介した酸化的代謝として知られている。**図3-1**は**アデノシン一リン酸(AMP)**と呼ばれる分子に**リン酸基(PO_4^{3-})** が結合することで，まず**アデノシン二リン酸(ADP)** がつくられ，次にATPが形成されることを示している。ところが，この化学的な結合は他の原子間の結合よりかなり多くのエネルギーを必要とする。これは「**高エネルギー結合**」といわれ，図中の波線(～)がそれを示す。これとは対照的に，実線は低エネルギー結合を示す。高エネルギーリン酸結合は生物界の代謝エネルギーの通貨としてみると，まさに金貨に値するものである。

　食物の酸化により得られる自由エネルギーは，リン酸基とADPを結合させ，ATP分子を再合成するのに利用される。ATPは筋張力発生時のアクチンとミオシンの化学反応に必要な直接的なエネルギーとして使われる。

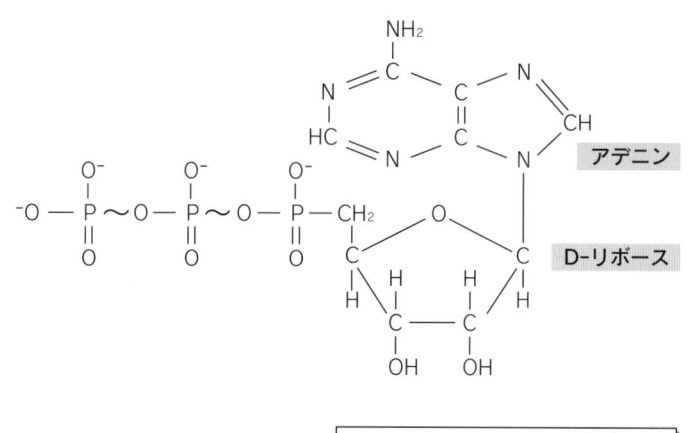

図3-1●アデノシン一リン酸(AMP), アデノシン二リン酸(ADP), アデノシン三リン酸(ATP)の構造
　AMPにリン酸基が化学的に結合することでADPやATPが形成される。

❷ クレアチンリン酸(CP)

歴史的にみると，1925年当時には，リン酸が燃料の酸化から得られ，利用可能なエネルギーの貯蔵形態であると考えられていた。ドイツの生化学者，Embdenは収縮している摘出筋を浸した溶液には，休止している摘出筋の溶液よりもリン酸が多く溶けていることを発見した。2年後の1927年，2つの研究グループが同時に**クレアチンリン酸(CP)**というクレアチンから生成する，きわめて不安定な物質を発見した(**図3-2**)。筋や神経にはかなり高濃度で**クレアチン**が存在し，骨格筋に最も多く存在する。そして，1929年にATPとADPがドイツのLohmannと2人のアメリカ人科学者に別々に発見された。その後の数年間に，様々なリン酸化合物がエネルギーの貯蔵と放出にどう働くのかを解明する研究が進んだ(Lehninger, 1982)。

1934年に行われたLohmannの古典的な研究で，筋抽出物中のCPが，ADPの存在下においてのみクレアチンとリン酸に分解され，その結果としてATPを合成することが証明された。この現象についての彼の説明は単純であった。すなわち，CPはリン酸の貯蔵庫であり(事実上，エネルギーの蓄え)，初期のATP需要にのみ対応できるというものである。

2. ローマン反応

ミオシンATPase
$$ATP + H_2O \rightleftarrows ADP + H_3PO_4$$
反応式[3-3]

クレアチンキナーゼ
$$クレアチンリン酸 + ADP \rightleftarrows クレアチン + ATP$$
反応式[3-4]

LohmannはATPがADPへと直接的に分解され筋張力が発生すると推測した。ADPがつくられると，すぐに利用可能なCPがADPを再びリン酸化(リン酸基を付加すること)し，ATPの形に戻すというのである。その後の研究で，彼の考えが正しかったことが証明された。そして**反応式[3-3]**，**[3-4]**は彼の名に因んで，ローマン反応と呼ばれる。

反応式[3-4]は可逆的である。これは両方向に反応が進みうることを意味するが，その反応は通常右方向に傾いており，CPを利用し，ADPのリン酸化でATPが常に保持されている。CPの貯蔵は高エネルギーリン酸化合物の貯蔵を意味している。ATPが豊富なときはCPも多い。筋細胞で突然大量のATP需要が生じた場合，炭水化物や脂肪の代謝では必要なエネルギーを瞬時に供給できないがCPは

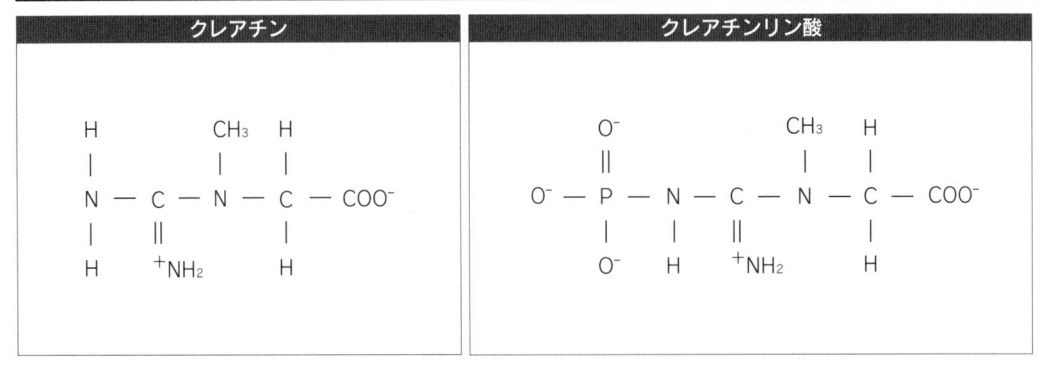

クレアチン	クレアチンリン酸
H CH₃ H | | | N—C—N—C—COO⁻ | || | H ⁺NH₂ H	O⁻ CH₃ H || | | O⁻—P—N—C—N—C—COO⁻ | | || | O⁻ H ⁺NH₂ H

図3-2●クレアチンとクレアチンリン酸の構造

供給できる。例えば，100mダッシュや10000m走のラスト50mのスパートでCPは重要な役割を担う。それゆえ，炭水化物や脂肪の分解で得られるエネルギーがなくとも，筋は生化学的にみて短時間だけなら張力を発揮できる。**クレアチンリン酸シャトル*** が**図3-3**に示したように，筋形質（細胞質のこと）とミトコンドリアの間に存在する。筋形質内の筋原線維の付近で，ADPをATPへ変換するために必要なリン酸がCPから生じる。リン酸は筋張力発生のためのATPの源となる。CPはミトコンドリアの膜でクレアチンが再びリン酸化されることで再合成される。

反応式[3-4]のクレアチンキナーゼ(CK)には，**アイソエンザイム*** として3つの型があることが知られている。すなわち骨格筋型（CK-MM），心筋型（CK-MB），脳組織型（CK-BB）である。これらの組織に外傷（ボクシングなどによる），循環系の虚血（心臓の冠状動脈の凝結による），燃料の枯渇（マラソンレース中や後）などで負担がかかったとき，損傷後の数日間は血流のCKアイソエンザイムレベルが上昇する現象がみられる（Rogers, Stull and Apple, 1985）。したがって，特に中長距離ランナーでは，血清CKレベルは過剰なトレーニングや競技会でのストレスの指標として測定され，このレベルが高い場合には，一時的にトレーニング量を減らしたり，回復を促すための十分な回復期間が必要となる。

***クレアチンリン酸シャトル**：ミトコンドリアと筋原線維間のATPとADPの移動をそれぞれクレアチンリン酸とクレアチンに代えて転送することでエネルギー供給を円滑に行うシャトルのこと。
***アイソエンザイム**：同じ反応を触媒するが，物性が異なる酵素。

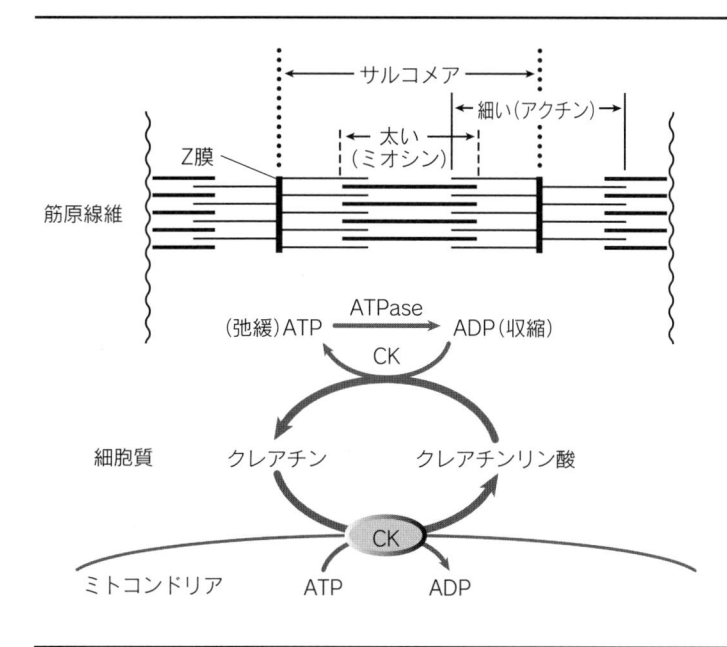

図3-3●ミトコンドリアと筋原線維間のクレアチンリン酸シャトル
　筋張力発生時にATPはADPを生成しエネルギーを放出する。ADPはミオシンとアクチンの近くに存在するクレアチンキナーゼ(CK)によりATPへと再生される。ミトコンドリアの膜では燃料の代謝から得たエネルギーを利用したCKによるクレアチンリン酸の再生が起きる。クレアチンは偏りのない食事には十分含まれているので特別な補助食品を摂る必要はない。

3. 4つの主要なエネルギー供給システム

❶ ホスファーゲン系

代謝の本質は，燃料をその最終産物（CO_2とH_2O）へと変換する過程で細胞機能保持に有用なエネルギー源（ATP）を貯蔵することにある（**図3-4**）。興味深いのは，ATPが細胞内にきわめて微量しか存在しないことである。骨格筋1gの中には，一般的にATPは約6μmol含まれているのに対して，CPは20～30μmol含まれている。Lehninger（1982）によると，70kgの座業男性で全身のATPはわずか約50gしかないが，その人が毎日のエネルギー需要を満たすためにはなんと約190kgのATPが必要となる。

筋や他の細胞に含有されているATPは，CPからADP，ATPへと移行するリン酸によって，1分間に何度もADPからATPへとリサイクルされる。きわめて高強度の運動はCPの供給を減らすが，その後，CPはそれに続く代謝により素早く補充される。このATP-CP系は，おそらく15秒から20秒以内の高強度運動において，グルコースや脂肪酸などの燃料に頼らずにエネルギー需要を満たす。これは身体に存在する4つの主要なエネルギー供給系のなかの一つで，専門的には**ホスファーゲン**（phosphagen）**系**と呼ばれる（Hawley and Hopkins, 1995）。この系はスプリント時のエネルギー供給に重要な役割を担うことから，実際にはスプリンターのエネルギー供給系として知られている。

❷ 燃料代謝を伴う3つの系

残りの3つの系はいずれも燃料の代謝を伴う供給系である。1つはホスファーゲン系と同じくO_2を必要とせず，炭水化物の不完全な分解により，短時間に多量のエネルギーを供給するシステムで，**無気的解糖系**という。残りの2つは脂肪と炭水化物をミトコンドリア内で完全に分解するシステムで，O_2を必要とする反応なので，それぞれ**有気的解糖系***，**有気的脂肪分解系**と呼ばれる。

❸ エネルギー供給システムの相対的寄与率

活動筋への酸素供給はある状況下では制限される。血液循環が不十分であったり（脱水状態による場合もある），身体活動速度があまりに速い場合には，循環系が正常でもその酸素供給能力を超えることもある。ランナーがそれまでの運動ですでに疲労

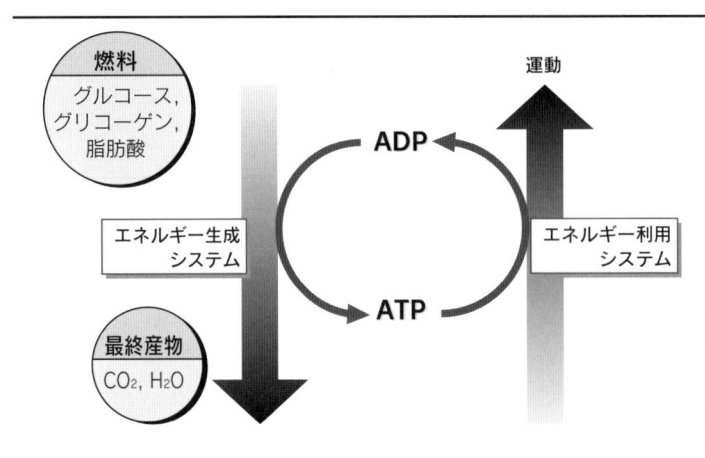

図3-4●代謝の概要
燃料が分解され，エネルギーはATPとして貯蔵される。ATPは，例えば骨格筋の収縮によって運動を行うために利用される。

しているうえに，レースやトレーニングでスピードを上げようとして，心は「行け！」といっても体は「嫌だ！」というときの反応は，まさに有気的，無気的代謝能力の限界を示している。トレーニングの重要な目的は有気的および無気的代謝能力の限界を可能な限り引き上げることにある。

図3-5にランニング時のこれらエネルギー供給システムの相対的寄与率をグラフにまとめた。スプリントと呼ばれるきわめて短い距離の走運動時には，一般にCPとATPがエネルギーのおもな供給源となる一方，中距離といわれる距離までは無気的代謝が必要なエネルギー供給の大部分を占める。これは運動強度が高いので，炭水化物の完全代謝を可能にするだけのO_2が供給できないからである。運動強度がそれほど高くない長距離になると，循環血中に含まれるO_2が十分にあり，脂肪と炭水化物のより完全な（有気的）代謝が期待できる。それにより莫大な量のエネルギーが放出され，血液の**アシドーシス***も最小限に抑えられる。このような長距離ランニング時には，無気的代謝もエネルギー供給に貢献するが，距離が長くなるに従いその寄与率は低下する。

ミトコンドリア内でO_2を利用するには，我々の身体は気道，血流，細胞外液，そして最終的には個々の細胞の細胞質に至る複雑な経路を通ってO_2を運搬しなければならない。この経路の各段階で，O_2は濃度依存的に拡散されることにより運ばれる。**酸素カスケード**という語はO_2の到着を待つ細胞に至るまでの段階的なO_2の移動を表わすのによく用いられる。大気と血液や細胞質に溶けている酸素分圧（PO_2）は，通常，水銀単位（mmHg）で表わされる。図3-6には外部環境からミトコンドリアまでのPO_2値を示した。

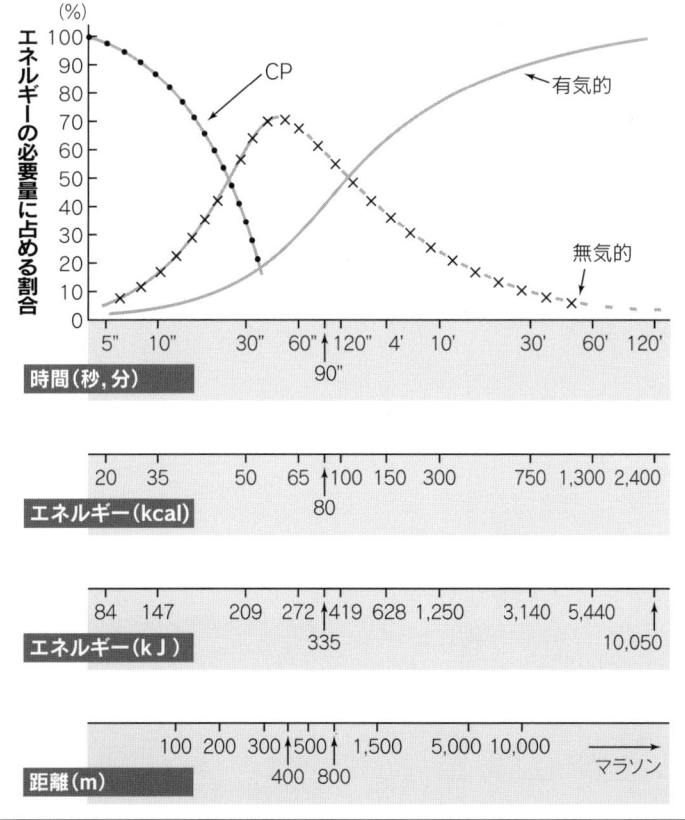

図3-5●スプリントからマラソンまでの距離を最も良い記録で走る場合のエネルギー供給システムの相対的寄与率

短距離走ではCPがおもなエネルギー供給源となり，約1分程度続く場合には無気的解糖により供給される。1分以上続く場合にはCPはすでに枯渇しており，燃料の有気的分解によるエネルギーの供給が多くなっていく。マラソンでは有気的代謝が重要なエネルギーの供給源となる。

* **有気的解糖系**：実際には，無気的解糖系でもO₂は存在する。相対的に多いか少ないかを意味する。無酸素的，有酸素的といった表現は事実と異なるのでここでは使用しない。

* **アシドーシス**：アシドーシスとは，体液のpHが酸性に傾いた状態のこと。

4. 有気的代謝と無気的代謝の比較

グルコースなどの炭水化物の有気的分解は，以下に示したように大量のエネルギーを生む。

$$C_6H_{12}O_6 + 6O_2 \rightarrow 6CO_2 + 6H_2O + 36\,ATP$$

反応式[3-5]

脂肪酸の分解反応も原則として似ており，それもまた莫大なエネルギーを生む。脂肪酸の分解は例としてパルミチン酸を用いた以下の式に要約できる。

$$C_{16}H_{32}O_2 + 23O_2 \rightarrow 16CO_2 + 16H_2O + 130\,ATP$$

反応式[3-6]

燃料を完全に分解するのに必要なO₂が不足する場合は，グルコースがピルビン酸（焦性ブドウ酸ともいう）という中間物質に変換されることで少量のエネルギーを放出することができる。次に，ピルビン酸は乳酸へと変換（還元）される。どちらの反応も細胞質で起こりミトコンドリアは関与していない。そのような無気的なエネルギーの放出は脂肪酸からは生じない。脂肪の貯蔵エネルギーは，完全分解されるときにのみ利用されるからである。生理的状況下では，炭水化物の無気的代謝で生じた乳酸は，素早く，しかもほぼ完全に乳酸イオン（Lac⁻）と水素イオン（H⁺，ふつう**プロトン**と呼ばれる）とに解離する。

グルコースから乳酸への無気的代謝の概略を以下の反応式に示す。

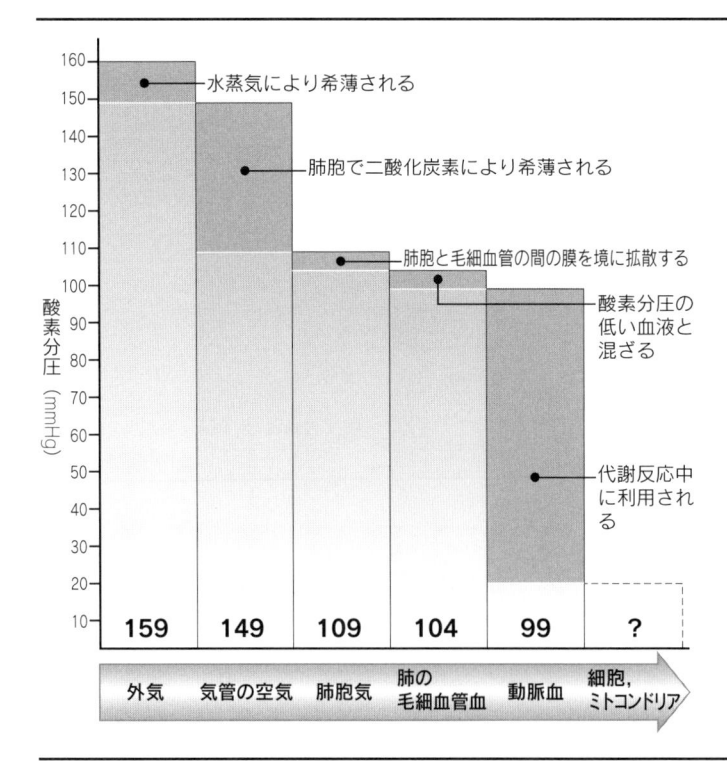

図3-6●酸素カスケード

O₂がいかにして外気から細胞内のミトコンドリアまで酸素濃度に依存して運搬されるかを示している。O₂は徐々に希薄になり酸素分圧は下がっていく。そして，細胞内での代謝過程で利用され，その分圧は大幅に低下する。

(グラフ：酸素分圧 (mmHg))
- 外気：159 — 水蒸気により希薄される
- 気管の空気：149 — 肺胞で二酸化炭素により希薄される
- 肺胞気：109 — 肺胞と毛細血管の間の膜を境に拡散する
- 肺の毛細血管血：104
- 動脈血：99 — 酸素分圧の低い血液と混ざる
- 細胞，ミトコンドリア：? — 代謝反応中に利用される

$$C_6H_{12}O_6 \rightleftarrows 2ATP + 2\text{Lactic acid} \rightleftarrows 2H^+ + 2Lac^-$$

反応式[3-7]

反応式[3-5]と反応式[3-7]のATPの生成量を比較すると，無気的代謝では有気的代謝の1/18，約5.5%でしかないことがわかる（2分子のATPと36分子のATP）。ゆえに，無気的な燃料の代謝には多くの基質が必要となる。これは少ないエネルギーを得るために大量のグルコースが消費されることを意味する。また，乳酸が解離する結果，H^+イオンが急速に蓄積し，酵素反応による一連の分解を抑制する。燃料分解を促進する酵素が正常に働く酸性度の範囲は狭い。酸性度は作用するH^+の数で決まる。組織内の過剰なアシドーシスは燃料代謝の多くの酵素反応の活性を抑制する。したがって，細胞の最適な状態とは，O_2が十分にあり，有気的代謝によってATPが最大に産生されるか否かにかかっている。パフォーマンスを向上させるための筋の適応は組織や血中の酸性化を極力抑えるが，こうした適応はATP由来の大量のエネルギーを供給するあらゆる経路で起こる。

CO_2も酸である。酸とはH^+を周囲の溶液中に与える物質といえる。CO_2が体液中に拡散すると水和し（水に溶け），炭酸（H_2CO_3）を形成する。その後，以下の反応式に従いH^+と重炭酸イオン（HCO_3^-）に解離する。

$$CO_2 + H_2O \rightleftarrows H_2CO_3 \rightleftarrows H^+ + HCO_3^-$$

反応式[3-8]

CO_2は揮発性の酸といわれる。なぜなら，活動する組織からCO_2を含む血液が心臓に戻された後，肺に送られガスとして（大気中に）排気されるからである。したがって，肺は血液にO_2を加えるだけでなく，体内で最も強力な酸の除去器官となる。いっぽう，乳酸は非揮発性の酸で肺では除去できない。乳酸のLac^-の部分は燃料として多くの組織で利用されるが，H^+の代謝抑制効果は最小限度に抑えら

れる必要がある。H^+の影響を最小限に抑える物質として炭酸水素ナトリウム（$NaHCO_3$）があげられる。この物質は血流にのって循環し，また細胞を満たす細胞間質液中にも存在する。反応式[3-9]は活動組織を満たす血液中の炭酸水素ナトリウムによる酸の緩衝作用* を示している（このことから予備アルカリとも呼ばれる）。この反応はアシドーシスの進行を遅らせる。血液中の炭酸は肺を通過するとき，CO_2とH_2Oに解離し，CO_2は排気される。

$$Na^+ + HCO_3^- + H^+ + Lac^-$$
$$\rightleftarrows NaLactate + H_2CO_3 \rightleftarrows H_2O + CO_2$$

反応式[3-9]

組織内でのアシドーシスが進行するといくつか問題が生じる。一例として，効率的な代謝を促す酵素の働きを抑制することはすでに述べた。その他に，**細胞膜の不安定化**があげられる。これが原因となり，細胞内の重要な酵素が細胞外に逸脱して血流や細胞間質液に漏れ出てしまう。また，細胞とその周囲の溶液環境の間の浸透圧平衡を維持するため，細胞内にH_2Oを流入させようとする変化も生じる。酸性度の高い細胞質にはきわめて大量のイオン，もしくは電解質が含まれている（H^+，Lac^-，Na^+，HCO_3^-など）。そのため，血液や細胞外液など周辺の溶液よりも単位容積あたりのH_2Oは相対的に少なくなる。その結果，H_2Oを流入させることによって細胞内液の電解質バランスを保とうとする。これが通常は引き伸ばされ細くなっている活動性の高い筋線維内で生じれば，細胞内液の増加により短く太くなる。選手はこれを，ハードトレーニング後の関節可動域の減少や，翌朝のひどい張り（stiffness）として感じるのである。

そのようなトレーニング後には，ゆっくりとしたランニングなどで血流循環を促進すれば回復が早まるはずだ。この運動は**クールダウン**といわれる。これは高い活動水準から正反対の安静状態へと，徐々に移行するための重要な中間ステップとなる。わず

かなエネルギー消費で行われる有気的な運動により血液循環が維持され，活動筋の細胞内液と電解質のバランスの回復が促される。このことで，O_2を豊富に含んだ血液が活動筋へと運ばれ，無気的代謝で生じたLac^-の完全分解が促される。

トレーニングや競技中に血液や組織のアシドーシスを最小限度に抑えることによりパフォーマンスを向上させるには，どうしたら良いのだろうか？　これまでの議論から2つの提案ができる。

- 組織に十分拡散するだけの血液量の回復，筋中の貯蔵エネルギーの回復，そして有気的代謝状態への回復を促すために，十分な水分とエネルギーに富んだ栄養をレースやハードトレーニング後にすみやかに摂取する。
- クールダウン(ゆっくりとしたランニングやスイミングなど)により筋や骨格系の回復を促し，ストレッチ運動やマッサージで柔軟性を回復させる。

＊**緩衝作用**：緩衝作用とは，酸，塩基が加えられても，それによるpHの変化を少なくする作用のこと。ここでは，乳酸の生成に由来する水素イオン(H^+)が重炭酸イオン(HCO_3^-)と反応することで体液のpHの低下が抑えられる。

5. 燃料としての炭水化物と脂肪

表3-2は体内の利用可能なエネルギー基質の量を示している。おもな炭水化物の貯蔵形態は**グリコーゲン**である。グリコーゲンは基本的にグルコースが重合したもので，**図3-7**に示したような長鎖状の形態をとり，枝分かれしている。グリコーゲン重合体の分子はとても大きく，組織切片を染色した場合，細胞質中にグリコーゲン粒子として目で確認することができる。この粒子は骨格筋よりも肝臓でより大きい。グリコーゲンはグルコースに分解され(これは糖原分解と呼ばれる)，さらにグルコース1molからは1分子のATPが生じる。

脂肪組織と肝臓は脂肪エネルギーの最大の貯蔵庫となる。**表3-2**で脂肪の貯蔵量は炭水化物よりもはるかに多いことがわかる。筋細胞は脂肪の利用能力に優れている。脂肪は筋細胞の膜を容易に通過し拡散できる。持久性トレーニングにより骨格筋の炭水化物と脂肪の貯蔵量が増加する。半永久的に活動する心筋は毎日100,000回以上の心拍動をみせるが，心臓にはそれに必要な貯蔵脂肪とミトコンドリアが特別に多く備わっている。

脂肪は水に溶けず，体内では**トリグリセリド**(中性脂肪)として存在している。これらは**図3-8**にあるように3つの脂肪酸と**グリセロール**が結合して生成される。このプロセスは**エステル化**と呼ばれる。食物

表3-2 ● 体内の利用可能なエネルギー基質の量

組織					
脂肪	15		141,000		590,000
タンパク質	6		24,000		100,500
筋グリコーゲン	0.35		1,400		5,900
肝グリコーゲン	0.085		340		1,400
	21.435	kg	166,740	kcal	697,800	kJ
血中					
細胞外液のグルコース	0.020		80		335
脂肪酸	0.0004		4		17
トリグリセリド	0.003		30		126
	0.0234	kg	114	kcal	478	kJ

（バター，ベーコン，マーガリン，オイルなど）に含まれる脂肪はおもにトリグリセリドのかたちである。もし室温で液体なら植物由来，固体なら動物由来の脂肪である。脂肪の融点は脂肪酸に結合するH^+の数で決まり，それにより室温で液体になるか固体になるかが決まる。ベニバナオイルやコーンオイルなどのクッキングオイルには，結合しているH^+の数が比較的少ない**不飽和脂肪酸***が多く含まれる。

ラードなどの動物性脂肪には植物性脂肪に比べ**飽和脂肪酸**が多く含まれる。脂肪酸に結合するH^+の数の違いは，脂肪分解によるエネルギーの放出量に多少の影響を及ぼす。

脂肪が摂取されると，それらはまずトリグリセリドから脂肪酸に分解される。脂肪酸は血流内にとり込まれ，アルブミンという血漿タンパクと結合し運搬される。血漿脂肪酸濃度は一般に肝臓，脂肪，筋

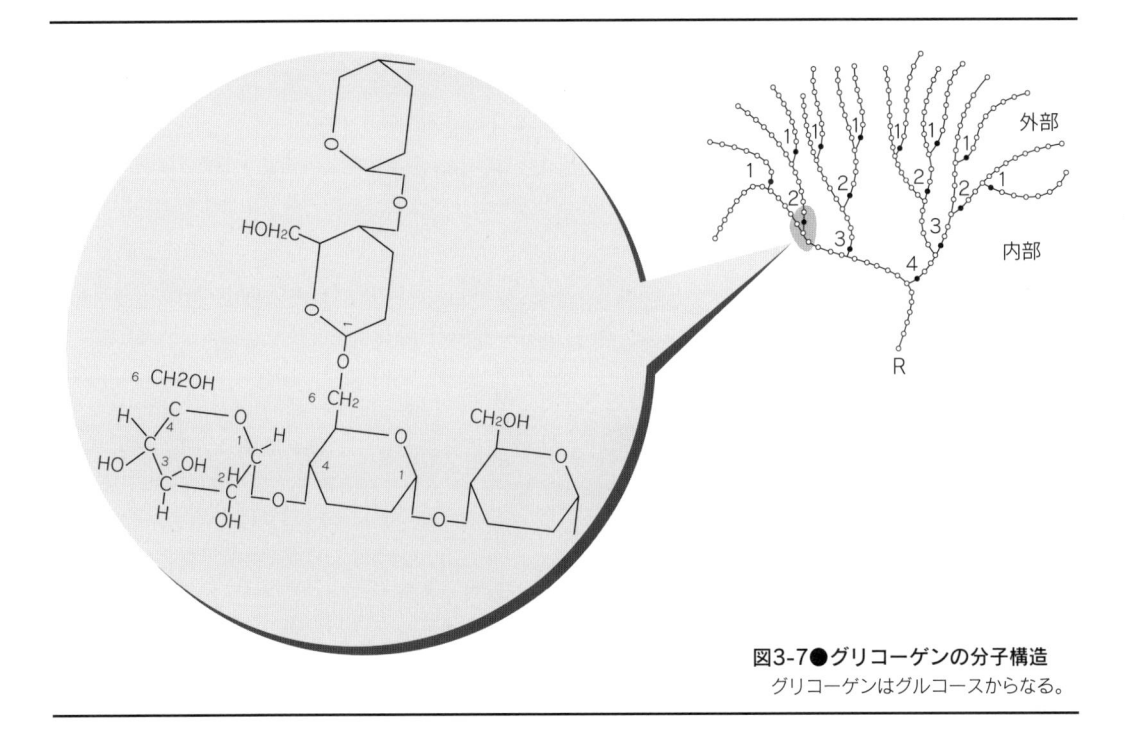

図3-7●グリコーゲンの分子構造
グリコーゲンはグルコースからなる。

図3-8●トリグリセリドから脂肪酸への分解
リパーゼにより脂肪酸はグリセロール分子からきりはなされる。エステラーゼにより脂肪酸はグリセロールと結合しトリグリセリドとして貯蔵される。この貯蔵のプロセスはエステル化と呼ばれる。

細胞といった組織よりも高いレベルにあるので，この濃度勾配を利用して脂肪酸が細胞内に流入する。脂肪酸の能動輸送（拡散によるものでなくエネルギーを使った輸送）機構はまだ知られていない。脂肪酸-アルブミン複合体が細胞内に入ると，脂肪酸だけが取り込まれ，結合を解かれたアルブミンは血液に戻り他の脂肪酸の輸送に働く。図3-9に示したように，脂肪酸は最終的にトリグリセリドとして再び結合し貯蔵される。

表3-2に沿って反応式[3-5]，[3-6]を学ぶことで，燃料としての炭水化物と脂肪にいくらか興味深い違いを見つけることができる。第一に，貯蔵という面で炭水化物は脂肪よりも効率が悪いことである。脂肪はその88％が炭素と水素で12％がO_2であり，炭水化物は47％が炭素と水素で53％がO_2である。貯蔵エネルギー分子のなかで酸素原子は必要に応じて大気中から得られるので，酸素量が多いことは単に分子のかさが大きいことを意味している。しかし，運動強度が増加するにつれ，脂肪の酸素貯蔵の少なさは負担となってくる。酸素需要が酸素の供給能力の限界に近くなると，脂肪よりも適した燃料として炭水化物を使うようになる。炭水化物の代謝は脂肪の代謝よりも少量のO_2で十分まかなえる。グルコースからは6分子のO_2を利用して36分子のATPが生成される（36/6＝6）。飽和脂肪酸であるパルミチン酸からは23分子のO_2を利用して130分子のATPが生成される（130/23＝5.7）。それと比べ，不飽和脂肪酸からのエネルギー産生は多少少ないものとなる（Hunt and Groff, 1990）。

第二に，炭水化物は脂肪よりも酸性度が高いことである。つまり，脂肪の分解よりも炭水化物の分解で一定量の酸素利用にともなうCO_2の生成量が多い。細胞から排出されるCO_2のO_2の消費に対する比率は**呼吸商（RQ）**と呼ばれる。実際には肺によるO_2

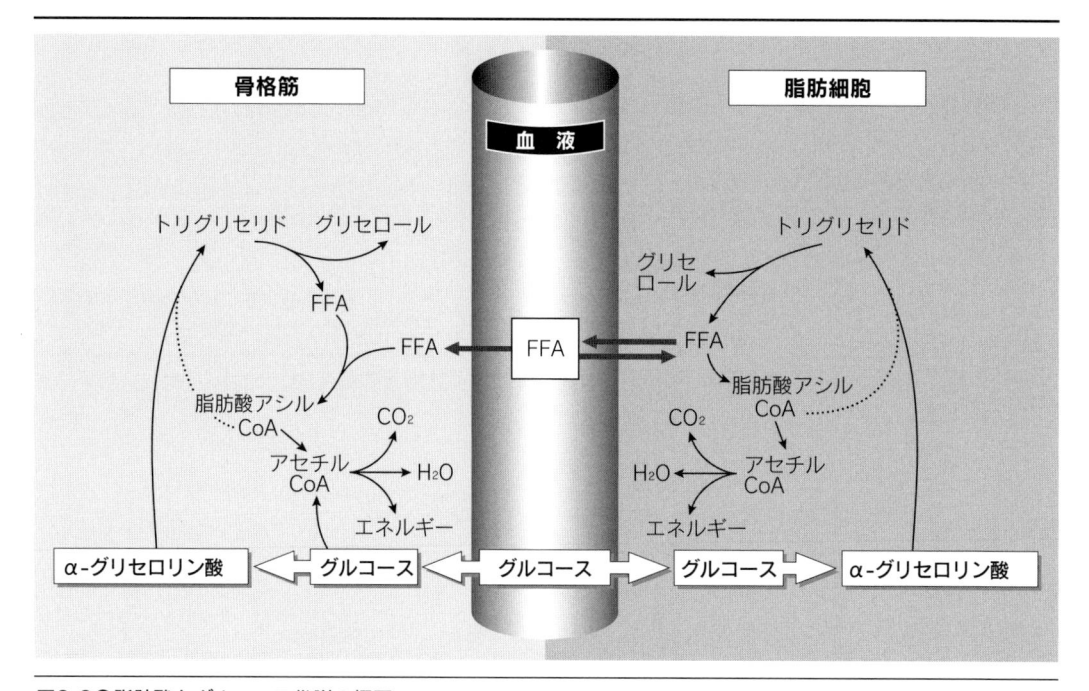

図3-9●脂肪酸とグルコース代謝の概要
　血中のグルコースは骨格筋細胞に取り込まれ最終的には分解されるが，脂肪細胞に取り込まれるとトリグリセリドに変換される。脂肪酸も骨格筋細胞と脂肪細胞に取り込まれる。骨格筋細胞へ取り込まれると通常はエネルギーとして代謝され，脂肪細胞の場合には後で遊離し筋組織へ運搬されるまで貯蔵される。FFAは遊離脂肪酸，CoAはコエンザイムAを示す。

とCO_2のガス交換比(CO_2/O_2)を測定する。このCO_2量のO_2量に対する比を**呼吸交換率**(R)と呼ぶ。

グルコースは,

$$R = 6CO_2/6O_2 = 1.00$$

反応式[3-10]

パルミチン酸は,

$$R = 16CO_2/23O_2 = 0.70$$

反応式[3-11]

第三に,脂肪は炭水化物よりも容積が小さい。したがって,脂肪は炭水化物よりも単位容積あたりのエネルギー含有量が多くなる。1gの脂肪が酸化されると508molのATPが生成される。同量の炭水化物から生成されるのは211molにしかならない。

普通の食生活を送っている人では安静時のR値は約0.8である。これは安静時のエネルギー需要の大部分が脂肪の酸化により供給されていることを意味する。おそらくその1/3は炭水化物からのものである。例えば,普通の食生活を送っている人が漸増負荷運動を始めると,炭水化物代謝が増加していきそれが主要なエネルギー源となる。この変化過程はR値の変動をモニタリングすることで追跡できる。表3-3に,あるエリート女性ランナーが$\dot{V}O_2max$を見積もるためにトレッドミルランニングでパフォーマンスの評価を行った際に得られたデータの一部をそのまま示している。安静はテスト前のベースラインを示している。その下の4つのデータはR値の漸進的な上昇と漸増的な負荷に対する生理的反応を示している。残りの5つのデータは疲労困憊状態の直前の数分間に得られたものである。彼女のR値は高度のアシドーシスのため,実際には1.00を超えた。このCO_2の排出は炭水化物代謝だけで説明できるレベルを超えたことを意味するが,これは彼女の増加した呼吸により吐き出されたものである。

***不飽和脂肪酸**:化学的に可能な限り多くのH$^+$を含んでいる状態を飽和状態という。飽和脂肪酸はこれ以上H$^+$と結合できないことから,いっぽうで,不飽和脂肪酸はH$^+$と結合できることからそれぞれそう呼ばれる。

表3-3● 負荷が増加していくトレッドミルランニング中の酸素消費量,二酸化炭素排出量,呼吸交換率の変化

経過時間 (分)	心拍数 (拍動数/分)	呼吸数 (呼吸数/分)	酸素消費量 (mℓ/分)	酸素消費量 (mℓ/kg・分)	二酸化炭素排出量 (mℓ/分)	呼吸交換率 (R)
安静	60	14	320	6.8	260	0.79
1/2	136	32	1,522	29.4	1,293	0.84
1	136	33	1,612	31.2	1,364	0.85
1 1/2	140	33	1,904	36.8	1,625	0.86
2	145	35	1,914	37.0	1,634	0.86
14 1/2	167	46	3,220	62.3	3,053	0.95
15	170	46	3,353	64.9	3,206	0.96
15 1/2	176	47	3,414	66.0	3,329	0.97
16	180	47	3,474	67.2	3,503	1.02
16 1/2 終了	188	48	3,691	71.4	3,862	1.04

3 | 代謝のプロセス

1. 炭水化物の代謝

　激しい運動時に，活動筋中のグリコーゲンが徐々に減少することはよく知られている。また，疲労が著しいときには筋グリコーゲンが枯渇しているものと考えられている（Costill et al., 1971）。さらに高強度運動では低強度運動よりも早く貯蔵グリコーゲンが減少する。ではいったい，運動を行うためにグリコーゲンはどのように動員されるのか？　そして，どうすれば活動筋にグリコーゲンを貯蔵したり補給できるのか？

　組織中のグリコーゲン含有量は，栄養状態，身体トレーニングの程度，運動前の含有量，種々のホルモンの影響といったいくつかの要因で大きく異なる。**コルチゾール**（副腎皮質から分泌される）と**インスリン**（膵臓から分泌される）は組織のグリコーゲン含有量をグルコースからの合成を促すことで増加させる。**アドレナリン**（副腎髄質から分泌される）と**グルカゴン**（膵臓から分泌される）は逆に肝臓や筋などの組織に含まれるグリコーゲン（糖源）のグルコースへの分解を促すことでグリコーゲン含有量を減少させる。

　アドレナリンと**ノルアドレナリン**の分泌により運動時のグリコーゲン利用が加速する。選手が感覚的

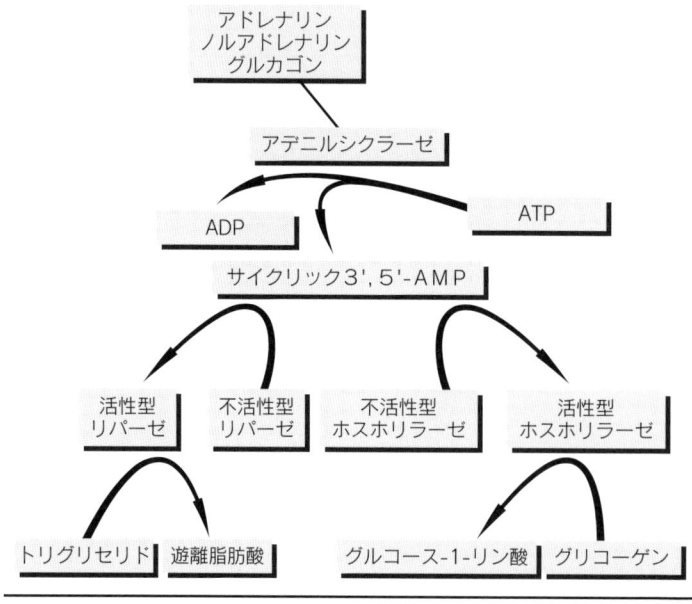

図3-10● 循環血中のホルモンによるエネルギー代謝（脂肪酸とグルコースの動員機構）
　アドレナリン，ノルアドレナリン，グルカゴンは脂肪酸とグルコースの代謝反応を進める。アデニルシクラーゼの作用によりATPからサイクリック3',5'-AMPが合成され，サイクリック3',5'-AMPが燃料の分解酵素を活性化させる。つまり，アドレナリン，ノルアドレナリン，グルカゴンがアデニルシクラーゼに作用すると分解酵素が機能する。

に，「アドレナリンが増えた！」とか「調子に乗ってきた！」などと口走る現象はある意味で真実であり，交感神経系の活性化を伴う「闘争・逃走・恐怖」といわれるストレス症候群に陥ったことを示すものでもある。これらのホルモンの働きにより，グリコーゲンが分解されグルコースが利用されることに加え，心拍数と血圧も上昇し活動筋への血流も増加する（いわゆる臨戦態勢が整えられる）。

❶ グリコーゲンのグルコースへの分解

図3-10に示したように，グリコーゲンの分解は**ホスホリラーゼ**と呼ばれる酵素の働きにより生じる。すべてのステップを示すものではないが，最終的にグルコース-1-リン酸が形成される。ホスホリラーゼは通常は不活性型の状態で存在している。それがいく分複雑な一連の化学反応を経て活性化される。

循環血中の3つの物質（アドレナリン，グルカゴン，ノルアドレナリン）はいずれも**アデニルシクラーゼ**と呼ばれる細胞膜に存在する酵素と相互作用できる。この相互作用により細胞内のATPは**サイクリック3',5'-AMP（cAMP）**と呼ばれる物質へと分解される。マグネシウムイオンもこの反応を進めるうえで必要となる。サイクリック3',5'-AMPはその後ホスホリラーゼを活性化させ，グリコーゲンからグルコース分子を切り離す。

アドレナリン，グルカゴン，ノルアドレナリンが持続的に循環血中に存在すると，肝臓や筋細胞でのサイクリック3',5'-AMPの生成が続き，両組織へのグルコースの供給が高まる。しかし，グルコースの利用のされ方には肝臓と筋細胞とでは根本的な違いがある。肝細胞では，グルコース-1-リン酸は細胞のエネルギー需要を満たすためにCO_2，H_2O，ATPに完全に代謝されるか，再び遊離グルコース（リン

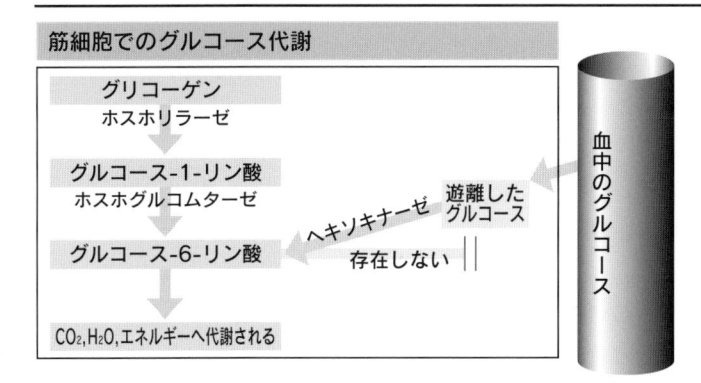

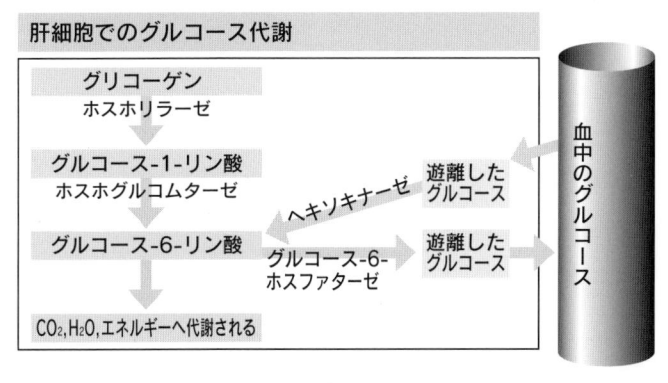

図3-11●筋細胞と肝細胞でのグルコース代謝の概要

酸に結合していないグルコースのこと）に変換される。この遊離グルコースは細胞外に拡散できるが，リン酸化されると拡散できない。図3-11に示したように，肝細胞には**ヘキソキナーゼ**と**グルコース-6-ホスファターゼ**という2つの重要な酵素がある。前者はグルコースを細胞の代謝経路へ組み込ませ（グルコースの分解），後者はグルコースが血流へ戻る（グルコースの合成）かどうかを決める。グルコースはひとたび血流に流れ出ると筋線維へと運ばれる。

筋細胞にはグルコース-6-ホスファターゼがないため，グリコーゲンから分解されたグルコースが血中に流れることはない。ここで，面白いジレンマが生まれることになる。それは非活動筋に貯蔵されているグリコーゲンは絶対に他の活動筋へ輸送することはできないということである。一度筋細胞内に取り込まれると，グルコースはそこにとどまりその細胞内で代謝される。マラソンのような長距離選手が周期的に少しずつコースの勾配が変わるのをむしろ好むのは，コース変化にともない主働筋が徐々に他の筋へと移り変わることでグリコーゲン貯蔵の多い筋群を新たに利用できるからかも知れない。

すべての貯蔵型グリコーゲンは，浸透圧平衡を保つために1gあたりおよそ3gのH_2Oとともに貯蔵される（Costill and Miller, 1980）。このことは，レース前の**テーパリング***で，マラソンランナーが炭水化物を摂取し続けるときの体重増加の原因ともなる。こうした体重増加は，レースの2, 3日前に炭水化物の貯蔵を最大にしようとする際の長距離選手によく見られる事実である。レース中にグリコーゲン代謝が進むにつれ，これに結合したH_2Oは，燃料の分解から生まれるH_2Oとともに体内H_2Oの重要な供給源ともなる。汗としてH_2Oが失われる暖かい日にはこのことがむしろ味方となるだろう（発汗によるH_2Oの損失を代謝水が補うからである）。

❷ 無気的解糖：グルコースのピルビン酸への分解

グリコーゲンとグルコースは細胞の液体部分（細胞質），筋生理学用語でいうと筋形質で代謝される。グリコーゲンからグルコースへの分解，そしてピルビン酸への変換の全過程はO_2の供給なしで進行する。これは無気的代謝と名づけられている。この変換過程に含まれる重要な化学反応を図3-12にまとめた。

図3-12で解糖作用が2つの相にわかれていることに注目して欲しい。Ⅰの相ではATPの消費を必要とし，その後グルコース分子（6つの炭素原子を有する）は2つの3炭素単位に分割され，さらにそれぞれがピルビン酸へと分解される。その過程で少量のATPが生成される。このⅠの相で消費されたエネルギーをⅡの相で得られた正味のエネルギーから差し引く必要がある。ここで興味深いのは，筋グリコーゲンの分解から得られるグルコースと，肝臓から血液を介して筋へと輸送されるグルコースでは，そこから得られるエネルギー量が異なることである。図3-13はこれを示している。

筋細胞中のグルコースがグリコーゲンから得られる場合，分解過程を開始するのに1分子のATPが必要となる。そして4分子のATPが合成される。正味のATP獲得数は3つである。肝臓から血液を介し筋細胞へ入るグルコースは，分解の開始のために2分子のATPを必要とし，4分子のATPが生成される。この過程での正味のATP獲得数はわずか2分子である。このことは，筋細胞は肝臓由来のグルコースではなく筋自身の貯蔵グリコーゲンを利用したほうが代謝的効率が良くなることを意味する。実際には，ハーフマラソンや30kmまでのトレーニングではこのことは問題とならない。おそらく筋グリコーゲンが十分に貯蔵されているからである。しかし，マラソンランナーにとってはこのエネルギー力学に関する理論上の問題が生じる。そのことについては第7

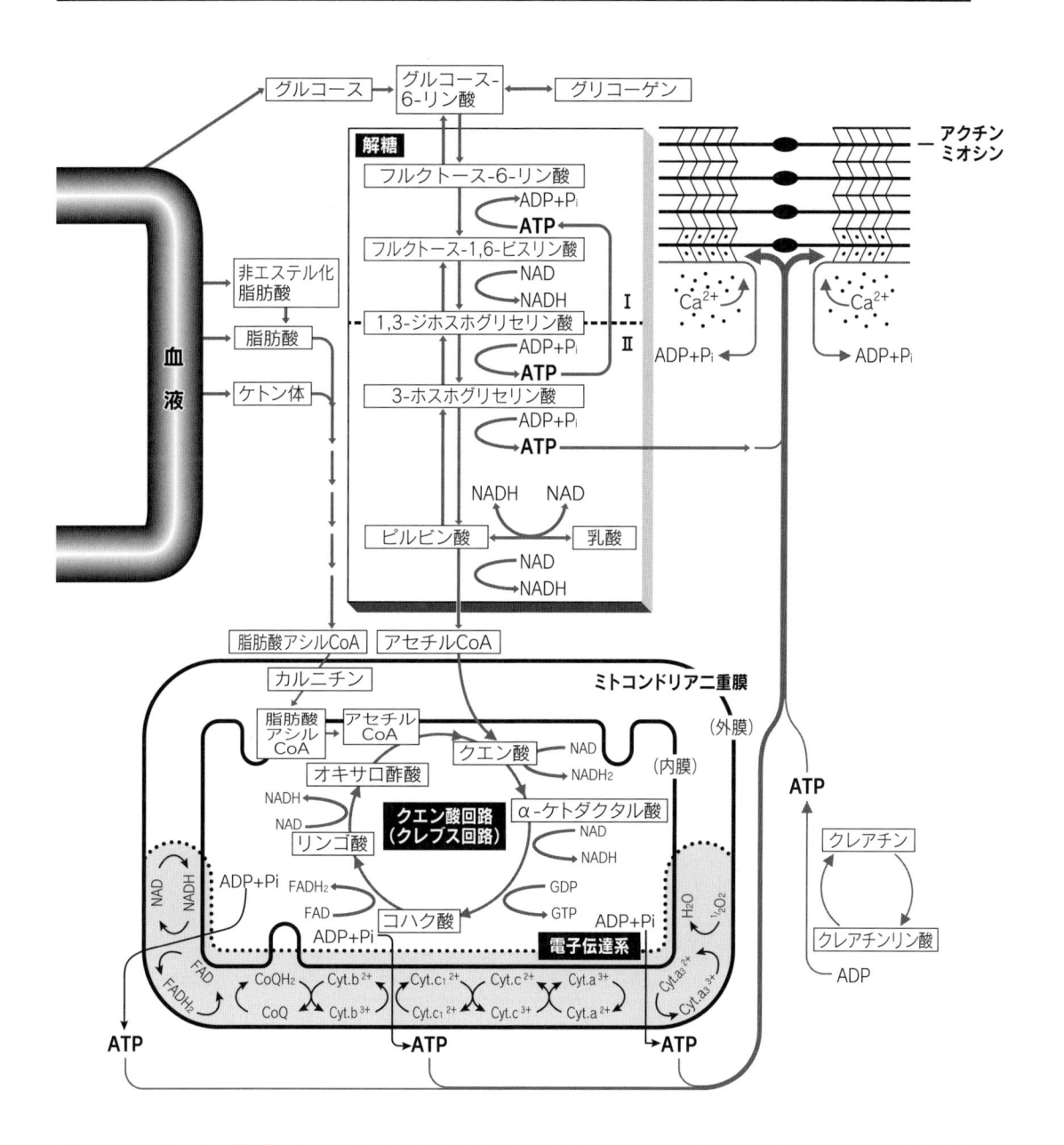

図3-12●グルコースと脂肪酸の分解によるエネルギー生成に関わる化学反応の概要

　グルコースは細胞質で分解（無気的）が始まり，最終的にミトコンドリア内に入るが，このときにコエンザイムA（CoA）と結合した2炭素（アセチル）単位，アセチルCoAを形成する。アセチル基はオキサロ酢酸と結合しクエン酸を形成し，クエン酸（クレブス）回路へ進んでいく。この回路での反応中に生じた水素原子は最終的に電子伝達系で酸素に変換される。この変換の過程で発生したエネルギーによりADPからATPが生じる。このような燃料の分解によるエネルギーは筋細胞での張力発生など，細胞の重要な機能に利用される。

"Musculoskeletal System, PartI (The Ciba Collection of Medical Illustrations, vol.8, p.162)" by F.H.Netter, 1987, Summit, NJ:CIBA-GEIGY.

章でレース前のトレーニングと関連させて述べることにしよう。

図3-12に示した解糖のⅠ相では，フルクトース-1,6-ビスリン酸を1,3-ジホスホグリセリン酸へ変換するNADという物質に注目しよう。この物質はニコチンアミドアデニンジヌクレオチド(NAD)と呼ばれている。この構造を図3-14に示した。生化学者達はこれを**補酵素(コエンザイム)**と呼んでおり，他にもいくつかが知られている。その構造の必須部分がニコチン酸，すなわち**ビタミンB_5**となっている。グルコースの代謝にはいくつかの水溶性ビタミンが必要であり，食事で十分なビタミンを摂取しなければならない。NADの酸化物は1,3-ジホスホグリセリン酸を生成する反応に必要である。この過程で，NADはNADH$_2$に還元(水素をもらう)される。有気的条件下で，O_2は最終的にこの補酵素からH$^+$を引き離し，NADを再生させ，より多くの基質(グルコース)を分解することができる。ゆえに，O_2が十分に存在することはNADが十分に存在することを意味し，このような状態下では継続して解糖系が進行することになる。

しかし，我われは解糖が無気の状況下でも生じることを知っている。O_2が不足する条件でNADはどのようにして生成されるのだろうか？ この答えは比較的簡単である。すでに利用可能なピルビン酸が，NADH$_2$と**乳酸脱水素酵素(LDH)**により乳酸に変換される。反応式は以下の通りである。

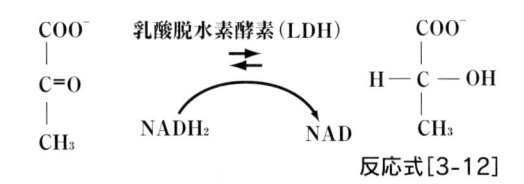

$$\begin{array}{c}
COO^- \\
| \\
C=O \\
| \\
CH_3
\end{array}
\xrightleftharpoons[NADH_2]{\text{乳酸脱水素酵素(LDH)} \quad NAD}
\begin{array}{c}
COO^- \\
| \\
H-C-OH \\
| \\
CH_3
\end{array}$$

反応式[3-12]

これはO_2の供給が不十分なとき，筋での乳酸産生を説明する生化学的な根拠となるうえ，解糖を継続させるNADの生成機構を示している。LDHはどこに存在するかで2つの形態がある。ST筋(遅筋)や心臓には**H-LDHアイソエンザイム**(Hは心臓の意味)が存在する。その作用は左方向(乳酸→ピルビン酸)へ反応を進めることで，乳酸生成を最小にとどめている。FT筋(速筋)には**M-LDHアイソエンザイム**(Mは筋肉の意味)が右方向へ平衡を傾け，より多くの乳酸を生成する。

200mから800mを超えるような距離を最大に近いペースでレースやトレーニングを行おうとしてもその強度では長続きできない。トレーニングで有気的代謝能力をいかに高めたとしても，酸素需要はO_2の供給を上回る。無気的代謝は利用できる全体のエネルギー供給量を増加させるが，この過程は非

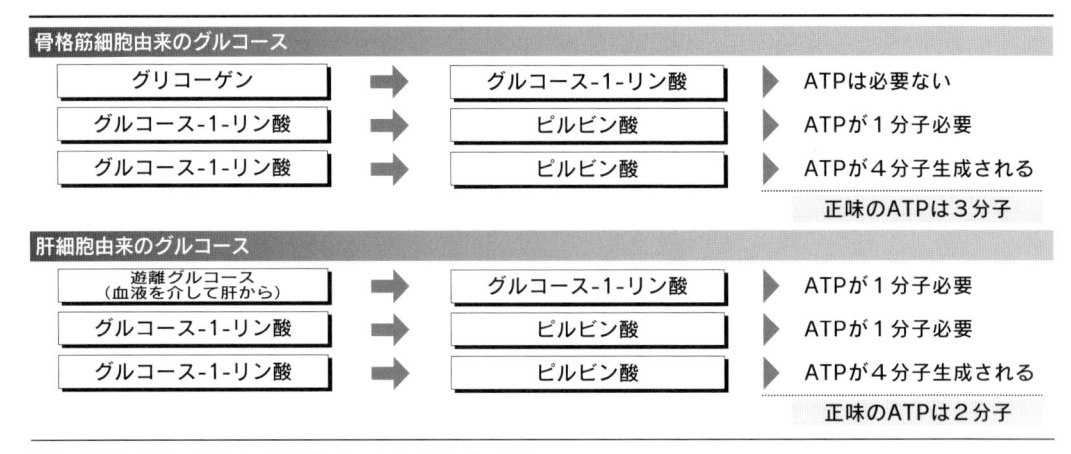

骨格筋細胞由来のグルコース		
グリコーゲン ➡ グルコース-1-リン酸	▶	ATPは必要ない
グルコース-1-リン酸 ➡ ピルビン酸	▶	ATPが1分子必要
グルコース-1-リン酸 ➡ ピルビン酸	▶	ATPが4分子生成される
		正味のATPは3分子

肝細胞由来のグルコース		
遊離グルコース(血液を介して肝から) ➡ グルコース-1-リン酸	▶	ATPが1分子必要
グルコース-1-リン酸 ➡ ピルビン酸	▶	ATPが1分子必要
グルコース-1-リン酸 ➡ ピルビン酸	▶	ATPが4分子生成される
		正味のATPは2分子

図3-13●骨格筋由来と肝由来のグルコースのエネルギー動態

効率的であり自己制限因子ともなりうる。この過程はどれほど非効率的なのだろうか？ 反応式[3-5]と反応式[3-7]を思い出してほしい。グルコースの無気的代謝は，同量のATPを生成するのに有気的代謝の18倍もの基質を必要とする。

次に，自己制限因子とは何かについて説明しよう。活動筋においてアシドーシスが高まるにつれ，解糖系の鍵となるある酵素の作用が低下し，燃料の分解効率が悪くなる（代謝が遅くなる）。これは細胞の破壊を防ぐ安全弁ともなっている。もしアシドーシスが過度に進めば，**ライソゾーム**と呼ばれる細胞内小器官が筋細胞の活動に壊滅的な影響を与える可能性があるからである。ライソゾームには筋細胞自身を分解吸収してしまう様ざまな酵素が含まれる。その外膜は酸性条件下では不安定であり，もし破砕されると細胞死が起こる。ゆえに，無気的代謝は，細胞の存在を危うくする「環境」汚染が生じるようなときには，それ自体を閉鎖してしまう強力な自己制限過程として機能しているにちがいない。

このような強力な抑制作用は400m走や800m走の特に決勝でのランナーを見れば明らかである。彼らはペースを維持しようと勇敢に奮闘する。勝利を得ることができるならばどんなに苦しくても喜んで耐えるものだ。主働筋の代謝効率が徐々に低下すれば，他の筋がそれに代わって付加的なエネルギーを供給する。そうしない限り，ペースダウンは必至である。このとき，ランナーが外股になるのをよくみかけるが，これは，まだ有気的能力を残している脚筋群（使っていない元気な筋）を少しでも利用しているのである。これはバイオメカニクス的にはあまり薦められないが，勝敗を考えると意義がないわけではない。彼らが過剰なアシドーシスに達した筋の働きを停止する何らかの代謝的抑制能を持たないと仮定すると，大規模な細胞死や脚筋の自己破壊が生じることもありうる。実際に，これは**横紋筋融解症**という病理症状でみられるものでもある。

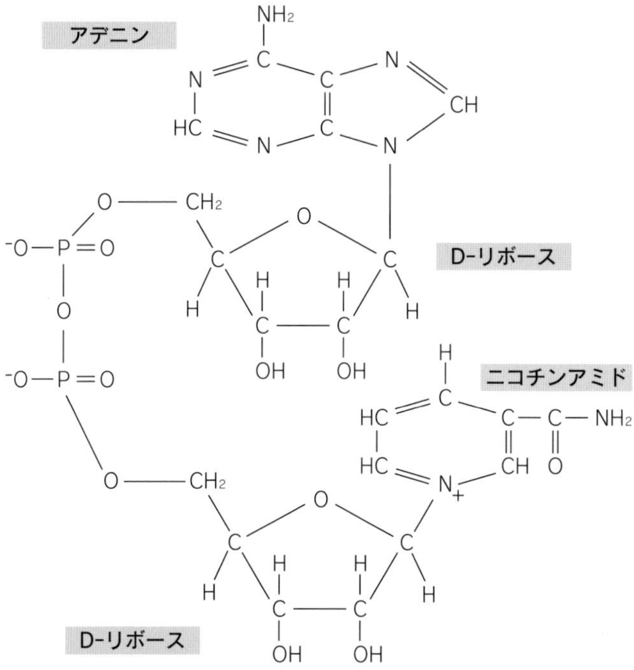

図3-14●ニコチンアミドアデニンジヌクレオチド（NAD）の化学構造
NADは糖（リボース），アデニン，ニコチン酸（ビタミンB5）を含む。

選手は激しいトレーニングやレースの前に，筋のアシドーシスを避けるために，なんらかの対策を打てるだろうか？　身近な方法は，体温や代謝を高める効果をもつウォームアップである。これは，激しい運動の前にマイルドな運動を行うもので，激しい運動後のクールダウンと同様に重要である。酵素は約37℃（98 F）に設定された正常な体の核心温度*をわずかに超えた温度で最適に働く。ウォームアップによるゆったりとしたランニングにより代謝が増加し，体温も上昇し，循環も改善される。燃料分解も円滑に進み，筋も弾力性が高まり関節可動域が増える。

❸──有気的解糖：ピルビン酸の代謝

グルコースの代謝が大量のエネルギーを放出して，ピルビン酸から乳酸への産生を跳び越えて進行する状況としては，O_2の十分な利用が不可欠となる。我々は初めにこの有気的解糖を生体組織における4つの主要なエネルギーシステムのうちの1つとして定義している（Hawley and Hopkins, 1995）。無気的解糖の化学反応は細胞質内で生じるのに対して有気的解糖はミトコンドリア内で生じる。そのために，ピルビン酸はミトコンドリアの膜を通過し，内部へと輸送されなければならない。図3-12と図3-15はいかにしてこの反応が生じているのかを示している。

ピルビン酸はまずCO_2を失い，炭素数が2個のアセチル基と呼ばれる断片にまで分解される。このアセチル基は**コエンザイムA**と呼ばれる分子と結合し**アセチルコエンザイムA**を形成する。図3-16はこの補酵素の構造を示している。このコエンザイムAがNADとATPにいかに似ているかに注目してほしい。NAD，ATP，アセチルコエンザイムAはすべてリボースと呼ばれる糖と結合したアデニンを持っている。NADとコエンザイムAはその糖と結びつくビタミンを有している。NADはニコチン酸（ビタミ

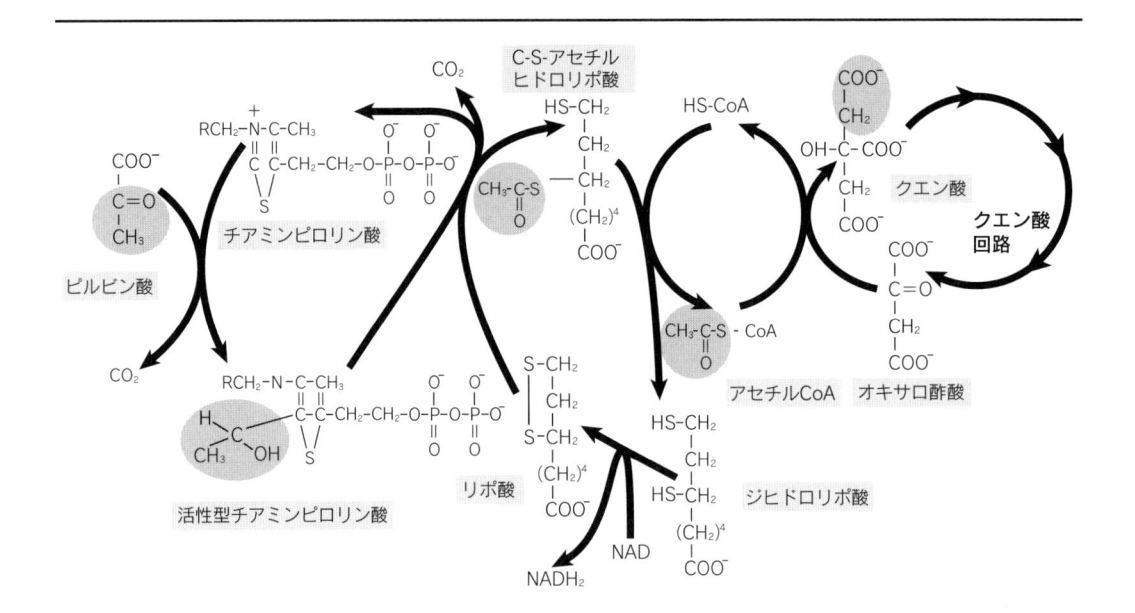

図3-15●ピルビン酸のアセチル基のミトコンドリアへの運搬過程

B₅)を，コエンザイムAはパントテン酸(**ビタミンB₃**)を有している。**図3-15**は，ピルビン酸のアセチル基が反応回路の中を循環し，コエンザイムAがアセチル基のミトコンドリアの膜通過にどのように関わるか，また，アセチル基がオキサロ酢酸という4炭素物質までどのように運ばれるか，というプロセスを示している。ここでは，コエンザイムAそれ自体は変化せず細胞質のグルコース断片をミトコンドリアへと運搬する。有名な英国の生化学者Hans Krebs (1970)は，どのようにしてクエン酸がオキサロ酢酸にまで分解されるのか，そして，そのオキサロ酢酸がさらにピルビン酸由来のアセチル基を利用してどれだけ多くのクエン酸を産生するかを説明する回路について記述した。この一連の反応は一般に**クレブス回路**，あるいは**クエン酸回路**と呼ばれる。

図3-12に示すように，一連の中間代謝過程を通じてピルビン酸はCO_2を失うことでアセチル基と呼ばれる2炭素分子にまで分解される。それぞれのステップは酵素によりコントロールされるが，O_2は直接的には消費されない。グルコースからは8個のH^+が生成される(それぞれのアセチル基について4つずつ)。H^+が解離するステップは脱水素反応と呼ばれる。NADが3ヶ所で水素の受け手として働くことに注目してほしい。4ヶ所は**FAD**がこの働きをする。FAD(フラビンアデニンジヌクレオチド)は，NADの関連物質でニコチン酸の代わりに同じくビタミンであるリボフラビン(**ビタミンB₂**)が結合したものである。**図3-17**はFADの構造を示す。

クエン酸回路の一連の反応に関して以下の4つのポイントが重要である。

- 第一に酸素は間接的に働く。というのも，細胞内の酸素は$NADH_2$を酸化して2つのH^+を取り，NADとH_2Oを形成する働きをするからである。ジヒドロリポ酸からリポ酸への変換を担う(触媒する)NADがなければ，アセチルコエンザイムAはつくられない(**図3-15**)。

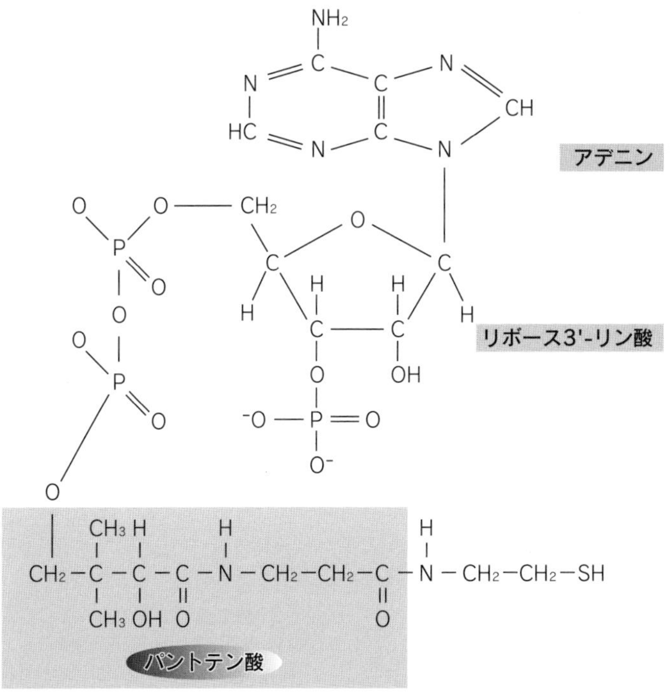

図3-16●コエンザイムAの化学構造
糖(リボース)，アデニン，パントテン酸(ビタミンB₃)を含む。

- 第二に，この反応は炭水化物の無気的分解と有気的分解とを結びつける。アセチルコエンザイムAの生成を経るグルコースの代謝は細胞質内で起こるが，アセチル基の分解はミトコンドリア内だけで起こる（**図3-15**）。
- 第三に，ピルビン酸からアセチルコエンザイムAへの一連の反応は，グルコース由来の炭素原子（CO_2の形で）を失う最初の段階である。この反応は不可逆的であることからもきわめて重要である。生化学的にいえば，これはグルコース利用における鍵となる。
- 第四に，**図3-15**において，チアミン（ビタミンB_1）はこの反応系でピルビン酸のアセチル基のリポ酸塩への転移を仲介するという決定的な役割を担う。

❹ ─ 電子伝達系

クレブス回路はピルビン酸のアセチル基（CH_3CO）の炭素骨格の運命を握るが，回路それ自体はエネルギーの保存機構とは直接関係しない。エネルギーの保存にはクレブス回路での反応中に生じるH^+（とそれらの電子）がNADとFADに結合することが関係している（**図3-14**と**図3-17**）。そのようにして還元された$NADH_2$と$FADH_2$は，それらの電子を**図3-12**の下のほうに示してある別の酵素反応系──**電子伝達系**と呼ばれる──に供与する。この系は脂肪酸，炭水化物，タンパク質由来のエネルギーを得るための最終共通経路となっている。

電子伝達系の複雑な反応には様ざまな構造を持ついくつかの分子が関与する。それらのうちの一部を**図3-12**に示した。**シトクロム**（Cyt）として集合的

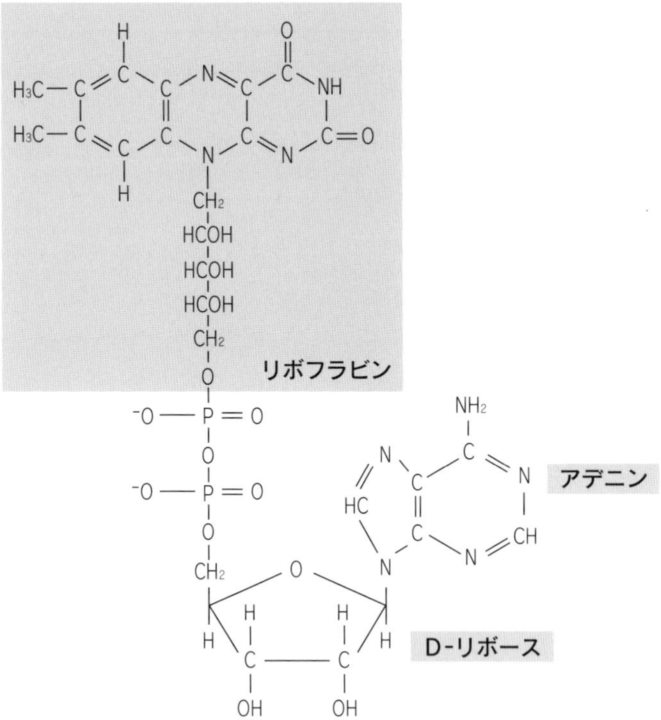

図3-17●フラビンアデニンジヌクレオチド（FAD）の化学構造
FADは糖（リボース），アデニン，リボフラビン（ビタミンB_2）を含む。

に知られるタンパクの一群は**ヘモグロビン**に似た分子を持つ。一つの大きな違いはそれらの分子構造内部の**鉄の酸化状態**にみられる。ヘモグロビンでは鉄がFe^{2+}の状態で存在するが，シトクロムではFe^{3+}の状態で存在する。酸化された状態（Fe^{3+}）にあるそれぞれのシトクロムは水素原子から電子を受け取り還元される（Fe^{3+}からFe^{2+}へ）。水素原子はH^+となりいくぶん酸性化を引き起こす。このシトクロムは次の酸化状態にあるシトクロムへとその電子を順番に与えていく。ここで注意すべき点は，例えば，シトクロムb_3^{3+}はどのようにして電子をシトクロムc_1^{2+}へと運び，シトクロムb^{2+}やシトクロムc_1^{3+}を形成するのかということである。シトクロムa_3^{3+}やシトクロムオキシダーゼと呼ばれる最終的なシトクロムは，その電子を酸素分子に直接引き渡す。2つの電子が酸素原子と結合するとき，2つのH^+が結合し，その結果としてH_2Oが形成される。いっぽう，それぞれの電子転送により多くの自由エネルギーが放出されるが，それはATPの生成に集約される。**図3-12**はきわめて複雑なシステムを簡単にまとめたものである。シトクロム色素に加え，コエンザイムQ（CoQ）やFAD，NADなどの他の物質も関与する。

グルコース酸化のエネルギーバランスシートを**図3-18**のように示した。**図3-18**は，どのように多くのエネルギーが生成されるのか，また**図3-12**に概略を示した代謝経路全体のなかでどこからどのように生成されるのかについてまとめている。4つの水素原子が解糖の無気的局面で放出され$NADH_2$として結合する。もしその形で電子伝達系へと運搬されるなら，2つの水素原子が運ばれるごとに3分子のATPが産生されることになる。したがって，これらの4つの水素原子は6分子のATPとなる。クレブス回路ではNADに渡される6組の2つの水素原子は18分子のATPとなる。FADには2組の2つの水素原子が放出され，ここでは4分子のATPが産生される（水素原子1組あたり2分子のATP）。すなわち，クレブス回路ではアセチル基1個につき，11分子のATPを産生し，グルコース1molあたり，22分子のATPが産生される。クレブス回路に至るまでの過程では16分子のATPが生成される。この解糖反応は初めに2つのATPを失うので，正味のATPは22+16−2＝36分子となる。

***テーパリング**：試合を迎えるにあたり，トレーニングを減らすことで疲労を除去し，試合でよりよいパフォーマンスを発揮できるように調整すること。

***核心温度**：環境温度が変動しても，体温が一定（約37℃）に調節される部位は核心部といわれ，その温度を核心温度と呼ぶ。

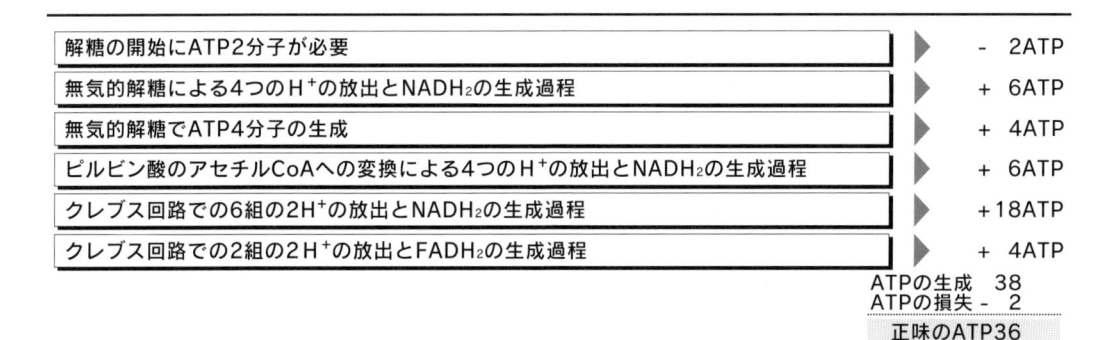

解糖の開始にATP2分子が必要	▶ − 2ATP
無気的解糖による4つのH^+の放出と$NADH_2$の生成過程	▶ ＋ 6ATP
無気的解糖でATP4分子の生成	▶ ＋ 4ATP
ピルビン酸のアセチルCoAへの変換による4つのH^+の放出と$NADH_2$の生成過程	▶ ＋ 6ATP
クレブス回路での6組の$2H^+$の放出と$NADH_2$の生成過程	▶ ＋18ATP
クレブス回路での2組の$2H^+$の放出と$FADH_2$の生成過程	▶ ＋ 4ATP

ATPの生成　38
ATPの損失 − 2
正味のATP36

図3-18●グルコースの酸化によるエネルギー出納

2. 脂肪の代謝

　我われは炭水化物の代謝について特に紙面を割いて取り上げてきたわけだが，これは代謝によるエネルギー供給機構のほんの一部にすぎない。実は炭水化物よりも脂肪に多くのエネルギーが蓄えられている。安静状態からマラソン，あるいはそれ以上の距離の運動での主要なエネルギー源は脂肪である。これは有気的脂肪分解と呼ばれ，生体内の4番めの主要エネルギーシステムとなる(Hawley and Hopkins, 1995)。筋の脂肪酸化能力が高いほど，筋の持久的パフォーマンスは優れている。心臓のこの能力は計り知れないほど高い。

　解糖ではホスホリラーゼ，脂肪分解ではリパーゼがともに(細胞内)サイクリック3',5'-AMP(cAMP)を介して燃料分解を開始させるという点で，グリコーゲンとトリグリセリドの異化過程は似ている(図3-10)。この過程で遊離される脂肪酸はその後ミトコンドリア内に入り，さらに異化反応は続いていく。ミトコンドリアの二重膜の通過には，カルニチンと呼ばれる物質と結合する必要があり，これは3段階の過程で生じる。1番めに，アセチルコエンザイムAと脂肪酸分子の結合で脂肪酸アシルコエンザイムAが生じる。図3-12に示したように，これはミトコンドリアの外膜を通過できる。その後，カルニチンアシルトランスフェラーゼIがカルニチンをコエンザイムAと入れ替え，脂肪酸アシルカルニチンにする。これはミトコンドリアの内膜を通過するが，最終的にカルニチンアシルトランスフェラーゼIIがカルニチンとミトコンドリア内のアシルコエンザイムAを再び入れ替え，脂肪酸アシルコエンザイムAにする。脂肪酸アシルコエンザイムAへのカルニチンの結合は脂肪酸の酸化速度を決めるステップである。これは，なぜ持久性トレーニングを積んだランナーの筋により多くのカルニチンが含まれるのかを説明するもので，結果的に燃料としての脂肪酸利用能力を高めるからである(de Palo et al, 1986)。

　さらに，炭素を多く含む脂肪酸の骨格から，酵素によって段階的に2炭素単位が切断される。この一連の反応はベータ酸化と呼ばれる。というのは，この切断反応が1番め(アルファ)の炭素ではなく，2番め(ベータ)の炭素で生じるからである。例えば，16の炭素を持つパルミチン酸の場合，7回のアセチル基の切断で完全に分解される。2炭素アセチル分子のそれぞれが，ミトコンドリア内部のコエンザイムAと結合し，アセチルコエンザイムAを形成する(図3-12)。先に述べた炭水化物の場合と同様に，クレブス回路と電子伝達系のきまりにしたがい，オキサロ酢酸と反応しクエン酸を形成することで実際のエネルギーが放出される。

3. 炭水化物代謝と脂肪代謝の相互作用

　安静時には，血漿脂肪酸*と筋中トリグリセリドとして利用できる脂肪が主要なエネルギー源となる。炭水化物も筋グリコーゲンと血漿グルコースとしてエネルギー源に貢献する。ここで，3種類の運動強度——ウォーキング(25%$\dot{V}O_2max$)，マラソンペースのランニング(65-85% $\dot{V}O_2max$)，10 kmを超える程度のレース(85-92% $\dot{V}O_2max$)(Coyle, 1995)——におけるこれらのエネルギーの貢献度を比較してみる。脂肪と炭水化物の両方から得られる総エネルギー消費量は徐々に増加していくが，エネルギーの供給源となるそれぞれの燃料の相対的な貢献度に劇的な違いが現われる。

　相対的なエネルギーの貢献度は，65%$\dot{V}O_2max$では血漿グルコースと筋トリグリセリドからのものが

大きくなり，血漿脂肪酸からのものは減少する。筋グリコーゲンの貢献は無視してよい程度である。65％$\dot{V}O_2max$から85％$\dot{V}O_2max$では，血漿グルコースからの貢献が増加し続け，筋トリグリセリドと血漿脂肪酸からのものは低下する。筋グリコーゲンからの貢献は非常に多く，付加的に必要となるエネルギーの大部分を供給する。しかし，85％$\dot{V}O_2max$を超えるような運動では，完全な代謝のためのO_2の利用能力以上にO_2が必要となる。炭水化物だけがこのO_2なしでの代謝に利用でき，その結果，炭水化物が重要な役割を担うことになるのである。

トレーニングは骨格筋内のミトコンドリアの数やサイズを増加させる。このミトコンドリアの内部に脂肪や炭水化物を完全に代謝する酵素がある。これらの酵素活性が高い組織では燃料の代謝効率（エネルギー産生効率）が高い。その組織が活動筋である場合，筋の運動能力は高いことになる。特に，持久性トレーニングが筋中のトリグリセリドとグリコーゲンの貯蔵量を増加させる。脂肪に比べ，炭水化物は常にエネルギーストックが低いためにそれを摂取する必要性があること，さらに速いペースでのランニング時は炭水化物由来のエネルギーが選択的に動員されるという事実は，高脂肪摂取を促す食品を摂ろうとする最近の傾向が不適切であることを示すも

のといえる（Coyle, 1995; Sherman and Leenders, 1995）。

ランニングペースとランニング時間の長さはまったく反比例の関係にある。速いランニングを長時間行おうとすれば，組織と血中への乳酸の蓄積によりそのペースを維持するのが難しくなるはずである。過剰に乳酸が蓄積することで，H^+は**ホスホフルクトキナーゼ**の作用を抑制し，解糖作用が減少する。これらのH^+は，アクチン・ミオシンの相互作用（筋収縮の分子機構）を実現するために，本来Ca^{2+}が結合するところを競合して取り合うようになる（Katz, 1970）。このように，燃料分解が抑制される原因を考えると，H^+は「代謝の厄介者」というわけだが，2つの観点から有益な面もある。代謝速度を遅くすることで，ライソゾームを介した細胞破壊が生じる臨界点へ到達しないようにしている。また，血液を組織に運搬する細動脈に対して，その平滑筋の緊張を直接的に抑制する。それにより燃料，O_2，緩衝液の筋細胞への流入が強められることになる。

＊**血漿脂肪酸**：血漿は血液から細胞成分を除いたもので，栄養分などを体内の細胞へ運搬したり，血圧を調節するなど重要な働きをしている。血漿脂肪酸や血漿グルコースとは血管中を循環し，様ざまな組織に運ばれ，利用されうる脂肪酸およびグルコースのことをさす。

コラム

●―ビタミンの大切さ

ビタミンは代謝反応に必要な物質だが体内では合成されない。進化の過程でビタミンの合成酵素が失われたので，我々は食物から摂取しなければならない。MDR（minimum daily requirement）とは支障なく正常な身体活動を営むのに必要な栄養量を示している。また，アメリカでは食料・栄養に関する機関により，1日の推奨摂取量（RDA: recommended dietary allowance）として，実際にすべての健康な人びとの栄養学的なニーズを満たす量が提案されている。通常，RDAはMDRよりも多い値である。

日頃，運動に深く親しんでいる人の共通の関心ごとはビタミンを多く摂ることである。彼らはビタミンが代謝の中で大切なことを十分すぎるほど知っている。しかし，どの程度摂取すればよいのだろうか？フィットネス雑誌では健康食品を販売しているメーカーによる立派な解説がしばしば紹介されている。そ

れにはある銘柄のビタミンサプリメントや通信販売や健康食品店で販売されているビタミン剤を摂取するとトレーニングやレースでのパフォーマンスが向上するとうたわれている(Jarvis, 1983)。そのような企業は，人びとに自由に選択する権利の行使をあおると同時に正しい選択をする(明らかに自社の製品を)よう呼びかける。もちろん，実際に選択するのは，種々のビタミン，必要なエネルギー燃料，H_2O，その他にも必要な微量元素が含まれる新鮮な食品がよい。

　正常な代謝の進行にはそれぞれのビタミンが一定量必要である。ビタミンB類などの水溶性ビタミンは必要以上の量が摂取され尿から排出される。これはお金の無駄遣いのようにみえる。ビタミンBはメーカー品でなくとも緑黄色野菜，木の実，酵母菌などに含まれている。そういうわけで，多くのいわゆる健康食品店が酵母菌，木の実，豆を混ぜた製品を勧めるのである。しかし，これらの製品と同じ栄養価のサラダをスーパーで買った新鮮な野菜から作ったとしよう。一般にサラダの方がこれらの製品よりもおいしいし値段も安い（こうなるとスーパーも健康食品店と呼べるが）。

　パフォーマンスを改善するうえで，大量のビタミンを摂取したほうがよいとする根拠はみあたらない(Weight, Myburgh and Noakes, 1988)。日々何時間もトレーニングに打ち込む選手でも，疑問を持つほど大量の栄養やエネルギーを摂る必要はない。体重が60kgのランナーがマラソンを走るのにはおよそ2,600kcalが必要で，これはトレーニングをしていない人の1日のエネルギー摂取量とだいたい同じである。言いかえると，このランナーは1日の必要量を食事から得ている。実際，トレーニングをするにはエネルギーの必要量が増えるが，それは通常摂取するビタミンが2倍になるだけで，ビタミン剤に含まれているようなRDAの何倍もの量は必要ない。しかも，多くの選手はマラソンに使うエネルギーに匹敵するほどのトレーニングを行ってはいない。

　選手が補助的にビタミンを摂る必要があるのは，忙しくて食事を抜く場合である。もちろん，食事を抜くことこそが再検討されなければならないのである。適切な栄養を摂取することが，エネルギー燃料，ミネラル，ビタミンを補給するうえでの基本である。選手は栄養補助食品産業の強い誘惑に慎重でなければならないし，「新製品」「東洋の神秘」「トップクラスの選手が使っている」「体力を改善する」といった聞こえのいいキャッチコピーに惑わされてはいけない。食品業界や製薬業界の産業詐欺を防止する基本姿勢は補助食品産業を拡大させないことである。たとえ活性成分が実際に含有されていると思われても，それが吸収される保証はないし，下痢や便秘を起こさない保証もないのである。宣伝では，有名な選手が問題となる補助食品に「卓越したパワーが生まれる」という付加価値を加えるかもしれないが，それらには誇張があることに注意しなければならない。エリート選手の宣伝に真実味があるのは，製品の妥当性にたいする専門的な説明とは関係なく，競技パフォーマンスが優れているからである。古い格言「良さそうに見えるものは，多分そうなのだろう」を思いだして欲しい。補助食品産業は市場占有率がすべてである。市場占有率が少し上がるだけで，かなりの利益が得られるのである。おばあちゃんがよく「栄養が豊富でおいしい食事は，体にとって必要で，またバランスもよく，楽しいものなのよ」と教えてくれた話は正しかった。そしてそのような食事には全てのビタミンがバランスよく含まれているのである。健康的な食べ物から多くの栄養を得ることは，全ての選手において最優先事項である。つまり，食事から栄養を摂ることはトレーニング過程の中で重要であり，また楽しい部分なのである。

まとめ

●── トレーニングの生化学的理解

1. トレーニングのおもな目的は，身体の生化学的能力を高めることである。つまり，燃料の代謝率を高め，その代謝率を維持できる時間を伸ばすことである。運動は代謝でエネルギーを得ることによって初めて行うことができる。実際のレースパフォーマンスはエネルギーの生産量により決まる。本章では4つのエネルギーシステム，つまりホスファーゲン系，無気的解糖系，有気的解糖系，有気的脂肪分解系について述べてきた。様ざまなスポーツの場面でそれぞれの代謝系は重要な役割を果たしている。

2. 筋活動のエネルギー通貨はATPである（1molは約46kJ，11kcalのエネルギーを持つ）。ATPはクレアチン（クレアチンリン酸，CP）やADPと強く結合している高エネルギーリン酸（化合物）から遊離されるエネルギーとして供給される。トレーニングやレースでは，運動強度に応じてCPやADPが主要なエネルギー源となる。

3. 約20秒程度の短時間のスプリント能力は筋中のCPの貯蔵量に完全に依存する。これらCPの貯蔵は他の代謝系に頼らずにATPによって短時間に補給される。この系はその瞬発性ゆえに中長距離ランニングよりもスプリント走でより貢献が大きい。

4. 高強度で長めの運動──20秒から約4分の間──では，完全な（有気的）燃料分解に必要なO_2を利用して供給されるエネルギーよりもはるかに大量のエネルギーが必要となる。例えば，200m走や400m走のような距離走では酸素消費が100mℓ/kg·分を超える。人類でこのレベルに到達した者はいまだかつて存在しない。これまでに報告されている最高の$\dot{V}O_2$maxは92mℓ/kg·分である。我々は有気的代謝で足りないエネルギーを無気的な代謝で補わなければならない。

5. この無気的代謝に使われる燃料はグルコースなどの炭水化物である。この過程はきわめて効率が悪い。グルコース分解によるエネルギー利用は，O_2を完全に利用した場合の代謝エネルギーの約1/18でしかない。乳酸が急速に増加すると，細胞自身の破壊的防衛機構が働き代謝システムが停止することから，この過程は自己調節とも呼ばれている。

6. レース時間が4分から90分と長くなると，代謝に必要なだけのO_2を初めて摂取できるようになる。血中のグルコースと脂肪酸だけでなく，筋細胞に貯蔵されているグリコーゲンとトリグリセリドが有気的代謝（有気的な解糖と脂肪分解）の燃料として利用できる。常に変化する無気的代謝によるエネルギー要求量は，無気的解糖により供給される。出場するレースの距離を維持できるペースは「不快感」にどこまで耐えられるかで決まる。

7. マラソンやそれ以上の距離において，代謝は基本的に無気的代謝の閾値以下（LT以下，血流に乳酸が蓄積しない）で行われるはずである。そうでなければ，長時間に及ぶ不快に耐えることはできないであろう。脂肪の代謝率が炭水化物のそれよりも遅いことと脂肪の代謝には十分なO_2が必要となることから，非常に長い距離，特にマラソンを超えるような距離では脂肪がより重要な燃料源となる。

8. トレーニングの目標は筋細胞の酸素利用能力を向上させ，いかなるレースにおいても無気的代謝によるエネルギー供給の程度をトレーニング前よりも小さくなるよう仕向けることである。また，無気的な代謝の貢献度が大きくなったときに生じるアシドーシス（酸性化）の影響を緩和（緩衝）するための筋細胞の能

力を高めることである。長期間のトレーニングは有気的な解糖と脂肪分解のための酵素が存在するミトコンドリアの数とサイズを増加させる。これは「代謝のためのエンジン」が大きくなることを意味する。エネルギー源（クレアチンリン酸）と燃料（グリコーゲンとトリグリセリド）の貯蔵量，血漿量の増加は代謝能力と代謝性アシドーシスを緩衝する能力を高める。

9. 活動する筋組織に代謝的な余裕があれば，その組織はハードトレーニングという苦行にも耐えることができる。運動前のウォームアップでは筋血流量が徐々に増加する。これにより代謝を有気的に進めることができ，全身の血流量は増加する。この一般的なウォームアップの後に，実際のレースやトレーニングの性質に応じたより強い運動を行うと，乳酸生成により血流がさらに増し血管拡張も十分に起こる。その結果，O_2 がより多く利用できるようになり，筋活動がスムーズに開始できる。

10. 同様に，トレーニング終了後のクールダウン——ゆるやかなランニング——には，酷使された筋へ栄養を補給したり，いっぽうで，乳酸のような不完全な無気的代謝物質を完全に代謝するための O_2 を与え続けるといった回復過程を助ける効果が得られる。

11. 健康的な通常の食事でビタミン，ミネラルに加え，優れたエネルギー代謝に必要な電解質など，必要となるすべての燃料が摂取できる。誇大広告されている，ビタミン剤や各種のサプリメントなどから特別に栄養を補給する必要などない。美味しくて新鮮な果物，野菜，パスタ，パン，肉，魚，そして乳製品が，いかなる種目の選手においても食事の中心材料とならなければならない。「食べること」はトレーニングの過程で非常に重要な営みであり，楽しくあるべきものでもある。健康的な選手でありたいなら，だいたい60％が炭水化物，25％が脂肪，15％がタンパク質の食事を心掛けるべきである。

HEART, LUNG, AND BLOOD ADAPTATIONS TO RUNNING

第4章
心臓,肺,血液の ランニングへの適応

● 男子5000mで12分39秒36の世界記録を有するエチオピアのH.ゲブルセラシェ。写真は1998年6月13日にヘルシンキで開催されたグランプリ競技会で,自らの持つ12分39秒74の世界記録を破って記録をマークしたときのもの(APF=時事)。女子5000mの世界記録保持者は中国の美波。14分28秒09の世界記録は1997年10月23日,上海で樹立された。●

エリートランナーたちが重要なレース前にウォーミングアップをしている姿はさながらディーゼル機関車のアイドリングを見ているようである。選手でも機関車でも，まさに走り出すまでは，その"エンジン"のとてつもない能力を我われが窺い知ることはできない。

ひとたび，選手が運動を始め，神経と骨格筋が刺激されると，心臓，血管系，肺，そして活動状態の高まった組織を流れる血液といった要因がそのランナーのパフォーマンスを決める。したがってコーチや選手がこれらのシステムを理解することは競技成績の改善を図る際にはきわめて重要になってくる。一般に心肺系とは，心臓と血管，そして肺でのガス交換を意味している。血管壁にかかる圧力は血液の量と様ざまな筋が血管に加える圧力により決まり，それが血管の容量を大きくしたり小さくしたりする。運動にともなって肺の血流量は増加し，身体各部から肺に集まった静脈血は，ほぼ完全に酸化され余分なCO_2を排出した後，肺を出ていく。このように血流，血液量，血液ガス（O_2とCO_2）濃度，血圧，そして血液の分配が，現在の要求や運動の進行とともに変わりゆく要求に対処するために，ある一定の範囲内で変化し続ける。

我われは安静時と疲労困憊*に至る運動時のいくつかの生理学的な変数の値を比較することにより，エリート長距離ランナーのアイドリング状態から疾走中までの身体の変化を把握することができる。最も大きく変化するのは組織で利用されるO_2の量である。安静時では1分間に体重1kgあたりに使用されるO_2の量はおよそ3.5mℓ（運動生理学では3.5mℓ/kg・分と表わす）で，体重60kgの選手ならば210mℓ/分である。鍛練者が最大運動を行うとこの値は85mℓ/kg・分（5ℓ/分）にも達する。この最大運動時のO_2摂取量は**最大酸素摂取量**（$\dot{V}O_2max$）と呼ばれ，鍛練した持久性競技者では非鍛練者の2倍以上の値になる。

口から入ったO_2が細胞内のミトコンドリアまで運搬されるのに，身体の様ざまな組織間で驚くべきほどのチームワークが存在する。**外呼吸**（呼吸による身体へのO_2の取り込み）と**内呼吸**（細胞のO_2利用）は機能的に連携して運動負荷に対応する（Wasserman, 1984）。呼吸数は安静時のおよそ12（回/分）から45ないし50（回/分）に増加する。総換気量は安静時の6ℓ/分から最大180ℓ/分とおよそ30倍に増加する。鍛練者の最大運動時の心拍出量は40ℓ/分と，安静時の5ℓ/分から8倍も増加する（Ekblom and Hermansen, 1968）。安静時に骨格筋が必要とする血液量は，心臓が拍出した血液のおよそ20％であるが，最大運動時では85％以上にもなる。骨格筋の血流は1.2ℓ/分から22ℓ/分に増加する（**図4-1**）。このことは，他の多くの組織（特に内臓）へ分配されていたかなりの血液が，筋へ移行することを意味している。

我われの身体は，安静時の20倍ものO_2を活動筋へ運搬することに加え，代謝産物の輸送も行わなければならない。我われは第3章で，代謝により産生される酸には大きく2つあり，それはCO_2のような揮発性の酸（volatile acids；肺を経由してガスとして排出されるもの）と揮発性でない酸（乳酸が最も代表的）があることを説明した。また，燃料は肝臓や脂肪組織に蓄えられているものから利用され，血液中を運搬され活動筋へ補給される。その際，体熱産生は100倍の5,000kJ/時（1,194kcal/時）以上に増加するであろう。この熱はおもに汗の蒸発によって取り除かなければならない。暑熱環境下で激しい運動を行うと，発汗量は多い人で2ℓ/時に達する。発汗以外の熱を取り除くための重要な経路は皮膚表面を走る血液の対流による拡散である。発汗される水分は身体の全組織からのものだが，特に血漿からのものが多い。したがって，もし発汗により大量の水分が失われると，血液量が減少し，組織での熱拡散に悪影響を及ぼす。

トレーニングの最終的な目標は，運動を行う際に関係する組織系の機能的能力を高めることである。特に心筋と骨格筋組織が重要である。我われは，すでに第3章において，生化学的観点からこの機能的能力がどのよ

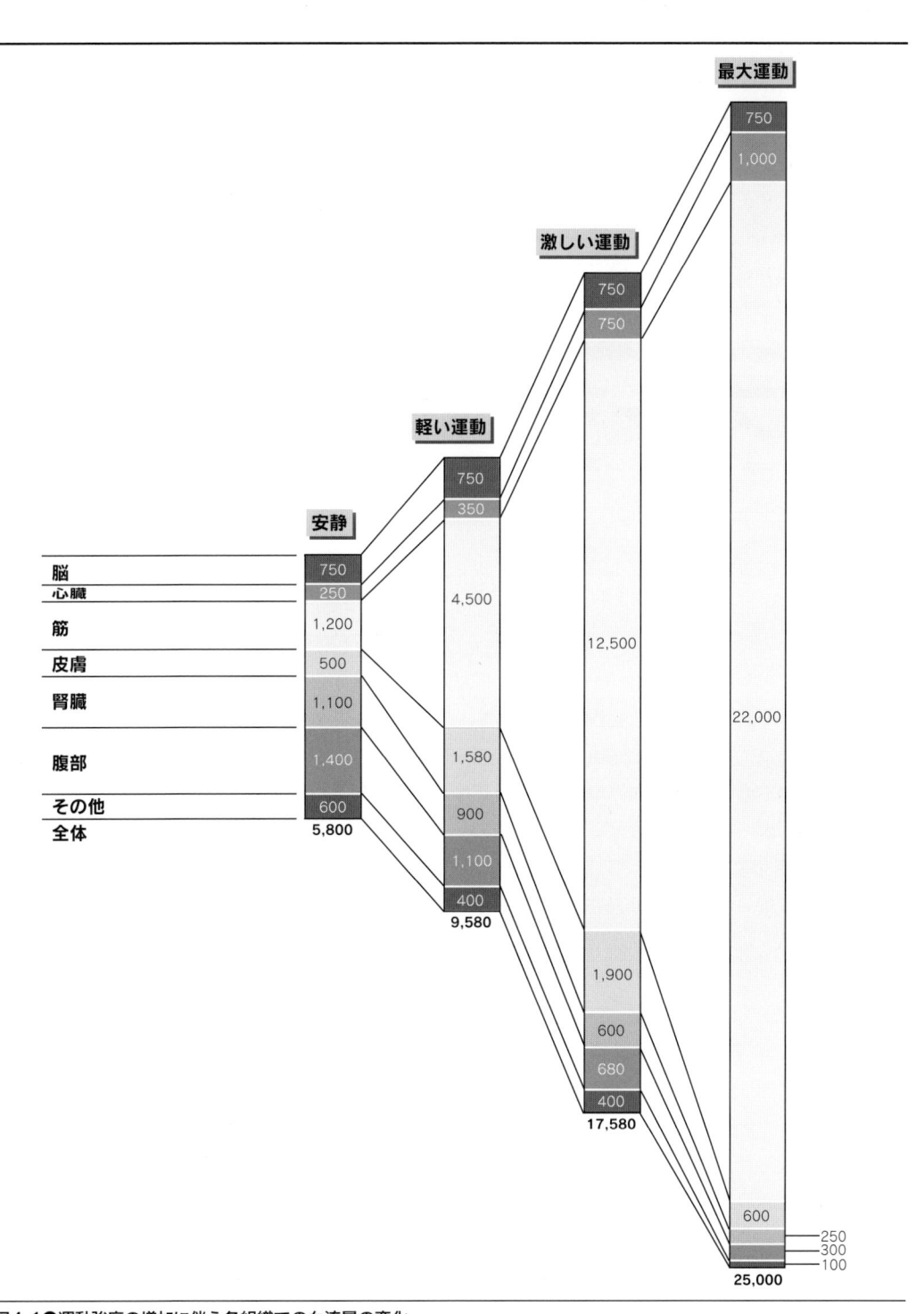

心臓, 肺, 血液のランニングへの適応　第4章

図4-1●運動強度の増加に伴う各組織での血流量の変化
様々な器官の血流量(mℓ/分)の変化。
The Physioloy of Exercise.C.B.Chapman and J.J.Mitchell,1965, Scientific American,212(5),p.91

安静時（全体 5,800）: 脳 750, 心臓 250, 筋 1,200, 皮膚 500, 腎臓 1,100, 腹部 1,400, その他 600

軽い運動（全体 9,580）: 750, 350, 4,500, 1,580, 900, 1,100, 400

激しい運動（全体 17,580）: 750, 750, 12,500, 1,900, 600, 680, 400

最大運動（全体 25,000）: 750, 1,000, 22,000, 600, 250, 300, 100

81

うにO_2を利用し，CO_2を排出し，さらにATPとしてのエネルギーを利用しているかを見てきた。しかし，活動筋や心臓が血流を維持するのに必要なO_2と燃料を得るためには，肺，血液そして血管の働きが大切である。この章では，（1）これらのシステムの相互作用がどのようになっているのかを理解し，（2）遺伝的な資質や正しいトレーニングが，どのように最大のパフォーマンス能力に関係し，競技パフォーマンスを高めるのかを説明する。そして，（3）これらの能力が実験室でどのように測定されモニターできるのかを紹介する。

＊**疲労困憊**：運動はその時間や強度を増加させてゆくと，やがて持続不可能な状態に陥るが，それを疲労困憊（all-out）と呼ぶ。その際，酸素需要量は高レベルで頭打ちになり，心拍数は最高を記録し，血中乳酸は10mmol/ℓを超え，呼吸交換率（呼吸商）も1.0を超える。

1 パフォーマンスの生理学的指標

1. 代謝と心肺の相互作用

第3章で我々は，安静時から激しい運動に移り変わるとき，活動筋内の完全な代謝に必要なO_2がいつも供給されるわけではないことを述べた。ここではこの話題について例をあげながら，おもな代謝と心肺の相互作用についてさらに詳しく考えてみる。

ある選手が安静レベルから走り初め，段階的に速度が増していき，およそ20分で疲労困憊によって運動を中止するようなテストを行うとする。この**漸増負荷運動**（P.122参照）には，しばしばトレッドミルが用いられる。この選手から呼気ガスを集め，O_2摂取量とCO_2排出量を分析し，また腕の血管に挿入したカテーテルから血液サンプルを少量採取し，運動中の乳酸の測定を行う。研究者や選手の好みにより血液を指先から採取したり，傾斜を変化させ上り坂で漸増負荷のランニングを行うこともある。テスト中の血中乳酸値の著しい増加を示すときの換気パターンをもとに，そのテストが完全に終わるまで乳酸を測定するため血液を採取し続ける研究者もいる（Billat, 1996）。

図4-2の横軸は，才能がありトレーニングも十分に行っている男子被検者が，高いレベルの競技会にも出場できるような準備万全な状態にあるときのランニングペースを示している。ウォームアップを行った後，選手は安静の状態（ポイントP）からスタートし，彼にとってはゆっくりしたペース（4分40秒/km，すなわち時速12.9km）で走りはじめる。ここでコーチや選手はペース（一定の距離を走るのに費やす時間）という言葉で走りを考えるのに対して，研究者は一般に速度（単位時間あたりの距離）という言葉で考える。このペースでの彼のO_2消費量を縦軸にとると，およそ35mℓ/kg・分であり，すでに安静時の10倍に相当する。トレーニングをしていない人では，もっと遅いペースで走るかもしれないが，この急激なエネルギー需要の増加は同じように起こり，同様な生理反応が起こるであろう。

どんな選手にも共通して見られるのは，活動量の増加に対して，呼吸，心拍数，血流は即座に対応できないことである。ポイントPとQの間の距離が示

しているように，その間のO₂の需要は供給よりも大きく，その反応にはタイムラグ(時間差)がある。骨格筋での無気的解糖がこの初期の活動増加のエネルギーを補う。第3章で示したように，無気的エネルギー供給過程でグルコースがピルビン酸へ変化する際に生じるH^+の一部は，乳酸脱水素酵素(LDH)とNADH₂の働きにより，ピルビン酸から乳酸に変換される際(ピルビン酸にH^+が付加され，還元されると乳酸となる)に利用される。走り始めのゆっくりしたペースのときにはおもにST線維が利用される。LDHには2つの異なるアイソエンザイム*（第3章の化学式[3-14]参照）が存在する。ST線維に多く含まれるH-LDH (Hはheart「心臓」の意味)アイソエンザイムはピルビン酸方向への流れに作用し，乳酸の生成を少なくすることでH^+の蓄積を最小限にする。

$$\text{Pyruvate} + \text{NADH} \underset{\text{M-LDH}}{\overset{\text{H-LDH}}{\rightleftarrows}} \text{Lactate} + \text{NAD}$$

化学式[4-1]

興味深いことに，H^+の蓄積は活動している筋の血

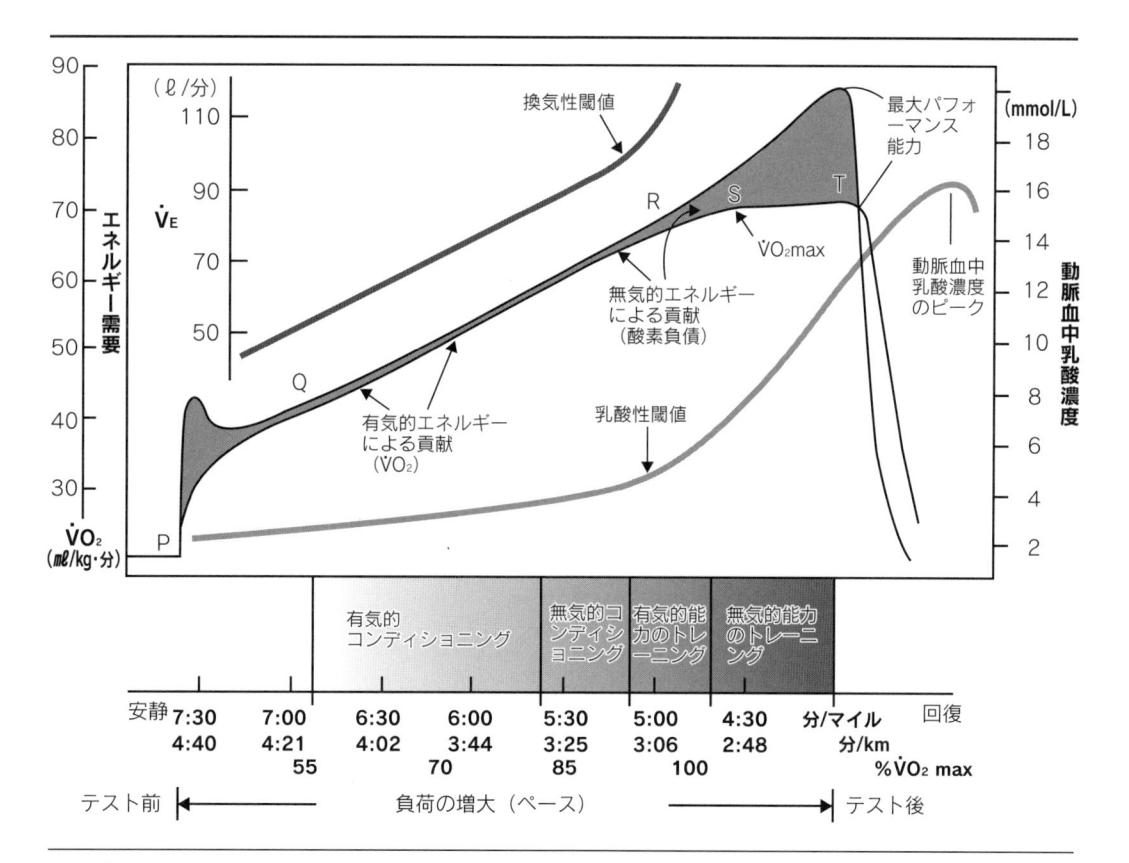

図4-2●トレッドミル上で走行中の有気的，無気的エネルギーの供給機構，酸素消費量および血中乳酸濃度の概要
　約20分間，疲労困憊に至るまで運動強度は一定の割合で増加している。運動開始時の速度は7分30秒/マイル(P)。最初は酸素需要量が酸素摂取量よりも多く無気的エネルギー供給系がエネルギーを作っている。ポイントQの地点で有気的エネルギー供給機構が機能を発揮しはじめ，ほとんどすべてのエネルギーを作り出すようになる。この状態はポイントRまで続く。R以降，有気的機構によるエネルギー供給では必要なエネルギーをまかなえなくなり，無気的エネルギー供給機構が機能しはじめ血中に乳酸が蓄積する。4分35秒/マイルペースで$\dot{V}O_2$maxに達するが(S)，無気的なエネルギーの供給によりまだ運動を継続することが可能である。最大運動強度に達すると(T)テストは終了する。呼吸や心拍数は徐々に安静レベルに戻り，血中乳酸濃度は運動終了後5分でピークになる。

流を顕著に増加させ、その筋へのO₂供給を高める。H⁺（無気的解糖過程由来）とCO₂（ミトコンドリアの酸化過程由来）は血管の平滑筋の収縮を阻害する作用がある。その結果，細い血管は拡張し，血流が増加する。呼吸と循環血液量の増加によってO₂利用が大きくなり，有気的代謝活動が高くなる。その結果，CO₂，乳酸，そしてH⁺が除去され活動筋におけるアシドーシスの進行を遅らせる。最終的に，循環血液量と呼吸の増加はエネルギー需要をほぼ満たすだけのO₂運搬を可能にする（ポイントQ）。いわゆる「**セカンドウインド現象**」と呼ばれるものは，突然苦しさがなくなり，その後の数分間のランニングのペースが容易になることである。それは，運動開始後はじめて有気的にエネルギー需要をまかなうことができるようになった状態（ポイントQ），すなわち外呼吸が内呼吸に追いつくことと関連しているのかもしれないが，本当のところはよくわかっていない。

いったん選手の骨格筋の代謝が有気的になると，検者がゆっくりと負荷を増加させたとしても，乳酸やCO₂の生成と除去はほぼ平衡な状態に保たれる。CO₂は肺から排出され蓄積することはない。ポイントQからポイントRまでのペースの増加の間には，ほとんどの乳酸は代謝されてしまうか，あるいは他の組織によってグルコースに変換されるため，血中乳酸濃度は少しずつしか増加しない。脂肪酸とグルコースはともに主要なエネルギー源であるが，グルコースの重要性が徐々に増してくる。

ペースが徐々に速くなっていくと，再び有気的代謝自体がそれ以上のエネルギー需要に対応できなくなる負荷に達する（ポイントR）。この強度は，FT線維の動員の増加と関係がある。FT線維は無気的な代謝に優れており，グルコースを素早くピルビン酸に変換する。これらの線維のM-LDHアイソエンザイム（muscle「骨格筋」のM）は，**化学式[4-1]**の右方向への変換を行い，乳酸を生成する。この運動強度（ポイントR）以上の強度では，活動筋における乳酸の産生の増加とその血中への放出量が，他の組織

によって（燃料として）利用される量よりも多くなるため，血中乳酸濃度は急速に増加しはじめる。このポイントは**乳酸性閾値**（lactate threshold）と呼ばれる。**図4-2**にあるように，通常，換気量もまた同様に増加し，ポイントRは**換気性閾値**（ventilatory threshold）とも言われる。このポイントは，しばしばランナーの呼吸の強さの変化によって知ることができ，ランナーに言わせれば「会話ができなくなってしまうとき」だという。

ペースの増加にともなうこれらの代謝的変化にもかかわらず，もっと速度を上げていくと，ついにはランナーの**最大酸素パワー**あるいは**V̇O₂max**に達する（ポイントS）。この負荷は5000mのレースペースに近く，生体への負担はきわめて大きいが，ランナーを励まし，ランナーもまたより限界までベストを尽くそうと努力していれば，ランナーはまだ1,2分，もっと速く走ることができるであろう。ポイントSより高い負荷で必要とされるエネルギーはすべて，無気的解糖系により供給され，血中乳酸濃度は指数関数的に増加する。ポイントTで疲労困憊に至り，最大のパフォーマンスをやり遂げたランナーは完全に走ることができなくなる。

この疲労困憊にいたるまでのテストが終了したら，クールダウンのために，すみやかにゆっくりジョギングを行う。呼吸と心拍数は急速に回復に向かうが，安静時のレベルまで回復するには時間がかかる。この回復期の呼吸は活動筋へO₂を供給し，CO₂の除去を行う。血中乳酸濃度は回復期がはじまっても5分近く増加し続け，その後低下し始める。（Gollnick, Bayly and Hodgson, 1986）。第1章で我われは激しい運動後のクールダウンの重要性について説明した。クールダウンは回復過程で呼吸と循環血液量とを増加させるために行うのである。

図4-2は，生理的に重要な3つの強度を示している。その一つ，**最大パフォーマンス能力**（maximum performance capacity）は運動の終了時点なので容易に知ることができるが，定量することは難しい。

なぜならそれは，最大有気的代謝と最大無気的代謝の両方に影響を受けるからである。$\dot{V}O_2max$が達成された後も無気的な解糖は続く。これは$\dot{V}O_2max$が頭打ちになった後のエネルギー需要の増加には無気的エネルギー供給系のみで対応し，その代謝産物として乳酸が蓄積することを意味する。この無気的解糖によるエネルギー産生は，同量のATPを作り出すのに有気的過程の18倍の燃料が必要なため，効率的ではない。たとえH^+の大部分が血中に拡散しても，筋組織内にも急速にH^+が増加し，さらに運動を抑制することになる。

Margaria，CerretelliとMangili（1964）は$\dot{V}O_2max$に達した後の運動は30秒ないし40秒しか続かないと報告している。我々が測定した非常に優秀な中距離ランナーの場合，この$\dot{V}O_2max$到達後の運動は2分に達した。このようにトレーニングを積んだ選手は，激しい無気的な運動ストレスに対して大きな耐性を持っている。

図4-2で示したパフォーマンスに重要な残り2つの運動の指標は$\dot{V}O_2max$と乳酸性/換気性閾値（lactate/ventilatory threshold）である。これらは実験室で比較的容易に定量化することができる。血中乳酸と呼気ガスデータを分析し，乳酸性/換気性閾値が生じる運動強度と$\dot{V}O_2max$の大きさがわかる。体力を高めるということを細胞レベルで考えると，それは活動筋内のミトコンドリアの酵素の数を増やすことと筋線維のまわりを囲む毛細血管の数を増やすことである。このことによりO_2運搬能力の増加と酸素利用能力の増加の相乗効果で運動の効率を高めることができる。これまで，トレーニングにともなって様ざまな器官がどのように適応して$\dot{V}O_2max$や乳酸性閾値を増加させるのかについて述べてきたが，さらにこの2つの重要な変数について一般的な言葉で説明する。

＊アイソエンザイム：イソエンチーム，アイソザイム，イソエンザイム，同位酵素とも呼ぶ。同じ反応を触媒するが，等電点や電気泳動度，反応速度パラメータ，制御様式などの物性が異なる酵素の一群の1つ。例として，乳酸脱水素酵素（LDH）の場合，M型（骨格筋タイプ），H型（心筋タイプ）がある。

2. 最大酸素摂取量（$\dot{V}O_2max$）

最大酸素摂取量（$\dot{V}O_2max$）は単位時間あたりに活動筋によって利用されるO_2の最大量と定義される（Mitchell and Blomqvist, 1971; Mitchell, Sproule and Chapman, 1958）。O_2消費量の増加と走速度の増加との関係が直線関係にあるのか曲線関係にあるのかについては，HillとLuptonによる初期の研究（1923）以来，様ざまな見解が述べられてきた。Margariaとその共同研究者の研究では（Margaria et al., 1963），最大下の有気的エネルギー需要はおよそ1km走るのに体重1kgあたりおよそ1kcalであることが示され，その他のいろいろな運動におけるエネルギー利用の量を見積もるための基礎となった。これはCooper（1968）による体力と適正体重を維持するための有気的運動プログラムの基礎として用いられた。図4-2には$\dot{V}O_2max$に達するまで最大下の運動強度と酸素摂取量（$\dot{V}O_2$）との関係が直線関係になるように描かれているがそうならない場合もある。1986年にACSM（American College of Sports Medicine：アメリカの学会）は，それらが直線的な関係であると仮定して，平地で，ある速度における酸素摂取量を評価するための式を提示している。

酸素摂取量：$\dot{V}O_2$ （mℓ/kg・分）
 ＝速度（分速：m/分）
  ×分速1mあたりのO_2消費量（mℓ/kg・分/m/分）
 ＋安静時のエネルギー代謝（mℓ/kg・分）

計算式[4-2]

この場合，分速1mあたりのO_2消費量を0.2mℓ/kg・分，安静時のエネルギー代謝を3.5mℓ/kg・分（1METとして用いられることもある）として計

算する。水平であればトレッドミル上で走ってもグラウンド上を走っても酸素摂取量に差はない。しかしながら傾斜を登るとき，トレッドミルランニングはグラウンドランニングよりもエネルギー需要が少ない。傾斜があるときの酸素摂取量を計算する式は，傾斜の変数を加味すると以下のようになる。

傾斜時の酸素摂取量：$\dot{V}O_2$ ($ml/kg\cdot$分)
= 速度 (分速：$m/$分) × 傾斜変数
× 分速1mあたりのO_2消費量 ($ml/kg\cdot$分$/m/$分)

計算式[4-3]

この場合，傾斜変数は1％あたり0.01とし，また，1m/分あたりのO_2消費を0.9$ml/kg\cdot$分 (トレッドミル)，もしくは1.8$ml/kg\cdot$分 (グラウンド走行) として計算する。

❶ ― 遺伝，加齢，トレーニングの影響

一般的な若年女性 (20-29歳) の$\dot{V}O_2$maxは平均で35-43$ml/kg\cdot$分だが (Nagle, 1973)，同年代の一流の長距離女性ランナーでは61-73$ml/kg\cdot$分に達する (Pate, Sparling, Wilson, Cureton and Miller, 1987)。同様に，男性の$\dot{V}O_2$maxの平均は44-51$ml/kg\cdot$分であるのに対して (Nagle, 1973)，一流の競技者は71-84$ml/kg\cdot$分である (Pollock, 1977)。

鍛練者と非鍛練者間の大きな違いはトレーニングにより生じるものといえる (Klissouras 1972；Shephard, 1984)。普段の活動量が低い人が激しい有気的トレーニングを行うと，$\dot{V}O_2$maxは増加する。したがって，健康な人には持久的運動負荷の増加に適応する能力が備わっており，$\dot{V}O_2$maxの向上は有気的な体力の改善の適度な指標となる。

$\dot{V}O_2$maxは誰でも同じように改善するわけではない。Bouchardら (1988) は，トレーニングに適応しやすい人としにくい人がいること，さらにこれはおそらく遺伝によるものであることを示した。また持久性パフォーマンスを決定するものにも遺伝的要因があり (Bouchard and Lortie, 1984)，これは筋線維組成の違いによるものが大きい。さらに同年齢でもトレーニングに対する反応は同じではなく，早熟型があれば晩成型もある。これらのことを考慮に入れると，オリンピックで金メダルをとるような人は次のような条件を有していると考えられる。

- トレーニングに興味を持っている。
- 高いレベルの有気的，無気的パフォーマンスを発揮する能力を先天的に持っている。
- トレーニングに対する反応 (感受性) が高い。
- 筋・骨格系のバランスがとれており，障害 (ケガ) に対する抵抗力を持っている。
- 良く計画された (デザインされた) トレーニングプログラムを作成している。

したがって，Astrand (1982) の言葉を借りれば，「持久性競技のトップアスリートになるうえで，激しいトレーニングが貢献するのはほんの一部分だけである」と言える。$\dot{V}O_2$maxを変化させるもう一つの重要な要因は加齢である。年をとるにつれてパフォーマンスは徐々に低下する。AstrandとRodahl (1977) は$\dot{V}O_2$maxは通常の特別な活動をしない生活をしていると25歳から年に1％ずつ低下すると報告している。加齢にともなう$\dot{V}O_2$maxの低下には多くの変化が関係している。最高心拍数 (拍/分) は$\dot{V}O_2$maxを決定する重要な要素であるが，これは10年でおよそ6拍減少する。したがって1回拍出量が増加しなければ最大心拍出量は減少することとなる。60歳以降，筋細胞はそれまでよりもより急速に老化し，筋力の低下が見られる。Campbell, McComasとPetito (1973) は，これらの変化が神経系の機能低下により引き起こされることを示唆しており，これは日常運動していない人に顕著である。

日常生活のなかで身体トレーニングを行えば，これらの老化過程を遅らせることができる。競技者は人生の20～30年にも渡って激しいトレーニングを行うことにより，$\dot{V}O_2$maxをほとんど低下させないことになるだろう。遺伝的に**トレーナビリティ*** があり，かつ持続的で効果的な有気的トレーニングを行い，加えてケガによりトレーニングが中断されな

ければ，より長期間，高いパフォーマンスを維持することができる。マラソンはオリンピックのなかで最も有気的能力がものをいう走種目の一つであり，トレーニングにより加齢による有気的能力の低下が抑えられるという多くの例を示してきた。1984年のロサンゼルス・オリンピックにおけるポルトガルの37歳のランナー，カルロス・ロペス（Carlos Lopes）が金メダルを獲得したレース（2時間9分21秒）を思い起こす人も多いだろう（翌年の4月のロッテルダムで彼は2時間7分12秒の世界最高記録をマークした）。女性では，1987年の英国記録，2時間26分51秒を記録した，42歳のプリシラ・ウエルシ（Priscilla Welch）と，1989年，47歳で2時間31分04秒の国内新記録を出したスウェーデンのエビー・パーム（Evy Palm）という2人の輝かしい記録もある。

長期間にわたり彼らのような選手の$\dot{V}O_2max$や他のパフォーマンスの指標を正確に定量することは困難である。年を重ねるとともに選手の生活スタイルは変化する。そしてトレーニングに費やすことのできる時間は減っていくこともあるだろう。さらにハードトレーニング後の回復に時間がかかるようになりトレーニング量を確保できなくなるので適応速度が遅くなることになる。

❷──男性と女性の違い

女性は男性よりも$\dot{V}O_2max$の絶対値（$m\ell$/分）が小さい。これは男性が女性よりも身体が大きいことによるものもあるが，体重あたりで補正してもやはり男性のほうが高い$\dot{V}O_2max$を持っている。もちろん，両方のグループが同程度のトレーニングをしていると仮定しての話だが，これを実証するのは困難である。さらに，同じような競技種目で競技レベルも同程度である男女のグループを用いた研究結果から示唆されているのだが，彼らのトレーニングが本当に同程度であると言えるのかどうかについて疑問の余地がある。なぜなら，男性の長距離種目の歴史は女性のものよりも長く，女性のトップと言われている人たちが，男性のそれと同程度の高いレベルに達していない可能性もあるからである。

研究者のなかには，男女の$\dot{V}O_2max$を比較する際は，除脂肪体重あたりの数値（$m\ell$/kg/分）で表わすほうがよいと主張する者もいる（Astrand, 1984）。女性は男性よりも脂肪貯蔵を促進する**エストロゲン**の分泌が多いことから体脂肪の割合が多い。また，男性は血中テストステロンレベルが女性よりも高いことから筋量が多い。脂肪組織はO_2を消費するが仕事量の増加には貢献しない。むしろ，脂肪はランニング中余分なおもりとなり運動を妨げてしまう。除脂肪体重あたりの$\dot{V}O_2max$を評価すると男女の差はやや小さくなるが，それでもなお違いは存在する。

この性差を生むもう一つの要因は，男性のヘモグロビンが同程度の体力水準や体重の女性よりも多いことである。これにもテストステロンのタンパク同化作用が一部関係している。男性では，このホルモンはエリスロポエチン（より多くの赤血球を放出するよう骨髄を刺激する糖タンパクホルモン）レベルを高くするための刺激だけでなく，より多くのヘモグロビンの産生も促進する。血液によって運ばれるO_2の98.5%はヘモグロビンにより輸送されるので，ヘモグロビンの量が多いことはより多くのO_2を運搬できることを意味している。男性の場合，血液1$d\ell$あたり15gのヘモグロビンを持っており，体重1kgあたり77$m\ell$の血液量をかけると，体重1kgあたり11.6gのヘモグロビンを持っていることになる。女性では14g/$d\ell$（ヘモグロビン量）×66$m\ell$/kg（体重あたり血液量）=9.2g/kg（体重あたりヘモグロビン量）になる。したがって，女性は男性よりも体重1kg当たりおよそ21%ヘモグロビンが少ないことになる。血流を同様に計算すると，後に示すように女性は男性よりも循環しているO_2が11%少ないことになる。

❸──ランニングエコノミーの影響

激しいトレーニングを積んだ選手の最大下強度で走行中の酸素摂取量を測定すると，ほとんどすべて

のランナーがACSMの式(**計算式[4-2], [4-3]**)から予想される値よりも低い値になる(Bransford and Howley, 1977; Conley and Krahenbuhl, 1980)。この結果を**表4-1**に示した。遺伝的な影響かあるいは激しいトレーニング量によるものか，いずれにしても，これらのランナーはより少ないO_2消費でより効率的に運動することができる。この概念をDaniels (1974)は，**ランニングエコノミー**として定義した。

表4-1でもう一つ気づくのは，ランニングエコノミーには性差が見られないことである(Anderson, 1996; Davies and Thompson, 1979)。男女を比較するとき注意することは両者が同等のトレーニング状態にあるかどうかである。我々の研究において，両群とも，競技の最前線にあるアメリカの長距離走者の代表であり，トレーニングを十分に積んだ状態にあるということである。

我々は走ることを続けるうちに，ある程度効率的に走れるようになる。例えば，自然にストライド長やピッチを最小のO_2コストですむように調整する。しかし疲労すると，主働筋だけでなくその他の筋肉も加わり，ペースを維持しようとするためO_2需要量が増し，効率は悪くなる。レースの最終局面でトレーニングを積んだランナーでも疲労困憊に近づくとランニングの効率は低下するだろう。

人によってランニングエコノミーに違いがあるように，一個人内でもランニングエコノミーは変動する。これはトレーニング期間の前後にO_2摂取量を測定することにより調べることができる。例えばあるランナーが6分/マイル(268m/分；3分44秒/km)のペースで走行したときのO_2消費量が11月では47mℓ/kg・分であった。その5ヶ月後，ランナーの体重，体脂肪量に変化がない状態で同じペースで走行したときのO_2消費が41mℓ/kg・分であったとすると，このランナーは11月よりも4月のほうがより効率的に走ったと結論づけることができる。

ランナーにとって重要なのは，レースペースで最も効率的に走ることである。距離が長くなるほど無気的能力の要素は少なくなり，ランニングエコノミーがパフォーマンスに与える影響はより大きくなる。マラソンランナーは遺伝的にあるいはトレーニングで高いランニングエコノミーを獲得し，レースで好成績をおさめることができるだろう。このことは，トップレベルのマラソンランナーの$\dot{V}O_2$maxが必ずしも高値を示さない一つの理由とされてきた。

例えば，かつて2時間08分34秒の世界記録保持者であったオーストラリアのデリク・クレイトン(Derek Clayton)の$\dot{V}O_2$maxは69.7mℓ/kg・分(Costill, Thomason and Roberts, 1973)であり，また，2時間10分38秒のベストタイムを持つスウェーデンのマラソンランナー，ケル-エリック・スタール(Kjell-Erik

表4-1●男女エリート長距離ランナーの最大下運動時の酸素消費量とACSMによる推測値の比較

速度		ペース		体重当たりの酸素消費量(mℓ/kg・分)		
マイル/時	m/分	分/マイル	分/km	男性	女性	ACSMによる推測値
8.0	215	7:30	4:40	37.3	36.9	46.5
8.6	230	7:00	4:21		39.4	49.5
9.0	241	6:40	4:09	41.4		51.7
9.2	248	6:30	4:02		41.7	53.1
10.0	268	6:00	3:44	46.8	47.4	57.1
10.6	284	5:40	3:31		51.5	60.3
11.0	295	5:30	3:25	52.1		62.5
12.0	322	5:00	3:06	58.5		67.9

Stahl)の$\dot{V}O_2$maxは66.8mℓ/kg・分(Sjodin and Svedenhag, 1985)であった(彼の1979～1995年の65回のマラソンレースの記録はすべて2時間20分以内)。このクレイトンとスタールの時速20kmのペース走行(3分00秒/km；333m/分；4分50秒/マイル)におけるO_2消費量はそれぞれ59.5と59.7mℓ/kg・分であったが、この値は、我々が測定した同程度のパフォーマンスを持つマラソンランナーの酸素消費量に比べてかなり高いものであった。

競技成績を左右する要因は様ざまであり、ランニングエコノミーといえども、競技成績を決める一つの要因にすぎないのである。この章では、我われはランニングエコノミーと$\dot{V}O_2$maxの両者を改善するために必要なものが何であるかについて述べていく。そして第5章では、トレーニングを通じてこれらの要因を改善する方法について詳しく説明する。

*トレーナビリティ：トレーニングに対する効果が十分期待できる状態をトレーナビリティが高い、その反対を低いと呼ぶ。

3. 血中乳酸と換気性閾値

骨格筋は活動量が増加して運動強度が増していくと、その運動に必要なエネルギーを有気的代謝によってまかなえなくなる。この増加したエネルギー需要をまかなうために無気的代謝が働き、グルコースはピルビン酸と乳酸に変換される。1930年、Owlesはこの概念を示す言葉を初めて提案した。彼はウォーキングに着目し、血中乳酸濃度が安静時レベルよりも増加する運動強度を**代謝変換点**(critical metabolic level)と名づけた。1930年、HarrisonとPilcherは心疾患を有する患者の運動中のCO_2排出量が健常人が同じ運動を行ったときよりも多いことを見いだした。研究者らは、この過剰のCO_2は心臓の機能不全の結果、乳酸が増加しそれが血中で分解された結果であるとの仮説をたてた。

WassermanとMcIlroy(1964)は、運動負荷試験中に血中乳酸が増加し始めるポイントの負荷を定義し、**無酸素性作業閾値**(anaerobic threshold：AT)という言葉をはじめて用いた。無酸素性閾値という言葉は、作業に必要なエネルギーを供給するために有気的代謝ではまかなうことができないエネルギーを無気的代謝がまかない始めるという意味である。無気的(anaerobic)という言葉は無気的代謝を意味している。閾値(threshold)とは変化し始める部分のことを言う。図4-2に急激な血中乳酸の蓄積する点として乳酸性/換気性閾値を示した。

Wassermanの論文が登場して後、ATについての多くの議論がなされた。Wassermanの研究の質に疑う余地はなく非常に優れたものであった。しかし、世界中の研究者が様ざまな集団(患者、非鍛練者、競技者)を対象として、異なった方法(異なったテストの強度や時間、トレッドミルやエルゴメータによる評価、血中乳酸あるいは呼気ガスの変化からの評価)で彼の仕事を確かめようと試みたために混乱が生じた。混乱が生じる一つの原因は、閾値に2つのポイントがあるからであった。最初のポイントは比較的軽い運動強度に観察され(血中乳酸が少し上昇し呼吸の変化が生じる)、もう一つはより高い強度で現れる(さらに呼吸が変化し絶え間なく乳酸が蓄積する)。換気性の変化と血中乳酸の変化が生じるメカニズムの詳細と両者の関連についてはまだ完全に明らかになっていないが、一般的な概念の多くは明らかにされており、長距離ランナーに適用することができる。

❶——血中乳酸の動態

乳酸は代謝過程において様ざまな役割を持っており、ここでそれに触れておく必要があるだろう。無酸素性作業閾値に関する論争の一つは、安静時には無気的代謝が行われていない(すなわち乳酸の産生がない)という考えから生じているからである。し

かしこの考えは間違っている。乳酸は安静状態においても産生されており，運動強度が増すにしたがってその量が増加するのである。赤血球はミトコンドリアを持たず，解糖のみ行うので，乳酸の産生源であることはよく知られている。赤血球で作られたピルビン酸と乳酸はすみやかに赤血球外の血漿中に拡散する。乳酸は骨格筋や腸でも産生され血流へと放出される。血中の乳酸は活動していない骨格筋 (Essen et al., 1975) や肝臓 (Wahren, Hagenfeld and Felig, 1975), 腎臓 (Yudkin and Cohen, 1975), 心臓 (Welch, 1973) で代謝されると考えられている。また，運動中の骨格筋でも乳酸の利用は行われている。STおよびFT線維から放出された乳酸はエネルギー源として特にST線維において利用されることがわかっている。したがって，乳酸は疲労物質として作用する悪玉分子のようなものではなく，むしろ，エネルギー源として重要な物質ととらえたほうが良い。

安静時または運動中に測定される血中乳酸濃度は，産生され血中へ放出された量と血中から除去された量のバランスで決まる。このバランスを生化学的用語で**乳酸の代謝回転速度**（lactate turnover rate）と呼ぶ。一晩絶食した翌朝，非鍛練者の腕の静脈から採血して血中乳酸レベルを測定すると，およそ4-15mg/$d\ell$になる。多くの場合，血中乳酸レベルはmmol/ℓで表わされる。1mg/$d\ell$=0.11mmol/ℓなので，この安静時血中乳酸レベルは0.44-1.7mmol/ℓにあたる。我々の研究で，長距離選手の血中乳酸レベルは，オーバートレーニングになっていなければ，多くの場合この範囲内におさまる。

❷──第一の閾値

ランナーが練習を始めるとき最初は楽なペースから始める。そのときの血中乳酸レベルは15-22mg/$d\ell$（1.7-2.4mmol/ℓ）の範囲にあるだろう。そしてしばらく最大下強度でペースをある程度増加していっても濃度にあまり変化は起きない。安静レベルよりもわずかに血中乳酸濃度が増加し始める強度を以前は無酸素性作業閾値と呼んでいたが (Wasserman and McIlroy, 1964)，他の研究者によっていろいろと違った名前がつけられた。それは，**有酸素性作業閾値** (aerobic threshold, Skinner and McLellan, 1980)，**乳酸性閾値** (lactate threshold, Ivy et al., 1980), **血中乳酸蓄積開始点** (onset of plasma lactate accumulation, Farrell et al., 1979), **第一閾値** (first threshold, Heck et al., 1985), そして**有酸素性作業閾値〈2mmol〉**（aerobic threshold〈2mmol〉, Kindermann, Simon and Keul, 1979) である。

換気量および血中乳酸濃度の増加がこの第一の閾値において観察される。換気量の増加は血中のHCO_3^-緩衝メカニズムから説明できる。乳酸から解離した水素イオン(H^+)はHCO_3^-に結合しH_2CO_3になる。炭酸脱水酵素という酵素の作用によりH_2CO_3はH_2OとCO_2に変換される。HarrisonとPilcher (1930) の仮説通り，これらの変化は化学量論的に平衡関係にあり，乳酸から出た1つのH^+は$NaHCO_3$由来のHCO_3^-と結合した後，CO_2を作る。この関係については第3章の**反応式[3-9]**で述べている。この通常の有気的代謝によって生じる量を超えるCO_2の産生（1molの乳酸が緩衝されるのに22mℓのCO_2が産生される）はさらに換気を刺激する。したがって，$\dot{V}O_2$の上昇に比べ，換気量が著しく増加するが，CO_2排出量（$\dot{V}CO_2$）は換気量と同じように増加する。"isocapnic buffering"（等炭酸性緩衝）という用語はこの現象をさして用いられる。isocapnic（炭酸）というのはCO_2が換気と比較的同率で増加することを指し，buffering（緩衝）は，この間，酸性度が安定することを意味する。乳酸の90％以上が$NaHCO_3$により緩衝される。この第一の閾値は，$\dot{V}O_2$maxの35％から60％，呼吸商が0.85と0.90の間で起きる。

この閾値に到達した後，運動強度がさらに高くなると（**図4-2**のポイントQからR），血中の乳酸は徐々に増加していく。トレーニングを積んだ男子マラソンランナーでは，5分00秒/マイル（19.3km/時；3分06秒/km；322m/分）を超えるランニング

速度中でも血中乳酸レベルを26mg/dℓ（2.9mmol/ℓ）から44mg/dℓ（4.9mmol/ℓ）の範囲内に安定させたまま走ることができ，女性のマラソンランナーは，5分50秒/マイル（16.6km/時；3分37秒/km；276m/分）より速い速度で血中乳酸を安定させておくことができる。トレーニングを積んでいないランナーでは，血中乳酸を安定させておくことのできる速度は，これよりずっと低いものになる。

❸──第二の閾値

ランニング強度がさらに増加したとき（図4-2で75%から90%$\dot{V}O_2max$で呼吸商が1.0前後），血中乳酸レベルはより急速に増加し始める（図4-2のポイントR）。この突然上昇が始まる閾値も無酸素性作業閾値（anaerobic threshold, Skinner and McLellan, 1980）と呼ばれるが，代謝性アシドーシスに対する呼吸補償（respiratory compensation for metabolic acidosis, Wasserman, 1984），乳酸増加点（lactate turnpoint, Davis et al., 1983），血中乳酸4mmol/ℓ蓄積開始点（onset of blood lactate accumulation to 4 mmol, Sjodin and Jacobs, 1981），個人の無酸素性作業閾値（individual anaerobic threshold, Stegmann, Kindermann and Schnabel, 1981），第二の閾値（second threshold, Heck et al., 1985），4mmol/ℓの無酸素性作業閾値（anaerobic threshold 4mmol, Kinder-mann, Simon and Keul, 1979）といった呼び方もある。

呼気や血中乳酸の変化はこの第二の閾値でも生じる。この運動強度では，換気量を増加させCO_2を排出しても血中のpHを維持できなくなり，血中pHが低下し始める。

この論争に混乱が生じる原因は，すべての研究者が満足するような言葉が今日になっても存在しないことである。無酸素性作業閾値という言葉さえも，すでに通用する言葉とは見なされていない（Walsh and Banishter, 1988）。

特にこの「第二の閾値」については注意する必要がある。なぜならば，エリートレベルの長距離ランナーがトレーニングする際に，重要な代謝的変化の強度となるからである。この第二の閾値は，血中乳酸を測定することによって明らかにしているため，乳酸性閾値という言葉を用いるのが良いだろう。もし，呼気ガスのデータからこの閾値を判断するなら，その際は換気性閾値を用いるのが良い。場合によっては，我われは乳酸性/換気性閾値という表現を使う。DollとKeul（1968）は，漸増負荷運動中，非鍛練者においておよそ50%$\dot{V}O_2max$強度でこの急激な血中乳酸濃度の増加が生じることを報告した。しかしながら，トレーニングを積んだ長距離ランナーの換気性閾値を測定した我われの研究では，それは80%〜90%$\dot{V}O_2max$の間で生じた（Martin, Vroon, May and Pilbeam, 1986）。

第二の閾値の同義語で，4mmol/ℓの乳酸値という言葉が出てきた。この問題は，急速な血中乳酸の蓄積が典型的に4mmol/ℓ（36mg/dℓ）の時点から始まることを報告した，Maderら（1976）の研究にさかのぼる。この報告の後，この現象がすべての持久性競技者に当てはまることが広まり，持久性競技者は4mmol/ℓでのランニングペースでトレーニングを行い，この閾値をさらに高くすることに関心を持つようになったのである。Stegmann, KindermannとSchnabelは1981年，この現象がすべての人に当てはまるわけではないことを報告した。彼らは，血中乳酸が蓄積し始める閾値には個人差がかなりあり，それは2〜7mmol/ℓ*と様ざまであることを報告した。多くのエリートレベルの長距離ランナーがそれまでの報告を信じて4mmol/ℓ強度のトレーニングを何年にもわたって行っており，オーバートレーニングに陥ったり，トレーニング強度が低すぎて目的に達っしなかった者が少なからずいるであろう。

---

*2〜7mmol/ℓ：日本のスポーツプログラマーなどの資格取得のために使用する教本には4mmol/ℓとなっている。

コラム

●──アスリートの可能性を評価するための生理学的原理の利用

長距離ランニング中，個人が耐えられる最大のペース発揮に関係する4つの構成要素とは，

- 遺伝的に持っている骨格筋細胞の組成（ST線維が多いなど）。
- 最大下のペースで走行する際，その運動に必要なO_2の量をトレーニングによって減らすこと（効率的な動きができること）。
- 活動筋のO_2消費能力の改善（細胞内のミトコンドリアが多くなる，血液の拡散が良くなる，など）。
- 運動強度が増加し，FT線維の動員の増加によるアシドーシスを緩衝する能力の改善。

もしこれらの構成要素を定量できれば，我々は，レースで勝つことのできる高い可能性を持った競技者，すなわち，最も高い$\dot{V}O_2max$を持ち，乳酸性/換気性閾値が高く，優れたランニングエコノミーを持ち，代謝性アシドーシスに耐えることのできる競技者を見つけることができる。遺伝的に受け継いだものやトレーニングの方法，トレーニングに対する反応性といった複合的な影響が，そのとき，その選手の可能性を高くするか低くするかを決定する。

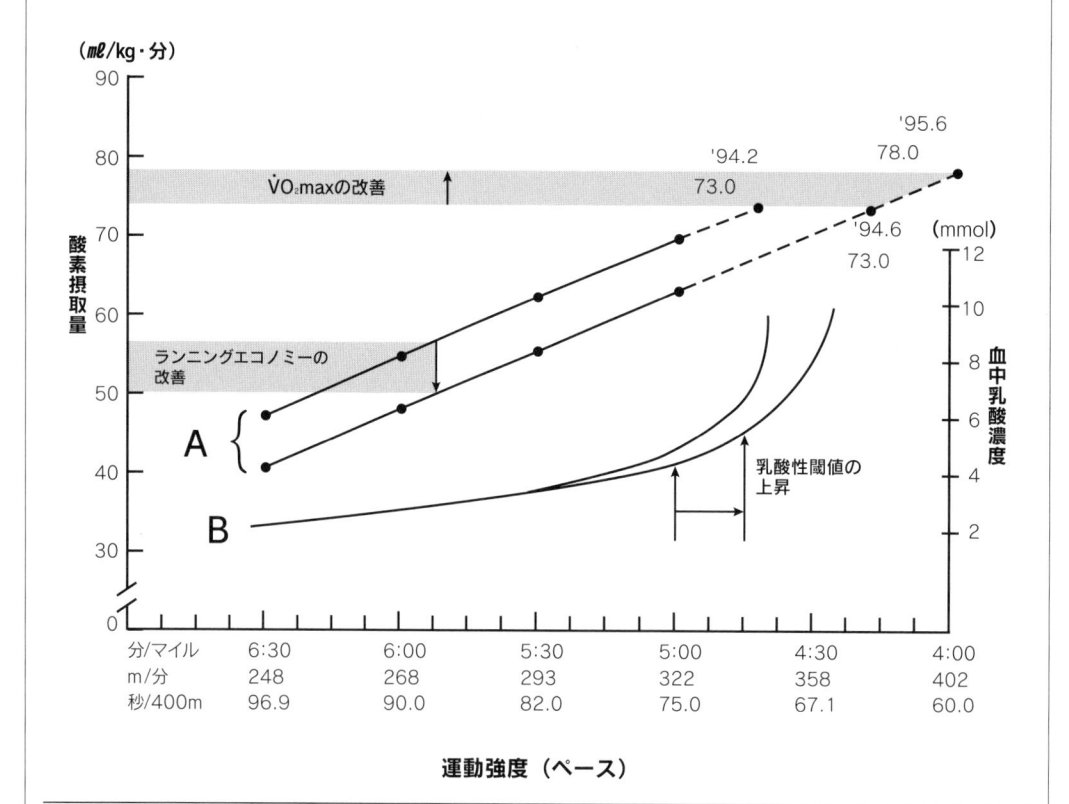

図4-3●走速度に対する酸素摂取量（A）と血中乳酸濃度（B）
最大酸素摂取量の増加やランニングエコノミーの改善，乳酸性/換気性閾値が向上したときの変化を示している。

高い$\dot{V}O_2max$を持つことは，世界のトップレベルの中・長距離ランナーに仲間入りするためのメンバーシップカードのようなものであり，無気的能力の要因もまた勝負を分ける重要は要因となる。なぜなら，それは$\dot{V}O_2max$との相乗効果を持っているからである。したがって，以下の2つの生理学的な変数は長距離ランナーの能力の評価に重要である。一つは無酸素性作業閾値の速度（vAT，血中乳酸濃度が上昇し始めるときの速度）で，マラソンのレースペースはこれよりもやや低い。もう一つは$\dot{V}O_2max$時の速度（v$\dot{V}O_2max$）であり，これは3000mのレースペースと密接な関係がある（Billat and Koralsztein, 1996）。

この考えはマラソンレースに関心のある人たちにおそらく最も頻繁に議論されてきたことであろう。この競技は非常に長い距離であるため，ゴールのときを除いて血中乳酸の蓄積が生じることはない。実際，同レベルのマラソンランナー（優秀なマラソンランナーの集団）においては，その記録は$\dot{V}O_2max$よりも乳酸性/換気性閾値のペースと高い相関関係がある（Farrell et al., 1979；Sjodin and Svedenhag, 1985）。

わかりやすい例をあげてみよう。JimとJohnはともに75㎖/kg・分の$\dot{V}O_2max$を持っている。彼らは同レベルのランニングエコノミーを持っており，平坦なコースを85%$\dot{V}O_2max$のかなり速い速度で並んで走っている。Jimの無酸素性作業閾値は85%$\dot{V}O_2max$であり，いっぽう，Johnのそれは81%である。その他の要因はすべて同一であるとするとJohnはJimよりも先に血中乳酸が蓄積するために早く疲労してしまうだろう。

この考えは中長距離種目全体について言えることである。マラソンでは選手は最も速い有気的ペースで競争し，800mでは1〜2分にわたる無気的代謝によって生じた乳酸を処理しなければならない。つまり$\dot{V}O_2max$が高いほど，あるペースでの無気的代謝の貢献度を小さくできるし，無気的代謝に頼らずに走れる速度が高くなる。しかし，いったんトレーニングによって可能な限り高い$\dot{V}O_2max$を獲得すると，それ以上のパフォーマンスの改善は無気的能力の改善に頼らざるを得ないということである。

図4-3に，我々がこれまで述べてきたトレーニングによるパフォーマンスの改善について要約した。図4-2と同様に，酸素摂取量と血中乳酸濃度を縦軸に，運動強度（ランニングペース）を横軸に記した。ランナーAは$\dot{V}O_2max$の増加とランニングエコノミーの増加によりパフォーマンスを改善しようとし，ランナーBは乳酸性閾値の増加によるパフォーマンスの改善を目指した。ランナーAは1994年の2月から1994年の6月の間，効果的なトレーニングを行うことによりランニングエコノミーに顕著な改善が見られたが，$\dot{V}O_2max$は73㎖/kg・分のままで変化はなかった。もしランナーAが92%$\dot{V}O_2max$で10000mレースを走行したとすると，彼の記録は1994年の2月よりも6月のほうが明らかに速くなるだろう。

1994年から1995年にかけてランナーAの$\dot{V}O_2max$は73㎖/kg・分から78㎖/kg・分に改善し，このとき体重は変化しなかった。しかしこのトレーニング期間，ランニングエコノミーには変化がなかった。彼が10000mレースを92%$\dot{V}O_2max$ペースで走行した場合，彼の1995年6月の記録は$\dot{V}O_2max$が改善したことによってやはり1994年6月のときよりも速くなるだろう。

ランナーBでは無気的なトレーニングに耐えるトレーニングプログラムを行った。当初5分00秒/マイル（3分06秒/km）ペースで走行したとき，血中乳酸レベルは顕著に上昇し始めた（彼の乳酸性閾値）。数ヶ月後再びテストしたところ，この閾値のときのペースが4分45秒/マイル（2分57秒/km）になった。もしこの選手の$\dot{V}O_2max$やランニングエコノミーが変化していないとすると，彼は血中乳酸を蓄積させずにより速いペースで走れるようになったことで，より速いペースのレースを行うことができるようになると言える。

このような$\dot{V}O_2max$やランニングエコノミー，そして乳酸性/換気性閾値を改善できるトレーニング方法

をコーチや選手が知ることができれば，それは素晴らしいことではないだろうか。そして，もし選手がそのような変化が起きているかどうかを定期的にテストできたら，これもまた素晴らしいことではないだろうか。もし変化が生じていればそのままトレーニングを続ければ良いだろうし，改善が見られなければもう一度トレーニングを調整すれば良いのである。

　図4-2で示しているとおり，我われは$\dot{V}O_2max$と乳酸性/換気性閾値を4つのゾーンあるいはペース範囲に分け，それぞれのゾーンのトレーニングにより，おもにどのような生理学的利点があるのかについて説明した。第5章で我われは，その4つのゾーンでのトレーニングの種類と期待される生理学的適応についてさらに詳細に述べる。これらの実際のトレーニングの詳細について考える前に，基本に戻って，トレーニングでどのような適応の可能性があるかを示す心臓・肺そして血液生理学の概念について明らかにしよう。そして我われは，その適応がタイムトライアルのようなフィールドテストや実験室でのパフォーマンステストを用いてどうやって測定することができるかについても述べていく。

2│心臓，肺，血液の機能

　ランナーにとって，心拍数は最も代表的な作業能力の指標である。疲労困憊に至る運動後に激しい心臓の拍動を感じることは誰しも経験することだろう。激しいトレーニング後に2，3日間心拍数が上昇していれば，それは回復にもっと時間が必要であることを示している。運動強度と回復時間の指標として，あるいはインターバルの開始前の回復の指標として，心拍数はトレーニングの場で広く測定されている。安静時の心拍数が徐々に減少していくことはトレーニングプログラムが順調にいっていることを示している。一般に持久性トレーニングによって安静時の心拍数は60-80拍/分から30-40拍/分に低下する。ランナーの心臓は運動のストレスに対してどのように適応しているのであろうか？　間違いなくそれは，より機能的なポンプになっているに違いないが，どうやって細胞に十分な酸素や燃料を供給するためにより多くの血液を送り出すようになるのであろうか？　心臓・肺の生理について熟知することは，心臓や肺や血液がどのようにして運動による代謝要求に対応していくのか，そしてそれらの能力がどのように最大運動能力を決定するのか？　という疑問を理解する（評価する）手助けとなる。

1. 運動に対する心臓の適応能力

心臓には2つのポンプ機能がある。1つは，肺へ血液を送る右心でありもう1つは全身へ血液を送る左心である。それぞれには2つの主要な変数がある。**心拍頻度**（fc：心拍数）および1拍あたりの**拍出量**（Qs：一回拍出量）である。この2つの積を**心拍出量**（CO：cardiac output）と呼び，$m\ell$ あるいは ℓ で表わされる。

心拍出量：CO（$m\ell$）
 $=$ **一回拍出量：Qs（$m\ell$/拍）× 心拍数：fc（拍）**
計算式[4-4]

トレーニングをしていない人の安静値を例にとると，心拍数は70拍/分，一回拍出量は70$m\ell$/拍であり，心拍出量は4,900$m\ell$/分になる。エリートレベルのランナーの最大値では，心拍数は190拍/分で一回拍出量は190$m\ell$/拍であり，心拍出量は36,100$m\ell$/分にもなる。

心臓は静脈から戻ってくる血液のみを動脈側へ送り出すことができる。したがって，**静脈還流量**（心臓へ戻ってくる血液量）と心拍出量は等しい。安静時において静脈還流量を決める因子は4つある。

- 静脈の血管の直径と弾性
- 体の姿勢
- 総血液量
- 呼吸の深さ

運動時にはさらにもう一つ，骨格筋による心臓方向への血液の押し出しという要因が加わる。

第一に，血液量が多かったり，血圧が高かったりすると，静脈還流量は増加する。第二に，呼吸に応じて胸郭内圧が変化すると，静脈還流量も同じように上下する。第三に，血管の弾性が低下すると，血液は末梢に溜まり，静脈還流量は減少する。これは活動筋への血流が増加するような激しい運動中に起こりうる。突然運動を停止すると，筋活動が減少することによって筋の血液を押し出す効果がなくなり，また静脈還流量の減少によって脳への血流が不足するために失神することがあるかもしれない。激しいレースの直後に身体を折り曲げているランナーがいるのを見ればこの現象が理解できるだろう（**図4-4**）。このようなランナー達は，もし立ったままの姿勢でいると気が遠くなってしまうだろう。なぜなら，末梢に溜まった多量の血液を心臓に返すことができず，脳に必要な血液を十分に送ることができないからである。腰を曲げて心臓の高さに頭をおろすこと

図4-4●800m走ゴール直後の様子
上体を折り曲げて頭を心臓の位置まで下げ血圧が低下しても脳への血流を維持できるような姿勢をとっている。この現象は，疾走中は筋が収縮して血管を外から圧迫し静脈還流量を維持していた働きが突然なくなり，血圧が一時的に低下するため起こる。

によって，脳へ血液を送りやすくし，必要な血液を維持しているのである．

　心筋それ自体は安静時でもかなりの量の血液を得ており（1分間に組織100gあたりおよそ80 $m\ell$），それは安静時の心拍出量の5％にあたる．運動中，この血流はおよそ5倍近く増加する．心臓を取り囲む冠状動脈を観察すると，この血管はかなりの長さを持ち，心臓の外側表面に沿って伸びている（図4-5）．左冠状動脈は短く，すぐに2つに分岐し，心臓をとり巻いている．心筋と冠状動脈を経由した心筋への拡散には4つの特徴があり，それらが運動ストレスに適応する心臓の能力に関係している．それは循環した血液からのO_2の抜き取り，血管サイズ，酸素負債からの防御，そして血流である．この4つの特徴ゆえに心臓は激しい運動のストレスに耐えることができる．

❶ 冠状動脈血からのO_2の抜き取り

　冠状動・静脈から血液サンプルを採ってO_2含有量を測定すると，心筋は非常に多くのO_2を抜き取っているのがわかる．それは他の全身の（心臓以外の）動静脈と比較した値よりもずっと多い．心脈管系生理学の言葉で**動静脈酸素差**（a-v̄O_2 difference）とは動脈のO_2含有量と静脈のO_2含有量の差をさしている．典型的な例では，動脈血中の酸素濃度はおよそ20 $m\ell/d\ell$であり，全身を循環して心臓に戻ってくる（すなわち全身の組織において使われたO_2の平均をさす）混合静脈血の酸素濃度はおよそ15 $m\ell/d\ell$である．したがって，全体の動静脈酸素差は5 $m\ell/d\ell$であり，身体全体でこの量のO_2を利用したことになる．心臓の場合，安静状態のときでさえ多量のO_2を抜き取っており，それは心臓が代謝的に高い活動状態にあることを示している．心臓から戻ってくる静脈の酸素濃度はせいぜい1ないし2 $m\ell/d\ell$である．すなわち，冠状動脈と静脈の酸素差は20-1（or 2）=19（or 18）$m\ell/d\ell$となる．激しい活動をしている骨格筋でさえ，静脈血酸素濃度は4～5$m\ell/d\ell$であり（動静脈酸素差=20-4（or 5）=16（or 15）$m\ell/d\ell$），心臓の酸素利用度はそれよりもはるかに高い．冠状動脈からのO_2の抜き取りは安静時から高いために，運動強度が増加してもさらに抜き取りを増すことはできない．したがって，心筋によるO_2

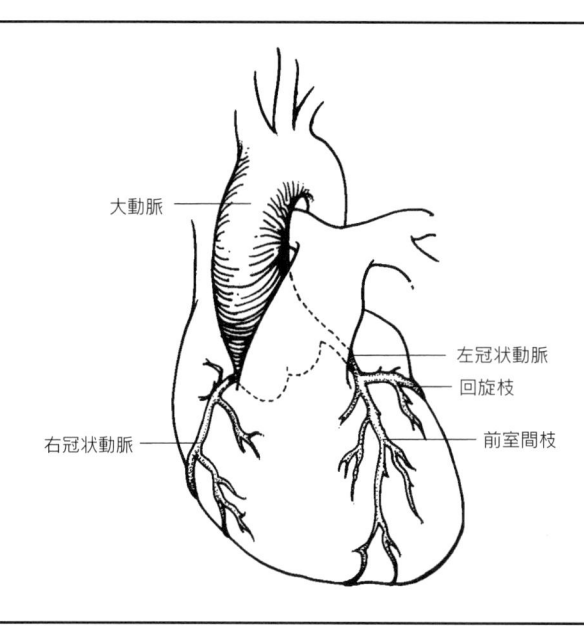

図4-5●心臓の表面を走行する左右の冠状動脈の位置

のとり込みを増加させるためには血管を通る血液量を増やすしかない。

❷──冠状血管の血流の増大

心臓がトレーニングによって肥大するように，冠状動静脈もまた大きくなる。冠状血管への血流の増加は血管が大きくなった結果である。しかしながら，CO_2のような強力な血管拡張因子も重要な働きを持ち，運動中，CO_2のような代謝産物による代償性血管拡張作用もまた冠状血管の血流を増加させる。

優秀な長距離走者の心臓を調査する検死解剖はめったに行われることはないが，それが行われた貴重な例において，非常に興味深い知見が得られている。おそらくクラレンス・ディマー（Clarence DeMar）が最も有名な例であろう。彼はベテランマラソンランナーで3回のオリンピック出場，ボストンマラソン優勝7回，そして21歳から69歳まで1,000以上の長距離レースに参加したランナーである。

ディマーは1920年中頃のHarvard Fatigue Laboratoryで行われた初期の研究のいくつかに被検者として協力した。彼の好意により，有能な長距離ランナーの心脈管系の適応に対する重要な知見が得られた。彼は1958年，直腸にガンが転移し亡くなった。検死解剖が行われ，心臓学専門雑誌『Paul Dudley White（Currens and White, 1961）』に報告された。彼の心臓の重量は340gと普通であったが，彼の左心室壁の厚さは18mmあり，成人の平均値10ないし12mmよりも厚いものであった。彼の右心室壁は8mmで，これは成人の平均値のおよそ2倍に当たる。心臓の弁は通常のサイズであったが，冠状動脈は平均的な成人の値の2～3倍の大きさであった。同じ年齢の人びとと同様，冠状血管には動脈硬化が進んでいたが，とても大きな冠状動脈のおかげで動脈の血流は十分確保され，また何年にもわたる彼の競技歴において大きな血流を送ることが可能であったに違いない。

❸──酸素負債からの防御

冠状動脈の血流の増加と血液からのO_2の抜き取りの増加は，運動中に心臓が活動するうえで都合が良い。高いO_2の抜き取り率を実現するには，冠状動脈から心筋細胞へO_2が移動できるような高い濃度勾配が維持される必要があり，心筋細胞は多量のO_2を利用するようにできている。心臓は常に高い活動状態であるにもかかわらず，酸素負債が生じることはない。したがって，心筋細胞は「収縮と同時に酸素供給」（twitch now, pay now）がなされる最も代表的な組織である。これとは異なり，骨格筋のFT線維は短時間に高い強度の運動を行うが，回復に時間がかかる。したがってこれらは，「収縮後に酸素供給」（twitch now, pay later）する組織である。

心臓は常に活動しているので，持久性トレーニングを通じて骨格筋のST線維に見られるあらゆる適応が心筋細胞にも存在している。心筋細胞はST線維よりもより多くのミオグロビン（myoglobin：細胞内酸素貯蔵色素）を含んでいる。また心筋細胞にはきわめて大量のミトコンドリアも存在しており，脂肪酸やグルコースの代謝に加え乳酸も非常に効率よく代謝する。運動中，乳酸の心筋への取り込みは大きくなり，脂肪酸よりも優先的に燃料として使われる。この能力は，激しい身体活動中の代謝性アシドーシスの開始を遅らせる。

❹──心臓への血流の増加

心臓のサイクルには収縮期（systole：張力を発揮する相で，心臓から血液が駆出される）と拡張期（diastole：弛緩している相で，血液が再び心臓に満たされる）がある。収縮期では，心筋細胞の収縮によって張力が生まれ，心臓の中の血液が押し出される。この絞り出し活動は心筋内の血管にかなりの力を加える。この，心筋の収縮が冠状動脈に与える影響は，血管外圧力（extravascular compression）と呼ばれる。その圧力が与える効果は心臓の左右で異な

る。左心室が収縮するとき，その際の血管外圧力によって左心室の冠状動脈の血流はほとんど停止し，拡張期に血流は回復する。

拡張期が長いとより多くの血液を循環させることができるので，回数が少なく拡張時間が長いほうが，回数が多く拡張時間が短いよりもより好都合である。これはまさにトレーニングされた心臓で起こることである。心臓の内腔が大きくなった結果，ある強度での一回拍出量が多くなり，心拍数は減り，心筋への血液の循環時間が長くなる。

2. 心脈管系の$\dot{V}O_2max$への貢献

我々はすでにパフォーマンスの決定要因としての$\dot{V}O_2max$の測定とその重要性について述べてきた。$\dot{V}O_2max$は心脈管系のO_2輸送の動態を数学的に表現できる。$\dot{V}O_2max$は血液から抜き取ったO_2の量と心拍出量の積に等しい。O_2の抜き取りは動脈血の酸素濃度から混合静脈血の酸素濃度を引いた値である。これは動静脈酸素差としてすでに紹介した。このことから以下の式が導き出される。

$$\dot{V}O_2max = (fcmax \times Qsmax) \times max\ a\text{-}\bar{v}O_2 difference$$

計算式[4-5]

心拍出量と動静脈酸素差との関係を**図4-6**に示した。鍛練者の典型的な安静値の$\dot{V}O_2$と$\dot{V}O_2max$が示されている。トレーニングや運動中に生じるように，これらの変数のどれが変化しても$\dot{V}O_2$は変化する。心拍数と一回拍出量の変化は中枢性の調節（central adjustments）と呼ばれ，組織による血中酸素の抜き取りの変化は末梢性の調節（peripheral adjustment）と呼ばれる。トレーニングによってこれらの変数がどのように変化するのかを理解し，また様ざまな運動強度でこれらの変化の大きさを評価することは重要な問題である。最高心拍数は持久性トレーニングをしても，ほとんど変化しないか，あるいは若干低下する。最大動静脈酸素差のピークはおよそ16$m\ell/d\ell$である。したがって，有気的パワーを増加させるには心臓の最大一回拍出量を増加させることが重要である。

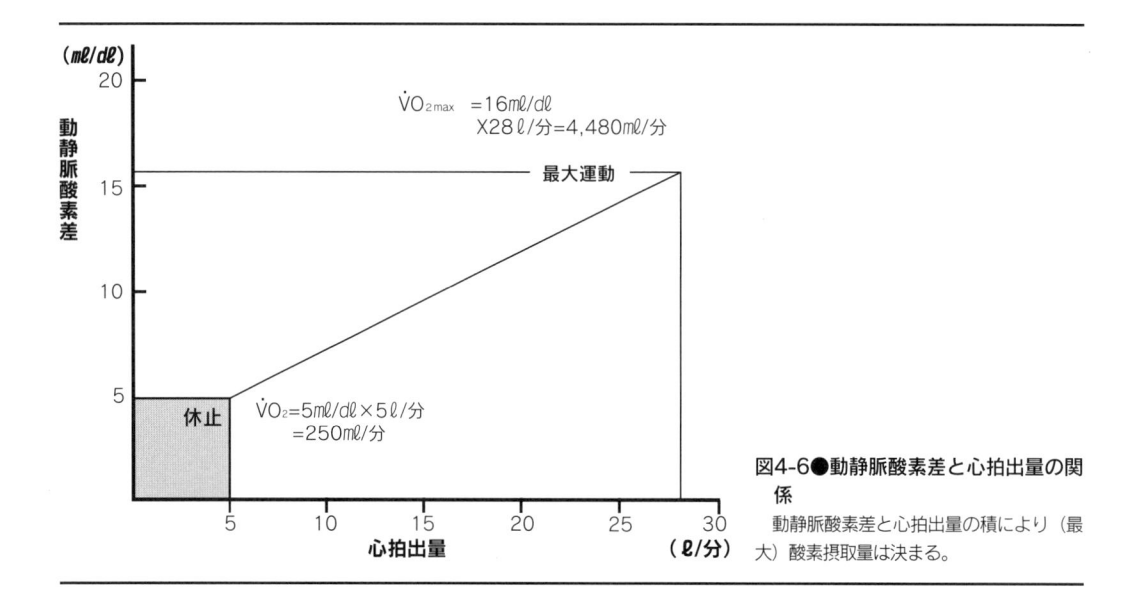

図4-6●動静脈酸素差と心拍出量の関係
動静脈酸素差と心拍出量の積により（最大）酸素摂取量は決まる。

❶ ─ 心拍数の決定と調節

心臓のすべての細胞は介在板と呼ばれる微細構造物によって機能的,構造的に結合している。そのため,一つの細胞の活動が他のすべての細胞に素早く伝達される。心臓のある部位には結節があり,それは張力を発揮せず,筋でも神経でもない細胞で構成されている。これは洞房結節(sinoatrial node)と呼ばれ,周期的に興奮(脱分極)し,心臓を収縮させるペースメーカーとして働く。洞房結節は内因性の基礎リズムを持っており,およそ1分間に105回の脱分極を起こす。この活動が心筋に伝わり心臓を規則的に拍動させるのである。

自律神経系(交感神経と副交感神経)の活動は,この洞房結節の脱分極リズムに影響を与え,心拍数を変化させる。図4-7はこの心臓に対する2つの神経支配を示している。アセチルコリンは迷走神経(副交感神経系)から放出され心拍数を低下させる。我々が休息しているとき,特に睡眠中では副交感神経系がおもに働いており,心拍数を低く保つ。運動を行うと交感神経系活動が増加し,ノルアドレナリンとアドレナリンが分泌される。これら2つの化学物質は洞房結節を刺激し心拍数を上げる。

このように,心拍数は洞房結節がもともと持っているリズムに自律神経が作用して変化する。安静時の副交感神経系活動が交感神経系活動よりも高い状態の一般の人では心拍数はおよそ60-70拍/分程度になる。運動が始まると,迷走神経活動が低下し,心拍数はおよそ100拍/分まで高くなり,その後交感神経系活動が顕著に増加していく。

呼吸活動も脛動脈にある圧受容器を介して心拍数に影響を与える。この圧受容器(頸動脈洞圧受容器)は,心臓を出て脳へ向かう血流の,血圧をモニターするのに最適な位置にある。圧受容器は血圧のわずかな低下も感知し,血圧と心拍数を調節する脳へインパルスを送る。息を大きく吸い込むと肺が膨らんで心臓へ戻る静脈を圧迫し,血流を妨げるため心拍出量が低下する。この大動脈の血流のわずかな減少は圧受容器に感知され,脳の中の心臓の活動を制御する部位(脳幹)を刺激し,心拍数が反射的に増加する。息を吐き出すときには肺がしぼんで心拍出量が増加する。大動脈圧と血流の増加も圧受容器に感知され心拍数を減少させる。この呼吸リズムの変化に対応した心拍数の増減は呼吸性不整脈(respi-

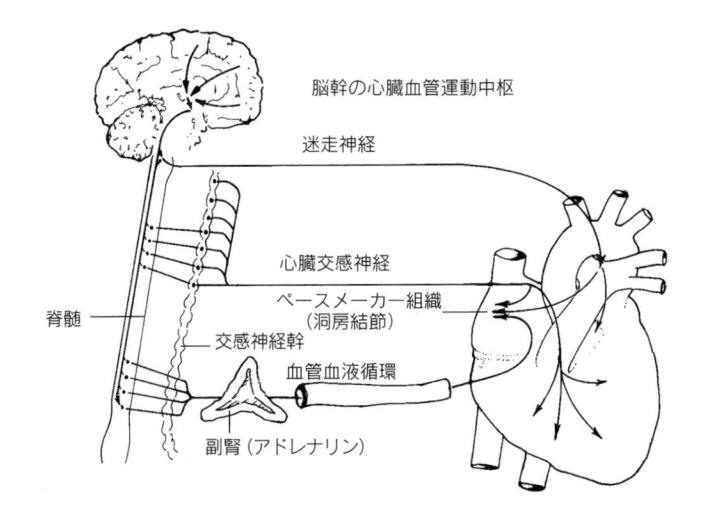

図4-7 ● 心臓を支配する自律神経系

迷走神経は心臓のペースメーキングをつかさどる洞房結節へ信号を送り,心拍数を低下させる。脊髄から発した交感神経系の信号は隣接する交感神経幹を介して心臓を支配し,心拍数を増加させる。副腎髄質から分泌するアドレナリンも心拍数増加に寄与している。

ratory or rhythmic arrhythmia）と呼ばれるが，この言葉は，正確ではない。なぜなら，不整脈とはなんらかの病気を意味する言葉なので，このように，なんの異常もない場合は，単に呼吸性心拍変動と表現するのが良い。

　このように神経系と呼吸系の緻密な相互作用によって安静時のリズミカルな心拍変動が保たれている。さて，トレーニングを積んだマラソンランナーの心電図を図4-8に示した。そこでは，拍動の間隔に明らかなバラツキが見られる。この選手は安静時心拍数が低く45-55拍/分の範囲にある。呼吸性の心拍変動は運動選手に顕著に現れ安静時心拍数が30拍/分になるような，特に激しいトレーニングを積んだランナーでは，その傾向がより顕著になる。

　トレーニングを積んだ持久性ランナーには，なぜ安静時の心拍数の減少が見られるのであろうか？考えられるメカニズムは，副交感神経系活動の活性化あるいは交感神経系活動の抑制の2つである（Frick, Elovainio and Somer, 1967）。副交感神経系活動の増加は洞房結節の自発的な脱分極を低下させ，心拍数を低下させる。反対に交感神経系活動の増加は心拍数を増加させる。これまでの研究結果は交感神経の減少と副交感神経の増加の両方がトレーニングによって生じることを示唆している。

❷──一回拍出量の増加

　トレーニングを積んだ長距離ランナーは，安静時も運動中も一般の人よりも一回拍出量が大きい。これは以下に示すいくつかの要因によるものである。

　1つめは心室が収縮する直前の心室の血液量であり，心室拡張末期容量と呼ばれる。Rerychら（1980）は18人の大学生持久性競技者を対象に6ヶ月間トレーニングした結果，心室拡張末期容量が増加することを報告した。これは有気的能力の改善で安静時心

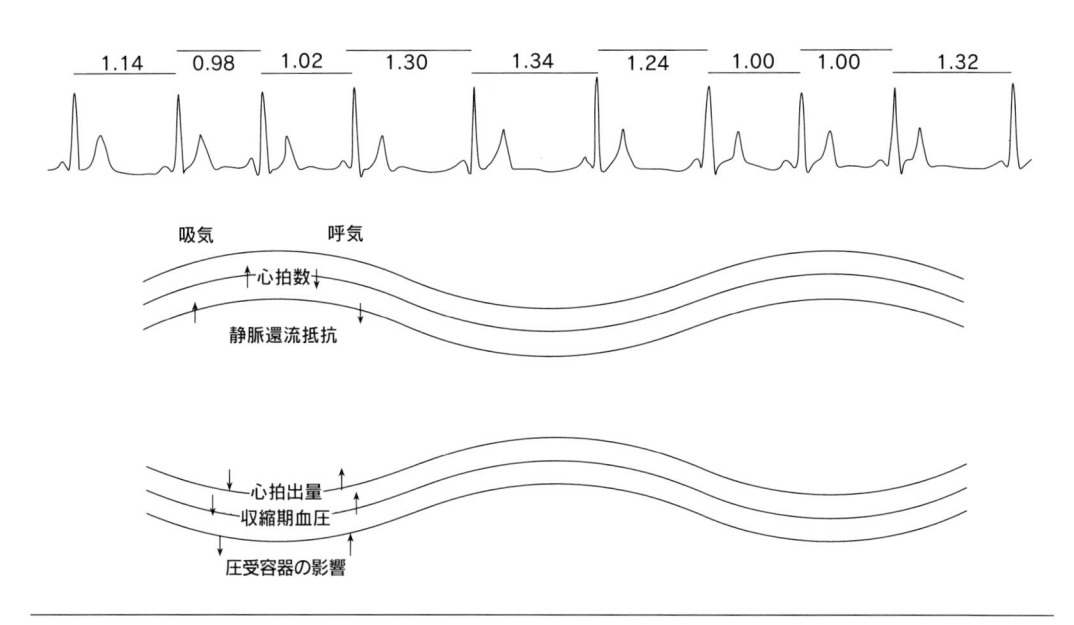

図4-8●胸腔内圧の変化が心拍出量と心電図パターンに与える影響
　息を吸い込むと静脈還流量が妨げられ心拍出量が減少するため，反射的に心拍数が増加する。息を吐きだすときは反対に心拍数が減少する。この選手の場合，平均心拍数は53拍/分。呼吸数は10回/分。心電図の上の数字は一回の収縮から次の収縮までにかかる時間（秒）を示している。

拍数が減少したことから確認される。

　2つめはトレーニングによる循環血液量の増加である。トレーニングは血液量を16％増加させることが報告されている（Brotherhood, Brozovic and Pugh, 1975）。このとき赤血球は13％増加し，血漿は18％増加した。赤血球の増加よりも血漿量の増加が大きいことからヘマトクリット値*は低くなる。ヘマトクリット値の低下は血液の粘性を低下させ，血管内の血液の流れを良くする。鍛練者の総赤血球量は実際は高い場合が多いが，それ以上に血漿量が多いので，採血してヘマトクリット値を見ただけでは貧血と区別がつけられない。このような状態を希釈性偽貧血（dilutional pseudoanemia）という（Eichner, 1986）。

　一回拍出量を増加させる3つめの要因は心臓の容積の増加である。心室内腔が大きくなることはより大きな量の拍出を可能にする。DeutschとKaufは競技者の心臓のサイズを詳細に調べ記録した。それによると一般の人と競技者を比較すると，漕艇，サイクリング，スキー，水泳，ランニングといったスポーツを行っていた競技者は，大きな心臓を持っていた。心臓の肥大は心臓の内腔のサイズの増加と心筋重量の増加の両方を意味している。

　心筋重量の増加は心筋細胞のサイズの増大（肥大）によるもので，細胞の数の増加（増殖）によるものではない。これは筋原線維が増加した結果であり，ミトコンドリア数も増える。サルコメアの数も増加し，筋線維の長さを長くすることで心臓の肥大に貢献する。残念なことに，これらの人（鍛練者）がトレーニングした後の心臓のサイズに関するデータはあるが，トレーニングを行う以前のデータはない。通常よりも大きな心臓を持って生まれた人が持久性競技になじみやすいのだろうか，またトレーニングにより心臓はさらに大きくなるのであろうか。それとも，競技者のたゆまぬ努力のみが心臓をストレスに耐えうるものにすることができるのであろうか。我われは現在のところこの疑問に対する答えを持っていない。

　運動による心肥大の仕方は，運動の種目によって異なる。心エコーの研究で持久性トレーニングを行っている競技者（水泳とランニング）とウエイトトレーニングを行っている競技者（レスリングと砲丸投げ）を比較した研究がある（Morganroth et al., 1975）。表4-2は心臓の適応の4つの局面でこの2つのトレーニングの影響を比較している。持久性競技者は最大下の強度でトレーニングすることが多く，心臓は静脈還流量が増加した状態を長時間維持している。これは心臓の容量負荷（volume loading）と呼ばれる。そのような運動負荷によって，心筋線維は引き延ばされ，心室内腔の増加が生じるが，心室壁の厚さに顕著な変化は生じない。これは，安静時および運動時の一回拍出量の増加につながる。トレーニングにより最高心拍数はほとんど変化しないので，持久性トレーニングは一回拍出量を増加させることで$\dot{V}O_2max$の増加に貢献する。

　いっぽう，筋力トレーニングを行う競技者（ウエイトリフティングや砲丸投げ等）では，左心室は短時間で高い圧力負荷に対する適応を示す。最大ある

表4-2●等張性（持久性）トレーニングと等尺性（筋力）トレーニングが心臓の形態と機能に与える影響

項目	等張性	等尺性
心室壁の厚さ	変化なし	増加
心室拡張末期容量	増加	変化なし
心臓の大きさ	増加	増加
心拍出量	増加	変化なし

いは最大に近い活動中の活動筋は血管へ高い圧力をかけて血流を止めてしまう。そこで，心臓は血流を維持するためにこの高い抵抗に打ち勝とうとして大きな力を出さなければならない。表4-2に示したように，これに対する心臓の適応は大きな張力を生むため，左心室壁の厚さを増加させることである。これは圧力負荷（pressure loading）と呼ばれ，最大一回拍出量や心拍出量の変化，そして$\dot{V}O_2max$の変化にあまり関係しない。

一回拍出量が増加する4つめの要因は心筋の収縮力である。持久性競技者あるいは非鍛練者ともに心筋の収縮力は高いレベルにある。しかしながら，こ

表4-3●一般人と長距離選手における安静時と最大運動時の心拍数と一回拍出量の変化

項目	安静時		最大運動時	
	一般	エリートランナー	一般	エリートランナー
心拍出量(mℓ/分)	4,900	4,515	22,800	36,100
一回拍出量(mℓ)	70	105	120	190
心拍数(拍/分)	70	43	190	190
酸素摂取量(mℓ/kg・分)	3.5	3.5	46	85

データは体重60kgの男性から得られたものである。

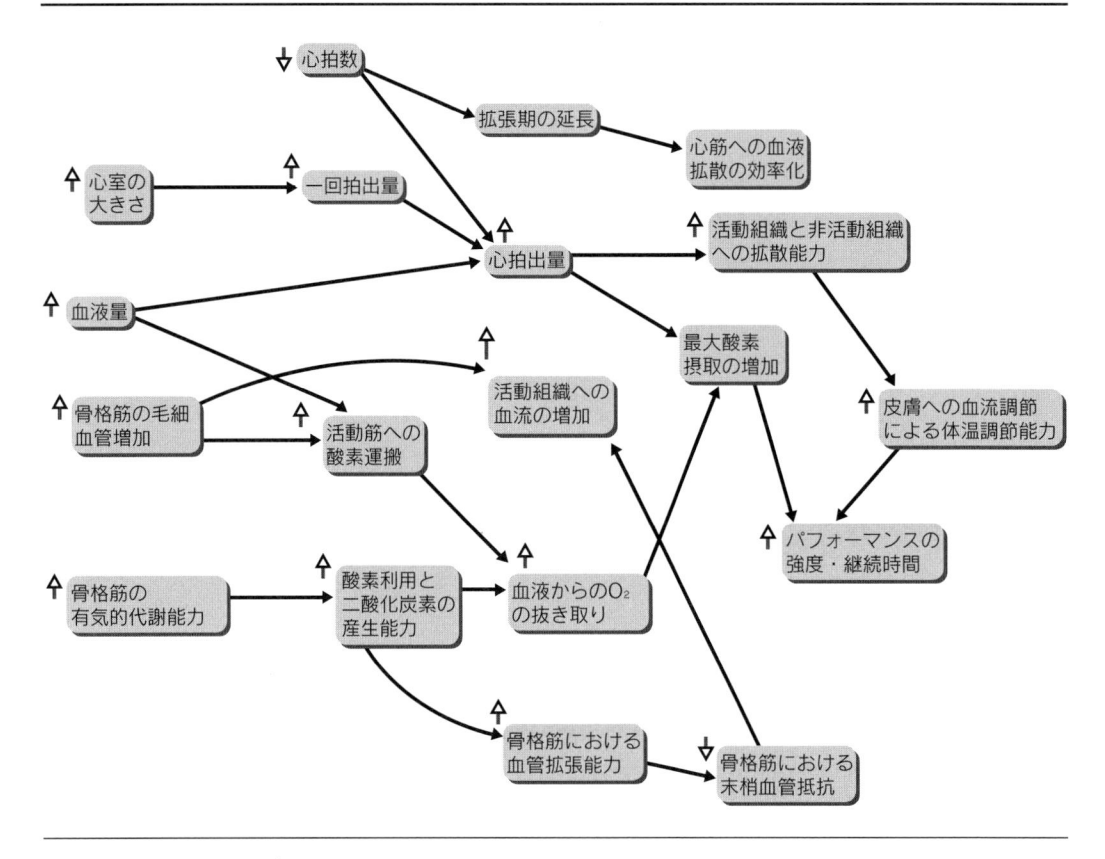

図4-9●持久性トレーニングによって生じるおもな生理学的適応の概要
　持久性トレーニングによって換気量，血液量，骨格筋の毛細血管密度，細胞内酵素含量，心拍数の低下などが生じる。これらはすべて競技成績の改善に貢献する。

の特性がトレーニングによって獲得されたものなのかどうかについてはわかっていない。心臓は生まれつき機能的に完成されている可能性が考えられるからである。心臓が血液を押し出したとき内腔にはまだ血液が残っている。運動はこの残った血液量を少なくし,一回拍出量の増加に貢献している。

5つ目の要因は動脈血圧である。持久性トレーニングによって血圧が変化し一回拍出量の増加に貢献するかどうかについて,はっきりした証拠はないが,競技者の$\dot{V}O_2max$時の平均動脈血圧はわずかに低下しているようである。もちろん,トレーニングよって骨格筋の血流は増加しているので,動脈血圧が変化しないとしても,骨格筋ではより多くの小さな血管(毛細血管)が発達し,多くの血流を供給していることになる。これをしばしば血管伝導性の増加という。

このような一回拍出量の増加と心拍数の減少といった適応は,すべての中長距離ランナーにとって必要な高いスピードでトレーニングするために最も重要な適応である。15ないし20分の無気的コンディショニングトレーニング(第5章参照)を乳酸性/換気性閾値のペースで行うことは,容量負荷刺激をもたらし,最終的に心室内腔のサイズを増加させる。同時に,心臓のペースメーカーのリズムは減少する。**表4-3**に持久性競技者と一般人における心臓の力学的要因の変化(心拍数の減少と一回拍出量の増加)を安静時と最大運動時に分けて示した。**図4-9**は持久性トレーニングによるパフォーマンスの改善に貢献する主要な適応について要約した。ここで触れたのは,心拍数の減少,心室内腔サイズの増加,血液量,骨格筋の毛細血管の発達,筋細胞の酵素含量などである。

❸ ― 動静脈酸素差の増加

図4-10は,運動強度が増加したときに選手にみられる動脈と静脈の血中酸素含量の変化を示してい

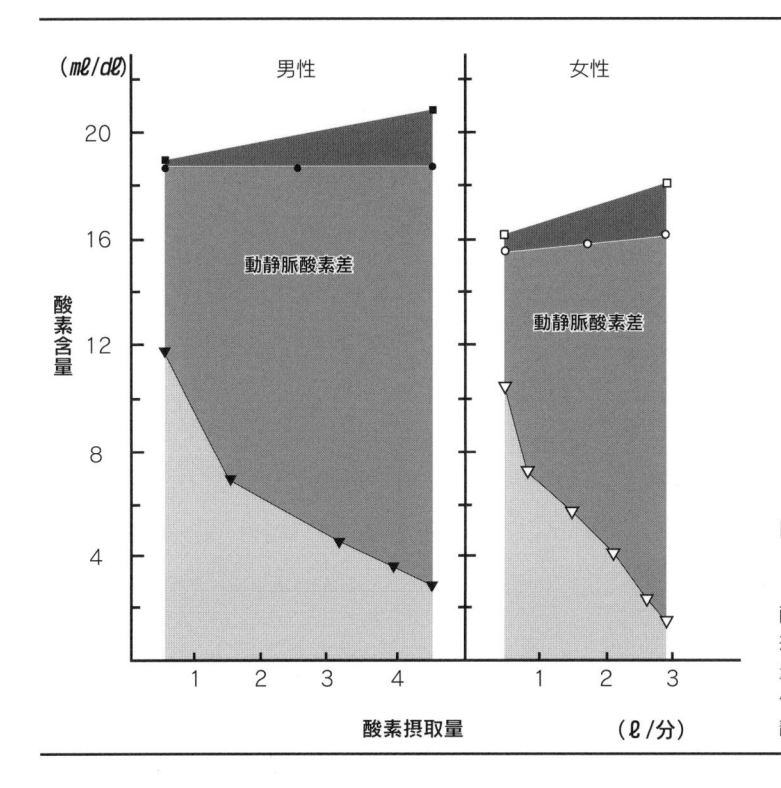

図4-10●負荷漸増運動中の動静脈酸素差の変化
図の一番上の黒い部分は動脈血中の酸素結合能力と実際の酸素含有量の差。一番下の領域は静脈血中の酸素含量で運動強度が増加するにしたがって低下していく。真ん中の領域は動脈と静脈の酸素濃度の差を示している。

る。動脈血酸素含量は活動筋への血流増加や毛細血管外への水分の移動によりやや増加するだろう（図のグラフの一番上）。いっぽう，平均静脈血酸素含量は劇的に減少する（グラフの一番下）。SaltinとGollnick (1983) は，このO_2抜き取りの増加は骨格筋の毛細血管密度がトレーニングにより増加したことによると説明している。筋線維のまわりの毛細血管が増加するとO_2が血管系から筋組織へ移動しやすくなり，活動筋を通る血液の平均通過時間も増加する。

同様に動静脈酸素差に関係する因子は他にもある。それは骨格筋のミオグロビンレベルが持久性トレーニングによって増加することである。このミオグロビンは高強度の筋活動によって一時的に酸素圧が低下したとき，O_2の予備タンクとして働いている。

骨格筋のミトコンドリアや酵素の量もトレーニングによって増加し，より多くのO_2の利用が可能になる。

これらの要因に加えて，内臓や非活動筋への血流が低下することも関係する。しかし，持久性運動トレーニングがこれを改善するようには思われない。なぜなら，トレーニングしていない人においても最大運動中はこれらの組織において最大に近い血管収縮が生じているからである。最大の動静脈酸素差は健康な人でおよそ $16\,m\ell/d\ell$ であり，これは血液から組織へ利用されるO_2の85%が抜き取られていることを示している。

＊**ヘマトクリット値**：一血液検体のうち血球成分の占める百分率で示す。ふつうは，抗凝固剤を加えた遠心管で血液を遠心分離し，分離される沈殿成分（血餅，主として血球成分）と上清成分との比率を計算する。通常は45%前後。暑熱下で激しい運動を行うと，脱水が起こり，ヘマトクリット値は増加する。

3. 運動に対する肺システムの反応

肺は運動を行ううえで重要な役割を果たす。なぜなら，ここは血液がO_2を獲得し，組織から出たCO_2の除去を行う主要な部位であるからである。すなわち，肺は組織へO_2を運び，有気的代謝を可能にするだけでなく，組織の酸(CO_2)を取り除く主要な組織だからである。心臓や骨格筋のような組織系とは対照的に，持久性トレーニングなどの長時間の運動に対して，肺のシステムは劇的な形態適応を示すことはない。これは肺のシステムがすでに運動時に動脈血のO_2とCO_2の濃度を維持するために十分な機能を備えていることを意味している。

❶──肺から血液へのO_2の供給

我われは通常安静時に1分間に12回の呼吸を行い，1回の呼吸につき$500\,m\ell$の空気を吸い込む。したがって，**1分間の呼吸量(RMV)**，すなわち**換気量($\dot{V}_E$)** はおよそ $6\,\ell/$分である。この空気は口・鼻から咽頭，喉頭，気管，気管支を通って最終的にお

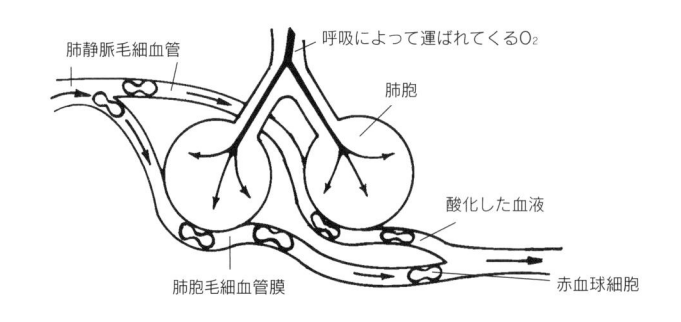

図4-11●肺胞毛細血管膜を通過する際のガス交換

　肺胞の上皮細胞と毛細血管の内皮との間では，0.5から1μmの厚さの薄い膜を介して，急速なガス交換が行われる。赤血球は毛細血管の直径と同じかやや大きいため，曲がったりよじれたりしながら血管の中を通過する。

よそ3億個の肺胞と呼ばれる小さな袋（囊）にたどり着く。安静時に1回の呼吸をすると空気の67％が肺胞で血液とガス交換を行う（**肺胞換気量**）。残り33％は肺胞の上の気道にある**デッドスペースの量**（V_D）である。肺の毛細血管は肺胞に直に接している。肺胞毛細管膜（alveolocapillary membrane）と呼ばれる壁の厚さは0.5-1.5μmである。そこを通過し、呼気ガス（O_2とCO_2）はそれぞれ反対方向へ流れる（**図4-11**）。安静時の心拍出量はおよそ4,900 mℓ/分で、肺の毛細血管の血液量はおよそ70mℓである。したがって、この毛細血管の血液は1分間に実に70回も入れ替わることになる。最大運動中、$\dot{V}_E$は170 ℓ/分を超え、心拍出量は40 ℓ/分を超えて安静時のときよりもずっと大きくなる。そのような条件ではどのようにしてガス交換が行われているのであろうか？

持久性競技者が激しいトレーニングや競技を行う際の肺のシステムのおもな仕事は最小限の作業量でガス交換を行うことである。それが達成されなければ、さらに多くのO_2が必要となってしまう。

大気から血液までのO_2の動きは以下の要因によって決定される。

- 肺胞と肺毛細血管の濃度差
- 血液でのO_2の溶解性

● ヘモグロビンの量

空気中には様ざまなガスが混じっており、O_2はその20.9％を占めている。ガスは濃度勾配にしたがってある場所から別の場所へと移動する（**図3-6**）。例えば、気圧が760mmHgであればO_2はその20.9％なので、大気の**酸素分圧**（P_IO_2と表わされる）は以下のように計算される。

$$P_IO_2 = 760 \times 0.209 = 158.8 \text{mmHg}$$

計算式[4-6]

ここで我われが吸い込む空気が湿っていても乾いていても、空気は肺胞へたどり着く前に湿った状態になる。この水蒸気による希釈によって肺胞の酸素分圧（P_AO_2）は100mmHgに低下する。肺動脈の血液が毛細血管に入ると急速にO_2が血液内に移行し、同時に血液から肺胞へCO_2が移行する。通常、ここではほぼ平衡状態が成立し、動脈血の酸素分圧（P_aO_2）はおよそ97mmHgになる。したがって、安静時の肺胞と動脈の**酸素差**（$(A-a)PO_2$勾配と表記される）はおよそ3mmHgである（**表4-4**）。これには性差は見られない。

肺と動脈の酸素平衡は完全な平衡状態ではないが、それほど重要な問題ではない。なぜなら、血液に溶解しているO_2の量（PO_2として測定される）に

表4-4●トレーニングを積んだ長距離選手の安静時と激しい運動中における心肺系の評価項目の変化

項目	安静時	激しい運動中
肺胞換気量（$\dot{V}_A$）（ℓ/分）	4.2	140
一回換気量（V_T）（ℓ）	0.5	3
呼吸数（f_R）（1分間）	12	55
換気量（$\dot{V}_E$）（ℓ/分）	6	180
酸素消費量（$\dot{V}O_2$）（mℓ/分）	270	5,500
体重あたりの酸素消費量（$\dot{V}O_2$）（mℓ/kg・分）	3.5	85
肺胞酸素分圧（P_AO_2）（mmHg）	100	120
動脈血酸素分圧（P_aO_2）（mmHg）	97	90
肺胞-動脈血酸素分圧差（mmHg）	2-10	30
静脈血酸素分圧（P_vO_2）（mmHg）	46	20
動脈血二酸化炭素分圧（P_aCO_2）（mmHg）	40	25-32
動脈血のpH	7.4	7.2-7.3
肺血流（ℓ/分）	5	30
肺毛細血管血量（mℓ）	70	250
平均赤血球通過時間（秒）	0.75	0.5

加え，大量のO_2がヘモグロビンに化学的に結合しているからである。これがランナーにとって適度な量のヘモグロビンを持つことが重要であるという理由であり，より多くのヘモグロビンを作り出すために酸素レベルの低い高地を訪れたりする理由である。O_2はヘモグロビンとの親和性が非常に高い。O_2が血流に入り血漿に拡散し，赤血球細胞に触れると赤血球内のヘモグロビン分子とすぐに結合する。

血液に溶解しているO_2とヘモグロビンに結合しているO_2を合計して動脈血の総酸素含有量を計算することができる。例えば，典型的な例として男性のランナーでヘモグロビン濃度が15g/dlでPaO_2が98mmHgとする。ヘモグロビンのO_2との結合は，ヘモグロビン1gあたりO_2が1.31 mlであり，ヘモグロビン全体の96%にO_2が結合するとする（96%のヘモグロビンの飽和という）。PaO_2が98mmHgの場合，溶解しているO_2は0.29 ml/dlである。結合しているO_2は「ヘモグロビン濃度×酸素結合定数×酸素飽和度」で得られる（=15×1.31×0.96）。したがって，酸素含有量は，

$$O_2 content = 0.29 + (15 \times 1.31 \times 0.96) = 19.15 \, ml/dl$$

計算式[4-7]

女性ランナーの場合，ヘモグロビン濃度を13.5g/dl，溶解しているO_2レベルを0.29 ml/dl，ヘモグロビン飽和度を98%で計算すると，以下のようになる。

$$O_2 content = 0.29 + (13.5 \times 1.31 \times 0.98) = 17.62 \, ml/dl$$

計算式[4-8]

ここで使用した値は平均的な値である。女性は男性よりも血中の酸素濃度がおよそ8%低い。男女のヘモグロビンの値も健康的な範囲というものがある。例えば，男性のヘモグロビンが14g/dlの場合はまだ正常値であり，健康な値の下限である。女性のヘモグロビンが14g/dlの場合も正常であるが，正常

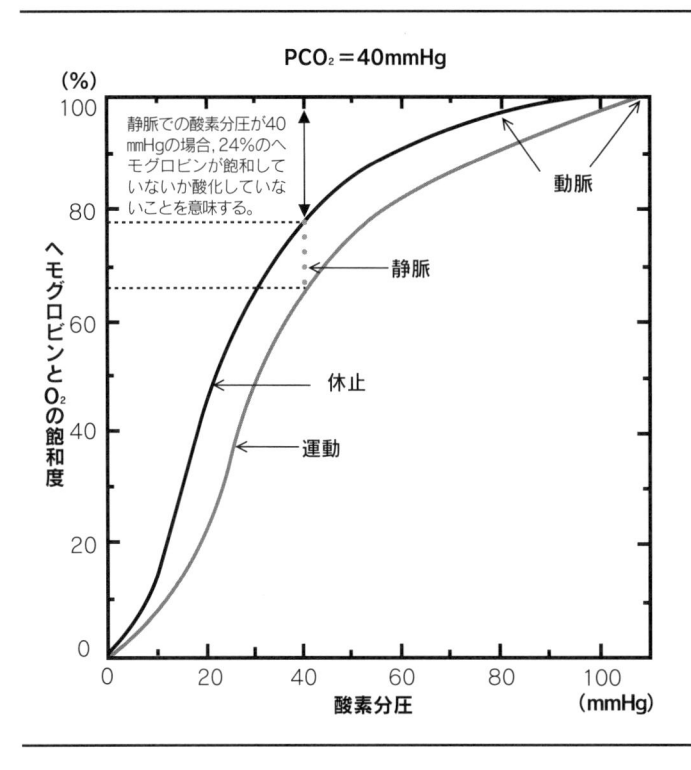

図4-12●酸素解離曲線

ヘモグロビンを様々な酸素分圧の溶液にさらしたとき，ヘモグロビンとO_2の結合関係はS字状曲線を描く。動脈では（酸素分圧が100mmHg），ヘモグロビンはほぼ100%，酸素飽和状態にある。混合静脈では（酸素分圧が40mmHg），75%のヘモグロビンが酸素と結合している。血液中の二酸化炭素分圧が上がると，ヘモグロビンの酸素に対する親和性が減少し，曲線は右にシフトする（灰色の線）。運動時はこのような二酸化炭素分圧の上昇が起きるので，ヘモグロビンはより酸素を離しやすくなり組織への酸素供給を促進する。

値の上限といえる。これらの人たちは同じ血中酸素濃度を持っていることになる。

図4-12には血中のPO_2とヘモグロビンにO_2が結合する能力，酸素飽和度との関係を示した。この図において曲線がS字型カーブを描くことから，$P\bar{v}O_2$（静脈血酸素分圧）がかなり減少しても，総動脈血酸素含量はたいして減少しないことが見てとれる。血液が毛細血管に到達したとき，溶解しているO_2は急速に毛細血管膜を通過して隣接する組織へと拡散する。これにより毛細血管のPO_2が減少するため，それを上昇させるためにヘモグロビンが保持しているO_2の解離が促進され，血漿中へO_2が放出される。血液が毛細血管から出ると，酸素を保持したヘモグロビンは減少し，PO_2がやや低下する。図4-12において混合静脈血のPO_2（すなわち$P\bar{v}O_2$）は100mmHgからおよそ40mmHgに低下することに注目してほしい。この$P\bar{v}O_2$でまだおよそ76％のO_2がヘモグロビンと結合している。高強度運動中，$P\bar{v}O_2$は20mmHgに低下する。

激しいトレーニングを積んだ持久性競技者が高強度の運動を行うと$(A-a)PO_2$勾配は変化する。Dempsey, HansonとHenderson（1984）は，ランナーが最大のパフォーマンスに達したときに動脈血に溶解しているO_2が低下すること（**動脈血低酸素**，arterial hypoxemia）を報告した。この$(A-a)PO_2$勾配は4,000mℓ/分の酸素消費時には20〜30mmHgに，酸素消費が5,000mℓ/分では40mmHgにもなる（**表4-4**）。このいわゆる拡散の不均衡は高い運動強度で生じるが，活動組織で必要となるO_2は十分に供給される。この不均衡が実際これらの選手のパフォーマンスを制限するかどうかは明らかでない。

鍛練者において最大に近い運動を行った際に見られるPaO_2の低下はなぜ起こるのであろうか？ 2つの要因がそれを引き起こしていると考えられる。それは，通常よりも多くのO_2を肺の毛細血管に供給する必要があること，そして血液が肺胞表面に接触

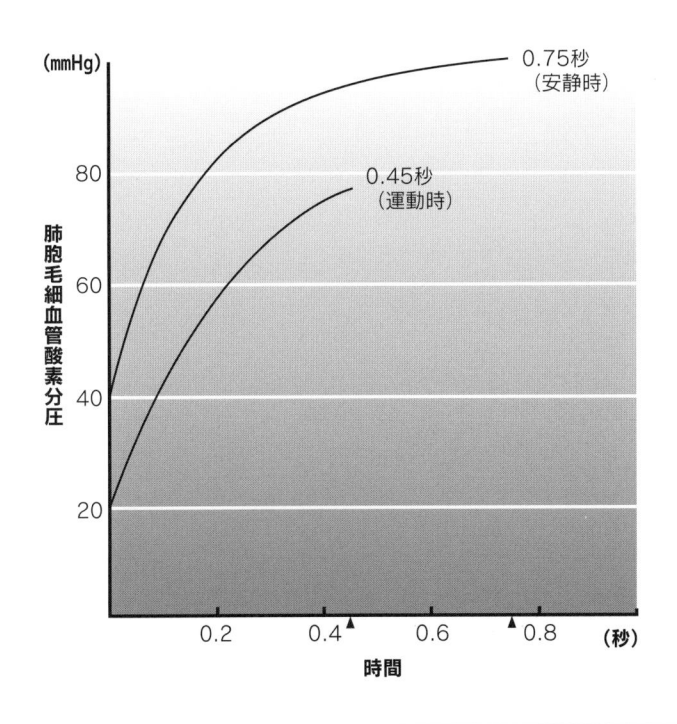

図4-13●安静時と運動中の肺胞毛細血管を通過するO_2とCO_2の変化

安静時は0.75秒かけて血液が肺胞を通過するのでガス交換に十分な時間がある。しかしながらトレーニングを積んだ選手が最大運動を行うと0.45秒しか利用できず，酸素分圧を85mmHg以上に上げることができない。

している時間が減少することである。ヘモグロビンがO_2と結合するのに必要な時間は0.6秒だが、安静時に赤血球が肺の毛細血管を通過する時間はおよそ0.75秒で十分な時間がある（図4-13）。運動強度が増加するとこの肺毛細血管通過時間（pulmonary capillary transit time）が速くなり、結果的に肺胞でガス交換に利用できる時間はおよそ0.45秒だけになる。これは、CO_2の除去には十分な時間だが、おそらくO_2の取り込みには十分ではない。

❷ 運動時の呼吸

血流をCO=fc×Qsと表わしたのと同様に、呼吸において**換気量**（$\dot{V}_E$）は、**呼吸頻度**（f_R）と**一回換気量**（V_T：tidal volume）から表わすことができる。すなわち

換気量：$\dot{V}_E$＝一回換気量：V_T × 呼吸頻度：f_R

計算式[4-9]

過度に深い呼吸をして呼吸数を減らすことはエネルギーコストがかかりすぎるし、呼吸数を増やし呼吸量を減らすと（イヌが体温を下げるために息を吐くように）肺胞のガス交換を十分に行うことができない。このようにして、我われは呼吸が最適になるように調節しており、V_Tは肺活量（最大吸気後に最大に息を吐いたときの量）の60〜65％を超えることがない。我われの用いているトレーニングを積んだ競技者で最大テストを受けた者の場合、最大のf_R値が1分間に55回を超えることがない。もし一回換気量（V_T）が3,000 mlであれば$\dot{V}_E$は165 l/分になる。

横隔膜は安静時の呼吸の主要な呼吸筋であるが、運動中は換気を補助するため腹筋など他の多くの補助的筋群が動員される。それにより力強くなった呼気の力が呼吸の深さが増したときに呼気時間を最適にするように働く。これはまた横隔膜を伸ばすためにも機能している。他の筋、肋間筋、斜角筋、胸鎖乳突筋は吸気を補佐する重要な筋群である（Dempsey, Aaron and Martin, 1988）。

運動の開始時、一回換気量（V_T）が増加し、肺胞内の空気が上気道内にある空気（死腔, dead space volume, V_D）よりも大きくなる。肺生理学で言うところのV_D/V_T比は運動初期の運動強度の増加にともない最初は小さくなる。呼吸の深さ（V_T）と頻度（f_R）が徐々に上昇すると代謝的需要の増加に見合うようになる。この代謝的需要に合わせるため呼吸の増加は運動性過呼吸（exercise hyperpnea）と呼ばれ、V_Tが最初の（換気性）閾値に相当する強度に達するまで続く。この閾値以上に運動強度が高くなると、肺胞の換気量を増加させるためにf_Rが増加する。

体温の変化は呼吸器系に影響を与える。例えば、気温や湿度が高いときに走り、体温が上昇すると換気量が増加する（MacDougall et al., 1974）。気温や湿度が低い条件でランニングをすれば、汗の蒸発による過剰な換気（過換気）は不必要となる。

運動を行っている人は一定の換気量を維持することができ、血中の酸-塩基平衡を長時間維持することができる。マラソンや超長距離種目を行う被検者をみればその様子がわかる。この定常状態を維持できる強度は（乳酸性/換気性閾値以下のペース）、トレーニングを行っている選手で50％$\dot{V}O_2$max、エリートレベルでは80％$\dot{V}O_2$max付近である。この強度でトレーニングすれば$\dot{V}O_2$maxも増加する。運動強度がこの閾値を超えたとき、その定常状態は維持できなくなる。多頻度換気ドリフトが観察され、その強度での長時間の運動ができなくなる。

これらの限界を知れば、いろいろな距離の種目で維持できる強度がある程度わかる。例えば、10000m種目では、トレーニングを積んだ競技者はおよそ90-95％$\dot{V}O_2$maxでレースを行っており、マラソンでは95％乳酸性/換気性閾値強度で走っている。この値よりも速いペースで走行して代謝性アシドーシスが生じると、10000mランナーは効率的に走ることができなくなる。疲労（10000mランナーではアシドーシス、マラソンランナーではエネルギーの枯渇と脱水）はランニング効率を低下させる。それに

より，ペースを維持するために必要な代謝速度が上がる．続いて，熱産生が増加し，体温が上昇する．水分の喪失から脱水が生じ，発汗のための水分貯蔵が減少し，蒸発能力の低下も体温を上げる．これらの要因（脱水や疲労）はともに，多頻度換気ドリフトを引き起こす．呼吸筋の機能を維持するためにその部位への血液の分配が増加する．Dempsey，AaronとMartin（1988）は，この現象を四肢の筋のために利用されている血液が呼吸筋によって「盗まれる（stealing）」と表現している．激しい運動中，呼吸筋の活動を維持するために必要とされるエネルギー量は，測定が困難なため正確には定量されていないが，激しい運動中のとき25％になると言われている（Pardy，Hussain and Macklem，1984）．

持久性ランナーは非常に高い強度の運動に対して換気反応が低下する傾向にある．呼吸困難（息が切れている状態）は運動が限界に達している症状なので，それがない状態は，より強い強度の運動に耐えられるということを意味している．特に，ヘモグロビンに結合しているO_2の貯蔵量には余裕があることを考えると，より多くのヘモグロビンがO_2を解離すること（脱酸素化）により換気量を低下させるということは，トレーニングを積んだランナーにおいては可能なことかもしれない．これは，より高いレベルの運動を可能にするだろう．実際，鍛練者はヘモグロビンの脱酸素化が生じていることが，これまでの研究（Dempsey，Hanson and Henderson，1984）で認められている．

激しい運動中に換気が低下することのもう一つの利点は，活動している手足の筋に流れている血液の呼吸筋への移行（stealing）が減少し，それにより高い強度で運動を行い，限界に達するまでの時間を延長させる可能性のあることである．このようなことから，激しい持久性トレーニングを行った選手は，肺のシステムの限界を明らかにするうえで非常に貴重な存在である．

❸ ── 肺機能の評価

トレーニングによって肺の機能は改善されるのだろうか？　長距離ランナーと年齢，身長，性を同じくする非トレーニング者を比較した横断的研究では，いくつかの点でそれが改善している事実が認められた．しかしながら，競技者のトレーニングする前の状態を測定したわけではないので，遺伝的に受け継いできたものの可能性もある．このような優れたランナー達はより機能的な肺の機能をもともと所有していたのか，それともトレーニングによって獲得した変化なのかはわかっていない．

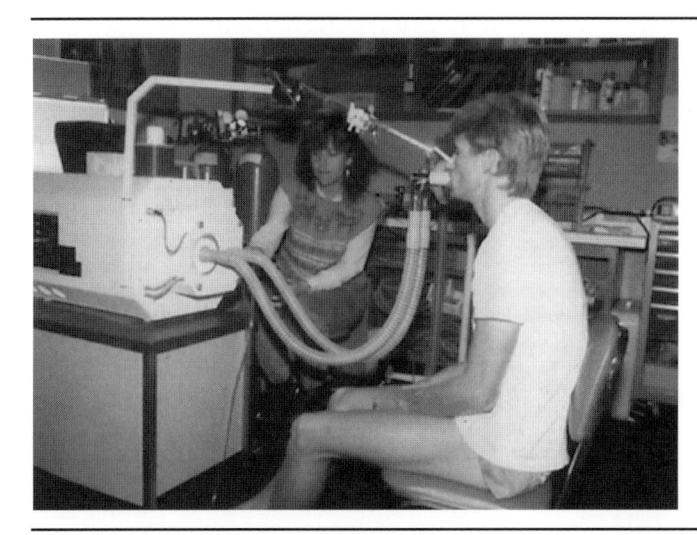

図4-14●持久性ランナーの肺機能の測定
通常，これらの測定では肺気量（lung volume），換気速度（flow rate），そして拡散能力（diffusing capacity）が測定される．

臨床的に行われる**肺機能テスト**（pulmonary function test, PFT）は，3つの機能を評価する。それは，**肺気量**（lung volume），肺のシステムを通過する**換気速度**（flow rate），そして肺から血流への**拡散能力**（diffusing capacity）である。1979年American Thoracic Societyによって，肺気量，換気速度，および拡散能力を定量化するための基準となるガイドラインが出版された。そのガイドラインを用いて，我々は多くの長距離ランナーのPFTの評価を男性（Martin, May and Pilbeam, 1986）と女性（Martin and May, 1987）の両方について行い，年齢，性，身長を同一にしたトレーニングを行っていない人との比較を行った。その結果，2つの群の間にはほとんど統計的な差異は認められず，どちらの群にもかなりの個人差があり，特に競技者の群にきわめて大きな差（バラツキ）が認められた。PFTは疾患のある人を見つける，あるいは疾患の程度を評価するために利用される。これにより運動誘発性の喘息にかかっているかどうかがわかる。PFT評価（**図4-14**）はこの呼吸性疾患の程度を見極めたり，投薬による効果を見極めるのに有効である。

様ざまな換気速度の変数のなかで，我々はしばしばトレーニングした男女のランナーの両方において最大随意換気量（maximum voluntary ventilation, MVV）が上昇しているのを認めた。これは12-15秒間の最大の対流速度を生む能力である。長距離ランナーは，長時間走行中には中程度の，より速い速度で強く活動する呼吸筋が必要である。MVVは短時間の持久性の指標であるかもしれないが，それは最大の換気を維持できる能力（maximum sustai-nable ventilation, MSV）の良い指標ではない。MSVは競技者がトレッドミルテストを行い，その最大限界のパフォーマンスに近づいたとき運動終了間際に測定することができる。鍛練者のMSVは，コントロール群よりも高い。MVVはMSVよりもおよそ35％大きい。

ランナーにおいて増加する肺気量に関係する変数の一つは，強制呼気流量（forced expiratory flow, FEF）である。FEFは最大強制呼気の途中に測定される。したがって，それは（FEF25-75％）として用いられる。この高い呼気流量を達成するためには力強い呼吸筋が必要である。そして力強い呼吸筋は次の吸気を素早く行うことを可能にする。腹部の筋は特にこれに関して重要であり，腹筋運動の重要性が強調される。

肺気量は肺胞毛細血管膜を通過しヘモグロビンに結合するO_2の最大量である。ここでは膜の構成要素（厚さ，表面積，膜の生化学的性質）と拡散構成要素（肺毛細血管の血液量とヘマトクリット値）が関係する。我々は非鍛練者と比較してランナーは安静時の拡散能力が増加していることを見出したが，この理由ははっきりしていない。肺のサイズは持久性トレーニングで増加しないようである。しかし安静時の心拍出量（Henderson, Haggard and Doley, 1927）と総血液量（Brotherhood, Brozovic and Pugh, 1975）は増加する傾向にある。これは肺の血液量を増加させ，拡散能力を増加させるはずである。この点に関する研究は世界中のいくつかの研究室で精力的に行われている。

4. 血液によるO_2の運搬

骨格筋で使用されるO_2は血液中に溶解している量よりもはるかに多い。したがって，常にO_2を貯蔵しておくことが必須の条件である。ヘモグロビンはO_2に結合し，組織で必要なO_2を供給する。事実，それは血中のO_2の98.5％を運んでおり，残り1.5％が溶解している量である。ヘモグロビンはCO_2やH^+の輸送体としてアシドーシスに対する緩衝作用を有するという付加的な役割を持っているが，そのおもな役割はO_2の貯蔵である。

安静状態の循環系において$100 ml$（$1 dl$）の血液は，

体の組織に5-6mℓのO₂を供給している（これは動静脈酸素差と同一である）。もしヘモグロビンがなく溶解している酸素だけであったなら、この要求を満たすことはできない。安静状態（およそ5ℓ/分の血液が心臓から拍出される）でさえも、動脈に溶解しているO₂だけで代謝をまかなおうとすると、酸素分圧（PaO₂）は2,000mmHgが必要である。ところが、通常の大気の状態ではPaO₂は100mmHgしかない。したがって、酸素要求に見合うだけのO₂を獲得するには血流を増加させるしかない。しかしながら、安静時に必要十分なO₂を供給するためには80ℓ/分の血液が必要になるが、これは不可能である。なぜなら、最大運動中でさえ、人の心臓は40ℓ/分以上の血液を送り出すことができない。したがって、明らかにヘモグロビンは体に必要なO₂を供給するために必須の分子である。

　ヘモグロビンの構造は、呼気ガスがどのように運ばれるのかについて多くの情報を提供している。4つの単位からなる球状の分子で、それぞれがグロビン（globin）と呼ばれるタンパク質を持っており、およそ150のアミノ酸から構成され、ポルフィリン（porphyrin）と呼ばれる複雑で組織的な環状の化学構造でつながっている。CO_2とH⁺はグロビンタンパク質に結合し、O_2はヘム（heme）に結合している。ヘムはポルフィリン環の中央に鉄と結合して存在している。

　生物界にはたくさんのヘモグロビンに似た分子が存在する。例えば、クロロフィル（葉緑素）は非常にヘムに似ている。クロロフィルに見られるマグネシウムの代わりに鉄がヘムを形成している。このようにヘモグロビンは生物の進化の道筋を示している。ここで思い出して欲しいのは、第3章の電子伝達系のシトクローム酵素が同様にヘム構造をしていることであり、その違いは、鉄が酸化された状態（第二鉄塩、F^{3+}）であるのに対し、ヘモグロビンには第一鉄（F^{2+}）の状態であることである。

　ミオグロビン（myoglobin）はヘモグロビンに似た酸素運搬色素であるが、異なる点がいくつかある。ミオグロビンはO₂との結合部位を1つしか持たない（ヘモグロビンは4つ）が、O₂との親和性はヘモグロビンよりもずっと高い。ヘモグロビンはおよそ100mmHgのPO₂でほとんど酸素飽和状態になるが（動脈血の酸素分圧）、ミオグロビンは27mmHgのPO₂で飽和状態になる、ミオグロビンは血液には存在せず、筋組織に存在し、筋内の酸素貯蔵の働きを担っている。この2つの色素は相互関係を持ち、ヘモグロビンが肺から血液を通って活動組織へO₂を運び、そしてミオグロビンが激しい運動時の筋組織における代謝需要に見合う酸素供給を維持している。ミオグロビンは肺から血液、血液から組織、そして最終的にはミトコンドリアへと続く濃度勾配に従って移動するO₂の流れ（酸素カスケード）の重要な部分で機能している。

　ヘモグロビン、O₂、CO₂の相互関係の詳細がわかったのは20世紀の初頭である。1904年、Bohr（デンマークにおける著名な生理学者の一人）と彼の下にいた2人の学生KroghとHasselbalchは、**図4-12**に示しているヘモグロビンの酸素解離曲線の性質について記述した。偶然に彼らはヘモグロビンとO₂結合に与えるCO₂の影響を発見した。それはPCO₂が増加したり血中のpHが低下するとカーブ全体が右にシフトすることである。これらの現象はその生理学者Bohrにちなんで**ボア効果**（Bohr effect）と呼ばれる。運動や発熱では酸性化が起こるが、これは代謝が亢進した状態である。運動中、活動筋の温度は40℃（104°F）を超える。組織のCO₂が毛細血管の血液中に入ることで、O₂の放出を助け、骨格筋のミトコンドリアでの酸素差を維持する。

　肺ではこの逆が行われる。肺胞から毛細血管中へO₂が移動して血中のPO₂が急速に増加する。このPO₂の増加は血液が運んできたCO₂の量を減少させる。なぜなら、ヘモグロビンの酸素化が増加すると、そこに結合できるCO₂の量を減らすからである。もちろん、肺の毛細血管のCO₂は隣接する肺胞へと素早く拡散する。

❶ ― O_2の運搬と利用における鉄の役割

持久性トレーニングに対する身体の適応に関与する物質のなかで，鉄（Fe）は少なくとも4つの理由から最も重要な物質といえる。第一はヘモグロビンと関係することである。我々はすでに，身体が持久性トレーニングに適応してくると循環血液量と赤血球が増加することを述べてきた（Brotherhood, Brozovic and Pugh, 1975）。ヘモグロビンは一つひとつの赤血球の体積のおよそ3分の1を占めている。したがって，赤血球の量の増加はヘモグロビンの増加を意味している。そして鉄がないと，ヘモグロビンを作ることはできない。

トレーニングによる赤血球の増加は赤血球の産生速度が増加したことを意味している。非鍛練者の，赤血球の合成速度を計算すると，骨髄から血液中に放出される細胞数は1秒に2億3,300万で，同じ数が分解されている（Cronkite, 1973）。この数は鍛練者ではもっと多く，細胞合成の増加に応じて分解速度も増加している。

赤血球は核を持たず分裂も起こさないが，その前駆体はそれを行う。その分裂には多くのDNAの入れ替えを必要とする。DNA合成の速度を制限する酵素ribonucleotide reductaseは鉄を含んでおり（Hoffbrand et al., 1976），十分な鉄なしではこの酵素は必要な量の赤血球を産生できない。

持久性トレーニングは骨格筋のミオグロビン含量も増加させる（Pattengale and Holloszy, 1967）。ミオグロビンは鉄を含み，鉄の供給制限は骨格筋の酸素貯蔵の能力を減少させるだろう。

第3章において，持久性ランナーの骨格筋のミトコンドリアの質と量が向上していることを述べた。酸化的リン酸化に関係するクレブス回路の酵素（この半分以上は鉄を含んでいる）はこの小器官に局在している。

このような理由から，安静時であっても鉄は，（1）血液における酸素輸送，（2）筋細胞内の酸素貯蔵，(3) O_2を介するエネルギー代謝，において必須の物質であり，高いレベルで持久性トレーニングを行う選手にとっては鉄分の必要性はもっと高い。このことから，持久性トレーニングは多量の鉄分を消費し，貯蔵量が低下するとトレーニングによる適応を低下させるという仮説がたてられる。

この仮説を検証するにあたってはいくつかの疑問が生じるだろう。例えば，エリートレベルの持久性ランナーには貯蔵鉄が減少している兆候があるのだろうか，ということである。おそらく，この可能性はあると考えられている（Haymes and Lamanca, 1989）。さらなる疑問は，（1）この低下はなぜ生じるのか？ （2）鉄不足だとトレーニングへの影響はあるのか？ そうであればどのように？ （3）不足は鉄摂取量が問題なのか？ （4）激しいトレーニングは鉄の喪失を増加させるのか？ （5）毎日鉄を補給することで鉄摂取不足のランナーの鉄貯蔵量を最適なレベルに維持することができるのか？ （6）鉄不足がトレーニング効果を損なわせるメカニズムは何か？ この最後の質問は特に重要である（Newhouse and Clement, 1988）。なぜなら，長期間のトレーニングが成功するように励んでいる競技者にとって非常に現実的な問題だからである。

❷ ― 持久性競技者の鉄の消耗

我々が当初，激しいトレーニングを積んだ持久性ランナーのパフォーマンスの特徴を評価し始めたとき，オリンピックチームの持久性競技者のなかに貧血を起こす選手が増加していることを報告した文献に大変興味を持った。オランダチームは1968年（DeWijin et al., 1971），オーストラリアチームは1972年（G.A. Stewart et al., 1972），そしてカナダのチームは1976年（Clement, Asmundson and Medhurst, 1977）に調査を行った。特にヘモグロビンレベルの低い者が長距離ランナーのなかに見られた。今ではもちろんこの低下は持久性トレーニングによる血漿量の増加が関係していることがわかっている。トレ

ーニングによってアルドステロン，バソプレッシン，レニンといったホルモンの分泌が増加することが知られており，それがNa⁺や水の貯留を引き起こす。そして血液量の増加により希釈性の偽貧血が起こる。我われは何年にもわたってエリートレベルの長距離ランナーから採血を行ってきた。我われの調査では血中ヘモグロビンの減少があり，貧血症状を呈しているものはきわめて稀であった。この我われの調査と他の文献との結果の違いは，エネルギー代謝と酸素輸送における鉄の動態の重要性を理解しようとしている我われにとって非常に興味深い点であった。

表4-5は15人のマラソントレーニングやレースにおいて優れた成績を収めている男性選手から採血した血液の生化学的データを示している。彼らの競技成績は彼らが優れた競技者であることを証明しているけれども，必ずしもその間ずっと良好な健康状態を持続していたということを示しているわけではない。反対に，彼らは疲労や故障によるタイムの低下を経験しており，彼らはそのような状態から抜け出す方法を知りたがっていた。我われは注意深く彼らのトレーニング日誌を検討し，トレッドミルテストと血液の生化学的性質の両方を検討することで，彼らの体力低下の傾向とそれを予防する方法について有益な手がかりを得た。

これらの選手のヘモグロビンレベルは一般の人たちの基準の範囲内にあり，2人を除いてすべてが正常（15-16 g/$d\ell$）であった。ヘモグロビンは赤血球内に含まれ，選手の赤血球の量は一般の人の範囲内にあり，ヘマトクリット値も同様であった。この被検者が一般の人よりも高い血漿量を持っていると仮定すると，彼らはその濃度を保つのに必要とされる更なるヘモグロビンを産生するために貯蔵分からより多くの鉄を利用してきたに違いない。

フェリチン（Ferritin）はすべての細胞に存在する主要な鉄貯蔵分子である。**表4-5**で示した選手のフェリチンの濃度は，非トレーニング群の健康な人に認められる範囲から逸脱している。2人の選手だけが通常範囲の下限に位置し，他の選手はそれ以下であった。成人の赤血球のほとんどは骨髄から産生されるため，血中フェリチンのレベルは骨髄の鉄貯蔵量を反映すると考えられている。15人のうち4人のフェリチン値が20 ng/$m\ell$以下であった。我われの見解では，血中のフェリチンレベルが20 ng/$m\ell$以下は骨髄の鉄貯蔵量がゼロであると考えている。興味深いことに，最も低いフェリチンレベルを有している選手は，ヘモグロビンレベルや赤血球濃度も最低値を示していた。

我われは，激しいトレーニングを行う中長距離ランナーの両方においてこの傾向を見いだした。持久性競技者はヘモグロビンレベルは正常であるがフェリチンレベルが低い場合が多い。これらのトレーニングを積んだ選手では，鉄はヘモグロビンを作ることを最優先にして利用される。したがって，骨格筋がトレーニングに対して適応する際，鉄が関係する酵素を産生するために必要な鉄が不足するかもしれない。

表4-5 ● エリート男子マラソンランナー*aの血液性状

項目	基準値	選手平均*b
赤血球（10億/$m\ell$）	4.5-6.2	5.08±0.27
ヘマトクリット（％）	38-45	44.9±2.1
ヘモグロビン（g/$d\ell$）	14-17	15.7±0.74
血清鉄（mg/$d\ell$）	50-165	97±39.2
フェリチン（ng/$m\ell$）	50-150	30.1±12.7
ハプトグロビン（mg/$d\ell$）	27-139	27.6±21.4
網状赤血球（百万/$m\ell$）	10-50	55.3±36.8

*a：n＝15，平均年齢27歳（24-30歳），マラソンの平均最高タイムの2時間13分41秒±2分13秒。
*b：値は平均±1標準偏差

表4-5のランナーのうち4人は，トレーニングによってより多くの赤血球細胞を産生するための骨髄反応が増加した（彼らのフェリチンレベルは25ng/ml以上）。この反応は血中の網状赤血球（reticulocytes）レベルの上昇から確認することができる。網状赤血球とは未成熟な赤血球である。血中でこの細胞が増加することは，酸素運搬の必要性があることを骨髄が関知して反応していることを示している。網状赤血球の基準範囲の上限は50,000/μlであり，我々の実験室では，高値を示す人で75,000/μlの増加を観察した。しかしながら，4人の選手は平均の下限（20,000/μl）以下であり，フェリチンレベルは20ng/ml以下であった。残りの7人の選手はこの間の値であるが，フェリチンレベルは20ng/mlよりも多い。これらのデータは，十分な鉄貯蔵量があるときだけ骨髄は反応して赤血球をより多く産生し，増加した酸素需要を満たそうとすることを示している。

　臨床の場面では，これらランナーの多くは**鉄欠乏**（iron deficiency，消耗に加えて低いヘモグロビンレベル，貧血）までには至っておらず，**鉄の消耗**（iron depletion，低鉄貯蔵）の状態と言えるだろう（Clement and Asmundson, 1982；Dufaux et al., 1981）。

　ハプトグロビン（haptoglobin）は血流中に循環しているタンパクで，その機能は，赤血球が溶血や120日という通常の寿命で分解したときに血中に放出された遊離したヘモグロビンと結合し，ヘモグロビンの再利用を促すことである。15人のランナーの血中ハプトグロビンレベルは非鍛練者の平均値50mg/dlよりも少なかった。我々の測定では基準値が27-139mg/dlであり，15人のランナーのうち7人はこの範囲以下であった。ハプトグロビン-ヘモグロビン複合体は肝臓あるいは血管に沿って局在している特殊な細胞（reticuloendothelial system）に取り込まれ（Magnusson et al., 1984），再び利用される。

　ヘモグロビンと結合していない（不飽和）ハプトグロビンのみを検出することができるので，そうして検出されたハプトグロビンの低下は，赤血球分解が増加したことを示唆している。溶血によってヘモグロビンが遊離したとき，ハプトグロビン濃度は素早く減少し8-12時間以内にゼロになる。肝臓から循環血へハプトグロビンが放出されることで平常値に戻る。ハプトグロビンレベルがゼロに落ちた後は，遊離したヘモグロビンが残り，それが腎臓で濾過されるため，血流から鉄が喪失する（Allison, 1957）。

図4-15●ランニングによる溶血
血液の酸性化，血流速度，着地衝撃等，これらはすべて赤血球を破壊し，鉄分喪失の引き金となる。

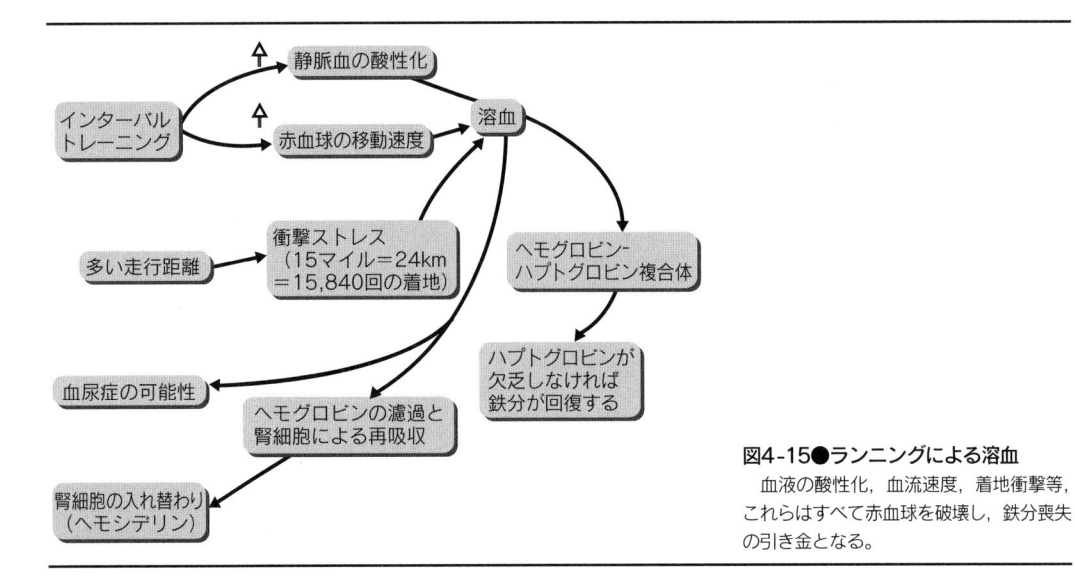

❸ーランニング中の溶血

ランニング中の溶血は，足にかかる衝撃が主要な原因であることが最近の研究で明らかにされた(Miller, Pate and Burgess, 1988)。この様子を図4-15に示した。ランニングシューズには着地衝撃を吸収するために様ざまな改良がなされているが，選手は1日に15マイル(24km)，15,000回以上，体重の2倍以上の衝撃を足の裏に受けており，足の裏の毛細血管において，溶血は避けることのできないものである。このことは，1世紀以上前の兵士の行軍時に観察された血尿（march hemoglobinuria）(Fleischer, 1881)や長距離ランニングの後の選手に見られる現象からも説明されている(Attlee, 1937)。

溶血が起きる2つめの原因は，高強度運動時のアシドーシスによる赤血球膜の変化である(Yoshimura et al., 1980)。静脈側のほうがややpHが低く，赤血球は壊れやすく溶血しやすい。

溶血が起こる3つめの原因は，血流速度の増加による物理的損傷である。高い強度のトレーニングやレースにおいて心拍出量が増加すると，血液の移動速度が増加する。赤血球は毛細血管をかろうじて通過することができるが，その際曲がったりよじれたりしてしまう。大きな血管を通過するときも血管の中を動きまわるので，赤血球は損傷を受けやすくなる。また，骨格筋収縮の血管外圧力によって血管が細くなり，赤血球細胞は損傷を受ける。

トレーニング時に溶血が起こるとハプトグロビンが低下し，その後回復という経過をたどるので，ある特定のトレーニング後の反応の変化を観察する際には，採血のタイミングが重要である。我われは選手から採血するときは早朝，前回のトレーニングから15時間以上経過してから行う。非常にハードなトレーニングの残留効果で，その値が10mg/dℓ以下になることがしばしばあるが，測定不可能なほど低い値になることはない。腎臓は鉄分をいつも最大吸収しており，それ以上濾過しきれなかったヘモグロビンを尿中に排泄してしまう。これらの管の中に貯蔵されている鉄はヘモシデリン（hemosiderin）と呼ばれる不溶性タンパクと結合する。排出されたヘモシデリンとヘモグロビンは尿中に現われ，染色すると目で見ることができる。選手は非常にハプトグロビンが低く，尿中のヘモシデリンテストを行うと陽性を示す。

❹ー鉄の摂取

持久性の体力が優れている人ほど，その能力を発揮するために大きな身体の鉄貯蔵と鉄利用システムを持たなければならない。しかし鉄は他にも需要がある。鉄分は第一にヘモグロビンを経て必要なO_2を運ぶ能力を供給することに優先的に利用され，次に有気的代謝において必須の，多くの鉄を含む酵素として利用される。ヘモグロビンの量がわずかに低い程度では非鍛練者の機能的貧血に関係しないかもしれないが，身体活動を活発に行う者にとっては深刻な問題である(Pate, 1983)。活動筋では，より多くの鉄含有酵素が必要であることから，その合成には貯蔵鉄からさらに多く引き出すことになる。もし必要な鉄が利用できなければこの合成は生じず，選手はトレーニング効果を得ることができない。その結果どうなるかを予測するのは簡単である。選手がトレーニングを通して強度や時間を増加させると活動筋における鉄含有酵素の増加が起こるはずであるが，そうでなければ，筋の代謝活動の増加（$\dot{V}O_2$maxの増加，無酸素性作業閾値ペースの上昇等）が生じなくなる。トレーニングを進めるうちに疲労したり，病気になったり，あるいはケガが生じる。

鉄には主要な2つの摂取源がある。ひとつは赤い肉で，ヘモグロビンとミオグロビンを含んでいる。これは**ヘム鉄**（heme iron）と呼ばれ，それらの分子のヘムに鉄が結合している。食事によって摂取される多くの鉄の形態のなかで，ヘム鉄は最も容易に吸収される(Conrad et al. 1967)。人は雑食性で，遺伝的にヘム鉄を吸収しやすくなっている。

もう1つの摂取源はヘム鉄を含まない様ざまな食物である。鉄を多く含む食物は，干しぶどう，葉野菜，ライ豆，ナツメヤシ，焼くか蒸すかしたポテト，ドライフルーツ，ブロッコリー，大豆，芽キャベツである。鉄製のポットやフライパンで調理するとよい。卵の黄身に含まれるリンタンパクやコーヒーや紅茶にタンニンとして含まれているポリフェノール，小麦や穀物に含まれる麩繊維はすべて吸収を阻害する。また，カルシウムや亜鉛が大量に存在すると鉄と同じ受容体の結合部に競合するため鉄吸収を妨げる。鉄吸収を増加させるのはフルーツに含まれるクエン酸やアスコルビン酸，赤身の肉や魚肉の消化によって得られるアミノ酸である。赤身の少ない肉でも少なくともヘム鉄の源として，また非ヘム鉄の吸収を向上させるために重要である（Snyder, Dvorak and Roepke, 1989）。動物性タンパクの量が少ないと鉄欠乏になりやすい。

最近のエリートランナーの食事について，アメリカの協会の多くは，飽和脂肪酸とコレステロールを低くすること（これは赤身の肉の摂取量を少なくする），植物性タンパクと炭水化物を摂取することを強調している。1日に2回トレーニングをするような選手は高いエネルギーの摂取が必要で，その食事は速く容易に吸収されるほうがよい。しかしながら，そのような食事は鉄含量を低くしてしまう可能性がある。

❺──鉄の喪失の経路

選手がトレーニング強度を上げたとき，特に無気的インターバルトレーニングの場合，胃腸管への血流が80％減少し（Clausen, 1977），虚血が生じ（組織貧血），そして食欲の減退が見られる。貯蔵されている脂肪はエネルギーとして動員され体脂肪の減少が見られる。少ない体重を移動させることになるので，この減少はパフォーマンスを増加させるが，鉄の摂取の減少により有気的代謝に関する酵素がうまく働かなくなる危険もある。食事による鉄摂取や喪失の実際的な問題を認識する前に，長距離ランナーに対するこれらの生理的側面からの詳しい研究が必要である。

ランナーは非鍛練者と比べて鉄の喪失が多い。少なくとも体から鉄を失う経路が3つ考えられる。それは，発汗，胃腸管，泌尿器系である。この問題に関してはいまだ明らかになっておらず，どの経路からの鉄分の喪失が最も大きいのかに関してさらなる研究が必要である。初期の研究では，発汗による鉄分の喪失（Paulev, Jordal and Pedersen, 1983；Vellar, 1968）が最も大きいと言われていた。しかしながら，最近の研究では汗による鉄分の喪失は（サウナに入った人から得られたサンプル），わずかであることが報告されている（Brune et al., 1986）。

ランナーは激しいレース中に胃腸管からの鉄分の喪失が生じるだろうし（Stewart et al., 1984），アスピリンの使用によっても喪失が起こる。エリートランナーは，特に激しい運動を行うときに抗炎症作用や麻酔作用としての治療の目的でアスピリンを摂取することがある。1日1gのアスピリンは1mℓの血液を喪失し，0.5mg（Wintrobe et al., 1981）から1.5mg（Stewart et al., 1984）の鉄を喪失する。

コラム

●——鉄貯蔵を最適に保つための提案

　これまで述べてきた鉄貯蔵についての概念を，我々の経験例を挙げてわかりやすく紹介しよう。ある選手が初夏から夏の終わりに行われる大学選手権でよい成績をあげたいと考えていた。選手は何ヶ月間も最高の結果が出せるようにハードトレーニングを行ってきたが，トレーニングと生活パターンが原因で鉄分の摂取と排出のバランスを崩し，徐々に鉄利用が不十分になってきた。というのも，春ごろから気温は暖かくなり，汗による鉄の喪失も増加し，トレーニングはより激しくなり，着地衝撃やアシドーシスが原因で溶血が起こった。そして高強度トレーニングによる胃腸管の虚血と食欲の減退が起こり，それが鉄摂取の低下をもたらしたのである。

　最も鉄を必要とするときに利用できる鉄の供給が不足するのは，そのようなライフスタイルの選手に常につきまとう問題である。その選手は，シーズンの中頃までうまく調子を上げ選手権前までの数週間好調を維持するが，そこから悪い方向へ向かってしまう。その後，その選手は明らかな原因なしにバーンアウト症状を示した。夜は眠れず，疲労した状態になり，数週間前までは容易であった運動でさえ行えなくなった。チャンピオンシップが差し迫っておりトレーニングは続けられたが，彼は決して回復することはなく，トレーニングの質はいよいよ低下していった。気力も失い，選手権では活気がなかった。そのような状態のときに我々は彼と出会った。血中の生化学的測定において，ヘモグロビンレベルはまずまずであったが，フェリチン，ハプトグロビン，網状赤血球レベルが非常に低く，ヘモシデリンテストで陽性であった。彼の鉄貯蔵は，様々な代謝的適応に必要な量がなく激しいトレーニングに耐えられる状況ではなかった。

　我々は重要な試合前のランナーから血中の化学物質の分析評価を行う機会があり，同様なパターンを見つけることがある。もし食事から十分な鉄を補充することができないのであれば，経口で鉄を硫酸第一鉄，グルコン酸第一鉄，またはフマル第一鉄の形で補充する（体重1kgあたり0.5-1.0mg）ことにより鉄貯蔵を改善することができる。60kgの選手はこれを30-60mg摂取する。成人男性は1日に10mg，女性は15mg，日々の食事から摂ることが推奨されている（Food and Nutrition Board, 1989）。そのような鉄を補充した後の選手の血液プロフィールは，我々の経験では，網状赤血球が増加し，ヘモグロビンがわずかに増加し，フェリチンが上昇する。

　わずかな量の鉄補充であっても，便秘，腸の痛みといった副作用が起きるので，服用はその後運動を行わない夜が良い。また，夜食には鉄吸収を阻害するものを摂らないようにする。多くの場合，2週間以内にはトレーニングに耐えられるぐらいに回復する。彼らは以前の運動強度を行うことができるようになり，激しい疲労感がなくなり，トレーニングに対する前向きな姿勢を取り戻す。これは単に**プラセボ効果**ということも考えられるがこの場合はそうではない。

　我々は，鉄剤の補充は持久性選手の病気や疲労に対する持続的な治療方法だと思っていない。過酷すぎるトレーニングはいかなる選手であっても悲惨な結果をもたらす。数週間にわたって高強度あるいは長時間のトレーニングを行う選手は，ヘモグロビン産生に必要な量よりもさらに多くの鉄を骨格筋が必要としており，それが満たされなければパフォーマンスの低下の兆候が観察される。

　鉄剤の補充はただ漫然と続けるべきではなく，また1年に3，4回の血液検査を行いながら実施するべきで

ある。鉄剤を摂っている者の5〜10％は鉄の過負荷状態であり，ヘモクロマトーゼ（hemochromatosis）を引き起こし，疲労や不快感を経験している（Herbert, 1987）。この場合，血清フェリチンは300ng／mℓを超えており，血液測定ですぐに知ることができる。

　鉄剤の補給を考えるよりももっと重要なことは，鉄の喪失を減らし，吸収を増やすようにトレーニング環境を改善することである。

- トレーニングはなるべく芝生や土の上で行う
- 有気的能力の改善が生じない，ただエネルギーを消費するだけの不必要な低強度トレーニングは避け，足への衝撃を減らす
- 一日のうちの涼しいときに練習する
- 適量の脂肪を除いた赤身の肉を食べる
- 利尿作用による水分喪失や鉄の吸収を妨げるコーヒーや紅茶のような飲み物は摂らない
- 栄養の補充や気分転換を行い，疲労回復するために走らない日を作る
- 女性の月経は鉄を欠乏させる危険があり，それをよく認識して血液検査（ヘモグロビン，フェリチン，ハプトグロビン）や尿検査（ヘモシデリン）を行い，最適な健康状態を保つ

3 実験室における心肺適応の測定

1. 実験室データの有用性

　何年にもわたり研究者は，運動に対する個人の反応を評価するための様々なテストを考え出してきた。一方でコーチと選手は，多少非科学的な方法かもしれないが，レースをシミュレートしたりタイムトライアルを行ったりすることでこの評価をしてきた。

　研究者だけでなく選手やコーチも満足させる実験室での**テストプロトコール*** の考案は可能であり，頻繁に行われている。研究者らは運動に対する生理学的な反応に関して興味深いデータを得ており，選手やコーチはその結果を直接トレーニングに適用することができる。同レベルの選手群とそれに年齢を同じくする非鍛練者群を比較したデータは**横断的研究**と呼ばれ，いっぽう，何年間かトレーニングを行うなかで数回にわたってデータを収集し，選手自身の変化を明らかにする方法は**縦断的研究**と呼ばれる。これらの方法はトレーニングにともなう$\dot{V}O_2max$，乳酸性閾値やランニングエコノミーの変化をモニターすることができ，また，これらのデータに基づいてトレーニングのペースの設定も可能であり，選手自身のトレーニングのコントロールにも役立つであろう。しかしながら，コーチは「私が指導している選手はトレッドミルでトレーニングや

レースをするのではないし，またレースでは他の多くの要因が結果に影響を与えている」と言い，実験室でのテストの成果を「レースとは異なる」という理由から認めようとしなかったりする。確かに実験室の環境がレースとは異なるのは事実かもしれないが，それを言ってしまえば実験室で得られるデータから恩恵を受けることはできない。実験室でのテストは多くの外的要因（天候，地形，戦術）を可能な限り取り除いて体力の強いところと弱いところを明らかにしようとするものだが，よく考えてみると，このようなデータは本来すべてのコーチが必要としているものではないだろうか？

テストの結果は様々な方向性を示してくれる。体力が向上していれば，トレーニングに適応したことがわかるし，トレーニングを行った結果，変化がなければ，そのトレーニング方法に改良が必要であることがわかる。また体力が低下したならば，それはオーバートレーニングになっているか，あるいはストレス過剰によって疲労していると判断することができる。さらに$\dot{V}O_2max$が増加し乳酸性/換気性閾値に変化がなければ，必要なトレーニングが何なのかを知ることができる。レースの前に短い時間でテストすれば，今の体力レベルでなるべく有利なレースの戦術を立てるための情報が得られる。トレーニングを開始するときにこのようなテストを実施することは重要であり，選手が重点的に取り組むべきトレーニングの内容が明らかになる。特にマラソン選手にとって，トレッドミルでのトレーニングは，ある特定のペース，特に適切な乳酸性/換気性閾値下のペース時の努力感覚，あるいはストレスレベルの感覚を身につけるのに役立つ。その結果選手は，様ざまな天候や地形でトレーニングするときにも，一定の努力感覚を維持するようにうまくペースを調節できるようになるであろう。またそのような情報を利用することでオーバートレーニングの防止にもなる。

＊テストプロトコール：運動負荷の実験をする場合，運動の負荷（走る場合は速度，自転車の場合は抵抗負荷量）や時間などを設定して行う。負荷が固定か漸増か，時間は短いか長いかなど，条件設定をどのようにするか規定する計画書をいう。

2. パフォーマンスの指標としての最大酸素摂取量

さて，このような研究の先駆けとなったデンマークのLindhard（1915），ストックホルムのLiljestrandとStenstrom（1902），ロンドンのHillとLupton（1923）など，20世紀初頭の何人かの優秀な研究者たちは，トレーニングを積んだ選手の生理学的能力を研究し，その際彼らが使用した有効な原理は今でも適用されている。また，彼らが考案した実験設備や測定方法は今日に受け継がれ，設備は洗練されコンピュータ化され，今ではデータの収集や解析のために費やされる退屈な作業から解放された。酸素代謝の重要性が認識され，取り込まれるO_2の量を容易に測定できるようになると，最大酸素摂取量（$\dot{V}O_2max$）が最大持久性パフォーマンスを評価する指標として最も広範囲に使用されるようになった。この値はすべての活動組織へO_2を輸送しそれを利用する心脈管系の能力を定量化している（Åstrand，1976）。

❶ トレッドミルと自転車エルゴメータ

$\dot{V}O_2max$を定量化するために多くの方法が考案されたが，トレッドミルと自転車エルゴメータを用いる方法が最も頻繁に使用されている（Heermansen and Saltin，1969）。自転車や走ることをそれほど経験していない非鍛練者を評価すると，トレッドミルを使ったときの$\dot{V}O_2max$の値は自転車を使ったときよりも4%から23%高くなる（Åstrand，1976；Hermansen and Saltin，1969；Kamon and Pandolf，1972）。これはより多くの筋が活動するからであり（上肢，下

肢ともに活動する），心臓へ戻ってくる血液還流量が増加するためである。静脈還流量は心拍出量と等しく，$\dot{V}O_2max$を決定する重要な要因である（Shephard et al., 1968）。

❷ トレーニングによる最大酸素摂取量の改善

トレーニングにともなう$\dot{V}O_2max$の改善を評価する場合，トレーニングに類似した方法によるテストプロトコールを使用するのが良い（Clausen et al., 1973；McArdle et al., 1978）。すなわち，トレーニングを積んだ自転車競技者は自転車エルゴメータを用いてテストすべきであるし（Hagberg, Giese and Schneider, 1978），同様にランナーはトレッドミルでテストするほうが良い（Pannier, Vrijens and Van Cauter, 1980）。したがって，アメリカのロードレースのスター，ジョン・シンクレア（Jon Sinclair）を図4-16aに示しているように，我々はランナーを対象とした最大パフォーマンステストをトレッドミルで行う。しかしながら，特別な場合，運動誘発性の喘息を評価するために低温環境でテストするときなど，その目的が$\dot{V}O_2max$を決定するのではなく低強度での運動の反応を観察するときは，自転車を用いる（図4-16bにオリンピック3000mの決勝に2回出場したイギリスのウエンディ・スライ（Wendy Sly）のテスト風景を示す）。

トレーニングによりどれくらい高い$\dot{V}O_2max$を獲得することができるのであろうか？　遺伝的な要因がある程度関係しているだろうが，トレーニングを始めたときの体力レベルも重要である。最近の研究で（Makrides et al., 1986），様ざまな年代の非鍛練者に激しい有気的トレーニングを行ったところ40％以上の上昇が見られている（例えば，35から50mℓ/kg・分に増加）。すでにトップレベルに達しているランナーではこの増加率はきわめて低い。研究者のなかにはエリートレベルのランナーは$\dot{V}O_2max$の変化はほとんどないと言う者もいるが，我われはトレーニングの強度あるいはトレーニングの強調点を変えることによって，$\dot{V}O_2max$の改善が起こることを認めている。例えば，中距離ランナーの一人は,7ヶ月間のトレーニングによって$\dot{V}O_2max$が4,695から5,525mℓ/分に増加した（18％）。

❸ 最大酸素摂取量とパフォーマンスの相関

我々はこの章の始めに，最大努力時のパフォーマンスを決定する有気的能力，無気的能力の相互作用がその人の競技的運動能力を決定することについて述べた。それでは，有気的パワーそれ自体は長距離ランニングの競技パフォーマンスにどの程度関係するのだろうか？

いかなる距離の種目を考えるときにも，有気的パワーとパフォーマンスの関係は，その測定の対象となった集団の性質に依存してしまう。残念なことに，$\dot{V}O_2max$とレースパフォーマンスの関係を測定した研究結果には，バラツキが大きい（r=0.08-0.91）（McConnell, 1988）。ちなみに統計的な分析では，相関係数（r）が0.91あるということは，2つの変数の間に強い相関関係があることを意味する。もし被検者の集団が異種の集団であれば，有気的能力の範囲が広範囲になり（例えば，$\dot{V}O_2max$が35-85mℓ/kg・分），有気的パワーと競技パフォーマンスとの間に高い相関関係が得られるだろうし，被検者に同質集団を用いれば（例えば，世界中の優秀なマラソンランナーを20人用いる），パフォーマンスと$\dot{V}O_2max$との相関は弱いものになる。さらには，高い体力レベルを持つ何人かの被検者がトレッドミルでレースを行い，彼らの$\dot{V}O_2max$を測定することができていたとしても，彼らのレースの順位は，$\dot{V}O_2max$の値の順番とはほとんど関係がないだろう。

このように$\dot{V}O_2max$とパフォーマンスとの間に高い相関が見られないのは，このような同質集団の場合は，$\dot{V}O_2max$以外の他の要因がレースパフォーマンスに関係するからである。競技成績から単純に同

質集団であると判断されるようなランナーの集団はおそらく,有気的および無気的代謝能力の関係にバラツキのある可能性がある。同質集団のパフォーマンスに寄与するものは,$\dot{V}O_2max$,乳酸性/換気性閾値,血液量,鉄に関係する酵素,ヘモグロビン濃度,トレーニングの方法(有酸素的あるいは無酸素的トレーニング)などである。$\dot{V}O_2max$はこれらの変数の一つにすぎないからである。

❹──最適なトレーニング量の把握

トレーニングによって着実に有気的あるいは無気的能力を増加させていこうとすると,一つの問題が存在する。$\dot{V}O_2max$,乳酸性/換気性閾値,その他無気的能力に関係する指標のいずれも,パフォーマンスに関係する指標を大きく改善しようとすれば,トレーニングの強度と量をさらに増加させなければならない。しかし,ランニング量の増加はパフォーマンスの増加をほとんど引き起こさず,過度の使用による損傷やオーバートレーニング症候群に陥る危険を伴う。言葉を換えれば,危険と利点のバランスにおいて危険度が高くなる。SjodinとSvedenhag (1985) は,中長距離ランナーの$\dot{V}O_2max$は,低強度の有気的コンディショニングペースで115-120 km/週 (71-75マイル/週) 以上走行することで改善可能なのかという疑問を発した。例えばマラソンでは,活動筋により多くの燃料を貯蔵する能力を持たせるためにトレーニング量を非常に多くしなければならない。さらに長時間の着地衝撃に耐える結合組織をより多く持たなければならないことも,そしてそれが過剰な使用による損傷のリスクを増加させることも知っておかなければならない。この章の最初に述べたように,ある特定のトレーニング期間において$\dot{V}O_2max$をピークに持っていくためには,より短い距離での高強度の有気的トレーニングを行うほうが良いだろう。

根本的な問題として,理想的で十分なトレーニングとはどの程度のものなのだろうか。最適なトレーニングとは,より少ない運動量で持続的に体力の改善を図ることができる運動を行うことであり,それ以上のトレーニングは損傷やバーンアウトのリスクを増加させるだけである。実験室のパフォーマンステストやトレーニング日誌(どんなトレーニングを行ったか),そして心と体の主観的な指標などから得られるすべての情報からこの問題の答えを見つけ

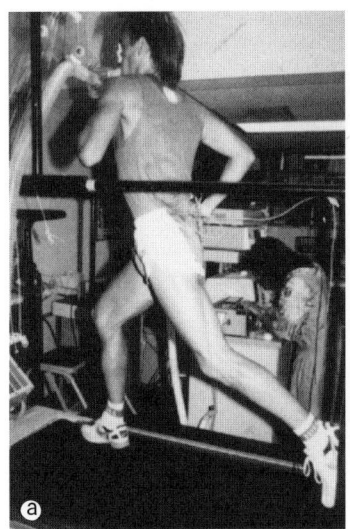

図4-16●トレッドミルと自転車エルゴメータを用いた最大酸素摂取量の測定
実験室で持久性運動能力を測定する際の最も一般的な2つの方法。

て行くべきであろう．もし実験室のテストで強い点と弱い点が明らかになり，そこから我われが改善すべき点を知ることができれば，その時点で意味のある改善計画をたてることができるのである．

3. 負荷漸増運動テスト（GXT）

負荷漸増運動テスト（graded exercise test, GXT）は被検者の心臓-肺システムを評価するためのテストで，負荷を徐々に増加させていき，疲労困憊に至るまで，またはある定められた最大下の強度で運動するテストである．ときとして，傾斜をつけてのランニングやウォーキングのテストも行われる．gradedという言葉の意味は登り傾斜角度のgradeではなく，運動強度が徐々に（gradual）増加するという意味である．したがって，自転車のGXTテストもペダリング負荷が徐々に増加するので，漸増（graded）テストと呼ばれる．

テストは，被検者や利用できる設備に応じて，または研究者の好みで行われるので，その方法は様ざまである．エリートレベルの選手は，基本的に，実際の競技を模倣した1回のトレッドミルテストを行う．測定の際には以下の変数が最も重要になってくる．

- 最大下ランニングペースにおける酸素消費量（ランニングエコノミー）
- 乳酸性/換気性閾値
- 有気的パフォーマンス（$\dot{V}O_2max$）と無気的パフォーマンスの絶対値

これらの項目は，心拍数と呼気ガス分析による換気量，酸素摂取量，二酸化炭素排出量を測定することで評価することができる．テストの前後に血液を採取し，それを比較すれば最大乳酸蓄積量がわかる．また，別々に2回のテストを行い，1回は$\dot{V}O_2max$の測定，もう1回はランニングエコノミーとその他の変数の測定や乳酸を間欠的に測定し，乳酸性閾値を計算している．測定が正確に行われれば，測定された変数はどの方法でも似たような値になるはずである．

トレッドミルテストを行ううえで，いくつかの注意点を理解しておく必要がある．1つめは，データを正確に収集するために，テスト時間を最適な長さにすることである．Taylorとその共同研究者（1963）は，ハイレベルの運動において，すべての重要な生理学的変化はおよそ運動開始後10分以内で生じることを報告している．したがって，我われの実験室では18〜22分間のトレッドミルを行うが，テスト後半の11〜13分だけが顕著なストレスがかかった状態になる．我われの方法では，最初は一定であったペースを2，3分ごとに段階的に増加させていき，その後短い間隔で負荷を増加させていく．代謝の測定システムはミキシングチャンバー（一定時間ごとに呼気ガスを集めて分析），あるいはbreath-by breath分析（一呼吸ごとに分析）を行っている．

2つめの注意点は，より高い$\dot{V}O_2max$は水平走よりも登り傾斜をつけたときに観察されるので，登り走はプロトコールの最終部分で用いるのがよいということである．SaltinとÅstrand（1967）は3分ごとに2.6％ずつ傾斜を増加させることを推奨した．Shephardら（1968）は2分ごとに2.5％増加させるのがよいことを示唆した．エリートランナーを対象にした我われのプロトコールでは，14分間は負荷を増加させながら水平走を行い，ランニングエコノミーを評価し，その後最後の段階で2分ごとに2％傾斜を増加させる．

3つめの注意点は，テストされる選手に合った運動強度を用いることである（McConnell, 1988）．Pollock（1977）はエリートランナーを用いて研究を行い，一般人は時速10.5-12kmの速度を使い，トレーニングを積んだランナーでは時速16.1-19.4kmの速度がよいことを示唆している．我われは男性で時速12.9-19.4km，女性では時速12.9-17.0kmの速度を用いている．

4つめの注意点は，1回目のテストと次のテストを比較することで体力の変化を明らかにしたいときに，テストの環境条件を一定に保つことである。我われは条件をそろえるために湿度を35％にしている。また，実験室の温度はRowell，TaylorとWang（1964）の研究を参考に比較的涼しい17℃にしている。トレッドミルのコンディションも可能な限り，グラウンドの条件と同様にしている。少なくとも，6分/マイル（268m/分）の速度では，トレッドミル上で測定された最大下の酸素摂取量はトラックで走って測定されたものとあまり変わらない（McMiken and Daniels, 1976）。ランニングベルト上での走行とグラウンドでの走行の走フォームの違いは特に問題にはならない。

グラウンドで走るときは空気抵抗があるが，酸素摂取量が増加するほどの抵抗になるにはかなり速い速度で走る必要がある。Pugh（1970）の研究によると，4分35秒/マイル（350m/分）のペースで走行すると，その空気抵抗のために5.7 mℓ/kg・分の余分な酸素需要の増加が起きる。実際，レースペースが速いときの先頭ランナーはこれだけのエネルギーを消費しており，他のランナーはその背後にまわる戦略を利用している。我われは冷却を目的にし，グラウンドで走行中に生まれる抵抗をシミュレートするため，ランナーの正面にファンをおいて様ざまな強さの風を送り，微風環境を作り出している。

4．GXTの準備

選手はトレーニングや競技の場面において常に最大努力を発揮しようとするが，これはタイムトライアルやGXTを行う場合も同様にすべきである。我われは選手のベストパフォーマンスを引き出すために，実験の目的と内容についてはっきりと説明することが有効であることを見いだした。

❶──テスト前の準備

選手はテストの日やその数日前からGXTで最大パフォーマンスが得られる準備をしておくべきである。テストの2日ぐらい前には非常に長い距離のランニングや強度の高いインターバルなどは行わないほうがよい。これらは骨格筋のグリコーゲン貯蔵量の低下や通常のエネルギー基質バランスの変化を引き起こし，パフォーマンステスト時の最大下あるいは最大の血中乳酸濃度を低下させる（Busse, Maassen and Boning, 1987；Foster et al., 1988；Fric et al., 1988；Jacobs et al., 1981）。同様に日々の生活習慣の劇的な変化，例えばカーボハイドレートローディングや脂質の摂取の増加は，激しい運動に対する血中乳酸濃度の上昇や低下を引き起こす（Ivy et al., 1981）。したがって，普通の食事が最も良い。我われは，選手に最大限の運動を行わせて，タイムトライアルやレース並みの再現性を得るために，テストに先立った練習では比較的軽いスケジュールを組んでもらうようにしている。また，日内変動による心拍数（Reilly, Robinson and Minors, 1984）や基礎代謝（Aschoff and Pohl, 1970）や体温（Roe et al., 1966）の影響をなるべく小さくするために，GXTは同一時間帯に行うようにしている。

❷──実験用器具の試着

GXTを行う前に，被検者には少なくとも30分間のトレッドミルランニングを行わせ，ガス収集用のマウスピースやヘッドギアの装着に慣れてもらう。これはテストを成功させるためには必須なことで，彼らに信頼感と経験を与えることになる。そして自然なランニングスタイルを維持する練習をさせ，様ざまな速度で動作中のベルトに乗ったり降りたりする経験をさせておく。テストに完全に慣れさせることができれば，予期できない事態が起きる可能性を最小限にすることができる。

❸ 安静時代謝の測定

我われは選手のGXTを始める前に安静時代謝を測定している。選手は楽な姿勢で椅子に座り，普通に呼吸を行い，およそ10分間ガスを採取する。安静時の酸素消費量は大抵およそ250-300 mℓ/ kg・分である。このとき同時に，安静時の心拍数と血圧を測定する。我われは通常，簡単な心電図（ECG）システムを用いて，正確な心拍数の測定と選手によく見られる不整脈が検出できるようにしてある（Huston, Puffer and Rodney, 1985）。図4-17aに示したように，アメリカのマラソンランナー，ドン・ジャニキ（Don Janicki）は骨格筋の活動からの影響を少なくするために，胸の一部に最小限のECG電極をつけている。図4-17bに示したように，我われはECG電極を背中につけさせてランニング中の腕の動きによる影響を少なくしている。

❹ ウォームアップ時間の設定

競技のときと同様に，テストの前にはウォームアップの時間を設定する。これは最大パフォーマンスを評価するために重要なことである。高いモチベーションと心の準備は選手が最も良い結果を出すために必要である。ウォームアップとして15～30分のランニングを行わせ，その前後にストレッチ運動を行わせる。ウォームアップの前にECG電極を付けさせておき，ウォームアップ終了後直ちにGXTを開始する。

❺ ガスの収集方法の説明

ガスの収集と分析の技術的内容を選手に説明することも有効であることがわかった。説明により選手の混乱を防ぎ，彼らはより快適になる。多くの実験室では図4-18aに示すように，大きなヘッドギアを選手の頭にかぶせている。大きなプラスチックの呼吸バルブ（breathing valve）は選手がテストの際，吐いた息を採取することを可能にする。吸い込むと

き，空気は片側のバルブ（一番近いホースを経て）を通って口に入り，息を吐くときはもう一方のバルブに接続しているチューブに空気が入る。排出されたガスは代謝測定システムのミキシングチャンバーにはいる。この空気を分析し，負荷が増加した際の酸素消費量と二酸化炭素排出量の増加を測定する。これはオープンサーキットスパイロメーターシステム（open-circuit spirometry system）として知られている。

ときどきヘッドギアが小さくて不快になったり，大きいためにずれたりすることがある。この問題は検者や被検者がともに感じる不満であった。しかし，発明の才を持った我われの研究室のMeryl Sheardが，流動ガス換気バルブ（floating gas collection valve）をデザインし，その使用を可能にした。図4-18bに示しているように，選手の顔の前に滑車で吊るすのである。これによって選手はヘッドギアの問題から解放された。我われの研究室ではこの方法よりさらに少ない量のガスを採取するだけで測定できる方法を用いている（図4-18c）。この新しい方法は，一呼吸ごとの（breath-by breath）ガス分析を可能にするとともに，付加的な生理学的情報である心拍出量や乳酸蓄積が新たに評価できるようになった。この図の3人の被検者は皆，白いプラスチック製のノーズクリップを装着している。これはO_2の取り込みを口だけから行うためである。

❻ 主観的運動強度（RPE）

テストの最中に言葉での励ましを望む選手もいれば望まない選手もいる。正しいデータを得るために，そのようなリクエストは尊重しそれに応じている。研究室によっては，選手の生理学的データに対応する被検者の主観的な努力感覚を測定するところもある。努力程度を評価する一つの方法としては，**主観的運動強度（rated perceived exertion, RPE）**がある。Borg（1973）は，運動中の努力の程度を定量化するために，段階化させたスケールを用いた。乳

酸性/換気性閾値に達したとき，この努力レベルがブレークポイントに達したことに気づくことができる。この運動強度以上では努力レベルが大きくなりすぎて，マラソンレースのような長い距離のパフォーマンスはできない。このレベル以下であれば選手はこの強度を維持することができるという確信を持つ。**ボルグのスケール**（Borg scale）は努力を表現する多くの言葉で構成されている。それは「きつい（hard）」，「かなりきつい（very hard）」，「非常にきつい（very very hard）」等である。数字を書いたスケールを運動中の被検者の隣において被検者は自分が感じる「きつさ」に相当する数字を指し示す。運動テストの間，数分おきにスケールの書いた紙を見せて，彼らはそのときにふさわしい数字を指し示す（被検者はマウスピースをつけヘッドギアを装着し呼気ガスを採取しているので，言葉で表わすことはできない）。

ある研究で，活動的な人とトレーニングを積んだ選手を使ってテストを行い，血中乳酸が蓄積し始めるときのストレスはRPEの「ややきつい（somewhat

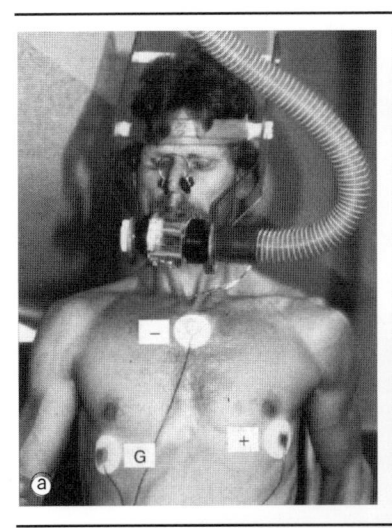

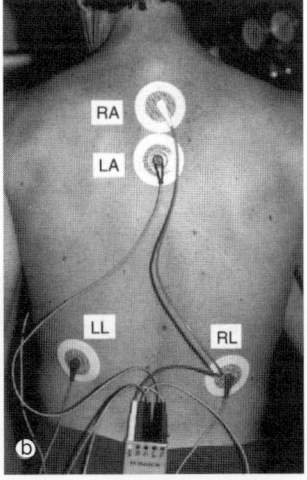

図4-17●トレッドミルテスト時に心電図を測定する際の電極の貼り付け位置
a図のように貼り付ける研究者もいるが，我々はb図のような配置で背に貼り付けている。

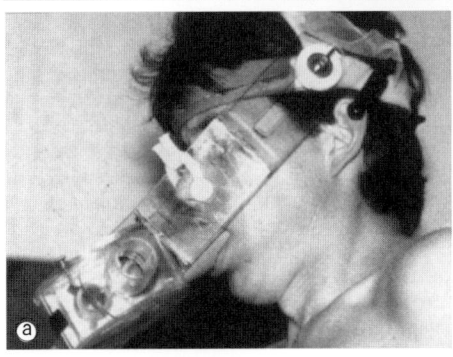

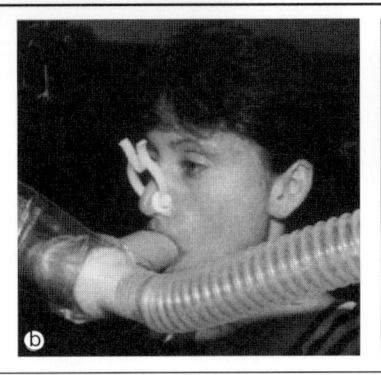

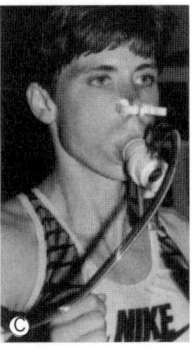

図4-18●ガス収集装置
（a）1980年アメリカのオリンピックマラソン選手アンソニー・サンドマル（Anthony Sandomal）が装着しているのは初期のヘッドギア型装置である。現在も使用している研究者もいるが，窮屈でずれやすい欠点がある。（b）ロードレーサーのコーレット・マーフィ（Colette Murphy）が着けているのは非固定式の装置で現在も我々が使用している。（c）breath-by breath（一呼吸ごと）で測定が可能な最新式の装置。装着しているのはアトランタ・オリンピックのアメリカ代表のマラソンランナー，アン・マリー・ラウク（Anne Marie Lauck）である。

hard)」に相当することが報告された（Purvis and Cureton, 1981）。しかしながらこのシステムの有効性は、「かなりきつい」と感じるきつさがみんな等しいという前提に立っており、多くの場合当てはまるが、すべての人がそうであるとは限らない。意味がないわけではないが、現在のところ我われはまだ、トレッドミルテスト中に選手にそのような文章を見せて情報を得ようとするこの方法の妥当性に確信を持っていない。なぜならば、選手の努力中に割り込むことで、最大パフォーマンスの達成が果たせなくなるかもしれないという危険が伴うからである。

❼――テスト後

選手が疲労困憊に至り、自発的にテストを終了すると、トレッドミルのベルトの外に出て、打ち合わせたとおり回復を行う。研究室によりテスト後の回復プロトコールは様ざまである。軽くジョギングやウォーキングを行ったり、座ったり、寝たりして、完全な休息をとったりする。我われはいつもピークの血中乳酸レベルを運動後に測定し、心拍数、呼吸交換比および換気量を測定し、もとの値に戻るのを観察する。回復中もかなり大きな動きがあるが、それは常に一貫した方法で収集すべきである。血中乳酸濃度の最大値はこのクールダウンの直後、すなわちテスト終了5分後に得られる（Gollnick, Bayly and Hodgson, 1986）。

コンピュータ装置の発展により、テストの進行とともに、素早く分析、計算、結果の表示を行うことが可能となった。しかし、これはいつも利用できるわけではない。例えば、400mトラックを走っている選手からデータを集めるときは（**図4-19**）、一時的に大きな風船に呼気ガスを集めて実験室にあるガス分析器＊に運ぶ方法をとるしかない。収集の方法に関係なく、空気を吸い込むときのO_2とCO_2濃度はわかっているので（O_2=20.93%, CO_2=0.04%）、排出ガスのO_2とCO_2濃度を測定すれば、使用したO_2

図4-19●トラックをランニング中の被検者からガスを収集している様子
フィールドではダグラスバッグに呼気ガスを集める。測定のための伴走はゴルフカートで行っている。

とCO₂の排出量が計算できる。これらの値から呼吸交換率（R）は$\dot{V}CO_2/\dot{V}O_2$として計算される。

＊ガス分析器：最近では携帯型のガス分析器が開発され，走りながらでも測定できるようになった。

5. GXTデータの解釈

表4-6は負荷漸増トレッドミルテストによって得られるデータを要約したものである。これらのデータはエリート男性長距離ランナー（障害走の専門家）から得られたもので，1988年アメリカのオリンピック選考会でのパフォーマンスが最もピークの値である。一番上の段の略号は20秒ごとに採取したデータの変数である。そのいくつかはなじみがあるだろう。例えば，O₂消費量（$\dot{V}O_2$をml/分とml/kg・分で表示），CO₂排出量（$\dot{V}CO_2$はml/分で表示），心拍数（拍/分），呼吸頻度（f_R, 回/分），総換気量（$\dot{V}_E$, l/分）である。これらのデータから，他の変数が計算される。その1つは呼吸交換率（R）で，$\dot{V}CO_2/\dot{V}O_2$から計算される。一回換気量（V_T），は$\dot{V}_E/f_R$から計算される。

O₂パルス（酸素脈）は心拍数当たりの酸素抜き取り量（$\dot{V}O_2/f_C$）で計算され，運動時の最大拍出量Qsの推定に用いられる。これは心脈管系機能の測定として見なされた初期の指標の一つである（Henderson and Prince, 1914）。有気系の最適なトレーニングはO₂パルスが減少する強度で行われるべきではない。なぜなら，そのような強度では，エネルギーを無気的エネルギー供給系から得ているからである。O₂パルスの計算式を再び以下のように設定する。

O₂パルス＝$\dot{V}O_2$max/f_C＝Qs×max a-$\dot{v}O_2$difference
計算式[4-10]

最大動静脈酸素差は約16ml/100mlであることを覚えておいてほしい。Qsはそこから計算できる。表4-6のデータにおいてO₂パルスが29-30ml/拍で最大Qsが約190mlであった。計算式[4-10]を用いると，30＝Qs×16/100でQs＝187.5mlとなる。運動の最後40秒は心臓の限界に達しており，一回拍出量（SV）が約178mlに減少していることを示している。

❶ ─ 酸素消費

我々はO₂消費のデータを絶対値（ml/分）と体重あたりの相対値（ml/kg・分）で表わしているが，絶対値は意味が曖昧である（Astrand 1984）。なぜなら，この値は体重の変化によって変わるので，O₂消費の値の評価を混乱させてしまうからである。表4-7に2種類のデータを示し，解釈の困難な例を紹介する。ここで，我々はある男性ランナーを対象に6月に最高の体力レベルになるようなトレーニングプランをたてて10月，2月，6月に身体トレーニングの評価を行った。10月から2月までの間，彼の体重は60kgで維持された。彼の$\dot{V}O_2$maxの相対値は78 ml/kg・分から82 ml/kg・分に改善し，5.1％の増加を示した。しかし，彼の$\dot{V}O_2$maxの絶対値は4,700 ml/分から4,900 ml/分で4.3％の増加であった。3月から6月の間，彼のトレーニングは徐々に$\dot{V}O_2$maxを維持し，無気的能力を改善するためのものにシフトしていった。このトレーニングにより$\dot{V}O_2$maxの絶対値は4,900 ml/分から4,950 ml/分とほとんど変化しなかった。しかしながら，彼の体重は60kgから57kgに減少した（5％）。このときの$\dot{V}O_2$maxを相対値で表わすと，4,950/57＝87ml/kg・分であり，6.1％の増加になる。10月から6月にかけてのトレーニングによる$\dot{V}O_2$maxの改善は相対値では11.2％であるのに対して，絶対値では5.3％の増加となる。

$\dot{V}O_2$の測定上の誤差はどの程度であろうか？ 言い換えれば，技術的，生物学的変動を除いて，体力レベルが増加あるいは低下したときに，実際に$\dot{V}O_2$はどの程度変化するのだろうか？ 今日のテクノロ

表4-6● トレッドミル上で走行中の男性長距離選手の生理学的データ

	経過時間 (分)	心拍数 (拍/分)	酸素パルス (mℓ/拍)	$\dot{V}_E$ (ℓ/分)	$\dot{V}O_2$ (mℓ/分)	$\dot{V}O_2$ (mℓ/kg·分)	$\dot{V}CO_2$ (mℓ/分)	R	$\dfrac{\dot{V}_E}{\dot{V}O_2}$	$\dfrac{\dot{V}_E}{\dot{V}CO_2}$	f_R (回/分)	V_T (mℓ)	ヘモグロビン (%)
7:30 ペース	0:20 0:40 1:00 1:20 1:40 2:00	125 125 125 125 125 125	21.9 21.0 20.1 18.4 22.3 19.6	70 68 63 55 70 57	2,739 2,624 2,518 2,302 2,793 2,444	40.3 38.6 37.0 33.9 41.1 35.9	2,418 2,288 2,171 1,953 2,423 2,070	0.88 0.88 0.85 0.85 0.86 0.84	26 26 25 24 25 23	29 30 29 28 29 27	37 42 42 33 42 33	1,890 1,610 1,500 1,660 1,670 1,730	95 94 94 95 93 94
6:40 ペース	2:20 2:40 3:00 3:20 3:40 4:00 4:20 4:40 5:00	125 125 125 125 130 135 135 136 136	21.4 21.6 23.0 22.5 23.1 22.0 22.2 22.3 22.5	63 64 70 67 71 72 73 74 74	2,673 2,695 2,869 2,815 3,005 2,967 3,000 3,034 3,061	39.3 39.6 42.2 41.4 44.2 43.6 44.1 44.6 45.0	2,247 2,289 2,525 2,433 2,607 2,580 2,630 2,649 2,691	0.84 0.84 0.88 0.87 0.87 0.88 0.88 0.87 0.88	24 24 25 24 24 24 24 25 24	28 28 28 28 27 28 28 28 28	44 37 38 40 40 41 44 42 36	1,440 1,710 1,850 1,680 1,770 1,780 1,860 1,770 2,060	95 94 93 94 94 93 93 93 93
6:00 ペース	5:20 5:40 6:00 6:20 6:40 7:00 7:20 7:40 8:00	136 136 140 140 145 145 145 145 145	23.2 21.7 22.6 22.0 23.6 22.3 24.3 22.9 23.9	77 75 81 74 88 80 89 85 88	3,157 2,952 3,159 3,085 3,427 3,235 3,526 3,314 3,464	46.4 43.4 46.5 45.4 50.4 47.6 51.9 48.7 50.9	2,795 2,652 2,835 2,707 3,093 2,931 3,161 2,984 3,130	0.88 0.90 0.90 0.87 0.91 0.91 0.90 0.89 0.90	24 25 26 24 26 25 25 26 25	28 28 29 27 29 27 28 28 28	45 43 45 40 44 36 42 42 40	1,740 1,760 1,810 1,870 1,990 2,230 2,130 2,020 2,190	94 94 94 93 93 93 94 92 92
5:30 ペース	8:20 8:40 9:00 9:20 9:40 10:00 10:20 10:40 11:00	145 145 148 148 150 150 155 155 160	22.6 23.3 23.3 24.0 24.8 25.4 23.0 25.5 24.7	85 86 91 93 97 103 92 102 107	3,277 3,372 3,445 3,545 3,717 3,803 3,568 3,951 3,947	48.2 49.6 50.7 52.1 54.7 55.9 52.5 58.1 58.0	2,946 3,037 3,154 3,221 3,447 3,547 3,311 3,657 3,701	0.90 0.90 0.91 0.92 0.92 0.93 0.93 0.93 0.93	26 26 27 26 26 27 26 26 27	29 28 29 29 28 29 28 28 29	44 41 43 42 42 45 39 39 45	1,940 2,080 2,140 2,210 2,300 2,280 2,350 2,620 2,400	92 92 94 92 93 91 93 92 92
5:00 ペース	11:20 11:40 12:00 12:20 12:40 13:00 13:20 13:40 14:00	160 160 167 167 167 167 167 167 167	22.5 23.9 23.0 23.0 24.9 25.0 23.6 24.5 25.2	99 103 106 106 113 119 108 120 113	3,602 3,828 3,848 3,849 4,159 4,177 3,941 4,084 4,206	53.0 56.3 56.6 56.6 61.2 61.4 58.0 60.1 61.9	3,414 3,540 3,595 3,628 3,956 4,093 3,800 3,989 4,005	0.95 0.93 0.94 0.95 0.94 0.99 0.97 0.98 0.96	28 27 27 27 27 29 28 29 27	29 29 29 29 29 29 29 30 28	42 48 45 45 45 45 41 46 42	2,350 2,130 2,370 2,350 2,520 2,650 2,650 2,590 2,680	91 90 90 90 89 89 88 89 89
6:00 4%	14:20 14:40 15:00 15:20 15:40 16:00	167 167 167 167 167 167	25.8 23.9 24.7 25.2 25.1 23.9	122 114 117 112 114 111	4,313 3,989 4,130 4,207 4,192 3,987	63.4 58.7 60.7 61.9 61.7 58.6	4,143 3,853 3,978 3,938 3,942 3,789	0.96 0.96 0.96 0.93 0.93 0.95	28 28 28 27 27 28	29 29 29 29 29 29	45 42 42 40 41 41	2,700 2,720 2,770 2,680 2,750 2,700	88 87 88 88 87 87
6:00 6%	16:20 16:40 17:00 17:20 17:40 18:00	167 167 167 170 170 170	25.7 26.2 28.1 26.7 27.6 28.4	121 120 129 128 131 138	4,299 4,377 4,694 4,534 4,700 4,826	63.2 64.4 69.0 66.7 69.1 71.0	4,130 4,210 4,501 4,458 4,622 4,785	0.96 0.97 0.96 0.99 0.99 1.00	28 27 27 28 28 29	29 28 29 29 28 29	46 42 45 43 45 47	2,650 2,620 2,860 2,990 2,920 2,930	86 87 88 87 86 85
6:00 8%	18:20 18:40 19:00 19:20 19:40 20:00	170 170 170 180 180 180	26.8 29.5 28.9 28.2 29.0 28.0	122 145 142 151 154 149	4,549 5,010 4,921 5,083 5,216 5,044	66.9 73.7 72.4 74.8 76.7 74.2	4,464 5,025 5,006 5,249 5,431 5,238	0.99 1.00 1.02 1.02 1.04 1.03	27 29 29 30 30 30	27 29 28 29 28 29	45 48 47 50 51 48	2,690 3,020 3,050 3,060 3,040 3,100	85 86 87 87 84 84
6:00 10%	20:20 20:40 21:00 21:20 21:40 22:00	180 180 180 180 180 180	29.0 29.3 29.1 29.2 30.7 29.7	159 162 165 164 175 172	5,219 5,266 5,299 5,251 5,532 5,354	76.8 77.4 76.9 77.2 81.4 78.7	5,489 5,589 5,672 5,659 6,054 5,935	1.04 1.07 1.09 1.07 1.10 1.10	31 31 31 31 32 32	29 29 29 29 29 29	53 53 54 54 57 57	3,040 3,080 3,050 3,030 3,070 3,000	85 84 84 83 85 84
6:00 11%	22:20 22:40 23:00	180 188 188	29.5 28.6 28.4	170 177 176	5,307 5,377 5,332	78.0 79.1 78.4	5,918 6,119 6,070	1.10 1.15 1.15	32 33 33	29 29 29	57 60 62	2,990 2,960 2,850	82 80 76
回 復	23:20 23:40 24:00 24:20 24:40 25:00 25:20 25:40 26:00	188 188 150 150 125 125 115 115 115	26.6 17.0 18.0 18.2 18.8 16.6 17.8 15.7 14.5	172 130 114 123 93 97 97 87 82	5,006 3,192 2,707 2,735 2,344 2,071 2,045 1,802 1,670	73.6 46.9 39.8 40.2 34.5 30.5 30.1 26.5 24.6	5,744 3,747 3,218 3,618 3,330 2,987 2,991 2,544 2,343	1.14 1.18 1.19 1.33 1.42 1.45 1.45 1.43 1.39	34 41 42 45 40 47 47 48 49	30 35 35 34 28 32 32 34 35	61 50 51 50 32 39 39 39 41	2,820 2,600 2,250 2,460 2,900 2,470 2,500 2,200 2,020	78 86 88 88 89 93 92 91 93

ジーの進歩のおかげで実験室の環境を一定にすることができる。繰り返しテストを行うために一貫した室温・湿度が維持できる。それでも，同じ被検者を使って異なる日に測定した$\dot{V}O_2max$は同じ値にはならない。測定誤差のうち，技術的な問題で生じるバラツキはおよそ10％程度である。残り90％のバラツキは生物学的な問題である。それは，個人に内在しているものである（心理的要因，水分など）。Gibson, HarrisonとWellcome（1979）は$\dot{V}O_2max$の変動係数は3％以内にすることができることを示唆している。我われの研究室でも同様な結果が得られている。例えば，81.4 mℓ/kg・分の$\dot{V}O_2max$ならば，その3％以内の変化（79.0-83.8 mℓ/kg・分の間）ならば測定上の誤差範囲でトレーニングの結果であるという保証はない。

❷ ランニングエコノミー

最大下運動中の酸素消費量を測定することにより，Daniels（1974）によって定義されたランニングエコノミーを明らかにすることができる。**表4-6**のデータにあるように，7分30秒/マイル（4分40秒/km）のペースでウォームアップを開始する。このウォームアップ後，エコノミーを4段階のランニングペース，241，268，293，322m/分（14.5，16.1，17.6，19.4km/時）でそれぞれ3分間，$\dot{V}O_2$のデータを集め評価する。これらのペース（速度）は，選手にとってすべて有気的な範囲に入っている。女性ランナーの場合，我われは，230，248，268，284m/分のランニングペースをランニングエコノミーの測定のために使っている。**計算式[4-2]**と**[4-3]**を用いて，ACSM（1986）が開発したガイドラインを使ってその選手の体力レベルに最も合うテストプロトコールを用いるのがよいだろう。

表4-6で示しているように，それぞれの運動強度にすぐに適応できるわけではない。我われの経験では，トレーニングを積んだランナーは，これらの運動強度には，3分間で適応でき，それ以上の時間をこのペースで走行しても$\dot{V}O_2$や$\dot{V}CO_2$はあまり変化しない。我われはそれぞれのペースにつき，最後の1分間の呼気ガスを20秒間ずつ3回収集し，その平均値を計算することで最大下の酸素需要（エコノミー）を求めた。統計処理には回帰分析を行った。4つのペースと$\dot{V}O_2$のデータを使って回帰直線を引き，負荷の増加にともなう酸素消費量の変化を求めた。例えば，直線回帰式を使って以下の式ができる。

$$y = mx + b \qquad \text{回帰式[4-11]}$$

yはO₂需要量，bは切片，xは速度，そしてmはデータを回帰したときの傾きである。この回帰式は水平ランニングを行って得られるデータから算出するもので，選手が$\dot{V}O_2max$強度で走るときのペースを推定することができる。例えば，$\dot{V}O_2max$の値を式に代入し計算するとそのときの速度が求められる。この速度は$\dot{V}O_2max$時の速度（velocity at $\dot{V}O_2max$）と呼ばれる。この言葉は最初Danielsら（1986）が作り出し，その概念は$\dot{V}O_2max$とランニングエコノミーの2つの要素を加味しており，2つを用いることによりランニングパフォーマンスを適切に評価することができる。この値はコーチにとって特に役に立つ測定項目である（Billat and Koralsztein, 1996）。なぜなら，以前述べたように，乳酸性/換気性閾値のペースのような他の指標と組み合わせたとき，**図4-2**

表4-7● $\dot{V}O_2max$の絶対値と相対値の変化	$\dot{V}O_2max$の測定時期	10月	2月	6月
	体重（kg）	60	60	57
	$\dot{V}O_2max$の絶対値（mℓ/分）	4,700	4,900	4,950
	$\dot{V}O_2max$（絶対値）の変化の割合	+4.3	+1.0	
	$\dot{V}O_2max$の相対値 （mℓ/kg・分）	78	82	87
	$\dot{V}O_2max$（相対値）の変化の割合	+5.1	+6.1	

で示したように4つのトレーニングゾーンを明確にすることができるからである（第5章で十分述べている）。

どのような要因がランニングエコノミーを変えるのか，そしてトレーニングによりランニングエコノミーの改善が可能なのであろうか？　無気的トレーニング（短い距離のインターバル走）がランニングエコノミーを改善することが示唆されているが（Daniels, 1985），同じ著者が別のところで「トレーニングは（ランニングエコノミーの改善に対して）大きな役割を果たしていないようである。たとえその役割があったとしても個人の変動のわずかな役割にすぎない」と述べている。したがって，ランニングエコノミーを改善するかもしれない特別なトレーニングは明らかになっていない。

我々の経験では，選手の何人かがランニングエコノミーの改善を経験したが，そうでない者もいる。経験する者の多くは中距離ランナーであり，年間のトレーニングを通して有気系／無気系の負荷の比が時期によりかなり異なっている。長距離ランナーではこのような影響はないようである。

有気的トレーニングの量の増加が体力レベルに応じてランニングエコノミーを改善させるのかもしれない。Scrimgeourとその共同研究者達（1986）は，60km/週のトレーニングを行った選手は，100km/週のトレーニングを行った選手よりもランニングエコノミーが19%低いことを報告しており，この考えを支持している。しかし，60km/週のトレーニングを行った選手が実際ランニングエコノミーの改善を引き起こすかどうかを測定するために長期間100km/週以上走るように要求されていたわけではない。もともと，ランニングエコノミーに優れていた選手が，100km/週のトレーニングを行うことができたからかもしれない。

❸——乳酸性／換気性閾値

活動筋による乳酸の産生と換気量の変化との間の関係については完全に明らかにされていない。乳酸性閾値と換気性閾値は通常では同時に起こり，両者の間には高い相関関係がある（Caiozzo et al., 1982；Clode and Campbell, 1969；Davis et al., 1976）。もし被検者の呼吸する様子が困難そうに見え，それが運動を制限している要因の一つであるのならば，おそらくアシドーシスが呼吸を調節しているのだろうが，この呼吸性ストレスの増加は乳酸のような血中の化学物質の変化よりも，よりパフォーマンスに重要な要因かもしれない。

人間のパフォーマンスを研究している実験室は乳酸性閾値と換気性閾値の両方を測定している。どちらの測定にも一長一短があり，一方だけでは信頼性がないということかもしれない。第一の閾値，第二の閾値が個々人で見分けづらいこともある。それゆえ，GXTにおいてこれら2つの変数がよく測定されるのである。

換気性閾値は運動負荷と$\dot{V}_E$を記録し，$\dot{V}_E$の急激な増加からもっとも正確に評価できる。ときとしてこれと同時に，CO_2の産生がO_2の利用を超える。この変化を作図し，その図を使って選手の換気性閾値を評価する（表4-6ではおよそ72 mℓ/kg・分である）。これは$\dot{V}O_2$maxの絶対値のおよそ88.5%にあたる。

❹——血中乳酸濃度の測定

様ざまな強度でのトレッドミル運動中の連続採血，あるいはフィールドでトラックを走った後の採血は血管にカテーテルを通すなどの処置が必要だった。しかし，血中乳酸の分析は1980年代に簡素化され，指先や耳たぶからわずかな量の血液を採るだけで，酵素法を用いてすぐに正確に測定できるようになった。この簡素化された方法のほうが処置の必要な方法より選手に好まれてきた。実際に，この簡単な方法で運動中の血中乳酸蓄積開始点の定量といった化学的に非常に重要な情報が得られてきた。

そのような血中乳酸の分析にも困難なことがある。第一に，指先や耳たぶから血液を集めるために

定期的に立ち止まらなければならないが，選手はレースのときのように途中で中断しないほうを好む。第二に，静脈血ではなく毛細血管の分析を行うという技術的な問題がある。ランセットで傷を付けて毛細血管から血液を採取することは，汗や間質液が混じる危険がある。ランセットの傷が十分血液を出すほどしっかりとしていれば，毛細血管の血液というよりは動脈血に近い血液が得られる。最初の1滴は，間質液が混じっているので拭きとって次の1滴を凝固する前に素早く集めなければならない。第三に，乳酸サンプルと同時にさらにヘモグロビンやヘマトクリット値の分析を行うにはさらに血液を集めるか，別の傷を作る必要がある。血液を多く採るためにその部位を揉んではいけない。なぜなら，血液の組成が変化するかもしれないからである。

なぜヘモグロビンの測定が必要なのであろうか？それは運動中は血流からの液体の移動が大きいからである。我々は血液濃縮（hemoconcentration）を定量化するためにヘモグロビンを測定している。トレッドミルテストでは，最後の20分間に汗によるかなりの体重減少が起こり（およそ1,360g）（Martin, Vroon and Sheard, 1989），これはおもに血漿に由来する。運動がもっと長時間になると，気温が高いときは特に汗による喪失と血流から組織への水分の浸透による移動が生じ，その量は血漿量のおよそ15％に当たる（Nadel, 1988）。この様さまざまな要因に由来する血液濃縮により，たとえ無気的代謝によって乳酸が増加しなくとも，運動後の乳酸濃度は運動の開始時よりも大きくなってしまう。このランニング中の血液濃縮は少なくて5％，多くて13％になる（Matin, Vroon and Sheard, 1989）。血液の濃縮の程度が体力レベルや性別と関係するかどうかはわかっていない。またトレッドミルテストで同じ時間の運動を行った人の間にも差がある。

DillとCostill(1974)は，血液サンプルのヘモグロビンのデータを使って血液濃縮による補正法を示した。運動後の血液濃縮の割合は以下の式から算出できる。

血液濃縮の割合（％）
=100−（テスト前ヘモグロビン／テスト後ヘモグロビン×100）

計算式[4-12]

血液濃縮におけるテスト後の乳酸値を正確にするために，以下の式が用いられる。

修正乳酸値＝
テスト前ヘモグロビン／テスト後ヘモグロビン
×テスト後乳酸値

計算式[4-13]

我々の研究結果から，血液濃縮を考慮に入れて血中乳酸濃度を計算することが重要であることがわかった。ある女性のエリートマラソンランナーはトレッドミルテストで20分間以上走った。彼女の$\dot{V}O_2max$は72 $m\ell$/kg・分であった。彼女のテスト前後のヘモグロビンは13.3mg/$d\ell$と15.0mg/$d\ell$であった。彼女のテスト後の最大血中乳酸値は88mg/$d\ell$（9.8mmol/ℓ）であった。

彼女の血液濃縮率は以下のようになる。

血液濃縮の割合（％）=100−（13.3/15.0×100）=11.3％

計算式[4-14]

この血液濃縮から彼女のテスト後の最大乳酸値を補正すると，以下のようになる。

修正乳酸値=13.3/15.0×88=78.0mg/$d\ell$（8.7mmol/ℓ）

計算式[4-15]

一般にこれまでの研究は，運動中あるいは運動後血中乳酸濃度を記述しており，血液濃縮により補正したものは少ない（例：Fay et al., 1989；Sjodin and Jacobs, 1981；Sjodin and Svedenhag, 1985）。補正しないで用いることは様々な運動強度における真の血中乳酸濃度の増加の変化を反映しない可能性がある。それは4mmol/ℓのような血中乳酸濃度を基準にしたトレーニングペースの設定を行うときに間違いを生む元になる。

❺──最大パフォーマンス能力

　酸素消費量は最終的にはピークに達しプラトーになるが、長距離ランナーでは，高強度運動時，FT線維の動員が加わることによる無気的代謝の貢献が増え，疲労困憊になるまでの時間が延長する。この無気的代謝能力は，選手にとって生理的に重要な問題であり，注意深く評価する必要がある。そのために，我々はトレッドミルテスト中になるべく長い時間，選手を運動させるために彼らを励ましている。第3章に書いたとおり，H^+はCa^{2+}がトロポミオシンに結合するのを阻害し，解糖系のホスホフルクトキナーゼ酵素の活動を阻害することで張力の発揮を抑制する。激しい運動で筋細胞内pHが6.2に低下すると血中のpHは6.8になる（Hermansen and Osnes, 1972）。選手は激しい運動を行うと主観的にアシドーシスを感じることができる。したがって，代謝性アシドーシスの増加は耐えがたいストレスになる。我々は無気的反応の評価をいくつかの方法で行う。おそらく最も定量的なものは，Medboら（1988）による酸素負債の蓄積を測定する方法である。また**表4-6**のようなデータから行うこともできる。そのひとつは$\dot{V}O_2max$のプラトーを維持している時間の長さである。もう一つは，選手が呼吸交換率（R）1.0以上で運動している時間とその最大値である。Rが1.0であることは，増加した代謝性アシドーシスを呼吸で補償していることを示している。3つめは，$\dot{V}CO_2max$を比較することである。4つめは運動終了5分後の最大血中乳酸レベルの比較である。持久性トレーニングは血中乳酸濃度が低いほうが効果的であるが，より大きな乳酸を出せるということは，無気的な運動に耐えることができることを示唆している（Holloszy and Coyle, 1984）。最後に，5つめは，テスト終了直前の選手の安定性を主観的に観察すること，すなわち，テスト中のランニングフォームが維持できているかどうかである。

　表4-6に要約した選手のデータにおいてわかるのは，以下のことである。

- $\dot{V}O_2max$が後半の80秒間プラトーで維持されていた
- テスト中の最大Rは1.15であり，1.0以上のRが4分40秒続いている
- $\dot{V}CO_2max$は6,119mℓ/分もしくは96mℓ/kg・分であった
- テスト後の血液濃縮9.1％で修正後の最大血中乳酸濃度は119mg/dℓ（13.2mmol/ℓ）であった

　この選手に対して，我々は彼の体力レベルがさらに改善するためのアドバイスをした。彼の$\dot{V}O_2max$は非常に高く，無酸素性作業閾値も彼の競技生活のなかで最も高値を示していた（88.5％$\dot{V}O_2max$）。我々はこの被検者に対して，オリンピックトライアルに向けてさらに2回のテストを行い，最もふさわしい時期にピークに達するようにした。彼は健康で，障害もなく，そして高い体力レベルでスタートラインにつき，最高のパフォーマンスを発揮したのだった。

まとめ

● ─ パフォーマンスのための心肺機能のモニタリング

1. 心循環系，肺のシステム，および血液の重要な仕事は，活動筋へ燃料およびO_2を輸送することと，代謝の結果産生されたものを取り除くことである。これはCO_2のような揮発性の酸および乳酸のような非揮発性の酸である。

2. 最大酸素摂取量（$\dot{V}O_2max$）のような要因，乳酸の蓄積がわずかな状態で$\dot{V}O_2max$に近い強度を長時間維持できる能力，そして$\dot{V}O_2max$以上の強度で短時間活動する能力，これらすべては遺伝的影響も受けるが，トレーニングを行うことで心臓-肺システムや骨格筋システムを刺激することによって改善できる。それには心理的意欲と良い競技者を生むための戦略の知識が必要である。

3. 同じような遺伝的能力，トレーニングを行った同質集団においては，これらの要因のすべてが相互に作用し競技成績を決める。これら生理学的指標の1つのみで優れたパフォーマンスを説明することはできない。

4. トレーニングは心循環系，肺のシステム，そして血液に特異的な適応をもたらす。これらの適応は最大酸素摂取量（$\dot{V}O_2max$）や乳酸性/換気性閾値を改善し，ランニングエコノミーや最大無気的能力を改善する。これらの能力が改善すると，直接的に有気的あるいは無気的能力を増加させる。

5. トレーニングに対する心循環系の特異的な適応が明らかになってきた。それは血液量の増加である。これにより組織への環流がより多くなり，また発汗や代謝性の酸の希釈のために使用される水分も貯蔵される。心室サイズの増加は一回拍出量の増加を引き起こす。これによりわずかな心拍数の増加で大きな心拍出量を生むことができる。また，このことにより，拍動の時間の間隔が長くなり，冠状動脈の心筋への血液供給量を確保できる。大きな環流は血液からのO_2の抜き取りを増加させ，動静脈酸素差を増加させるだろう。

6. $\dot{V}O_2max$は心拍数，一回拍出量，血液からのO_2の抜き取り率で決定される。女性が男性よりも値が低いのは，女性のO_2運搬能力が男性よりも小さいことによるものである。加齢によりこの値は低下する。エリートレベルのトレーニングを積んだ長距離ランナーは，トレーニングしていない人の2倍以上の$\dot{V}O_2max$を持っている。トレーニングと遺伝的要素の両方がこの差に影響している。

7. 乳酸性/換気性閾値は2つの運動強度があり，有気的代謝に無気的代謝の影響が加わる強度である。長距離ランナーは，血中に乳酸が蓄積を始める運動強度（換気量の増加とほぼ一致する）を競技力を改善するトレーニングに利用する。この閾値はいつも4mmol/ℓの乳酸濃度で生じるのではなく，人によって異なるし，また同じ人でもトレーニングによって変化する。ランナーがトレーニングを積むことによって$\dot{V}O_2max$の増加だけでなく，乳酸性/換気性閾値も改善される。その改善は絶対値でも$\dot{V}O_2max$の相対値でもみられる。

8. 有気的代謝に対して鉄は多様な役割を持っており，鉄の適量摂取は高い持久性パフォーマンスを発揮するために重要である。鉄はヘモグロビンやミオグロビンに含まれており，有気的代謝を担う酵素にも含まれている。さらに赤血球の前駆体の増殖をコントロールする酵素にも含まれている。激しいトレーニングや偏った食事は鉄の摂取を減少させる。着地衝撃や高強度トレーニング由来のアシドーシスによって溶

血が起こると尿中へ鉄が排泄され，汗からの喪失も重要になるかもしれない。ヘモグロビンやフェリチン（鉄貯蔵の評価），ハプトグロビン（溶血の評価），網状赤血球（赤血球産生の評価）そしてヘモシデリン（尿中排泄の評価）のような血中の指標をモニターすることは，選手がエネルギー代謝とO_2輸送といった観点からトレーニングのストレスを管理するための評価に役立つ。鉄を摂取し（鉄に関係する血中の化学的変数も含めて），鉄の欠乏が生じないようにしなければならない。

9. 年間を通してトレーニングする過程で繰り返しGXTを行うことはトレーニングによるパフォーマンス（$\dot{V}O_2max$，乳酸性/換気性閾値，ランニングエコノミー，最大パフォーマンス能力）の変化を知るうえで有効である。これはトレーニングを細かく調整したりレースの戦略をたてるのに役立つ。ランニングエコノミー，あるいは最大下運動中の酸素需要は最大下のいくつかの運動強度をテストして計算できる。これらのデータから直線回帰式を使い，$\dot{V}O_2max$時あるいは乳酸性/換気性閾値時のトレーニングペースが計算される。さらに4つのトレーニングゾーン（有気的および無気的条件，有気的および無気的能力トレーニング）を明らかにすることができる。

10. GXTテストから最も良い結果を得るために，選手に以下の点に注意させる。(a)競技会と同じ気持ちでテストに臨む，(b)テストの数日前は疲労や代謝的影響を除くため，長時間あるいは長距離の運動を行わず，テストに向けて調整する，(c)トレッドミルランニングやそのプロトコールに慣れる，(d)競技の前に行うようにウォームアップを行う，(e)$\dot{V}O_2max$の値だけでなく，最大無気的パフォーマンスを正しく評価するために，疲労困憊になるまで可能な限り激しい運動に耐える。

11. テストの信頼性を高めるために(a)実験室の条件（温度，湿度，テスト装置，テスト中の行為）を一定に保つ，(b)日内変動の影響をなくすために同じ日の同じ時間に行う，(c)10分程度で疲労困憊に至るような適度な長さのプロトコールを使う。

12. GXT評価の際，採血を行い，血中乳酸を測定することで乳酸が蓄積を始める運動強度を明らかにする。発汗により血液濃縮が生じる。乳酸の測定はヘモグロビンやヘマトクリット値の測定も同時に行い，血液濃縮率から正確な乳酸値を計算するのが良い。

DEVELOPING RUNNING WITH PERIODIZATION OF TRAINING

第5章

トレーニング計画の立て方

● 女子10000mで29分31秒78の世界記録を有する中国の王軍霞。写真は1993年9月13日、北京で開催された中国全国運動会で世界記録をマークしたときのもの（APF＝時事）。男子10000mの世界記録保持者はエチオピアのH.ゲブルセラシェ。26分22秒75の世界記録は1998年6月1日、ヘンゲロで樹立された。●

トレーニングを継続することにより，選手はパフォーマンスを高めることができる。しかし，同じ時間トレーニングを行ったとしても，そのパフォーマンスの伸びは個々によって違ってくることがある。この原因の1つに，トレーニング計画の良し悪しがあげられる。良く練られた合理的・専門的なトレーニング計画に従ってトレーニングをしている選手は，そうでない選手に比べて，パフォーマンスの伸びが一段と大きくなるのである。では，最大のトレーニング成果を上げることができる計画とは，どのようなものであろうか。それは，「誰が？」「何を？」「いつ？」「どこで？」「なぜ？」「どのように行うのか？」という6つの問いに答えながら作成されたトレーニング計画である。

　"誰"の問いではトレーニングを行う者の専門種目や発達レベルが，同じく"何"ではトレーニングの細かな内容，"なぜ"ではそのトレーニングの目的，"いつ"ではトレーニングの時期，"どこ"ではトレーニングの場所，そして"どのように"では具体的な方法が問われる。この章では，トレーニング計画を作成するためのノウハウを述べていく。

1 | 目標の設定

1. 長期計画と中間目標

　まずトレーニング計画に求められるのは，最終的な目標とそれに沿った中間目標を持つということである。ここでいう中間目標（短期の目標）は，自己記録をマークすることや，選手権で勝つことなどである。このような中間目標を設けることによって，選手自身が競技をする目的を明らかにすることができ，最終的な目標に向けて，じっくりと時間をかけて着実な改善を目指していけるのである。すなわち，進むべき道を示すように短期の目標を掲げることができれば，長期計画をうまく構成することができ，最終的な目標を達成するために役立つのである。

　多くの国では，競技会が頻繁に開かれており，目標とする選手権大会への飛び石（短期の目標）として，それらの競技会を利用することができる。例えば，アメリカの高校では，それぞれの州大会の前に郡などの単位で選手権を行っている。大学においても同じであり，近隣の2, 3校での競技会，競技連盟での競技会，そして最終的には全米の大学選手権へと進んでいく。学校に所属しない選手は，アスレチックコングレス（TAC）が主催するトラック競技会や，アメリカロードレースクラブ（RRCA）が主催するロードレースを飛び石として利用することができる。

　アメリカとは対照的に，オセアニアやイギリスなどヨーロッパの多くの国では，競技はクラブ組織に強く根づいており，対校競技会は少ない。そのため，主要な競技会に向けての中間目標として利用されることもあまりないのである。

コー（Seb Coe）は，何年かの間，最初は市選手権（シェフィールド）で競技した。そして，州選手権（ヨークシャー）を通して成長していき，国の選手権へ出ていった。その過程で良い成績を残し，コーはヨーロッパジュニア選手権へ出場した。そして，ついにヨーロッパの陸上競技の最も高いレベルにまで到達したのである。彼は，選手権大会を世界でのランキングを上げていくための合理的なステップだと考えていたのである。

2. トレーニングとしてのレースの活用

最高のピークを夏にもって来ようとしているトラックランナーにとって，秋と冬の間のクロスカントリーやロードレースは，重要なトレーニングになる。しかし，クロスカントリーやロードレースに照準を合わせすぎると，夏のシーズンが来る前に集中力が途切れてしまう恐れがある。このように競技会を利用してトレーニングを進めることは，選手にマイナス効果を与える場合もある。しかし，競技会にレースとは違う意味を持たせることにより，競技会をトレーニングとして活用することができる。それは，トレーニングとして利用する競技会では，勝負ではなく，タイムを重視して走る，ということである。すなわち，体力の指標を得るためにタイムを目指すという意識を持たせるのである。

これに関連する深刻な問題は，中間目標としての学校関係の競技会が多すぎるということである。このような競技会では，単なる目の前の利益（コーチの勝ち負け，高校や大学の満足）のために走らなければならず，レースをトレーニングとして利用することはできない。選手は最高のパフォーマンスを求められるために，プレッシャーによって精神的なダメージを受けたり，場合によってはケガをすることもある。そのような競技会において選手が成長するのは難しい。

長期の目標を立てると，それぞれのトレーニング期間のねらいを明らかにしやすく，また年間の競技会への参加・不参加が明らかになり，失敗も少なくなる。アメリカのクレイグ・バージン（Craig Virgin）は，トラック競技に重点をおきながらも長い間にわたりクロスカントリーでも国際的に活躍したランナーである。彼は，トラック競技の準備として，秋と冬は筋力と持久力を養うためにクロスカントリーに取り組み，3月の世界クロスカントリー選手権をトレーニングの進行度をチェックする最終テストとして用いたのである。

選手やコーチは，長期計画における目標を明確にし，それを大きく乱すことなく，様ざまなレベルのレースを計画のなかにうまく組み込むことが大切である。

3. 長期目標の設定

選手としての生涯を組み立てるにあたり，年度ごとに達成目標を持つことが大切である。そのためには，その種目でベストの状態に到達するであろう年齢を見極め，そして，1年ごとの目標記録を理論上見積もっていけばよい。

まずは，生涯ベスト記録は何歳くらいで出ることが多いか，明らかにする必要がある。そこで，800mから10000mのトラック種目とマラソンにおける，1996年終了時点でのトップ10アスリートの平均年齢を割り出すことから，この年齢を明らかにした（表5-1）。

では，5000mを専門にしている20歳の男性が，27歳でベストパフォーマンスをマークしようとしているケースを例に，実際に年度ごとの目標タイムを算出してみよう。彼の5000mの最高記録が14分

と仮定しよう。そうすると，最終目標の13分に到達するには，21歳の誕生日から28歳の誕生日までの7年間でタイムを1分短縮する必要がある。ピークに近づくにつれて，タイムの短縮はより難しくなると予想されるので，1秒の重みは増すであろう。この重みづけは，次のように決められる。

a）最終目標到達の年齢から各年度の年齢を引く。
27－20＝7，27－21＝6，……
最後は27－26＝1となる。

b）目標の短縮タイムをa）で求めた差のトータル（＝28）で割る。
60／28＝2.14

c）この値にa）で求めたそれぞれの年齢差を掛けたものが，その年のタイム短縮の目安となる。

したがって，21歳の1年間は約15秒（＝2.14×7）の短縮で，目標タイムは13分45秒になる。**表5-2**は，このような計算によって算出された理論上の目標タイムなどを示している。**表5-2**を見ると，13分が十分に達成可能なように思われる。この7年間の強化プログラムを考えるうえで重要なことは，選手をオーバーユースによる障害から守り，着実な伸びを示すための最適な環境を提供することである。そのためには，決して過度なタイムの短縮を求めようとしないことである。選手の強化は長期計画に基づいており，その年のいくつかのレース結果が設定した目標タイムを上回っている場合には注意しなければならない。そして，目標は最も少ないトレーニング量で達成するように常に心がけておかなければならない。

次にコーの例をあげ，長期目標の設定について考えてみよう。彼は12歳のときに競技を始めた。彼のコーチは，13歳までは年齢に応じたマイナーな競技会に照準を合わせたが，一方で1980年のオリンピックを目標とした計画も立てていた。この計画は，到達目標も設定する専門的なものであるが，初等教育から大学院にいたるまでの学校生活に十分に応じられるような柔軟なものでもあった。例えば，テスト期間でトレーニング時間が十分にとれない場合や，軽い病気になった場合でも，少し修正するだけで計画をそのまま実践することができた。

この計画のなかでコーチは，1980年か1981年に

表5-1● 中長距離種目におけるトップ10アスリートが自己ベストタイムを出したときの平均年齢

種目	男子（歳）	女子（歳）
800m	24.2±1.8	25.1±3.4
1500m	26.3±2.6	26.2±3.8
3000m	24.9±2.8	24.7±4.5
5000m	25.0±2.5	24.9±4.5
10000m	24.5±3.6	25.0±3.4
マラソン	29.3±4.9	26.8±3.9

注：1996年9月1日付の世界歴代ランキング10位までに相当するアスリートの平均年齢±標準偏差。

表5-2● 5000mにおけるパフォーマンス改善の目標設定

自己記録：14分00秒　現在の年齢：20歳
目標記録：13分00秒　目標の年齢：27歳

年齢（歳）	年間の改善タイム（秒）	1年ごとの目標
27－20＝7	7／28×60＝15	14分00秒
27－21＝6	6／28×60＝13	13分45秒
27－22＝5	5／28×60＝11	13分32秒
27－23＝4	4／28×60＝9	13分21秒
27－24＝3	3／28×60＝6	13分12秒
27－25＝2	2／28×60＝4	13分06秒
27－26＝1	1／28×60＝2	13分02秒
27	60	13分00秒

表5-3●セバスチャン・コーの主要な競技会におけるパフォーマンス

年齢	大会	順位	種目	クラス
14	ヨークシャー選手権大会	1	1500m	少年
16	北部選手権	1	1500m	ユース
	英国選手権	1	1500m	ユース
	英国高校選手権	1	3000m	ユース
18	英国選手権	1	1500m	ジュニア
	ヨーロッパ屋外選手権	3	1500m	ジュニア
20	英国室内選手権	1	800m (CBP)	シニア
	ヨーロッパ室内選手権	1	800m (UKR,CWR)	シニア
21	メモリアル	1	800m (UKR)	シニア
	ヨーロッパ屋外選手権	3	800m	シニア
	コカコーラ	1	800m (UKR)	シニア
22	英国室内選手権	1	800m (UKR)	シニア
	ヨーロッパ屋外選手権	2	400m	シニア
	ヨーロッパカップ	1	800m	シニア
	ビスレットゲームズ	1	800m (WOR)	シニア
	ウェルクラッセ	1	1500m (WOR)	シニア
	IAAFゴールデンマイル	1	1マイル (WOR)	シニア
23	ビスレットゲームズ	1	1000m (WOR)	シニア
	オリンピック	2	800m	シニア
	オリンピック	1	1500m	シニア
24	英・独対抗室内	1	800m (WIR)	シニア
	フローレンスインターナショナル	1	800m (WOR)	シニア
	オスロゲームズ	1	1000m (WOR)	シニア
	ウェルクラッセ	1	1マイル (WOR)	シニア
	ワールドカップ	1	800m	シニア
25	ヨーロッパ屋外選手権	2	800m	シニア
	ヨーロッパ屋外選手権	1走	4×800mリレー (WOR)	シニア
26	英・米室内対抗	1	800m (WIR)	シニア
	オスロ室内	1	1000m (WIR)	シニア
27	オリンピック	2	800m	シニア
	オリンピック	1	1500m (OR)	シニア
28	ヨーロッパ屋外選手権	1	800m	シニア
	ヨーロッパ屋外選手権	2	1500m	シニア
	リエティ	1	1500m (PR)	シニア
32	AAA英国選手権	1	1500m	シニア
	ワールドカップ	2	1500m	シニア

CBP：選手権大会記録，UKR：英国記録，WIR：室内世界記録，PR：自己記録，CWR：英連邦記録，
OR：オリンピック記録，WOR：世界屋外記録

800m，1500m，1マイルの世界記録が出ると予測した。そのときの800mの予測タイムは1分43秒。実際にコーが1979年に22歳でマークした800mの世界記録は1分42秒22であった。1マイルの予測タイムは3分48秒であり，1979年の1マイルの世界記録は3分48秒95であった。このように，800mと1マイルは，予想よりも早く目標を達成したが，1500mは7年も遅れ，1986年に記録したタイムは3分29秒77であった。

表5-3は，コーがジュニアからシニアへと成長していく19年の間で獲得した主な競技タイトルである。このように，彼が長期間にわたり活躍できたのは，オーバートレーニングや過度のレースを避ける配慮をしたためである。

2 期分けの原則

コーチと選手が競技目標やトレーニング計画について話し合うときに，"期分け"という一つの用語が頻繁に用いられる。これは，トレーニング計画における時間的枠組みを設定するための重要な概念で，この考え方によって，トレーニング計画の様々な部分の組み立てが可能になってくる。

"高いパフォーマンスに求められるすべてのものをバランスよく高めながら，適切な時期に体力レベルをピークに持っていく"ということはトレーニング目標のひとつであるが，期分けはこの目標達成に大きく貢献するだけでなく，選手強化を計画するには必要不可欠なものとなる(Bompa, 1988 ; Charniga et al., 1986, 1987 ; Dick, 1975 ; Freeman, 1989)。特にマスタープラン(基本となるトレーニング計画)を作成するにあたっては，期分けは重要になってくる。しかし，毎日のトレーニングの細かい部分まで考えて期分けをする必要はない。マスタープランの段階で詳細まで決めてしまうと，トレーニングを行う側がその計画に締めつけられることになるからである。最大のトレーニング効果をあげるためには，場合によってはトレーニング計画を変更する柔軟性が求められる。具体的には次のような場合に，計画を変更することが必要になってくる。

- トレーニングの進行が予定から大きく外れた場合
- 軽いケガをした場合
- 配慮しなければならないような生活の変化が起きた場合

1. トレーニングと期分けの用語

❶ ― トレーニング

トレーニング(training)は，レースの質などを意味するスポーツパフォーマンスを高めることを目的に行われる活動のことである。トレーニングでは，負荷に対して発揮される筋肉の力を量として定義した**筋力**(strength)，身体動作を素早く連続的にうまく行うことができる能力である**スピード**(speed)などを改善することができる。

❷ 持久力

持久力(endurance)とは，長い時間，最大下の運動を続ける能力であり，中長距離ランナーやマラソンランナーが備えていなければならないものである。持久力は**有気的持久力**(aerobic endurance)と**無気的持久力**(anaerobic endurance)の2つのタイプに分けられる。

有気的持久力は，**スタミナ**(stamina)とも呼ばれ，長い時間におよぶ高い強度の有気的運動に伴う疲労に耐えうる能力である。また，ある一定の時間スピードを維持する能力と解釈されることもある。

もう一方の無気的持久力は**スピード持久力**(speed endurance)とも呼ばれ，最大に近い強度での比較的短い距離のランニング中，疲労に耐え，スピードとフォームの両方を維持する能力である。

疲労(fatigue)は，ある負荷で運動を行ったときに，同じ効率を持続しているのにもかかわらず高まっていく困難さの感覚である（これらの定義は，オーバートレーニングについて述べている第8章でも取り上げる）。

❸ マクロ周期，メゾ周期，ミクロ周期

マクロ周期(macrocycle)は，最高のパフォーマンスを達成するために設定するかなり長い期間のトレーニング周期である。多くの選手にとって，特にトラックを目指す中距離ランナーにとって，マクロ周期はほとんどの場合，1年の期間を要する。例えば，ある選手は，秋にトレーニングを開始し，最終的には春の終わり，あるいは夏の初めの国内選手権大会にベストパフォーマンスが出るように目指す。しかし，このような長いマクロ周期を必要としないケースもある。例えば，一般的体力が優れており，ケガをしないマラソンランナーは，4-5ヶ月のマクロ周期で高いパフォーマンスを得ることができる。この場合，10-12週間の強いトレーニング，数週間の**テーパリング**(tapering)，そしてレース，その後1ヶ月の心身の休養というパターンでトレーニングが行われる(Lenzi, 1987)。世界的に優秀なマラソンランナーが，ふつう年間に2-3回以上レースに出場しないのはこのためである。

マクロ周期は，いくつかの，より短いトレーニング周期である**メゾ周期**(mesocycle)に分けられる。メゾ周期は，数週間から数ヶ月続き，一般的にはそれ以前のメゾ周期やそれに続くメゾ周期とは違った独自のねらいを持つ。ある周期では持久性の基礎の改善に強調をおき，またある周期では微調整をするといったように，それぞれにねらいは異なる。それぞれのメゾ周期は，少なくとも1つの**ミクロ周期**(microcycle)からなる。ミクロ周期は，わずか2週間程度の期間である。**図5-1**は，仮想のトレーニング期間を設定し，そのなかでそれらの周期を説明したものである。中規模の競技会やタイムトライアルは，一般的にはミクロ周期やメゾ周期の最後に，改善された体力を評価するために行われる。

まず目標を決め，そしてそれに向けてマクロ周期全体の概要を決めたならば，次の課題は，それぞれのメゾ周期やミクロ周期での目標やねらいを考えていくことである。ここでは，いろいろな幅広い活動が計画されるべきである。ランニングや総合的トレーニングは，ストレッチング，回復のための理学療法，定期的な健康診断などとも一緒にトレーニング計画のバックボーンを形づくる。

❹ トレーニング条件に関する用語

それでは，どのようにそれぞれのミクロ周期のトレーニングを表現すればよいのであろうか。次のような用語を定義することにより，トレーニング負荷を簡単に表現することができる。

トレーニング量(training volume)とは，あるトレーニング期間になされたトレーニングの量のことである。ミクロ周期ごとに行われた練習，ある1日

に行われた腕立て伏せのトータル回数，ある1回のウエイトトレーニングで持ち上げられたウエイトのトータル重量，200m走のインターバル走を行った日の総ランニング距離などのことをさす．時間で表わすこともある．

トレーニング頻度（training frequency）とは，ある期間（1日，1週間，1ヶ月など）になされたトレーニングの回数，あるいは，マクロ，メゾ，ミクロ周期といった期間内でのトレーニング周期の繰り返し回数などを意味する．例えば，あるマクロ周期では，1日に2回のトレーニングを行う．1000mのインターバルトレーニングは，2週に1回割り当てる．腹筋，腕立て伏せ，有気的コンディショニングのような運動は，毎日のように行う．ウエイトルームでの上体の筋力トレーニングは，週1回あるいは2回程度実施する．これらすべては，トレーニングの頻度を表わしている．

トレーニング強度（training intensity）とは，行った運動の質を意味し，量とは反比例の関係にある．すなわち，トレーニング強度が上がれば，割り当てられるトレーニング量は減少していくのである．優れた10000mの女性ランナーにとっての中くらいの強度，多い量のランニングとしては，3分53秒/kmのペースで16kmの距離のトレーニングがあげられる．しかしながら，そのランナーにとって3分06秒/kmのペースで1600mを5回繰り返すトレーニングは，量は減るがはるかに強いトレーニング刺激になるであろう．筋力トレーニング（ウエイトリフティング）では，持ち上げる重量が質，繰り返す回数が量となる．

図5-1は，トレーニング期の進行にともなう量と強度の関係を概念化し示したものである（Matveyev, 1981；Bondarchuk, 1988）．マクロ周期は進むにつれて，強度が増しトータル量は減少しているが，週当たりのトレーニング負荷は同じである．また，最終的なピーク（最終目標になる競技会）に

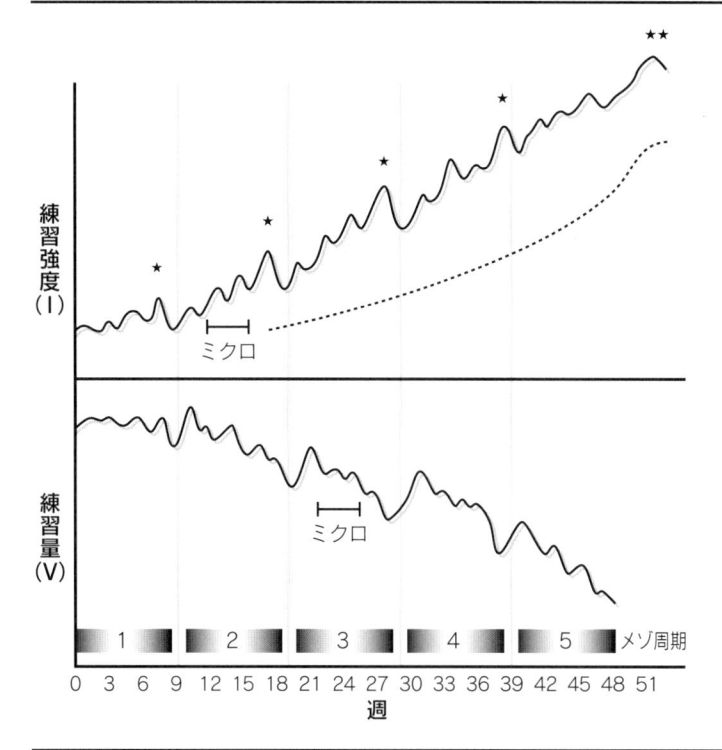

図5-1●メゾ周期ごとの練習強度と練習量の推移

仮想のトレーニング期間（ここでは52週）をマクロ周期とし，5つのメゾ周期に分けた．各メゾ周期中，練習量（V）は徐々に減少するか，そのままであるが，最終的に減少している．練習強度（I）は軽い有気的運動がよりハードな無気的運動に移行していくので，段階的に増加している．★の付いているところはメゾ周期の最後のテストポイントを示しており，★★はマクロ周期の最高点を示している．点線で示される競技力は一定の向上を見せるが，最後の週，あるいはテーパリング中に急激な向上を示している．各メゾ周期は，いくつかのトレーニング単位（ミクロ周期）に分けられ，トレーニングとしてのサイクリングが行われることもある．

近づくにつれ，種目特有のエクササイズに強調がおかれる。それらのエクササイズは，一般的には，より短時間で，より強度が高いトレーニングである。

トレーニング密度（training density）とは，トレーニングとトレーニングの間の休息で表わされる。休息が短くなればなるほど，トレーニング刺激は強くなる。トラックでの300m走2本を44秒で2分の休息で行う場合，同じタイムで3分の休息で行った場合に比べ密度は高くなる。休息は，それぞれのトレーニングの目的により，数秒から数分へと変化していく。

❺ーその他のトレーニング用語

ランナーのトレーニングを考える場合に，もうひとつ明確に定義しておく必要があるのが**ジョギング**（jogging）である。ジョギングは，歩行よりもエネルギー消費が大きく，ほとんどのランナーにとって，本当に遅いペースのランニングのことである。能力の高い成人男性ランナーは4分21秒/kmから5分36秒/km，能力の高い成人女性ランナーは4分58秒/kmから6分13秒/kmのペースである。高齢者にとっても同じくジョギングペースはゆっくりである。

専門用語が誤って使われ，コーチや選手を混乱させることがある。例として，**インターバル**（interval）という用語を取り上げてみよう。ある時間をかけてある距離を走ること，これがランニングのインターバルである。それを2回以上繰り返した場合，同じ距離の数回のインターバルを**レペティション**（repetitions：reps）という。それぞれのランニングインターバルを走り終えた後，完全，不完全ないろいろな長さの**休息**（rest）をとる。インターバルの集まりを**セット**（set）と呼ぶ。セット間の**回復**（recovery）時間は，セット内のランニング間の休息時間よりも一般的には長い。そして，それぞれのランニングは決められたスピード，言い換えると**ペース**（pace）あるいは**テンポ**（tempo）で行われる。もし，ランナーができる限り速く走れば，それは**最大ペース**（maximal pace）であり，もし，それが最大よりも遅ければ**最大下ペース**（submaximal pace）である。"インターバル"という用語を"ランニング間の回復時間"と考えている者が多いように，その他にも数えきれないくらいの用語の混乱がある。専門用語を統一し，共通の用語を用いることにより，違うグループのコーチや選手とも正しくコミュニケーションがとれるであろう。

❻ートレーニングの記述

トレーニングを書き記すときにも，共通した方法があれば便利である。例えば，200m28秒のペースで10本，繰り返しの間は55秒のジョギングという内容のトレーニングは，「10×200m@28秒（55秒ジョッグ）」と表記する場合もある。もう一つの例は，最大ペースの85％での速いインターバルランニングである。最初は5分，次は4分，3回目は3分，4回目は2分，そして終わりは1分を4回というランニングからなるトレーニングを組んだとする。最初の2回の回復時間は4分，次の2回はそれぞれ3分と2分，そして最後の1分間走の間はそれぞれ1分間の回復である。これは「5分（4分回復）+4分（4分回復）+3分（3分回復）+2分（2分回復）+4×1分（それぞれ1分回復）」と記述する。

2．トレーニングのバランスと特殊性

❶ーマルチペーストレーニング

マクロ周期を通して，ケガをしないでパフォーマンスを高めていくためには，筋力，スピード，スタミナ，持久力のすべての要素をバランスよく高めていく必要がある。例えば，長い距離のランニングを最初の数週間続けて行い，こんどはスピードを重視した高い強度のランニングを同じく数週間続けて行

うようなトレーニングをさせると、選手は障害を起こしてしまうだろう。そうならないためにも、年間を通していろいろな違ったペースでのランニングを行う**マルチペーストレーニング**(multipace training)に取り組むとよい。

レースに勝つためには、マルチペーストレーニングによりスピードと持久力の両方を強化することが望まれる。これは800mからマラソンまでのすべてのランナーにいえることである。800mや1500mランナーは、大きな競技会では3～4日続けてレースに出場しなければならないこともある。そうすると、決勝レースで負けないようなスピードが求められると同時に、それを決勝レースまで維持しなければならない。例えば、コーのようにオリンピックで800mと1500mの両方に出場しようとすると、9日間で7レースも走ることになる。同様にマラソンランナーにとっても、持久力を備えたスピードを高めることは必要なことである。1994年1月30日、大阪・長居で行われた女子マラソンでは3名のランナーがもつれながら競技場に戻ってきてラスト勝負になった。勝ったのは、安倍友恵、2位は藤村信子、ともに2時間26分09秒。3位は、浅利純子で1秒遅れであった。3人とも、日本記録よりも速かったのである。このレースからもマラソンでも、やはり持久力とスピードの両方が求められることがわかる。

❷──マルチティアトレーニング

さらには、マルチペーストレーニングだけではなく、様ざまなトレーニングの様式(ランニング、筋力トレーニング、柔軟性トレーニングなど)を用いて、基礎的な段階から専門的な段階へと移行していくようなトレーニング計画を構成することが望まれるようになる。つまり、それぞれの周期のねらいに応じて、トレーニングの組み合わせを変えていくのである。このようないくつかの段階を持つトレーニングを**マルチティアトレーニング**(multi-tier training)*と定義する。それぞれの段階は、先行する段階の上に作られ、それぞれが強化の重点を持っている。

マルチティアトレーニングの考え方を取り入れ、常に選手を幅広いトレーニング刺激にさらしながら、段階的に刺激を変えていくことにより、ケガや過度の疲労の危険性を減らすことができる。なぜなら、使いすぎからくる下肢の筋骨の障害は、ランナーが行っているトレーニング負荷を突然に変えたときによく起こると考えられているからである。例えば、平坦地から坂、靴からスパイク、ゆっくりしたランニングから短く速いランニングへ変えたときなどである(Reström and Johnson, 1985)。これは、骨格筋系は変化する刺激に適応するのに時間を要するということを示している。

これには実践的な根拠もある。これは、第2章に出てきた**図2-11**を見るとよくわかる。マクロ周期の間、低い強度の長い距離のランニングばかり行ってFT線維を使わないでいると、そのタイプの筋には刺激を与えることができなくなる。そういう状態のときに急に強い刺激を与えると、FT線維(タイプⅡb)に準備ができていないためにケガすることがあるのである。

＊マルチティアトレーニング：ティア(tier)は、階層という意味。マルチティアトレーニングでは、X_0からX_6までの7メゾ周期を階層状に積み上げ、1年のトレーニング周期(マクロ周期)を形成する。

> ## コラム
> ### ●――ケニアの長距離陣の強さを探る
>
> 　ケニアの男子長距離ランナーに対して生理学的測定を行った研究がある。この研究の結果は，"彼らが強いのは，遺伝によるものなのか？（FT線維とST線維の割合の違い）"，"生活スタイル（高地に住んでいること，若い時代のハードな生活様式など）によるものなのか？"，"あるいは両方なのか？"ということを明らかにするのに役立つ。Saltinら（1995）は，ケニアのランナーは，ヨーロッパやアメリカのランナーに比べると，エネルギー効率がわずかに高く，また無酸素性作業閾値と最大酸素摂取量が高いことを明らかにしている。このような有利さは，計画的なトレーニングに取り組む以前の子どもの頃に，生活のなかで走ったこと（羊の世話や学校と家の往復）から生まれたものと言える。すなわち，ランナーとしての能力は，遺伝によるものではなく，日常生活のなかで後天的に得たものだということである。

3 マルチティアトレーニングを利用した期分け

1. マルチティアトレーニングの有効性

　これまでに長距離走のためのいろいろなトレーニング方法が考えられてきた。そのうちのいくつかを紹介しよう。

- 1920～1930年代，フィンランドのパーボ・ヌルミ（Paavo Nurmi）は1500mから10000mで22回の世界記録を作り，12個のオリンピックメダルを獲得した。彼のコーチのラウリ・ピッカラ（Lauri Pikkala）は，長くゆっくりとしたランニングではなく，速いスピードで短い距離を走るトレーニングを行うことによってヌルミを育てた。それ以後のトレーニングでは，ランニングのスピードが強調されるようになった。
- 1940年代の初期，ワルダマー・ゲルシュラー（Woldemar Gerschler）は，短いランニングインターバル（100～200m）の間の回復時間を心拍数に従って決めることを提案した（心拍数が120拍/分まで低下するのを待つ）。
- ミハリィ・イグロイ（Mihaly Igloi）は，FT線維全体に刺激を与えるために，短い距離を組み合わせるトレーニングを提案した（インターバル間の回復時間を最小に，そしてセット間の休息をより長くする）。
- アーサー・リディアード（Arthur Lydiard）は，速いランニングの基礎となる有気的持久力を最初の段階で高めること，そして体および体力をバランスよく発達させることを説いた。また，

ランニング中の腕振りの動作を改善するためのヒルランニングを考案し，速いスピードのランニングを行わせることで無気的持久力の発達を促した．

ここで紹介した4つ以外にも，これまでに多くのトレーニング方法が考案されてきた．しかし，多くの名ランナーを育ててきたトレーニング方法を眺めてみたときに，2つの要素が欠落していることが分かる．欠落している1つめの要素は，年間を通しての幅広いペースでのランニングトレーニングの実践である．すなわち極端なスピード強調か持久力強調になることなく，レースよりも速いペースと遅いペースを適切に組み合わせたトレーニングが欠けているのである．中くらいのペースでの長距離走は有気的持久力を養い，速いペースの長距離走はスタミナを改善する．そして，非常に速くて短い距離のランニングは筋力と敏捷性を改善する．

具体的には1500mのスペシャリストには，800mのスピードトレーニングと同じように5000mのトレーニングも必要である．また，10000mのスペシャリストは，非常に長い距離のランニングを周期的に行うことが効果的である（マラソンのスペシャリストが行うような長い距離ではないが）が，スピードを重視した5000mのトレーニングも必要である．このように自分の専門種目だけでなく，どの距離にも適したペースでのトレーニングは専門種目にとっても最適な準備となる．また，様ざまなペースのランニングを経験していくうちに，有気，無気のどちらが遺伝的には劣っているのか，などといった自分の短所も明確になり，トレーニングでの課題を把握することができるのである．このようなマルチペーストレーニングの考え方は，マルチティアトレーニングのなかに組み込まれているのである．

このように有効だと考えられるマルチペーストレーニングを進めていくにしても，重点的に取り組むべき種目（距離）はある．成人ランナーが年間を通して重点をおく種目は5000mであり，若いランナーは3000mである．両方の距離とも有気的能力の限界に近いところ（最大酸素摂取量100%に近いところ）で競われる（表5-4）．これらの距離を走ることにより高められる体力は，有気的能力である．この基礎の上に，その後，速く走る能力やその速いペースを持続する能力を作り上げていくのである．そして，焦点をより長い距離あるいはより短い距離へと切り替えていく．もし，10000mに伸ばすのであれば，より持久的なトレーニングに移行し，また，1500mに縮めるのなら，より無気的なトレーニン

表5-4●ランニング種目におけるエネルギー供給

種目	世界記録 男子	世界記録 女子	推定 %V̇O₂max	レースに要求される要素	エネルギー貢献度(%) リン酸系	乳酸系	有気系
100m	9秒85	10秒49	—	オールアウト，ショートスピード	70	22	8
200m	19秒73	21秒34	—	オールアウト，ショートスピード	40	46	14
400m	43秒29	47秒60	—	99%オールアウト，ロングスピード	10	60	30
800m	1分41秒73	1分53秒28	135	98%オールアウト，持的スピード	5	38	57
1500m	3分27秒37	3分50秒46	112	95%オールアウト，スピード持久力	2	22	76
3000m	7分20秒67	8分06秒11	102	90%オールアウト，スピードを伴った持久力	<1	12	88
5000m	12分44秒39	14分36秒45	97	85%オールアウト，スピードを伴ったロング持久力	<1	7	93
10000m	26分43秒53	29分31秒78	92	いくらかのスピードを伴ったロング持久力	<1	3	97
マラソン	2時間06分50秒	2時間21分06秒	82	有気的ペース,ロング持久力,できる限りのスピード	<1	<1	99

注：−は適用不可．このデータはMatthew（1996）；Peronnet and Thibault（1989）；Leger, Mercier and Gauvin（1986）を参考にしたものである．

グに移行していけばよいのである。トレーニングを進めていくうちに，そのランナーにとっての最適種目を簡単に決めることができる。

欠落しているもう1つの要素は，ランニングによるトレーニングを総合的なトレーニング計画の単なる一局面としてとらえるという考え方である。ランニングは，もちろんトレーニング計画の大きな部分を占めるであろうし，パフォーマンス改善のためには最も有効な刺激を与える。しかしながら，ランニングの他にもサーキット，筋力トレーニング，ストレッチングなどを行い総合的に体力を高めることは，パフォーマンスの向上に貢献する全ての面を改善するとともに，選手の一貫したトレーニングを可能にしたり，選手の寿命を長くすることにも役立つのである。もし，選手がある面だけに強調をおいた場合には発達のアンバランスが生じ，障害に苦しんだり，不健康な状態に陥ることもある。加えて，回復促進のための理学療法，適切な栄養，適切な休息などが健康の維持，ケガとオーバートレーニングの防止を促すであろう。マルチティアトレーニングは，これらの面を全て組み入れたものである。

我われは，長年にわたり，このマルチティアトレーニングによりランナーを育ててきた。最近，発行された記事や著書で，長距離の名コーチ (Bondarchuk, 1988；Daniels, 1989；Vigil, 1987, 1995) や期分けの専門家 (Bompa, 1988；Freeman, 1989；McInnis, 1981) は，言葉こそ違うが，よく似た特徴を持つトレーニング概念を紹介している。

2. マルチティアトレーニングのメゾ周期

図5-2は，マルチティアの構造に基づいた我われのトレーニングの考え方を表わしている。これを建物の建設になぞらえて説明しよう。ひとつのマクロ周期の間（一般的には1年）に建物は作られる（トレーニングは終了する）。建物のそれぞれの階は，メゾ周期を示しており，Xで表わされている。このようにマルチティアトレーニングとは，いくつかのメゾ周期を持ったトレーニング計画である。それぞれの周期には，それぞれの目標が設定されている。また，それぞれのメゾ周期の長さは，行っている種目の特性，選手の状態，そして費やすことのできる時間により変えることができる。

回復のメゾ周期（X_0）は，前のマクロ周期でのレースやトレーニングの疲労を取り除き，次のマクロ周期に入るための準備期間である。最初のメゾ周期X_1は，基礎的な有気的能力を高めることをねらいとしている。ここには12週間を充てる。

では，実際にX_0，X_1のトレーニングをケイス・ブラントリィの1980年代のトレーニング日誌（5000，10000mを得意種目としていたとき）を参考に考えてみよう。彼は，1984-85年のメゾ周期の最後に当たる8月末の神戸ユニバーシアードで10000mの金メダルを獲得した。そして，1985-86年のマクロ周期を6週間のメゾ周期（X_0）で始めた。このうち最初の4週間は，積極的休養であり，ランニングは行わなかった。ここでは，ランニングの代わりに，2週間の水泳，セーリング，自転車や他のスポーツ活動を行うことで，有気的能力を維持し，トレーニングに取り組む気持ちを起こさせた。X_0の最後の2週間で，ランニングに取り組む準備を始めた。

それからメゾ周期X_1の最初の2週間は，週平均で80マイル（128km）走った。そして，週1回速く短いインターバルトレーニングを行い，有気的能力を高めた。3週めにはランニング量を78kmまで減らし，10kmのレースに出場，2位に入賞した。その後，週平均128kmのランニングを3週間続け，その翌週には，1回のロードレースを含め，74kmまで減らした。これに続く5週間は有気的コンディショニングの量を減らし，その代わりに5-10kmのレースペースでのロングインターバル（2000-3000m）を毎週1回行っ

た。この期間中にロードレースに3回出場し、それぞれのレースの前には2-3日の休息をとった。長くてゆっくりとしたランニング、いくらかの有気的キャパシティトレーニング、十分な回復、そしてロードレースというコンビネーションにより、4レースで優勝し、生活のための十分な収入も得た。そして、11週間にわたる有気的能力を高めるためのメゾ周期を完了し、次のメゾ周期を行っていくうえでの基礎を築いた。

次の2つのメゾ周期（X_2, X_3）では、質の高いトレーニングに強調をおく。これには、無気的トレーニングだけでなく、速いスピードでの有気的トレーニングも含まれる。ここではトレーニングへの適応に合わせて、トレーニングの量、強度、密度を注意深く調整し、さらなる発達を目指していく。疲労を残さないようにしながら、全体の負荷をゆっくりと高めるために、一般には有気的運動の量を徐々に減らすという方法がとられる。

メゾ周期X_4の間には、X_1～X_3のメゾ周期における選手の発達を評価すべきである。ランナーの体力要因の改善がすべて同じスピードで進むとは考えられないので、このメゾ周期中の1～2のミクロ周期で、改善が遅れている体力要因を高めるためのトレーニングに強調をおき、発達のバランスをとる。

このように、選手とコーチは、それぞれのメゾ周期での適切な時点でトレーニングの進行具合を知るための尺度を持っておくべきである。これらの尺度になるものとして、レースやタイムトライアル、実験室での生理学的評価などがある。トラックで行ういろいろな距離でのランニングの目標タイム（400～3000m）を、それまでのマクロ周期におけるデータをもとに明確にし、その年のそれぞれの時点での目標として定めておくべきである。また、長距離ラ

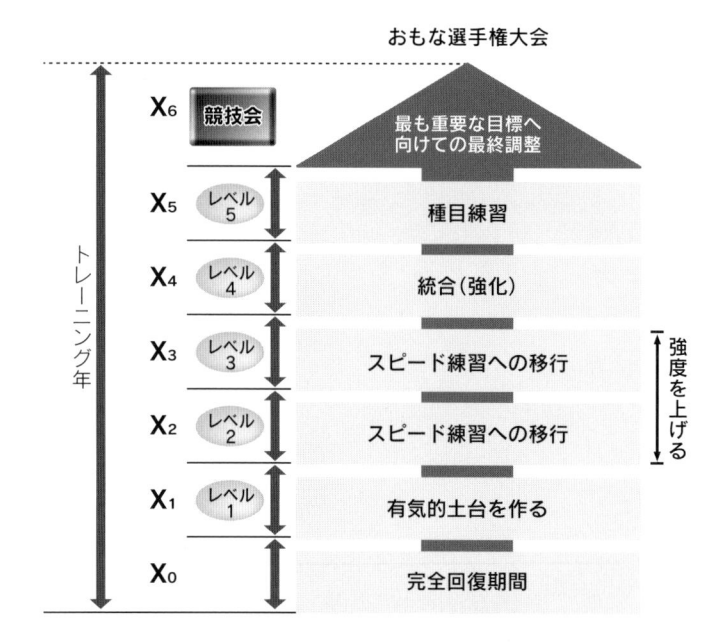

レベル	X_0 休養	X_1	X_2	X_3	X_4	X_5	X_6 競技会
割り当てられる期間（週）	4	12	8	7	6	3	12

図5-2 ● 期分けの基礎となるマルチティアトレーニングの概要

ンナーにとっては，ロードレースであってもトラックレースであってもレース時の天候が同じであるならばトレーニングの進行具合を知るための尺度になりうる。マクロ周期を通して発達していくにつれ，その途中で，他の時期の測定結果と比較することにより選手の発達の程度を知ることができる。

測定に際して，注意すべきことが1つある。それは，これらのテストにピークを合わせるべきではないということである。テストのパフォーマンスは，完全な回復をとり，興奮した状態で競技会に出場するのに比べると，低くなるのは当然である。しかし，いっぽうでは，これらのテストは，ハードトレーニング中での評価といえども，次のような理由で練習量を落とし調整することも必要となってくる。1つめは，ひどく疲れ切った状態では体力の高まりをチェックすることができなくなるからである。2つめは，ひどく疲労した状態でかなりのストレスを受けるテストを行うと，ケガの恐れがあり，またフレッシュな精神状態で臨めないために，持てる力を十分に発揮できないからである。

X_5の微調整メゾ周期に移ると，仕上げの段階を迎える。もし，バランス良く体力や技術が改善されていないのであれば，ここで最終の修正をするべきである。我われは，ここに3週間のトレーニング期間を充てた。ここでは，レースに要求されるより専門的な体力を高めるとともに，そのランナーの長所を磨くことが行われる。例えば，より長い距離の走り込み，インターバルトレーニング，短いインターバルでの加速練習などが含まれる。このメゾ周期が終了すると，目標とする選手権大会や一連のレースのためのテーパリング期間がおかれる。

メゾ周期X_5の最後の部分，または競技会メゾ周期（X_6，12週間続く）に入っても，決してトレーニングを完全には止めてしまうわけではなく，X_1〜X_4で行った程度のトレーニングを続ける。しかし，トレーニング量は大きく減らされて，体と心を新鮮な状態に作り上げていくのである。維持の努力をほとんどせずにベストの記録が出るような本当のピークは，3週間程度続くだけである。そのため，X_6の周期では，少ない量で中もしくは高強度のトレーニングを競技会に合わせてアレンジし，ピークの維持を図る必要がある。このようなトレーニングを，その選手が競技会で良い成績を残せると考えられる期間続ける。

3. 超回復の利用

ピークの間に4〜6の競技会出場を計画している者は，競技会前に練習量を減らすなどの調整を行い（**テーパリング**），回復を図ることができれば，優れたパフォーマンスを残すことができるであろう。これは，Yakovlev（1967）の言う**超回復現象***が見られるためである。

超回復を簡単に説明すると次のとおりである。あるトレーニングを行った後には，一時的に疲労状態に陥り，パフォーマンスは低下する。そして，何時間あるいは何日かにわたる回復期間をおけば，トレーニング前の水準を上回る超回復の現象が見られるのである。

この超回復の現象により3つの改善がもたらされる（**図5-3**）。1つめは，行ったトレーニングに対して生理学的な適応が生じることである（酸素摂取能力の高まり，筋肉の肥大，エネルギー量の増大）。2つめは，回復により神経疲労が和らぎ，その後，運動神経が増えることである。3つめは，適度な休息をとることにより，パフォーマンスへの欲求，競技会への自信や集中力が高まり，良い精神状態になることである。

このように超回復の原理は簡単であるが，それをレースとうまく合わせるのは難しい。レースで優れたパフォーマンスを出すためには，極度の疲労状態に陥らないこと，適切なタイミングでトレーニング

刺激を与えることに配慮し，超回復をはかることが重要になる。ここで紹介したYakovlevのモデルは，1回のトレーニングだけではなく，ミクロ周期，メゾ周期にも適応することができる。

最終目標となる競技会を終えれば，そこから回復段階へ入っていく。しかし，すぐに回復に入らずに，大きな競技会後に他の競技会に出場することも考えられる。こういった競技会では，精神的プレッシャーもあまりなく，良い状態を持続しているので自己記録を出せることもある。しかし，競技会期が長くなれば，量の少ないトレーニングを続けることになり，徐々にパフォーマンスは低下していく。これによってケガの危険性が増すうえに，思うような記録が出なくなり，精神的な落胆を招くこともある。

＊超回復現象：超回復に必要とする時間は，要因によって異なる。Foxは，アデノシン三リン酸とクレアチンリン酸の回復には2〜3分，筋と血液からの乳酸の除去には動的回復の場合で30分から1時間，筋グリコーゲンの回復には継続的な運動後で10〜46時間を要すると指摘している。

4. マルチティアトレーニングを構成する領域

マルチティアトレーニングには，それぞれの強化段階（メゾ周期X_1〜X_5）において，マルチペーストレーニングや，総合的な体力を高めるあらゆる運動が含まれる。表5-5は，マルチティアトレーニングを構成する7つの領域の内容を詳細に述べたものである。そして，それぞれの段階（それぞれのメゾ周期）は，この7つのトレーニング領域から構成されている。このうちの2つの領域は，総合的トレーニング領域であり，真ん中に位置する領域には，健康管理，マッサージなどの回復手段，改善をチェックする実験室でのパフォーマンス評価などが含まれている。残りの4領域は，それぞれの目的を持ったトレーニング領域であり，その領域で行われるランニングの量と強度を示している。

先にも述べたように，どの中長距離種目を専門とするランナーもマクロ周期の間，常に7つの領域のトレーニングを行うというのがマルチティアトレーニングの考え方である。一見，これは専門性を高めることを妨げるように思われる。しかし，それぞれの種目で，これら7領域に対する強調を変えれば，専門性を高めながら，基礎的な能力も改善することができるのである。

ゆっくりとした長いランニング，短く速いランニング，そしてその中間のランニングは，体に対して異なる

図5-3●Yakovlevの超回復（S）のモデル図

トレーニングによって，体に生理学的な負荷が与えられると，疲労（F）が生じ，競技力が低下する。トレーニング後に最適な回復（R）を取った場合にだけ，パフォーマンスは改善される。トレーニング負荷が低すぎると，改善は小さくなる。逆に強すぎるトレーニングは，より長い回復時間を必要とし，効果は得られないかも知れない。

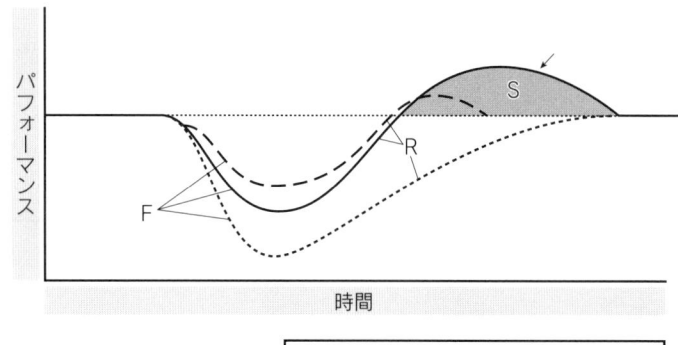

凡例：
—— 最適なトレーニング効果
……… 強すぎるトレーニング
---- 不十分なトレーニング

表5-5 ● マルチティアトレーニングの7領域

領域1 有気的コンディショニング
- 距離走：ロード，小道，芝生で長（中）時間行われる
- ランニングへ呼吸循環系が適応する
- 心拍数が70-80%HRmaxに達する

領域2 無気的コンディショニング
- 15-20分の中強度あるいは乳酸性/換気性閾値でのランニング
- ロード，トラックあるいは小道で行われる
- 無気的耐性が高まるような限界に近い無気的蓄積に耐えながら，快調で素早く，リズミカルに行う
- 乳酸性/換気性閾値のペースが高まるような適応が起こるようにする

領域6 サーキットトレーニング，ウエイトトレーニング
- フリーウエイトやマシンを使った一般的，専門的筋力の改善
- サーキットトレーニングを用いた筋力，スタミナの改善
- 全身の体力を強化する

領域7 健康の維持
- マッサージ，超音波
- 栄養管理
- 血液の生化学的検査
- トレーニングのペースを決定したり，体力の変化を調べるためのトレッドミルランニング
- 身体測定
- オーバートレーニングの兆候をみるための心理学的テスト
- 心肺機能の評価

領域3 有気的キャパシティトレーニング
- $\dot{V}O_2max$が出現するようなペースでの速いランニングを2-8分行う
- 回復は完全か，完全に近いものとする
- ロード，トラックあるいは小道で行われる
- 良いフォームを維持することに重点をおく

領域5 一般的な可動性
- 一般的なストレッチング
- 専門的柔軟運動
- 体操，プライオメトリックス，スイミング

領域4 無気的キャパシティトレーニング
- 最大に対して95%の負荷で，200-800mの距離を走る
- $\dot{V}O_2max$が出現するよりも速いペースで行う
- 完全な休息をとって行う
- マクロ周期の最初はかなりゆっくり行う
- 短い距離を専門とする選手には特に重要である
- 丘でも平地でも行うことができる

トレーニング刺激を与える。その刺激が適切な強さであり，適切な回復をとれば，生理学的適応が起こり，パフォーマンスは高まっていく。トレーニングで最大の効果を得るためには，**表5-5**と**図5-4**に示した4つのトレーニング領域の生理学的適応について理解したうえでトレーニング計画を立てるべきである。

図5-4のピラミッドの最上段は，100mから400mを専門とする選手に必要なスピードを示している。これは大切であるけれども，中長距離走のトレーニングで特に強調されるものでもない。しかし，ピラミッドの他の段階は，中長距離ランナーが毎日取り組むべき4つのトレーニング領域を示している。**図5-4**は，**図4-2**と一対であり，前者はコーチング（実践）の立場から，後者は生理学（科学）の立場から見たものである。では，これら4つの領域について詳しく説明していこう。

❶──有気的コンディショニング

有気的コンディショニングは，中長距離ランナーのトレーニングの基礎となるものである。**図5-4**に示されたピラミッドの最下段が有気的コンディショニングであり，その他のランニングを行っていくうえでの基礎となる。その内容は，どの中長距離レースペースよりも遅く，長く続くものであり，ベース

生理学的適応	血中乳酸	%HR max	%V̇O₂ max	インターバル ランタイム	ランニングの種類	トレーニング名称	インターバルで用いる距離	該当するレースペース
スピードと筋力 ・STとFT線維の発達 ・神経系の改善 ・アシドーシスに対する耐性	>9mmol 8mmol	100 95	130 100	30秒 2分	無気的キャパシティ	ショートインターバル レペティション ショートスピード	200m 1000m	800m 1500m
スピード ・STとFT線維の発達 ・神経系における多少の改善 ・血液の緩衝能における多少の改善 ・解糖系酵素の活性化	8mmol 7mmol 5mmol	95 90	100 98 90	2分 8分	有気的キャパシティ	ロングインターバル ロングスピード	800m 3000m	3000m 5000m 10000m
スタミナ ・ST線維と多少のFT Ⅱa線維の発達 ・心室肥大 ・一回拍出量の増加 ・酸化系/解糖系酵素の活性化 ・血流量の増大	5mmol 4mmol 3.5mmol	90 80	90 75	8分 20分	無気的コンディション	テンポ走 レーストレーニング マラソントレーニング ステディステイトトレーニング	マラソンレースペース15-20分	マラソン
持久性 ・ST線維の発達 ・血流量の増大 ・結合組織の発達 ・筋のエネルギー貯蔵量の増大 ・酸化系/解糖系酵素の活性化 ・毛細血管の発達	3.5mmol 2mmol	80 70	75 60 55	20分 2時間	有気的コンディション	オーバーディスタンストレーニング ベースワーク	すべての長距離走	

図5-4 ● マルチティアトレーニングに含まれる4種のランニングの特性

ワークとか会話走(会話ができるほどゆっくりとしたランニングであることから)と呼ばれる。

　ランニングの強度(ペース)を最大酸素摂取量に対するパーセンテージで表わすと、この有気的コンディショニングは、最大酸素摂取量の55-75%となる。これは、最大酸素摂取量の55%以下のペースでは着地の衝撃を与えるだけで有気的な改善をもたらさず、75%以上のペースでのランニングでは、解糖系の活動の開始を引き起し、この領域のトレーニングには適切でない乳酸の蓄積が始まる可能性があるからである。このペースをタイムで表わすと男性ランナーにとっての適切な範囲は、1マイル(約1.6km)あたり5分50秒から6分50秒である(図4-2参照)。

　しかし、この方法でペースを設定するためには最大酸素摂取量ペースを把握する必要がある。最大酸素摂取量ペースはトレッドミルテストを行えば簡単に測定できるが、いつも機器を利用できるとは限らない。そこで、最大酸素摂取量100%ペースは10分以上続かないという根拠に基づき、トラックでのタイムトライアルから見積もる方法を紹介しよう。図4-2の男性ランナーを例とする。もし、彼が10分間で3500m走ったとすれば、次の式ができる。

$$3500m / 600秒 = 1000m / x秒 \qquad 方程式[5\text{-}1]$$

　方程式[5-1]のxを算出すれば、$3500x = 600000$となり、$x = 171.4$秒/km=2分51秒40/kmとなる。このペースが最大酸素摂取量100%ペースになる。有気的コンディショニングでの走行距離は、経験の長さと専門種目にもよるが、短い場合で8-15kmの範囲であり、より長い場合で10-35kmである。また、16歳の高校生男子で1500mや1マイル走に興味を持つ者では、1回のランニングは4分40秒/kmのペースで10km、1週あたり平均121kmの距離を走るのが適切であろう。トップレベルの大学生に相応のトレーニング刺激を与えるためには、1回のランニングは4分02秒/kmのペースで16km必要となる。大学生のトレーニング強度が高い理由としては、大学生が総合的に成熟していること、トレーニング負荷に対する耐性が長年かけて向上していること、最大酸素摂取量がかなり高いことなどがあげられる。

　心拍数で表わすと、最高心拍数の70-80%の強度(Karvonen, Kentala and Mustala, 1957)が、有気的コンディショニングとしての典型である。例えば、あるランナーの最高心拍数が188拍/分であれば、有気的コンディショニングに適切な心拍数である70-80%は、132-150拍/分(男性)となろう。そして、女性では、心臓のサイズが男性よりも小さいため少し高くなるだろう。最高心拍数は、遺伝やそれまでのトレーニングに影響を受け、個人間でかなり異なるために、実際に測定する必要がある。

　有気的コンディショニングの効果としては、心筋と活性化された骨格筋細胞中の酸化系代謝能力が改善されることがあげられる。また、速いペースで起きるような過度の接地のストレスなしに、関節や腱を強くすることができる。ランニングに使われる骨格筋細胞では、ミトコンドリアが大きくなり数も増えるとともに、エネルギーの貯蔵量(炭水化物、脂肪酸)も増加する。トレーニングによって筋肉中の血液量が増え、毛細血管密度が増加すれば、O_2の運搬とCO_2の除去に関しての改善がみられる。

　有気的コンディショニングは、それほど強いトレーニング刺激ではないので、メゾ周期X_0で完全休息をとった選手では、トレーニング復帰の最初はこのトレーニング中心に行うべきである。それは、このトレーニングが呼吸循環器および骨格筋の両方に重要な適応をもたらすからである。さらにトレーニング年のメゾ周期$X_1 \sim X_3$にかけてでさえも、有気的コンディショニングは全体のトレーニング量のかなり大きな部分を占める。なぜなら、それは呼吸循環器の働きを維持する刺激として、また結合組織を強くする刺激として役に立つからである。特に長い距離のランニング中には、心臓に戻る静脈血が心室を大きくする刺激を与えるという効果をもたらす。そして、さらには心拍出量を増やすことになる。このような

心臓の適応は，安静時（朝）心拍数が低くなることでわかる。

また有気的コンディショニングは，優先的にST線維に刺激を与える。トレーニングにより筋肉および呼吸循環器の機能が改善されれば，ある一定のペースを維持するのに，より少ない疲労ですむことになる。また，ランニングで中心となって働いている筋の機能が改善されたなら，他の補助的な筋肉への負担は減る。そうすれば，より少ない筋活動ですむので，O_2消費が減り，ランニングエコノミーも改善される。

しかし，長い距離のランニングにも欠点はある。それは，結合組織に大きなダメージを与え，腱や靱帯の障害や炎症を招く危険性が考えられるということである。ランナーは，このトレーニングにつきまとう危険性を小さくするために，デコボコした道路でのトレーニングは避けなければならない。なぜなら，右足と左足の接地面はわずかであるが，高さが異なると，左右の足に違う強さの衝撃が加わるからである。歩道，小道，あるいは農場，平坦な牧草地やゴルフコースのような表面が草におおわれているところがトレーニングには望ましい。

❷──無気的コンディショニング

無気的コンディショニングは，図4-2と図5-4では下から2段目のカテゴリーに該当する。無気的コンディショニングは，有気的コンディショニングよりも，より強い有気的刺激を体に与えるので，ST線維の活動が活発になるが，FT線維タイプIIa（FT線維タイプIIbさえも）の運動単位の動員数増加をもたらす。また，毛細血管と血漿の増加を促すとともに，増加する酸化酵素および解糖酵素の利用を高める。その他にも筋肉や心臓における適応を導き，最大下の長く続く運動がより行いやすくなる。

効果的な無気的コンディショニングのトレーニングとしては，無酸素性作業閾値ペースのランニングがあげられる。第4章で述べたように，無酸素性作業閾値（乳酸性/換気性閾値）とは，運動を徐々に強くしていく過程で，乳酸の蓄積が急激に増加する時点の運動強度のことである。無酸素性作業閾値ペースは，遺伝や体力レベルにより異なるが，最大酸素摂取量ペースの約75-90％の範囲に広がっている。これは，男子の場合，最高心拍数の80-90％に相当するものであり，女子は心臓が小さいためいく分高くなる傾向にある。また，実際のランニングに当てはめると，より長い距離を専門とするランナーでは無酸素性作業閾値ペースで15kmを超える距離，あるいはハーフマラソンのペースとかなり類似したものとして考えることができる。図4-2のランナーでは，このペースは最大酸素摂取量の86％，3分14秒/kmのペースである（最大酸素摂取量ペースは2分51秒/km）。

この無酸素性作業閾値はトレッドミルテストにより知ることできるが，トレッドミルが利用できないのであれば，最大酸素摂取量の80％のペースで閾値に達するという仮説を立てればよい（これでは少し低いかもしれないが，高すぎるよりはよいであろう）。

また，心拍数から無酸素性作業閾値を推定する方法もある。これは，漸増負荷運動中の心拍数増加の速度は，乳酸性/換気性閾値付近で緩やかになるという仮説に基づいたものである。

この推定法は，最初に説いたFrancesco Conconiにちなんで**コンコニテスト**と呼ばれている（Conconi, 1982）。図5-5は，ある男子マラソンランナーのデータにより，このテストの利用の仕方を説明している。ランナーは，心拍数モニターを装着し，最初は本当にゆっくりとした有気的なペースで400mトラックを走る（例えば心拍数は130-135拍/分）。そして，200mごとに少しずつペースを増加していく（理想としては200mで1秒を超えない増加）。心拍数を200mごとにモニターに蓄積するなどの手段を用いて測定すると同時に，コーチあるいはアシスタントは正確にそれぞれの200mのタイムを計り，ペースの増加が適切かどうかについてランナーにフィードバックする。理想的には，12-16回の増加によりランニングペースが十分に高まり，心拍数の上

昇の傾きはより緩やかになるのがよい。心拍数の変化をグラフ化したときに，この傾きの変化を簡単に確かめることができる。心拍数の上昇スピードが変化するペースは，変化が生じる直前の200mタイムから判断することができる。

このコンコニテストにいまだに興味を示している研究者もいるが(Bunc et al., 1995)，いくつかの理由で，このテストはかなり疑問視されている。1つめの理由は，他の研究者がコンコニの方法を行ってもあまりうまくいかなかったことである(Lacour et al., 1987, Tokmakidis et al., 1988, 1992)。我々も試してみたが，**図5-5**にグラフ化されたような明らかな関係は，特殊な結果であることがわかった。一般的に心拍数の上昇は，一定の直線的な変化を示さない。2つめの理由は，エリートレベルの女子長距離ランナーの乳酸性/換気性閾値ペースでの心拍数は，最高心拍数と同じか，まさに最高に近い値になることである。そのため，心拍数の上昇が緩やかになる点は見られない。3つめは，いまだ負荷漸増にともなう換気量増加および**OBLA**(オブラ：Onset of Blood Lactate Accumulation)* のメカニズムを説明する的確な理論的根拠がないことである。そこで，ランナーが無酸素性作業閾値を超えたペースを知るための実用的で最も良い方法は，会話ができなくなるスピードから換気量が急激に増加する運動強度を推定することである。このペースは，"快適だけれどもきつい"と表現するのが最適であろう。

無気的コンディショニングの効果として，マラソンにおけるより速いレースペースを得ることがあげられる。最も効果的なマラソンレースのペースは，常に乳酸性/換気性閾値ペースよりもわずかに遅いものである。ちなみに10000mのペースは，おおまかに無酸素性作業閾値ペースよりも3-4%速く，5000mのペースは5-7%速い。このペースを守ると，無気的エネルギー供給を増加させることなく，ラストスパートをかけるレースの最後近くまで最も速いペースを維持することができる(Lenzi, 1987)。しかし，より短い距離(10000m以下の距離)でのレースペースは，一般的に閾値に相当するペースよりも速い。そのため，乳酸性/換気性閾値のペースが高いランナーは，より速いペースでレースが展開したときに有利になる。

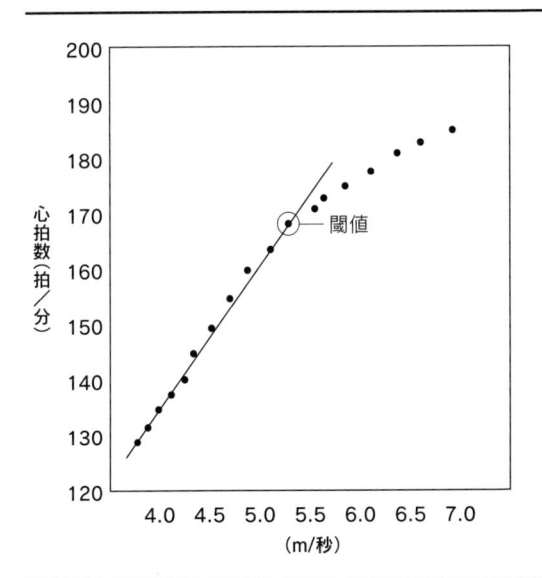

200m(回数)	200mタイム(秒)	総距離(m)	ペース(m/秒)	心拍数(拍/分)
1	50.5	200	3.96	128
2	49.2	400	4.06	132
3	48.0	600	4.12	135
4	47.0	800	4.26	137
5	45.8	1,000	4.36	141
6	44.7	1,200	4.47	145
7	43.5	1,400	4.60	149
8	41.9	1,600	4.77	154
9	40.1	1,800	4.98	159
10	38.8	2,000	5.15	163
11	37.5	2,200	5.33	168
12	36.0	2,400	5.56	171
13	35.1	2,600	5.70	173
14	33.7	2,800	5.93	175
15	32.1	3,000	6.23	178
16	30.9	3,200	6.47	180
17	29.7	3,400	6.73	182
18	28.4	3,600	7.04	184

図5-5●乳酸性/換気性閾値を心拍数から判断するコンコニテストの利用法

次に，無気的コンディショニングの実際例をあげてみよう．1つめは，最大酸素摂取量の80％のペースで20分間のランニングを5分の有気的コンディショニングペースでの回復をはさみ2回行うトレーニングである．トレーニング後のランナーの反応を見ながら，ランニングペースを，わずかに増加させたり減少させたりして調整する．**図4-2**の選手を例にあげると，適切な無気的コンディショニングは，数kmのウォームアップ，それから20分間の乳酸性/換気性閾値ペース（3分14秒/km），6分/マイル（3分44秒/km）ペースでの1マイル走，そして5分/マイル（3分06秒/km）ペースでの15分間走となる．

❸ 有気的キャパシティトレーニング

有気的キャパシティトレーニングには，3000mから10000mのレースで見られるようなペースでのランニングが相当し，最大有気的能力を高めることがねらいである（同時に無気的能力も強く要求される）．このトレーニングの効果としては，働いている筋肉における酸化・解糖酵素の増加，FT線維の活性，血液緩衝能力のわずかな増加が期待できる．強度は，最大酸素摂取量の90-100％，あるいは男子であれば最高心拍数の90-95％，女子は95-98％となる．最大酸素摂取量の100％を超えるようなペースに追い込むことは，単に無気的エネルギー供給の割合を高めるだけであり，それは有気的キャパシティトレーニングの目的ではない．ペースを上げる代わりに，距離を長くすべきである．

しかしながら，有気的キャパシティトレーニングは強度が高いので，ランニング距離はそれほど長くはできない．それは，無気的にエネルギーが消費され，激しい疲労が起こるからである．特にランニングの最初は，無気的エネルギーの消費が大きく，有気的エネルギー供給が主流になるまでは2～3分かかる．そして，有気的エネルギー供給が主となるランニングは，その後，強いストレスを感じ始める前まで約5，6分間続く．

このような理由で，走る時間は種目によるものの，6-9分を超えるべきではない．そして次のインターバルが始まる前までに，4-5分以内の回復（ジョギングあるいはよりゆっくりしたランニング）をとる．この回復により，血中の酸が中和され，血液の酸性度が緩和される．もし，回復が不十分なのに次のインターバルに移ると，疲労のために補助的な筋肉を動員することになる．それらの筋肉は，ランニング動作を良くするように働くわけではないので，より多くのエネルギーを使うだけでなく，使いすぎによる障害の危険性をも増大させる．走行距離にすると，種目にもよるが，1回のインターバルは1000-3000mであり，トレーニング全体としては，約6000-8000mとなる．長距離ランナーでは，週に1回このようなトレーニングを取り入れ，5週くらいの周期で有気的キャパシティトレーニングのメゾ周期を考えれば効果的である．例えば，週ごとに2×3000m，3×2000m，4×1600m，6×1000m，そして5週めに再び2×3000mといったセットを用いる．このうちの長い距離のランニングは，より10000mのペースに近づけ，短いランニングはより3000m，5000mに近づける．体力が改善されるにつれ，決められたペースを維持しながらもインターバル間に必要な回復時間は短くなっていく．これは，トレーニングに対するプラスの適応の印である．

ペース，距離，タイムが正確にコントロールできるトラックでのランニングに加え，**ヒルランニング**を有気的キャパシティトレーニングとして利用できる．ヒルランニングでは，上り坂を考慮し，ペースは平地走よりも遅くする．例えば，平地では3分06秒/kmのペースが，4％勾配（2.3°の傾斜）の上り坂では大まかに3分44秒/kmのペースに等しくなる．上り坂では，平地走よりも大きく腕を振り，膝を高く引き上げるために，より多くのエネルギーを必要とするからである．もし，ペースを正確に落とすことができなければ，上り坂ではエネルギー要求が大

きくなり，余分な無気的エネルギーを使うことになる。

❹ 無気的キャパシティトレーニング

　無気的キャパシティトレーニングは，最大酸素摂取量ペースの100-130％，心拍数で表わすと最高に近いランニングである。そして，ランニングのペースでいうと，最大ペースの95％あるいはそれ以上となる。このトレーニングのおもな目標は，短い距離のレースに求められるスピードと筋力を改善することである。これらの改善によって，ペースを素早く効率的に変えること，長くて速いラストスパートを維持すること，レース全体を最大酸素摂取量よりも速いペースで走ることが可能になる。

　中距離種目（800m，1500m，3000m，3000m障害）は，すべて最大酸素摂取量よりも速いペースで競争するため，血中や筋肉に蓄積される乳酸への耐性が求められる。また，5000m，10000mは，ゴール前まで少ない乳酸の蓄積で速いペースを維持し，最後の直線で爆発的にスピードを上げることができるランナーがレースを制することが多い。そのためには，相対的に高い最大酸素摂取量だけでなく，乳酸に耐える能力も有していることが求められる。

　これらの中長距離ランナーに求められる能力を高めるための無気的キャパシティトレーニングは，非常に速いペースで行われなければならない。そして，行われる距離は一般的には200-800mまで，トレーニングの合計で2400-4000mまでの間である。最大酸素摂取量ペースが2分51秒/kmのランナーを例にとると，極限の無気的キャパシティトレーニングは，このペースの120％のペースであり，800m1分50秒，400m55秒，200m27秒となる。具体的なトレーニング例としては，27秒で200m1本，55秒で400m1本，27秒で200m2本を2-3セットがあげられる。ランニング間の回復は，それぞれ90秒，180秒，90秒の回復，セット間の回復は10分間である。これは，シーズンの中盤から後半にかけての無気的キャパシティのトレーニングとして有用であるだろう。このトレーニングでは，増加していく疲労に耐えながらも優れたランニングのフォームを維持することを重視する。

　このようなトレーニングにおける回復期間では，乳酸レベルは上がり続ける。そして，回復期間が比較的長いのにもかかわらず，次のインターバルが始まるときにも乳酸レベルは高いままである。乳酸レベルが高いまま長く持続することが，体の緩衝作用を高めるのには有効である。インターバルを重ね，トレーニング刺激が強くなっていくと，FT線維タイプⅡaに働きかけて筋力の増強が促される。このような強度の高いトレーニングを数回行った後には，最大下ペースを維持することがかなり楽になるであろう。これは，改善された乳酸の緩衝能力や筋力の強化によるものである。

　さらに無気的・有気的キャパシティトレーニングの効果を高めるためには，最後の1回のインターバルを，それまでの繰り返しよりもかなり速いペースで行えばよい。コーの場合，30×200mを45秒回復，27-28秒のペースで走るトレーニングを行うときは，最後の1～2回のインターバルを23-24秒の範囲で走ったのである。

　無気的キャパシティトレーニングのような高いスピードのランニングでは，グリコーゲンとリン酸によるエネルギー供給が多く利用されるであろう。ATP貯蔵は，数分以内に再生されるが，グリコーゲンの貯蔵にはトレーニングの強度と量により，24-72時間が要求される。このエネルギー源の補充とともに，筋肉細胞の電解質と浸透バランスの回復，そして結合組織の破壊産物の排泄がトレーニングにより生じるのである。このような回復がトレーニング後の数時間および数日で行われる。早い回復には冷水浴，アスピリンやイブプロフェンなどの抗炎症薬物治療とストレッチングが効果的である。

＊**OBLA**：乳酸蓄積開始点のこと。運動強度を徐々に上げていくなかで，乳酸の定常状態を保つことができる最も強い運動強度を指す。

5. 心拍数とトレーニング強度

　心拍数により，運動時の負荷を大まかに把握することができる。一般に心拍数は寝ているときに最も低く，レースでのラストスパートやスピードを重視したトラック練習などで最高になる。また，心拍数は，体の健康状態と運動を行う準備を評価するのに重要な基準にもなる。例えば，朝の心拍数が通常よりも高い場合は，前日のトレーニングから十分に回復していないのである。

　図5-4は，トレーニングの4つの生理学的領域で行われるランニングの心拍数範囲をパーセンテージで示している。ここでは心拍数の測定の仕方について説明しよう。最近では，腕に装着できる時計のような心拍数モニターがあるし，腕時計で心拍数モニター機能を備えているものもある。心拍数モニターのなかには，インターバルランニングにおける最高と最低の心拍数に関するデータを蓄えることができるものもあり，それはコンピュータのソフトウエアにそのトレーニングの心臓ダイナミクスの記録として転送できる。このようなモニターがない場合では，選手は橈骨動脈あるいは頸動脈を触診するために，ランニング中に定期的に止まり，10秒間心拍数を測る。体力のある人の心拍数は急激に休息時の値に

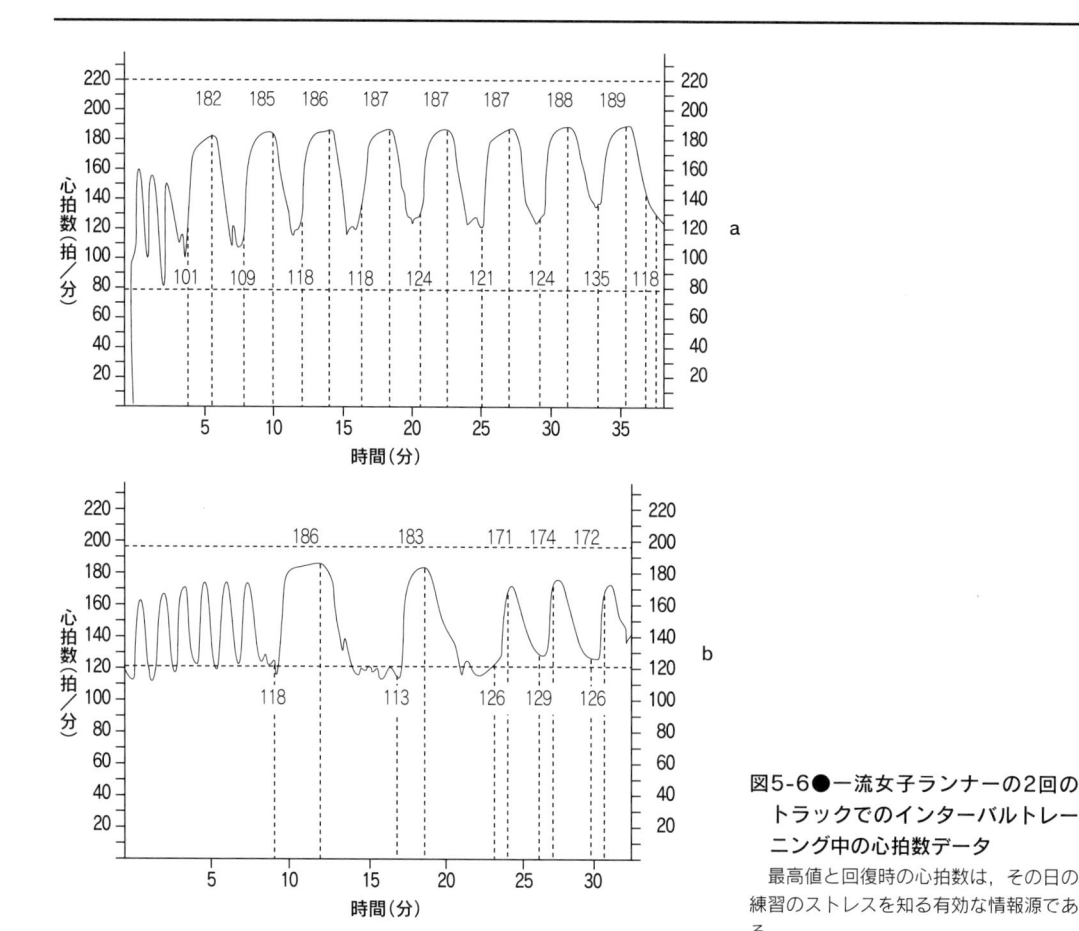

図5-6●一流女子ランナーの2回のトラックでのインターバルトレーニング中の心拍数データ

　最高値と回復時の心拍数は，その日の練習のストレスを知る有効な情報源である。

戻り始めるので，この方法は正確ではない。

我々が指導しているエリートランナーの多くは，心拍数のモニタリングを利用している。ある者は，メゾ周期中に定期的に繰り返されるあるトレーニング中の心拍数データを比較する。もし，体力が高まったのなら，ある決められたランニングペースをより楽に維持できるようになる。それらは，ランニング中の心拍数が低くなったり，あるいは休息時に心拍数が急激に低下することによりわかる。ある者は，インターバルトレーニングで，次のランニングが始まる前に疲労が適切なレベルに戻っているかどうかを知るために心拍数を測る。また，高地でトレーニングしているランナーは，ある一定のランニングペースにおける心拍数を平地での心拍数と比較することで，高地で受ける余分なストレスを知ることができる。

図5-6は，我々の指導している女性ランナーの2種類のトラックでのインターバルトレーニング中の心拍数のデータである。図5-6aは，トラックで次のトレーニングを行ったときの心拍数の変化を示している。

- 8×600m1分52秒（400mあたり74.6秒のペース）：心拍数は187拍/分
- スタートラインに戻るのに200m歩行による2分間の休息をとる

600mランニングと2分の休息を繰り返していくうちに，最初の休息時の心拍数レベルよりも徐々に増加していくのは，トレーニング負荷が徐々に増加していることを示す。

図5-6bは，より複雑なトレーニング中の心拍数の変化を示している。

- 6×100m：100mあたり15秒のペースで始まり，14秒のペースで終わる（心拍数は170拍以上には上がらない）
- 1×1000m：2分45秒（400mあたり66秒のペース，最高心拍数186拍）
- 400mの歩行による回復（心拍数113拍まで低下）
- 1×600m：1分36秒（400mあたり64秒のペース，ランニング中の最高心拍数183拍）
- 400mの歩行による回復（心拍数126拍まで低下）
- 3×200m：回復として200mの歩行を行いながら200mを28秒のペースで走る（ランニング中の最高心拍数170拍台前半）

このように心拍数は素晴らしい情報源であるので，コーチも選手もうまく利用できれば，トレーニングはより効果的になる。

6. いろいろな回復

トレーニングにおいては，休息（回復）は重要である。休息には次のような種類がある。

- インターバル間の回復
- インターバルセット間の回復
- 強いトレーニング日の間の回復
- 障害やオーバートレーニングの後に必要な回復
- 精神をリフレッシュするための回復

どんな素晴らしいトレーニングであっても，回復は，状況に応じて臨機応変にとらなければならない。なぜなら，最適な回復時間は前もって正確に決めることができないからである。もし，適切な回復をとらなければ，障害の危険性をもたらすことになる。

インターバル間の回復は，そのランナーのレベルに関係する。個々に応じて目標ペースで次のインターバルがこなせるだけの回復をとり，それぞれのインターバルで質の高いランニングを行うことは大切である。しかし，長すぎて，生理学的な沈静が進みすぎて精神的集中が失われてもいけない。

あるメゾ周期あるいはミクロ周期が進んでいくとき，ランニング時間と回復時間の組み合わせは変わっていく。負荷が強くなりすぎないように，しかも一定の適応をもたらすようにインターバル時間と回復時間の両方を決めていかなければならないのである。コーは，300mランニングを早期のマクロ周期

では3分回復の41-42秒9のペースで10回，そして90秒回復の38秒のペースで6回，最終的に45秒回復の38秒のペースで8回へと変えていった。これらのトレーニングの最後の300mはいつも最高スピードで行われた。セット間，インターバル間の両方の回復期では，軽いジョギングなどを行い，骨格筋の**ミルキングアクション*** を通して血液循環を維持することが求められた。

軽い障害やオーバートレーニングに陥ったなら，体が癒されるのにはかなりの時間を要する。再発の危険性があるのにもかかわらず，早く回復しようとして早い時期にトレーニングを再開することは良くない。練習を中断しているときに大切なことは，"いかに早く激しいトレーニングを再開するか"ではなく，むしろ"いかに長く激しいトレーニングから遠ざかるか"である。このような状況では，休息はトレーニングよりも重要なのである。

精神のリフレッシュのための回復は，トレーニング周期に組み込んでしまうとともに，必要に応じてとるようにする。このような休息によって，精神的状態を健全に保つことは重要である。

***ミルキングアクション**：静脈血を末梢から心臓へ送り返すために，筋が収縮・弛緩する運動である。搾乳動作に似ているため，ミルキングアクションと呼ばれる。

7. マルチペーストレーニングに関する研究結果

有気的トレーニングと無気的トレーニングの両方を組み合わせて行うと，単に有気的ランニングだけを行うよりも効果的である。この根拠は，1983年ポルトガルのアコテイアスにおける第12回ヨーロッパコーチ連盟の会議でデンマークの研究者により発表された2つの研究に見つけることができる。

1つめの研究は，コペンハーゲン大学のオーガスト・クロー研究所のHenrik LarsenとHenning Bentzen (1983) により行われたものである。この研究は，数年の競技経験のある9名の男子中長距離選手が対象となった。研究の最初の段階では，9名全員が26週間にわたり，最大酸素摂取量60-80％のペース（有気的ペース）で週あたり平均100km走った。この後，最大酸素摂取量が測定されるとともに，腓腹筋の**筋バイオプシー**が行われた。

9名の選手は，次の段階で2つのグループに分けられた。5名のランナーのトレーニングは，週当たりのランニング総距離が50kmまで減らされたが，トレーニングの半分が60-1000mの距離の無気的ランニングに変えられた。残りの4名のランナーは，14週の間，前段階と同じ週100kmのトレーニングを続けた。この段階は14週間続いた。

その後，体力特性の変化を評価するために測定が繰り返された。無気的にトレーニングされたグループは，最高心拍数の有意な増加を伴い，最大酸素摂取量が7％増加した。ところが，単に有気的トレーニングだけのグループは，変化を示さなかった。もうひとつの評価として，1000mと10000mの2つの距離のトラックレースを行った。その結果，無気的トレーニングを行ったグループは，1000mレースで平均4秒は速くなった。しかし，有気的トレーニングだけを行ったグループは変化を示さなかった。10000mレースタイムでは，無気的にトレーニングされたグループには改善の傾向はあったものの，両方のグループとも有意に変化しなかった。

生化学的変化を知るためにトレーニング後にも筋バイオプシーを行い，筋の適応を調べた。その結果，無気的にトレーニングされたランナーのFT線維タイプⅡa（解糖系（無気的），有気的運動の両方のために専門化された）の量は増加していた。これは，無気的運動に対して適応し，専門化が進んだと考えられる。

この研究の要約では，有気的トレーニングだけよりも，有気的トレーニングと無気的トレーニングを組み合わせたほうが，最大酸素摂取量はより高まる

コラム

●──最適な回復時間を決定するためには

　インターバルトレーニングにおける回復時間は，ランニング距離，気候（温度と湿度）とランナーの体力レベルなどによって決まってくる。回復は，トレーニングを終える前に疲労困憊に陥ることなく，最後まで良いフォームを維持できるだけの長さをとる必要がある。スローペースでのより長いランニングでは，回復時間は走っている時間よりもかなり短くなる。逆に非常に短いインターバルでは，走っている時間よりもかなり長い回復時間が必要となる。

　この回復時間は，ランニングタイムによって決まってくる。速いペースのトレーニング（最大酸素摂取量ペースあるいは有気的キャパシティトレーニング）を考えるための簡単で実践的な方法をあげてみよう。まず，走ろうとしている距離のベスト記録を25%だけ遅くしたランニングインターバルタイムを求める。次に，回復時間を決めるために**表5-6**を用いるのである。この表からは，必要とされる回復時間はランニング強度の増加とともに長くなっていることがわかる。

　例えば，トレッドミルで測定した最大酸素摂取量が62mℓ/kg・分，5000mのベスト記録が16分34秒（400mあたり80秒のペース），400mのベスト記録が62秒の女性ランナーが最大酸素摂取量100%のペースで10×400mのトレーニングを行おうとしたとする。そうすると，それぞれのランニングを62秒＋（62秒×0.25）＝62秒＋15.5秒≒78秒，78秒×2＝156秒＝2分36秒の回復時間で行えばよいことがわかる。

　パフォーマンスが向上するにともない，要求されるペースは速くなり，そのペースを維持すべき時間は長くなるであろう。5000m，10000mのスペシャリストは，強くなるにつれ，最初はペースを速くすることよりも，繰り返す距離を長くすること，回復時間を短くすることに強調がおかれる。800mと1500mのスペシャリストは，一般的には回復時間を短くすること，ペースを速くすることに強調がおかれる。

表5-6●ランニングインターバル間の回復時間の算出方法

トレーニング負荷	ランニングタイム RT	回復時間	回復手段
ショートスピード（全力） （無気的キャパシティトレーニング）	10秒 20秒 30秒	3×RT 3×RT	歩行，ストレッチング ジョギング
ロングスピード（95-100%最大努力） （無気的キャパシティトレーニング）	30秒 60秒 80秒	3×RT 2×RT	ジョギング ジョギング
スピード＋持久力（95-100%最大努力） （VO2max-有気的キャパシティトレーニング）	80秒 2分40秒 3分	2×RT 1×RT	ジョギング 完全休息
持久力（80-90%最大努力） （有気的コンディショニング）	3分 4分 20分	1×RT 1×RT	完全休息 完全休息

ことが示された。有機的な蓄えが大きくなればなるほど，無気的にエネルギーが供給され始めるとき（乳酸性/換気性閾値）と，有気的限界（最大酸素摂取量）に到達するときのパフォーマンスレベルが高くなる。

　2つめの研究は，同じくオーガスト・クロー研究所のThomas Okkels (1983)が発表したものである。その目的は，2つの異なる強度の無気的トレーニングがパフォーマンスに及ぼす効果を検討することであった。16名の熟練したランナーのグループに，週平均90-120kmで16-20週間の長期にわたる有気的トレーニングを行わせた。これと同時に，バランスのとれた発達をねらいとしたサーキットトレーニング，ヒルランニング，ファルトレクを課した。その後，生理学的な評価（GXTと筋バイオプシー）が行われた。

　測定後，16名のランナー全員の有気的トレーニングは，7週間の間，60-90km/週に落とされた。16名のうち7名のランナーは，週3回の無気的キャパシティトレーニングを行った（Okkelsはそれをインターバルトレーニングとした）。このトレーニングでは適切なフォームが保てるだけの回復時間をとりながら，最大か最大に近い強度で短い距離を走った。トレーニング直後の血中乳酸値は15-23mmol/ℓになった。他の9名のランナーは，良いランニングフォームを保つことができるだけの回復をとりながら週3回の有気的トレーニング（800-1500mの速いペースでの繰り返し）を行った。最後の繰り返し後の血中乳酸値は，10-11mmol/ℓの範囲であった。

　無気的キャパシティトレーニング期を終えたグループは，最大酸素摂取量において4%の増加を示した。しかし，有気的キャパシティトレーニングを行ったグループの最大酸素摂取量には変化がなかった。

　筋バイオプシー（腓腹筋）の研究では，酵素の面から評価を行った。解糖系酵素活性は，有気的トレーニングを含んだランナーで11〜22%も増加した。しかし，無気的キャパシティトレーニングを行ったランナーでは，変化していないか，逆に減少していた。これらのことから，無気的キャパシティトレーニングは神経筋動員を促し，最大酸素摂取量の増加に貢献していると考えられる。しかし，無気的キャパシティトレーニングをやりすぎると，解糖系能力を低下させることにつながると考えられる。

　これらの研究の結果から，より高い強度のトレーニング（より速いペースのランニング）は，筋力を増加させ，それによってスピード改善の可能性が高まることが明らかになった。スピードが高まれば，ある最大下ペースのランニングを楽に行うことができるようになるのである。

4 独自のトレーニング計画の設計

　ランニングマガジンは，"あなたもこれをすればうまく走れる！"と，有名ランナーのトレーニング日記のなかから1週間のトレーニング計画の抜粋を掲載する。そして，多くのコーチや選手が，成功した他の選手のトレーニング計画をまねたがる。しかし，このようなトレーニング戦略をそのまままねることは，コーチや選手にとってベストとは言えない。なぜなら，彼ら自身の創造性が押さえられ，自身の運命を自分で決められなくなるからである。また，選手は，トレーニング環境，競技目標，基本的体力，遺伝的能力などが同じ

わけでない。そして，それぞれのトレーニング年において，目標にしているレースは個人によって異なるのである。

もし，このような短いトレーニング計画は，それらが典型的な週のトレーニング，あるいは多くの週で繰り返される2週間ごとの典型的な形式でなければ，役に立つことはめったにない。

1. マクロ周期トレーニングの開始

休息をとることにより，筋や骨の修復が行われる。しかし，ランニングの禁断症状が現れる。代わりの運動（スイミング，自転車，ハイキング，ヨット，テニス，自由なランニングなど）は，パフォーマンスを維持するのに役立つが，決して精神面のトレーニングの飢えを満足させない。また，長い間トレーニングを休むことによって，著しい体力の低下が起こるのではないだろうか，などといった不安がよぎるのである。しかし，体力の低下は，心配するほどのものではない。Cullinaneら（1986）は，トレーニングを休止するまでは週80kmを規則正しく走っていた15名のランナーが10日間の休息をとると，血漿量が5％減り，安静時心拍数が1分間9拍増えたが，最大酸素摂取量は変わらなかったと報告している。

回復期では，心身を休ませながら，次シーズンのために念入りに目標や計画についてコーチらと論議する必要がある。前シーズンに，明らかになった長所や短所について検討し，そして短所を改善するための方策を立てるのである（例えば，ストレッチングを増やす，上体の筋力強化に重点をおくなど）。そして，数週間の休息の後には，最初のうちは弱くゆっくりとした有気的ランニングから始めるようにするとよい。トレーニングが再開されたとき，再び以前のトレーニングペースの90-95％で8-10マイル走れるようになるのに，そんなに多くの時間は要らない。せいぜい2〜3週間である。適当な休息，栄養，水分補給，柔軟性の維持に配慮すれば，すぐに回復していくであろう。本格的なトレーニングはそれから始まる。

競技会がすべて終わり，次のシーズンに再び新鮮な状態で取り組もうと思えば，このように十分な回復をとる必要がある。

2. トレーニング周期を通してのトレーニングの分配

表5-7は，中距離（800-3000m），長距離（5000m-マラソン）ランナーを例に，どの種のトレーニングを週に何回行えば良いかの目安を示したものである。いくつかのポイントに注目をしながら，この表を見てみよう。

1つめのポイントは，どのトレーニング期間にも，複数のトレーニング単位が含まれていることである。例えば，草の上で行う速いマイル（1.6km）と遅いマイル（1.6km）を交互に行う40分間走は，有気的・無気的トレーニング領域の両方の要素を含む。すなわち，これは，2つのトレーニング単位から構成されているのである。ゆっくりとしたクーリングダウンが，このようなトレーニングの後に行われ，それから3つめの単位である上半身の筋力トレーニングが加えられる。

2つめのポイントは，マクロ周期が約1年続くことを念頭におくということである。この表ではX_1〜X_4の33週間を示しているが，その前には4週間の回復（X_0）がある。そして，その後には調整期（X_5）の3週間と競技会期（X_6）の12週間が続く。これらすべてを合わせて52週となる。このマクロ周期を短くし，1年に2回の同じ大きさのピークをつくることは，現在の世界の競技会レベルを考えると難しい。

表5-7●マクロ周期における中長距離ランナーのトレーニング負荷

A. 中距離（800m－3000m）

領域 / 期	週	1 有気的コンディション	2 乳酸性/換気性閾値	3 有気的キャパシティトレーニング	4 無気的キャパシティトレーニング	ランニングトレーニングの回数	トータル距離（km）	5 可動域を高めるトレーニング	6 サーキット＆ウエイト	トレーニングの総回数
X_1（12週）有気的土台を作る	4	5-6	0-1	0	0	5-7	48-60	4	0-1	9-12
	4	4-5	1-2	1-2	1	7-10	72-96	4	1-2	12-16
	4	4-5	2-3	2	2	10-12	104-120	4	2-3	16-19
X_2（8週）強度を上げる	4	3	3	2	3	11	112-120	4	3	18
	4	3-4	4	2	3	12-13	120-128	4	3	19-20
X_3（7週）テンポを速くする	4	3	5	2	3	13	112	5	2	20
	3	3	5	3	3	14	104	5	2	21
X_4（6週）まとめ	3	2-3	4	3	4	13-14	96	4	1	18-19
	3	2-3	4	3	4	13-14	88	4	1	18-19

B. 長距離（5000m－マラソン）

領域 / 期	週	1 有気的コンディション	2 乳酸性/換気性閾値	3 有気的キャパシティトレーニング	4 無気的キャパシティトレーニング	ランニングトレーニングの回数	トータル距離（km）	5 可動域を高めるトレーニング	6 サーキット＆ウエイト	トレーニングの総回数
X_1（12週）有気的土台を作る	4	4-5	0-1	0	0	4-6	48-81	3	0-1	7-10
	4	4-5	1-2	1-2	1	7-10	89-112	3	1-2	11-15
	4	5-6	3-4	1	1	10-12	120-145	3	2-3	15-18
X_2（8週）強度を上げる	4	4-5	3-4	2	1	10-12	128-153	3	3	16-18
	4	4-5	4-5	2	1	11-13	128-153	3	3	17-19
X_3（7週）テンポを速くする	4	4-5	4-5	2	2	12-14	128	4	2	18-20
	3	4-5	4-5	3	2	13-15	120	4	2	19-21
X_4（6週）まとめ	3	4-5	4-5	4	2	14-16	112	3	1	18-20
	3	4	4	3-4	2-3	13-15	112	3	1	17-19

なぜなら，2回のピークを作るためには，それぞれのミクロ周期の長さを短くしなければならず，そうすると総トレーニング量が少なくなり，体力が十分に高まらないためである。

そのため，ランナーは最高の舞台で最高のパフォーマンスを残すのか，あるいはいくつかの競技会でそこそこの成功を収めるのかの優先権を決めなければならない。

3つめのポイントは，筋力，パワー，関節の可動性，運動感覚の発達をねらいとして，ストレッチング，サーキット・ウエイトトレーニングと呼ばれるトレーニング単位を設定していることである。これらの単位は，体力の総合的な発達に関係する。

4つめのポイントは，マラソンランナーは多くの量の有気的コンディショニングを行うことが要求されるということである。そのため，彼らの総走行距離は，しばしば表5-7よりも多くなるであろう。しかし，この余分な走りこみにより，使いすぎによる障害の危険性が増していくことを忘れてはならない。十分な休息，エネルギー消費を補う適切な栄養，平坦で柔らかい地面，機能性の高いシューズの着用（快適な支持と衝撃の吸収をもたらす），マッサージなどによる疲労の回復により，この余分な有気的コンディショニングが行えるようになる。

5つめのポイントは，たとえ同じトレーニングであっても，それぞれのランナーによって，それが違うトレーニング領域に属するかもしれないということである。一つの例として，5×800mを2分20秒，2分16秒，2分12秒，2分8秒，2分4秒のペースで走るトレーニング，あるいは2分，1分50秒，1分40秒，1分30秒，1分20秒の回復時間で5×800mを2分16秒のペースで走るトレーニングを考えてみよう。このような強度は，800mランナーにとっては有気的コンディショニングあるいは無気的キャパシティトレーニングになる。しかし，マラソンランナーにとっては，有気的キャパシティトレーニングあるいはさらに無気的キャパシティトレーニングにもなりうるのである。また，ランナーの体力が向上したときも，同じことが言える。先にあげた5×800mは，マクロ周期初期の1500mランナーにとっては，無気的キャパシティトレーニング（最大酸素摂取量ペースより速い）になろうが，体力の改善された数ヶ月後には有気的キャパシティトレーニング（最大酸素摂取量ペースあたり）になるかもしれない。以前のトレーニング日記を見ること，タイムトライアルやトレッドミルテストを実施することなどにより，変化したそれらの体力レベルは見分けることができる。

3. 無気的トレーニングと有気的トレーニングの組み合わせ

マラソンを除いて，すべてのオリンピックの中長距離種目のレースは，無気的代謝物質が蓄積するペースで行われる。距離が短くなればレースペースは速くなり，無気的エネルギー供給の相対的な割合は大きくなる。表5-4と図5-5は，レース距離が短くなるにつれて有気から無気へ重点が移ることを示している。それぞれのレースのペースは，種目とそのランナーの能力に合わせて設定されるべきである。もし，ペースが速すぎて無気的代謝物質の蓄積が多すぎると，疲労が生じ，ペースは急激に遅くなる。

次の3つの原因により無気的代謝物質の蓄積が早くなることがあるので注意が必要である。

- ペース感覚が未発達なために前半が速くなりすぎた場合
- 急激なペース変化を伴う戦術をとった場合
- 体力レベルの割に要求されるペースが速すぎる場合

無気的能力を高めるには，無気的なランニングを積極的にトレーニングに取り入れていかなければならない。そこで，あまりにも多くの量の有気的ランニングを計画していると，無気的ランニングをうまく挿入していくことができなくなる。また，有気的

表5-8●トレーニングの概要と分析：セブ・コー，1973年，16歳

週		トレーニング日数	km	有気・無気の割合（％）		レース
				有気的	無気的	
5		5	18	100	0	
6		7	24	50	50	XC
7		6	29	75	25	
8		6	56	82	18	
9		7	75	87	13	
10		6	34	55	45	
11		5	43	49	51	800m室内
12		3	40	80	20	
13		6	55	57	43	XC
14		6	48	66	34	
15		6	22	33	67	
16		5	42	23	77	
17	(4月)	7	58	54	46	100m, 800m
18	(5月)	6	32	75	25	800m, 1500m
19		7	37	38	62	800m（1分56秒0）
20		6	34	28	72	
21		6	38	50	50	3000m市選手権
22		6	39	77	23	
23		7	63	36	64	3000m地域選手権
24		6	14	0	100	1500mNCAA
25		6	46	73	27	
26		6	37	82	18	
27		5	45	59	41	3000m英国学校選手権
28		7	45	64	36	
29		7	34	50	50	
30		7	41	46	54	
31		4	27	35	65	1500mユース
32		7	39	79	21	
33		3	11	0	100	3000mシニア
34		5	46	100	0	
35		5	17	91	9	
36	(9月)	7	32	50	50	
37		4	13	0	100	1500m
38		4	24	75	25	
39		5	21	88	12	XC
40		5	32	100	0	
41		6	35	100	0	XC
42		5	37	100	0	XC
43		6	21	77	23	
44		5	11	55	45	
45		5	27	17	83	XC
46		4	26	100	0	XC
47		6	22	50	50	
48		6	42	81	19	XC
49		4	22	62	38	
50		1	3	0	100	
51		5	43	100	0	ロードレース
52		5	35	81	19	XC
計48週		264/336日	計1,635 平均=34.1km/週	平均61%	平均39%	計23レース（予選は含めない）

（週19〜週37の範囲に「トラック　シーズン」の縦矢印表示）

注：XC=クロスカントリー，NCAA=北部陸上競技連盟（Northern Counties Athletic Association）

表5-9●トレーニングの概要と分析：セブ・コー，1975年，18歳

週		トレーニング日数	km	有気・無気の割合（%）		レース
				有気的	無気的	
1	(1月)	7	66	50	50	
2		6	26	70	30	
3		7	76	82	18	7kmXC
4		6	55	50	50	
5		7	53	55	45	7kmXC
6		4	42	55	45	
7	(ケガ)	5	37	100	0	
8	(ケガ)	6	66	51	49	
9		7	63	45	55	
10		6	45	64	36	
11		7	68	50	50	
12		6	50	61	39	3000m室内
13	(3月)	7	76	53	47	
14	(4月)	6	58	91	9	
15		7	50	58	42	1500m
16		6	45	78	22	
17		7	47	50	50	
18		6	61	100	0	1500m
19		6	30	75	25	
20	(ケガ)	0	0	—	—	
21	(ケガ)	0	0	—	—	
22		5	26	60	40	1500m
23		7	53	55	45	800m
24		7	63	54	46	
25		6	40	56	44	1500mNCAA
26		7	50	50	50	3000mNCAA
27		7	59	40	60	
28		7	63	69	31	
29		6	58	61	39	
30		7	40	60	40	1500mAAA
31		6	47	60	40	
32		7	53	55	45	1500m
33		6	59	57	43	
34		7	35	89	11	1500m(3分45秒2)
35	(8月)	5	35	78	22	
36	(9月)	5	59	100	0	
37		6	47	89	11	
38		7	61	81	19	
39		2	16	90	10	
計39週		229/273日	計1,878	平均66%	平均34%	計12レース
			平均=48.2km/週, 5.9日/週			(予選は含めない)

（週13〜34：トラックシーズン）

注：XC＝クロスカントリー，NCAA＝北部陸上競技連盟，AAA＝アマチュア陸上競技連盟
　より高い目標を目指すには，ターゲットを絞らなければならない。レースの数が表5-8に比べて減っているが，これは，大きな大会においてより高い集中力が求められることを選手が理解したためである。

ランニングが多くなりすぎると，マイナスのトレーニング効果を招くこともある。エリートレベルの長距離ランナーでは，有気的ランニングの総距離が週96-146kmを超えると，重要でない呼吸循環器の改善（最大酸素摂取量として測定される）が起こるであろう（Costill, 1986）。また，若い伸び盛りのランナーでは，有気的コンディショニング量を増やしすぎると筋や結合組織にダメージを与えることになる。適量の有気的コンディショニングに加え，工夫された総合的体力トレーニング（第6章参照）と，速いペースのランニングを取り入れることによって，いろいろな能力を併せ持つバランスのとれたランナーを生み出すことができるであろう。

表5-8と**表5-9**は，コーの16歳と18歳時のトレーニングを有気的トレーニングと無気的トレーニングの要素に分けたものである。これより両者の割合が大まかに65％と35％であることがわかる。そして，週あたりの有気的ランニングの総距離は最小限に保たれ，強いトレーニング刺激を与えるために質の高いスピード練習が行われた。この種目特有の無気的トレーニングは，本格的なトレーニングを始める前には無気的能力に欠けていたコーの体力を補うのに役立った。

表5-10は，中距離ランナー（1500m）と長距離ランナー（10000m）のトレーニングの概要を示している。それらは，次のようないくつかの一般的原則を踏まえている。

1つめの原則は，休息に関することである。トレーニングで重要なことは，精神と身体が前のトレーニングから回復するかどうかである。休息をうまくとったり，楽なトレーニング（体だけではなく精神面でも強度が低いトレーニング）が適切に行われると，心身ともに元気になる。

2つめの原則は，多種多様なペースを用いるということである。競技種目のレースペースよりも速いペースと遅いペースでのトレーニングをさせる。トレーニングが進むにつれて，速いペースのランニングの総距離を徐々に短くしていき，さらにペースを速くしていくような考え方で，中距離ランナーの12日間のトレーニングが構成されていることが確認できる。**表5-10a**に見られるように，10日目の1,580mの距離は，8日目に行われた3400-5100mに比べて量が少ないが強度は高い。このようなマルチペーストレーニングは，中距離ランナーだけでなく，長距離ランナーにおいても実行される。

表5-11と**表5-12**のトレーニング記述は，コーの初期のトレーニング日誌から抜き出したものである。これらは若い選手とそのコーチに役立つであろう。コーは1973年には16歳（**表5-11**），1975年には18歳（**表5-12**）であった。彼が競技会の前のテーパリング期にあったにもかかわらず，バランスの良いランナーに育っていくようにマルチペーストレーニングが行われた。

＊**無気的代謝物質**：無気的解糖によりエネルギーを獲得する代わりに，無気的代謝産物である乳酸が産出される。

4. 他の種目のタイムを推定する方法

ある距離のレースタイムから違う距離のレースにおけるタイムを割り出すための3セットの公式を作った（**表5-13**）。**表5-13a**は，おもに長い距離を専門とする者，具体的にはマラソンも走る可能性のある10000mを専門とするランナーのためのものである。**表5-13b**は，おもに3000mと5000mのスペシャリストで，ときおり，それより長い10000mレースや，それより短い1500mレースに出場するランナーのためのものである。**表5-13c**は，一般的に5000m以上の距離を走らない800m，1500mランナーのためのものである。影をつけたエリアは，それぞれのグループがほとんど競争することのない距離を示している。

表5-10●一般的な12日間,14日間のトレーニング

a 中距離

日	練習	ペース
1	3×2000mまたは(3×1200m)+(2×800m)+(2×400m)	5000m
2	長い距離のファルトレク	
3	6-8×800m[a]	3000m
4	ロード走	
5	16-30×200mまたは10×400m[a](交互に)	1500m
6	レースがあれば積極的休養,レースがなければファルトレク	
7	レースまたはタイムトライアル	
8	4-6×400mまたは6-9×300m(交互に)	800m
9	ロード走	
10	(1×300m)+(2×200m)+(4×100m)+(8×60m)	400m
11	長い距離のファルトレク	
12	次週にレースがあれば休養,なければ次のレースのペースで走る	

a:主要なレースの調整段階であるときはそのレースペースより速いペースで行う。

b 長距離

日	練習	ペース
1	午前:19.2-32kmの軽いランニング,午後:休養	
2	午前:休養,午後:11.2kmのジョギング	
3	午前:11.2km走,午後:(4×200m,200mのジョギングでつなぐ)+(4×2,000m,3分のジョギングでつなぐ)+(4×200m,200mのジョギングでつなぐ)	1500/5000m
4	午前:7マイルジョギング,午後:16kmビルドアップ走(ジョギングから10kmのレースペースまで上げ,2分間維持する)	
5	午前:24kmジョギング,午後:休養	
6	午前:休養,午後:(4×300m,300mジョギングでつなぐ)+(6×800m,3分間のジョギングでつなぐ)+(4×200m,200mのジョギングでつなぐ)	1500/5000m
7	午前:14.4kmジョギング,午後:休養	
8	午前:19.2-27.2kmの軽いランニング,午後:休養	
9	午前:8km走,午後:休養	
10	午前:14.4kmジョギング,午後:(4×200m,200mのジョギングでつなぐ)+(5×1,000m,2分間のジョギングでつなぐ)+(4×200m,200mのジョギングでつなぐ)	1500/5000m
11	午前:休養,午後:11.2kmのジョギング	
12	午前:8km走(10000mのレースペースまで段階的にペースアップし,2分間維持する),午後:休養	10000m
13	次の日にレースがあれば軽いジョギングのみ,なければ8-11.2kmと16kmの距離走をファルトレクで行う	
14	レースがなければ2×15-20分乳酸性/換気性閾値のペースで走る	マラソン

表5-11●選手権大会前の調整練習におけるマルチティアトレーニングの例：セブ・コー,16歳

日	英国スクール選手権3000m(1973.7.)	AAAユース選手権1500m(1973.8.)
1	3kmウォームアップ, (10×100m)+(6×200m)+(2×300m)+(1×400m)	スクールレース(800m, 1500m)
2	10kmクロスカントリー走	15kmロード走, 最初の7.5kmを速く, 後半7.5kmは維持して
3	7×800m(ロードにて, 2分15秒/800m)	(4×400m)+(4×150m)
4	(1×300m)+(2×200m)+(4×100m)	3×(10×200m), セット間は5分の回復
5	(4×400m)56, 55, 57, 60秒	7×800m(平均2分15秒／800m)
6	休養	(2×150m)+(6×100m)+(2×200m)+(8×80m)
7	午前：10kmクロスカントリー 午後：5×200m	(2×200m)+(4×400m)+(4×200m)
	〈週間走行距離〉 40km	〈週間走行距離〉 48km
8	(20×200m), 45秒の回復	14kmクロスカントリー走
9	午前：4km走；(4×800m)+(1×400m) 午後：(6×800m)	休養
10	午前：(30×100m), 10°の坂にて 午後：1000m+400m+300m+(4×200m)	7×800m
11	午前：10kmロード走 午後：(2×400m)+(2×200m)	10×400m
12	午前：8km 午後：15×200m	午前：8km 午後：(5×200m)+(2×300m)+(3×100m)
13	休養	(30×100m), 10°の坂にてジョギングで折り返し
14	3000mレース(1位)	1500m予選
15		1500m決勝(1位, 3分55秒, ラスト300mを42秒)
	〈週間走行距離〉 45km	〈週間走行距離〉 27km

表5-12●選手権大会前の調整練習におけるマルチティアトレーニングの例：セブ・コー，18歳

日	NCAA選手権1500m／3000m	ヨーロッパジュニア選手権1500m
1	11km走	午前：ウエイトトレーニング 午後：14km走
2	800mレース	午前：6.5km走 午後：20×200m（28秒）
3	午前：8km走 午後：30×100m坂上り走（10°傾斜）	午前：6.5km走 午後：(4×400m)＋(1×1600m)
4	7マイル走	4×150m（18秒），3×300m（41秒），1×400m（60秒）
5	7×800m	午前：6.5km走 午後：10×400m（60秒）
6	17.6km走	ウエイトトレーニング（軽く）
7	午前：1×（400m＋300m＋200m＋150m） 午後：5kmリカバリー走	7×800m（2分10秒/800m）
8	4×1200m	1×（200m＋400m＋200m＋300m）＋4×100m
9	10×150m	10km走
10	午前：30×100m坂上り走（10°傾斜） 午後：6.5km走	6.5km走
11	7×400m	午前：6.5km走 午後：加速走
12	11km走	1500m予選
13	午前：6.5km走 午後：10×100m	1500m決勝（3分45秒）
14	5km走	
15	1500m予選，決勝（3分50秒）	
16	休養	
17	午前：6.5km走 午後：1×（200m＋400m＋300m＋200m）	
18	午前：6.5km走 午後：20×200m	
19	1×（100m＋300m）＋（2×400m）	
20	午前／午後：8km走	
21	8kmジョギング	
22	3000m決勝（8分14秒2）	

〈11日間の合計〉
距離走＝56.5km
インターバル走＝20.2km
インターバル前後のウォームアップ
および
クールダウン＝32km

〈14日間の合計〉
距離走＝80km
インターバル走＝22.75km
インターバル前後のウォームアップ
および
クールダウン＝63km

表5-13a,b,cの利用の仕方を我々が指導しているランナーを例にあげて説明してみよう。Yは，それぞれ10000m，5000m，1500mのベストタイムが該当する。ケイス・ブラントリー（Keith Brantly）の10000mタイム（28分02秒）は，1989年2月に寒いコンディションのもと，ループ状の平坦コースで出されたロードレースで出されたものである。彼の1500mのベスト記録（3分45秒49）は，13分40秒20の5000mベスト記録を出した国内選手権の調整として，その選手権の3週間前に出場したレースで出された。このレースは，5月下旬のフロリダの非常に暑く湿気の多い気候のもとで行われたものである。5000mレースも同様に厳しい気候のハウストンで行われた。表5-13aの表を使い，10000mの記録をもとに1500mと5000mのタイムを推定すると，3分39秒，13分27秒となる。これらのタイムは，ケイスの実際のタイムよりも速いものであったが，それらは適切な予想であると言える。なぜなら，暑くて湿度の高い天候がパフォーマンスを2〜3％低下させたと考えられるからである。もし，10000mのベストタイムをマークしたような天候で5000mと1500mを走れば，予想に近いタイムで走れたものと考えられる。

5. 長年にわたるパフォーマンス改善の評価

　表5-13に示された公式は有効ではあるが，完全には適合するものであるとは言えない。イギリスの若い選手は，アマチュア競技連盟のファイブスター賞システムを利用して，パフォーマンスの向上を把握している。これは，タイムを得点に変換するものである。表5-14は，コーが12-18歳までの間，いろいろな種目で与えられた得点と，そのタイムのデータを重ねたものである。

　この表からは，コーの競技生活の早い時期にいくつかの変化のあったことがわかる。彼が12歳のときに，競技クラブに入り，ときどきスプリントレースを走った。そのころの彼は短距離走は速かったが，持久性が備わっていなかった。それを改善するために，長めの距離のトレーニングを行い，少年クロスカントリーへも参加した。その効果は，表5-14からも読みとれるように，13歳のときに1500m，3000mといった，より長い距離の種目の得点が高くなっている。14歳ではスピードと持久力の間のバランスを改善することも課題としてトレーニングが行われた。しかも両方とも犠牲にならないように工夫がなされた。それにより，表5-14に見ることができるように100mから3000mまでの種目で著し

表5-13●5つの中長距離種目における同等のレースペースを割り出すための公式

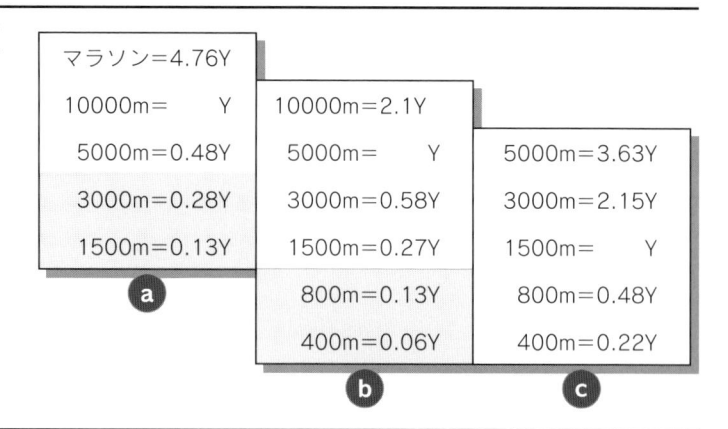

a	b	c
マラソン=4.76Y		
10000m=　　Y	10000m=2.1Y	
5000m=0.48Y	5000m=　　Y	5000m=3.63Y
3000m=0.28Y	3000m=0.58Y	3000m=2.15Y
1500m=0.13Y	1500m=0.27Y	1500m=　　Y
	800m=0.13Y	800m=0.48Y
	400m=0.06Y	400m=0.22Y

表5-14 ● 各レース距離のパフォーマンスを評価するためのエッソファイブスター賞システム

得点	短距離			中距離			年齢
	100m	200m	400m	800m	1500m	3000m	18歳
100点を上回った場合の1点に相当するタイム(秒)	0.05	0.1	0.2	1s	2s	4s	
							16歳
100		22.6	50.3	1.57	4.02	8.48	
99	11.0	22.7	50.6	1.58	4.04	8.52	15歳
98		22.8	50.9	1.59	4.06	8.56	
97	11.1	22.9	51.2	2.00	4.08	9.00	
96		23.0	51.5	2.01	4.10	9.04	
95	11.2	23.1	51.8	2.02	4.12	9.08	
94		23.2	52.2	2.03	4.14	9.12	
93	11.3	23.3	52.6	2.04	4.16	9.16	
92		23.4	53.0	2.05	4.18	9.20	
91	11.4	23.5	53.4	2.06	4.20	9.24	14歳
90		23.6	53.8	2.07	4.22	9.28	
89	11.5	23.7	54.2	2.08	4.24	9.32	
88		23.8	54.6	2.09	4.26	9.36	
87	11.6	23.9	55.0	2.10	4.28	9.40	
86		24.1	55.5	2.11	4.30	9.44	
85	11.7	24.3	56.0	2.12	4.32	9.48	
84		24.5	56.5	2.13	4.34	9.52	13歳
83	11.8	24.7	57.0	2.14	4.36	9.56	
82	11.9	24.9	57.5	2.15	4.38	10.00	
81	12.0	25.1	58.0	2.16	4.40	10.05	
80	12.1	25.3	58.5	2.17	4.42	10.10	
79	12.2	25.5	59.0	2.18	4.45	10.15	
78	12.3	25.7	59.5	2.19	4.48	10.20	
77	12.4	25.9	60.0	2.20	4.51	10.25	
76	12.5	26.2	60.5	2.21	4.54	10.30	
75	12.6	26.5	61.0	2.22	4.57	10.35	
74	12.7	26.8	61.5	2.23	5.00	10.40	
73	12.8	27.1	62.0	2.24	5.03	10.45	
72	12.9	27.4	62.5	2.25	5.06	10.50	
71	13.0	27.7	63.0	2.26	5.09	10.55	
70	13.1	28.0	63.5	2.27	5.12	11.00	
69	13.2	28.3	64.0	2.28	5.15	11.05	
68	13.3	28.6	64.5	2.29	5.18	11.10	
67	13.4	28.9	65.0	2.30	5.21	11.15	
66	13.5	29.2	65.5	2.32	5.24	11.20	12歳
65	13.6	29.5	66.0	2.34	5.27	11.25	
64	13.7	29.8	66.5	2.36	5.30	11.30	
63	13.8	30.1	67.0	2.37	5.33	11.35	
62	13.9	30.4	67.5	2.39	5.36	11.40	
61	14.0	30.7	68.0	2.40	5.39	11.45	
60	14.1	31.0	68.5	2.42	5.42	11.50	
59	14.2	31.3	69.0	2.43	5.45	11.55	
58	14.3	31.6	69.5	2.45	5.48	12.00	
57	14.4	31.9	70.0	2.46	5.51	12.10	
56	14.5	32.2	70.5	2.48	5.54	12.20	

コーの12歳から18歳までの間のパフォーマンスをプロットしたものである。これらのパフォーマンスを結んだラインが水平であることは，持久力と同様にスピードも改善されていることを示しており，理想的である。

表5-15 ● 800mのレースタイムを推定するためのコスミン（Kosmin）テスト

2×60秒の走行距離	推定できる800mのタイム
805m	2分01秒6
810m	2分01秒0
815m	2分00秒4
820m	1分59秒8
825m	1分59秒2
830m	1分58秒6
835m	1分58秒0
840m	1分57秒4
845m	1分56秒9
850m	1分56秒2
855m	1分55秒7
860m	1分55秒1
865m	1分54秒5
870m	1分53秒9
875m	1分53秒3
880m	1分52秒7
885m	1分52秒1
890m	1分51秒5
895m	1分50秒9
900m	1分50秒3
905m	1分49秒7
910m	1分49秒1
915m	1分48秒5
920m	1分47秒9
925m	1分47秒3
930m	1分46秒7
935m	1分46秒1
940m	1分45秒5
945m	1分45秒0
950m	1分44秒4

注：回復時間＝3分，
800mタイム（秒）＝217.4－（0.119×走行距離）

い改善が見られた。種目間を結んだラインをできる限り水平にしようとする試みによって，トレーニングにおけるスピードと持久性のバランスがとれるようになったのである。

　種目間で競技成績を比べるもう1つの方法は，IAAFの得点表を用いることである。我われは，初期の頃は**ベルグラード得点表**（国際アマチュア競技連盟）を使用した。また，**ハンガリアン得点表**（Spirieve, Spirieve and Kobacs, 1992）も，男子と女子用の得点表を備えており有用である。**図5-7**には，コーが1981年の夏に打ち立てた800m，1000m，1マイルすべての世界記録と，それらの記録をベルグラード得点表により換算した場合の得点を記載している。このグラフから，1000mと1マイルの結果は，それよりも早い時期にマークした800mの記録にうまく適応していることがわかる。また，このグラフはコーが1500mを3分29秒で走ることが可能であることを示している。しかし，最適なレースコンディションではなかったため，これは，5年後の1986年のヨーロッパ選手権後まで持ち越された。この得点表は，中距離ランナーだけでなく長距離ランナーのパフォーマンスを評価するのにも有効である。

　この他にも，潜在能力を見積もるのに有効ないくつかのパフォーマンス評価システムがある。その一つは，800mにおけるパフォーマンスを見積もる**コスミンテスト**である。これは，1分間の全力疾走を行い，その後に3分間の回復をとり，再び1分間の全力疾走を行うというものである。そして2回分の距離を合計し，**公式[5-5]**に代入する。

予測される800mタイム
　　＝217.4－（0.119×走行距離）

公式[5-5]

表5-15は，2回の60秒間テスト走の距離に基づき計算された800mのタイムを示している。このテストは，あらゆる能力のランナーに有効だと考えられる。

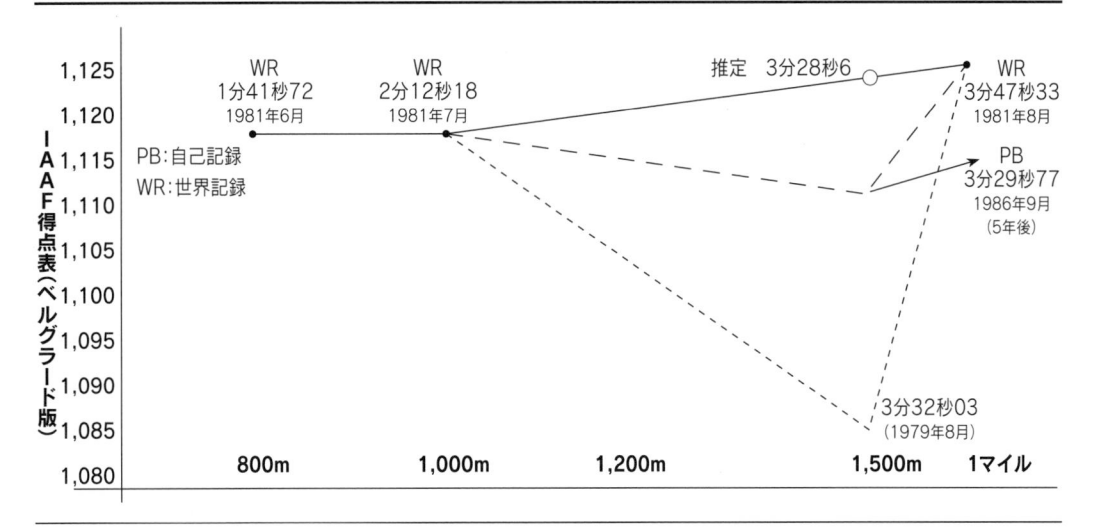

図5-7●IAAFの得点表を用いた，セブ・コーの競技会におけるレースパフォーマンスの評価
　パフォーマンス間をつなぐ線が水平になるほど，それらの種目のレベルがより近いといえる。これにより強い種目と弱い種目を判断することができる。

5 マルチティアトレーニング活用の提案

　これまで中長距離走のパフォーマンスを高めるために，多くのタイプのトレーニングが考えられてきた。トレーニングのバリエーションを増やすことにより，ランナーを飽きさせずにトレーニングに取り組ませることができる。ここでは，数多くあるバリエーションの中でも楽しくて有効なものを紹介していく。

1. ファルトレク

　ファルトレク（fartlek）は，スピードプレーと訳されるスカンジナビア語であり，いろいろな地形でいろいろなペースで走るトレーニングである。過去には，それはスウェーデンの軍隊のトレーニングの一部であったが，スウェーデンのコーチであるゴスタ・ホルマー（Gosta Holmer）が長距離ランナーの育成に応用した。ファルトレクを行ううえで第一に考慮すべきことは，楽しく感じるように行うということである。森の中の小道や田舎道などで，電話ボックスや大きな木や岩などを目標にしてペースを変化させながら，一人，あるいは複数で走ることができる。自然のなかのいろいろな地形，柔らかい足場などを走ることによって体力を向上させることができる。

ファルトレクは，熟練したランナーにとってはよいトレーニング法であるが，若く経験の少ないランナーにとっては，危険なトレーニングになる可能性もある。いろいろなレベルのランナーが同時にファルトレクを行ったときに問題は生じる。余裕があるランナーがペースを上げていくと，何とかついていたランナーは離れていく。離されたランナーにとっては，それはトレーニングではなく地獄である。そうすると，ケガ，オーバートレーニング，消極的な態度を生み出す危険性が増大していく。しかし，ゴルフコースや公園にコーチの目の届く周回コースをつくってファルトレクを行えば，このような事態を避けることはできる。

　応用的なファルトレクには次のようなものがある。それは，ホイッスルの合図でスピードを変化させるというものである。ランナーは，最初のホイッスルの合図で，ペースを最大スピードの75-90％まで上げ，次のホイッスルが鳴るまでの30～120秒間それを維持する。ここではペースを上げても，よりよいランニングフォームを維持することに気をつける。

　この種のファルトレクにも長所と短所がある。長所は，レースのシミュレーションができることである。ランナーがホイッスルに反応しダッシュするのは，レースでライバルの動きに反応してスピードを上げるのに似ている。

　短所は，ランナーの体力レベルや発達を十分に考慮に入れて，適切にホイッスルを吹かなければならない，という難しさである。自らをコントロールできるコーチ，選手を非常によく理解しているコーチでないと，適切にホイッスルを吹くことはできないであろう。

2. ヒルトレーニング

　坂では運動強度が高くなるだけでなく，平坦な地面でのランニングとは異なる腕や脚，体幹の筋群を使用することになる。この違いは，レースで求められるペース変化に関する能力を改善するのに有効である。なぜなら，上り坂での力強い腕振り，肩や体幹の筋活動は，ランナーが突然にペースを変化させるときに起こる筋活動とよく似ているからである。

　いっぽう，下り坂では，平坦地や上りに比べて心肺系への負担が小さくなり，これらの器官を休ませることができる。しかし，次の2つの理由で下り坂は慎重に扱われるべきである。1つは，下り坂のランニングで生じる筋肉のエキセントリックな収縮は，いかなるペースでも強いということである。2つめは，重力負荷が増加するために股関節や膝関節へより大きな衝撃力が加わることである。そのため，ヒルトレーニングでは上りを走り，下りを自動車で運んでもらうのが理想的であろう。コーも最初の5年間は，このようにしていた。

　ここで，中長距離ランナーに有効な3種類のヒルトレーニングをあげてみよう。一つめは，長い一続きの坂を利用したものであり，平地レベルの無気的コンディショニングペースでの800～1000mの長いアップヒルランニングを繰り返すものである。このトレーニングでは傾斜のために加わるストレスのために，生理学的には平地での有気的キャパシティペースのランニングと同等になる。このような丘の傾斜は，あまり急にすべきではなく，14対1（7％の勾配，約4°の傾斜）くらいが適切である。これは，無気的，有気的パワーを改善するには優れた方法である。しかし，トラック走のようにジョギングによりスタートまで戻るような短い休息では回復しないため，ジョギングでの長い回復となる戻りを必要とする。もちろん理想は，スタート地点まで続く，ゆるやかなカーブを上るコースである。ちょっとした調査でこのようなコースをセットすることはできる。

　2つめは，ロードやクロスカントリーのコースに

見られるようなの一連の上り坂と下り坂を利用したものである。例えば，一定の400mの上りの後，水平な100m，さらに険しい250mの上り坂，終わりは50mの下りからなるようなコースである。このトレーニングでは水平な部分では休息をとらずに，ランニングの努力感を維持し，次の上り坂のための加速を行う。そして頂上に着いたときでさえも，努力感を維持しなければならない。これが突然にペースを上げることやストライドを伸ばすことの練習となる。4.8kmのウォームアップの後，このコースで6-8回の繰り返しを行い，最後に3.2kmのクールダウンを行う。それは比較的短時間で終わるが，レースのいろいろな局面のためのトレーニングになる。

3つめは，短い急な坂を高いスピードで駆け上がるものである。使用する坂は，約100mの上り坂であり，傾斜はだいたい6対1（17％の勾配，約10°の傾斜）が理想的である。回復が短いジョギングであるために，これらのランニングは強い無気的運動になる。このような急な上り坂でスピードを最大にするためには，より大きなランニングフォームで走る必要がある。力強い腕振り，素早くパワフルな膝の引き上げ，そして一歩一歩の力強いキック，これらは急な激しいペース変化やラストスパートを可能にする重要な要素である。図5-8は，急勾配とヒルランニングプログラムのモデルを示したものである。ここであげられているタイムは参考程度のもので，目標となるものではない。この種のトレーニングのねらいは，良いランニングフォームで何回も繰り返して走れる能力を作り上げていくことである。

3. 加速の改善

レースの最後では，それまでのペースよりも速くなり，無気的なエネルギー産出が一気に増加する。このペースアップの瞬間まで無気的エネルギー供給を最小に抑えることができるような優れた有気的能力を持つランナーは，そうでないランナーよりも優位に立つことができる。また，精神的に無気的な蓄積に耐えることができるか否かもラストスパート能力を決める要因となる。

図5-9と図5-10に示した2種の短い距離のインターバルトレーニングは，レース中の加速能力を高めるためのものである。このトレーニングでは，1500m3分45秒を目標としている男子ランナーを想定している。彼を，優れた400mタイムを持つが，少し持久力に難がある400mと800mのスペシャリ

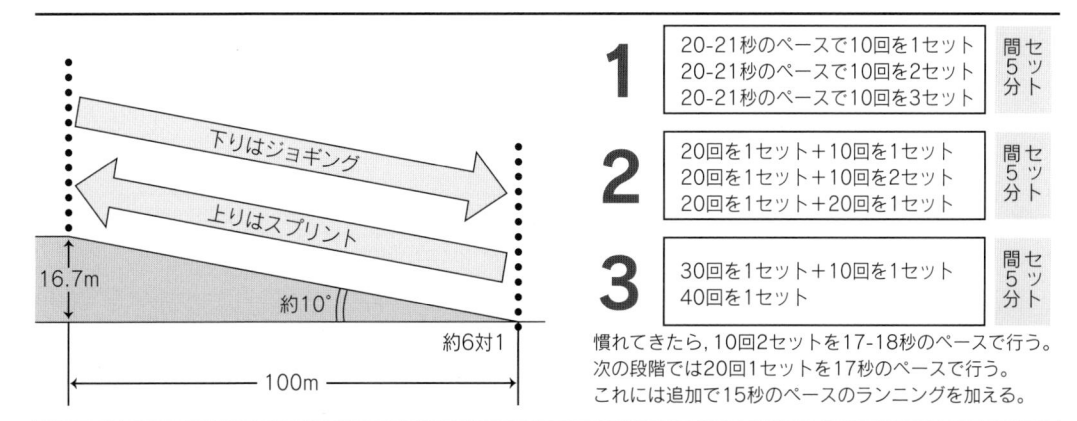

1	20-21秒のペースで10回を1セット 20-21秒のペースで10回を2セット 20-21秒のペースで10回を3セット	間セット5分
2	20回を1セット+10回を1セット 20回を1セット+10回を2セット 20回を1セット+20回を1セット	間セット5分
3	30回を1セット+10回を1セット 40回を1セット	間セット5分

慣れてきたら，10回2セットを17-18秒のペースで行う。次の段階では20回1セットを17秒のペースで行う。これには追加で15秒のペースのランニングを加える。

図5-8●ヒルランニングプログラムの例

ストとしよう。この場合，トレーニングにより高めたいのは持久力である。

1つめのトレーニングは，11回のインターバルからなり，1回ごとに距離を伸ばし，ペースを高めていくというものである。回復時間は増加させていくが，これは，回復として走った距離分をジョギングによりスタート地点まで戻るからである。具体的には，**図5-9**で示したように，100mのインターバルから始め，1回ごとに10mずつ増やしていき，最終的に200mにする。最初のインターバル（100m）は15秒とするが，それは彼の1500m目標タイムのレースペース（400m60秒）から決めたものである。そして，最後のインターバル（200m）は，彼の400mベストタイム47秒から23.5秒とする。次は，最初と最後以外の連続するインターバルのタイムを決める。まずは，すでに決めた100mと200mタイムの差を算出し，それを10で割る。これが，インターバルの距離が10m伸びるごとのタイムの増加分である。具体的には，23.5秒－15秒＝8.5秒，8.5秒／10＝0.85秒となる。この増加タイムからすると，110mのインターバルは15.00＋0.85＝15.85秒，120mインターバルは15.85＋0.85＝16.70秒となる。

図5-10のトレーニング例はより強度が高いため，**図5-9**のトレーニングが設定通りできるようになったときにのみ始めるようにする。最初のインターバルは200m，そして300mまで20mずつ増やしていく。最初の200mインターバルは，彼の1500mのペース（30秒）とし，最後の300mインターバルは400m47秒のペース（35.25秒）とする。ここでは6回のインターバルが行われ，ペースアップは5回なされる。それぞれのペースアップは次のように計算することができる：35.25秒－30秒＝5.25秒，5.25秒／5＝1.05秒。そうすると，220mインターバルは31.05秒，240mインターバルは32.10秒が目安となる。このように2番めのインターバルトレーニングは，距離が長くなるにつれペースも速くなり，そのうえに回復時間も減らすのである。

このトレーニングの行い方を説明しよう。1回目

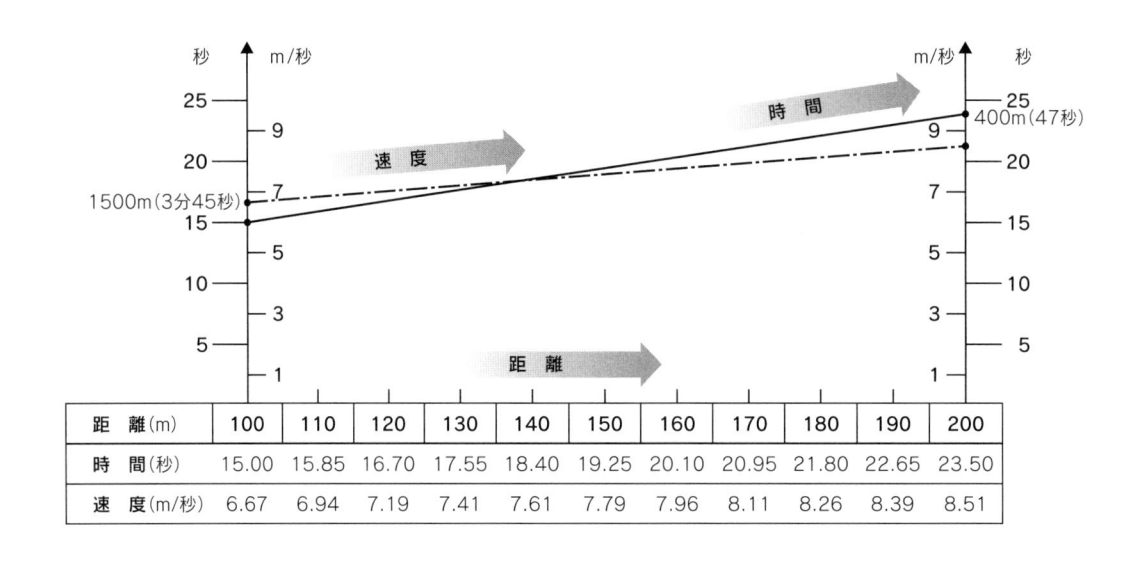

距　離(m)	100	110	120	130	140	150	160	170	180	190	200
時　間(秒)	15.00	15.85	16.70	17.55	18.40	19.25	20.10	20.95	21.80	22.65	23.50
速　度(m/秒)	6.67	6.94	7.19	7.41	7.61	7.79	7.96	8.11	8.26	8.39	8.51

図5-9●100mから200mまでの11回のインターバルにおいて，1回ごとにペースと距離を増加させていく手順
トータル距離は1,650mになる（回復期は，歩いてスタート地点までまっすぐ戻る）。

のインターバルは200mのマークからスタートし，400mのトラックのフィニッシュラインまで走る。それから200mのマークまで，トラックのまわりを歩くかジョギングをする。そして，2回目のインターバルは220mであるので，フィニッシュラインを20m越えたところまで走る。そうすると，スタート位置までの距離は20m短くなり，回復の距離，正確には回復時間が減る。このトレーニングの最後のインターバルでは，スピードアップした280mのインターバルを終え，次の300mのインターバル開始までたった120mの回復距離しかとれないのである。

4. スピードドリル

スピードの向上を目指したドリルは，X_4とX_5に組み込むとよい。実用的なドリルのいくつかを記そう。これらは，1日のトレーニング時間すべてを費やして行うべきものではなく，ランニングの後に行ったり，またウォームアップの後に速いペースのランニングへの移行として用いることができる。

❶──ヒールフリック

このドリルは，ウォーミングアップ中に行うもので，短い歩幅で素早いステップを連続的に繰り返すものである。キック後，脚を前方に振り出す局面で踵を素早く尻にタッチさせることを強調する。前方へ進むスピードは低いが，連続するランニングのなかで，高い踵の蹴り上げを続けながら1歩の間隔を徐々に短くしていけば，下肢の素早い動きの感覚を習得することができる。

❷──ハイニーリフト*

10～20回連続して膝上げを行う。膝は胸に着くぐらい高く上げ，股関節の屈曲を強調する。また，

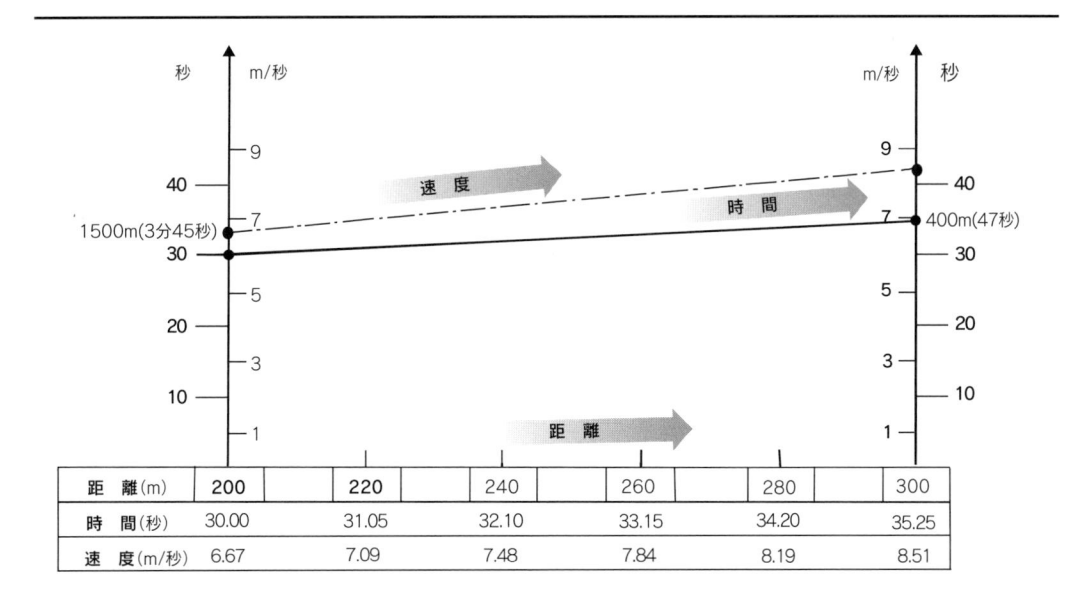

距 離(m)	200	220	240	260	280	300
時 間(秒)	30.00	31.05	32.10	33.15	34.20	35.25
速 度(m/秒)	6.67	7.09	7.48	7.84	8.19	8.51

図5-10●200mから300mまでの6回のインターバルにおいて，1回ごとにペースと距離を増加させていく手順
トータル距離は1,500mになる（回復は，3分歩行から始め，パフォーマンスの向上とともに減らしていく）。

腕を大きく力強く振ることも強調する。前方へのスピードは遅いが，集中力が要求されるため，セット間で十分な回復時間をおき，心身の疲労をとるようにする。2セットで十分である。このドリルにより腸腰筋の筋力と持久力を改善することができる。

❸ 短距離加速ドリル

短距離加速もスピードドリルとして有効である。図5-11のように，7個のマークをジグザグにおく。Aポイントのスタートから，それぞれのマークの外側を直角にターンをしながら6回の加速を行う。止まらずにターンを行うので，敏捷性と加速と減速をうまく行う技能が要求される。

❹ 直線加速ドリル

もう1つの加速ドリルは，スタンディングスタートで始める30-50mの直線インターバルである。クラウチングスタートは，長距離や中距離ランナーにとっては危険なので使わない。中距離ランナーは，素早さを強調してより短い加速（30m）を，長距離ランナーは，より長い距離（50m）を走るようにする。1本1本のスピードは高くはないが，同じ強度で走ろうとすると，高い強度の無気的運動になる。速すぎないウォーキングによる適切な回復をとるようにする。

それらの直線加速ドリルは3〜4のランニングのセットからなり，それぞれのセットでスピードを増加させていく。

(1) 4×30m（最高強度の85％），インターバル間2分休息，次のセットまで5分の休息

(2) 4×30m（最高強度の90％），インターバル間2分休息，次のセットまで5分の休息

(3) 4×30m（最高強度の95％），インターバル間2分休息，次のセットまで5分の休息

(4) 4×30m（最高強度の100％），インターバル間2分休息

最大スピードの向上をねらいとするトレーニングでは，スピードを維持するために，疲労の状況により，それぞれのインターバル間の回復時間を長くすることが求められる。さらに良い方法は，スピードと回復時間を同じに保って，それぞれのインターバルの距離を短くすることである。

次に最大強度の95％での4種のランニングを組み合わせたドリルを2つあげてみよう。

(1) 150m，120m，90m，60mを3分間の歩行休息で

(2) 120m，100m，80m，60mを2分30秒間の歩行休息で

このような短い距離の加速ドリルを計画する際に，考慮しなければならない点が3つある。まず1つめは，5000m以上の長い距離を専門にしているラ

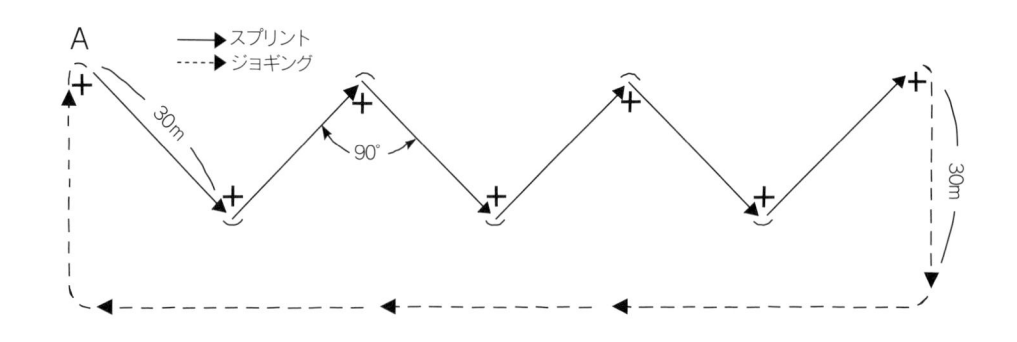

図5-11● スピードドリルとしての30mジグザグ短距離加速のコース例
　Aはスタート地点。

ンナーにとっては，このような最大努力に近いスプリントは非常に疲れるということである。2つめは，このようなスピードドリルの前には十分なウォームアップや柔軟体操，後にはクールダウン，ストレッチングやマッサージを行うということである。3つめは，これらのドリルは，重要なレース前の1週間には行わないということである。これらのトレーニングは，メゾ周期X_4の終わり，そしてX_5に挿入することができる。最初は強度を落とし，繰り返しを少なくして，次第にスピードを高めることで強度も高めていくとよい。これらのトレーニングにより高められた能力は，レースの途中で良いポジションをとるために急に前に出るときなどに役に立つ。

*ハイニーリフト：日本では，もも上げとかスキッピングと呼ばれている。スプリントトレーニングとして行われることが多い。

5. ペース感覚

簡単に言うと，ペースには2種類ある。1つは最大スピード，もう1つは最大下スピードである。最大下のペースの判断は，疲労や元気さの程度，気温や湿度といった様々な要因により変わってくる。これは，それらの要因により，あるペースを維持するために求められる努力度合いが変わってしまうからである。例えば，そよ風でさえ判断を乱すことにもなる。また太陽の光の下で走るのと，夜の人工照明の下で走るのでもペース判断に違いが出てくる。

ペースを正確に把握する能力は，ある程度は才能にも影響を受けるが，大部分はトレーニングを通して研ぎ澄まされるものである。コーは次のようなトレーニングによりペース感覚を磨いていった。コーは，夏季には，ラップタイムを正確にとりながら他のクラブのランナーとともに2×1200m＋1×800m＋2×400mを走った。このトレーニングのなかで，設定した目標タイムと実際のタイムとの差を計算し，ペースを修正していったのである。疲れたときにもペースを維持し，速いペースで走るランナーにペースを乱されないように気を配りながら，ペース感覚を洗練していった。また若いときには，うねった谷の道を使い，800mを6-8本，1分30秒という短い回復時間で，すべてを800mレースペースで走った。彼は，疲れているとき，元気なときの両方でレースペースを判断する能力を身につけた。いかなる疲労状態でもペースを判断できる能力は重要である。

一般的には，ペース感覚を身につけるためにはレースの距離を用い，実際のレースペースでトレーニングを行うことが効果的である。800mが2分20秒-2分4秒の範囲にある女性を例に，レースペースを体得するためのトレーニングをあげてみよう。6週間にわたるトレーニングは次のような順序で進む。

段階1：8×100m，それぞれのインターバルの間は30秒回復，タイムは14.8秒。そのペースでインターバルを一貫して走れるようになるまで，このペースで続ける。

段階2：わずかに回復時間を短くして段階1の内容を繰り返す。ペースが完全に把握できるまで行う。

段階3：4×200mを29.6秒のタイムで行う。ノンストップ800mが記録されるまで回復時間を短くしていく。

6. ペースの変化

400mよりも長い距離のレースにおいては，ペースを変化させる能力が非常に重要である。ペースを変化させるためには，スプリントとは異なる能力が要求される。それは，静止したスタートから始める

のではなく，かなりの速さのランニングから加速するからである。

　レースで用いられるペース変化には3種類ある。1つは，3000mからマラソンまでのレースで見られるゆったりとした経済的なペース変化である。これは，単に安定して一定であり，必ずしも速くなく，ペースを速めることもない。それは，ランニングのリズムを変化させずにストライドのわずかな増加により行うことができる。ここでの重点は，フォームとリラクセーションを維持することにおかれる。それがよりスムーズに行われれば行われるほど，エネルギー面でもより経済的になる。このペース変化能力は，1000mから3000mのようなより長いインターバル走のトレーニング中に，200mあるいは300mごとにスプリットタイムを記録し，ペース増加の割合を知ることにより磨くことができる。この種のトレーニングの目的は，高い乳酸のレベルにおいて良いフォームを維持するだけではなく，敏感なペース増加を体に教えこむことである。

　ペース変化のもう1つの種類は，断続的なペース変化である。この努力は，最大下であり，しかも短い。それがレースの間に繰り返されるが，これはレースペースを維持する能力を乱すようなものであってはならない。800mや1500mレースで，素早く加速したり，3，4人のランナーを抜き，集団のなかの良い位置を取り戻すときなどに要求されるペース変化である。この場合，ストライドを維持し，リズムをかなり上げることで最も効率的にペースを変えることができる。この能力を高める1つの方法は，能力の同じ4，5人のランナーで5000mや10000mのレースペースで2000-3000mのトラックのロングインターバルランニングを行うことである。ランナーは縦一列に並び，200mのマークごとに最も後ろのランナーが素早く加速し先頭に立つ。それからグループのペースまで落とす。このように5人でトレーニングを行うとすると，1000mごとに先頭に立つために加速しなければならない。もう1つの例は，ファルトレクの利用があげられる。一定のペースのファルトレクに数回の30秒から2分の急激なペースアップを交ぜるとよい。

　3番めのペース変化は，レースの最後のほうでのみ一度使われる。これは，**スプリント加速**と呼ばれている。スプリント加速で成功するカギは，リズムを速めることである。リズムが速くなっていけば，腕は自然にフルスプリントの動きになっていき，高い膝上げと強いキックができるようになる。レースでは，一般的にスプリント加速を始める位置は2ヶ所ある。1つは，バックストレートの最後である。ここで加速し，そのまま先頭を奪えば，コーナーあたりで攻撃をしかけられても打ち勝つことができる。こうすると，ゴールまで妨害されないで走ることができる。2つめは，コーナーを曲がって最後のストレートにさしかかった所であり，遅いタイミングの短いスパートである。これら2つのスプリント加速のためには，400m全力の90％のスピードでのコーナー走の練習が有効である。この練習は，ランナーが比較的元気なときのみに行うようにする。コーナーに入っていく練習では，フィニッシュラインから250m後方のところから，ホイッスルなどの合図で加速し，最大努力でコーナーに突っ込んでいく。それを少なくともコーナーの半ばまで維持する。この練習では，ラスト150mに来るまでは最大努力ペース近くまで加速することは必要でない。そこから，ラストの直線に達するまでのコーナーではペースは維持されるか，わずかに増加される。最後の100-80mの間のポイントで，一か八かのダッシュが開始される。この練習の繰り返しは多くはしない。2-3回が適当である。

7. 体と心を癒すランニング

ランナーは、"次の競技会で良く走れないかもしれない"という消極的な気持ちを抱き、疲労を訴えることがある。これは、オーバートレーニングの合図かもしれないので、コーチは見落とさないようにしなければならない。そして、肯定的な言葉をかけて、元気づけてやるべきである。いっぽう、ランナーはハードトレーニングをしばらく止めて、短い休養をとるようにするとよい。そして、楽しく快適に走れるコースで軽いトレーニングを積むのである。具体的には、次に出場するレースと同じ距離で、非常にわずかな下り坂、そしてわずかな追い風になるコースが最適である。ここでのランナーの課題は、楽に速く走ることである。できれば一人で走るべきで、満足感を得られるペースで行う。これで自信を取り戻すことができるであろう。もし、このような楽なトレーニングを気持ちよく終えることができないような状態であれば、次のレースをキャンセルすることも考えなければならない。

コーは、このようなときには、シェフィールドの北のモスカートップにあるコースを走った。このコースは、街に向かってわずかに下っており、爽快な景観である。軽やかなストライドで、5kmのコースを快適にこなしたときには非常にすがすがしい気分になり、自信を取り戻していた。

6 高地トレーニングの利用

いつも住んでいる所から600～900mほど高い場所に行き、そこでトレーニングやレースを行えば平地よりつらいと感じる。高地で平地と同じペースを維持しようと思えば、よりがんばらなければならない。高地でのレースは平地に比べて、タイムも悪くなる。

この例として、1968年にメキシコシティ(2,300m地点)で行われたオリンピックをあげてみよう。この大会での長距離走種目の記録と、同じランナーがその年のオリンピック以前にマークした平地での記録とを比較をしてみると、オリンピックでのタイムが一貫して悪いことがわかる。出場したランナーはオリンピックにピークが合っているのにもかかわらずである。このように、高地は長距離レースでのペースを遅くする生理的ストレスとなる。そして、メキシコ大会の1500mからマラソンまででメダルを獲得したランナーは、そのほとんどが高いところに住んでいた選手であった。つまり、メキシコシティで競技をする前に高地で多くのトレーニングをしていたわけである。

高地トレーニング*は、長距離走のパフォーマンスを高めるのに有効であると考えられているが、しかし、これはいまだに議論が続けられているテーマである。高地トレーニングがパフォーマンスを高めていく基本的なメカニズムはすでにわかっているが、健康的な生活スタイルを乱すことなく、生理学的な効果が得られるか否かは明らかでない。これについてより詳しく考えていこう。

＊**高地トレーニング**：日本の長距離・マラソン選手は，2,000m程度の高地を選ぶことが多い。アメリカのコロラド州ボルダーや中国の雲南省昆明がトレーニング地として有名である。

1. パフォーマンスに及ぼす高地の影響

　高地で走ると，長距離ランナーのパフォーマンスはどの程度落ちるのだろうか。あるメキシコの2人のランナーが約半年の間に平地と高地で行なわれた2回のマラソンを走っているので，それら2つのレースの記録を比較することで検討してみよう。ディオニシオ・セロン（Dionicio Ceron）は，1993年8月29日に開催されたメキシコシティマラソンで2時間14分47秒の記録で優勝し，マウリリオ・カスティロ（Maurilio Castillo）は2時間18分12秒で5位になった。カスティロは，このレースの7ヶ月前に日本の別府で2時間13分04秒で走り，セロンは4ヶ月後に福岡マラソンで2時間8分12秒の好記録をマークして優勝した。これら3つのレースは，涼しい快適な天候，そして平坦なコースで行われたものであった。しかし，メキシコは標高2,300m，別府と福岡は海面レベルという違いがある。2つのマラソンを比較してみると，セロンは4.4%，カスティロは3.7%，高地でのマラソンのタイムが平地よりも悪くなったことになる。

　また，アメリカでは選手権大会に参加するための標準記録を平地での記録と高地での記録では区別している。4,000フィート（1,219m）を超える地域での1,500m以上の距離のトラックレースでは，参加標準記録を3%引き下げる配慮（altitude allowance）がなされている。例えば，10000mの平地レースの参加標準記録が29分だとすると，高地レースの標準記録は約29分52秒となる。この2つの例からわかるように，高地は明らかにパフォーマンスに影響を及ぼすのである。

2. パフォーマンス低下の原因である低酸素症

　標高が高くなるにつれパフォーマンスが低下していくのは，低酸素症が原因である。すなわち高い所に行けば行くほど，空気中のO_2の濃度は減少するのである。そのため働いている組織，特に心臓と骨格筋が利用できるO_2の量は減少する。高度が高くなればなるほど，それらの組織に十分なO_2を運ぶことが難しくなり，有気的運動である長距離走では不利になる。

　O_2の不足による持久性パフォーマンスの低下は，最初のうちは標高1,500mを超えると100mにつき1%程度と考えられていた（Buskirk and Kollas, 1967）。その後，測定技術の改良（Squires and Burkirk, 1982）により生理学的な変化が明らかに現れる高度は，約1,200mにまで下がった。そして最近では，エリート選手における持久性パフォーマンスの低下は900mで見られるということである（Terrados, 1992）。これは，700～800mの高地でレースしたときに記録の低下を感じるというランナーたちの感想と一致するものである。

3. 高地の低酸素に対する適応

　高地で生活するだけでも高地の低酸素に適応することができる。一般人が高地へ旅行し，そこで1ヶ月あるいはそれ以上滞在すると，トレーニングをしていないにもかかわらず，低酸素のストレスに対する耐性が改善され，明らかに有益な生理学的な適応が現れる（Grover, Weil and Reeves, 1986）。そして，

高地でトレーニングすれば，高地での生活だけの場合よりもさらに著しい適応が見られる。高地での低酸素に対して，体のなかではいくつかの生理的変化が起こる。まず，活動している筋肉では，多くのO_2が産出され，酸化代謝が活発になる。それらは特に骨格筋のミトコンドリアで見られ，サイズが大きくなり，しかも数も増加する。また，エネルギー源は，グリコーゲンよりも脂肪酸へ依存することになり，血中乳酸は最大下運動では減少する。

また，高地では心拍数の反応が変化する。休息時の心拍数が上昇し，高地滞在中そのまま持続する者もいれば，いったん上昇した心拍数が平地のレベルまで戻る者もいる。しかし，最高心拍数は変化せず，それは平地よりも弱い運動強度で見られる。そして心拍出量は一般的には減ると考えられている。このように，うまく高地に適応したとしても，最大心拍出量は決して平地での値には達しないのである。これが，高地での最大酸素摂取量が平地よりも低くなる理由である。また，血漿量は，高地に到着するとすぐに減少するが，何週にもわたるトレーニングにより，平地の値に近いところまで回復する。

低酸素によって腎臓が刺激を受け，エリスロポエチンというホルモンの分泌が促される。エリスロポエチンは骨髄を刺激して，より多くの赤血球が産生されるように働く。その結果，血液の酸素運搬能力は増すのである。

＊エリスロポエチン：通常は血液中にわずかしか存在しないが，貧血や低酸素状態になると，血中に増加する。多くは，腎臓で生産されると考えられている。

4. 高地トレーニングの利益と弊害

このように高地トレーニングは，生理学的な改善をもたらすと考えられている。しかし，すべてのランナーが高地トレーニングを行うことで記録を伸ばすことができるわけではない。高地トレーニングでの疲労が抜けず，競技会でよい成績を残せなかったり，競技会に出られないこともある。成功した者だけが注目を浴びるが，良い成績を残すことができずに脱落していく者もかなりの割合でいるはずである。

このように選手がみんな同じように高地に適応するわけではないということには，おもに2つの理由がある。1つめの理由は，高地トレーニングの重要性を完全に把握することなく，国外の高地へ移ることにより，いろいろな弊害が生じることである。それは，ホームシック，過剰な疲労，不十分な栄養，慢性の脱水状態，気分転換ができるような場所がないこと，十分な体のケアが受けられないことなどである。2つめの理由は，個人の間に存在する生理学的な違いである。おもな生理学的差異としては，血液中のヘモグロビン量と肺機能があげられる。ヘモグロビンの値が高い者は，O_2を運搬する能力が高く，低い者に比べると簡単に低酸素に慣れることができ，また高地でのオーバートレーニングの影響を受けにくい。また，身長，体重や性別に応じて，(1)肺の大きさ，(2)反射的に気道を圧縮することなく肺へ出入りする空気のスピード，(3)肺から血液へのO_2の拡散のしやすさにはかなりの差がある。肺の機能の優れた者は，高地に簡単に適応することができる。高地は，一般的には涼しく乾燥している。そのため，暑く湿気の多い気候よりも疲労は回復しやすいであろう。しかし，冷たく乾いた空気を吸うと，気道が過剰に反応して，反射的に気道が圧縮するという者もいる。こういった反応を示す者は，運動誘発性喘息や運動誘発性気管支発作を起こすことが多く，高地トレーニングを続けることは困難であり，効果を得られないことがある。

5. 高地トレーニングを成功させるためのヒント

高地トレーニングのバリエーションについての研究が進められている（Levine and Stray-Gunderson, 1992）。「生活は低いところが良いのか，高いところが良いのか？」「トレーニングは高いところでのみ行うのか，低いところでのみ行うのか？」「長くてゆっくりしたランニングを行うのか，それにプラスして低いところでの短くて速いランニングを行うのか？」といったバリエーションを考え，それぞれの間での効果の違いが検討されている。その結果は，4週間の高地での生活と平地に近いところでのトレーニングとの組み合わせが，平地でのパフォーマンスを高める体力をもたらすということである（Levin, Friedmann and Stray-Gunderson, 1996）。

そこで，平地と高地のトレーニング地が互いに近い距離にあるトレーニング地をアメリカで探してみよう。満たすべき条件は，長い距離のランニングのための小道，速いスピードのランニングのための合成トラックを併せもつことである。そうすると，カルフォルニアではサウスレークタホ（1,909m）とオレンジベーレ（120m），アリゾナのフラッグスタッフ（2,107m）とフェニックス（332m）があげられる。高地と平地のトレーニング地の距離は，それぞれ132kmと222kmである。

約4週間の高地での滞在期間の後に，平地に戻りレースするまでの期間は，おおよそ2〜3週間が適当である。この平地に戻るタイミングを適切に判断することが，高地トレーニングを成功させるカギとなる。平地に戻り競技するまでの時間は，(1)増加した血液量（赤血球と血漿量）の維持，(2)素早いランニング動作への回復，(3)最適なテーパリングと回復，(4)平常の呼吸ダイナミクスへの戻りの4つにより決まるのである。激しいトレーニングを行っている長距離ランナーの赤血球の標準的寿命は80日である。そのため平地に戻ってから2〜3ヶ月の間は，ヘモグロビンが増加しているために有気的パワーは増加したままである。また，ランニング動作の素早さ（神経筋の素早さ）は，速いペースのランニングを2-3週間行うことですぐに回復するであろう。

中距離ランナーでは高地から帰還後，12-18日の期間は，非常に高いスピード練習を行うと有効である。それにより，血液量，神経筋の素早さ，精神的な自信を高めることができる。それから，数日の休息後，高地トレーニングのおおよそ3.5週間後に，競技会に参加し始めるとよい。

高地トレーニングをマクロ周期に加えるにあたり，忘れてはならないキーポイントは次のようなことである。

- 初めての高地トレーニングの後に重要な競技会がくるような計画は立てないようにする。
- 高地に行く前，帰ってきた後に，最大酸素摂取量，無酸素性作業閾値，ヘモグロビンなどを測定し，それらの変化を調べる。
- トレーニング地を高くしすぎない，そして激しくトレーニングをしすぎないように留意し，高地トレーニングが過度にならないように心がける。
- 丘でのランニングに加えて平坦地でのトレーニングを行うことができるトレーニング地を確保する。
- 十分な適応が得られるように少なくとも3, 4週間は滞在する。
- 家庭のようなライフスタイル，快く受けいれることができるトレーニング環境を作る。高地トレーニングにより，ライフスタイルが乱されることは避ける。
- 高地トレーニングの後，重要な競技会が平地である場合には，レース前に呼吸循環器と走動作の修正を進めるために，早めに（大まかに2週間）家に戻る。

高地トレーニングを重んじていない選手は，一度，高地トレーニングに取り組んでみるとよい。また，

高地トレーニングを実施してみたが，良い結果を残せなかった者は，そのときの経験を詳細に思い出し，それを参考にして再び挑戦すべきである。それらの悪い経験は，単におそまつな計画から生じたものである。

7 | トレーニング日誌

　トレーニングを詳しく記録しておくと，トレーニング効果を正確に評価するのに役立つ。また，トレーニング日誌に記されたコメントは，それ以後のトレーニングの参考になることが多い。ポイントを押さえたトレーニング日誌からは，これまでにやってきたことがパフォーマンスにどの程度影響を及ぼしているのか，そして，これから何をなすべき，といったことがわかってくる。

　トレーニング日誌は，適切に詳細を記録できるシンプルなものがよい。表5-16の上半分は，トレーニング日誌の一例である。それぞれの区分のスペースは意図的に小さくし，簡潔なコメントを書くようにしている。インターバルトレーニングでは，セット数，繰り返し数，回復時間，ランニング距離，主観的な努力度などを記入する。有気的トレーニング（より長いランニング）では，時間と距離，主観的な努力度の指標を記入する。また，朝の心拍数，睡眠時間，決まった時間に測定した体重，痛みなどの体に関する情報および毎日のトレーニング後の疲労に関して記録する。

　表5-16の下半分は，レースの概略を記入する用紙であり，数種類の情報を記録するようになっている。1番目に，スプリットタイムなどのレースの詳細を記録する。2番めは，レースまでの準備はうまくいったか？　準備をもっと万全にするには何をすればよかったのか？　競技会ではスケジュールに沿ってうまく進んだか？　などを記述する。3番めとしては，競技後の印象について記述する。レースがうまくいこうと失敗に終わろうと，的確に記述するようにする。このような記録は，たいへん貴重で価値あるものである。なぜなら，正直に書かれた第一印象と考えは，後日，レース全体を思い起こすことに役立つからである。

　その他のデータを記述することも役に立つ。例えば，トレーニングを大まかに有気的要素と無気的要素に分け，週ごとにランニング距離のグラフをつける。これにはレースとタイムトライアルの記録を書き加えるようにする。これのデータは，休息のとり方，トレーニングの期分けなどの判断材料になる。

表5-16●トレーニング日誌の例

日　付　_____　　　　走行距離　_____
起床時心拍数　_____　睡眠　_____　　体重　_____

項目
コース
セット
回数
テンポ（ペース）
回復時間
体調
努力度

午前練習：
内容　_____
_____
_____
_____

午後練習：
内容　_____
_____
_____
_____

コメント：
_____
_____
_____
_____

競技会／タイムトライアル

日　付　_____　　　　種　目　_____
距　離　_____　　　　タイム　_____
スプリット　_____
最終的な準備状況について：
_____
_____
_____

レースについて：
_____
_____
_____

今後の課題について：
_____
_____
_____

まとめ

● ランニングによる体力の改善

1. コーチングのこつは，パフォーマンスを確実に高めるための最小のトレーニング量を見極めることである。余分なトレーニング（オーバートレーニング）は，ケガや過労，やる気の喪失などの危険性を高めるだけである。

2. コーチと選手には短期と長期の目標を持つことが求められる。目標のないトレーニング計画は意味をなさない。

3. トレーニング過程には，刺激と反応がある。反応は，行われた運動により生理的な衰弱が起こり，その後，休息期に回復していく体の適応である。もし，回復がなければ，パフォーマンスの改善はない。

4. トレーニング期は，マクロ周期，メゾ周期，ミクロ周期に分けられる。

5. トレーニングのおもな目標は，筋力，スピードやパワー，スタミナ，持久力を改善することである。

6. パフォーマンスにつながる生理的適応は，効果的なトレーニングにより生じる。増加する血液量，より大きな心室，筋細胞に多く蓄えられたエネルギー，より強い筋肉，そして1年に数千マイルあるいは数千kmのランニングという衝撃ストレスに耐える結合組織の耐性の増強などがおもな適応である。

7. 最も効果的なトレーニング計画は，最大酸素摂取量を大きく改善でき，それぞれの距離のレースでのペースを最大限に速くできるものである。最大酸素摂取量が高いほど，レース中に蓄積される乳酸は減る。

8. 高地トレーニングでは，低酸素刺激がもたらされ，それが最大酸素摂取量の増加に貢献する。

9. トレーニングのランニングの部分は，強度によって4つの領域に分けることができる。有気的コンディショニングは会話ができるくらいのペースの長い距離のランニングを含む。そして，ほとんどの長距離ランナーのトレーニングの量の大半を占める。無気的コンディショニングは，おおよそ乳酸性/換気性閾値ペースでの15～25分の快適な距離走からなる。有気的キャパシティトレーニングは，5000～10000m走のペースでのより長い距離のインターバルランニングからなる。無気的キャパシティトレーニングは，5000m走よりも速いペースでのより短い距離でのインターバルを含む。

10. トレーニングの効果を詳しく知るために，あるいは，より良いトレーニング計画を作成するため，トレーニング記録や日誌をつけることが勧められる。

DEVELOPING TOTAL FITNESS: STRENGTH, FLEXIBILITY, AND HEALTH

第6章

総合的体力の発達

● 男子マラソンで2時間5分38秒（2002年4月14日、ロンドンマラソン）の世界最高記録を有するアメリカのK.ハヌーチ。写真は1999年10月24日、シカゴマラソンで当時の世界最高記録をマークしたときのもの（APF=時事）。●

ランニングは基本的には単純な運動であるが，優先的にある特定の筋群を使うという点ではかなり特異的でもある。熟練した長距離ランナーは週に110kmから240kmのランニングを行う。このランニングによる刺激が大きければ大きいほど，刺激される筋と刺激されない筋との差は広がっていく。下肢後面の筋（ハムストリング，腓腹筋，ヒラメ筋）と背中の筋は，筋力，持久力が非常に発達してくる。しかし，下肢前面の筋（大腿四頭筋）や腹部の筋などへの刺激は比較的小さい。その他の筋群，特に上肢や体幹の筋群への刺激はさらに小さいものである。そのため，ランニングだけを行っているランナーは，筋群の間の筋力や持久力のバランスが悪くなり，障害を負う危険性が大きくなる。

　障害を未然に防ぐためには，トレーニング計画のなかに総合的体力トレーニングを取り入れ，バランスの良い体力の発達を目指す必要がある。総合的体力トレーニングは，次のような３つの効果をもたらし，選手の寿命を長くするとともに，パフォーマンスを高めることに役立つ。

- より高強度の最大下負荷運動を，より簡単に行えるようになる。
- 筋力を強くすることにより，関節を守る役目をしている筋骨格系の結合組織（靱帯，腱，軟骨）へのストレスを最小限にすることができ，使いすぎによる過労や関節の障害の危険性を減らす。
- 結合組織を強くする。

　このような効果を持つ総合的体力トレーニングをランニングとうまく組み合わせることによって，次のような体の状態を作り上げることが可能である。

- 効率的な心脈管系あるいはエネルギー代謝系（これによりランニングに必要な高い無気的・有気的能力を生み出す）
- すべての主要筋群における筋力，パワー，持久力，および適切な柔軟性（これにより体のバランスも良くなり，筋肉の障害の危険性も低下する）
- 適切な身体組成，すなわち必要以上の体脂肪がない軽い体（これにより体重あたりの大きなパワーが得られる）

　総合的体力を高めるためには，まず自分の総合的体力のレベルを知る必要がある。自分にとって高めるべき要素は何であるのか？　この質問についての大まかな答えを得るために役立つ生理学的パフォーマンスの自己診断テストを表6-1に示している。長距離ランナーは，心脈管系の持久的能力を比較的簡単に高いレベルまで高めることができるが，それは彼らの専門領域だからである。いっぽう，トレーニング計画のなかで総合的コンディショニングを重視していないランナーは，自己診断テストの結果が低くなるであろう。低い評価に終わった場合は，さらなる発達のための総合的体力トレーニングに積極的に取り組むべきである。

　長距離ランナーが総合的体力トレーニングを軽視して，単にランニングだけに取り組む理由は理解できるが，実際にはそれは間違いである。この章では，総合的体力トレーニングの重要性，実施方法，および実施に際して配慮すべき点などについて述べていく。

総合的体力の発達　第6章

表6-1●長距離ランナーのための生理学的パフォーマンスの自己診断テスト

名　前　_____　身　長　_____　体　重　_____

I．基礎的ランニング能力

スタミナテスト：15分間走（トラック周回）
　4,000m＝52.8mℓ/kg・分・$\dot{V}O_2$max＝男性；劣っている，女性；普通
　4,500m＝61.1mℓ/kg・分・$\dot{V}O_2$max＝男性；普通，　　　女性；良い
　5,000m＝69.5mℓ/kg・分・$\dot{V}O_2$max＝男性；良い，　　　女性；世界クラス

スピードテスト：40ヤード（36.3m）走（スタンディングスタート）
　6.0秒＝劣っている　　　5.5秒＝普通　　　5.0秒＝良い　　　4.5秒＝かなり良い

II．筋パフォーマンステスト―筋力，パワー，スタミナ，敏捷性

筋持久力テスト
　a．プレスアップ；1分間繰り返し回数
　　30回＝劣っている　　　40回＝普通　　　50回＝良い
　b．スクワットテスト；1分間繰り返し回数（膝が腕の位置にくるまで）
　　30回＝劣っている　　　40回＝普通　　　50回＝良い
　c．シットアップ；1分間繰り返し回数
　　40回＝劣っている　　　50回＝普通　　　60回＝良い
　d．プルアップ；1分間繰り返し回数（反動なし）
　　男性　3回＝劣っている　　　女性　2回＝劣っている
　　　　　6回＝普通　　　　　　　　　3回＝普通
　　　　　9回＝良い　　　　　　　　　4回＝良い

脚筋パワーテスト
　a．バウンディング；25mを何歩でいけるか
　　14歩＝劣っている　　　12歩＝普通　　　10歩＝良い
　b．立ち幅跳び
　　身長＝劣っている　　　身長＋10％＝普通　　　身長＋25％＝良い
　c．垂直跳び
　　30cm＝劣っている　　　45cm＝普通　　　60cm＝良い
　d．フルスクワット
　　体重の1/2＝劣っている　　　体重の3/4＝普通　　　体重＝良い

筋力／体重比
　a．アームカール
　　体重の1/4＝劣っている　　　体重の1/2＝普通　　　体重の3/5＝良い
　b．スタンディングバーベルプレス
　　体重の1/4＝劣っている　　　体重の1/2＝普通　　　体重の3/4＝良い

III．動作範囲

柔軟性テスト
　a．脚をまっすぐ伸ばしたまま，指先でつま先にタッチ
　b．うつ伏せで体を反らせ胸を上げ，地面から離して10秒間保つ
　c．仰向けで両脚をまっすぐにして上げ，地面に対して45°のところで10秒間保つ
　d．うつ伏せで体を反らせ，胸と両脚を地面から離して10秒間保つ
　e．仰向けで，両手を首の後ろで組んだまま，膝を曲げた姿勢から立ち上がる
　f．うつ伏せで，腕を両サイドに伸ばし，最小限の胸の動きで，右脚に左手でタッチする．反対も同じ．

IV．身体組成

体脂肪率：男性8％，女性14％の体脂肪率が，高いランニングパフォーマンスを発揮するための上限
　身長/体重比：
　　男性　　182cm/62.7kg　　　　　　　　女性　　174cm/52.7kg
　　　　　　178cm/61.3kg　　　　　　　　　　　　169cm/51.3kg
　　　　　　174cm/60.0kg[a]　　　　　　　　　　165cm/50.0kg[a]
　　　　　　170cm/58.6kg　　　　　　　　　　　　160cm/48.6kg
　　　　　　166cm/57.3kg　　　　　　　　　　　　156cm/47.3kg

[a]：中央値は，1996年の800mからマラソンまでの世界ランキングトップ10のアスリートの平均値を示している．その上下値は，男性で2.9cm/kg，女性で3.3cm/kgの身長/体重比（体重/身長比）をもとに算出した．男性では，±数kgの範囲でのばらつきが普通で，800mから10000mのランナーよりマラソンランナーのほうが体重は軽い傾向にある．女性はばらつきが大きく，10000mから800mへ向かうほど，体重は顕著に重くなる．長距離ランナーは，男女ともに，短距離ランナーより体重は軽い傾向にある．

1 筋力とパワーのトレーニング

1. 体力トレーニングに関する専門用語

　第2章では，骨格筋の働きについて，解剖学的,生理学的な側面から説明した。ここでは筋肉の働きを高める専門的なトレーニングについて，科学的な知識を応用して述べていく。まずは，コンディショニングに関する専門用語について解説する。

❶ ──生理学的用語

　筋力は，筋活動（**張力発揮**）中に発揮される最大の力として定義されることが多い。筋力の単位はメートル法の**ニュートン**（N），あるいはインペリアル法の**ポンド**（lb）であり，1N=0.225lb，1lb=4.4Nとなる。

　一般的に**筋収縮**という用語は，筋活動あるいは筋張力発揮の代わりに用いられており，筋の短縮を意味している。しかし，状況に応じて，筋は伸張したり，そのままの長さを維持したりしながら張力を生み出して力を発揮する。このように**収縮**という用語は，筋に起こっていることをいつも正確に表わしているわけではない。張力は，筋肉の長さの変動にかかわらず，力が出されているときにはいつも発揮されているのである。したがって，**伸張**や**短縮**といったより正確な記述を使うことによって，起こっている張力発揮をより明確に記述することができる。

　筋力は，しばしば，筋肉と神経系の2つの要因によって決定されていると言われる（3つめとして機械的な要因があげられるが，これは後で簡単に触れるにとどめる）。筋肉の要因には，**筋横断面積**，**筋線維長**，**筋構造**の3つがある（McDonagh and Davies, 1984）。まず，筋がより多くのタンパク質と結合して筋横断面積が大きくなれば，筋力発揮能力は高くなる。また，**サルコメア**が筋細胞の両端に付着し筋が長くなれば，潜在的な伸張あるいは短縮の能力は高くなる。そして，第2章で述べたように，紡錘状，羽状などさまざまな筋構造の組み合わせのバリエーションが，運動時の筋の短縮あるいは伸張中の力の発揮パターンを変化させる。

　神経系の面では，神経からの**インパルス**（**興奮**）の**発射頻度**と**運動単位の動員数**の2つの要因がある。骨格筋は連結している運動神経に影響される。インパルスの発射頻度が増加すると，結果的に多くの運動単位が運動に参加するようになり，力の発揮も大きくなる（Person and Kudina, 1972）。その関係は直線的というより，むしろ放物線状（S字曲線）である（Rack and Westbury, 1969）。運動単位動員数は，運動強度が増し，筋への刺激が大きくなればなるほど増加する。これは，低閾値の刺激では選択的にST線維運動単位が主として活性化されるのであるが，運動強度が高くなるにつれて高い閾値の刺激に対して反応する運動単位が徐々に運動に参加するからである。具体的には，神経の刺激は次の順序で運動単位を動員する（Burke, 1981）。(1) 疲労抵抗のある（ゆっくり酸化する）筋細胞を持つST線維，(2) 中程度の疲労性を持つFT線維（速く酸化，解糖する），(3) すぐに疲労する筋細胞を持つFT線維（速く解糖

する) の順である。FT線維の運動単位はかなりオーバーラップして動員されるため，低い運動強度でも活性化される。

しかしながら，興味深いことに，このような運動強度の増加にともなう運動単位の活性の順序は，人工的な (電気的) 刺激を与えたときに見られるものと反対である。筋肉の上の皮膚に貼り付けられた刺激電極により流される電流によって発生する筋電刺激は，運動単位にはまったく反対の反応をもたらす。この異なった反応は，通常の機能を高めることはもちろん，筋の傷害に対するリハビリテーションにおいても応用できるものである。

❷ ― バイオメカニクス的用語

長距離走のパフォーマンスを述べるときに**時間**は，重要な要因となってくる。そして，時間に関連する要因として，**ベロシティ**と**スピード**があげられる。ベロシティは単に，時間と移動距離の対比関係 (割合) のことで，いろいろな単位で示すことができる。例えば，10000mを26分38秒08で走ったときのランニング平均速度は6.3m/秒，あるいは14.0マイル/時 (あるいは63.9秒/400m) と表わすことがで

きる。スピードはベロシティよりも速さに関係するより一般的な用語である。

ある距離の間，力がある特定の抵抗に対して及ぼされたとき，**仕事** (ワーク) が行われたという。したがって，仕事は抵抗を動かすのに要した時間と出された力の積として定義され，すなわちそれは，活動した筋のエネルギー出力を示している。仕事の適切な単位は，メートル法ではニュートン・メートル (N・m) あるいはジュール (J)，インペリアル法ではフット・ポンド (ft・lb) である (1N・m=1J=0.738ft・lb，1ft・lb=1.356J)。もし動きがない場合には，抵抗に対して力を発揮していても仕事量はゼロである。

トルクは，回転軸を中心に物体を動かすのに必要な力として定義され (Laird and Rozier, 1979)，角運動中に発揮される力とレバーアーム (運動する関節の回転軸から筋の力が加わるポイントに対して引かれた筋の力の方向への垂線) の長さの積として計算される (**図6-1**)。したがって，仕事量の単位と同じようにトルクの単位はN・mあるいはft・lbである。筋が短縮あるいは伸張するとき，関節を中心に身体部位に回転が起こるため (肘の曲げ伸ばしなど)，レバーアームの長さは変化し，筋の発揮する力が変

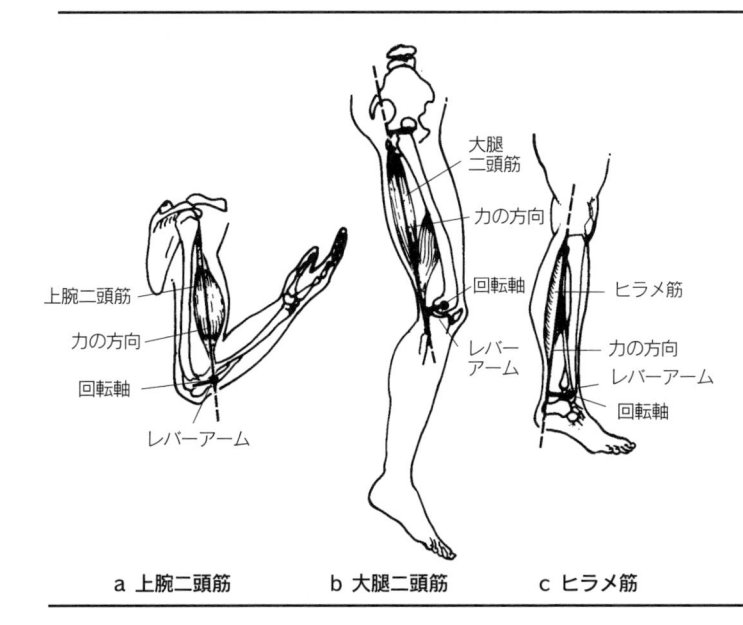

a 上腕二頭筋　　b 大腿二頭筋　　c ヒラメ筋

図6-1 ● 3つの筋のレバーアーム
それぞれの例において，レバーアームは筋が付着している遠位関節の回転軸から力の発揮方向 (出力している筋の方向) へと延びている。

化せずにトルクの変化を生み出す。筋力トレーニングによって，筋横断面積が増加し，より多くの筋線維が動員できるようになるために身体能力は改善されるが，レバーアームに関しては解剖学的に決定されているので影響はほとんどない。レバーアームの長さは，先に述べた筋力の決定にかかわる3つめの要因，すなわち機械的な要因である。

パワーとは，最大努力で全身を爆発的に動かす能力と定義される。これは**仕事率**とも呼ばれ，力×速度，あるいはトルク×角速度で表わされる。パワーのメートル法の単位は，ワット（1N・m/秒あるいは0.7376ft・lb/秒）である。この式から，パワーは速度を高めることと発揮する力を大きくすることの両方によって向上させることができることがわかる。筋力と速度の両方を高めることによってパワーを改善しようとするトレーニングは，筋力か速度のどちらだけに強調をおいているトレーニングよりも障害の危険性が少なく効果的であろう。

2. 静的筋力トレーニング

● ― アイソメトリックス

動かない物を持ち上げたり押したりしようとするとき，筋肉は力を発揮するが，その長さは外見上変わらない。このようなとき，その筋はアイソメトリック（等尺性筋収縮）の状態で力を出している。

●アイソメトリックスの特徴

1953年，アイソメトリックな筋力発揮を，最大強度の2/3の強度でたった6秒間行っただけで筋力が向上したという驚くべき結果をHettingerとMullerが発表した。アイソメトリックな筋力発揮のトレーニング，すなわち**アイソメトリックス**は，その後フィットネス界の主流となり，何時間にも及ぶバーベルリフティングや他のハードなエクササイズは筋力強化に必要ないのではないかとさえ言われた。しかし，引き続きアイソメトリックスの有効性についての研究は行われ，次のようなことがわかってきた。すなわち，アイソメトリックスによって増加する筋力は，初期の報告では週あたり5％であったが，後に約2％に訂正された。また，アイソメトリックスは筋力増加を促すが，その増加量はトレーニング初期には大きいものの，約5週間後からは急速に小さくなり，さらにその範囲は，一般的にはトレーニングした関節角度の±20°以内に限定されるということである（Knapik et al., 1983）。したがって，アイソメトリックスによって関節可動域全体の筋力をムラなく発達させるには，いくつかの関節角度を設定してトレーニングを行わなければならないのである。

●アイソメトリックスの運動例

ランナーのアイソメトリックスの例として，**図6-18**のエクササイズがあげられる。このねらいは下肢後面をストレッチさせることであるが，体幹や上肢の筋群ではアイソメトリックな張力発揮が起こっている。その他，アイソメトリックスの例としてあげられるのは，膝関節を屈曲させた姿勢で肩より低い鉄棒の下に立ち，それを押し上げる運動などであるが，これは大腿四頭筋にアイソメトリックな張力を発揮させることができ，膝を伸展させる力を改善することができる。

●アイソメトリックスにおける注意点

筋力の改善に効果がある一方で，配慮しなければならないいくつかの問題がある。

1. 収縮期，拡張期の両方において血圧がかなり上昇してしまう。これはわずかの筋活動によってさえも起こり，最も重大な問題でもある。

2. 過度に骨や関節が圧迫されるために，関節へストレスがかかってしまう。アイソメトリックスと呼ばれるエクササイズのなかには，脊柱周辺の筋腱の

未発達な初心者には不適切なものもある。例えば，標準的なアイソメトリックスクワットラックは，脊柱に過度の力がかかり，背中の痛みを招いたり，重大な障害の危険性をもたらす恐れがある。

3. 爆発的な運動ではないということを認識することである。たいていのスポーツ活動には，爆発的な運動が含まれるため，アイソメトリックな筋力が増加したとしても，直接，スポーツパフォーマンスを改善することにはならない。なぜなら，実際のスポーツ活動では，神経筋の調整が重要であり，多くの関節をタイミングよく，しかも大きな動作範囲で動かさなければ成功をおさめることはできないからである。こういった理由で，ランナーにとっては，静的な筋力トレーニングよりも動的な筋力トレーニングのほうが好ましいと言える。

3. 動的筋力トレーニング

もし，バーベルや他のウエイトなどのような重量物を持ち上げようとすれば，筋肉は長さを変えながら力を発揮する。これは骨格筋を伸張あるいは短縮させることによって行うトレーニングで，**動的筋力トレーニング**と呼ばれている。動的筋力トレーニングには**アイソトニックス，アイソキネティックス，プライオメトリックス**の異なる3つの様式がある。

❶——アイソトニックス

バーベルを持ち上げるような抵抗が変化しない運動（等張性収縮運動）によるトレーニングは，アイソトニックスと呼ばれる。アイソトニックスの例としては，腕立て伏せ，懸垂，腹筋など，自分の体重を利用したものの他，バーベルなどのフリーウエイトを利用したものがあげられる（図6-4，図6-7，図6-8，図6-9，図6-14，図6-16参照）。

●アイソトニックスの特徴

アイソトニックスでは，**短縮性収縮（コンセントリック収縮）**と**伸張性収縮（エキセントリック収縮）**の両方が起こる。例えば，腹筋運動での腹直筋は，体を起こすときには短縮し，仰向けの状態に戻るときには伸張する。また，懸垂での上腕二頭筋は，体を持ち上げるときには短縮性収縮を示し（拮抗筋である上腕三頭筋は弛緩），体を元の位置に戻すときには伸張性収縮を示す。

他の筋活動様式に比べ，伸張性収縮中は動員される運動単位数は少なく，筋はより強く収縮している。このことは伸張性収縮を主とした運動後に強い筋痛が伴うことで説明できる（例えばロングダウンヒル走）。ボストンマラソン完走者のコメントの多くは，他のマラソンに比べ筋痛がひどく，回復に時間がかかるというものであるが，これは，ボストンマラソンのコースは初めの16マイルと最後の5マイルが下り坂で，大きな伸張性の負荷がかかっていたからである。ボストンマラソンでよい成績を出すための最善の戦略は，下り坂では無理をせずゆっくりと，そして上り坂（"心臓破りの丘"）では積極的に走ることであるが，これは1993年，1994年，1995年のレースの勝者であるケニアのコスマス・デティ（Cosmas Ndeti）の戦術でもあった。

●過負荷（オーバーロード）と漸進性の原則

アイソトニックな負荷を徐々に高めていくトレーニングによって，骨格筋が肥大し，より強くなる現象は，古くから認められている。おそらくスポーツの歴史と同じくらい古いものであろう。筋力トレーニングの原則についての話には，必ずクロトナのミロの伝説が登場する。伝えられるところでは，ミロは紀元前6世紀に古代オリンピックゲームで長きにわたり活躍したレスラーであった（Young, 1984）。彼は，けた外れの筋力をもってすべての階級を制覇した。羊飼であった彼は，背に小さな子羊を担ぎ，しゃがんでは立つ動作を繰り返した。その子羊は成

長するにしたがって体重が増加するので，ミロは漸増する抵抗を得ることができたのであった。これは，骨格筋に**過負荷（オーバーロード）**を与えると，その負荷に身体が徐々に適応していくという**漸進性の原則**である。過負荷は，筋がいつも経験するよりも大きいトレーニング負荷と定義され，より大きな抵抗，繰り返し回数の増加，またはその両方を指す。そしてこの適応は，筋はもちろんのこと神経系にも起こる。初期の筋力の改善は，ほとんどが神経系の動員能力とその運動を上手に行えるようになったこと（運動の効率化）によるものであるが，徐々に筋線維も適応してくる。いったん神経系の動員能力や運動の効率が頭打ちになっても筋力が発達し続けるのは，筋肥大が生じて筋線維が適応してくるからである。

●アイソトニックスの変遷

シエナ大学のMorpurgo（1897）は，トレーニングで筋が大きくなるのは筋線維数の増加によるものではなく，個々の筋線維が太くなるためであるということを証明した。Eyster（1927）は後に，**運動強度**が**筋肥大および筋力増大を左右する要因**であることを示した。

第二次世界大戦後間もなく，筋力トレーニングに対する興味が深まり，いくつかのパイオニア的な研究が進められていった。

1945年にDeLormeは，骨格筋の発達に対するアイソトニックスの影響について報告している。筋力は高抵抗少回数のエクササイズによって最も改善される一方で，持久力は疲労困憊に至らないような低抵抗多回数のエクササイズによって発達する。筋力の増加はたいてい細胞内筋タンパクの増加によって起こり，いっぽう，持久力は毛細血管と細胞内ミトコンドリアの活性化によって改善される。すなわち，トレーニングに対する適応は，トレーニング刺激の種類によって決まるものであり，筋力トレーニングと持久力トレーニングでは得られる効果が異なるのである。これを**特異性の原則**とよぶ。したがって，

毎日毎日ゆっくりとした長距離走ばかり行っていては，レースに関係する速いランニングでの持久力は改善されないのである。

数年後，DeLorme and Watkins（1948）は，筋力と筋持久力を著しく増加させる**漸増的筋力トレーニング**の実施法を考案した。このトレーニング法は，10回持ち上げることのできる最大の重量，すなわち10RM（Repetition Maximum：レペティション・マキシマム）を各セットの基準とし，トータルで3セット行うというものである。最初の2セットは3セットめのウォームアップとして最大の50%と70%でそれぞれ10回ずつ行い，3セットめは最大努力で10回行うのである（この3セットめが実際の筋力増大の刺激として最も貢献している）。そして，筋力が増大して初期の10RMの負荷で15回行うことができるようになったら負荷を増加させるのである。

しかしこの方法は，3セットめを行う前にかなりの疲労と筋痛があり，最初の動作範囲を維持することができなくなるという欠点があった。そこでZinovieffは，ウォームアップの2セットでの回数を減らす代わりに3セットめの回数を増やすことを提案するとともに，1951年，10回10セットのプログラムを発表した。すなわち，筋がフレッシュなときは10RMの強度で行い，その後の各セットでは抵抗を減らしながら10回ずつ行うというものであった（疲労の進行に合わせて負荷を減らす）。

1960年代初頭，Bergerは，筋力増大のための最適なセットと回数の組み合わせを検討する多くの研究を発表した。筋力増加を評価する基準は1RMの挙上重量の変化であった。彼の結論は，週に3回，4-8回の繰り返しを3セット行うことで最適な筋力の増大が得られるというものであった。しかしながら，DeLormeとWatkinsの方法は異なっており，全3セットを最大強度で行うというものである。したがって，6RMの負荷を用いると最初のうちは6回を3セット行えないかもしれない。6RMを3セット行う代わりに，1セットめは6回，2セットめは5回，3セッ

とめは4あるいは5回だけ行う。しかし，徐々に筋力が増大するにしたがい，6RMで6回できるようになる。この負荷に普通に耐えられるようになったら，Bergerは5％まで負荷を増加させることを薦めている。

1979年，Westcottは，少ない努力で，他のトレーニング法と同等の筋力が得られる**リフティング法**を提案した。これは，抵抗を増加させながら（最大の55％，75％，95％），回数を減らして（例えば10回→5回→1回），3セット行うというものであった。DeLorme，Berger，Westcottのプログラムを比較することで，筋力発達にとって非常に重要なのは総回数あるいは総挙上重量ではなく，運動強度であるということがわかる。

●アイソトニックスにおける注意点

1． 骨格筋の筋線維組成には個人差があり，そのため，ある強度で行うことのできる反復回数はかなり異なる。第2章で，ST線維のほうが疲労に対する耐性があることを示したが，FT線維，ST線維はともに強い運動負荷で動員されるが（Lesmes et al., 1983），ウエイトトレーニングや非常に速いランニングを行っているときは，FT線維の多い選手のほうが早く疲労する。したがって，一般的には1セットにつき，8-12回の繰り返しが提唱されているが，回数に関する最終的な決定は，選手個人の持久力あるいは筋力のレベルに基づくべきである。

2． アイソトニックスでは負荷は一定のままであるが，一連の動作のなかでは，強い筋力が発揮できる関節の角度とできない角度がある。そのため，持ち上げることのできるウエイトは，動作範囲内の最も弱いポイントによって規定される。ノーチラス社が開発したマシンは，同心円ではないカムを利用し，人間の関節の動きに応じて負荷の強さを変化させることでこの問題を解決している。このマシンを利用した者の経験に基づく見解では，かなり大きな負荷を用いて1セット8-12回行うのが最も筋力の増大に効果的であるということである。

3． 選手によってトレーニング目標は異なる。筋肥大はボディービルダーにとっては非常に重要であるが，中距離ランナーには，最小の筋肥大で大きな筋力とパワーを得ることが望まれる。また長距離ランナーにとっては，使われる筋群の筋力とパワーの増大は必要であるが，筋横断面積の増大は必要ではない。そのため，一般的なプランがすべてのランナーに適しているとは限らない。現在の体力レベル，FT/ST線維タイプの遺伝的割合，それまでの総合的体力トレーニングの経験，種目特性，個々の長所と短所などに基づき，実行可能なプランが各個人ごとに立てられるべきである。

❷──プライオメトリックス

バウンディングやジャンプ運動は，アイソトニックな張力の発揮を含んでいるが，その発揮の仕方は特殊である。バウンディングやジャンプ運動における踏み切り動作は瞬間的な動作であるが，次のような経過で張力が発揮される。まず，踏み切るために着地させた脚は，接地直後，膝を曲げることにより着地の衝撃を吸収するが，その瞬間は伸張性の張力が発揮され，同時に前方向への運動量（身体の勢い）によっても伸張性の張力が引き出されている。そのような伸張性の張力発揮に引き続いて，こんどは地面を力強く蹴って前や上へ跳び出す動作においては短縮性の張力が発揮される。このような短時間の間に**伸張性-短縮性の張力発揮パターン**が見られる運動によるトレーニングは，一般的に**プライオメトリックス**と呼ばれている。

プライオメトリックスは，伸張性負荷と短縮性負荷のある特殊な組み合わせによって行われるが，最初に伸張性の負荷を与えることにより，短縮性のパワーを増大させることを狙ったトレーニングエクササイズである。足が地面をとらえる場合には，すべて伸張性-短縮性の張力発揮パターンを伴うが，バウンディングやジャンプはこれを誇張したエクササイズであり，ランナーにも効果的である。

Matveyev(1981)は，ジャンプなどの特殊なトレーニングにより伸張性-短縮性の張力発揮をうまく操作できるようになれば，ジャンプなどの運動でのパワー発揮能力を改善することができると述べている。Verhoshanskiy(1973)は，ボックスから飛び降りて接地し，そして上方へ爆発的に跳躍するエクササイズをショック負荷と呼んでいる。またAtha(1981)は，バウンス負荷エクササイズと呼んでいる。

●プライオメトリックスの特徴

伸張性収縮と短縮性収縮を組み合わせると，次の2つの理由でパワー出力が増大する。1つめの理由は筋の伸張反射である。例として，簡単なバウンディング運動をあげてみよう。バウンディングの着地では，ジャンプに使われる大腿四頭筋などの筋肉は衝撃を吸収しながら引き伸ばされる(伸張性収縮)。そうすると筋細胞にある筋紡錘と呼ばれる小さな受容器も伸ばされる。次に，それらの紡錘と連結している知覚ニューロンが活性化され，大腿四頭筋に分布する運動ニューロンの反射刺激をもたらす。これが活発な短縮性張力発揮を招き，強く膝を伸展させ，次のジャンプのパワーを生み出す。そして，その反射刺激に大脳からの"跳べ"という随意的な指令が加わると，膝関節はより強く伸展するのである。

2つめの理由は，伸張性収縮によって筋細胞内に弾性エネルギーが貯蔵されるということである(Thomas, 1988)。この弾性エネルギーは次の短縮性収縮中に再利用されるが，再利用率は次のようなときに最大になる。

- 伸張性収縮から短縮性収縮への切り替えへの時間が最小のとき(Komi and Bosco, 1987)
- 伸張性張力が大きすぎないとき(Cavagnah, 1970)
- 伸張性収縮の速度が最も高いとき(Burke, 1981)

●プライオメトリックスの効果

プライオメトリックエクササイズ(プライオメトリックス)は，走高跳や三段跳などのトレーニングに積極的に利用されており，この効果として垂直あるいは水平方向の跳躍能力の改善があげられる(Martin et al., 1987)。しかし，長距離ランナーにとっては，ジャンプ能力の改善は，一見，パフォーマンスには影響しないように思われる。なぜなら，効率的なランニングとは，垂直方向の変動をできる限り小さくし，エネルギーを前方向へ最適に変換するものだからである。しかし，中距離ランナー(800m, 1500m, 障害走)は，アイソトニックスだけでは獲得できない有益なパワーを適量のプライオメトリックスを行うことによって得ることができる。そして得られたパワーによって，股関節や脚の伸展がより強くなり，突然のペース変化に対応できるようになり，レース場面では有利になる。さらに，このトレーニングによる筋力の増加は，障害予防にも役に立つのである。

●プライオメトリックスの運動例

下肢筋群のプライオメトリックスは，ボックスやその他の体操器具を用いたデプスジャンプなど様々なタイプがある。例えば，メディシンボールを受け止めて即座に押し返す運動は，上肢で行うプライオメトリックスの一つである。プライオメトリックスに必要な器具は，例えば高さ25, 40, 50, 65, 75 cmの頑丈なボックス，ウエイトベスト(5, 7, 9, 11 kg)，数台のハードル，そして柔らかい芝の地面などであり，非常にシンプルである。これらを利用することによって，筋力とパワーの発達に有効なプログラムができあがる。適切な回数とセット数(およびハードルやボックスの高さ)は，選手のそれまでの経験，トレーニングのマクロ周期での位置づけ，特に専門種目によって決まってくる。ハードルホップス(1回の両足ジャンプで越せるような間隔にセットしたハードル5台以上を跳ぶ)，あるいはボックスジャンプ(1回の両足ジャンプで移動できるような間隔に配置した4台のボックスへの乗り降りを繰り返すジャンプ)は，20-25回以上では多すぎることが明らかにされている。もし，選手が低いハード

ルやボックスを用いて，5歩を5セットの頻度で簡単に行うことができたら，そのときは，ウエイトベストを着用したり，あるいは重心を持ち上げる高さを増すことによって徐々に強度を上げるべきである。また，柔らかい芝生の地面でのバウンディングも効果的であり，このトレーニングでは三段跳のステップのように膝の引き上げを誇張してストライドを延ばすようにし，10歩を3セット行う。

●プライオメトリックスにおける注意点

プライオメトリックスは，非常に特殊な運動なので慎重に計画に組み入れられるべきである。もし，誤った方法や疲労した状態で行うとリスクが増大する。次のようなことに注意して行わなければならない。

1. 高強度で爆発的な筋力発揮を伴う運動なので，ウォームアップやストレッチングの後に行うべきである。また，ウエイトトレーニングや速いランニングなどの後に行うべきではなく，トレーニングの一番初めの課題として，筋肉や関節の疲れが少ないときに行うべきである。

2. 高い無気的要素を伴う運動であり，高度なテクニック，あるいはかなりの集中力が要求されるので，次のセットに移る前に完全回復した状態に戻れるように，セット間の休息を十分にとる必要がある。

3. ウエイトベストの着用は，動作にかなり熟練してから（自分の体重の負荷に慣れてから），付加的に使用するほうがよいであろう。

4. 質の高いプライオメトリックスを行った次の日は，無気的ランニングを設定すべきではない。回復のための軽いランニングを1日入れるようにする。

5. サポート機能に優れたシューズを履き，常に柔らかく弾力のある地面，例えば芝生や適当なマットの上などで行う（トラックの地面を利用するのは良くない）。

6. プライオメトリックスは，しっかりとした基礎的な筋力とコンディショニングができてから導入されるべきである。長距離ランナーにとっては，必ずしも不可欠なトレーニングではない。本来，トップレベルの中距離ランナーが，レースの特別な局面における股関節伸展筋群の爆発的な要素を強化したい場合に用いる，特別なトレーニング様式であると言える。

❸ ── アイソキネティックス

アイソトニックスから爆発的な動きの部分を取り除き，動作範囲全体を通して一定の速度で最大筋張力を発揮する過負荷トレーニングを**アイソキネティックス**と呼ぶ。

このトレーニングは特殊なマシン（アイソキネティックマシン）を必要とするが，これが最初に作られたのは1920年代と言われている（Levin and Wyman, 1927）。しかし，アイソキネティックマシンが一般的になったのは，ロサンゼルスの生体工学者のJames J. Perrineが，サイベックス（Cybex, Lumex Industries, Inc.）の商品名で売り出してからのことである。その後，水力学から気力学まで利用した広い技術，工学的な技術を駆使した優れたマシンがいろいろと作り出され，また同時にアイソキネティックマシンに関する研究も進められ，その有効性が確かめられた。

図6-2aは，アイソキネティックマシンの1つであるサイベックスⅡを用いた膝関節伸展と屈曲筋力の測定の様子である。被検者はローリ・ヘネス（Laurie Henes）で，1995年に全米陸上競技選手権で10000mを32分05秒02で走っている。測定を始める前にトルク測定アームを彼女の膝関節軸の位置に調節した（**図6-2b**）。彼女の下肢筋の動的能力を評価するために，角速度300°/秒から60°/秒まで30°/秒ずつ漸減させ，9種類の測定を実施した。設定されたこれらの角速度よりも速くレバーを動かそうとすると，その分だけ大きな力を発揮することになり，より強い負荷になる。レバーに対して発揮される力は，様々な方法によって測定される（Laird and Rozier, 1979；Moffroid and Kusiak, 1975）。例

えばピークトルク，ある特定の関節角度でのトルク，体重あたりのピークトルク，仕事量，パワーなどが測定できる。

●アイソキネティックスの特徴

図6-2bで示したアイソキネティックな運動は，レッグエクステンションマシンで負荷を与える膝伸展，屈曲運動（アイソトニックス）とはかなり異なっている。図6-13のようなレッグエクステンションマシンでは，膝関節屈曲90°から0°までの運動によって大腿四頭筋の短縮性張力が要求され，0°から90°までの運動では伸張性張力が要求される。しかし，アイソキネティックな運動では膝関節屈曲

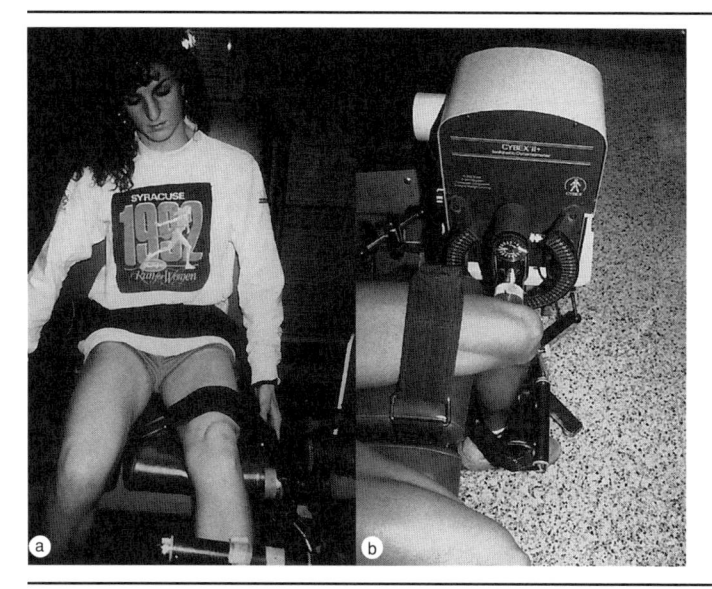

図6-2●サイベックスⅡを用いた膝関節機能の評価
テスト開始前にトルク測定アームを被検者の膝関節軸に合わせる。(b) のように，被検者の左膝は90°に屈曲させる。膝を伸ばして，(a) の姿勢から開始し，膝関節屈曲0°の方向へ動かす。

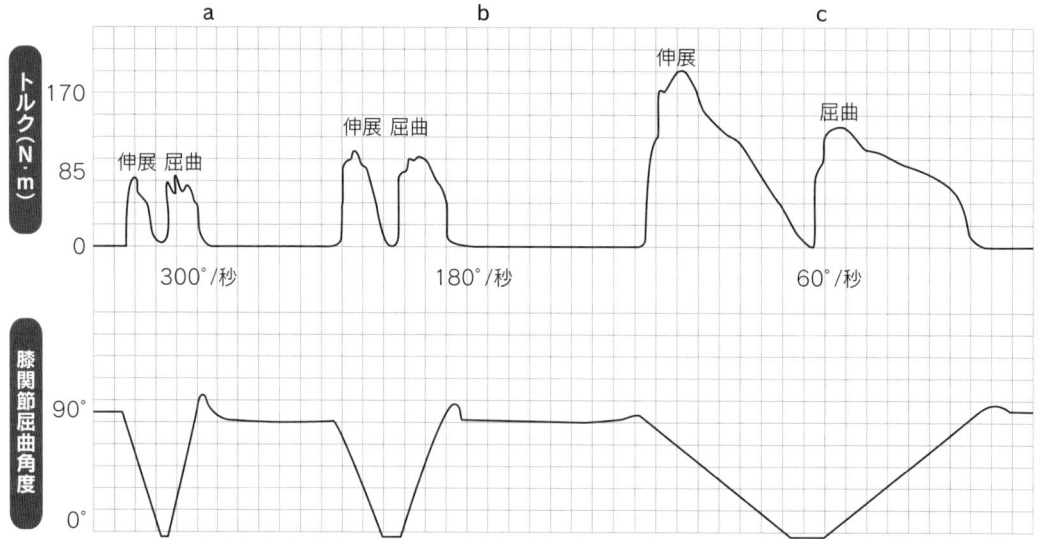

図6-3●等速性の膝関節伸展・屈曲運動におけるトルク出力のパターン
3種類の角速度（a：300°/秒，b：180°/秒，c：60°/秒）による測定。トルク出力は，関節角度と動作スピード（角速度）の両方により変化する。

90°から0°では大腿四頭筋の短縮性張力が要求され,反対に0°から90°までの屈曲ではハムストリングと腓腹筋で短縮性張力が要求される。そこで選手に与えられる指示は,できるだけ強く伸展すること(大腿四頭筋の張力によって膝関節を伸展させていく)と引き戻すこと(ハムストリングと腓腹筋の張力で膝関節を屈曲させていく)である。したがって,伸張性張力発揮が見られないため,膝関節の伸展・屈曲の伸張性張力を強化するためには,**図6-13**や**図6-15**のようなマシンを使う必要がある。

図6-3では,膝関節伸展(90°から0°)と膝関節屈曲(0°から90°)中に発揮された最大トルクを示している。記録は60°/秒,180°/秒,300°/秒の3つの異なった角速度について示されている。このグラフからは,膝関節屈筋群と膝関節伸筋群の力の発揮のしかたの違いを容易に知ることができる。また,トルクの発揮は関節角度にともない変化するだけでなく,張力発揮速度(設定された角速度)にともなって変化するという点にも注意すべきである。この角速度の違いにともなうトルクの変動は,力を発揮している瞬間の筋細胞内でのクロスブリッジの連結数と関係している。角速度が高ければ高いほど,連結するクロスブリッジの数は少なくなり,その結果,張力は低くなるのである。

● **アイソキネティックスの運動例**

水中における運動[*]は,アイソキネティックス的な効果がいくらか期待できる。水の中で手足を動かそうとすると水が抵抗となって,動作のスピードの増加が抑えられる。したがって,四肢は動作範囲を通してより一定の速度で動かされ,アイソキネティックスに近い運動になる。

---

[*]**水中における運動**:水中で運動を行うとアイソキネティックスに近い運動になるうえに,浮力が働き,腰,膝,足首への負担が小さくなる。そのために水中での歩行などの運動は,リハビリテーションの手段としては最適である。

コラム

● アイソトニックスとアイソキネティックスはどちらが良いのだろうか

フリーウエイト,筋力トレーニングマシンを使用したトレーニングには,いずれも長所と短所がある。選手とコーチがこれらを理解すれば,トレーニングをより効果的に進めることができる。

フリーウエイトや自分の体重を使うことで,筋力やパワーを改善するのと同時に,多くの主要筋群のバランスや調整力を高めることができ,スポーツ技能の習熟にも役立つ。フリーウエイトではスクワットやパワークリーンなどの運動,自分の体重を利用したものではシットアップやディップなどの運動が例としてあげられる。これらの運動では伸張性収縮および短縮性収縮の両方の筋力を同時に高めるほうがよいだろう。

フリーウエイトでは,熟練してくると特別な器具をあまり必要としなくなる。ウエイトを置くベンチやラックは比較的安く購入できたり,作ったりすることができ,地下室や車庫でもトレーニングを行うことができる。バーを握る手の間隔や,足の位置,動きの形式などを変えていくと,筋への刺激が変化してい

き，ほとんど無限のコンビネーションが可能である。また，1回挙上できる最大の重さや最高挙上回数により，トレーニング効果を客観的に評価することができる。しかし，フリーウエイトでは適切な技術を習得していなければ，ケガをする危険性が高い。ケガの危険を最小限にするために，補助的な役割をする人も必要となる。また，トレーニングルームが混雑していて，同じ重量物（例えばバーベル）を用いて多人数でトレーニングする場合には，バーからプレートを付けたり外したりして負荷を調節しなければならない。これにより，集中力がそらされたり，休息中の回復が十分でなくなることもある。

　筋力トレーニングマシンにはいろいろな種類があるため，すぐに長所や短所を指摘することはできない。しかし，筋力トレーニングマシンを用いれば，それぞれの筋肉を別々に鍛えることができる。また，短縮性収縮および伸張性収縮の両方の筋力を高めることができるのである。トレーニングによる改善は，持ち上げられたプレートの数，あるいは疲労に達するまでの回数を数えることによって客観的に知ることができる。ウエイトが重くなると，マシンはフリーウエイトに比べて安全である。しかし，筋力トレーニングマシンにも欠点はある。まず，それらの多くは個人で購入できないほど高価である。いくつかのブランドは，セパレートされたマシンで，主要な筋群を発達させるようにできている。また，ほとんどのマシンが標準身長に近い男女を対象として作られているので，身長が高すぎる人や低すぎる人が使えないことがある。そして，これらマシンの多くが低いスピードにおける筋力発揮能力を高めるために，実際の競技の技能につながってこない場合がある。それゆえ，これらのマシンは，専門的な筋力を向上させるというよりは，むしろ全面的な体力改善を助ける道具とみなしたほうがよい。

　アイソキネティックマシンとして，サイベックス（Cybex），バイオデックス（Biodex），オーソトロン（Orthotron），キンコム（Kin-Com）などがあげられる。おそらく，これらのマシンの最大の長所は，様ざまな速度で広範囲にわたる関節角度での最大筋力発揮能力を改善できることにある。実際，これは筋力，パワーを最適に発達させ，しかもケガの危険性は最小限ですむのである。これには調整しなければならない多量のプレートもなく，最新のモデルでは筋出力や関節角度などを映像で表わすビデオスクリーンが装備されている。利用者に筋出力や疲労の発現を視覚的にフィードバックできるので，たいへん有効である。さらに，いくつかのモデルは，コンピュータにデータを蓄積させたり，統計処理したりできる。

　しかし，これらのマシンはたいへん高価なので，フリーウエイトや様ざまな筋力トレーニングマシンに比べ，あまり普及していない。そのため，これらのマシンはおもに診断的評価やリハビリテーション，あるいは患者や特定の選手のためのトレーニングに使われている。一流の中長距離ランナーでは，アイソキネティックな筋力の評価を，下肢の筋の左右差や伸展筋力と屈曲筋力との比などを確認することに利用できる。ケガからの回復度も，この方法により知ることができる。また，ケガを起こしやすくするバランスの悪さも，トレーニング効果をみる通常の測定と並行することで明らかになる。機種によっては伸張性収縮力を高める筋力トレーニングやその測定ができないこと，特定の関節運動に限られ，多くの筋群をテストしたり，トレーニングすることができないことなどが欠点とされている。そのため，スポーツ技能に直結する神経筋の調整能力を改善することはほとんど不可能なのである。

4. サーキット（ステージ）トレーニング

1950年代に活動的で健康志向のライフスタイルが望まれるようになり，多くの人びとがボディビルディングやウエイトリフティングを行うようになった。そして，イギリスのリース大学のMorganとAdamson（1957）がいくつかのエクササイズをセットし，次から次へと連続してそれらを行っていく，**サーキットトレーニング**を考案した。これは，筋力，パワー，スタミナ，敏捷性，柔軟性および心脈管系を同時に高めようとするものである。具体的には，特定のエクササイズがそれぞれのステーションに割り当てられ，1つのステーションからもう1つのステーションへと移動していくというものである。そして，不適切な局所的疲労を最小限にするために，隣り合ったステーションではまったく違った筋群を刺激するように順番を考える。現在，サーキットは特定の筋群への刺激だけでなく，体力全般を発達させる方法としても認められている。強度と回数は多様であり，ステーション間やセット間のインターバル休息，ステーション数，強調する体力要素も幅をもたせることができる。さらに，無気的能力，有気的能力の改善も期待できる。このサーキットトレーニングの方法は多岐にわたっているが，Sorani（1966）によって，選手や練習環境に合うような創意工夫がなされてきた。

サーキットの種目のなかには，特別な器具を使わない体重を負荷とするエクササイズのみを行うものもある。これらは，どんな場所でも行うことができ，例えばジョギングでつなぎながらトラックの四隅を使うこともできる。また，体育館で，肋木やベンチ，跳躍ボックスなどを使って行うサーキットもある。セバスチャン・コーの指導者であったロウブロウ大学のジョージ・ガンディ（George Gandy）は，1970年代中頃に，網登りや，ボックスを乗り降りするデプスジャンプ，ディップ，バーピー，レッグレイズ，インクラインプッシュアップ，ベンチの上でのシットアップなどを含むサーキットを考案した。このサーキットはひとつのプログラムで，プライオメトリックな能力，筋力，柔軟性，呼吸循環系の改善を狙ったものであり（Gandy, 1983），総合的な体力トレーニング法として優れたものである。

このようなプログラムを週に2〜3回行えば，体力を総合的に改善することができる（Wilmore et al., 1978）。その改善は，主観的には一定の運動量や運動強度のサーキットを行うときに次第に楽になる感覚からわかる。客観的には決められたエクササイズを行うときの反復回数，ウエイトの重さ，所要時間などを測定することでわかる。

●プログラム作成のガイドライン

ここでは効果的なサーキットトレーニングプログラムを立てるための簡単なガイドラインを紹介する。

1. 8-12種類の運動（初心者は5-9種類）を設定し，主要なすべての筋群が使われるようにする。次に，全体の実施時間が12-15分になるように，それぞれの運動の反復回数を割り当てる。1つの運動持続時間を約30秒に限定する。割り当てる反復回数は事前のテストにより決定する。より複雑な運動は45秒での最大反復回数を測定し，より簡単な運動は60秒で測定する。そして，実際のサーキットトレーニングではその半分の回数を正確に行う。常に体を動かし，各ステーションを同じ時間で行い，過度に疲労しないようにする。

2. 体力レベルに合わせ2-5セットのサーキットを計画する。それを約30分から1時間かけて行うようにする。サーキットのセット間の休息はわずか2-3分である。

3. 隣り合ったステーションには，異なる筋群を使うエクササイズを配置する。

4. 良い動きを意識し，それぞれの運動を慌てて行

わないようにする。

5. サーキットトレーニングプログラムのなかに，柔軟性，敏捷性，筋力，持久力など，すべての体力要素を取り入れ，劣っている体力要素に関しては強調して行う。

●**サーキットトレーニングの2種類の行い方**

これまで，サーキットトレーニングは異なる2つのやり方で行われてきた。1つは，フリーウエイトやマシンなどの筋力トレーニング器具を用いるものである（Allen et al., 1976）。これは**サーキットウエイトトレーニング**と呼ばれている。一定の限定された時間のなかで（例えば30秒），1つのステーションを1RMの50%でできるだけ多くの回数を行い，すぐに次のステーションに移り，異なる筋群を同じやり方でトレーニングするのである。腕立て伏せ，懸垂，シットアップなどを入れてもよい。

2つめは**ステージトレーニング**である。これは，各ステージにおいて45秒あるいは60秒で行うことができる最高反復回数の1/3を，適切なセット間の休息をとりながら数セット続けて行うか，あるいは非常に長いセットを1回行う。これによって，局所的な筋に強い負荷がかかり，筋力や持久力が改善される。コーが日課としていたステージトレーニングは，椅子やボックス，低いテーブルしか必要としない。自分のホームグラウンドから長い間離れたときや，トレーニング機器が利用できないときには，このトレーニングを行うことによって軽視されがちな総合的体力を高いレベルで維持したのである。

ここでは，彼が用いていたステージトレーニングを簡単に紹介する。

① ハーフスクワット：5×200回を2セットあるいは2×500回を2セットの範囲とし，セットに要する時間と同じだけの回復時間をとる。

② ベントニーシットアップ（腹筋）：仰向けになり，肘を交互に反対側の膝につけるようにして上体を起こす：200-250回×1セット

③ プッシュアップ（腕立て伏せ）：足を台の上にのせて行う：5×20回

④ バックエクステンション（背筋）：うつ伏せに寝て，椅子を用いたり友達に持ってもらい両脚を固定して，上体を起こす：3-4×20-30回，1回のトレーニングで100回。

⑤ ステップアップ：ボックス，あるいは低い丈夫なテーブルの上に片足をのせて，台の上り下りをする。2×10回，2×20回を片方の脚で続けて行う。

5. 総合的体力トレーニングのガイドライン

トレーニングの方法，使用する器具などは多種多様であるが，効果を上げるためには，ケガをせずにトレーニングを行うことが最も重要になってくる。多くの筋群の機能を向上させ，筋力アップをもたらすことで，ケガの危険性を減らし，一般的体力ベースを高めることができるのである。これによりパフォーマンスの改善が促される（Foster et al., 1995）。体力トレーニングで成果を上げるための6つのカギを紹介する。

1. 定期的にトレーニングする。

2. ランニングでよく使う筋群を重点的にトレーニングする。

3. 主働筋と併せて拮抗筋もトレーニングすることで，筋肉のバランスをよくする（例えば，大腿四頭筋と同時にハムストリングを，上腕二頭筋と同時に上腕三頭筋を，といった具合である）。

4. 漸進的に過負荷の刺激を与える。

5. 可動域をフルに使って筋肉を動かす。

6. トレーニング間に適切な休息をとり，生理学的な適応が起こるようにする。

ランニングでは，いくつかの主働筋以外にも多くの筋が関わっている。これらすべての筋は，中長距

離レースのなかで必要に応じて力を発揮しているのである。ランニングそのものは，ランニングに直接使われる主働筋の改善はもたらすが，体力トレーニングプログラムにより主働筋以外の補助的な筋のパフォーマンスも改善できる。要するに，総合的体力トレーニングを行うことにより，専門的な体力とともに，一般的な体力も最適なレベルへと引き上げることができるのである。

体力トレーニングに関する過去数十年の経験の積み重ねから，次のようなことが言える。

- 多くの主要な筋群のバランスや調整力を改善するエクササイズは，一つひとつの筋肉を別々に鍛えるトレーニングに比べ，より実践的で，全身を同時にトレーニングすることができる。
- そのようなトレーニングには，フリーウエイトを用いたもの，自分の体重を負荷にしたもの，カムや滑車を利用したトレーニング機器を用いたものなどがある。
- 最適なトレーニング計画は，あるトレーニング施設のすべての器具が有効に利用できるように作られたものである。
- アイソトニックスで行った運動量（回数とセット）を詳細に記録し続けるか，あるいはコンピュータを内蔵したアイソキネティックマシンなどにより，トルク，パワーや仕事量を記録し，筋力の発達の度合いや右と左や主働筋群と拮抗筋群のバランスなどを長期間にわたって観察する。この情報はランニングのパフォーマンスの改善につながる筋力やパワーの高まりを確認するためには有効である。また，その情報はケガの予防やケガからのリハビリテーションの進行を追跡・確認していくのに役立つ。

● マクロ周期における総合的体力トレーニング

マクロ周期におけるトレーニングのどのくらいの部分を総合的体力トレーニングに費やすべきなのだろうか。ここで頭においておく必要があるのは，体力トレーニングは単にランニングの補助であるといっことである。すなわちランニングの代用となるものではなく，しすぎてもいけないのである。したがって，どのトレーニング期でも常にランニングが全トレーニングの大部分を占めるようにする。

効果的な体力トレーニングの計画は選手によってかなり異なる。中距離ランナーは長距離ランナーより高いレベルの筋力，パワー，柔軟性が要求されるだろう。個々の選手の強い部分と弱い部分を明らかにし，より強い筋力発揮が要求される筋群を発達させること，および，すでに高められた筋力を維持するトレーニングを行うことを強調しなければならない。

マクロ周期のトレーニング量の多いとき（図5-3に示したメゾ周期X_2とX_3のとき）は，他の期間中よりも総合的体力トレーニングをより強調して行うべきである。表6-2は，コーが利用していたサーキット，ステージ，ウエイトトレーニングの強度およびパターンの変化の概略を示している。表の横に描かれた図形は，全体力トレーニング負荷のイメージを立体的に描こうとしたものである。横軸の広がりは量，縦の広がりは時間を表わしている。サーキットおよびステージトレーニングは，初期の体力トレーニングの基礎を形成し，週あたりの運動量のかなりの部分を占めていることに注目してもらいたい。Aの期間中，トレーニング過程の導入としてサーキットとステージトレーニングの量を増加させる。これらは，マクロ周期の中間地点にさしかかったら，徐々により高強度のウエイトトレーニングに置き換える（BおよびC期間）。第5章で詳しく述べたように，このポイントまで，有気的能力の改善のためにトレーニング中のランニング量を増加させていく。それから無気的要素の強いランニングを増やし，選手が競技会前の準備期間（DおよびE期間）に入ったら，総合的体力トレーニングの強度は漸減させていく。実際の競技会期が始まる前に回復，再生，リフレッシュを図るために量を減らす時期（E），そして，その前に短期間，量を増加させる時期（D）も含む。

表6-2●中距離走トレーニングプログラムにおける総合的体力トレーニングの配置

	週		
10月	4	完全休養，簡単な徒手・柔軟体操のみでランニングなし	A
11月	8	毎週，サーキットトレーニングか，低強度のステージトレーニングを1回	A
12月	12	毎週，低強度・高強度のステージトレーニングを1回ずつ	A
1月	16	毎週，高強度のステージトレーニングを2回	A
2月	20	毎週，中強度のステージトレーニングと，軽いウエイトを用いた低強度の持久的ウエイトトレーニングを1回ずつ	B
3月	24	毎週，中強度のステージトレーニングと，重いウエイトを用いた高強度の持久的ウエイトトレーニングを1回ずつ	B
	28	高強度の持久的ウエイトトレーニングと，90-95%のピラミッドリフティングでのウエイトトレーニングを毎週1回ずつ交互に	C
4月	32	毎週，低強度の持久的ウエイトトレーニングと低強度のステージトレーニングを1回ずつ	D
5月	36	低強度の持久的ウエイトトレーニングと，低強度のサーキットかステージトレーニングを毎週1回ずつ交互に	D
6月	40	毎週，低強度のサーキットかステージトレーニングを1回	E
7月	44	可動域を高めるトレーニングのみ；試合期	E
8月	48	可動域を高めるトレーニングのみ；試合期	E
9月	52	可動域を高めるトレーニングのみ；試合期	E

表6-3 ● サーキット，ステージおよびウエイトトレーニングの組み合わせ例

● サーキットとステージトレーニング

行うエクササイズに○印	サーキット数[a]			ステージ数[b]		
	2-3 低強度	3-4 中強度	4-5 高強度	5-6 低強度	7-8 中強度	8-10 高強度
ディップ		○	○			
バックエクステンション（床の上で）	○	○		○		
バックエクステンション（台の上で）			○[c]		○[c]	○[c]
ベントニー・シットアップ（ストレート）	○			○		
ベントニー・シットアップ（ツイスト）		○			○	
ベントニー・シットアップ（インクライン）			○			○
プッシュアップ（腕立て伏せ）	○	○		○		
プッシュアップ（脚を高くして）			○		○	○
スクワットスラスト（かえる跳び）	○		○	○		
バーピー		○	○		○	○
レッグレイズ			○			
ロープクライム			○	○		
チンアップ（懸垂）	○	○				
ステップアップ			○	○	○	○

● 筋力+持久力，ウエイトトレーニング

	サーキット数			ステージ数		
	低強度	中強度	高強度	低強度	中強度	高強度
アームカール	3	6	10	3	4	6
ベントアーム・プルオーバー	2	5	8	3	3	2
ベンチプレス	2	4	6	4	4	4
ハーフスクワット	2	4	6	6	6	6
フロントランジ	2	4	6	3	3	6
アップライトローイング	2	3	5	4	5	6
ステップアップ（中程度負荷）	10	15	20	2	4	5-6

a：この方法に完全に慣れたら，各サーキットに8-12種目のエクササイズを組み込む
b：各ステージでは，単一のエクササイズを決められた回数繰り返して行う
c：他のエクササイズ同様，背筋が弱い場合には注意深く行う

6. 筋力・パワートレーニングプログラム

　表6-3は，中長距離ランナーにとっての，サーキット，ステージおよびウエイトトレーニングに関する例を示している。これらの運動やリフティングは，すべての選手になじみ深いものであり，このうちのいくつかは図6-4から図6-17に掲載している。セバスチャン・コー，パット・ポーター（Pat Porter），ウェンディ・スライ（Wendy Sly）などのオリンピック選手がこれらを行って効果を上げてきたのである。このような運動には無限の多様性があるために，トレーニングルーム，健康増進施設，あるいはリビングルームなど，どのような場所でも手軽に行うことができる。一度，セットや回数，休息時間などの一般的なガイドラインを設定してしまえば，後は不必要な疲労を起こさないで最大の効果が得られるように細かな修正をするだけでよい。

　図6-4から図6-17に示す運動は，中長距離ランナーにとっての重要な主要筋群の筋力，パワー，持久力を養うものである。これらは，上半身から下半身へと続いていく。トレーニングは，専門的な要求と全体的なバランスを考えて慎重に計画されるべきである。

　筋力は少ない回数，高い強度で，持久力は最大下の負荷で多くの回数を行うことによって最も改善されるが，スタミナはこの2つの間をつなぐものである。スタミナはかなり多くの回数にわたり高いレベルの筋力を維持する能力である。筋力とスタミナは別々のトレーニングにより高めるものだと考えられがちだが，両方を1つのトレーニングで改善することもできる。それは，各セットにおけるウエイトを重くしていき，徐々に回数を減らしていくやり方がベースになる。その例として，コー（体重59kg）が行っていた6セットのハーフスクワットのトレーニングを紹介する。各セットの回数は15，15，15，10，10，5回とし，ウエイトは140ポンド（63.5kg）から

セットごとに10ポンド（4.5kg）ずつ増やし，190ポンド（86.2kg）まで上げていくやり方をとっていた。そのトレーニングにより，70回のリフティングで，11,000ポンド（5,000kg）以上挙上していることになる。

　トレーニングにより作り上げた強い筋肉は，ランニングの着地時にかかる衝撃から脚を守り，障害を未然に防ぐ。そして繰り返される衝撃による疲労を少なくすることにも役立つ。筋の障害は，筋腱接合部の筋終末で起こりやすい（Garrett et al., 1987）。これは，腱に接合している筋組織には，より多くの結合組織があり，筋節が少ないために，隣接する組織に比べ弱いためである。これらの接合部での筋をより太くして強くすることは，障害の危険性を低くする。

　このように筋力トレーニングをうまく行えば，筋力，柔軟性，スタミナおよびスピードをより簡単に高めることができるだけでなく，障害を防ぐこともできる。しかし，トレーニングを安全に行うためにはいくつかの注意が必要である。1つめは踵とアーチを上げ，保護するための頑丈なシューズを着用するということである。しっかりとした構造のランニングシューズは，トレーニングシューズとして適切である。レーシング用の底の薄いシューズは決して使用しないようにする。2つめは，スクワットエクササイズのように脊柱に負担がかかるときには，よくフィットした皮製のウエイトベルトを付けることである。これは，バーベルによって及ぼされる脊柱へのストレスを分散して減らす手助けとなる。

総合的体力の発達　第6章

筋力・パワートレーニング 1　●スタンディング・アームカール　　　　　　　　　　　　　　　上腕二頭筋

図6-4

①バーベルをもち，腕を大腿の位置までまっすぐ伸ばす。両腕，両足の間をそれぞれ肩幅に開いて立つ（a）。②息を吸いながら肘を屈曲させ，バーを肩の方に引き寄せる。肩と腰を固定した状態で，背中をまっすぐに保つ（b）。③息を吐きながら，ゆっくりと最初のポジションに戻すことで伸張性の張力を発揮する。

筋力・パワートレーニング 2　●ディップ　　　　　　　　　　　　　　　　　　　　　　　　胸筋／上腕三頭筋

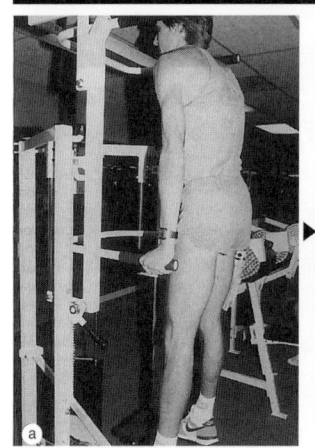

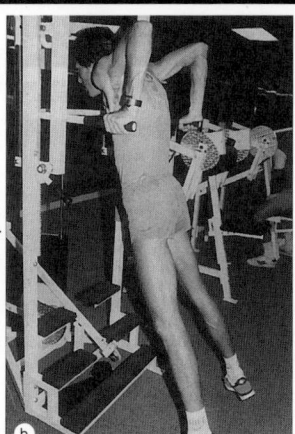

図6-5

　平行棒，あるいは専用のディップスタンドを用いる。バーは，エクササイズ中に足が地面に着かないくらいの十分な高さが必要である。
　①両腕をまっすぐにして体を支持する（a）。②息を吸いながら肘を曲げて，できるかぎり体を下げる（b）。③続いて息を吐きながら腕を伸ばして体を押し上げる。体が前後にゆれないように注意する。

筋力・パワートレーニング 3　●プッシュアップ（腕立て伏せ）　　　　　　　　　　　　　　胸筋／上腕三頭筋

図6-6

　このエクササイズは非常に一般的で，多くのバリエーションがある。もっともシンプルな方法は，床で行う，手を肩幅に開いたプッシュアップである。両手を近付けると上腕三頭筋が，両手の間隔を広げると胸筋が特に刺激される。足の位置を高く上げると，負荷を増すことができる。写真のように体をまっすぐに固定して，体をできるだけ下げる。続いて最初のポジションまで体を押し上げる。体を下げるときに息を吸い，上げるときに息を吐く。

211

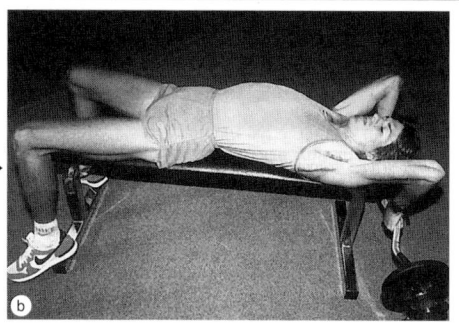

筋力・パワートレーニング 4　●ベントアーム・プルオーバー　　　　　　　　　　　　　　胸筋の上部／肋骨周辺の筋

図6-7
①ベンチに仰向けになり，ちょうど胸の上のあたりで，バーベルを胸幅よりやや広めに握って支える（a）。②息を吸いながら，ウエイトを体に沿わせ，胸と顔の上を通過させて，床に着く手前までおろす（b）。元のポジションに戻すときには，息を吐きながら反対の動作を行う。

筋力・パワートレーニング 5　●フロント／バックプレス（座位）　　　　　　　　　　　　　　三角筋

図6-8
バーベルを肩の前か後ろに構える。①バーベルを保持してベンチに座る（a）。②バーベルを，腕が完全に伸びるまで押し上げる（b）。③その後，元のポジションに戻す。元のポジションが首の後ろ側だったら，次は首の前側に戻す。押し上げるときに息を吸い，戻すときは息を吐く。

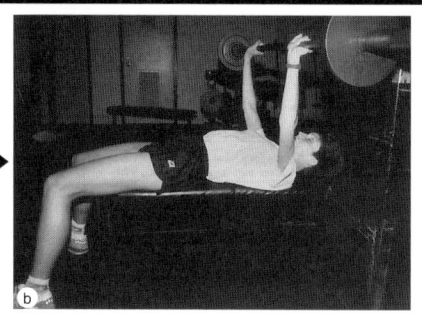

筋力・パワートレーニング 6　●ベンチプレス　　　　　　　　　　　　　　胸筋／上腕三頭筋

図6-9
手の間隔を広くすると胸筋が，狭くすると上腕三頭筋が特に刺激される。①ベンチの両サイドの床に両足をおき，フラットベンチに横になって，バーベルをラックから持ち上げる。②息を吸いながらバーを胸まで降ろす（a）。③続いて息を吐きながら，腕が完全に伸びるまでバーを押し上げる（b）。背中が少し弓なりになることがあるが，腰（と頭）はベンチに着けたままにしなければならない。

総合的体力の発達　第**6**章

筋力・パワートレーニング 7　●ラットプルダウン　…………………………………………広背筋

図6-10
　バーをケーブルに取り付けたマシンを使用して行う。①両腕を伸ばし，バーを両手でつかんで，頭の位置にウエイトを支持する（a）。②息を吸いながら，バーが大腿の上部につくまでまっすぐ引き下ろす（b）。両腕の肘をロックすれば，広背筋への刺激が増す。③息を吐きながら，最初のポジションに戻す。膝をついて，腕を頭の上まで伸ばし，胸の前あるいは首の後ろに引き下ろすバリエーションもある。

筋力・パワートレーニング 8　●ベントニー・シットアップ　……………………………………腹筋

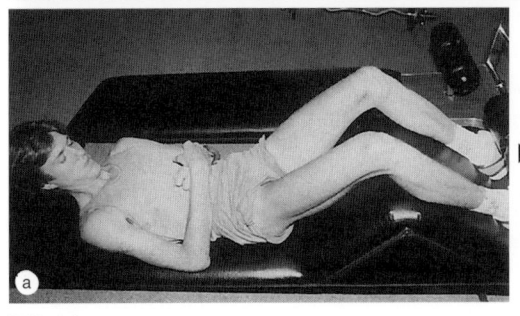

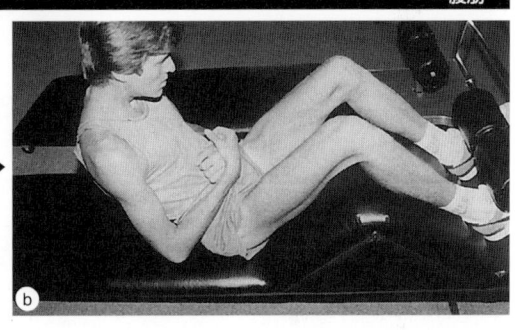

図6-11
　このエクササイズは，写真のようにシットアップボードあるいはインクラインドボードを用いて行う。手は，頭の後ろに置くか，よくトレーニングを積んだアスリートであれば，首の後ろにウエイトを持って行うことも可能である。

筋力・パワートレーニング 9　●レッグレイズ　………………………………………………股関節屈筋群

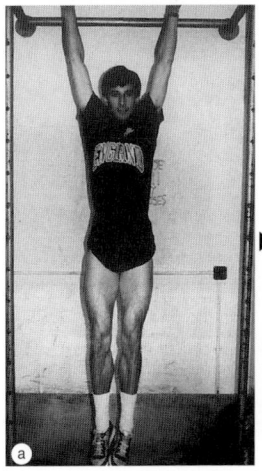

図6-12
　ディップバー，平行棒，鉄棒などを利用する。①バーにぶら下がった姿勢，あるいはディップの姿勢から始める（a）。②息を吸いながら床と平行になるまで両脚をあげる（b）。このとき膝を曲げてはいけない。③息を吐きながら最初のポジションに戻す。大腿直筋，縫工筋，大腿筋膜張筋，腸腰筋群などの股関節屈筋群が鍛えられる。腹筋は，体幹を固定するために常に収縮させておく。

213

筋力・パワートレーニング 10 　●レッグエクステンション　……………………大腿前面の筋群（大腿四頭筋）

図6-13

レッグエクステンションマシンを使用する。①膝と臀部をシートの端につけて座り，シート横のハンドグリッドをつかむ（a）。つま先は，少し下げる。②息を吸いながら，両脚の下腿が地面と平行になるまでウエイトを上げる（b）。上肢は，大腿四頭筋が働いている間は固定したままにしておく。③息を吐きながら最初のポジションに戻す。

筋力・パワートレーニング 11 　●フロントランジ　………………………………大腿四頭筋／ハムストリング

図6-14

①スクワットのようにバーベルを肩の後ろ側にのせる（a）。あるいは胸の上部にバーベルをのせる。②背中をまっすぐに保ち，顔は上げ，足を交互にしっかりと床におろす。息を吸いながら前に出した脚の大腿が床と平行になるまで前方へ踏み出す（b）。このとき，後ろ脚の膝はできるだけ曲げないようにする。

　このエクササイズには，2通りの方法が考えられる。1つは，息を吐きながら最初のポジションに戻り，続いて反対脚あるいは同じ脚で同じ動作を繰り返すというものである。もう1つは，そのまま，歩くように交互に脚を前に踏み出していく方法で（b〜c），より高強度の刺激が得られる。

総合的体力の発達　第6章

筋力・パワートレーニング 12　●レッグカール　　　　　　　　　　大腿後面の筋群（ハムストリング），特に大腿二頭筋

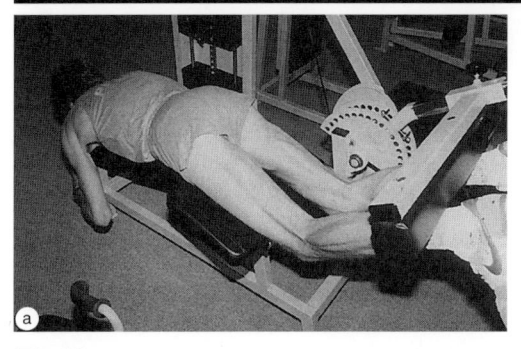

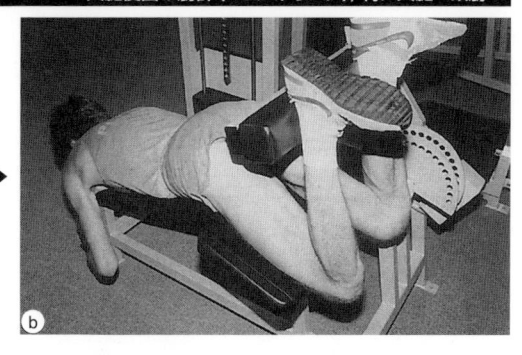

図6-15
　レッグカールマシンを使用する。①脚を伸ばした状態で，ベンチにうつ伏せになり，踵をフットパットの下に置く（a）。②マシーンの前部をつかみ，息を吸いながら，膝を屈曲させてウエイトを持ち上げる（b）。③元の位置に戻すときに息を吐く。

筋力・パワートレーニング 13　●スクワット　　　　　　　　　　　　　　　　　　　　　　全身の筋

図6-16
　①バーベルを肩にのせ，スタンディングポジションから開始する（a）。両足は，完全に床につけるか，踵を少し浮かせてもよい。②胸を張ったまま，深く息を吸い，（b）あるいは（c）に示したスクワットポジションにゆっくりと下ろす。息を吐いて，わずかな小休止をおく。③その後，スタートポジションに戻るときに，2回目の吸気，それに続いて呼気を行う。長距離ランナーにとって，筋肥大は筋スタミナに比べてそれほど重要ではないので，かなり軽いウエイトを用いる。1セット5回の繰り返しとする。

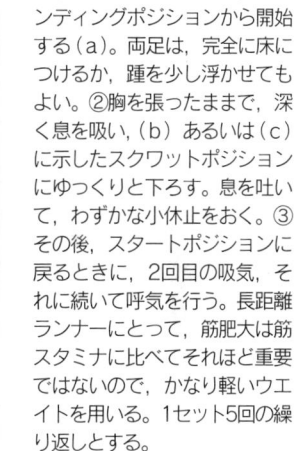

215

筋力・パワートレーニング 14 ……………………………………………………… 全身の筋

図6-17
　このトレーニングは，特定の筋を重点的に鍛えるように組んではいけない。写真のように，屋外の芝生や起伏を利用して，サーキット，ステージ，ウエイトトレーニングの原則を組み合わせて，馬跳び（a），おんぶ（b）などを楽しみながら行う。
　コーは，鍛練期には少なくとも2，3時間のこのようなトレーニングを毎週1回は取り入れていた。

コラム

●──リフティング中の適切な呼吸

　適切な呼吸法は，トレーニングを効果的に進めるうえで重要である（Austin et al., 1987）。伝統的な考え方では，力を入れて押し出したり，降ろしたり，あるいは上げるときには息を吐き，もとに戻すときに息を吸う。本質的にはこの方法は正しいが，最も強い負荷がかかる部分では，一時的に呼吸を止めるのが適切である。これによって一時的に胸郭内圧*が増加し，強固な肋骨のケージが作られ，そのため胸椎が適切に保護される。息を止めることは腹筋群の張力も発生させ，脊柱を補助的に保護する。

　腹筋の張力発揮を伴う止息，および声門を閉じた呼息は**ヴァルサルヴァ法**（イタリアの解剖学者ヴァルサルヴァによって考案された）と呼ばれる。この方法をあまり長く維持し続けると，胸郭内圧の増加が心臓への静脈血の逆流を引き起こし，気絶しやすくなる。したがって，逆流を最小限に押さえ，しかも脊柱の適切な支持を得ることのできる自身のリフティング法にあった効果的な呼吸法を見つける必要がある。付け加えて，最大張力時の瞬時の止息が理想のようである。

＊**胸郭内圧**：肋骨，胸骨，脊椎で囲まれている胸郭の内側にかかる圧力。

2 柔軟性

　関節の動きは，関節の周辺の筋と靭帯により制限される。日常生活では可動域いっぱいに関節を動かすことはないが，スポーツ，階段を駆け上がるような活動的な運動，柔軟体操では，関節を大きな範囲で動かす。関節部分の結合組織を定期的に通常の限界にまで伸ばしておかなければ，加齢とともに関節の可動域は小さくなっていく。

　関節の柔軟性に関する話題は，ランニング雑誌のなかでもとりあげられることが多く（Anderson, 1989; Festa, 1988; Robertson, 1991; Waldron, 1994），またコーチングや科学雑誌で頻繁に議論されている。これらを通して関節可動域（あるいは柔軟性）を適切なレベルまで高めることが選手にとって有利になることが明らかにされている。柔軟性が増せば，ケガの危険性が低下し，パフォーマンスを高めることにもなる。柔軟性が高ければ，大きな力が加わっても筋や結合組織は引き裂かれずに耐えることができるからである。

　柔軟性には個人差があり，他者との比較はあまり意味がない。あくまで選手は，自分の行っている種目に求められる柔軟性を知り，自分の現在の柔軟性のレベルを把握したうえで，それを維持したり，向上させるべきである。ここでは，柔軟性を効果的に発達させるための方法について説明しよう。

ストレッチングの種類と実際例

　ストレッチングのねらいは，通常の関節可動域を維持したり，さらに発達させるということである。やり方によって，ストレッチングはいくつかの種類に分類される。1つめは，**静的ストレッチング**である。これは，ある姿勢をとり，ゆっくりと組織を伸ばす方法である。そのいくつかの例を**図6-18**から**図6-27**に示した。これらの例は，選手自身によって，あるいはパートナーに補助してもらいながら行うものである。2つめは，**動的ストレッチング**である。これは，通常の生活での関節可動域を超えるように，あるいは競技のなかで見られる関節可動域と同等かそれを超えるように，弾ませたり振ったりして組織を伸ばす。しかし，最大関節可動域を超えるほど極端に行うと，関節傷害が起こるかもしれないので注意する必要がある。3つめは，**PNF（固有受容性神経筋促通法）**＊と呼ばれるものである。これは，拮抗筋にアイソメトリックな張力を発揮させることによって，主働筋を通常の最大範囲を超えて伸張させることができるというものである。脊髄を通して主働筋と拮抗筋の両方の神経結合部が適切にコントロールされることによって，主働筋が弛緩するのである。PNFは1人でもパートナーの補助によってもできる（Hatfield, 1982）。

　それでは，ストレッチングをどのように利用していけばよいのであろうか。関節可動域を広げるためのストレッチングは，通常のトレーニングの大切な部分でもある。しかし，トレーニングのうち低強度から中強度のランニングでは，関節を最大範囲まで可動させる必要はない。これらのトレーニングは，たいてい簡単なジョギングから始まり，体が温まっ

ストレッチング 1 ……………………………………………………………………ハムストリング／ふくらはぎ

図6-18

ハムストリングとふくらはぎのストレッチングである。左脚を前に出し，右脚で全体重を支え，前にもたれかかり手で支える。頭は上げたままで，腕をゆっくり曲げながら，さらに前に体重をかけて右脚のハムストリングとふくらはぎをストレッチしていく。このとき後ろ脚の踵は地面につけたままである。次に脚の位置を逆にして行う。

ストレッチング 2 ……………ハムストリング／ふくらはぎ／股関節屈筋群（腸腰筋群）／鼠けい部の内転筋群

図6-19

図6-18に加え，さらに2つの筋群をストレッチできる。バランスをとるために腰に手をおき，右脚を前に出して上げ，写真のようなものに脚をかける。これで左側の股関節屈筋群（腸腰筋群）と右鼠けい部の内転筋群をストレッチする。曲げた右膝関節の屈曲を深くしていき，股関節を前に動かし，ゆっくりストレッチしていく。反対もストレッチするために脚を入れ換える。

ストレッチング 3 ……………………………………………………………………………………ハムストリング

図6-20

ハムストリングのもう1つのストレッチングを示している。写真のように，右膝を曲げた状態で仰向けになり，左脚のふくらはぎを持ち，それを肩のほうへ引き寄せ，不快感を感じ始めるところで止め，この状態を維持する。10-15秒間ストレッチすることで効果が得られる。脚を換えてこれを繰り返す。

ストレッチング 4 ………………………………ハムストリング／ふくらはぎ／股関節屈筋群（腸腰筋群）

図6-21

図6-19に近いエクササイズであり，仰向けの状態でハムストリングとともに腸腰筋群もストレッチされる。左脚（左腸腰筋）を伸ばし，右膝をつかみ，ゆっくりと胸のほうに引き寄せる。左腸腰筋郡がしっかりストレッチされていれば左脚が伸びた姿勢を維持できるが，もしそうでなければ右脚をさらに引き上げたときに左脚が浮き上がってくるだろう。30秒から40秒間伸ばす。

総合的体力の発達　第6章

ストレッチング 5　　　　　　　　　　　　　　　　　　　　　　　　大腿四頭筋

図6-22
　写真では大腿四頭筋がストレッチされている。右脚で立ち，左足をつかんで左のお尻のほうに引き寄せる。10秒から20秒間ストレッチした後，反対脚も同様に行う。

ストレッチング 6　　　　　　　　　　　　　　　　　　首／胸／腹／腰／大腿四頭筋

図6-23
　首，胸，腹，腰，大腿四頭筋のストレッチングである。伏臥位から，手を使って体幹を地面から離し，できる限り頭を上げるようにする。このとき胸鎖乳突筋もストレッチされている。

ストレッチング 7　　　　　　　　　　　　　　　　　　　　　　　　背筋／脊柱

図6-24
　仰向けの状態で胸に膝を引き寄せ，前後に数回ゆっくり揺り動かすことによって背筋が伸ばされる。背筋や脊柱に効果的である。

ストレッチング 8　　　　　　　　　　　　　　　　　　　　　　　　背中／腰／膝

図6-25
　この姿勢は，オリエンタルスクワットポジションとよばれるものである。腕で前にゆっくり引きながら同時に腰を落とすようにして背中，腰，膝の筋を適切にストレッチする。これも背筋や脊柱に効果的である。

219

ストレッチング 9 ……………………………………………………………………内転筋群

図6-26
　内転筋群のストレッチングである。（a）では，両手で膝をゆっくりと下へ押していく。（b）では両手で足を体幹にできるだけ近づけるようにしながら，肘で両脚を下に押しストレッチする。

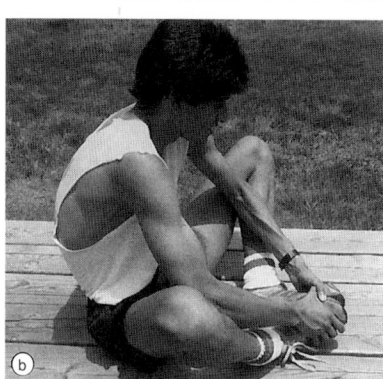

ストレッチング 10 ……………………………………………股関節回旋筋，腹斜筋を含む複数の筋群

図6-27
　体の両サイドの筋群のストレッチングである。（a）のように座位姿勢をとり，地面に両手をつき，右腕で左膝の上のあたりを押すと，左股関節回旋筋，左腹斜筋，右背筋がストレッチされる。また頭を左に向けることで，右僧帽筋，胸鎖乳突筋もストレッチされる。この反対も行う。
　（b）のエクササイズは座位ではなく，仰向けの姿勢で行う。左脚は右サイドの向こうへ持っていき，右手で左脚を地面に向かって（地面にはつけない）ゆっくりと押す。頭は股関節回旋筋と腹斜筋のストレッチ効果を高めるために左側へ向ける。反対側も行う。

て代謝反応が高まるまで強度を高めていき，そして一定のスピードで一定の距離を走り，トレーニングは終了する。モーニングランがその例である。ストレッチングは，このようなトレーニングではランニング後のクールダウンの一部分として行うとよい。ランニングにより体温が上がると筋の柔軟性が増加し，ストレッチングが容易に行えるのである。図に示したすべてのエクササイズは15分から20分以内に終わる。これらのストレッチングを行うことにより，柔軟性を高めることができるとともに，筋肉の状態を把握するのにも役立つのである。

インターバルトレーニング，テンポ走，タイムトライアル，あるいはレースといった，より強度の高いランニングでは，最大可動域まで関節を動かしている。このようなランニングでは，ストレッチングはランニングの準備として重要であり，ウォームアップやクールダウンの中に取り入れるようにする。順序は，ジョギングやゆっくりとしたランニングを行い，続いてそれらのランニングに要求される関節可動域を含むようなストレッチングを行う。そして，強度の高いランニングを行った後にジョギングを行い，その後にトレーニング前と同じストレッチングを行うのがベストである。このクールダウンにより体のバランスが元に戻る。

●効果的なストレッチングの原則

図に示した一連のストレッチングは簡単にでき，しかもランニングで用いる主要関節，あるいは筋群を伸ばすことができる。ストレッチングは急いで行うべきものではなく，精神的にリラックスした状態で，体の状態を確かめながら行うものである。

ストレッチングを行う際には次のような原則を守るようにする。

- 体の両サイドの筋をストレッチする。
- 不快や痛みを感じる限界を超えてストレッチしない。
- はずみをつけたり急激に引っぱったりしないで，徐々に行う。
- 20秒から40秒間，最大可動範囲に近い状態でストレッチする。
- 体の両サイドの柔軟性のバランスを確かめる。バランスが悪ければ，その原因を考える。両サイドのアンバランスがケガの原因になるので気をつける。

図に示したエクササイズは，どのような強度のランニングの準備としても有効である。しかし，特定の筋や関節に障害があったり，障害が再発する危険性が高い者は，このうちからいくつかのストレッチングを省略する必要がある。

＊PNF：Proprioceptive Nuromuscular Facilitation　の略。

3 身体組成と測定方法

　選手やコーチは，身体組成に強い関心を抱いている。具体的には，適切な痩せ傾向あるいは筋肉質を望んでいるのである。選手は，活動的にトレーニングを続けていると，ほとんど脂肪は蓄積されないのにもかかわらず，肥満については非常に多大な関心を寄せている。なぜなら，もし脂肪が過度に増えれば余計な荷重がかかり，ランニングパフォーマンスが低下するからである。

　脂肪は，どのくらいの量が適切なのか。体重と体脂肪は，どのようにして計るのか。過度の痩せすぎによる女性の体脂肪の低下が，無月経の素因を作ることがあるのか。無月経からくるエストロゲンに関連した骨カルシウムの損失と潜在的な障害の危険性との間にはどのような関係があるのか。このような多くの選手やコーチが抱えている疑問について説明しよう。

1. ランナーの体脂肪

　体脂肪には性差，人種・民族差が存在するが，その量はエネルギーの消費と摂取のバランスにより決まる。この体脂肪は，競技のパフォーマンスに様ざまな面で影響を与える。例えば，競泳選手は比較的脂肪量が少ないが，そうであっても脂肪は浮力を得るために有利に働くことが明らかにされている。アメリカンフットボールやラグビーのようなコンタクトスポーツを行う選手には，衝撃による傷害を防ぐクッションの役目を果たすのにある程度の脂肪量は必要である。しかし，ランナーにとって脂肪は，それを運ぶのに余分なエネルギーが要求されるだけでなく，過度の体脂肪は余分な荷重となる。

表6-4●男女における身体計測データ

カテゴリー	体脂肪率 (%)	
	男性	女性
性別に関係なく不可欠な体脂肪	2-3	2-3
健康な長距離ランナー	5-8	10-14
健康で活動的な青年	12-20	16-25
医学的に見た肥満	>25	>30

カテゴリー	BMI [a]	
	男性	女性
健康で活動的な青年	25	25
トレーニングを積んだ長距離ランナー	18-22	18-20
医学的に見た肥満	>30	>30

a：BMI (Body mass index) ＝体重／身長の2乗

そのためか，ランナーは過度に痩せようとする傾向がある。しかし，ある一定量の脂肪は，人が生命を維持するのに絶対不可欠なものである。コーチはこのことをランナーに気づかせる必要がある。例えば，多くのホルモン（特にコルチゾン，エストロゲン，プロゲステロン，テストステロンのようなステロイドホルモン*）は，ビタミンA，D，E，Kなどと同じように脂溶性であり，脂肪は，それらのホルモンを血液から組織内へ輸送する重要な役割を果たしている。このうちのエストロゲンは，女性のほうが男性よりも循環血液内においては高いホルモンレベルを示す。このホルモンは，低脂肪症および下肢や臀部の皮下脂肪貯蔵に影響する。いっぽう，テストステロンのようなタンパク合成ホルモンは，男性のほうが女性よりもより高いレベルを示すため，男性には脂肪の蓄積が少ない。

脂肪組織は75％の水分を含んでいるのに対して，筋組織は10％しか含んでいない。そのため，脂肪組織は比重が低く，同じ体積であれば軽い。したがって，体重60kgで体脂肪8％の男性は，体重60kgで体脂肪15％の女性よりも小さく見える。表6-4は，いろいろなグループの男女における体脂肪率に関する基礎的データである。脂肪には性別に関係なく不可欠な量があり，ヒトの組織（細胞膜，神経細胞膜など）の寿命と密接にかかわっているのである。必要脂肪量は，体重のおよそ2％から3％の間で，量的には少ない。ほとんどの場合，除脂肪体重には必須脂肪が含まれている（Buskirk and Mendez, 1984）。脂肪重量（fat weight）という用語は，実際にすべての脂肪組織を指し，体重から除脂肪体重（fat-free body weight）を引いたものである。以下はこれらの関係を示している。

体重＝除脂肪体重＋脂肪重量　　　　計算式[6-1]

体重＝必須脂肪を含む除脂肪体重＋蓄積脂肪

計算式[6-2]

表6-4で示したように，常にトレーニングを行っている長距離ランナーの脂肪量は健康な一般人の最低ラインであり，それは厳しいトレーニング（エネルギー消費の大きいトレーニング）と日常的な低脂肪食の摂取によるものだけでなく，栄養摂取に対する細心の注意にもよるのである。ランナーの体脂肪率は男性で5-8％，女性で10-14％の範囲にあり，この差はエストロゲンの影響による。不幸なことに，ランナーのなかには，少ない食事とハードなトレーニングですべての脂肪をなくすことができるという間違った信念を持っている者もいる。このようなランナーは健康を害することになるだろう。しかし，一流レベルのマラソンランナーは，先に示した範囲内でより低い傾向にある（男性で5-7％，女性で10-12％）。おそらくこれは，豊富なトレーニング量を継続することによって多くのエネルギーが消費され，脂肪が蓄積することがないからであろう。いっぽう，健康的な中距離ランナーは，トレーニングによるエネルギー消費があまり多くないので，いくぶん高い傾向が見られる（男性で6-8％，女性で11-14％）。

---

*ステロイドホルモン：ホルモンは，その化学構造上からタンパク質・ポリペプチド系，アミン系，ステロイド系の3種に分けられる。ステロイドホルモンには，各種の性ホルモン（エストロゲン，テストステロンなど）や副腎皮質ホルモン（アルドステロン，デオキシコルチコステロン）が含まれる。

2. 体脂肪の測定方法

身体組成にあまり関心のない人でも，水中体重を測定する密度法，あるいはキャリパーを用いて評価する皮下脂肪測定法などの測定法は知っているであろう。密度法は，水中測定用タンクを用いて身体密度を直接的に決定するものであるが，大掛かりな施設・器具が必要であり，実用的ではない。ここでは，

キャリパーなどの簡単な器具を用いて，間接的に脂肪量を測定する身体測定法を説明しよう。

❶──身体測定法

　脂肪量を測るのにより簡単な測定法が求められるのは当然のことである。特にコーチがチーム全員の身長，体重，除脂肪体重，体脂肪率などを測定しようとするときには，合理的で簡単で利便性があり，素早く安価に行えることが望まれる。これまで数十年間にわたって身体構造の特徴を測定するために，骨の周径，身長と体重から求めるBody mass index，特定の身体部位の周径，皮脂厚など，多くの身体計測が行われてきた。(**表6-5**)

　前述のいくつかのパラメータから，身体密度を予測する多くの予測方程式が作り出された。そのなかで，何ヶ所かの皮脂厚を測定する方法が次第に主流になってきた。そのなかでも7ヶ所の皮脂厚を用いた男性のための方程式(Jackson and Pollock, 1978)，および女性のための方程式(Jackson et al., 1980)がかなり一般的となっている。

❷──皮脂厚測定法の正確性

　皮脂厚を測定する場合には，次の3点について配慮しなければならない。

- 信頼できるキャリパーを用い，毎回同じキャリパーを用いる。
- 正しいテクニックを用いて，適切な部位で測定する。
- 熟練者に測定させる。

　表6-5に示した男性のための回帰式，女性のための回帰式を使うことによって，かなり低い体脂肪率(12-16%を下回る)を示すトレーニングされた白人長距離ランナーにおいても妥当な値が得られた。様ざまな部位の皮脂厚を測定する方法は，**図6-28**から**図6-36**に示してある写真と説明(Lehman et al., 1988)により理解していただきたい。さらに，以下のように行うことで信頼性と再現性が得られるだろう。

- すべての測定に体の右側を用いる。
- 片方の手の親指と人差指で皮膚をつかみ，もう片方の手にキャリパーを持って測定する。
- 測定のときに皮膚に垂直にキャリパーをあて，キャリパーを握る圧力を最大にする(一般的に約$10g/mm^2$)。
- 各部位を繰り返し測定し，再現性を確かめる。
- 技術的に熟練するまで，少なくとも50人の異なった被検者を用いて，全部の皮脂厚を測定する練習を行うことが最低限必要な条件である。
- 選手が通常の含水状態のときに測定する。一般的には，体力測定のためのトレッドミルテスト，あるいはトレーニングの前に測定する。脱水状態では皮脂厚は減少するため，計算された体脂肪率の値は低くなる。

❸──DEXA (dual-energy X-ray absorptiometry)

　水中体重の測定，および皮脂厚の測定による体脂肪率の推定は，体が脂肪体重と除脂肪体重の2つの要素に分かれているという考え方に基づいている。この2成分モデルは，少数の屍体から得た2組織の密度の平均値から得られたもので，妥当性には疑問が残る。なぜなら，少人数の被検者から得られた結果が，民族集団，年齢，体力の異なる人に対して当てはまるとは言えないからである。

　しかし，最近の新しい技術によって，この疑問点を解決するための方法が開発された(Kohrt, 1995; Mazess et al., 1990; Nichols et al., 1995)。その技術は，異なったエネルギーレベルの2つのX線を利用した全身スキャナーを用いるものである。この2つのX線は，身体組織によってエネルギー照射のされ方が異なり，これを応用し分析をする。これがこの方法の名前(dual-energy X-ray absorptiometry：DEXA)の由来である。アメリカの一流中距離ランナーであるクリスティン・シーブリー(Kristen

表6-5 ● BMI, 身体密度, 体脂肪率

名　前 _____　　テスト日 _____

生年月日 _____　　年　齢 _____

体重 (kg) _____　　身長 (cm) _____

BMI (Body mass index) ＝体重 (kg) ／身長 (m) の2乗＝ _____

皮脂厚 (mm)：

上腕三頭筋 _____　　大　腿 _____

胸　筋 _____　　腋下中線 _____

肩甲骨下 _____　　腸骨稜上 _____

腹　部 _____

皮脂厚の総計＝E＝ _____ (mm)　　総計の2乗＝E^2＝ _____

身体密度：

女性 (参考文献：Jackson et al., 1980)：
D_B ＝ [1.097 − 0.00046971 × E] + [0.00000056 × E^2] − [0.00012828 × 年齢]

　＝1.097 − _____　＋　_____　−　_____

　＝ _____

男性 (参考文献：Jackson and Pollock, 1978)：
D_B ＝ [1.112 − 0.00043499 × E] + [0.00000055 × E^2] − [0.00028826 × 年齢]

　＝1.112 − _____　＋　_____　−　_____

　＝ _____

評価：

体脂肪率＝ [4.57／D_B − 4.142] ×100＝ _____ (%)

不必要な脂肪量＝体重×体脂肪率＝ _____ (kg)

除脂肪体重＝体重−脂肪量＝ _____ (kg)

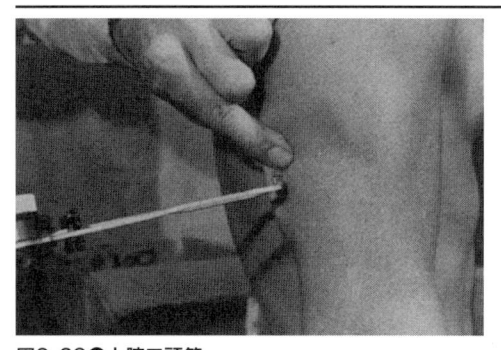

図6-28●上腕三頭筋
　上腕の肘頭と肩峰突起との中間の筋腹を垂直にはさむ。このとき，肘は伸展させ，上肢はリラックスさせる。

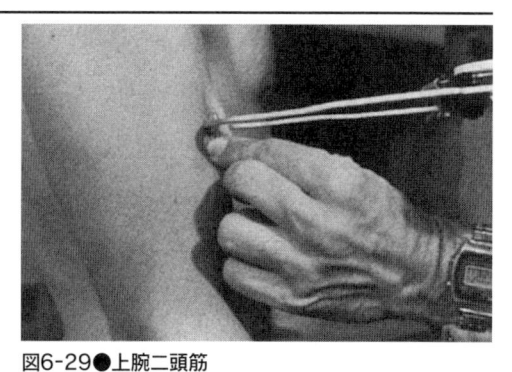

図6-29●上腕二頭筋
　腋下前部と肘の前のくぼみとの中間の筋腹を垂直にはさむ。このとき，肘は伸展させ，上肢はリラックスさせる。

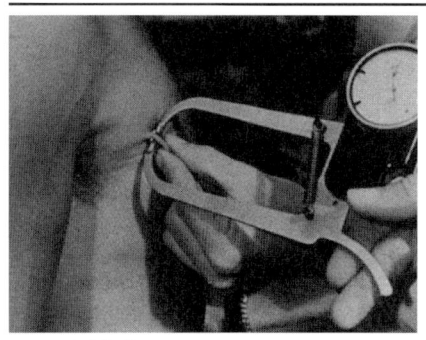

図6-30●胸筋
　男性の場合は，腋下前部のラインと乳頭の中間，女性の場合には，腋下に向かって2/3のポイントをはさむ。

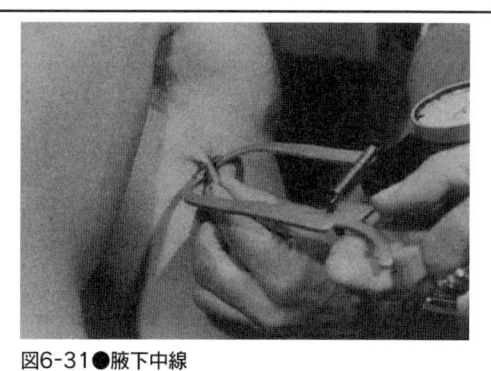

図6-31●腋下中線
　腋下から下ろした鉛直線上の剣状突起の高さの位置を垂直にはさむ。

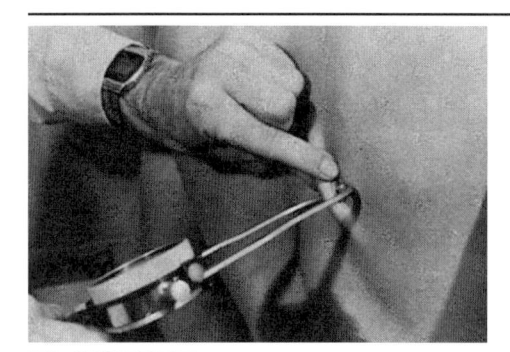

図6-32●肩甲骨下
　肩甲骨の下2cmのところをはさむ。

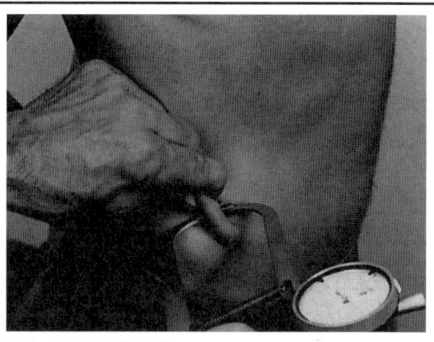

図6-33●腸骨稜上
　腋下から下ろした鉛直線上の腸骨稜の上のポイントをはさむ。

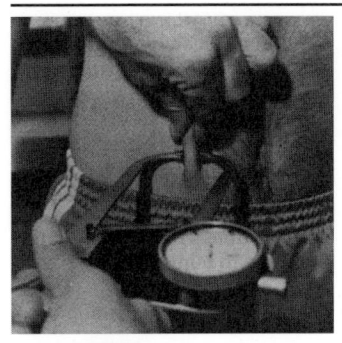

図6-34●腹部
へその右約2cmのところをはさむ。

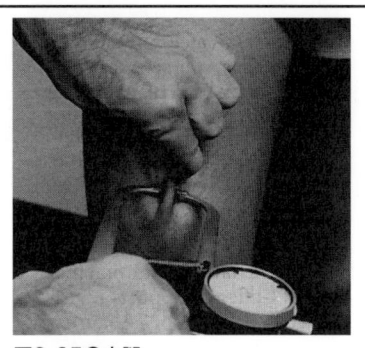

図6-35●大腿
計測側の脚に体重をかけないようにして，股関節と膝関節の中間の前面中点をはさむ。

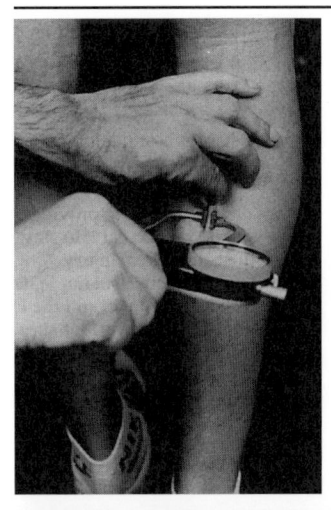

図6-36●ふくらはぎ
計測側の脚に体重をかけないようにして，腓腹筋筋腹の最も大きい部分をはさむ。

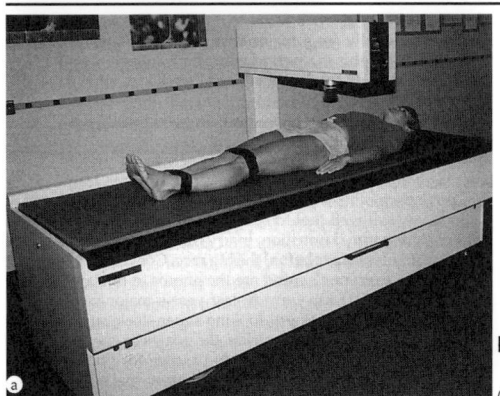

図6-37●DEXAによる身体測定
DEXAを利用することで，骨密度，除脂肪組織量，脂肪量の正確な同定が可能。全身スキャンは，(b)のような完全な映像がビデオスクリーンに現れるまでに約20分を要する。

Seabury）を被検者として用いて，**図6-37a**に示しているように，約8cm/秒の速度でX線照射を頭からつま先まで行い，1cm間隔で連続的に断面のスキャンを行った。彼女の身長は168cmであり，**図6-37b**のように，骨部分の完全な映像がビデオスクリーンに表われるまでに約21分を要した。

この撮影でのX線被曝レベルは問題にならないほど小さい。全身スキャンでは，ほぼ0.02～0.05ミリレムの放射線を被曝するが，一般的な胸部X線からの被曝は40～50ミリレム，1日の放射線被曝許容量は0.45ミリレムである。したがって，この方法は非常に安全かつ正確であり，短時間で詳細な情報を得ることができる。映像から特定の身体部位の情報が得られるのはもちろん，総骨密度と体脂肪量も詳細に示される。

研究室を訪れた選手に対して，1992年からこの方法を使っている。我われは，DEXAの分析結果と次のような評価・分析から得られた情報を組み合わせることによって，適切な体組成を維持するための食事の摂り方，食事内容，そして骨格筋障害の危険性を最小限にする方法などに関して，ランナーに示唆を与えることができるのである。

- 食物摂取を評価するための3日間の食事内容
- この食事を摂取したときの24時間の活動概要
- 女性選手の月経状況の評価
- DEXAによる体脂肪率と骨塩*状態の評価
- 皮下脂肪による体脂肪率の評価
- 以前の来訪からの障害状況の調査

食事の評価により毎日のカルシウム摂取の指針を与えることができ，DEXAスキャンによって様々な部位の骨密度に関する情報が得られる。一般的には，ランナーの脚の骨密度は一般健常者や運動を行わない人よりもかなり高い。ランナーは，トレーニングにおける接地時の衝撃ストレスの増加に適応して，脚の骨密度が高くなる。この石灰沈着は体内の他の部分の骨からの供給によるのではなく，むしろ食事によるものであると考えられる。実際に骨密度が通常予期されうる値以下であるということがわかれば，カルシウムの補助的な摂取が有益となる。そのような栄養補助食品の摂取（例えば，毎日，特製のカルシウム強化オレンジジュースを約240cc摂取する），あるいは6ヶ月ごとのDEXAなどによって，カルシウムの変化を知ることができる。

＊**骨塩**：骨内の主要化合物。コラーゲンを含む。膠原線維の網状の骨基質内に小さな無定形結晶として沈着している。

3. 女性選手にみられる危険因子

女性選手が良い成績を残そうとがんばりすぎたときに，**無月経**（月経周期の減少），**骨粗しょう症**＊（骨の脱イオン），**異常摂食**（過度の体重低下を引き起こす可能性）に陥ることがある。一般的にこの3つの危険因子は，ランナーや競泳選手はもちろん体操選手にも見られるのであるが，あまり知られていない。ほとんど自分たちには無関係な問題と考えているかもしれないが，それらはきわめて身近な問題なのである。そして"脂肪を減らす"，"勝つために痩せる"という志向によって，簡単に陥ってしまうのである。しかも，この3危険因子を医学的に判断することは難しいために発見が遅れがちになり，診断時にはすでに選手が障害を被っていたり，精神的な傷を受けていたりすることがある。特にランニングや体操のクラブでは，女性コーチよりも男性コーチのほうが多く，女性特有の症状は男性にはほとんど理解できないため，まったく発見できないこともある。その結末は悲劇的で，最悪の場合は引退を余儀なくさせられる場合もある。このようなことにならないためにも，3つの危険因子について選手にきちんと説明し，先に示した食事，脂肪量，骨塩密度に関する情報をよく理解させることが大切である。

そのなかでも，適切な脂肪量についての知識は重要である。一般的に，皮脂厚の測定からすると，一流レベルの女性長距離ランナーに適している体脂肪率は約10-14%と考えられている。このレベルの脂肪量が，ステロイドホルモンと脂溶性ビタミン*（A, D, E, K）の輸送，足底の脂肪層によるランニング中の衝撃の吸収，そして正常な月経周期のためには必要とされる（Bale, 1994）。しかし，適正脂肪量にも個人差があるのを忘れてはならない。同じ適正脂肪量であっても，痩せ気味の者もいればそうでない者もいる。女性の場合，体脂肪率が12%を下回ったときに月経がなくなる者もいれば，10%以下でそうなる者もいる。また，ある選手にとっては十分な脂肪量であっても，他の選手にとっては障害の素因になるかもしれないのである。

●問題の発生の原因

強い選手は痩せている，だから痩せれば速く走ることができる，という短絡的な考え方も問題発生の原因のひとつである。このように，すべての注意が体重を減らすことやハードなトレーニングをこなすことに向けられるのである。その選手がずんぐりとした体型であれば，コーチが体重を減らすように言うことでさえ，ストレスになるであろう。少なくとも初めのうちは食べないことですぐに痩せることができ，コーチはこれを喜ぶ。そして，蓄積脂肪の減少と体重の低下により，一時的にトレーニングやレースでのパフォーマンスは向上することが多い。これは，選手がまだ健康で，体重あたりのパワーが増えるためである。すなわち，以前よりも軽い体を速く動かすことができるようになったためである。そして，体重を減らすことができればよりパフォーマンスも改善されるという考えを抱くようになり，次第に痩せた体を維持するために自ら食事を拒否するようになる。しかし，やがて極端な空腹は，食べ物に対する異常な執着を生み出し，逆に過剰なエネルギーの摂取につながる。ひいてはこれが，食後すぐ食べ物を出す（嘔吐や下痢によって）ことへと駆り

立てるのである。最悪の例は，体重の増加に対してパニックを引き起こし，以前より多くのトレーニングでそれを減らそうとすることである。これによって蓄積している脂肪が枯渇するだけでなく，カルシウム摂取に必要な脂溶性ビタミンDの吸収が阻害される。さらにダイエットを継続させ，トレーニング負荷を増大させていくと，欲求不満の高まりや睡眠不足も引き起こされ，その結果，障害や病気の危険性が急激に増加する。そして，不幸にも走れなくなったときには体重が極端に増加し，競技復帰さえもできなくなるのである。このような状態では，精神的にも落ち込んでいくことになるであろう。

また，体脂肪の減少は女性選手の月経周期を崩していく。非常に痩せている選手は月経周期が不安定であり，逆に月経のないことを喜ぶ。なぜなら，走ることに支障をもたらす月経前の急激な腹痛を心配することがなくなるからである。しかし，このときには骨折，オーバートレーニングからくるひどい疲労，あるいは病気に向かっているのである。

●医学的側面からの注意点

我々は先に，女性の3つの危険因子の特徴について述べ，問題を抱えた選手の歩む道を説いた。この状況を改善するために，医学的に見た場合の注意点をいくつかあげてみよう。

(1) 異常摂食

異常摂食は，下剤，利尿剤，ダイエットピルの使用，食事後の嘔吐，拒食といったことからわかる。これが長く続くと，大食漢になったり，食欲不振になるなど，異常な摂食行動へと導く。特に異常摂食についてはいくつかの警告サインがある。他の人と一緒に食事を摂らない，食後に姿を消す，体重の減少と増加のサイクルが顕著になる，などであるが，これらはほとんど観察するのが難しい。医学的には，たくさんの体毛（うぶ毛）の存在はその警告サインのひとつである。また，通常のトレーニングの間に有気的トレーニング（単にカロリー消費のための階段登り，トレッドミルランニング，サイクリング，

スイミングなど）を行うこともひとつの兆候である。異常摂食は無月経や骨粗しょう症の発生率を劇的に増加させ，ともに骨格の異常や障害の危険性も著しく増加させる。

(2) 骨粗しょう症

骨粗しょう症は，骨ミネラルの減少を意味している。ランナーの骨のカルシウム損失は閉経* 直後の女性のものと類似している。この特徴は，骨密度が減少し，骨構造の変化によって骨の抵抗力が弱くなり，目に見えて骨折の危険性が増大するなどである。骨の健康度は，適切なカルシウム，運動，エストロゲンレベルの相互作用に左右されるものであり，運動とエストロゲンの両方が骨のミネラル化を促進する。閉経初期の4年間で骨の脱ミネラル化* が最も進み，それは劇的なエストロゲンレベルの低下によって引き起こされる。もし閉経後の女性が，すぐにエストロゲンサプリメントの服用をカルシウム摂取と運動の継続とともに始めたら，この著しい脱ミネラル化は最小限に食い止めることができるだろう。しかし，このようなサプリメントの摂取は早いうちに始めないと，ミネラルの減少をほとんど食い止めることはできない。これはそのままランナーにもあてはまる。

(3) 無月経

無月経は，3つの危険因子のうちで最も認識しやすい。摂食行動は隠されることがあるし，骨密度の変化は，特別な装置を必要とするため発見しにくい。無月経は，年間に3-12回継続的に月経がないことと定義されている。一般の人では2-5%の人に，一般的な選手では3.4-66%の人にみられる（フィギュアスケート選手，体操選手，長距離ランナーはこの範囲の高いほうに位置する）。若い女性選手に起こる無月経は，単にハードトレーニングのために起こるというよりも，むしろ，間違った指導によって起こっているのである。その発生には多くの原因が関係していると考えられているが，視床下部，下垂体，卵巣からのホルモン分泌の減少が起こること以外は，完全には解明されていない。食事摂取量の減少，厳しいトレーニングからくる精神的ストレスの増加，基準値以下への体脂肪の減少などの組み合わせによって無月経が起こるが，それは各個人によって異なる。

また無月経は，27歳以下で妊娠経験のない女性に最も多くみられる。血中エストロゲンレベルがゼロに近いと，運動しながら通常量の食物カルシウムを摂取していても，骨の脱ミネラル化は促進され，それとともに骨格筋の障害の危険性も増大する。月経が通常の周期に戻ると，骨塩密度も1年後では約6%にまで改善されるが，2年後ではさらに3%の改善がみられるだけであることが明らかにされている。これは完全な骨の再ミネラル化は起こらないことを示している。したがって，無月経期間が長ければ長いほど，骨ミネラルの減少が広がり，若い選手の骨が"年老いた骨"になってしまう危険性が増すのである。

●このような問題を防ぐためには

女性選手が3つの危険因子の犠牲にならないためには，食事や人間の身体に対する正しい考え方を持つということである。"痩せていれば勝つだろう"とか"痩せていたから勝ったのだろう"という論理，つまり"食べる量を減らせば減らすほど痩せ，痩せることが勝利を導く"という考えは，捨てなければならない。40ℓのガソリンでニューヨークからロサンゼルスまでドライブすることはできない。人間も燃料がないと長くは走れないのである。

では，正しい理論とはどのようなものであろうか。それは，健康を維持するために必要な脂肪量を維持しながら，ハードトレーニングと正しい食事によって"痩せ型"あるいは"平均型"の体型を目指すという考え方である。つまり"食べること"に勝つ秘密があるのであり，また，正しく食事を摂り，適切なトレーニングを行えば，自然に痩せていくのである。体力を改善するには障害を負うことなく，ハードなトレーニングをこなすことが要求されるが，同時に

高いカロリー摂取も要求される。適切な脂肪とタンパク質を含む高炭水化物食は体重を増加させることはなく，たくさんのミネラル，ビタミン，電解質を摂取することができる。一時的なカロリー不足の期間に，貯蔵エネルギーの利用が行われることによって痩せるが，これは"健康的な痩身"なのである。

長い間にわたり一流であり続ける女性長距離ランナーはこの考え方を支持するであろう。長く一線で活躍するには，ハードなトレーニングを行い，適切な回復をとり，健康的な食事に目を向けることが大切である。栄養のことを考えるようになれば，トレーニング休止中の体重の増加量も減り，また栄養不足（ミネラル，電解質，ビタミン）になる機会も減少する。そして，貧血，オーバートレーニング，障害を引き起こす危険性も減る。また，体脂肪率は無月経が起こるほど低くならないので，健全な骨の状態を維持するためのエストロゲンのバランスが保たれるのである。

女性選手に関する危険因子の問題についての情報を得ることは，成功をおさめるうえできわめて重要なことである。十分な情報がないと，つかの間の成功の後に，数ヶ月あるいは数年にわたり苦しめられる悲劇（無月経，骨粗しょう症，異常摂食）がくることがわからない。コーチにとってはもちろん選手にとっても，これに関する情報を得ることが活躍のカギとなる（Yeager et al., 1993）。

＊骨粗しょう症：日本代謝学会は，骨粗しょう症を「骨量が減少し，かつ骨組織の微細構造が変化し，そのため骨がもろくなり，骨折しやすくなった状態」と定義している。
＊脂溶性ビタミン：脂溶性ビタミンとは脂肪に溶ける性質のビタミンである（ビタミンA,D,E,K,）。水に溶けるビタミンは水溶性ビタミンと呼ばれ，これにはビタミンB類やCが含まれる。
＊閉経：月経が永久的に停止すること。
＊脱ミネラル化：ミネラル（無機質）が骨や歯から取り除かれること。

まとめ

●──総合的体力トレーニングにより，ランニングパフォーマンスを高める

1. パフォーマンスを改善するために最も重要なことはおそらく長期間ケガをしないことである。総合的トレーニングを行うことは，障害発生の危険性を減らす。

2. 筋力トレーニングやストレッチングをしすぎないように注意しなければならない。また，筋力トレーニングからくる疲労によってランニングに妥協が生じてはならない。同じように柔軟性を高めようと障害を引き起こすほど一生懸命ストレッチングに励むべきではない。

3. 筋力（力の発揮能力）は，神経系の要因（刺激の頻度と動員数）と筋自体の要因（筋横断面積，筋線維長，筋構造）によって決定される。筋力トレーニングによって，活動筋はもちろん靱帯，腱，骨の機能も改善される。

4. 筋が力を発揮するとき，伸張したり，短縮したり，まったく長さが変化しなかったりする。動的トレーニングは，静的トレーニングよりも有効であり，動的トレーニングのなかでもアイソトニックスはアイソキネティックスよりランニングに役に立つであろう。

5. トレーニングの強度を漸増させるプログラムを通して，選手の筋力は改善される。少なくとも最大努力の80％で6-8回3セットの繰り返しが筋の発達を促進するためには必要である。

6. 骨格筋は，過負荷となるトレーニング強度に対して反応を示す。抵抗を漸増させることによって，過負荷刺激が与えられ，継続的なパフォーマンスの改善が起こる。

7. 専門種目に必要な最低限の関節可動域が得られていない選手は，トレーニングや競技会で障害を負ったり，パフォーマンスを十分に発揮できない危険性がある。

8. 体重移動をともなうランニングでは，過度の体重増加によって負担を増やさないことが重要である。そのためには皮脂厚の測定が有用である。

9. 特に女性選手にとって，適切な体脂肪率を保つことは，通常の健康を維持するためにも重要である。

PREPARING TO RACE: STRATEGIES FOR EXCELLENCE

第7章

レースに勝つための戦略

● 写真は1998年4月19日、オランダのロッテルダムマラソンで当時の世界最高記録（2時間20分47秒）をマークしたケニアのT.ロルーペ（APF＝時事）。現在の世界最高記録は、ケニアのC.ヌデレバが打ち立てた2時間18分47秒（2001年10月7日、シカゴマラソン）。●

1 | レースに勝つための戦略

 中長距離種目で勝つためには，次の5つの原則が重要になる。その種目により細かな部分は異なるが，ポイントは同じである。
- どんなレースの前でも，現実を見すえ，しかも思慮深く準備する。
- 正確なペース感覚を持つ。その感覚により，できるだけ経済的な一定のペースを維持する。さらに，スパートをいつ，どのように仕掛ければいいか察知する。
- 他のランナーに精神面でも遅れをとらない。
- ライバルよりも優位に立つようなレースパターンを作る。
- 勝つことだけがすべてではない。自己のベストを尽くし，戦術的に優れたレースを行う。

 レースで自己の持てる力を十分に発揮するためには，レースの原則を知り，それを応用しなければならない。この章では，レースに成功するための戦略を述べていこう。

1. 800m走

 800m走には筋力，絶対的なスピード，そして無気的持久力といった体力的要因が高いレベルで求められる。しかし，最も重要なのは，最後の1周で自分の戦術をいつ引き出すのかを決定する判断力である。800m走ではスタート後の曲線のみをセパレートレーンで走る。オープンレーンになってから400m通過までのわずか300mの間には，ラスト1周を有利なポジションで臨めるように，優れた戦術的な感覚が必要となるのである。

❶──レース特性とその対策

 1981年6月，イタリアのフィレンツェにおいて，セブ・コー（Seb Coe）は1分41秒73という自己の持つ男子800mの世界記録を更新した。彼は1周めを49秒7，2周めを52秒1のラップで走ってこの記録を達成した。2年後の1983年，ジャーミラ・クラトフビロバ（Jarmila Kratochvilova）が56秒1，57秒2というラップで1分53秒28という女子の世界記録を樹立した。1周めのラップは，男子であれば50秒以内，女子であれば56秒以内と言われており，800mは広い意味でスプリント種目と考えることができる。したがって，スピードが重要になってくる。実際に国際クラスの男子800mランナーは，400mをおよそ45.5-47.0秒くらいで走る能力が必要とされる。しかも，国際クラスの1マイルランナーに匹敵するほどのスピード持久力をも持ち合わせていなければならない。このように800m走における成功のためには，無気的，有気的能力の両方ともが要求されるのである。

 第6章の**表5-4**には，様ざまな距離のレースにおける有気的エネルギーと無気的エネルギーの貢献の割合が示されている。これによると，800m走では有気的エネルギーが57%で，無気的エネルギーが43%という割合である。これが400m走になると，

30%と70%になる。ここで，あるレースのパターンを想定し，各周回でのエネルギーの使われ方について考えてみよう。

　最初の400mのスプリットタイムを50秒（女子の場合56.5秒），後半を53秒（59.5秒）の，1分43秒（1分56秒）で走るとする。400mの自己ベストが48秒（54秒）であるとすると，最初のラップを自分の400mのベストの96%でカバーすることになる。そうすると，この最初の400mにおいては，有気的エネルギーと無気的エネルギーとの割合はどのくらいなのであろうか。400mレースのようにオールアウトするような強度ではないので，30%と70%ではない。65%と35%，あるいは60%と40%と仮定しても，2周めが始まるときは相当な酸素負債を蓄積させた状態であると推測できる。2周めの400mは53秒で，400mのベストに対して90%のスピードである。事実上，このときはオールアウトしており，良いフォームを維持するのが非常に困難な状態である。800mレースにおいて，ほぼオールアウトした2周めのエネルギーの割合は有気的エネルギーが35%あるいは40%で，無気的エネルギーが65%あるいは60%であると考えられる。このように，生理学的な観点からすると，1周めと2周めはまったく異なっている。特に800m走という種目において，この種の分析は有効である。なぜなら，専門的なトレーニングを行うときに，周ごとにかかる負荷がまったく異なることを考慮しなければならないからである。

　このように無気的および有気的能力が高いレベルで求められる800m走のためのトレーニングでは，脚筋力と持久力の両方を改善しなければならない。それによって，強度の高い持続的な負荷にも耐えることができるのである。我われは，ランニングにウエイトトレーニングおよびサーキットトレーニングを加えることが，800m走で優秀な成績を残すためにはプラスになると信じている。さらにはアシドーシスに十分耐え抜く能力を高めなければならない。それはペースを維持するためだけではなく，なめら

かなランニングフォームを維持し，速く走り続けるためでもある。

❷ ─ スタート

　他の中長距離種目と違い800mレースでは，最初のコーナーはセパレートレーンで走る。そのためバックストレートで初めて，最適なポジションをとるための戦術的な争いが始まる。

　セパレートスタートでは，外側のレーンほどスタート位置は前になる。そのため内側のレーンのランナーは，ライバルをよく見ることができるといった点で有利である。多少遅めのスタートであった場合に，内側のレーンのランナーが最初から飛ばすと，バックストレートでは外側のレーンのランナーは，そこまでについた差を縮めなければならない。それと同時に，早く良いポジションを確保する必要がある。しかしながら，速いスタートを切ったレースで，スタートが少し遅めであった内側のレーンのランナーは，スタートから100m後のオープンになる地点に近づくまで，外側のランナーを気にしないかもしれないし，その地点まで遅れを実感できないかもしれない。最初から自分が後ろにいるという焦りを感じたときには，レースがどのような展開で始まっていようとも，できるだけ早く最適なポジションをとるために，スピードアップして速くて安全なスタートをきるように戦術や態度を切り換えるべきである。

　しかし，力のあるランナーが先頭に立った場合は，スタートからスピードを上げることを避ける。最初の14-16秒間では無気的なエネルギーの産生を最小限に抑え，余裕を持つようにする。また，レース前半で十分なリードをとり，中間で少しペースを落とすことにより，酸素負債の状態から回復し，最終ラップに余力を持って入る考え方もある。

　最近ではめったに行われないが，最初からオープンレーンでスタートするレースもある。激しい接触のため，衝突や打撲などが起こることもあり，スパ

イクされたり，転倒したりすることもある。体の大きなランナーのなかには，あまり機敏には動かず，自分の体の大きさを生かして，押し合いに備えている者もいる。このようなときに集団の外端のポジションにいることは，いつでも集団の中の最も良いポジションへ滑り込むことができるので，安全かつ有利である。

❸──最短経路の走行

2つの点の間を最も短く走るには，直線を走ればよい。800mレースでは，この原理に従わなかった場合には失敗することもある。セパレートスタートの外側のレーンになった場合，オープンレーンにさしかかったところで，徐々に1レーンの外側に移動していく。理想的には，図7-1に示すようなコースを走ったほうがよい。図7-1は最初の100mを走った後，8レーンから1レーンの外側に向けて直線的に走った場合の軌跡を示している。この経路，あるいはその近くを通ると，他のランナーとの衝突を防ぐことができ，また内側のレーンから抜け出すために急激なダッシュを行っているランナーの肘打ちを食わなくてすむ。もし，最初の200mでスピードを上げすぎても，調整するのは簡単である。その後，徐々に自分のペースに合わせていけばよい。

トラック走において，広がって走ること，つまり外側のレーンにいることは，非常に長い距離を走らなければならないと考えられがちである。しかし，これはカーブに限ったことである。1レーンと2レーンでの差は約2.8mであるが，1つのレーン内に並んで走ることは可能なので，実際に外側のレーンにいることによって増えた走距離は1.6mくらいである。これは，400mが52秒のペースだとすると，たった0.21秒であり，女子のトップランナーの58秒というペースでは，0.23秒のタイムロスでしかないのである。集団に囲まれて前に出られなくなったときには，これよりももっと多くの時間をロスし，そのレースにおける勝利も逃してしまうだろう。

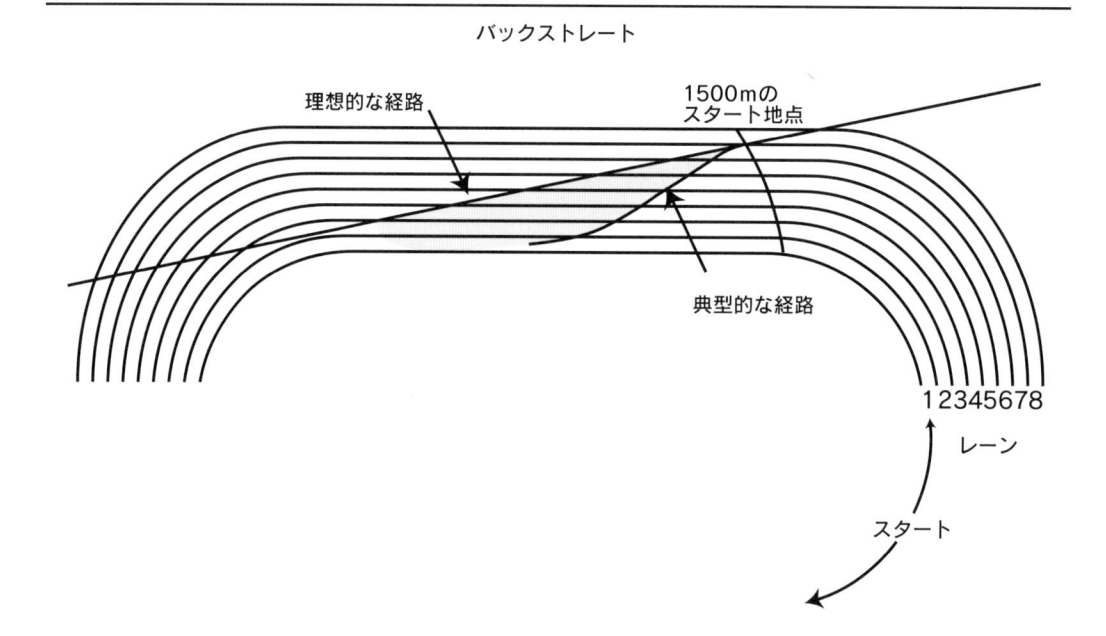

図7-1●800mのバックストレートにおける理想的な経路
800mのスタート後，100mのオープンレーンになる地点から次のコーナーまでの理想的な経路と典型的な経路との比較。

❹──最初のラップにおける最適ポジション

　最初の1周での最も良いポジションは，おそらく先頭のランナーが風よけになるようなところであろう。先頭を風よけにして走ることによってエネルギーを温存し，しかも先頭のランナーに心理的なプレッシャーをかけることもできる。このような状況では，先頭のランナーは追いかけられていると感じるであろうし，後ろのランナーはスパートの機会をうかがうことができる。しかし，先頭からあまりにも離れたポジションにいると，それが命取りになることがある。先頭が1周めを50秒で入った時点で8m近く後方にいたとすると，そのランナーが先頭に追いつくためには，後半の1周を1秒以上も速く走らなければならない。こうなると，ランナーはアシドーシス状態に陥り，ストライドが縮み，テンポまでスローになってしまう。たとえ先頭に追いついたとしても，勝利は手の届かないところにいってしまっていることもある。

　レースの進行中は，1レーンの外側の位置にいることが勧められる。この位置は，必要であれば外に広がって走ることができ，また，前のランナーにブロックされる危険性を軽減することもできる。このポジションにいれば，邪魔されずに，他のランナーのスパートを警戒しつつ，適所で自らのスパートをかける準備をしておくことができるのである。

❺──ラスト1周の走り方

　もし，そのレースの出場者のなかで最も強いという確信があれば，勝つだけでなく，できるだけ良いタイムで走ろうとするだろう。そのような場合には，レースを通して自らのエネルギーをできるだけ経済的に配分することが大切である。そのためには，前半と後半のペースを変えないでイーブンペースでいき，無気的なエネルギーの産生を最小限に抑えなければならない。しかし，そのような機会はそうあるわけではない。力のあるランナーが他にいれば，レースは混戦となり，勝敗が僅差で決まるので，戦術的な決定がより重要となるのである。

　同じような力を持つ一流ランナーが揃って出場しているレースでは，最初の1周を速いペースで入ることよりも，レースの主導権を握ることを優先して考えるべきである。なぜなら，このような状況では特にラストの戦術が重要となってくるからである。なかでも決定的なスパートを他のランナーにしかけられる前に，こちらからスパートをしかけることが大切になってくる。この場合，最後まで逃げ切れる鋭い走りが求められ，また，他のランナーに逆襲のチャンスを与えないように，ゴールに近い位置でスパートしなければならない。特にスパートの最初の数歩で決定的な差をつけなければならない。このラスト1周は，スピード持久力というよりは筋持久力が試される場である。ここで，ウエイトトレーニングやサーキットトレーニングで培われた全身の筋力や持久力が見事に発揮されるのである。

　2周めからペースを変化させ，ラスト1周で段階的に絶えずスピードを上げていく戦術もある。これは，最初から最後まで先頭を走るのと同様に勇気がいる。しかしそれは，先頭のランナーを追ってさらに加速しなければならない後続ランナーの意欲を打ち砕くものになる。東ドイツのユルゲン・シュトラウブ（Jurgen Straub）は，この戦術を用いた選手のひとりである。彼の専門種目は1500mと3000m障害であった。モスクワオリンピックの1500mの決勝において彼は，700m地点で猛烈なダッシュを試み，800mを1分46秒で駆け抜けた。このとき最後の300mでは，100mごとのスプリットはどんどん速くなっていったのである。しかし，コーは，シュトラウブが集団を崩した後，彼をぴったりとマークし，最後の100mを12秒1で走って彼を打ち負かしたのである。

　レースの進行に完全に身をゆだねて全体を認識することと，一瞬のスパートのチャンスに決定的な攻撃を行うことが，800mレースを成功させるうえで最も重要なことであろう。

2. 1500m走

1500m走は，たいてい12-15名*のランナーで競われる。そのため，レースの早い段階で最適なポジションを獲得することが非常に重要になってくる。

❶──スタート後のポジション

1500m走や1マイル走においては，集団の外側は安全な場所である。スタート後のバックストレートでは，800mのセパレートスタート（**図7-1**）のときと同じように，徐々に1レーンに向かって走るというのが原則である。もし，スタートが内側レーンであれば，ペースメーカーの有無にかかわらず，最初の100mを勢い良く飛び出すべきである。そうすると2レーンあたりのほぼ先頭に位置するポジションに向かって徐々にスピードを落としていくことができる。もし，最初のペースが速すぎるときは，周りのランナーにポケットされやすい1レーンよりも2レーンにいたほうが，邪魔されずにペースを落とすことができる。また，ペースメーカーがレースを引っ張っていたら，レースの最初ではペースメーカーのために1レーンの先頭の位置はあけておく必要がある。

❷──前半のレース運び

レース前半で先頭近くにいてレースを運ぶことは有利ではあるが，それはレースを制するための絶対条件というわけではない。先頭のペースから遅れることもあるだろう。また，スロースタートになった場合に，集団の中でぶつかったりつまずいたりすることもある。そこでスパイクされたり，相手の肘打ちが胸に入ったりすると，気後れして後ろへ下がってしまうこともある。また，先頭のランナーが急激に加速したときには，はるか後方に置き去りにされるであろう。先頭のスパートに気づき，後方の集団がスピードを上げるまでには，15mかそれ以上の差

がついていることもある。

このような状況のもと遅れを挽回する方法として，早い時点で段階的に加速していき，徐々に差を縮めていくやり方がある。1995年にサクラメントで行われた全米モービル屋外選手権での女子1500m予選の第2組，ルース・ワイサキ（Ruth Wysocki，ロサンゼルスオリンピック代表）は650m地点で激しく転倒し，立ち上がって走り始めたときにはすでに先頭から20mの遅れをとってしまっていた。しかし彼女は次の1周で集団に追いつき，1,200mを先頭で通過後（3分26秒83），4番めにゴールしたのである（4分15秒36）。そして，先頭の4人が決勝進出を果たしたのである。

これは戦術的な走りが成功した例であるが，もし前述のレースが1500m決勝であったなら，遅れを取り戻すことはできなかったかもしれない。また，前を走っているランナーたちがワイサキのような素晴らしい戦術的な感覚を持っていたとすると，ワイサキにエネルギーを消耗させるために転倒直後に集団のペースを上げていたであろう。そうなると，ワイサキは心理的にも生理的にも不利になっていたにちがいない。

集団の後方からスピードを上げて，先頭のランナーに並ぶようなケースでは，急激な無気的エネルギーの供給が起こる。これは，**ギアチェンジ**と呼ばれている。ギアチェンジ能力は，第5章で述べたように，400mのスプリント練習を繰り返し行うことによって高まっていく。このトレーニングによって神経系が改善され，FT線維の動員が増えるとともに，アシドーシスを最小限に食い止めることができるのである。

ギアチェンジ能力は，戦術を考えるうえで重要であるが，一番経済的なのは，やはりイーブンペースである。例えばタイムを狙って走るときには，イー

ブンペースを保つことが最も良い戦術となる。

❸——勝つための戦術

1500mや1マイルレースで有効な3つの戦術がある。これらは，1980年代のイギリスの超一流800mトリオがそれぞれに使っていたものである。スティーブ・オベット(Steve Ovett)の戦術は，レースの後半，特に最後の直線で凄まじいスパートをかけるというものである。これに対してスティーブ・クラム(Steve Cram)の戦術は，300mを過ぎたあたりから加速し始め，その後のいかなるスプリンターの追撃もかわしてしまうほどのロングスパートをしかけるというものである。そしてコーの戦術は，素早いギアチェンジを用いるもので，彼は次の2つのパターンを用いた。1つは，ロングスパートを得意とするランナーに対して，そのランナーがスパートする前に，先にギアチェンジを行い，スパートを始めるというものである。もう1つは，エネルギーの消耗を抑えるために他のランナーを風よけにして走り，素早いギアチェンジを用いるチャンスをうかがうというものである。3名のランナーのとった猛烈なスパート，ロングスパート，素早いギアチェンジは，それぞれに有効な戦術であるが，いずれを行うにしても総合的体力が必要とされる。

その他，先頭に立って速いペースでレースを引っ張る戦術も有効である。そのランナーは有利に立つだけでなく，他のランナーはついていくためにさらなる加速をしなければならなくなる。そして，レース中盤にペース変化を入れることで，他のランナーの戦術を封じるのである。常に先頭で走ることは，エネルギーを消耗させ，精神的な苦しさを伴うが，有効な戦術の一つである。

ときには，ペースメーカーが最初から計画されたペースで，かなりの間レースを引っ張ることもある。しかし，面白いことに，そのようなレースで常に良い記録が出るとは限らないのである。ペースメーカーの後方であらかじめ設定されたペースで走るというのは，闘争心を抑えてしまうことがあるからである。ペースメーカーの後ろをついていくことによって，エネルギーを蓄えることができたとしても，このようなネガティブな心理状態では好記録につながらないのである。

＊12-15名：1500m，3000m障害では，1組の人数は15名以内が望ましい，というルールがある。

3. 3000m障害

3000m障害は，中距離走者のスピードと長距離走者の持久力に加え，優れたハードリング技術が必要となる種目である。3000m障害で勝利を収めるには，これら3つの要素を高めなければならない。

過去3回のオリンピック(1988, 1992, 1996年)，および世界選手権(1991, 1993, 1995年)の3000m障害のメダルリストを一目見てわかるように，8人のケニア人が，18個中13個の金メダルを獲得している。そして，3000m障害で初めて8分を切ったのもケニアのモーゼス・キプタヌイ(Moses Kiptanui)であった。ケニア勢の強さは，彼らのライフスタイルが3000m障害に合っているからであるという説がある。なぜなら，彼らは子どもの頃から，牧場や森で丸太や小川やフェンスなどを越えながら長い距離を走ることを日常的に行っているからである。アメリカで最も偉大な3000m障害のコーチのひとりであるチック・ヒスロップ(Chick Hislop)が，いろいろなドリルを用いて1年間でおよそ14,000ものハードルを跳ばせるのも，このケニアのライフスタイルをおもな根拠としているのかもしれない。

❶ ── 3000m障害の種目の特異性

まずは，3000m障害と他の中長距離種目とのおもな違いをあげてみよう。

- 競技場によって，曲路の半径や直線の長さが異なるため，スタート位置が違う。
- 1周が400mではないため，スプリットタイムはあまり重要でない。
- 多くのランナーが一緒になってレースをするため，集団でバリアを跳ぶことになる。
- 障害間の距離は，競技場の形によって変わってくる。

これらの違いに加えて，レース中に越える障害物が3000m障害の特異性を作り出している。3000m障害における障害物は，80〜100kgと非常に重いものであるために，ランナーが足をぶつけても，ふつうのハードルのように簡単に動くようなことはない。この障害物はハードルというよりもバリアと言ったほうがふさわしい。これらが，およそ80m間隔に並べられており，3000mであれば28のバリアを越えることになる。これに加え，トラックの内側か外側に7つの水濠*が設置されている。

これらのバリアがあるために，3000m障害では次のような5つの問題が生じる。

(1) レースの間，一貫したストライドパターンを保つことはほとんど不可能になる。
(2) 集団でバリアをクリアしていくときに，脚がもつれたり，誤った位置に足を乗せてしまうことがある。その場合，転倒することも想定しておかなければならない。
(3) 洗練されたペース感覚が不可欠となってくる。特に，35のバリアを越えることによる疲労をいかに感じとるかということが課題となる。
(4) スプリントハードル種目に比べて遅いペースであるため，効率良く跳ぶためには，各バリアの前で加速を行い，勢いをつけなければならない。
(5) 水濠は他のバリアの越し方と違い，バリアに足を乗せるため，かなり違ったクリアランス技術が必要となる。

それでは，どうすれば3000m障害の優れたランナーになれるのだろうか。

図7-2 ● モーゼス・キプタヌイのバリアクリアランス
3000m障害のバリアのクリアランスでは，どちらの足ででも踏み切れると，バリアに向かって加速していくことができる。写真はイエテボリ世界選手権大会の金メダリストのモーゼス・キプタヌイ（1995年）。この大会では8分04秒16であったが，その5日後に世界記録を打ち立てた。

まずは，中長距離走の体力的な土台を作ることが必要である。3000mは，距離的には5000mよりも1500mに近く，しかも35のバリアを越えるときにリズムが乱され，無気的なエネルギー供給が大きくなるため，無気的な能力は絶対的に不可欠になる。次には，バリアの手前でうまく加速する技術と，どちらの脚ででも踏み切れる技術が必要となる。一定の脚でしか踏み切れないようでは，バリアが近づくたびに速度を落として足を合わせなければならなくなる。これはワールドクラスでは通用しない。もう一つ大切なことは，自分のハードル技術を向上させることである。毎年14,000のハードルを跳ぶことを目標として掲げるとよい。巧みなハードル技術を身につけて，効率よくバリアを跳ぶことができるようになれば，その分エネルギーを蓄えておくことができる。

❷──ハードル技術の向上

バリアの越え方においては，体全体を完全に越すこと以外に特別なルールはない。図7-2に示すモーゼス・キプタヌイの越し方は，バリアに触れずにクリアしていく合理的なものである。いっぽう，図7-3のクリストファー・コスケイ(Chistopher Koskei)は不思議なバリアの越え方をするが，彼にとって，それが最も効率のよいスタイルなのである。また，バリアの上に足を乗せて越えることも許されているため，いろいろな越え方が見られる。

ハードリング技術を向上させる第1のポイントは，バリアを越える練習を継続することである。しかも，1日のハードル練習のなかで，右脚と左脚を半々にリード脚として練習するのである。

ヒスロップは，ハードリングの上達のために次の4つのドリルを用いている。

(1) ハードルリングの基礎を教え込む"ハードルの儀式"と呼ばれるもので，これは他のドリルの基本としても重要である。まず，400mハードル用の2つのハードル（高さ0.91m）を，互いに反対向きになるように横に並べておく。そのハードルに向かって10m走り，一方のリード脚でハードルの端を越える。跳んだ後も10m走り，向きを変えて同じリード脚でもう一つのハードルの端を越える。各リード脚で

図7-3●クリストファー・コスケイのバリアクリアランス
　3000m障害のバリアをどのようにクリアしなければならないといったルールはない。ケニアのクリストファー・コスケイの技術はオーソドックスな越え方ではないかもしれないが，彼にとって，最も効率のよいものであった。1995年のイエテボリ世界選手権大会において，8分09秒30で銀メダルに輝いた。

10セット行った後，それぞれの脚を抜き脚として，10セットずつ行う。さらにハードルの中央を越える練習を10セット行う。ハードルの中央を越える練習では，向きを変える位置を1回ごとに少し変えることで，ハードルの2歩前になるまで，どちらの脚で踏み切るかわからなくなる。

(2) 抜き脚の技術を高めるものであり，10台のハードルを3m間隔に置いて行うために，「3mハードルドリル」と呼ばれている。この距離で，初心者で5台，熟練者で10台並べるのが適当である。ハードルの端を抜き脚で跳び，一歩進んで次のハードルを同じ抜き脚で跳んでいく。次は，ハードルの反対側を脚を替えて跳ぶようにする。跳ぶときには抜き脚が地面と平行になるようにして素早く動かす。このドリルを各脚3回ずつ行う。

(3) ハードルを連続して越えるときに交互に脚を変えるため，「交互脚ドリル」と呼ばれている。0.91mの高さのハードルを直線に9.14m間隔で10台並べる。3000m障害のレースペースでハードルの間を4歩で走りながら，ハードルを越えていく。これを2-4セット行う。このドリルは，両方の脚で踏み切ることが求められる。

(4) 8.5mのハードル間を3歩で走る「フォーム完成ドリル」である。ここでも0.91mのハードルを使い，右足踏切，左足踏切それぞれ2回は行うようにする。

では，このようなハードルドリルをいつトレーニングに組み込んでいけばよいのだろうか。年間のマクロ周期が秋のクロスカントリートレーニングに始まり，夏の終わりにピークを持っていくようにすると考えると，ハードル練習はクロスカントリーシーズン後，つまり，第5章で述べたメゾ周期のX_2の初期に始めることになる。それから，メゾ周期X_2，X_3，X_4では，どの週においても週3回のハードルドリルを行い，メゾ周期X_5のレースの準備段階においては，3000m障害のレースがない週は週3回のドリルを続け，レースがある週は週2回にするのがよいだろう。

次に，1日のトレーニングのなかで，ハードルドリルをどのように組み込んでいけばよいかの考えてみよう。決まったやり方があるわけではないが，朝の軽いジョギングのときやウエイトトレーニングの前といったように分けて行うのがよいだろう。これらのドリルは，心脈管系の向上を目指して行うものではなく，技術の向上を目指して楽しく行うものである。このドリルによってひどく疲れ，他のトレーニングに悪影響を及ぼすことがないように，ドリルの量は適度に抑えるようにする。そのため，どのトレーニング期においても一度に2つ以上のドリルを行うべきではない。

ハードル練習は，ここであげたドリルに加えて，通常のトレーニングのなかに組み込むこともできる。例えば，1000mのインターバルのときに，ハードルをトラックのレーンに並べ，1周おきにハードルを越えながら走る練習も考えられる。水濠を同じように組み込むことも考えられる。

＊水濠：水濠は，障害を含めて長さは男子3m660（±20mm），女子は3m060（±20mm）である。

4. 5000m走

この種目は，無気的エネルギー供給が100％に達するペースでレースが進められる。たとえイーブンペースであっても，乳酸性/換気性閾値のペースよりも速いスピードであるため，乳酸の蓄積が起こり，アシドーシス状態に陥る。最も経済的な戦術は，ゴール近くまで同じペースで走り，できるだけ骨格筋や血液がアシドーシス状態に陥らないようにすることである。第5章において，トレーニングでペース

感覚を養うことの重要性を強調したが，レースの距離が長くなればなるほど，疲労状態の変化を正確に察知する感覚が重要になってくる。したがって，最大酸素摂取量を最大限に高めるトレーニングを行うことが望ましい。

　1995年の7月16日，5000m走の第一人者であるハイレ・ゲブレシラシエ（Haile Gebrselassie）は，モーゼス・キプタヌイがその10週間前にローマで出した12分55秒30という世界記録を一気に11秒更新する12分44秒38というタイムで走った。このレースでは，フランク・オメーラ（Frank O'Mara）が最初のペースメーカーとして1000mを2分34秒04で入り，4分後にはウオーク・ビキラ（Worku Bikila）が先頭に立って3000mを7分42秒92（レース前の計画では7分45秒）で通過した。ゲブレシラシエは，イーブンペースのスプリットタイムで5000mを走る作戦で世界記録へ挑戦しようとしたのである。4800mまでの400mごとのスプリットタイムは①60.4秒，②62.4秒，③62.4秒，④63.2秒，⑤60.3秒，⑥60.6秒，⑦62.3秒，⑧61.7秒，⑨60.4秒，⑩60.2秒，⑪60.1秒，⑫60.2秒であった。そして最終ラップでの200mごとのスプリットタイムは，29.9秒と29.8秒であった。

　ゲブレシラシエが用いたこのような戦術がいつも使えるわけでない。優秀なペースメーカーがいたからこそ，彼は世界記録を出すことができたのである。中長距離種目の多くは，世界記録を出すためにペースメーカーを必要とすることは明らかである。なぜなら，風の抵抗が少なくなるようにペースメーカーの後ろを走るので，エネルギーの浪費を防ぐことができるからである。また，このようなエネルギーの温存は，レースのペースを落とす原因となる乳酸性アシドーシスに陥り始めるポイントを遅らせるのである。

　しかし，そのようなペースメーカーがいない5000m走もある。世界のトップランナーたちが出場するレースでは，途中で急激にペースを上げる選手，突然に素早くスピードを切り換える選手，競合するランナーの最後のスパートを封じるためにスタートからすさまじいペースでとばしていく選手など，様ざまなランナーが競い合う。各ランナーは，自分自身を知り，自分の体力を最高に発揮できるように，戦術を組み立てているのである。

❶──オーバーペースの防止

　レース前半でオーバーペースになってしまうと，良い結果を得られないことが多い。これは，レースの早い段階でアシドーシスに陥り，早くから筋がスムーズに収縮しなくなるからである。さらに心理的な要因が加わり，後半でペースは落ちていく。そして，ラストのもがきで余計な筋力を使うと，**ランニング効率**が低下し，酸素消費量が増大してしまう。本来は，最後の2周のためにそれまでの10周をとっておかなければならないのである。ペース変化に耐えたり，逆にペース変化を仕掛けたりする能力を養うためのマルチティアトレーニングを行っていたとしても，レース前半でオーバーペースになってしまった場合には，その後の修正はできないことが多い。しかし，ペース変化が頻繁に行われるようなレースでは，最もトレーニングされたランナーが勝つことが多いのである。

❷──レースを通した戦術

　5000m走における最も簡単な戦術は，天候，および体力レベルなどの自分の潜在能力を考慮しながら，ラップごとのペースを計算するということである。仮にレースの前半が設定したペースより遅かったら，レースの後半で，かなりのペースアップができるほどの余力を残すことができる。

　先頭に立ってそのまま突っ走るような戦術は，他に強いランナーがいないレースでは有効である。1982年にデイブ・モークロフト（Dave Moorcroft）がオスロで出した13分00秒42という世界記録は，62-63秒のラップを繰り返して達成したものである。

推測にすぎないが，ハイレ・ゲブレシラシエと同様に，デイブの乳酸性/換気性閾値ペースは，最大酸素摂取量のペースに限りなく近く，レースペースでも筋肉や血液の乳酸の蓄積を最小限に抑えて走り続けることができたのではないだろうか。とにかく，この2人は，ずば抜けた体力を持っていたのである。

　他のランナーのレースプランを台無しにしてしまうような特殊な戦術を用いるランナーもいる。その戦術とは，先頭のランナーの速いペースを落とさせるために急なペースアップを行い先頭に立つというものである。そうして，自分の戦術を実行できるチャンスをうかがうのである。我われはそのようなランナーをスポイラーと呼んでいる。しかし，急なペース変化により，スポイラーもエネルギーを消耗し，疲労するのである。スポイラーの犠牲者として知られているのが，イギリスのデイブ・ベドフォード (Dave Bedford) である。彼は，とても効率的で速いペースを，何度も先頭に出るスポイラーに崩され，徐々にペースをダウンさせられてしまったのである。

❸──最高のフィニッシュをするための戦術

　最後の5周あるいは6周のなかで勝負に出るのならば，少なくとも2周は続けてペースアップすべきである。そして間違いなく勝敗を決定づけるには，少なくとも3周のペースアップが必要となる。そしてラストスパートを得意とするタイプのランナーが追走できないくらいの早い段階から仕掛け，しかも自分が最後までペースダウンしないですむペースに抑えるようにする。さらに，追走してくるランナーの誰もに，勝負に出ていることが本気であることを気づかせるような長いペースアップでなくてはならない。そして，いったんレースの支配権を握れば，「自分が勝てる」と自信が持てるようなペースまで落とす。なぜなら，レースを通して速すぎるペースを維持することはできないからである。例えば，13分20秒あるいは13分45秒（女子では15分00秒あるいは15分25秒）で勝てると判断したのであれば，64秒あるいは66秒（72秒あるいは74秒）のスプリットタイムを繰り返していけばよい。もし，そのペースより少しでも遅ければ，突然のペースアップをしかける効果はなくなってしまうだろう。なぜなら，後続のランナーにすぐに追いつかれてしまうからである。理想的には，彼らが追いつくことができたとしても，それが5,000mを少しでも過ぎたところ，例えばそれが5,001mのところであればよいのである。

　しかし，すべてのランナーがこの戦術を用いることができるわけではなく，多くの選手がこの方法を用いて失敗している。この戦術は優れた乳酸耐性，追われているプレッシャーに負けない精神力，優れたペース判断能力，さらには自分が仕掛ける前に他のランナーがどのように動いてくるのかを予測する能力を必要とする。もちろん，完璧なスパートをしかけた後でも，横からライバルがさらなるスパートを仕掛けてくる危険性は常にある。

　トップレベルの5000mレースでさえ，ラストのスプリント力があるランナーはレースを通して集団の後ろにいて，勝負どころで素早く2番手に上がってきて，力強いラストスパートで最終的に勝利をもぎとるのが普通である。この戦術は，1マイルや1500mのトップランナーが5000mレースでも試みている。1995年の世界選手権5000mの勝者であるアイルランドのソニア・オサリバン (Sonia O'Sullivan) は，1500m（3分58秒63）と1マイル（4分23秒83）の世界記録も持っており，この戦術を得意としている。この最後のスプリント能力は，すべてが遺伝によって決まっているわけではなく，いろいろなトレーニングにより高めることができるのである。

　5000mで安定した成功をおさめるためには，男女を問わず，大きな持久力という土台の上にスピードと筋力を積み上げていかなければならない。5000m走のトレーニングは，3000mレースのようなスピードに持久力を組み合わせたものや，その逆に10kmのロードレースなどを取り入れることで専門化されていく。

5. 10000m走

　生理学的，戦術的観点からすると，10000mは5000mに近いところがいくつかある。10000mは最大酸素摂取量（$\dot{V}O_2max$）の約92%のペースでレースが展開され，5000mはほぼ100%である。そのため，乳酸性/換気性閾値が88-90% $\dot{V}O_2max$のレベルにあれば最適であろう。有気的能力の限界でレースが進められるようになるまで$\dot{V}O_2max$あるいは乳酸性/換気性閾値を上げないと，レース中に徐々に代謝性アシドーシスが進んでいくのである。しかし，乳酸は，途中のペース変化が頻繁に起こる5000mよりも10000mのほうが蓄積されにくい。

　タイムにすると，10000mのレースは，5000mのレースよりも400mごとのスプリットにして約3秒遅い。表7-1からわかるように，男子ではサラ・ヒスー（Salah Hissou）の10000mの世界記録が63.9秒/400mのペースであるのに対して，ハイレ・ゲブレシラシエの5000mの世界記録は61.2秒/400mのペースである。いっぽう，女子では王軍霞の10000mの世界記録が70.9秒/400mのペースであるのに対して，フェルナンダ・リベイロ（Fernanda Ribeiro）の5000mの世界記録は70.1秒/400mのペースである。このことからわかるのは，王軍霞の記録が異常なほどレベルが高いということである。400mのスプリットが約0.8秒遅いというのは楽なペースに聞こえるかもしれないが，2倍の距離を走るということを考慮すると決して楽ではない。このペースの違いは，持久的なスタミナが必要とされる10000mのトレーニングと，スピード的なスタミナが必要とされる5000mのトレーニングを比較することでわかる。参考までに様々なレベルにおける10000mの400mごとの平均のスプリットタイムを表7-2に示した。この表はレースの出場資格を得るための記録や，自己のベスト記録を狙うときの参考になるであろう。

　レース運びとしては，ストライドが特に長いランナーで，集団のペースが自分にぴったり合ったもの

表7-1●世界記録樹立時の5000mと10000mのランニングペース

5000m				10000m			
	選手	タイム	ペース（秒/400m）		選手	タイム	ペース（秒/400m）
ハイレ・ゲブレシラシエ(WR)		12:44.39	61.2	サラ・ヒスー(WR)		26:38.08	63.9
1995年8月16日		13:00	62.4	1996年8月23日		27:00	64.8
チューリッヒ		13:30	64.8	ブリュッセル		27:30	66.0
		14:00	67.2			28:00	67.2
		14:30	69.6			28:30	68.4
						29:00	69.6
						29:30	70.8
フェルナンダ・リベイロ(WR)		14:36.45	70.1	王　軍霞(WR)		29:31.78	70.9
1995年7月22日		15:00	72.0	1993年9月13日		30:00	72.0
ヘクテル		15:30	74.4	北京		30:30	73.2
		16:00	76.8			31:00	74.4
		16:30	79.2			31:30	75.6
		17:00	81.6			32:00	76.8
		17:30	84.0			32:30	78.0
						33:00	79.2
						33:30	80.4
						34:00	81.6
						34:30	82.8
						35:00	84.0

WR＝世界最高記録（※1997年現在）

表7-2●600mから10000mまでの距離のレースにおける200m/400mのスプリットタイム

200/400m ごとの平均 (秒)	600	800	1,000	1,500	2,000	3,000	4,000	5,000	6,000	8,000	10,000
25.0/50.0	1:15.0	1:40.0	-	-	-	-	-	-	-	-	-
25.5/51.0	1:16.5	1:42.0	-	-	-	-	-	-	-	-	-
26.0/52.0	1:18.0	1:44.0	2:10.0	-	-	-	-	-	-	-	-
26.5/53.0	1:19.5	1:46.0	2:12.5	-	-	-	-	-	-	-	-
27.0/54.0	1:21.0	1:48.0	2:15.0	-	-	-	-	-	-	-	-
27.5/55.0	1:22.5	1:50.0	2:17.5	-	-	-	-	-	-	-	-
28.0/56.0	1:24.0	1:52.0	2:20.0	3:30.0	-	-	-	-	-	-	-
28.5/57.0	1:25.5	1:54.0	2:22.5	3:33.8	-	-	-	-	-	-	-
29.0/58.0	1:27.0	1:56.0	2:25.0	3:37.5	4:50.0	-	-	-	-	-	-
29.5/59.0	1:28.5	1:58.0	2:27.5	3:41.3	4:55.0	-	-	-	-	-	-
30.0/60.0	1:30.0	2:00.0	2:30.0	3:45.0	5:00.0	7:30.0	-	-	-	-	-
30.5/61.0	1:31.5	2:02.0	2:32.5	3:48.8	5:05.0	7:37.5	10:10.0	-	-	-	-
31.0/62.0	1:33.0	2:04.0	2:35.0	3:52.5	5:10.0	7:45.0	10:20.0	12:55.0	-	-	-
31.5/63.0	1:34.5	2:06.0	2:37.5	3:56.3	5:15.0	7:52.5	10:30.0	13:07.5	15:45.0	-	-
32.0/64.0	1:36.0	2:08.0	2:40.0	4:00.0	5:20.0	8:00.0	10:40.0	13:20.0	16:00.0	21:20.0	-
32.5/65.0	1:37.5	2:10.0	2:42.5	4:03.8	5:25.0	8:07.5	10:50.0	13:32.5	16:15.0	21:40.0	27:05.
33.0/66.0	1:39.0	2:12.0	2:45.0	4:07.5	5:30.0	8:15.0	11:00.0	13:45.0	16:30.0	22:00.0	27:30.0
33.5/67.0	1:40.5	2:14.0	2:47.5	4:11.3	5:35.0	8:22.5	11:10.0	13:57.5	16:45.0	22:20.0	27:55.0
34.0/68.0	1:42.0	2:16.0	2:50.0	4:15.0	5:40.0	8:30.0	11:20.0	14:10.0	17:00.0	22:40.0	28:20.0
34.5/69.0	1:43.5	2:18.0	2:52.5	4:18.8	5:45.0	8:37.5	11:30.0	14:22.5	17:15.0	23:00.0	28:45.0
35.0/70.0	1:45.0	2:20.0	2:55.0	4:22.5	5:50.0	8:45.0	11:40.0	14:35.0	17:30.0	23:20.0	29:10.0
35.5/71.0	1:46.5	2:22.0	2:57.5	4:26.3	5:55.0	8:52.5	11:50.0	14:47.5	17:45.0	23:40.0	29:35.0
36.0/72.0	1:48.0	2:24.0	3:00.0	4:30.0	6:00.0	9:00.0	12:00.0	15:00.0	18:00.0	24:00.0	30:00.0
36.5/73.0	1:49.5	2:26.0	3:02.5	4:33.8	6:05.0	9:07.5	12:10.0	15:12.5	18:15.0	24:20.0	30:25.0
37.0/74.0	1:51.0	2:28.0	3:05.0	4:37.5	6:10.0	9:15.0	12:20.0	15:25.0	18:30.0	24:40.0	30:50.0
37.5/75.0	1:52.5	2:30.0	3:07.5	4:41.3	6:15.0	9:22.5	12:30.0	15:37.5	18:45.0	25:00.0	31:15.0
38.0/76.0	1:54.0	2:32.0	3:10.0	4:45.0	6:20.0	9:30.0	12:40.0	15:50.0	19:00.0	25:20.0	31:40.0
38.5/77.0	1:55.5	2:34.0	3:12.5	4:48.8	6:25.0	9:37.5	12:50.0	16:02.5	19:15.0	25:40.0	32:05.0
39.0/78.0	1:57.0	2:36.0	3:15.0	4:52.5	6:30.0	9:45.0	13:00.0	16:15.0	19:30.0	26:00.0	32:30.0
39.5/79.0	1:58.5	2:38.0	3:17.5	4:56.3	6:35.0	9:52.5	13:10.0	16:27.5	19:45.0	26:20.0	32:55.0
40.0/80.0	2:00.0	2:40.0	3:20.0	5:00.0	6:40.0	10:00.0	13:20.0	16:40.0	20:00.0	26:40.0	33:20.0
40.5/81.0	2:01.5	2:42.0	3:22.5	5:03.8	6:45.0	10:07.5	13:30.0	16:52.5	20:15.0	27:00.0	33:45.0
41.0/82.0	2:03.0	2:44.0	3:25.0	5:07.5	6:50.0	10:15.0	13:40.0	17:05.0	20:30.0	27:20.0	34:10.0
41.5/83.0	2:04.5	2:46.0	3:27.5	5:11.3	6:55.0	10:22.5	13:50.0	17:17.5	20:45.0	27:40.0	34:35.0
42.0/84.0	2:06.0	2:48.0	3:30.0	5:15.0	7:00.0	10:30.0	14:00.0	17:30.0	21:00.0	28:00.0	35:00.0
42.5/85.0	2:07.5	2:50.0	3:32.5	5:18.8	7:05.0	10:37.5	14:10.0	17:42.5	21:15.0	28:20.0	35:25.0
43.0/86.0	2:09.0	2:52.0	3:35.0	5:22.5	7:10.0	10:45.0	14:20.0	17:55.0	21:30.0	28:40.0	35:50.0
43.5/87.0	2:10.5	2:54.0	3:37.5	5:26.3	7:15.0	10:52.5	14:30.0	18:07.5	21:45.0	29:00.0	36:15.0
44.0/88.0	2:12.0	2:56.0	3:40.0	5:30.0	7:20.0	11:00.0	14:40.0	18:20.0	22:00.0	29:20.0	36:40.0
44.5/89.0	2:13.5	2:58.0	3:42.5	5:33.8	7:25.0	11:07.5	14:50.0	18:32.5	22:15.0	29:40.0	37:05.0
45.0/90.0	2:15.0	3:00.0	3:45.0	5:37.5	7:30.0	11:15.0	15:00.0	18:45.0	22:30.0	30:00.0	37:30.0

であれば先頭を走り，他のランナーとの身体接触を避けたほうが楽であろう．しかし，そのレースが数日後に決勝をひかえた予選であれば，レースの最後まで別のランナーを風よけにして，エネルギーを温存しておくのが理想的である．

10000mランナーは，レース中，ペースを判断したり，スパートを警戒するために集中力を持続させる必要がある．この集中力は，競技会前に精神的および身体的な落ち着きを持つことから生まれる．また，この種目の競技時間は長いため，レースのなかの状況変化に対応するための多くの能力が必要とされる．

❶──天候がレース展開に及ぼす影響

10000mのレースでは，1500mや5000mなどのより短い距離の種目と比較して，タイムに及ぼす天候の影響がより強いと考えられている．湿度が高く，気温が高いコンディションでの10000mレースは，24周をゆっくりとしたペースで進み，ラスト1周でスプリントの勝負になることが多い．1985年の神戸ユニバーシアードにおける10000m決勝は，まさにそのようなコンディションで行われた．アメリカのケイス・ブラントリー（Keith Brantly）は，太陽がまだ照りつける夕暮れどきのトラックで（気温29.5℃，湿度68％），優れたペースコントロールとラスト1周のスパートとをうまく組み合わせ，29分11秒24のタイムで金メダルを獲得したのである．

風もまたパフォーマンスに影響する．一方の直線の向かい風と，もう一方の直線の追い風は，直線を長く感じさせたり，短く感じさせたりする．向かい風のためにエネルギーを消耗してしまった先頭のランナーは，追い風になっても回復できないのである．向かい風ではすべてのランナーのストライドが短くなり，前のランナーにスパイクされる機会も増えてくるので，元気なランナーや熟練したランナーでさえ，集中力がなくなり衰弱していくのである．そのようなレースコンディションでよいパフォーマンスを発揮するためには精神的，身体的なたくましさが必要である．

❷──ラスト1周のスパート

気象コンディションが良好で，レースがより戦術的になったとき，一流ランナーはラスト1周を驚異的なスピードで駆け抜ける．これは，彼らがスピード的要素だけでなく，短時間の高いレベルのアシドーシスに耐える内容をもトレーニングに組み込んでいるから可能なのである．1983年にヘルシンキで行われた世界選手権の男子10000m決勝は，まさしくラスト1周の勝負になった．9,600m地点で13人のランナーが縦長の集団を形成していたのであるが，最終ラップを知らせる鐘が鳴った後，何人ものランナーがラスト400mを驚異的なスピードで駆け抜けていったのである．西ドイツのワーナー・シュドハウアー（Werner Schildhaur）は急激にペースをアップをし，54秒8でカバーした．同じ西ドイツのハンス-ヨルグ・カンズ（Hans-Jörg Kunze）もそれに近いタイムで走り，フィンランドのマルッチ・バイニオ（Martti Vainio）はさらに速く走り，54秒5でカバーした．しかし，結局，イタリアのアルベルト・コバ（Alberto Cova）が53秒9でカバーし，シュドハウアーを0.14秒差で抑え，28分01秒01のタイムで優勝をさらったのである．わずか0.89秒のなかに1位から5位までが入る激戦であった．

しかし，レースが最初から非常に速い展開になった場合には，そのようなラスト1周のスパートを行うことができない．なぜなら，その時点ですでに無気的な余力がほとんどないからである．ハイレ・ゲブレシラシエが1995年に5000mの世界記録を樹立したのは先にも述べたが，その10週間前の7月5日に，ヘンゲロで同じ戦術を用いて10000mの記録も狙ったのである．世界記録のレベルは相当に高かったために，彼はペースメーカーを風よけにして，できるだけ同じスプリットを繰り返すことにしたのである．アイルランドのポール・ドノバン（Paul

Donovan）が最初の6周をリードし，次にエチオピアのウオーク・ビキラが5,000mを13分21秒4で引っ張った。彼の400mごとのラップは①64.9秒，②65.3秒，③64.5秒，④65.1秒，⑤62.5秒，⑥63.4秒，⑦64.0秒，⑧63.1秒，⑨62.9秒，⑩63.7秒，⑪64.6秒，⑫64.8秒，次の200mが32.6秒と，ほとんど予定どおりであった。その直後にゲブレシラシエが先頭に出たが，8,000mを回ったところで乳酸が一気に蓄積され，次の2周がペースダウンしたのである。5,000mからの400mごとのスプリットは，①65.5秒，②64.7秒，③63.2秒，④64.2秒，⑤64.6秒，⑥65.2秒，⑦66.0秒，⑧65.7秒，⑨64.1秒，⑩63.1秒，⑪61.5秒であり，最後の3回の200mのスプリットは31.2秒，30.3秒，30.2秒であった。

ここで，10000mのトレーニングの課題を4つあげておこう。

- 鋭いペース感覚を磨く。
- 乳酸性/換気性閾値を高める。
- $\dot{V}O_2max$を高める。
- 途中のペース変化や最後のスパートに求められる優れたスプリント能力を研ぎすます。

6. ロードレース

ロードでのレースは，精神的にも肉体的にも多くの点でトラックレースとは異なっている。そのため，単にトラックレースの準備をしただけでは，ロードレースでは成功しない。

❶──ロードとトラックの違い

ロードとトラックとでは，次の4つの違いがある。

1つめの違いは，コースレイアウトである。トラックは，直線の長さ，曲線の半径，トラックの表面，および見た目が競技場によってそれぞれ違っている。しかし，ロードの違いに比べると大した問題ではない。ロードレースには，折返しコースや周回コースがある。また，橋，鉄道線路，不規則な舗道など，いろいろなものを通過していかなければならない。すべてのコースが向かい風だったり，追い風だったりするレースもある。

2つめの違いは，出場者の人数に関することである。トラックでは20〜30人が横に並べるだけの狭い8レーンであるが，ロードレースのスタート地点では，6車線の道路で，何百人もあるいは何千人ものランナーが一斉にスタートすることもある。

3つめの違いは，アップダウンである。ロードのアップダウンに対応するために，トレーニングを工夫する必要がある。クロスカントリートレーニングで体力的な土台を作ったランナーは，平坦なところでしかトレーニングしてこなかったランナーよりも有利である。

4つめの違いは，レースにおける戦術である。場合によってはトラックレースと大きく異なることもある。基本的な問題は，競技が行われる時間帯である。トラックレースは午後か夜に行われることが多いが，ロードレースは早朝に行われることが多い。そのためロードレースは朝早く起きることから始まる。そして，正常に腸を機能させるために，いつ，どこで，何を食べるかも考える必要がある。

❷──ヒルトレーニングの活用

ロードレースの競技会期における準備も特殊である。10年以上も世界のロードサーキット界で活躍し，1979年から1992年にかけて，14年間もランナーズワールドによる世界のトップ100位以内に入ったジョン・シンクレア（Jon Sinclair）は，ロードレース前の本格的な準備のために（第5章に示したメゾ周期X_4とX_5），フォートコリンズやコロラドなどの丘陵地を利用して，ヒルトレーニングを行った。最初に有気的な持久力を養った後で，様ざまなコースや強度を

用いて3種類のヒルトレーニングを導入したのである。これらと第5章で述べたヒルトレーニングの考え方とを合わせると，誰でもまわりの土地の地形を生かしたトレーニングを行うことができるであろう。

ヒルトレーニングの1つめは，長い距離のヒルランニングである。最初に，ジョンはポードレリバー峡谷の上り坂が続くコースを有気的ペースで12.8-19.3km走るトレーニングを行った。この練習は3つの段階で構成されている。最初の5.6kmでは徐々にペースを上げていくが，このうちの最後の800mの坂は険しくなっている。次にジョギングペースでの短い距離をはさんで，こんどは最初よりも険しい4.0kmを走り，最後の600mは強烈にペースアップする。最後にもう1回短い距離をおいて，さらに険しい数kmのコースを，最後の200mでオールアウトするまで走るのである。これを高度1,828mから2,438mまで上げて行うときもあった。しかし，ジョンは頻繁にこのトレーニングを行っていたのではない。レースの準備がうまくいっているか否かを判断しながら，注意深くアレンジしていったのである。もちろん，このようなハードなトレーニングからの回復にも気を配っていたのは言うまでもない。

ヒルトレーニングの2つめは，レース前に行うもので，レース中の上りと下りを想定したものである。彼は12.8kmの田舎道のコースで上り坂と下り坂の両方を走った。激しい有気的負荷をかけ，上り坂では追い込み，下り坂では速いペースで腕と脚の動きの協調を高めていった。

ヒルトレーニングの3つめでは，バウンディング*や大きなストライドで上り下りするトレーニングを取り入れた。約8kmのランニングの中ほどに，8-10回の強いトレーニング刺激を入れたのである。それは，約75mの険しい坂とそれに続く約120mのやや なだらかな坂を，上り坂ではバウンディングのように腕を大きく振りながら脚を大きく前に振り出して走り，下り坂では長くリラックスしたストライドでの走りを行ったのである。

❸──ロードレースの準備

ロードレースの準備として，レース前に行うべきことはたくさんある。

(1) コースの下見をすること。コースを知ることにより，効果的なスパート地点の場所を把握することができる。

(2) ゴールの目印を確認しておくこと。ゴールをチェックしておけば，ラストがスプリント勝負になったとき，フィニッシュラインに迷うこともない。

(3) 戦術を考えておくこと。最後が下り坂のコースで，下り坂を特別に得意としていないランナーであれば，この下り坂の数百m前に強烈なスパートをかける戦術が考えられる。同様に，交差点の90°の曲がり角の50m手前から激しいスパートをかければ，ルール上許される限り，コーナーをショートカットすることができ，集団のもみ合いも避けることができる。

(4) レース前の24時間をリラックスして過ごせるように，「やるべきこと」のチェックリストを作成すること。これによってレースに集中することができる。このリストの中には衣服に関係する項目を入れておく。レース前のウォームアップのときに何を着ればよいか，などである。

＊バウンディング：左右脚交互に行う連続ジャンプ。

7. マラソン

まず，マラソンのペースについて知ってもらいたい（表7-3）。エチオピアのベライン・デンシモ

（Belayneh Dinsamo）のマラソンの世界記録をトラックに置き換えてみると，400mを72.1秒で105回と残りの195mを走ったことになる。同様に，イングリッド・クリスチャンセンの女子マラソンの世界記録は，400mの平均が80.3秒になる。マラソンでは，体が衰弱しないように脱水とエネルギーの枯渇に気をつけながら，2時間以上もの間ペースを維持する集中力が必要となる。そしてレースを制するために，適当なタイミングで決定的なペースアップを行えるだけの精神的および身体的な余力も必要である。これは，残り7kmを切ってから見られることが最も多いが，マラソンのレベルが上がるにつれて，最後のスプリント勝負になることが多くなっている。1994年の大阪国際女子マラソンでは，3人の日本女子ランナーが揃ってスタジアムに戻ってきた。その結果，安倍友恵が最後に藤村信子を抜いてトップでゴールした。2人ともシュツットガルト世界選手権覇者の浅利純子を1秒差で抑え，2時間26分9秒という日本記録をマークしたのである。

さらにトップレベルのマラソンランナーには，10000mなどの短い距離でも素晴らしい記録を出す能力が求められる。これは，マラソンにおける筋力，スピードおよびスタミナの重要性を示唆している。デンシモの男子世界記録2時間06分50秒は15分04秒/5000mのペースであり，クリスチャンセンの女子世界記録2時間21分06秒は16分43秒/5000mである。男子で15分50秒のペース（2時間13分35秒）で，あるいは女子で18分のペース（2時間31分54秒）で何回も5000mを走る能力は，$\dot{V}O_2max$と無酸素作業閾値の両方を高めるようなトレーニングにより養うことができる。1マイル4分を切るランナーが必ずしも2時間20分を切れるランナーになれるというわけではないが，短い距離をより速く走る能力は，マラソンレースにも役立つことは確かである。

❶——マラソンの特異性

マラソンでの成功には，100m走と同じように遺伝的な要因が大きく関与していると思われがちである。マラソンランナーはおそらく，遺伝的にST線維の割合が高く，高い運動負荷であっても乳酸の蓄積は比較的少ないであろう。マラソンレースでは，ほとんどのランナーが乳酸性/換気性閾値の95-97％に達するペースで走り通す。これは，一流ランナーにして，$\dot{V}O_2max$の80-84％のペースに相当

表7-3●マラソンでの1kmごとのスプリットタイム

男子マラソン		
選手	タイム	ペース（分/km）
ベライン・デンシモ(WR)	2:06:50	3:00
ロッテルダム	2:07:00	3:01
1988年4月17日	2:08:00	3:02
	2:09:00	3:03
	2:10:00	3:05
	2:11:00	3:06
	2:12:00	3:08
	2:13:00	3:09
	2:14:00	3:11
	2:15:00	3:12
	2:20:00	3:19

女子マラソン		
選手	タイム	ペース（分/km）
イングリッド・クリスチャンセン(WR)	2:21:06	3:21
ロンドン	2:25:00	3:26
1985年4月21日	2:26:00	3:28
	2:27:00	3:29
	2:28:00	3:30
	2:29:00	3:32
	2:30:00	3:33
	2:31:00	3:35
	2:32:00	3:36
	2:33:00	3:38
	2:34:00	3:39
	2:35:00	3:40
	2:40:00	3:48

WR＝世界最高記録（1997年時点）

し，遺伝的にランニング効率の低いランナーは，そのペースがより遅くなる。また，レース中の呼吸商（R）は0.93から0.95であり，これはエネルギーとして利用される脂肪と炭水化物の割合が24％：76％から17％：83％の間であることを示している。もし，遺伝的にST線維の割合が高ければ，一流長距離ランナーのなかでも高い$\dot{V}O_2max$を示し（男子で75 $m\ell$/kg・分以上，女子で65$m\ell$/kg・分以上），ランニング効率も高くなってくるのである。しかし，マラソンのパフォーマンスを決めるのは，遺伝的な要因だけではない。遺伝的要因にトレーニングによる改善と精神的粘りやペース感覚の才能などが加わって決まるのである。体力を高め，技術を改善することは，スプリンターと同様に，マラソンランナーにとっても重要なことである。そして2～3時間の間走り続けることができるエネルギー供給能力を開発しなければならない。具体的には，高強度のトレーニングで最大酸素摂取量を高めると同時に，マラソンレースに近いペースでのランニングで乳酸性／換気性閾値を高めることが求められる。

しかし，遺伝とトレーニング以外のものも要求される。このように10000mを4回行うような長い距離においては，少なくとも3つの考慮が重要となる。

1つは，環境的要因がパフォーマンスに大きく影響してくるということである。平坦なコース（最小限の上り下り），曇り空（太陽の光による気温の上昇を最小限にする），涼しい天候（発汗を最小限にする），無風（エネルギーの浪費を減らす）などの条件が整えば，ベスト記録が出る可能性が高まるであろう。この条件は実験室のようなコンディションであるが，実際には男子も女子もそのようなコンディションで多くの世界最高記録が達成されている（Buoncristiani and Martin, 1993）。記録を出すための最も適した状況は，日本やヨーロッパのマラソンシーズン（12月～3月）である。ロッテルダム，ロンドン，ベルリン，福岡，東京，名古屋および大阪などの都市は，自己ベストを狙ってランナーが集まってくる。

2つめは，エネルギー源への考慮である。マラソンレースの調整では身体的な休養とともに栄養面も考慮に入れる必要がある。また，レース中においてもエネルギーと水分の摂取を適切に行わなければならない。

3つめは，短い距離からマラソンに移行したときのトレーニング計画の作成である。このような場合，計画のなかでレース距離よりもかなり長い距離を走るトレーニングが欠如していることが多い。大きな自信は，レース距離の15-30倍走ることで生まれるのである。一流中距離ランナーにとっての最適な週間走行距離とレース距離の割合を考えてみると，男子の1500mランナーであれば，この割合の平均は1つのマクロ周期を通して112,500m：1,500m=75：1となる。女子の1500mランナーであれば，その割合は小さく，50：1になるだろう。マラソンでは，週間走行距離とレース距離との割合は，3.5：1～5.5：1が最も良いとされている。

また，マラソンランナーは，マラソンレース前の2，3ヶ月の間に，約12-20日に1回は30-40kmという非常に長い距離を走る必要がある。これらは，55-70％$\dot{V}O_2max$（70-90％HRmax）の強度の有気的ランニングである。これらの非常に長いランニングでの疲労は，レースに相当する疲労と考えることができる。これらのトレーニングにより，一定したペースを維持して走ることに精神的に耐えられるようになり，筋肉中のグリコーゲンが枯渇し始めたときの激しい疲労が経験できる。

これ以外にトレーニングで考えておかなければならないのは，マラソンランナーは，長い距離を走ることによりストレスを受けるということである。もし，長い距離ばかり走っていたなら，度重なる疲労で消耗してしまうことになる。非常に長い距離を走るが，頻度を少なくして適切な休息をとるべきである。第8章では，筋の疲労およびトレーニング中の誤った負荷のかけ方から起こる様ざまな障害，特に腱の障害について述べている。ケガをしないように

するためには，最小限の量で効果的なトレーニングを行い，パフォーマンスの向上を図るようにする。

また，常にグループでトレーニングを行うことからもストレスを受けることがある。ランナーは，それぞれ遺伝的にFT線維とST線維の占有率が異なっている。そのうえ，マラソンへ移行する前まで行っていたトレーニング負荷や，ランニングのときの理想的なペースも個人でまったく異なっているからである。例えば，そのグループの何人かのランナーにとっては適切なトレーニング刺激であっても，その他のランナーにとってはペースが速すぎて過度の疲労が生じるかもしれないのである。

❷──レースの戦略

マラソンでは，最初の20マイル（32.2km）は通常のランニングであり，最後の10kmがレースだと言われる。ここでは，残り10kmをいかにうまく走るかに焦点をあてる。

●給水地点での対処

暑い天候では，体温を上げない，脱水状態にならない，という配慮が重要である（これについては後述する）。

トレーニング中の給水練習によって，給水地点でリラックスして，うまく水分をとる技術をマスターする必要がある。また太陽が照りつけ，湿度が低いときには，水を体にかけることも必要となる。ランニング中の給水の練習では，レースに近いペースで，自分のボトルが空になるまで飲み干す技術を身につけるしかない。もし，レースでスペシャルドリンクコーナーが設置されるのであれば，目立つもので持ちやすいボトルを準備しておく必要がある。

図7-4は，1995年のイエテボリ世界選手権の女子マラソンにおけるトップの2人の給水地点での様子である。太陽が照りつけ，非常に乾燥した日だったので，両者とも水分をとりながら，水を含ませたスポンジで体に水をかけ，体温の上昇を防いでいる。このレースの勝者となったのはポルトガルのマリア・マニュラ・マシャド（Maria Manuela Machado）であるが，その後ろにいるルーマニアのアニュタ・カツナ（Anuta Catuna）は，サングラスを使って太陽のまぶしさに対処している。彼女たちは，レース中に給水をうまく行い，85-86秒/400mのペース

図7-4●女子マラソンの給水地点のようす
マラソンレース中，特に暑いときの給水は，脱水状態に陥る危険性を最小限におさえるうえで重要である。水を含んだスポンジの利用は，特に湿度が低いときに，水分の蒸発による冷却効果を高める。

を維持したのである。

●ペースダウンへの対処

　ペースダウンを最小限にする理論的戦略の1つは，目標とするゴールタイムから算出される平均ペースから外れないようにすることである。しかし，これは言うほど簡単なものではない。マラソンは，最初の20マイルで失敗してしまうと負けることが多く，最後の10kmをうまく走れば勝利を手にできることが多い。すなわちレース序盤をある程度余裕を持ったペースで展開するほうが安全なのである。

　マラソンレース中のペース変化を調べるために，冬の日本のマラソンサーキットに出場した多くのトップランナーの5kmのスプリットタイムが分析された（Buoncristiani and Martin, 1993）。これらのレースは，ほぼ実験室のようなコンディションで行われた。つまり，理想的な天候，そしてほぼ平坦なコースで行われ，すべての出場者の正確なスプリットタイムが詳細に計測されたのである。この分析から，レースペースの平均から±2％以上外れることは，平均ペースで走り続けたときよりも代謝的に消耗するという結論を得た。具体的には最初のスプリットタイムが速すぎたランナーは，後半に大きなペースダウンを強いられるのである。

　では，ペースダウンが起こる段階では，どのように対処すればよいのだろうか。実際に30kmを超えてからは，統計的に見るとレースペースは落ちている。これは，エネルギーの枯渇，結合組織と活動筋の粘性が増すこと，発汗による血液濃縮，活動組織への酸素運搬能力の段階的な減少，気温が異常に低いときの体温低下などがおもな原因となっている。レースの進行にともなうこれらの体内の変化が，無酸素性作業閾値ペースを低下させていくのだろう。この変化を最小限にするベストな方法は，水分，エネルギー，および電解質*の補充をレース前に十分に行っておき，さらにレース中にも給水を利用するということである。また，もう一つ配慮しなければならないのは，疲労の蓄積により同じペースで走っていても努力度が向上したり，時間が長く感じてしまうということである。例えば，1kmに費やされる3分44秒という時間がゆがんでとらえられるため，長く感じられてしまうのである。知覚上のペース感覚と実際のペースとの関係を正確に把握することはペースを維持するうえで大切なことである。

●スプリットタイムの利用

　表7-4は，マラソンレース中のスプリットタイムを正確に示したものである。理想を言えば，狙ったタイムの平均ペースよりもやや遅くするべきである。そうすると，エネルギー源としての炭水化物をセーブすることができ，ペースを変化させて先頭集団を分散させるようなより戦術的な展開やスパートの場面になったときに，その分をエネルギーとして利用することができる。これは，前半のハーフよりも後半のハーフを速いタイムでカバーする**ネガティブスプリットマラソン**の考え方である。しかし，これは，次の3つの理由でめったに見られない。まず1番めの理由として，実験室のようなコンディションで行われるマラソンレースはほとんどないからである。つまり，平坦なコースで，微風で理想的な天候（曇で涼しい）という条件は稀にしかない。2番めの理由として，基本的にランナーは快適な範囲内でペースを維持できるほど我慢強くなく，気持ちの高まりからレースが速くなるからである。ランナーは，過去のマラソンの後半の苦痛を忘れ去り，同じ失敗を繰り返すのである。3番めの理由として，乳酸性/換気性閾値に相当するペースではレースの最終段階になると遅くなる傾向があるからである。脱水傾向になると血液量が減少し，骨格筋への血液の配分能力が低下する。そうすると，血液濃縮が引き起こされ，VO_2maxも低下するとともに血液も酸性化する。この酸性化が続くと，ランニングペースは遅くなってしまう。そこで，後半の落ち込みを考えてレースの序盤を平均ペースよりもほんの少し速く走るべきなのである。

　より専門的にペースを示したのが**図7-5**である。

これは中山竹通の代表的な3つのレースの5kmごとのスプリットタイムを示している。中山は，1984年の福岡での大会で2時間10分00秒の記録で優勝し，鮮烈なデビューを果たしたランナーである。図7-5aをみると，±2%の枠のなかで，彼がいかにペースに忠実な走りをしたかがわかる。彼は，25kmから30kmの間でペースを上げ，西ドイツのミッシェル・ハイマン（Michael Heilmann）以外の後続のランナーを引き離した。中山は，ここで，±2%の枠を超えたが，このペースアップをハイマンよりも余裕を持って行うことができた。ハイマンは35km以降ペースダウンし，中山は36秒の差をつけて勝利したのである。図7-5bは，中山にとっての次のマラソン，すなわち1985年4月の広島でのワールドカップマラソンにおいて，素晴らしい自己ベストを出したときのものである。そのときの記録は日本最高記録であった。彼は理想的な5kmのスプリットタイムを刻み，40kmまでジブチのアーメド・サラ（Ahmed Salah）を引っ張り続けたのである。これ以降，アーメドが徐々に前に出て，蓄積した疲労の影響で中山の平均ペースは低下し始めたのである。最後に，図7-5cは，前半を速すぎるペースで走ったレースを示している。日本のオリンピック選考会となった1987年12月の福岡国際マラソンで，中山は選手選考を決定づけるために，かなりハイレベルなパフォーマンスを見せる必要があった。彼は，先頭に出て，5kmごとのスプリットタイムを14分30秒，14分35秒，14分30秒（このままいけば2時間3分を切るペース）という面白いぐらいの速いペースで進んだのである。25-30kmでペースダウンしたが，

表7-4 ● マラソンのスプリットタイム

1km	5km	10km	15km	20km	ハーフ	25km	30km	35km	40km	マラソン
3:00	15:00	30:00	45:00	1:00:00	1:03:18	1:15:00	1:30:00	1:45:00	2:00:00	2:06:35
3:05	15:25	30:50	46:15	1:01:40	1:05:03	1:17:05	1:32:30	1:47:55	2:03:20	2:10:06
3:10	15:50	31:40	47:30	1:03:20	1:06:49	1:19:10	1:35:00	1:50:50	2:06:40	2:13:37
3:15	16:15	32:30	48:45	1:05:00	1:08:34	1:21:15	1:37:30	1:53:45	2:10:00	2:17:08
3:20	16:40	33:20	50:00	1:06:40	1:10:20	1:23:20	1:40:00	1:56:40	2:13:20	2:20:39
3:25	17:05	34:10	51:15	1:08:20	1:12:05	1:25:25	1:42:30	1:59:35	2:16:40	2:24:09
3:30	17:30	35:00	52:30	1:10:00	1:13:50	1:27:30	1:45:00	2:02:30	2:20:00	2:27:40
3:35	17:55	35:50	53:45	1:11:40	1:15:35	1:29:35	1:47:30	2:05:25	2:23:20	2:31:11
3:40	18:20	36:40	55:00	1:13:20	1:17:21	1:31:40	1:50:00	2:08:20	2:26:40	2:34:42
3:45	18:45	37:30	56:15	1:15:00	1:19:07	1:33:45	1:52:30	2:11:15	2:30:00	2:38:13
3:50	19:10	38:20	57:30	1:16:40	1:20:52	1:35:50	1:55:00	2:14:10	2:33:20	2:41:44
3:55	19:35	39:10	58:45	1:18:20	1:22:38	1:37:55	1:57:30	2:17:05	2:36:40	2:45:16
4:00	20:00	40:00	60:00	1:20:00	1:24:24	1:40:00	2:00:00	2:20:00	2:40:00	2:48:48
4:05	20:25	40:50	61:15	1:21:40	1:26:09	1:42:05	2:02:30	2:22:55	2:43:20	2:52:18
4:10	20:50	41:40	62:30	1:23:20	1:27:54	1:44:10	2:05:00	2:25:50	2:46:40	2:55:49
4:15	21:15	42:30	63:45	1:25:00	1:29:40	1:46:15	2:07:30	2:28:45	2:50:00	2:59:20
4:20	21:40	43:20	65:00	1:26:40	1:31:25	1:48:20	2:10:00	2:31:40	2:53:20	3:02:51
4:25	22:05	44:10	66:15	1:28:20	1:33:11	1:50:25	2:12:30	2:34:35	2:56:40	3:06:21
4:30	22:30	45:00	67:30	1:30:00	1:34:56	1:52:30	2:15:00	2:37:30	3:00:00	3:10:57
4:35	22:55	45:50	68:45	1:31:40	1:36:42	1:54:35	2:17:30	2:40:25	3:03:20	3:13:14
4:40	23:20	46:40	70:00	1:33:20	1:38:47	1:56:40	2:20:00	2:43:20	3:06:40	3:16:55
4:45	23:45	47:30	71:15	1:35:00	1:40:13	1:58:45	2:22:30	2:46:15	3:10:00	3:20:26
4:50	24:10	48:20	72:30	1:36:40	1:41:58	2:00:50	2:25:00	2:49:10	3:13:20	3:23:57
4:55	24:35	49:10	73:45	1:38:20	1:43:44	2:02:55	2:27:30	2:52:05	3:16:40	3:27:28
5:00	25:00	50:00	75:00	1:40:00	1:45:30	2:05:00	2:30:00	2:55:00	3:20:00	3:31:00

それでも彼の目標としていたタイムの平均ペースであった。彼のペースが落ちていったのは，代謝性アシドーシスの進行と炭水化物利用の減少が原因である。そして，ペースダウンからくる熱産生の減少に，小雨による体温の低下が重なり，彼の自己ベストよりも3秒遅い2時間8分18秒でゴールした。このとき中山が1984年の広島のときのように理想的なスプリットタイムを刻んでいれば，どのくらいのタイムを出していただろうか。なぜなら，彼の10000mのスピードは，28分07秒00から27分35秒33へと改善されていたからである。

●シューズやウェアへの配慮

マラソンの場合，あまり重要でないような要因でも結果を大きく左右することがある。例えば，シューズは，終盤で足が膨張してしまうことを配慮して，まめができないようなものにしなくてはならない。レースのときに使うシューズやウェアは，レース前にフィットしていることを確認しなくてはならないが，代表チームではチームのユニフォームが最も優先されるという現状もある。

＊電解質：電解質は，カリウム，ナトリウム，カルシウムなどの無機質と鉄，亜鉛などの微量元素に分類される。

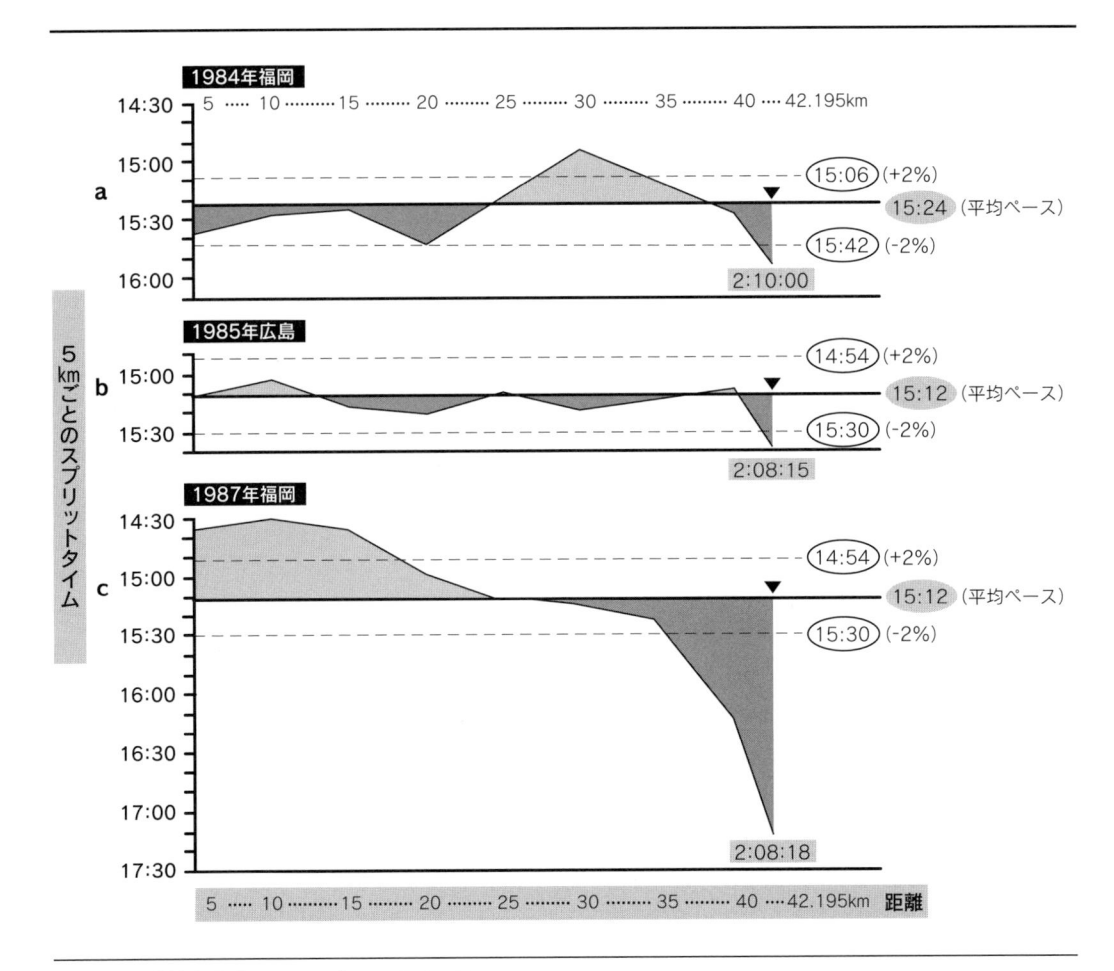

図7-5●中山竹通選手のマラソンレースのペース
　レース途中まではイーブンペースで走っていてもゴールに向かってペースが低下していくことが分かる。

❸ ── エネルギーと水分の補充

　第3章では，中長距離種目のレースを行うランナーにとって，食事が重要であることを述べた。マラソンのトレーニングやレースにおいても，基本的な原則は同じではあるが，他の種目よりもさらに細かい配慮が必要である。

　まず，体内には脂肪の蓄積は十分あるが，炭水化物の蓄積（筋，血液および肝臓のグルコースとグリコーゲン）は少ないことを頭に入れておかなければならない。マラソンよりも短い距離の種目では，炭水化物は最も多く利用されるエネルギー源であり，体内に蓄積された炭水化物がこれらの要求を満たしてくれる。マラソンのレース中でも炭水化物はエネルギー源として大きく貢献しており，筋肉の炭水化物が枯渇するとレースペースは遅くなってしまう。しかし，マラソンのような長いレースでは脂肪も理論的には重要なエネルギー源である。この脂肪酸の分子はO_2をほとんど含んでおらず，エネルギーを出すためには血流により運ばれてくるO_2を必要とする。それに対して，グルコースはその分子構造中に多くのO_2を含み，代謝のために余分のO_2をあまり必要としないのである。このように，血液によって運ばれてくる1molのO_2でグルコースからは5.05kcalのエネルギーが産出され，脂肪酸からは4.69kcalのエネルギーしか産出されない（Dwyer and Dyer, 1984）。

　効率的なペースでマラソンレースを走り始めたら（乳酸性/換気性閾値を少し下回るペース），エネルギー産出の割合は，25％が脂肪で75％が炭水化物になるであろう。ところがレース中に，筋中に蓄えられた炭水化物によるエネルギー供給が少なくなると，脂肪によるエネルギー供給の割合が高くなってくる。そうするとより多くのO_2が必要となってくるので，活動筋への血流は増えなければならなくなる。もしそのとき脱水症状に陥っていれば，一回拍出量が減少するので，血流は増加しにくくなり，筋にO_2が十分にいきわたらなくなる。このように，炭水化物からのエネルギー供給が減少していけば，必要なエネルギーの多くを脂肪酸の代謝に依存することになり，その結果，余分な負荷がかかり，レースペースは落ちてしまうのである。マラソンレースで20マイル（32.2km）以降にペースダウンが起こるのは，これが原因なのである。このペースダウンをランナーたちは，「壁にぶつかる」という言葉で言い表わしている。

　長距離のレースで，炭水化物を十分に供給し，血液量を維持するための方法は，以下に示すとおりである。

- レース前，骨格筋の中にできるだけ多くのグリコーゲンを蓄える。
- レース前に水分を摂っておく。
- レース中，こまめに給水する。
- レース中に，炭水化物エネルギーの入った水分を摂り，グリコーゲンの蓄積が少なくなった筋に炭水化物を供給し続ける。
- レース前の数ヶ月には，長い距離のトレーニング中に給水の練習をする。これで，自分の手に最も適したボトルの大きさや形を選び，味や吸収を考慮して水分とエネルギー源の混合量を決める。

●日頃の効率的なエネルギーの摂取

　有気的ランニング中，1kmあたり1.04kcal/kg（体重1kgあたり）のエネルギーが消費される。そうすると，60kgの男子，あるいは50kgの女子が20マイル（32.2km）走ると，それぞれ2,009kcal，1,674kcalのエネルギーが必要となる（Anonymous, 1989; Margaria et al., 1963）。これは，2回以上の食事に相当する。トレーニング後には使った筋グリコーゲンを完全に補充していかないと，毎日の激しいトレーニングによりすぐに失われてしまう（Costill and Miller, 1980）。

　長い距離の有気的トレーニングを行うランナーが適切なエネルギーを確保するためには，60％の炭水

化物，25%の脂肪，および15%のタンパク質を含む食事を摂り続けるべきである（Hecker, 1987）。1回に長い距離を走る代わりに，2回の練習に分けて合計29km以上になるような長い距離を走るランナーにとっては，高い炭水化物を含む食事（ベイクドポテト，ご飯，さつまいも，パスタなど）を数回にわたって摂取することは，トレーニング時間との兼ね合いで難しい。激しいトレーニングを行っているランナーは，最低でも1日体重1kgあたり5g（6-7gが最適である）の炭水化物を摂る必要がある。激しい練習後に十分な炭水化物が摂取できないと，回復が遅れてしまうからである。

また，炭水化物を摂るタイミングも大切である。トレーニング直後（90分以内）に炭水化物を摂取すれば，数時間遅れたときよりも30%多く吸収される（グリコーゲン合成）と言われている（Ivy et al., 1988）。ほとんどのランナーは，トレーニング後のこの時間帯は移動中であったり，トレーニング後のシャワーやマッサージ中であったりする。炭水化物の補充にドリンクタイプのものを利用することができれば，トレーニング直後にトレーニング場ででも摂取することができる。現在では多くのエネルギー飲料やスポーツドリンク（電解質飲料水）が出回り，その多くが単糖とともに炭水化物ポリマー*を含んでいる。それらは消化や吸収がよく，飲みやすい。体が最も受け入れやすい状態であるトレーニング後に高エネルギー液状食を摂ることができれば，効率よくエネルギーを摂取することができる。

● グリコーゲンローディング

ほとんどのマラソンランナーは，レースの数日前からいろいろな方法によりエネルギー源の貯蓄を最高にしようとしている。これは，**グリコーゲンローディング**として知られており，グリコーゲンの超回復の考え方がベースにある。HultmanとBergstrom（1967）の研究によると，長時間の運動（例えば20マイル走など）によって骨格筋グリコーゲンが枯渇すると，それらの筋は枯渇前よりも多くのグリコーゲ

ンを蓄積することができるようになる。この現象を**グリコーゲンの超回復**と呼んでいる。

グリコーゲンローディングの具体的な方法として次のようなものがある。まず，レース前の数日間，長時間のランニングを行い，そのなかの1日を炭水化物を含まない食事（タンパク質のみ）を摂る日とする。その後，トレーニングを調整するとともに，食事を複合炭水化物中心のものに変えていき，グリコーゲンの超回復を図るというものである（最近では炭水化物を摂らない日をなくす傾向にある）。

グリコーゲンローディングの有効性はわかっていても，一流マラソンランナーはレース前の食習慣にあまり手を加えないことが多い。その代わりに彼らは，(1)レース前の数日間，中強度の長距離走を行い，その数日間をレース前の調整期間に充てるとともに少し高めの複合炭水化物を摂取し，(2)ときどきタンパク質だけの食事にして，(3)日々のトレーニング負荷を調整しているために，エネルギー蓄積が自然に増加していく。このように，エネルギー摂取がエネルギー消費を上回り，その摂取がかなり炭水化物を強調したものであれば（60%かそれ以上），その超過分が蓄積され，望ましいエネルギーローディングが行われる。ランナーたちは実践を重ね，自分に合った最も良い方法を探し出しているのである。自分に適した方法を見つけるには，何日にもわたって食事とトレーニングの両方のパターンをコントロールし，どのようなパターンの後のパフォーマンスが優れているかを正確に記録し続けるとよい。

● レース前の水分とエネルギーの摂取

レースの数時間前の時点で考えなければならない重要なことがある。それは，前日に失われたエネルギー源を回復させるとともに，レースでの発汗に備え十分な水分を摂ることである。しかし，レースの数時間前に水を摂りすぎると，レース前に単に尿として排泄されるだけである。なぜなら，レースの数時間前に摂取された水分は，レースが始まったときに吸収され始めるからである。反対に，レースの4-

5時間前のオートミール，低脂肪乳，トーストおよびオレンジジュースなどの軽い炭水化物食は，吸収されやすく，エネルギーの保存能力を高める。

このように，レース数時間前のエネルギー摂取は一般的になったが，オックスフォード大学の生化学者のEric Newsholme（1986）は，レース間近の時間帯では炭水化物を含むドリンクやスナックを控え，水分を摂取するべきであると述べている。また，Costillら（1977）は，レース前の約2時間から30時間にかけては炭水化物の摂取を控えるべきであることを理論的に明らかにしている。炭水化物を摂取すると，エネルギー源であるグルコースが活動筋へ運ばれにくくなるからである。

これらの著名な科学者達による理論的見解と競技スポーツの現実世界との間のギャップはどう説明すればよいのだろうか。その答えは，レースのスタートが近づくにつれて高まる血中アドレナリンの影響にあるのかもしれない。アドレナリンはグルコースを肝臓から筋へ運び込んでいるのである。

●レースを通しての水分確保の必要性

暑い時期に世界で人気のあるマラソン大会はほとんど行われていない（ホノルルやバンコクは例外）。しかし，いくつかのマラソンは春および初秋の暖かい天候で行われており，さらにオリンピックや世界選手権など，夏に開催される大会のマラソンは，酷暑のもとで行われることが多い。暑い天候のもとでレースを行うのであれば，暑い天候でのトレーニングを継続する必要がある。また，レースのためだけでなく，夏の時期にも高いレベルの体力を維持したいのであれば，炎天下でのトレーニングも必要になる。炎天下の状況では，発汗による汗が皮膚から蒸発することによって体温が下がる。しかしこれは，体の中に十分な水分があるときのみ可能なのである。

ランナーが激しいトレーニングを行いながら最適な筋の水分（75%）を保つためには，適量の水分を摂ることが不可欠となる。暑い日に激しいトレーニングを行った場合，汗による水分の損失は，1時間あたり1-1.5ℓに達する。よく汗をかくランナーの発汗は，暑い日のレースの最初の時間帯には，1時間あたり2ℓを超えることもある。ところが，ランニング中に給水によって補給できる水分量はせいぜい1ℓであるので，発汗による過度な水分損失と不十分な水分摂取が重なると脱水状態に陥ることがある。脱水状態になると体の皮膚の血流が減少し，また体の水分量を維持するために発汗量も減少する。発汗量の減少によって血圧が保たれ，活動筋への血流も維持されるのである。しかし，発汗が減少して体の冷却システムが正常に機能しなくなると，ペースを大幅に落とさない限り，悪い状況を招くことになる。つまり，体がオーバーヒートしてしまい，パフォーマンスの低下を引き起こすばかりか，健康をも損ねてしまうのである。このように，長距離走のトレーニングやレース中に適量の水分を摂取することは重要であり，さらに脱水状態に陥らないためには，ランニングの前に十分な水分をとり，体内に水分を満たしておかなければならないのである（ハイパーハイドレーション：hyper hydration）。

●グリセリンローディング

前述したように，長距離のレースやトレーニングでの脱水状態を防ぐ方法の1つは，走る前にハイパーハイドレーションの状態にすることである。理論的な方法としては，多量の水と電解質飲料を摂ることがあげられる。いったん体内に入った水と電解質飲料は，直接血管に吸収され，全体の血流量を増加させる。しかし急速に摂取されたこの水分は，すぐに尿として体外に出されてしまう。これは心脈管系内で，感覚受容器が血流量の変化を探知し，次に腎臓がレース前に増加した水分に対応して，尿の排泄量を多くして，血流量を通常のレベルへと戻すからである。

しかし，ここで問題なのは増加した水分であり，それらをすべて体が使えるようにすればよいのである。つまり，血管内の血漿ではなく，血管外，すな

わち細胞組織間の水分および細胞内の水分として蓄えることができればよいということである。そうすると，尿として排泄される水分は最小限になる。このような体全体へのハイパーハイドレーションは，グリセリンと水との混合水分を摂取することで可能になる（グリセリンローディング）。このグリセリン（グリセロール）は自然の物質で，体に受け入れられやすく，口から摂取できる。水とグリセリンは，急速に，そして均等に体すべての主要な部分に水分を送ってくれるのである。

ランナーのグリセリン利用に関する研究はあまり広く行われていないが，いくつかの実験結果は潜在的な効果を認めている。1980年代後半にニューメキシコ大学でLyonsら（1990）の研究が行われた。6人の一般ランナーが，暑く高い湿度の環境のなかで，3種類の方法で給水をしながら90分間のトレッドミル走3回を実施した。1つめは，走行前と走行中に少量の水を摂る給水法で，2つめは，走行前と走行中に多量の水とオレンジジュースを混ぜ合わせたものを摂るという方法であった。3つめは，水とオレンジジュースを混ぜ合わせたものにグリセリンを加えたものを摂る方法であった。

その結果，グリセリンを含む水分を摂る方法が，他の2つの方法よりも熱障害になりにくいということが示された。ほとんど水を摂らなかったときは，尿が最小量になるだけでなく，体温は大幅に上昇する。グリセリンを含まない多量の水分を摂ったときは，かなりの量の尿が排泄され，体温も上昇してしまうのである。グリセリンを含む水を摂ったときは，尿の量は少なく，体温も上がらなかった。したがって，グリセリンを含む水は，水を体全体に再分配するために，蒸発冷却法* に利用できるのである。

これ以外にも，ナショナルチームに所属する一流マラソンランナーが暑い天候下のレースでグリセリンを摂取したときの効果に関する研究がある（Martin, 1992）。それは，1991年の東京世界選手権，1992年と1996年のオリンピック，1995年のMar del Plataパンアメリカンゲームに行われ，レース前のグリセリン水によるハイパーハイドレーションは，レース中に適切な水分量を維持するために非常に効果があることがわかった。

グリセリンは水よりも重く，1mlあたり1.26gである。胃腸障害を起こさずに効果的なハイパーハイドレーションを導くという観点からすると，グリセリンをそのままの状態で直接ボトルに入れて摂取することはできない。約26倍の水で薄める必要がある。適切なグリセリンと水の摂取重量は，体重1kgあたりグリセリン1g，水21g，容積にすれば体重1kgあたりグリセリン0.793ml，水21mlとなる。グリセリンは処方箋の必要はなく，食料雑貨店や薬局で簡単に手に入れることができる。例えば，体重60kgの男子長距離ランナーのグリセリン溶液は，48ml（0.793ml/kg×60kg）のグリセリンに1,260ml（21ml/kg×60kg）の水を加えるとできあがる。また，体重50kgの女子長距離ランナーの場合は40ml（0.793ml/kg×50kg）のグリセリンに1,050ml（21ml/kg×50kg）の水を加えればよい。グリセリンと水の容積の割合は約1：26.5である。そしてマラソンや長距離ランニングの場合，1-2時間前に摂取するのである。

涼しい気候での短いトレーニングやレースにおいては水分の損失はあまり大きくないので，このようなグリセリンローディングはほとんど必要ない。暑い日の2時間を超えるトレーニングやレースで利用すべきである。実際にグリセリン溶液を摂取するには，摂取する時間帯（どのくらい前に摂ると効果的なのか），摂取に要する時間，口に合うかどうかなどについて調整しておく必要がある。

GisolfiとCopping（1974）は，暑い日のトレーニングやレース中の水分摂取に関して，次のような重大な示唆を与えている。それは，レース前のグリセリンローディングによってレース中に給水する必要がなくなるということではなく，グリセリンローディングを施していてもレース中の給水は重要であると

いう示唆である。さらに，頭から水をかけることも冷却に役に立つが，水を飲むことが究極的に体を冷却してくれるということも報告されている。

●レース中の水分とエネルギーの摂取

1時間以下の短い距離のトレーニングや10000mまでのロードレース中には，特に一流ランナーは水分を摂らない。異常な暑さでない限り，その範囲内ではパフォーマンスに影響を及ぼすような水分やエネルギーの損失が起こらないからである。また，ペースが速いために容易に水分は摂れないのである。さらに，レースは高強度の運動（$\dot{V}O_2max$の90％以上）なので，血液は活動中の筋肉（酸素運搬）や皮膚（熱放散）にまわり，胃腸への血流は著しく減る。そうすると水分の吸収率は低下し，その状態で胃腸に水分を入れると膨満感や痛みを起こす可能性があるからである。

しかし，長距離走のトレーニングや，マラソン，ウルトラマラソンなどのような長時間におよぶレースでは水分の損失が大きく，また，暑い日のロードレースやハーフマラソンでも，水分が失われて脱水状態やエネルギーの枯渇が起こるので，給水による水分の補充が不可欠である。

多くのランナーはレース中に水だけを摂る。水はこぼしてもベトベトすることがなく，また，早く吸収されるからである。しかし，ランニング中に使われたエネルギーを補充するためには，筋肉へ継続的にグルコースを補給しなければならない。最近の研究では，ランニング中に7-8％の炭水化物を含んだ水を飲んでも，吸収に支障はなく，活動筋に血中グルコースが供給されることがわかっている（Coyle et al., 1986; Tsinzas et al., 1995）。このようなドリンクによるエネルギー補給は，マラソンのパフォーマンスを高めるためのレース中の重要な戦術である。

＊ポリマー：重合反応で生成した合成高分子物質の通称で重合体とも呼ぶ。

＊蒸発冷却法：水，汗などの液体が気化（蒸発）する際には熱を吸収する。運動時には発汗にともない水分が蒸発し，体の熱が奪われ冷却される。

2 競技会に向けての準備

1. 心理的準備

最高のトレーニング効果を得るためには，心理的トレーニングにも取り組み，精神面を強化しておく必要がある。そうすることで，練習に対して集中できるだけでなく，競技会の重圧にも耐えられるようになる。心理的トレーニングでは，①自信，②モチベーション，③積極性のコントロール，④不安への対処，そして⑤リラクセーションの5つの要素を改善することを目指す。これらについて，簡潔に述べていくことにする。

❶──自信

競技会を目前に控え，身体的にも心理的にも準備ができているという自信を持てるときはうまくいくことが多い。この心理的自信には2つの側面がある。

1つはトレーニングに関係することである。行ってきたトレーニングにより多くの面が改善されたという自信，あるいはコーチといっしょにやってきたことが正しかったという自信，などである。

もう1つの側面は，競技会に関係することである。勝ちたいと思うことや，勝たなければならないということは，それ自体が動機づけにつながる。スタートラインについたときには，そういった強い気持ちを持っていなければならない。「私は会心のレースをする準備をしてきた」あるいは「勝利をもぎとるだけの準備をした」と心から自信を持って言えることが大切なのである。

しかし，遠征しているとき，特にチームとして活動しているときは，ちょっとした邪魔が入ることによって勝利に対する自信が失われることもある。集団行動での予期しない変化が，不安やフラストレーションを生み出すのである。いびきをかくルームメイトがいたり，部屋が寒かったり，脂っこい食事が出てきたり，移動が遅れたり，練習場が混んでいたりすると，焦りから徐々に自信を喪失してしまう。しかし，前もってコーチングスタッフとよく話し合っておけば，そのような問題は最小限にとどめることができる。自分の予定をよく把握しておけば，マイナス効果となるような要因を取り除くことができ，自信がさらに高まっていく。

❷──モチベーション

モチベーション（動機づけ）は，簡単に言うと，成功への衝動である。図7-6は2つの基本的なモチベーションのタイプがあることを示している。1つは外的モチベーションで，他者から認められたい，賞賛されたいという欲求，金銭的報酬，トロフィーへの執着などである。良いパフォーマンスを発揮しようとする欲求に対して大きな影響を及ぼす。もう1つは，内的モチベーションであり，個人的な喜び，自己の達成感のために良いパフォーマンスを発揮しようとすることなどである。これは外的モチベーション以上の大きなエネルギーを生み出す。イギリス自転車連盟のナショナルコーチ，マルコム・ファース（Malcolm Firth）は，「トップを熱望する選手は高いレベルの自己（つまり内的）モチベーションと課題に対する熱意を持っていなければならない」と述べている。

内的なモチベーションを高めるためには，次の5つの点に配慮すればよい。

- 自分自身のトレーニング計画の作成に参加する。
- 自分のパフォーマンスに誇りを持つ。

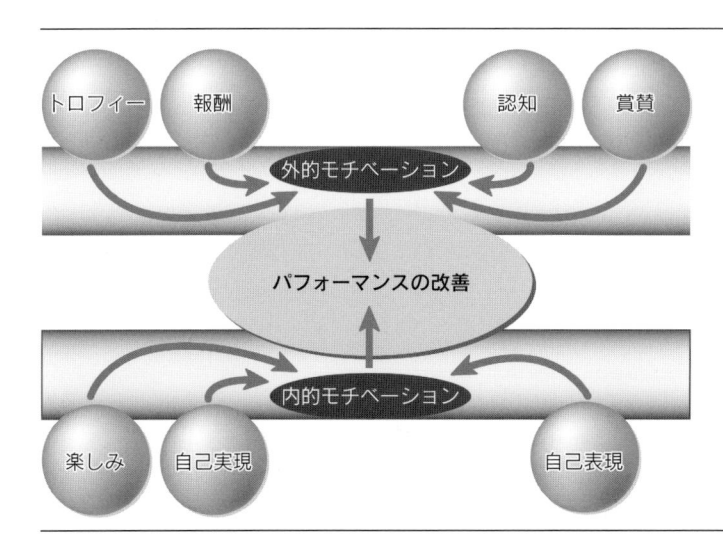

図7-6●内的および外的モチベーション

- 達成可能な目標を目指す。
- 定期的に自分の進歩を評価する。
- 最終的には自分のやっていることを楽しむ。

❸──コントロールされた積極性

積極性は相手に勝つために大切なものである。レースにおける積極性とは，タイミングの良い，しかも正確ですぐれた戦術の実行のことである。集中と積極性は，互いに関連しており，選手の成功には必要なものである。

1989年のタンパで行われたガスパリラ15km長距離クラシックにおいて，ケイス・ブラントリーは，勝負と見るや，突然，スパートをかけた。そして，過去12年間の大会で，3番めに良い42分50秒というタイムで勝利したのである。これは，大会コースを十分に把握したうえで，思い切った戦術をとった彼の積極性が功を奏した例である。

このように積極性は重要なものであるが，コントロールすることができなければ，マイナスになる場合もある。例えば，レース数日前の練習で積極的になりすぎて，レース当日に消極的になることがある。これは，積極性をコントロールできずに自滅に陥ったためである。

❹──不安への対処

不安はおもに恐怖から生まれる神経的な緊張である。不安を生み出す恐怖には次のようなものがあげられる。

- 知らないこと，どうすればよいかわからないことに対する恐怖
- 競技会中の失敗に対する恐怖
- 評価を落とすことに対する恐怖
- 危険に対する恐怖
- ライバルに対する恐怖

そして，選手にとってのもうひとつの不安要素は，レースが重要になればなるほど，うまく能力が発揮できないかもしれないという恐怖心である。国内の選手権やオリンピックは，小さな地方のスポーツ大会とは大きく異なるのである。

図7-7は，パフォーマンスと興奮度との関係をプロットしたものであり，**逆U字の関係**が見られる。簡単に言うと，興奮が低すぎても高すぎても良くなく，適度な興奮状態(曲線の頂点)のときにベストパフォーマンスは発揮されるということである。そし

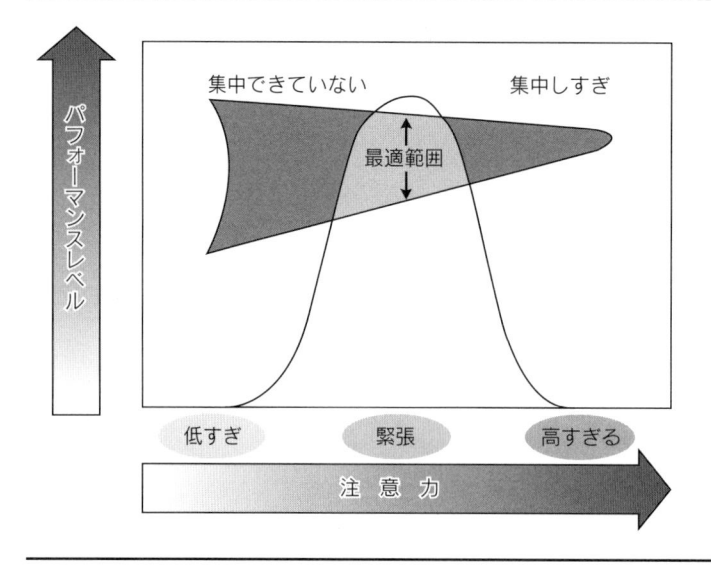

図7-7●パフォーマンスレベルと興奮レベルとの間の関係を示す逆U字曲線に集中力のレベルを重ね合わせたもの

て，適切な注意力も重要であり，漠然とした注意，強すぎる注意，あるいは消極的な注意はパフォーマンスを低下させてしまうことを示している。

負けることへの恐怖は，走る前から最悪の事態を想像したり，あるいは良いパフォーマンスが出なかったときの失望を考えることによって大きくなる。この場合，肯定的な思考を持つことでその恐怖を緩和させることができる。例えば，「もし勝てなければ，次に何を改善すればいいか考えよう」と前向きになればいいのである。

もちろん，ライバルへの恐怖は，いかなる選手でも持っている。これは，興奮状態を必要とされるレベルにまで高めることに役立つ。しかし，そのためには，恐怖心を適切なレベルまで減らしたり，そのままに維持することが必要となる。

このように，不安を減らすことは，自信を高めることにつながる。そのためには不安に対する認識を持っていなければならない。

❺──リラクセーション

リラクセーションは，過剰な不安を抑える役割を持つ。つまり，それはパフォーマンスを低下させる神経の緊張を和らげるように働く。

では，競技会時に興奮を逆U字の頂点に持っていくためには，どのように準備していけば良いのだろうか。図7-8は，競技会前の準備段階での課題ととるべき行動を示しているが，ここにあげる課題を順に達成していけば，不安を和らげることができる。

このようなチェックリストを利用して，何が必要か，いつ競技会に出るか，などを把握しておけば，落ち着いて準備を終えることができるのである。

そして，競技会における最後の仕上げの準備は，

Ⅰ.レースの予測
A.トレーニングを評価し，何ができるのかを考える。
B.起こりうるレースをシミュレーションする。

Ⅱ.レースに向けての準備
A.レースの前はぐっすり眠る。
B.レース前の夕食は適度に摂り，適切な栄養補給を行う。
C.トレーニングで新しいレースの戦術などを試す。
D.いつもどおりの日課をこなす。

Ⅲ.レース直前の準備
A.過去のベストパフォーマンスを出したときと同じように準備を行う。
B.適切なウォームアップができるように早めに会場に着くようにする。
C.程良い集中力を保てるようにする。

Ⅳ.自然なリラクセーション，イメージ，集中
A.リラックス
　1.リラックスできるメンタルイメージ(言葉，経験，色等)を心に思い描く。
　2.逆U字曲線の頂点に近づくように筋の緊張をコントロールする。

B.イメージ
　1.ベストの結果を出したときのパフォーマンスをイメージする。
　2.うまく行えることをイメージし，最適な心理状態にする。

C.集中
　1.レースと関係のある1つか2つのことに集中する。
　2.関係のないことを意識しすぎないようにする。

図7-8●レースに備えての一連の行動

レース前のウォームアップである。レース前は，精神的に不安定でイライラしやすい。そして，レースへの集中が最高レベルに達する。そのため周りの人達とも普段どおり接することができなくなる。このとき，チームメイトやコーチの助言も受け入れることができなかったり，無意識のうちに無視してしまうかもしれない。このことが，両者のフラストレーションを招いたり，誤解を生む原因になることがある。そのようなときには，選手は一人でいるほうがよいであろう。いっぽう，コーチは，選手がいつもとは違う精神状態であることを認識しておかなければならない。そして，選手に対するレース前の指示は必要かつ適切なものにとどめておくべきである。

自然なリラクセーションによって過度の筋の緊張を和らげることは効果的である。体のあらゆる部分の筋が緊張すれば感情が高まり，その緊張により無駄にエネルギーを消費する。このようなときには，過去のうまくいった経験を思い出すことによってリラックスでき，過度の筋肉の緊張が和らいでいくことがある。

リラックスできた状態で自分が理想とするようなレースをイメージしたり，ライバルのスパートに対してうまく応じる自分をイメージする。それらのイメージのなかでは，コントロールされた積極的な行動をとるようにするとよい。そうすれば，レース直前（あるいはレース中）であっても気持ちを集中させることができる。

そのあと，レースにおいて気をつけるポイントを確認する。他のランナーに負けないようなコンタクト，スパートで意識すべき力強い腕振りや膝の引き上げ，集団のなかにポケットされないための方策，などである。このようにレース前にポイントを確認していくことにより，実際のレースをうまく運ぶことができる。

2. 戦術的準備

レースにおける戦術（走り）についても，トレーニングしておくべきである。コーは，1マイルや1500mのレースにおいて，ラスト数百mのスパートがとてつもなく強かったスティーブ・オベットに対して特別な戦術的準備を行った。オベットのスパートに応じるためにコーが行った特別な練習方法は，様ざまなペースから最後のスパートを開始し，その速いスピードをできるだけ維持して，できるだけ長く走り続けるというものであった。このトレーニングの成果が現われ，オベットの猛烈なスパートは他のランナーには効果があったが，コーにはきかなかったのである。

どのような戦術をとるべきかは，選手の遺伝的資質によって変わってくる。もし，そのランナーが優れたスプリント能力を持ち合わせていなければ，最後のスプリント勝負に持ち込むような戦術は立てるべきではない。先頭に出てレースを引っ張り，一定した速いペースを維持し，ラストを少し速いペースで走る戦術がよいだろう。このように自分の特性を理解し，それを生かした戦術を考えるべきである。

また，レースに対する準備状況によっても戦術は変わってくる。この例として，1987年のローマ世界選手権女子10000m決勝において，イングリッド・クリスチャンセンがとった戦術があげられる。彼女は，ケガからの回復に時間をとられ，レースまでにスピードを磨く余裕がなかった。そのため，十分なスピード練習ができているエレナ・ツーピエワ（Elena Zhupieva；当時のソビエト連邦）など数人のランナーに最後の直線で追いつかれる心配があった。そうならないためにイングリッドは，最初の2周で15秒ものリードを奪い，そのまま勇敢に先頭を一人で走り続けたのである。案の定，エレナが最後の400mを61秒で迫ってきたが，イングリッドを逆転するに及ばず，結局，イングリッドが3.55秒差

で優勝したのである。

目標とする競技会で最高の能力が発揮できる戦術が個人に合った最高の戦術である。最高の戦術を身につけるためには，レース後に用いた戦術に関する反省をいろいろな観点から書き留めておくべきである。後でそのノートを読み直したときに，新たな考えが生まれ，戦術を考えるうえでのプラスになるであろう。

3. 重要なレースに向けての準備

予選ラウンドでは細心の注意が必要である。決勝のためにエネルギーを温存しておきたいランナーたちが集団を形成し，レースは競った展開になるからである。そして，最後のダッシュで勝負を決めようとする。その典型として，1988年のソウルオリンピックの男子5000m準決勝における2つの組の例があげられる。最初の組のトップは13分22秒44，次の組は13分24秒20であった。どちらのレースもトップから1秒の間に8人の選手がゴールしていた。特に2組めにおいては，トップから7番めまでのタイム差はわずか0.61秒であった。両レースとも6番までが順位で決勝に進出することができ，7番め以降はタイムで決定される。

この2つのレースから次のような示唆が得られた。

- ラストスパートの爆発的な加速ができるかどうかを確認しておく。
- ラストスパートができるようにトレーニング中に最高スピードを高めておく。
- 予選では常にタイムよりも順位を優先する。

目標とするレース前のテーパリングは，トレーニングと同じくらい重要である。トレーニング過程にはトレーニング段階と回復段階があるが，テーパリングは回復の最終段階と言える。この最後の準備をうまく行うための原則がある。1つめは，レース期が始まったら，より持久的なトレーニングを，休養，リラックスしたランニング，あるいはインターバルトレーニングに変えることである。2つめは，超回復の効果を最大限にするために，テーパリング中の休養を重視することである。体を回復させるには時間が必要である。3つめは，テーパリング中のスピード練習はスピードを維持することを目指して行うということである。急激にトレーニング量を減少させると，まず最初に衰えるのは持久力よりもスピードなのである。スピード練習を行えば，数週間におよぶレース期の間，心脈管系や神経筋系も高いレベルで維持することができる。

表7-5は，コーのロサンゼルスオリンピック前の最終調整について詳しくまとめたものである。量，強度，密度および頻度は，全体として減少していくが，スピードは維持されている。ここで行われた微妙な調整を300mのレペティションを例にあげて見てみよう。7月14日には，300m3本を2回のセットに分け，インターバル間を3分の回復，セット間の回復を9分とし，39秒のタイム設定で行っている。レースの近づいた7月27日には，300m6本を連続して，インターバル間を3分の回復，38-39秒のタイム設定で行っている。調整段階では，常にシャープさ（フレッシュさとスピード）を強調し，良いフォームを維持し，疲れ切ってしまわないでトレーニングを気持ち良く終えることが大切である。つらくて消耗が著しいような練習は，テーパリング前に多くの時間をかけて行うべきなのである。長い距離で，遅いペース（1600m走と200m+300m+400m+600m走のコンビネーション）よりも，短い距離で，速いペース（200m，300m，400m）の練習を行うことによって，フレッシュな状態に仕上げていくことができる。

表7-5●コーが1500mで金メダルを獲得した1984年ロサンゼルスオリンピックの前5週間のトレーニング

1週目——60.8km

7月10日（火）・イングランドからシカゴまで18時間，飛行機で移動
・午後：1km3分45秒から4分3秒のペースでの軽いジョギング

7月11日（水）・午前：3×1600mのテンポ走（2分55秒/kmのペース）。3分の回復時間

7月12日（木）・午前：1km3分45秒のペースでの軽いジョギング
・午後：水曜の午前のテンポ走を繰り返しての持続走（4800m：14分30秒）

7月13日（金）・レースペースの前半を意識して（しかし過度な無気的運動にならないように），ウォームアップの後，30×200m（27-28秒），クールダウン90秒で2ラップ

7月14日（土）・十分な回復時間をとりながら，インターバルとスピードを増加させる
・2×（3×300m）（39秒で，3分の回復，セット間9分）クールダウン90秒で2ラップ

7月15日（日）・回復やリハビリテーションを意図した9.6kmのジョギング

2週目——36km

7月16日（月）・午前：より激しいテンポ走，6×800m（2分のペースで3分の回復）クールダウン90秒で2ラップ
・午前：6.4kmの軽いジョギング

7月17日（火）・速い動きの練習
・午前：5マイルのジョギング
・午後：ウォームアップの後，10×100m（60mまで加速して，80mで最大スピード，そこから100mまで流す，100mウォークでリカバリー）

7月18日（水）・前週の土曜の300mのインターバルを2秒遅いペースで，1セット行う
・午前：6×300m（41秒で3分の回復時間），クールダウン90秒で2ラップ
・午後：4マイルの軽いジョギング

7月19日（木）・切れのあるショートインターバルを行い，心臓・肺を程よく刺激するが，走行距離は短く抑える
・午前：20×200m（27-28秒），クールダウン90秒で2ラップ
・午後：8kmジョギング

7月20日（金）・徐々にスピードと距離を増加させる
・午前：11回のスプリント練習；100mから200mまで10mずつ増加させる（14, 15, 16, 17, 18, 19, 20, 21, 22, 23, 24, 25秒）

7月21日（土）・ペース設定しない持久走，9.6-11.2kmのミニ・ファルトレク

7月22日（日）・完全休養；ロサンゼルスに行き，オリンピック村に入る

3週目——49.6km

7月23日（月）・前の日の疲れが残らないように，激しいトレーニングと軽いトレーニングを交互に入れるようにする
・午前：ウォームアップの後，6×800m（2分のペースで2分の回復時間），クールダウン90秒で2ラップ
・午後：6.4kmジョギング

7月24日（火）・芝生の丘陵地での30分ジョギング

7月25日（水）・400mの練習
・午前：ウォームアップの後，6×400m（51-52秒のペースで，5分の回復時間），クールダウン90秒で2ラップ
・午後：8kmジョギング

7月26日（木）・芝生の丘陵地での30分ジョギング

7月27日（金）・7月18日に行った300mのインターバルと同様だが，2秒速く行う
・午前：ウォームアップの後，6×300m（38-39秒のペースで，3分の回復時間），クールダウン90秒で2ラップ
・午後：8kmジョギング

7月28日（土）・完全休養

7月29日（日）・水曜日の練習ほど速くはないが，短い回復時間で行うウォームアップのあと，400m+600m+400m+300m+200m（55, 82, 53, 36, 25秒）クールダウン90秒で2ラップ

4週目——38.4km

7月30日（月）・インターバルのペースはそのままで，回復時間を短くする
・午前：6.4kmジョギング
・午後：ウォームアップの後，6×300m（38-39秒のペースで，2分の回復時間），クールダウン90秒で2ラップ

8月 1日（水）・午前：6.4kmジョギング
・午後：800mレースペースの感覚で行う最初の練習ウォームアップの後，10×200m（27秒で，2分の回復時間），クールダウン90秒で2ラップ

8月 2日（木）・800mのレースペースの感覚で行う2回目の練習ウォームアップの後，3×400m（52, 51, 51秒）クールダウン90秒で2ラップ

8月 3日（金）・軽いジョギング

8月 4日（土）・午前：ペースを変えながらの4.8kmジョギング
・午後：800m1次予選
・夕方：ストレッチしながらの軽いジョギング

8月 5日（日）・800m2次予選

8月 6日（月）・午後：ストレッチしながらの軽いジョギング
・午後：800m準決勝
・夕方：ストレッチしながらの軽いジョギング

5週目——27.2km

8月 7日（火）・午前：軽いジョギング
・午後：800m決勝

8月 8日（水）・レースの負担にならないように，12.8km走

8月 9日（木）・レースの負担にならないように，10×100m

8月10日（金）・4.8kmジョギング+水曜のペースよりもやや速いストライド走
・午後：1500m予選
・夕方：ストレッチしながらの軽いジョギング

8月11日（土）・午前：軽いジョギング
・午後：1500m予選準決勝
・夕方：ストレッチしながらの軽いジョギング

8月12日（日）・午前：軽いジョギング
・午後：1500m決勝

注：5章でインターバルランニングの行い方について述べた。その原則はきわめてシンプルである。まず，スピードを高めておき，それからスピード持久性を改善するためにインターバル間の休息を短くしていくのである。そして，セット間の回復時間を長くする。

まとめ

●──ベストレースをするために

1. 速く走るために，ランナーは疲労耐性，筋力，スピードを身につけるべきである。また，勝利を得るために，優れたペース感覚や戦術が要求される。レースの距離が長くなればなるほど，暑さ，湿度，風およびエネルギー補充の影響は大きくなる。

2. いかなるレースにおいても，適切な戦術を用いて，最適なポジションをとることが重要になる。

3. レースで成功を収めるためには，(a) 有気と無気のトレーニングの正しい配分を計画すること，(b) レースを完全にシミュレートすること，(c) ライバルだけでなく自分の長所と短所を見極めること，そして，(d) ペースコントロールを磨くこと，が求められる。

4. レース前は，テーパリングされ，水分と燃料が十分な完全にフレッシュな状態でなくてはならない。テーパリング中は，持久性トレーニングの量を減らし，スピードを維持するのである。トレーニング量を減らすことは身体を回復させ，レースへの集中力を高める。

5. モチベーションと自信を高め，積極性と不安をコントロールすることで，良いレースを行うことができる。

6. 競技は生活全体の一部であることを忘れてはならない。スポーツにおける成功は最終目的ではない。重要なことは現在の自分を改善し，自分の能力を最大限に発揮できるようにベストを尽くすことである。

MANAGING BALANCED TRAINING

第8章

トレーニングにおける
ストレスマネージメント

● 男子マラソンで2時間6分51秒(2000年12月3日,第54回福岡国際マラソン)の日本最高記録を有する藤田敦史(時事通信)。●

インターバルであれ，距離走であれ，いかなる形式のトレーニングでもストレスである。しかし，幸いなことに，身体は様ざまな種類の，しかも質，量ともに莫大な負荷にうまく適応できる力を持っている。いっぽう，身体の適応能力には限度があるのも事実である。もし，負荷が身体の耐性を超えてしまうと，その結果はしばしば悲惨なものとなる。故障，病気，さらに悪いものとして知られている**バーンアウト**，**オーバーリーチング**，**オーバートレーニング**，そして**ステイルネス**といった慢性疲労の状態がそれである。それによって，最終的には，いわゆる選手としての競技生活は一時的，または永久に終止符をうたれることになる。この本の締めくくりである第8章の目的は，改善をもたらすのに十分なトレーニングと，故障や肉体的バーンアウト，精神的ステイルネスをもたらす過剰なトレーニングとの間のわずかな差について考えることである。

1 トレーニングと疲労

まず，トレーニングの過程としての2つのステップ，すなわち，**刺激−反応のパターン**を見ていくことは重要である。**刺激**とは，距離走，インターバル，もしくは筋力トレーニングなどで行われた運動をさす。その刺激は通常，身体と心の機能に多くの変化をもたらす。トレーニング後に起こる選手の**反応**は，刺激により変容した身体と心が完全に回復し，より高い負荷に耐えられるような適応となるのが理想的である。この刺激は，1日だけの練習のような短期のものもあれば，2-3週間にわたるミクロ周期にまたがる負荷など，やや長期に及ぶものもある。同様に，身体の反応にも，1晩で回復する短期の適応に加えて，トレーニングのミクロ周期のなかで生じる適応のような長期のものもある。これらの多くの適応過程は第2, 4, 5, 6章においてすでに説明してきた。1929年，ハーバード大学の生理学者Cannonは，自己調節的に体内の細胞内環境を一定に保とうとする一連の生理的変容過程を**ホメオスタシス(恒常性)**と名づけた。

例えば，ある暖かい日に長距離走をしたとしよう。身体を冷まそうとする汗の蒸発により，多くの体液が失われる。貯蔵エネルギーも部分的に消耗し，空腹を感じるようになる。また，活動筋の細胞中で乳酸などの代謝物が蓄積すると，浸透圧のバランスを保とうとして水分が筋細胞内に流入し，筋細胞の腫れ(浮腫)が起こり，それが筋の凝りや疲労感となる。そうしたランニング後の数時間，身体はその機能を回復させるために，のどの渇きと空腹に任せてより十分な燃料と水分の吸収を促す。またマッサージ，リラックスできる温浴，そして深い眠りが通常の細胞機能の回復を助ける。そしてトレーニングした日のあくる日には，選手は十分な休養でリフレッシュし，再び効果的なトレーニングに立ち向えるようになっているのである。

トレーニングの過程では，ハードな運動の負荷刺激は筋細胞とそれらが結合する関節組織に，ある程度の破壊や**異化**をもたらす。活動筋では，エネルギーと電解質のアンバランスに加え，疲労や痛みなどが同時に起こる。疲れや意欲の減退といった心理的変化も生理学的変化と同様に起こる。続いて起こる回復段階では，細胞内の代謝機能は刺激前の状態，あるいはそれより良い状態にまで修復され(これは**同化**と呼ばれる)，回復

も進み，パフォーマンスも向上する。心理的には活力と競争心がよみがえる。これがホメオスタシスの働きである。

このようにトレーニングの肉体的側面における報酬は回復後にもたらされるもので，そのとき，疲労による沈んだ気分は新鮮な感覚へと転換し，パフォーマンスが改善されるのである。したがって，いざ大きな大会に臨むというときには，トレーニングによる適応効果が，疲労による悪影響よりも優位でなければならない。競技で成功を収めるためには，身体が適応可能な範囲で刺激を与え，うまく回復させ，良いコンディションで試合期に臨めるようにトレーニング計画を設定しなければならない。しかし，適切な準備につながる"十分な"トレーニングと，故障や病気やステイルネスなどを併発する"過剰な"トレーニングとの差はわずかなもので，それらを区別することは難しい。選手とコーチ，そしてサポートの人びとの努力によって，選手がこの過剰なストレス負荷の閾値に達しないよう工夫することこそが科学であり芸術（技芸）なのであろう。

これまで我われは，様ざまなトレーニング刺激を組み込んだより良いトレーニング計画を作るための戦略について述べてきた。ここでも重ねて強調したいのは，適切なトレーニングの本質は，何よりもまず，正しくトレーニングを組み立てることである。その実践のために，以下の単純な3つのポイントをあげる。

- やりすぎない。
- 回復のための時間をたくさんもうける。
- レースに勝つのは，心理的にはハングリーで肉体的にはフレッシュな者であることを心に留めておく。

"トレーニングはいくらやっても十分とは言えない"，とよく言われるが，それに対して本来は，"でもそれは本当に必要か？"と逆に問い直すべきである。厳しいトレーニングを行った後に感ずる同じ疲労でも，単に1日か2日で消えてしまうような場合と，バーンアウトやオーバートレーニングと言われる慢性的なスランプ状態との違いは何なのか。何が脚の痛みを引き起こす原因なのか。それは筋肉の問題なのか，それとも関節の問題なのか。過剰な疲労または筋組織の痛みは故障といえるのか。そのような故障の一般的なメカニズムは何か。選手がオーバートレーニングやステイルネスになると，病気や故障が増えるという話は本当か。もしそうなら，何がその原因となるのか。選手がトレーニングのしすぎでいったんステイルネスになると，その回復には膨大な時間がかかるのはなぜか。オーバートレーニングはどうしたら避けられるのか。トレーニングや試合期でしかるべき成果を収めるためには，トレーニングと回復のバランスをどのように調整すればよいのか。

しかし，これらの問いに答えるのは非常に難しい。

本章で我われは，生理的適応が可能なトレーニングと病的衰弱をもたらす受け入れ難いトレーニングとの違いについて論じる。

1. 適応の過程

トレーニング過程における病理学的要素として，オーバーユースによるケガ，オーバートレーニング，およびステイルネスについて考慮することは重要である。できれば3つのうちのどれも起こさずに済ませたいものであるが，もし起こしたときには，回復のための早急な対応が必要である。疲労および筋痛はオーバートレーニングやステイルネスでも生じるが，質的にそれらとはまったく異なるものである。疲労および筋痛は，**トレーニング過程を構成する**一般的な生理現象ともいうべきものである。トレーニ

ング過程とは，刺激と反応の相互作用と定義され，高いレベルの身体的適応を意図している。この過程は身体的側面と心理的側面の両者を併せ持ち，それらは密接に関連しあっている。トレーニングをやりすぎれば，オーバートレーニング，ステイルネス，そしてオーバーユースによるケガが当然高い確率で起こるであろう。真剣にトレーニングに取り組んでいる何千人もの選手が望んでいるのは，多少の疲労や筋痛は起こるにしても，ケガのリスクを最小限にとどめ，高いレベルの健康状態を保ちながら競技活動を続けることである。

図8-1は，異なる3つのコンディションにおける，トレーニング負荷（Tで記された影の部分），回復（Rで記された影の部分），そしてパフォーマンスの相互関係について示している。

aのトレーニングは，刺激が不十分で，パフォーマンスの改善が見られないようなコンディションを示している。与えられたトレーニング刺激（T）によってトレーニング適用中のパフォーマンスレベルはいったん低下するが，続いて十分な回復（R）をとることによって元のパフォーマンスレベルへと戻る。しかしこの場合は，実際のパフォーマンスの改善はほとんど見られない。このようなコンディションのもとにトレーニングを行っている選手は，一般的な恒常性の適応ゾーンの中にいることになる。大きなパフォーマンスの改善を目指しているモチベーションの高い選手は満足できないであろう。

bは，トレーニング刺激を量的に大きくしたものである。トレーニングの強度も高く，しかも期間が長く設定されている。当然のことながら，エネルギーコストは高く，継続への努力が要求され，筋の疲労や痛みもより大きくなる。このような大きなトレーニング負荷，すなわち選手が心理的にとてもハードにやっていると感じるような負荷は，選手をいわゆる"疲労の谷"へと陥れる。生理学的にいえば，広範囲にわたる骨格筋燃料の枯渇や筋タンパク質の分解を意味する。しかし，完全な回復さえ実現すれば，$\dot{V}O_2max$の増加，活動筋での燃料貯蔵の増加，ミトコンドリア数の増加など，様ざまな生理的な適応変化を獲得できる。このようにトレーニング負荷が増大すると恒常性が揺さぶられ，その負荷に対する耐性，すなわち適応がもたらされる結果，パフォーマンスは改善されるのである。このようなコンディションでトレーニングを行っている選手は，より改善された恒常性の適応ゾーンの中にいることになる。aに比べて初期のパフォーマンスレベルの低下が大きいので，トレーニングによる疲労の谷から這い上がり，運動耐性を獲得し，さらに適正な器官の機能を取り返すためには，より多くの回復時間（少なくともa以上）が必要となる。トレーニング負荷が過剰になることなく，回復を十分にとることができれば，ケガや病気のリスクも最小となる。そのようなコンディショニングによってパフォーマンスが向上することが理想的である。

cは，大きなトレーニング刺激に対してそれに見合うだけの回復がとれないようなコンディションを示している。トレーニングを繰り返すたびにパフォーマンスレベルが低下する，いわゆるオーバートレーニングの例である。これについては後で詳しく述べることにする（P.283参照）。

競技能力の改善には，心理と生理の2つの側面がある。例えば，心理的側面は，競技力向上に対する正しい態度などである。一方，生理的側面はさらに2つの側面がある。それは，筋線維の動員の増加や，効率よく強い力の発揮が可能になるという「神経筋の改善」と，エネルギー源の貯蔵や利用の改善という「代謝の改善」である。しかしながら，人間の競技能力向上の研究で，この生理，心理の側面の複雑な関係（Morgan,1985）を十分に検討した研究者はほとんどいなかった。さらにいえば，生理的側面における「神経筋の改善」と「代謝の改善」の2つの相互作用の重要性も，生理学者さえ，十分に強調してこなかった（Noakes,1988）。

神経筋と代謝の相互作用については，動物実験お

よび人間のトレーニングに関する研究の双方から次第に明らかになってきた。例えば，ラットに課したスプリントトレーニング（Davies, Packer and Brooks, 1982）と人間の筋力トレーニング（Weltman et al., 1986）とでは，どちらも筋細胞中のミトコンドリアの数，もしくはミトコンドリアの酵素活性が変化することはなく，$\dot{V}O_2$maxが増加した。このことは，張力発揮能力の改善には，筋細胞の酸素利用能の増加（すなわち代謝の改善）よりも，より多くの筋細胞が動員できるようになったこと（神経筋の発達）のほうが重要であることを示唆している。

選手のパフォーマンスが落ちたときには，以上のような3つの側面についてチェックすべきであろう。

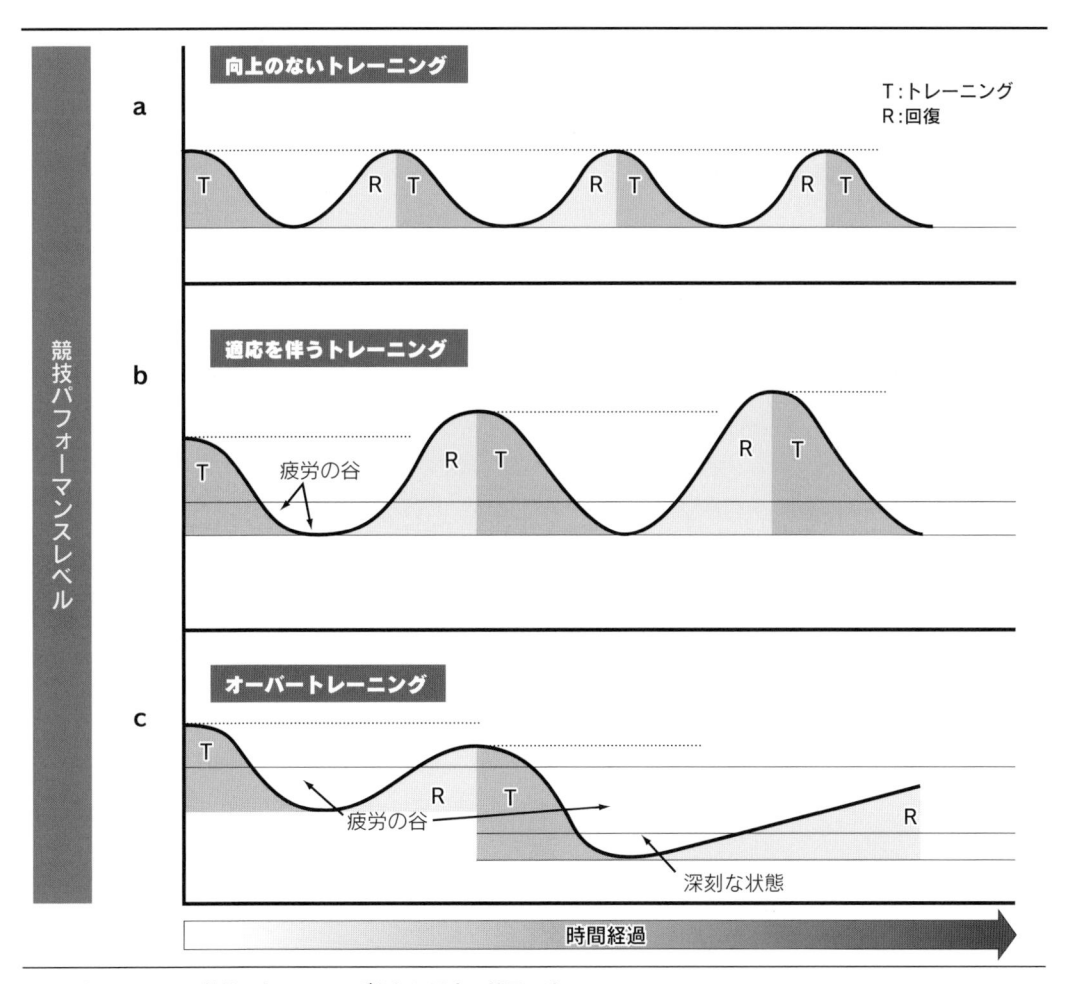

図8-1●異なる3つの状態でトレーニングを行う場合の効果の違い
　　(a)不十分なトレーニングによりパフォーマンスの向上につながらない場合。(b)適切なトレーニングによりパフォーマンスの向上につながる場合。(c)トレーニングが過剰かつ回復も不完全なため，パフォーマンスの低下につながる場合。結果としてオーバートレーニングに陥る。

2. 疲労という現象

　第5章において，疲労を，初期の運動効率の維持が困難になってくることと定義したが，これには筋の張力発揮が困難になり，最大下もしくは最大運動の維持能力が低下するという特定の生理学的変化も含まれる。そのような生理学的変化がどのような機能の制限をもたらすかを理解することは，選手やコーチにもきわめて重要である。トレーニング過程では，疲労をどう利用するかによって，それは敵にも味方にもなる。第2章で述べたように，筋線維には，無気的運動（解糖系）に優れたFT線維（タイプIIb），有気的運動（酸化系）に優れたST線維，さらにはその両方に優れているFT線維（タイプIIa）のタイプがある。FT線維は速いスピードのランニング，坂を上るときなど，高い強度の運動で使われるが，それ以下の強度の運動ではそれほど多くは動員されない。ST線維はおもに姿勢の維持や歩行，ジョギングなど，低い強度の運動でおもに使われる。

　疲労は，あらゆるタイプの筋線維が最大張力を発揮する際の収縮速度を減少させる。生化学的過程としては，まず，高強度運動時の無気的代謝過程を介したエネルギー供給の際に，H^+の増加とそれによるpHの低下が，ミオシンATPaseの活性効率を減少させる。このATPaseは隣接するアクチンフィラメントの相互作用を促す酵素として知られる（**図2-6，図2-7**）。次に，アクチンフィラメントとミオシンフィラメントのクロスブリッジ（架橋）の形成速度が遅くなるのにつれて，ミオシンとアクチンがお互いに滑り込むのも遅くなる。その結果，筋張力の発生速度も遅くなるのである。パワーとは仕事の速度のことであり，パワーの低下はパフォーマンスの低下そのものを意味する。遊離したH^+は，アクチンとミオシンの複合体を解体させるスピードも減少させるので，収縮した骨格筋の弛緩過程が遅れることになる。ストライドが短くなるという現象はこのことを顕著に表わしている。

　ランナーは疲労による限界を敏感に感じとるものである。中距離ランナーが最後の200，300mでペースを維持できなくなるのをよく見かけるが，これは純粋にアシドーシスによってもたらされる疲労である。しかし，アシドーシスとエネルギーの枯渇の両方によってもたらされる疲労もある。例えば，かなりきついウエイトトレーニングの後，続けて大きな負荷に挑戦しようとするときなどである。がんばってやり遂げようとする意志はあるものの，燃料の代謝がどんどん低下していくのである。

　疲労はさらに複雑な現象でもある。初マラソンに挑戦するランナーが能力以上の速いペースを維持しようとするときにみられる疲労，あるいは経験豊富なマラソンランナーでも筋グリコーゲン貯蔵のための飲み物を予め十分に摂れなかったときなどにみられる疲労は，ウエイトトレーニングで感じる疲労とは明らかに異なる。レース終盤，レースを止めて道端に腰を下ろし，冷たい飲み物でも飲みたいという，言葉では言い表わせないような衝動に駆り立てられる。すでにそのときには，耐えようとする気持ちさえも完全に失われた状態にある。**持久力**の定義，すなわち「与えられた運動強度をより長時間持続させる能力」とは，疲労とはまったく逆の概念と言える。

　それでは，そのようなレースを止めてしまいたいと思うような強い衝動は何によってもたらされるのであろうか？　モチベーションがあるのに仕事率が低下するという，中距離や重量挙げ選手のように，身体が「嫌だ」というのに心は「行け！」と言うのとは違い，マラソンの場合は，心が「やめろ」というと，身体は「僕の忠告を聞いてくれてありがとう！」と喜んで賛同する形で，中枢神経系が徐々にその運動を止めるよう決断を下している。疲労はこのように心理・生理学的現象で

もあり，多くの均衡を崩された細胞における機能の相互作用によって引き起こされる。例えば，枯渇した燃料，脱水状態，そして活動筋でのアシドーシスの進行などは疲労の一部分でしかない。その他，運動強度の増大に伴って増加し，疲労組織から中枢に向けて発せられる信号については，まだほとんどわかっていない。例えば，友人の応援を受けることによって疲労の少ない新たな運動単位の動員が可能となり，元気が出る場合などである。そのような刺激はもちろん一時的であり，さらに大きな疲労を呼び込むだけであるが，事実として，スタジアムいっぱいのファンの声援が，疲労しきった選手を元気づかせることがありうるのである。

いかなる単一の生理学的，心理学的測定をもってしても，疲労を測定することはできない。また，疲労についてはいまだに完全には説明しきれていない。1905年にイタリアのMossoが提示した疲労についての概念は，大きな注目を集めた。しかしそれ以来，我々の理解をさらに深めてくれる研究は現われていない。1915年の彼の疲労に関する研究に関しては，2つの現象に注目すべきであろう。1つは**筋力の低下**，もう1つは**感覚としての疲労**である。疲労によって筋細胞は弱くなったように感じ，中枢から筋細胞への仕事の命令（指示）が減少する。その感覚は身体活動が中止された後の休息状態においても長く起こりうる，としている。

3. 疲労のメカニズム

何年もの間，細胞生理学において，活動筋の疲労に関与する多くの要因が提示されてきた。研究者のなかにはATPの供給が途絶えることを原因として提案した者もいる。しかし，筋組織のバイオプシーによる研究やMRIを使った比較的新しい研究報告によって，強度の高い運動中，もしくは長時間にわたる運動中であっても，筋のATPレベルはそれほど変わらないことが明らかにされた。ATPはあまり大きな供給量を持たないので，分解された分だけ，CP（クレアチンリン酸）の備蓄を利用してADPから素早く再生されるのである（第3章を思い出していただきたい）。

また，細胞内の酸素利用能の低下によって増加する無気的代謝とアシドーシスによる筋活動の抑制効果を疲労の原因とした研究もある。これは高強度の運動では起こりうるが，マラソンランナーが有気的ペースでも走れなくなるような疲労の理由を説明するものではない。アシドーシスの進行によるパフォーマンスの低下は，一般市民ランナーや有気的ペースで走るような選手たちにはあまり起こらない。しかし，もちろん彼らも同様に疲労する。

おそらく，そうした疲労の感覚と関係する唯一の生理学的尺度は筋グリコーゲンレベルの低下であろう。Costillの研究室は，選手の活動筋における栄養と燃料代謝の研究を開拓したことで高い評価を受けている（Costill, 1988）。グリコーゲンの枯渇は，マラソンランナーがレースを止めてしまいたくなるような状態に陥る大きな原因と考えられる。

疲労にうまく対処する方法について，Costillの研究室が提案しているものをいくつか紹介する。

- 強度の高いトレーニングの後に，適正な栄養分，電解質，そして燃料補給ができるように十分な回復時間をとる。
- 運動中，特定の筋群だけに顕著なグリコーゲンの低下が起こらないように複数の筋群を使う。例えば，坂を駆け上がるときに脚の動きに合わせて大きな腕振りを利用するなど。
- 大きな大会前には，活動筋における燃料貯蔵を増やす（カーボハイドレートローディングを通じて）。
- 水またはエネルギーとなる物質を含むスポーツドリンクを飲むことによって十分な水分を確保

する。選手はのどの渇きを感じたらいつでも飲むべきである。
- のどが渇く前に飲むという哲学を持つこと。なぜなら，筋肉の75％は水分であり，組織が脱水状態ではとても運動はできないからである。

　Mossoが提示した疲労の概念の話に戻ると，この疲労という現象は，いまだに解明されていないものも含めて，いくつかの変数を含んでいることがわかる。運動単位に対する中枢神経系の働きかけが減少することもそのひとつである。例えば，疲労したランナーは活力のあるランナーよりも競技への情熱が低い。細胞内のエネルギー備蓄も少なくなっている。

疲労した持久系のランナーは，おそらく長時間の発汗による血漿量の減少で，活動筋への適正なO_2の拡散量が減少している。

　さらに，運動終了後に起こる疲労にもいくつかの要因がある。疲労した筋群は，それらが使われていないときにも疲労を感じる。ハードトレーニングをした次の日，朝目覚めた際に自覚される筋疲労について思い出してみるとよい。こうした複雑さは本章の後半で述べるが，疲労の始まりと終わりの指標としては，我々の感覚器による知覚のほうが，いかなる単一の血液生化学的変数やその他の基準よりも信頼性が高いことを示している。

2 筋肉痛と関節組織の傷害

　きついレースや連続したハードなトレーニング，あるいは，強度の高い，速いペースでのランニングを行ったあくる日には，たいていの選手は下肢にかなりの痛みを訴える。運動強度が高く，そして時間が長ければ長いほど，そのような不快感を感ずる機会が増える。しかし同様な痛みが，中等度の強度におけるトレーニングでも，十分な過渡期を経ずにハードトレーニングに入った場合などに突然起こる場合がある。こうした，いわゆる「不慣れな筋の酷使」に続いて起こる筋の不快感または痛みの感覚をArmstrong（1984）は**遅発性筋痛**（DOMS）と定義した。ここでのキーワードは"不慣れ"である。なぜならそのような痛みはいつも行う最大下の負荷を用いたトレーニングでは起こらないからである。

　そのような筋痛は特にマラソン後において顕著にみられるが，厳しい短距離レースや短距離走を用いたトレーニングセッションの後でもよく起こる。マラソンランナーも短距離ランナーでも，その痛みからの回復には4，5日の回復過程が必要である。レース後1日ほどで，彼らは大腿四頭筋や大殿筋を触ると痛かったり，階段を降りるときに痛みを覚える。マラソンランナーにとってはレース後2日から4日にかけて痛みがピークになるが，その程度はランナーの適応状態，レース時に受けたストレスレベルなどにより変わる。痛みはほぼ1週間以内でなくなることが多い。

　ところで，この痛みは実際の組織の損傷を意味するのだろうか？　もしそうなら筋または関節組織（または両方）は影響を受けるのであろうか？　炎症はみられるのか？　その痛みはほとんど避け難いもので，それをもたらすトレーニングはどんな犠牲を払っても避けるべきなのか？　科学者たちはこの現象について長い間研究してきたが，いまだにこの疑問は研究の主題となっており，決着をみていない。

1. 過剰な負荷に対する筋肉の反応

　90年以上も前，強い運動負荷が不適応筋の細胞に微細な損傷をもたらすという考え方が生まれた（Hough，1902）。これはもちろん，筋細胞と関節組織へのダメージについて言及したものである。その痛みは関連する筋群一帯に起こり，筋-腱接合部において最も大きい。Newhamら（1982）はこれらの接合部位では，それぞれの筋線維の軸が全体の筋肉の長軸方向と平行でない（斜めに付着している）こと，また，痛みの受容器が腱と関節に多いことを指摘した。下肢のいくつかの筋において，腱（例えば，腰，膝，足首の近くの腱）は筋の付着方向へとかなりの長さまで伸展される（図2-3のハムストリング筋群の図参照）。痛みが起こる間，筋の張力発揮能力は減少する（Francis and Hoobler, 1988）。Newhamら（1983）によれば，筋痛のある間は，それ以前に比べ，一定の筋力発揮に必要な筋細胞の数（動員される筋線維数）が多くなるようである。これはそのような時期には効率的なレース（速いペースの継続）が難しいことの理由になるかもしれない。筋や関節組織においても明らかに組織の破壊は広がっているはずである。

　Armstrong（1984）は，筋力の低下は筋細胞内のカルシウムイオンレベルの上昇によるものであると推測した。強度の高い筋活動により，筋細胞膜がダメージを受け，その結果，浸透圧により多くのカルシウムイオンが細胞内に流入してしまう。細胞のカルシウムイオンレベルが高くなることによって，**クレブス回路**（酸化系，TCA回路）の酵素による燃料の分解速度が制限されるからである。しかし**恒常性（ホメオスタシス）**のおかげで，イオンの乱れはほんの一時的なものにすぎず，回復期間中に膜は完全に回復する。カルシウムの流入量もちょうど良いレベルに回復し，燃料代謝も通常通り進むようになる。

　遅発性筋痛が現われている間，その回復を促す最も良い手段は，非常にゆっくりとした運動である。これにはいくつかのもっともらしい説明がある。第一に，筋細胞同士の粘性を解くことができるので，患部で痛みを発生させている神経が刺激されるのを和らげる。第二に，脳と脊髄が**エンドルフィン**と呼ばれる麻薬様物質（オピエートと呼ばれる）を産生し，それが血液中に放出され循環すると強い鎮痛効果が現われる。第三に，活動筋と腱からの知覚神経（筋線維内にあるポリモーダル受容器*から脊髄へと伸びる求心性神経）の活動の高まりが，より弱い痛みを起こす神経の活動を抑制する。第四に，これらの組織を流れる血液量の増加が，栄養分の流入を増加させ，組織の異化による細胞の分解産物の排出を促す。もちろん，そのようなゆったりとした運動が魔法のような回復をもたらすわけではない。回復過程を通して細胞が通常の健康状態を取り戻すまで筋痛は続くことになる。しかし，この種の休養的運動によって全体の回復過程が早く進むようになるのである。

　中距離選手では組織の破壊や痛みはそれほどでもなく，回復も早い。しかしそれとは対照的に，マラソン選手では，筋張力を発揮するタンパクの分解や相当数の**サルコメア**（筋線維縦断面に見られる筋の最小収縮単位，2つのZ膜により仕切られた構造）の完全な破壊が起こるほど損傷がひどくなる。マラソンレース完走後の選手（Evans, 1987; Hagerman et al., 1984; Siegel, Silverman and Lopez, 1980; Warhol et al., 1985），あるいは数日に及ぶ超持久レースを行った選手（Dressendorfer and Wade, 1983）には，明らかに広範囲にわたって筋に病理的損傷が見られることが報告されている。筋細胞膜の浸透性が増加することで，本来細胞内で働くはずの酵素が血中に漏れ出す（血中逸脱酵素と呼ばれる）。そのような酵素のなかで最もよく知られているのが**クレア**

チンキナーゼ（CK）である。血清中（血液が凝固した後に残る透明な上澄み液）のCKの濃度の上昇は，高強度で短期のトレーニングによって引き起こされる比較的軽い遅発性筋痛の場合にも見られる。多くの研究によって，ピークの血清CKレベルと主観的な筋痛の知覚レベルとの間に正の相関があることが報告されている（Dressendorfer and Wade, 1983; Schwane et al., 1983）。白血球は徐々にこれらのダメージを受けた筋細胞に浸潤し，細胞内の残骸を処理し，新しいタンパク合成が細胞の完全性（張力発揮能力と膜の安定性）を回復させるように働く。マラソンランナーにおいて筋痛は1週間以内に鎮まるかもしれないが，筋細胞の破壊から効果的に回復するには1ヶ月を要するかもしれない（Warhol et al., 1985）。この筋細胞の再生過程をみれば，マラソンレース後の数週間はトレーニングやレースを控える理由がよく理解できる。

どちらかと言えば，伸張性張力の発揮（筋線維を伸ばしながらの筋力発揮）は短縮性張力の発揮（筋線維を縮めながらの筋力発揮）よりも筋痛を起こしやすいという傾向がある（Ebbeling and Clarkson, 1989; Schwane et al., 1983）。伸張性張力の例では，下り坂走，階段の下り，もしくは自転車の反対回しなどがある。しかし，平坦な地面におけるランニングにおいても，伸張性張力は欠かすことのできない部分を担っている。毎回のストライドの着地時に，1歩ごとに膝関節と足部にかなりの衝撃力が加わるが，ヒラメ筋，前・後脛骨筋，大腿四頭筋がその衝撃の大半を吸収する際に伸張性張力が発揮されるのである。特に厳しいトレーニングやレースの後，選手が下肢の筋群に痛みを覚えるのは，そのような理由からである。また，ダウンヒルのマラソン（例えばボストンマラソン）や坂の多いロードレースの後は，回復に普段よりも長い時間が必要だとする声も，そのことで部分的には説明できるかもしれない。

このような筋細胞と関節組織へのダメージについては，少なくとも3つのメカニズムが考えられる。

第一は，筋電図によって明らかになることであるが，伸張性張力の発揮中にはある与えられた仕事量に対してより少数の筋線維しか動員されないということである。したがって，短縮性張力の発揮時と比較して，それぞれの筋線維はより大きな張力を発揮しなければならないのである。第二に，ダウンヒルを走るときには身体全体が下降していくために，必要となる筋力発揮水準が大きくなる（Margaria, 1972）。重力に逆らってブレーキをかけることが必要となり，四肢の付加的な運動量が拮抗筋群によってうち消されなければならない。このことは，腱のような関節組織がより多く関与しなければならないことを示している。したがって，ダウンヒルが多い地形を走る際に遅発性筋痛が多発し，血清CKレベルも高くなるのは当然のことであろう（Schwane et al., 1983）。第三に，運動時間が長くなるにつれて，FT線維の利用も進み，疲労して次第に硬直してくる。筋線維は伸張性の運動によって無理やり伸ばされると，無意識のうちに傷ついたり破壊されたりする可能性がある（Lieber and Friden, 1988）。

英国の著名な運動生理学者であるHill（ノーベル生理学賞を受賞）はかつて，遅発性筋痛を防止する最良の方法はよりハードなトレーニングをすることだとする斬新な理論を提案した（1951年）。適応が起こるのであれば，毎日のトレーニングを筋痛が発生する負荷レベルまで引き上げて行うというのである（痛みを起こすのは慣れない負荷であるということを思い出していただきたい）。察するとおり，トレーニング刺激はきわめて特異的なものでなければならない。すなわち，ハードな伸張性筋力トレーニングは，伸張性の運動によって発生する筋痛を防ぐのである。このことは短縮性筋力トレーニングにもいえることであり，最近の研究でも検証されている（Schwane, Williams and Sloan, 1987）。

アトランタオリンピック（1996年）に向けたマラソン選手の選考会は，坂の多いノースカロライナとサウスカロライナで行われた。選手たちは，トレー

ニングにおける戦略として，きつい坂を効果的に走り抜く耐性を築くことに重点をおいた。2回のオリンピック出場を果たしたマーク・クーガン（Mark Coogan）とボブ・ケンパイネン（Bob Kempainen）はコロラドの山奥で，南フロリダの平地に住んでいたケイス・ブラントリー（Keith Brantly）はノースカロライナの山地で，またアン・マリー・ロウク（Anne Marie Lauck）も山の多いアトランタ市の北部でトレーニングを重ねた。もちろん，そのようなきついトレーニング期間中には十分な休養をとるようにしなければ，厳しい条件下でのケガのリスクが消えないことは言うまでもない。

＊ポリモーダル受容器：圧力・熱・化学的な刺激などさまざまな刺激を感知する知覚神経末端のこと。

2. オーバーユースによる関節組織の傷害

最高の競技成績を求めてトレーニングを行うにしても，身体には合理的な限界を踏まえたうえでの課題を与えなければならない。そして選手が力をつけていくための決定的なポイントは，トレーニングの強度および期間が極端にならないように，その限界の寸前で止めることにある。効果的な適応が得られた後のトレーニングでも，さらに強度に対する耐性を高め，パフォーマンスの潜在能力の改善を図るべきである。選手とコーチはより良いパフォーマンスを熱望し，自らに最も厳しいトレーニングを課してそれに耐えようとする。しかし，トレーニングのやりすぎは禁物である。不十分な回復や休養時間がとれないまま多くの連続したセッションが割り当てられたり，多くのバイオメカニクス的欠点（外反膝，靱帯の弛み，すり減ったシューズ）があることも無視してトレーニングが継続されれば，選手はオーバーユースの状態に陥り，ケガの危険性が増大する。選手の力を伸ばすために最も望ましいのは，可能なかぎり，耐えうる負荷の限界に近づくことであり，決してそれを超えることではない。

ここでいうコーチと選手のジレンマとは実に明白である。やりすぎとはどれくらいを言うのであろうか？ ハードトレーニングには限度があり，それを超えるべきではないという考えは理想的であり，それを受け入れるのは容易である。しかし，この限界はどのように感じとることができるのであろうか？ それはそう簡単なことではないであろうが，次の提案が助けになるかもしれない。

- トレーニングの負荷と回復の正確な記録をとる。経験から耐えられる負荷の種類を学ぶ（これは長年の選手との協力によって得られる収穫のひとつである）。
- 疲労が過度なものとなる前に，前もって十分な回復時間をとる。
- 身体と心に新鮮な感覚が戻って来たときだけハードなセッションに進む。その感覚は回復が完了したことを示す。

故障が起こるのは，**十分な回復を経ないまま過度なストレスが組織にかかる**からである。オーバーユースによる故障のリスクを理解するには，このことをしっかり認識しておかなければならない。我々の脚は，骨－腱－筋が互いにつながっており，運動連鎖を形成しながら衝撃によるストレスを吸収したり，地面を押し出す力を生み出している。このつながりにあって最も弱い部分が最初にダメになることは明白である。生理学的にこれらの3つの組織がどのように働き，どのようにオーバーユースが起きるのかを正しく認識できる感覚を身につけておくことが重要である。

選手の下肢にオーバーユースによるケガがある場合，それはたいてい関節の炎症，すなわち足底筋膜炎，アキレス腱炎，膝蓋骨腱炎，または腸脛靱帯症候群である。骨は構造的に安定しており，筋も，過剰なアシドーシスやエネルギーの欠乏による疲労で

あれば，それは単に張力を発揮できないだけであり，大したリスクはない。しかし，関節組織はその中間的な組織であるためケガをするリスクは大きい。

腱や靱帯の適応は筋肉や骨の適応のように簡単にはいかない（Archambault, Wiley and Bray, 1995）。関節組織の生理を理解することによって，その回復の仕組みを理解することができる。靱帯は大半が**エラスチン**と呼ばれる伸縮する繊維状タンパクの複合分子で構成されているのに対して，腱は基本的に伸張性がなく，**コラーゲン**分子で構成されている。コラーゲンは人体の中で最も多いタンパクである。腱におけるコラーゲン繊維は平行した束となっており，鉄のワイヤーよりも強くとても大きな伸展力を持っている。しかし，腱は血流に乏しい。ランニングにおいて繰り返される機械的ストレスは，腱の代謝を促進するが，この組織が健康な状態を維持（破壊と修復）するには限度がある。腱がもしこの限度を超えたストレスを受ければミクロの傷という形で多くの損傷が起こる。これらの傷は質の良い新しいコラーゲンにより置換されるか，あるいは質のやや劣る繊維状の傷跡を残すかのいずれかの経過をたどって治癒する。過剰な使用がなされた際，腱の血管分布が少ないほど不完全な回復となる。その結果，治癒過程が不十分となり，慢性的な炎症が続くので，傷跡のある組織が形成される危険性が高くなる。

生理的適応を伴う健全なトレーニングと慢性的オーバーユースをもたらす不健全なトレーニングとは明らかに異なる。適切なトレーニング負荷をうまく設定するコツは，予め過剰の程度を知り，過負荷の状態を連続させるのではなく，周期的に休養を入れながら一時的に過負荷の状態になるように調整することである。回復するのに必要な休養期間は十分な長さがなければならない。限界を超える負荷量が与えられるとすぐにベルが鳴ってくれるのなら，すべては簡単に済むのだろうが，我われは病的な結末となって初めて，繰り返し行った運動負荷のストレスが過剰だったことに気づくのである。したがって，その再発を防ぐためには，トレーニング負荷と回復期間の記録，そして負荷による身体の反応を記録しておくことが重要となってくる。

すべてのオーバーユースによる筋や関節組織の損傷は，繰り返し与えられる過剰でミクロの外傷の結果生じるもので，病理反応としては**炎症**といえる。循環する血中のプロスタグランディン*は血管拡張を引き起こし，それは毛細血管の浸透性を増加させる。その結果，組織内に水の流入が起こり，腫れと痛みが生じる。アスピリンのような抗炎症剤はプロスタグランディンの合成を阻害する作用によって働き，強い回復過程の進行を和らげる（そのほうが痛みなど負の影響が小さくなる）。組織に浸潤する白血球，特にリンパ球，好中球，単球は細胞の残骸を消化し，その領域で修復過程が開始できるように掃除をする。そして再毛細血管化と新しいコラーゲンの成長が始まるのであるが，これには時間がかかる。この期間には限られた運動しかできないが，それはその組織とケガの程度による。炎症はある意味で，ケガの後に進行しつつある回復過程にとり必要な部分であるが，慢性的な炎症は回復が遅れていることを示す。したがって，炎症のあるケガをしている選手は，その組織が回復するまで，十分な休養期間をとらなければならない。

コラーゲンとエラスチンは4-hydroxyprolineと呼ばれるユニークなアミノ酸を多く含んでいる。これらの分子を含む関節組織が壊れるとき，その代謝産物が血中に出て，さらに尿中にも排泄される。したがって，4-hydroxyprolineの尿中排泄は，腱，靱帯代謝の増加の指標となりうる（Abraham, 1977）。さらに遅発性筋痛の研究によって，非常にきつい筋活動後の数日間，尿中に4-hydroxyprolineの代謝産物の増加が認められたが，これは驚くにあたらない。また，血中hydroxyprolineレベルの上昇も見られた（Hodgdon et al., 1988）。実際に測定されているものが，腱のような組織の細胞外構造コラーゲンの崩壊を反映しているのであれば，それを確認するため

に，このタイプのコラーゲンに限定されている代謝産物（例えばhydroxypyridinoline）の血漿中濃度を測定することが望ましいかもしれない（Riedy, 1988）。

運動の強度，または関連する腱への負荷の強さによって，血液中に漏れ出す関節組織の代謝産物や骨格筋酵素のレベルは上昇するが，それは遅発性筋痛の発生とほぼ一致する。しかし，そのような上昇は常に見られるとは限らず（Dressendorfer and Wade, 1983），ある特定の強度と量の負荷に閾値を定める必要のあることが示唆されている。おそらく，選手の適応状態，環境条件，遺伝的体質（筋線維タイプ，身体運動のバイオメカニクス的効率）によってそれらの値は変わってくるのであろう。この研究で配慮すべき他の変数は，食事におけるビタミンCの摂取量である。ビタミンCとはアスコルビン酸のことであり，これはコラーゲン生成に必要な4-hydroxyprolineを形成する過程，すなわち，酵素によるprolineの水酸化過程に必要である。中長距離選手は1日500mgから1gのビタミンCの経口補給を食事の一環として行っている。しかし，週間トレーニング量，関節組織の代謝，ビタミンCの摂取が相互に関係しているかどうかは，いまだ不明の点が多い。

❶──アキレス腱炎

踵骨腱（またはアキレス腱）は，しばしばランニングによるオーバーユースの犠牲となる。この腱は下腿の下半分ほどから生じ，大腿三頭筋（ヒラメ筋と2つの腓腹筋）の浅部と深部の筋膜が合流するところに形成され，踵骨の後部へとつながっている。長期的なストレスは腱の鞘（腱間膜と呼ばれる）を厚くし，その炎症，線維化をもたらす。アキレス腱においてそのような変化が起こるとき，その状態を**アキレス腱炎**と呼んでいる。よくアキレス腱炎の原因となるものの1つに，過回内がある。内側への過剰な脛骨の回旋で（第1章で概説済み），その際，アキレス腱は身体の中心線に向かって引っ張られ，腱が鞭のように曲がり，そのことによってミクロの傷が発生しやすくなる。

腱への血液の供給は，たいてい周囲をとり囲む腱間膜経由でなされる。したがって，腱間膜における血管分布の減少は，腱の長期的負荷に対する耐性をさらに減少させる。もし，腱炎にともなう痛みがありながらも運動を無理に行えば，腱の部分的断裂が起こるかもしれない。炎症を起こしている腱への過剰な負担（特に突然の負荷）は，部分断裂の引き金となる。インターバルトレーニングや坂での練習は，特に下肢筋群と腱にとっては大きなストレスとなる。そのため，そのような運動はトレーニング計画のごく早い時期に導入し，初めは非常にゆっくりと，後に強度の高い練習に対する耐性ができるように，その中間に適応のための脚筋力強化プログラムを設けることが特に有効である。それでも，日々の強い負荷に耐えられるほど十分な適応が得られるかどうかは不明である。これは，アキレス腱炎が，突然に行う坂での練習やトラック練習への導入の練習でも，あるいは1週間のうちのたった数回しかない強い負荷でも悪くなる理由である。もしこれが起これば，ランナーは厳しい妥協をせまられる。腱の修復には休養以外に選択の余地はない。ミクロレベルの治癒は，腱に対するストレスがない状態でのみ可能である。そのため，軽いランニングでさえ，炎症のあるアキレス腱の修復には有害である。すなわち，個々の腱の細胞にとっては，軽いランニングであっても，それは大きなストレスなのである。心肺系の適応を維持するための代替活動として，例えばフローテーションベストを着ての水泳が考えられるが，その場合でも，水中での活発な動きによって腱がストレスを受けないように相当注意する必要がある。

❷──滑液胞炎

オーバーユースに関するもう1つの問題は，骨の突起の上を滑る必要のある腱や，筋肉としばしば連動する滑液胞における炎症である。**滑液胞**とは閉じ

た嚢状の組織で，卵白に似た織り目のある濃い粘着性の液を作り出す滑膜でできている。例として踵骨後滑液胞があり，踵骨とアキレス腱の間にある。非常に少量の液体しか産生されないが，驚くほど効率の良い潤滑剤として働く。腱への過剰な圧力の繰り返しによって生じる滑液胞上の小さな傷は，炎症を引き起こすとともに滑液の産生の増加を促し，この部分の組織への過剰な圧力となる。結果として痛みが生じ，可動域が制限される。**踵骨後滑液胞炎**の典型としては，足部の受動的背屈の減少が診断される。大腿三頭筋の筋力強化およびストレッチングのための健康維持プログラムは，滑液胞に対するアキレス腱の圧力を減らすだけでなく，量の多いトレーニングによる滑液胞炎や腱の炎症のリスクも最小にする。

❸ 腸脛靱帯摩擦症候群

選手をオーバーユースに導く可能性があるのは過剰な負荷のトレーニングばかりではない。バイオメカニクス的不均衡，特に不適切なシューズの使用もオーバーユースの問題を悪化させる。第1章において，地面への着地の際，一定の回内が必要であることを述べた。距骨下の関節の回内を過度に制限するシューズを履くことによって，着地のショックを吸収する能力が減少する。デコボコ道を走ることも着地の際の足の回内を制限する傾向にある。腸脛靱帯が頻繁にその影響を受け，この関節組織の靱帯が大腿骨外上顆と呼ばれる大腿骨の突起の上を動くために，膝の側面が痛む (Jones and James, 1987)。痛みは決まってある一定の距離を選手が走ったとき，特に下り坂を走るときに著しく，そしてその選手が走るのを止めて歩きに切り替えたとたんに鎮まる（靱帯が上顆の上を動かなくなるため）。突然，トレーニングの距離を大幅に伸ばしたり，速いランニングばかりを強調しすぎたりすると（特にオーバーディスタンス走），その痛みの発生が助長されるようである。

皮肉にも，この腸脛靱帯摩擦症候群は，ランナー膝の原因となる過剰な回内を制限・矯正するために作られたシューズや特別な中敷き（オーソティクス）を使用した結果，引き起こされる可能性もある。ランナー膝では，過剰な回内の結果生じた下肢の捻転は，膝蓋骨（ひざがしら）を支えている靱帯に，非対称的で過度な緊張を引き起こす。そして靱帯-骨の継ぎ目に生じるストレスは炎症反応をもたらす。膝蓋骨の周りの痛みの始まりは，長距離走後に行う階段の上り下りに際して著しく，膝を曲げた状態で長時間座っていても痛みが増す。適正な矯正は，ランナー膝の症状を緩和するが，矯正しすぎてもいけない。

何より悪いのは，矯正しすぎることによって，施された処置に対してケガをしている組織がどのように反応しているのか（回復に向かっているのか悪化に向かっているのか）がわからなくなることである。選手はしばしば複数の医者のもとを訪れ，異なった診断や療法を提示される。ケガの性質上，現われる症状はいろいろな場面で異なる。そのため，選手も医者もうろたえてしまう。医者は不十分な現状認識で診断を下し，選手は毎回違った診断結果を聞かされることになる。結局，この場合，予防こそが必要な対処法である。この理想は必ずしも達成できるものではないが，おそらく選手にとって最も有効なことは，豊富な医学的知識を携えた有能な専門家とチームを組み，密接なコンタクトをとり続けることである。そうすることによって，ヘルスケアの一貫性が保てるのである。

＊**プロスタグランディン**：細胞膜のリン脂質からつくられるアラキドン酸などから合成され，血管拡張，痛覚過敏，他の因子による血管透過性亢進作用を促進したり，発熱を起こさせることが知られている。

3. オーバーユースの防止

　せっかくのトレーニングも，それが過剰に行われた結果，適応も得られず，おまけにケガまで患ってしまったのでは意味がなくなってしまう。そのような事態を防止する最良の方法は，すべてのトレーニングに周期的な休養を組み込むことである。すなわち，休みたくもないのに多くの休みをとらされるのではなく，自発的に休養をとるということである。そのためには，選手とコーチは協力しながら，設定した負荷と達成された負荷とを比較し，注意深くトレーニング記録をとる必要がある。そして，休養は運動負荷と同じくらい重要な意味を持ち，それがトレーニングの一部であることを理解しなければならない。

　選手に休養が必要となったとき，それをきついトレーニングに耐えられなくなった兆候と考えるのではなく，休養は，故障をともなわずより良く適応するためには欠かせない仕組みと考えるべきである。もし，選手が休養をとるかトレーニングを継続するかについて少しでも迷っているとしたら，そのときは迷わず休養をとらせるべきである。生理的回復によって故障のリスクが減らせるので，選手にとっては間違いなく有益となる。また，精神的な息抜きをすることによって，トレーニングを続けるための新たな意気込みが生まれてくる。トレーニング全体の質を保つためには，疲労を回復して心身ともにリフレッシュすることが大切である。

3│オーバートレーニングとステイルネス

1. オーバートレーニングとステイルネス

　図8-1（P.273）に戻って，3つめのトレーニングと回復のシナリオの可能性について検証してみよう。**図8-1c**のトレーニングは，選手が当初，相当高い強度のトレーニングの後，さらにまた強度の高いトレーニングを再開する前までに，恒常性による十分な回復が得られなかった場合を示している。このとき次のトレーニング負荷はそれまでに行われたものより強度の高いものであった。このような負荷の増加と回復期間の短縮化の連鎖関係は，以前のトレーニングのメゾ周期が非常にうまくいったときに起こりやすい。コーチも選手もともに，"我われはスケジュールよりも進んでいる。もっとペースを上げよう"と間違った決断をする。情熱が加速してトレーニングの超過が起こるのである。2番めのトレーニング期間との間に，選手は疲労の谷に落ちるだけでなく，**絶望の深みにはまることになる**。

　そうした選手は**短期のオーバートレーニング**に陥るが，その状態は回復とトレーニングの一時的な不均衡によるものである。これは，通常の休養では消えない疲労として感じられ，きわめて広範な兆候や

症状とともに現れる。重要な点は，通常十分と考えられる回復期間の後でも，選手が本来のパフォーマンスを発揮できないことである(Fry et al., 1992)。**図8-1a**と**図8-1b**で示されている2つのトレーニング強度でも，すでに同化過程よりも異化過程のほうが大きく，代謝性の組織損傷が起こっているのである。しかし，図8-1cの損傷は身体により深く影響し，回復には通常よりも長い時間が必要となる。**図8-2**は高いトレーニング負荷からの回復が十分であったときの適応過程，そして回復が不十分もしくはトレーニング負荷が過剰であったときの不適応の過程のメカニズムについて概説している。

　選手がオーバートレーニングの状態に陥ってしまうと，彼らは休養をとっても思ったほど完全には回復していないと感じ，しばらく苦慮した後，2, 3日はトレーニングを緩める。しかし不幸にも3日から5日，もしくはもっと必要な場合もあるかもしれない。選手がトレーニングの再開を早める可能性はきわめて高い。彼らがトレーニングについて，"失った時間を取り戻すため"または"トレーニングするほど強くなる"という考えのもとに，さらに強度を上げたりすれば，ろくなことにはならないであろう。

　もし**図8-1c**の選手のように，オーバートレーニング症状があるにもかかわらずトレーニングを続けると，後(たいてい2-3週間以内)になって生理的，心理的不調が起こる。これは**長期のオーバートレーニング**，または単に**ステイルネス**と呼ばれるものの始まりを意味する(Kuipers and Keizer, 1988)。それらの症状としては，(1)満足できるレベルでのトレーニングまたはレースができなくなる，(2)疲労期間が延長する，(3)病気の発生率の増加，などが報告されている(Budgett, 1990)。これは，複雑な心理・生理学的兆候であることに加え，単なる疲労よりも重篤な症状を意味する。その原因は，細胞の外傷，深刻な燃料の消耗，身体の防御機能の不全，神経やホルモンの攪乱，あるいは，たぶんそれらす

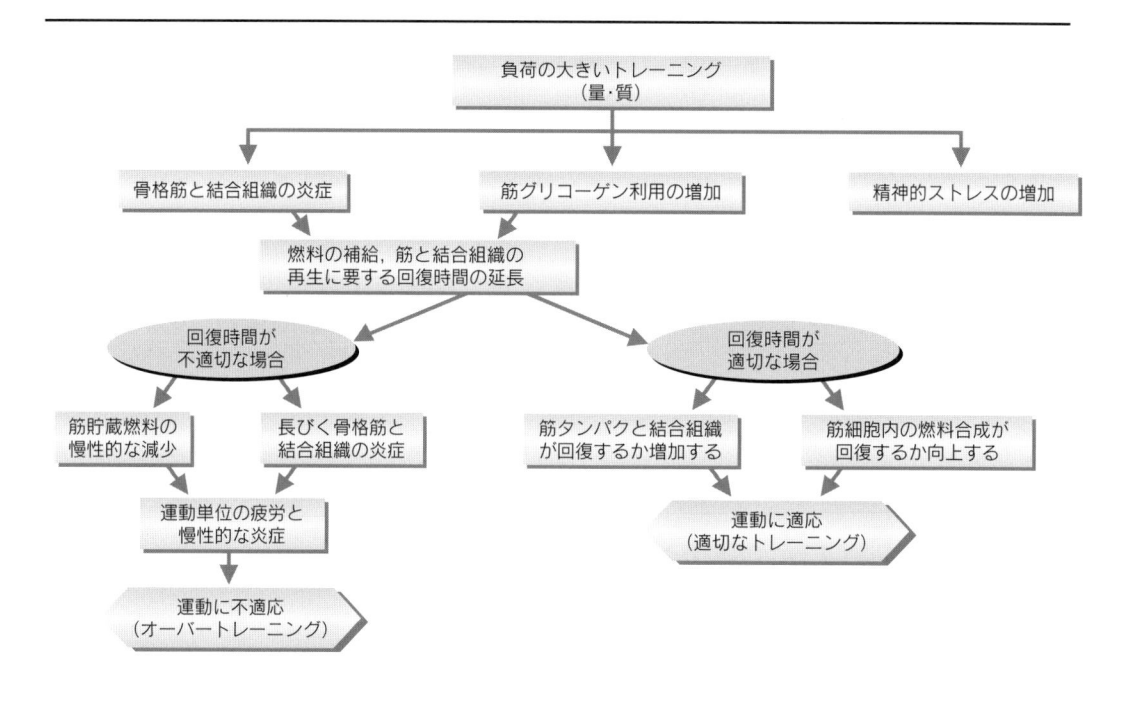

図8-2●トレーニング負荷が大きい場合の適応の過程と不適応の過程

べてが関係して生じる傾向を示唆している。パフォーマンスの低下が当初は一時的であったのに比べ、この場合は低下が大きく長期にわたる。故障のリスクが増えると同時に、病気も以前より頻発する。心理状態の変化、ホルモンパターンの変化、また、その他の代謝の変化も起こりうる。これらの変化には大きな個人差がある。元のパフォーマンスを回復するのにより長い時間が必要となる。数週間、数ヶ月間、あるいは1年間近くかかるかもしれない。

　Morgan, Brown, Raglin, O'Connor, Ellickson (1987)の心理学的アプローチを使って、過剰なトレーニングおよびオーバートレーニングを、古典的な刺激-反応というパラダイムのなかで概観することが便利である。過剰なトレーニングが刺激であれば、オーバートレーニングはその反応となる。同様にオーバートレーニングを刺激とすると、ステイルネスはその反応となる。選手にとって長期的なオーバートレーニング（ステイルネス）は、その競技シーズンどころか競技生活にさえ終止符をうつことになるかもしれない。適正なトレーニングはすべての選手にとって目標となるものだが、やりすぎは、高く動機づけされた選手、特により高いレベルへ移行しようとする選手にとっては現実的な問題となる。オーバートレーニングにならないためには、早い時期にその兆候に気づき、適正なトレーニングに戻るための軌道修正を行うためのセンスと戦略を持つことが何より重要である。

　ハードトレーニングとオーバートレーニングの違いは、なされる運動の種類にあるのではない。オーバートレーニングは、その組織にとって負荷が大きすぎたときや負荷後の回復が不十分であったときなどに起こる。図8-3は、ハードトレーニングおよびオーバートレーニングが適応、疲労、筋痛、オーバーユースによるケガ、そしてステイルネスなどに対して潜在的に影響を及ぼしているとき、ハードトレーニングおよびオーバートレーニングとの間にはど

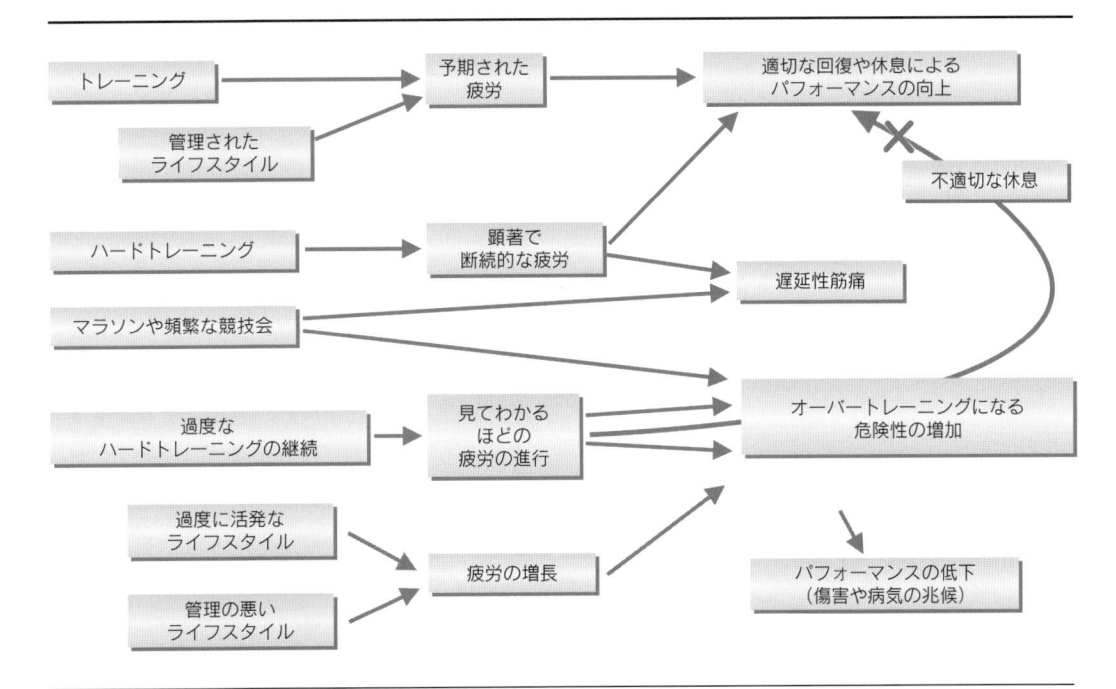

図8-3●トレーニング、疲労、オーバートレーニング、ライフスタイル、オーバーユースによる障害、ステイルネスと競技パフォーマンスとの関係

のような相異，あるいはどのような相互関係があるのかを示している。パフォーマンスを改善するにはハードトレーニングは必要不可欠である。ハードトレーニングによって活動筋やその他のエネルギー貯蔵組織に異化的変化が起こり，一時的にはその後のパフォーマンスは低下するが，それは比較的短期のものであり，その後の同化的回復段階でより大きなパフォーマンスを生み出す適応が獲得できる。

オーバートレーニングはハードトレーニングのやりすぎと考えられ，連続するハイレベルの活動をそれ以上は効果的に維持できない。刺激が大きすぎることなく，回復が十分なハードトレーニングと，過剰なハードトレーニングとの間には細い線が引かれる。その線を超えてしまったら，直ちに恒常性の均衡が回復するまで，運動負荷を大幅に減らさなければならない。

2. 生活の負荷とオーバートレーニング

包括的，全身的見地から考えると，選手のトレーニングおよび競技に対するパフォーマンス能力は，彼らのライフスタイルを映し出す鏡である。もし，トレーニングに対する適応が優れていて，パフォーマンスも改善されるようなら，彼らのその他のライフスタイルにおける活動も過剰でないことを意味する。もし，選手のライフスタイルに変化がないのに，十分に適応が現れずパフォーマンスが低下する場合は，オーバートレーニングの兆候と考えてよい。機械工学では，**ストレス**を単位面積あたりの負荷と定義している。それに合わせて以下の関係を類推することができるであろう。

ストレス
＝ライフスタイルの負荷／競技パフォーマンス

ライフスタイルの負荷のプラス要因には，バランスのとれた食事，休養，リラクセーション，感情的安定性，家族やサポートグループの援助，そして正しいトレーニングなどがある。マイナス因子には，上記のプラス因子の不均衡，現実生活における競合へのプレッシャーなどがある。

与えられた大きなトレーニング量により，オーバートレーニングやステイルネスに陥るか否かは，選手によって異なる。たとえ年齢が近く，体重，$\dot{V}O_2max$，そしてほとんど同じ自己記録を持っていたとしても，選手によって過剰負荷になる場合もあるし，そうならない場合もある。また，そのときに与えられている負荷の適応状態に加えて，選手のトレーニング以外の生活にかかわるいろいろな側面（例えば，仕事，スポーツに関連したプロモーション活動や旅行，メディアへの対応，子育て，家事など）についても考慮すべきである。

エリート選手を指導する際にコーチがよく経験するのは，恵まれた選手たちのユニークな性格特性がうまく理解できないという問題である。これについては，心理学者Farley（1986）の研究で明らかとなっている。才能も動機づけもともに高い選手はFarleyが分類するところのタイプTの性格を示す。Tとはthrill seeker（スリル好き）のことで，リスクを負うことに喜びをおぼえる性格である。このような性格の持ち主は飽きっぽく，刺激のある活動を強く望み，冒険好きで，エネルギッシュな活動にも大きな能力を持ち，そのすべての力をリスクのある（競技的）環境へ置くことさえも厭わない。彼らはすべてを失うかもしれないが，いっぽう，回復するための柔軟性や再構成力を高く持ち，すべてを最初からやり直すこともできるのである。

ここで初めて，高い動機づけを持った選手ほどなぜオーバートレーニングやステイルネスに陥る危険が大きいのかが理解できるかもしれない。前述したように，このタイプTのパーソナリティは，選手が比較的成功するチャンスの少ない目標を達成するの

に必須のものである。成功のためのチャンスを生かすには，その準備のためのエネルギーをいくら使っても使いすぎるということはない。しかし，高いレベルの情熱が日常の生活に持ち込まれると，エネルギーは消耗されやすい。強度の高いトレーニングと活動的なライフスタイルが重なることがあまりに多くなれば，競技パフォーマンスの低下，オーバーユース，顕著な疲労となって現れてくる。図8-4は過剰なトレーニングからステイルネスに至るサイクルを示している。このような事態を避けるためには，コーチの注意深い介入が必要である。良いコーチは一生懸命やることを強調するだけではいけない。動機づけは良いことであるが，同時に適量というものを選手に悟らせ，トータルな努力を再評価し，再び方向づけすることができなければならない。

これまでの考察から，最終的にオーバートレーニングを招く可能性のあるものは単に過剰なトレーニングのみでないことは明白である。トレーニングそのものは理にかなった限度内にあったとしても，選手のライフスタイルの側面も合わせた総合的なものが，利用できるエネルギーの出力と不適当に競合する場合がある。選手が長期にわたって活動を維持するためのトータルなエネルギーの大きさは，1つのパイに例えられる。それはとても多く，あるいは2,3ピースに分けられるであろう。しかし，トータルの大きさ（パイの大きさ）は変わらない。ランニングに関係しないピースが大きくなったり，ピースの数が増えたり（ライフスタイル活動の数）すると，トレーニング，レース，そして回復のピースはそれ相応に減らす必要が出てくる。したがって競技パフォーマンスも低下する。競技力向上への情熱と知性にあふれる選手は，ライフスタイルのマネージメントにおいて賢明な選択が迫られるのである。

トータルなライフスタイルをモニターする必要性とトレーニングとライフスタイルの相互関係について，実際の逸話で例示してみよう。それは1979年7月5日，セブ・コーが800mにおける彼自身最初の世界記録を樹立したオスロでの走りとそれに向けての身体づくりの過程についてである。その前年の冬と1979年の春先，セブは経済学と社会歴史学の名誉単位取得（優秀な名誉学生になるための基準単位）のために勉強していた。もちろん同時に，来るオリンピックシーズンに向けて非常にハードなトレーニングもしていた。モスクワオリンピックへの準備が

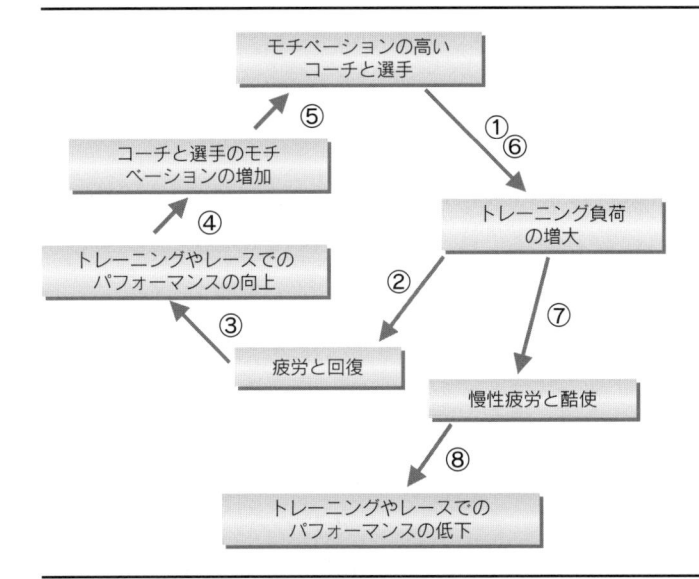

図8-4●オーバートレーニングにいたる心理過程と生理過程

順調にいっているかどうかの感触をつかむため，5月31日に，British Amateur Athletic Associationの代表チームと彼の大学（ケンブリッジ大学）との対抗戦で800mを走った。彼のタイムは1分47秒8で，少し不調を覚えた。コーチの目からは，セブがその試合で少しやつれたように見えた。どう見ても，まったく彼のなかにはそれ以上速く走れる力はなさそうであった。彼はその後，典型的なウイルス性の風邪の症状である鼻水と全身の痛みを訴えた。

　最も賢明な対策は，過剰負荷が起こっているという事実を認め，トレーニングをやめさせることであった。というのも，当時，単位取得のための試験勉強はピークを迎えつつあり，そこから逃れることは不可能であったからである。さらに，風邪に加えて，いくつかのオーバートレーニングの心理的な症状も顕著にみられた。そのため，トレーニング刺激を大幅に減らし，セブは最終的に試験を良い成績で終えることができた。その結果，試験勉強の負担は取り除かれ，減らされていた肉体的トレーニングもハイレベルな競技的トレーニングへと移行されるとともに，彼の魂は輝きはじめ，肉体的にも素早く回復した。その後の彼の成績は尋常なものではない。Bislett Gamesにおける1分42秒33の世界記録はまさに彼のものとなったのである。

　警告のサインがあるにもかかわらず無理やり実行してしまうより，警告シグナルの直前で止めるという決断のほうがはるかに正しい。彼にとっては，優秀な学業成績は競技パフォーマンスと同様に重要であるが，両方同時に挑戦することは負担が大きすぎたのである。セブは彼自身の優先順位を正しく再調整し，負担を少なくすることで最終的にはより多くの成果を生み出したのだった。

3. オーバートレーニングとステイルネスの生理学的側面

　1976年にカナダの生化学者Selyeは，オーバートレーニングやステイルネスで何が起こるのかをいくらか一般的な用語で明確にした。SelyeとCannonは同時代の科学者であり，2人とも，トレーニング過程とは適応回復過程へと働く生理学的破壊であるというEngelhardt（1932）の概念を定量化しようと試みた。Selyeは特に，短期の生理学的破壊（通常の回復が起こるハードなトレーニング）と病理的破壊（回復に付加的に多くの時間がかかり，恒常性の過程の完全な機能的回復が起こらないようなオーバートレーニングとステイルネス）の違いに興味を持っていた。彼の最も有名な実験は，肉体トレーニングを行っている選手の代わりに実験動物を用い，それらに有害な物質を注射するというものであった。その実験において彼は，下垂体ホルモンと副腎ホルモンが作用して燃料（炭水化物，脂肪，タンパク質）の代謝が促進され，そのエネルギー供給によって有害物質の影響に対抗する，という一連の反応を予測どおり発見した。

　突然増加した代謝の要求に十分対応できないために起こる最初の警告反応（図8-5）は，抵抗力の低下により特徴づけられ，おそらくリンパ組織の消耗によって引き起こされる。その後，その有害な物質に対する抵抗力と耐性がともに高い状態で維持される。その維持期間はその刺激の強さによって異なる。多分この期間は，注射された物質の効果に対して戦うための身体の要求を満たすだけの十分なエネルギー貯蔵が利用できる状態にある。しかし，代謝が十分に高まった後に回復が起こらなければ消耗が進み，結果としてその後すぐに死や病気となる。選手におけるステイルネスはSelyeの示した疲労の段階と類似すると考えられている。

　Galbo（1983），Berdanier（1987）とUrhausen, Gabriel, Kindermann（1995）は，長引くオーバートレーニングの負荷に耐えようとする選手の内分泌と代謝の反応を検討し，Selyeの実験動物に起こった

ストレスに類似する可能性があるとした。その反応は，いくつかの組織系統を含めた，多面的なものである。

副腎はアドレナリンとノルアドレナリンの分泌を増加させるが，両者とも肝臓への血流の増加に加え，必要な燃料をまかなうために，グリコーゲン，脂肪，タンパク質の代謝を増加させる。下垂体もまた刺激され，副腎皮質刺激ホルモン（ACTH）の分泌を増加させる。この物質は続いて副腎皮質を刺激し，ステロイドホルモン，特にアルドステロンとグルココルチコイドとしてよく知られる諸ホルモン（例としてコルチゾン）の分泌を増加させる。アルドステロンは電解質バランスの維持を助け，グルココルチコイドは抗炎症の特性を持ち，エネルギー目的の脂肪とタンパク質の動員を助ける。男女ともにテストステロンのレベルの変動についてはまだよくわかっていない。また，下垂体の成長ホルモンレベルが高まると，タンパク合成能力も高まる。多くの免疫系の物質（免疫グロブリンのような物質）はタンパク質なので，タンパク合成の増加は身体の免疫能力の改善に対して有益に働くかもしれない。しかし，強度の高い身体的運動によって活動筋におけるタンパク分解は促進される。

先に述べたすべてのホルモン（ストレスホルモンとも呼ばれる）は，インスリンの分泌，および筋肉と脂肪細胞によるグルコースの取り込み活動を抑制する。続いて肝臓は自らのグルコース産生を増加させ，血流への脂肪酸の放出を増加させるとともに，付加的な燃料源を供給する。この燃料代謝で熱産生のレベルが増加するため，消費される燃料の一定量あたりで（ATPとして）得られる化学エネルギーの量が減る。激しいストレスの間，このエネルギーの効率低下は10倍にもなり，それはかなりの必要栄養量の増加を意味する。

あえて非科学的にいうならば，ストレスに対するこのような身体の反応は，与えられたストレスに対抗する，言わば体内での"反ストレス因子の貯蔵"というようなことを我われに想起させる。ここで貯蔵されるものとしては，エネルギー，免疫系，そしてエネルギー代謝と免疫の完全性の維持に関連するすべてのホルモンや酵素などが含まれるかもしれない。これらのシステムが対応できる限度を超えて無理を強いることは，それらの相乗作用の効果を低くしたり，エネルギー供給の欠乏を招き，それによって，以前はハードワークに対して効果的に反応し適応してきた恒常性のメカニズムの効率を低下させる。この貯蔵が欠乏するとき，そのストレスに対する継続した抵抗が不可能となり，健康を害するのかもしれない。

Selyeの研究では実験動物が使われていたためにストレスによる心理的，病的兆候に関する内容が含まれていなかったが，これらの側面は重要である。

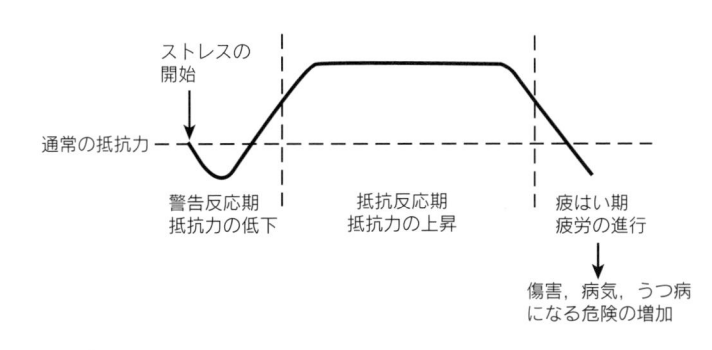

図8-5●Selyeの汎適応症候群の3つの反応期

特にRahe（1972）の研究は，心理とストレスについての有用な知見を与えている。生活のさまざまな経験が病気の罹患率に関連するという論争は彼の研究によるものであった。彼は，病気になる傾向は，生活の中で生ずる問題に耐える心理的防御の能力によって決定されるとして，**生活ストレスと病気のモデル**を開発した。生活における問題が大きく，長期間続いたとき，それを効率的に処理する能力が欠如している場合には，不安，抑うつ，そして感情的苦悩によって，病気になるリスクが高まる。Weiner（1972）の研究は，成長段階の早期の行動経験が，我われの環境変化に対する反応の特徴に影響することを示した。さらに我われは，オーバートレーニングとステイルネスの心理学的側面について後で簡単に触れることにする。

ハードトレーニングと過剰なハードトレーニングにともなう免疫抑制の可能性と感染症のリスク増大の定量化についても，疫学者達は難しさを感じてきた。進歩を妨げてきたのは次の大きな3つの問題であった。

- 運動に対する反応に個人間で大きな差があること。
- 実験に参加する被験者に対して同量の負荷を長期的に与えることが困難なこと。
- 免疫系の本質についての理解がまだ不完全であること。

運動選手は一般の人びとに比べ，小さな感染症に対する抵抗力が弱いという逸話があるが（Jokl，1974），これを疫学的に見れば，トレーニングによって後天的に（または特異的に）免疫系が低下したことを示している（J.G.Cannon, 1993; Pedersen and Bruusgaard, 1995; Peters and Bateman, 1983; Weidner, 1994）。外部から感染性の巨大分子すなわちウイルスが侵入してくると，ある細胞がそれを専門的に認知する。その細胞は免疫系に働きかけ，抗原特異的な抗体とインターロイキン*という全体的な免疫反応を高める化学物質を産生させる。その細胞とは，すなわちリンパ球であり，その任務を果たすのに非常に特殊化しており，代謝的にも活動性が高い。

ArdawiとNewsholme（1985）は，骨格筋細胞とリンパ球の相互依存性について次のような説を提唱した。リンパ球はそのエネルギーをグルコースとグルタミンという2つの燃料源から得ている。体内におけるグルタミン生成のおもな場所は骨格筋であるが，長期にわたる高強度のトレーニングによって骨格筋が広範囲な修復を必要とする状態にあるときには，その十分なグルタミンを生産する能力は，低下するようである。もし，グルタミンの負債が生じると，リンパ球の機能が落ちてウイルスの進入を許し，ウイルス性の病気や発熱からの回復に影響を与えるというものである。

最近までの多くの研究では，長期間にわたる高強度の運動によって，ある特定のリンパ球のサブタイプ*の数は減少するのか，それとも増加するのかについて報告されてきた。最近では，一時的な免疫の抑制を生み出すサブタイプの比率に目が向けられている（Mackinnon and Tomasi, 1983; Nieman et al., 1989）。これがホルモン誘発性であるかどうかについては，まだ一致した見解は得られていない。また，コルチコステロイドホルモン*の分泌量は，運動中に上がるが，たいてい免疫抑制的である。しかし，アドレナリンやノルアドレナリンのようなホルモンはリンパ球の数を増やすことも報告されている（Galbo, 1983）。長期的なハードトレーニング中の免疫抑制または活性化に応じて，どのように特定の細胞のサブタイプの比率が変化するのかについては，いまだに明らかになっていない。

感染症に対する抵抗力の低下は人間の運動選手に限ったことではない。競走馬を診断する獣医もまた，切れの悪いレース（記録が悪い）と上気道の感染症の罹患率との正の相関関係，および低パフォーマンス症候群（Mumford and Rossdale, 1980）の特徴を見いだしている。

ストレスの心理的側面と免疫能力の相互作用についても，研究は始まったばかりである。学生が試験という大きなプレッシャー下にあるとき，唾液中の免疫グロブリンA*レベルが低下することが見いだされたが（Jemmott et al., 1983），それは心理的ストレスを受けると，ある程度の免疫抑制が起こることを示唆している。この場合の免疫抑制は，おそらく上昇したアドレナリンレベルに関連している。また，うまく適応するための心理学的メカニズムと生理学的メカニズムの相互作用はよく知られているが，心理学的因子はまた，まるで生理学的不適応に陥りにくくするような影響を及ぼしているように見える。

*インターロイキン：生体の防衛反応には，白血球や白血球が産生する活性物質が重要な働きをする。おもに白血球が産生する抗体以外の活性物質はサイトカインと呼ばれる。サイトカインの中で白血球間の情報伝達に関与する活性物質のことをインターロイキンという。

*リンパ球のサブタイプ：リンパ球の白血球分画に存在し，そのサブタイプとしてT細胞，B細胞，NK細胞，K細胞が知られている。

*コルチコステロイドホルモン：副腎皮質で生成されるホルモン。

*免疫グロブリンA：生体は「非自己」（微生物，ウイルス，自己の変異した細胞など）に対して，その排除を行う。リンパ球は「非自己」を排除するために抗体を産生する。抗体は免疫グロブリンと呼ばれる一種のタンパク質でA，D，E，G，Mの5型に大別される。免疫グロブリンAは唾液や消化液などに存在して粘膜での防御に働く。

4. オーバートレーニングとステイルネスの心理学的側面

オーバートレーニングとステイルネスの心理的側面はどのように生理学的変化に関連するのであろうか？　オーバートレーニングの状態に陥ったことのある選手に共通する主観的報告は，「今までやったこともないほど一生懸命トレーニングしているのに進歩はどんどん小さくなっていく。諦めたいような気持ちになるが，それではいけないとわかっている」といったものである。トレーニングへの情熱や集中力が減退するにともなって，挫折感が増し，抑うつの臨床的症状がでるほどひどくなることもある。**表8-1**で示されているのはオーバートレーニングのときにある程度見られ，ステイルネスになるとその頻度と深刻さもより大きくなる多くの症状である。このリストをよく眺めてみると，心理・生理学的安定性の低下が見られることに気づくであろう。この低下はまた，後に病理学的兆候へと移行する可能性がある。これは，人間の精密なパフォーマンスを左右するのは，複雑な神経内分泌作用（視床下部-下垂体軸の活動による様々なホルモン分泌とその作用）であることから考えて，当然予測されるべきことである。最近のこの分野の研究の総括においては（Kuipers and Keizer, 1988），自律神経系の活動のうち，交感神経あるいは副交感神経のどちらの活動が高まるかによって，ステイルネスは2つのタイプに区別されることが示されている。

したがってステイルネスは，Selyeによって示された病理生理学的な消耗に加えて，心理学的要因の変化が組み合わさったものが選手に現れたものであると言えるであろう。最近，Selyeのストレス症候群で見られたような代謝変化の詳細な調査が運動選手に対して行われ，Selyeのストレス症候群がステイルネスとどう関連しているかについての検討がなされているところである。ステイルネスとストレス症候群は，いくつかの類似点（Kuipers and Keizer, 1988）はあるものの，その全体像はほとんど明らかにはされていない。医師たちは，ステイルネスの状態は一般によく見られる後ウイルス性疲労症候群（David, Wessly and Pelosi, 1988），慢性疲労症候群（Eichner, 1989b），もしくは回復不全症候群（Hendrickson and Verde, 1994）の状態であると報告している。その特徴は，類似した心理的，生理的症状，慢性的不快感，そしてエプスタイン・バーウイルス*の陽性さえも示す。我々が言うところのステイルネスに陥った中長距離ランナーは，**表8-1**に示した兆候や症状のほとんどの特徴を示し，エプスタイン・バーウイルスのテストでも，大方，陽性

を示す(Roberts, 1986)。

　ステイルネスの多面性は，それを厳密に定義しようとする人びとに挫折感を与える。今のところ我われにはよくわからないが，おそらく，ステイルネスと前述の様ざまな症候群とはその大本は同じものなのかもしれない。Eichner (1989a)はその症候群を純粋に心理的なものと考えて一蹴し，前向きな精神的態度が回復するための解決法だと提案した。我われならもっと違った提案をするだろう。それは，まさに頭は身体を支配し，頭と体は一緒に働いている。つまり身体が正しく機能していないとき，それは脳に不均衡の発現を当然知らせるということだ。

　オーバーワークを続けるオーバートレーニングのランナーがハイレベルのトレーニングまたは競技を求めて心理的に自らを鼓舞すると，予め処方されたペースでの運動をやり遂げるのに，通常動員される筋細胞より多くのものを動員する必要性を感じる傾向にある。この余分に動員された筋細胞は主働筋ほどは疲労しておらず，張力発揮速度は比較的ノーマルで，その動員によって望まれるペースで走れるかもしれない。しかしながら，それらの筋はすでに疲労している主働筋ほどは，走る動作向きには作られてはいない。したがって，この最大下の出力に対し，より大きな酸素コストが生じ，このランナーの経済性(動きの効率)が悪くなると仮定できるだろう。もしこれが本当ならば，各種の最大下におけるペースでの酸素消費を以前の値と比較することによって，オーバートレーニングを検知できるかもしれない。主観的には疲労の増加は努力感の増加として感知できるが，実際に疲労しているランナーが非効率的であることを示す証拠はない。

　オーバートレーニングに陥ったランナーは，試合においてトレーニング不足のときや適度にトレーニングしているときよりもパフォーマンスが悪い傾向にある。これは**表8-1**に示されているように，生理学的なパフォーマンスの減少というよりもむしろ，心理的緊張の不足がパフォーマンスの減少と相互に関連しているのかもしれない。POMS (Profile of mood states)＊として知られている心理的緊張を特徴づける便利なテスト(Mcnair, Lorr and Droppelman, 1971)によって，これらの感情の変化を予測的に示すことができる。ウィスコンシン大学のスポーツ心理学者，Morganの先駆的研究により，この評価法を使って，エリートランナーにおけるパフォーマン

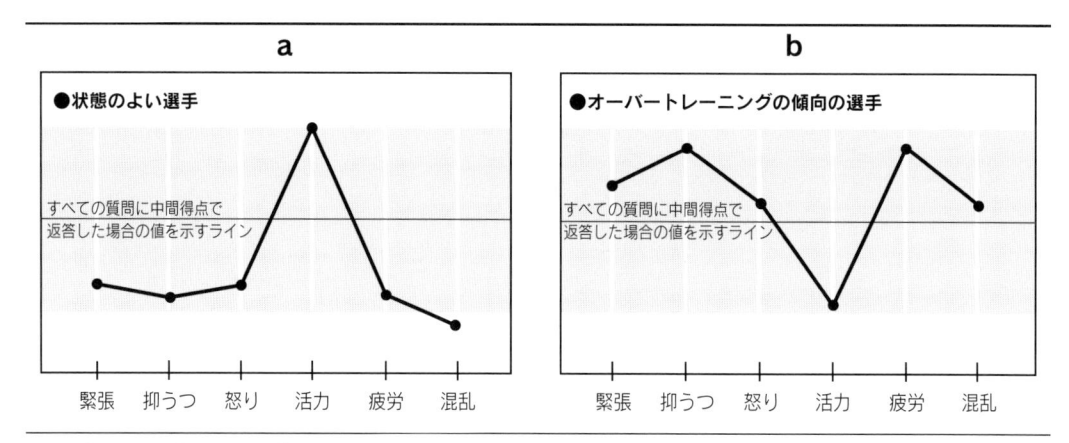

図8-6●オーバートレーニングを見分けるための心理テスト(profile of mood states; POMS)の利用
　状態のよい選手のスコアは緊張，抑うつ，怒り，疲労，混乱といった指標は低いが，活力が非常に高い。(a)に示したこのプロフィールは氷山型と呼ばれる。オーバートレーニングの傾向のある選手は(b)に示したようにこれらの指標が逆の形を示し，これは逆氷山型と呼ばれる。
"The. Facts and Fallacies of Overtraining and Staleness" by J.Kimiecik,1988,American Coach, March/April,p.12.から引用。

ス低下の兆候が示された。彼は，試合期の前のテーパリングにおいて，適切なトレーニングがオーバートレーニングへ向かうとき，なかでも重要なのはオーバートレーニングの直前のところから回復へ向かうときに，男子（Morgan and Pollock, 1977）と女子（Morgan, O'Connor, Sparling and Pate, 1987）ともに見られる類似した態度の変容を発見した。**図8-6**は2つの側面，1つはノーマルなトレーニングでトップレベルの試合に臨んでいる適正な準備状態を示し，もう1つは同じ選手のオーバートレーニングの状態を示している。適正な準備状態では，活力以外の態度，すなわち抑うつ，疲労，混乱，怒り，緊張は低いことを示しており，これに対してオーバートレーニングの状態では，適正な準備状態とは反対の結果となっている。

スポーツ心理学者たちの間では，適正な準備状態にある選手のプロフィール（**図8-6a**）は海に浮く氷山にたとえて「氷山型」と呼ばれ，オーバートレーニングの状態にある選手のプロフィール（**図8-6b**）は「逆氷山型」と呼ばれている（Morgan, 1985）。このように長期的に競技パフォーマンスと心的態度をモニタリングすることは，適正な準備をするのに有用

である。トレーニング強度をうまく扱えば，心理状態にも適正な変化が起こるであろう。強度の高いトレーニングを行うと疲労は増加し，活力は減少するだろうが，回復またはテーパリングを経れば逆転する。トレーニングによるパフォーマンスの変容は，一方はトレーニング不足，もう一方はステイルネスであり，その間にあるのが適正トレーニングとオーバートレーニングである。生理的，心理的変数はいずれもモニタリングでき，適正な状態からオーバートレーニング，またはステイルネスを示す状態への移行の可能性を見極めることができる。

＊**エプスタイン・バーウイルス**：慢性疲労症候群とは，健康な人に突然，原因不明の強い全身倦怠感・微熱・頭痛・脱力感・思考力の障害・抑うつ等の精神神経症状などが起こり，この状態が長期間続いて，健全な社会生活が送れなくなることをさす。この症候群は感染症をきっかけに発症したり，ときに集団発生することなどから，原因はウイルスではないかといわれている。その原因となるウイルスの一つに，エプスタイン・バーウイルスが挙げられている。

＊**POMS**：人の気分の状態を，①緊張，②抑うつ，③怒り，④活力，⑤疲労，⑥混乱の6因子について質問紙法で調査するもの。スポーツ場面では過剰なトレーニングやプレッシャー等による緊張，抑うつ，混乱を防ぎ，心身のコンディショニングに役立てる目的で利用されることが多い。

表8-1●オーバートレーニングやステイルネスのおもな症状と兆候	
トレーニングに関連したもの	
・トレーニングセッションの次の日に普段とは異なる筋肉の痛みを感じる	
・トレーニングを続けるにしたがい筋肉痛がひどくなっていく	
・トレーニングを増やしてもパフォーマンスが向上しないか低下する	
・これまでこなしていたトレーニング負荷をこなせなくなる	
・主観的なトレーニング負荷が上昇する；回復に時間がかかる	
・トレーニングをやめたい，休みたいと思うようになる	
ライフスタイルに関連したもの	
・緊張，抑うつ，怒り，疲労，混乱の増加；リラックスできない	
・毎日の生活をしていく上で活力がない；かつて楽しいと思ったことが楽しくない	
・熟睡できない	
健康に関連したもの	
・リンパ節が腫れる	
・便秘や下痢	
・病気になる（発熱，鼻かぜなど）	
・血圧の上昇；早朝の心拍数の増加	
・体重の減少；食欲の減退	

4 | オーバートレーニングの防止

1. オーバートレーニングの兆候

　オーバートレーニングの兆候を見つけて調整するのが早いほど，元に戻るのも早く，ステイルネスにもなりにくい。しかし，それはそう簡単なことではない。なぜなら，いわゆる"トンネルのように"狭い視野が，包括的な視点で負荷を調整する感覚を明らかに鈍らせているからである。残念ながら，それは傑出した選手やそのコーチにありがちである。おそらく彼らの闘争的なパーソナリティがそうさせるのだろうが，彼らには自分たちに「やりすぎ」が生じているなどとは想像さえもしない。周期的な休養をトレーニング計画に入れることがあまりにも少ない。選手とコーチは連帯してトレーニングの結果を調査しようとせずに，トレーニングには知らず知らずのうちに「多ければ多い程良いものだ」，「骨折りなければ利得なし」，そして「休養を求めるのは弱さの現れである」などといった道徳的価値観が植えつけられ，結果として選手を過剰領域にまで追いやることになるのである。

　選手の身体が，肉体的トレーニングを無限に受け入れられるはずはない。また，回復のための休養がトレーニングの効果を台無しにするなどといった強迫観念を選手に植えつけてはならない。良い医者と患者との関係の維持には，正しい診断と処方を受け，正しく薬剤を飲むということを忠実に守ることが重要である。選手とコーチが効果的なトレーニング計画をつくる際も同じことが言える。選手とコーチがよりハードにトレーニングするか，あるいは量を増やすかどうかと考える場合，何よりも重要となることは，「本当にそれは必要なのか？」と問い直すことである。

　残念ながら，何割かのコーチは，その攻撃的な性格に加え，期せずして熱心なリーダーであるがゆえに，トレーニングが過剰になってしまうことがある。コーチは選手に対して一般化したトレーニング計画を与え，そして議論することなく，選手全員がそのトレーニング負荷に耐えるだろうと安易に期待する（Newton and Durkin, 1988）。多分そのようなコーチは，挫折した元選手であったり，そのキャリアがケガのために終わってしまったり，あるいは単にそれほど才能に恵まれなかったかのいずれかの場合が多い。これらのコーチの独裁的な性質のために，選手はトレーニングについて考えることなどもってのほかで，服従こそが唯一の対応となる。コーチは単に背中を押すだけで，選手が過度に疲労していたり，抑うつの状態にあったり，故障しかかっていても，それを直視しようとはしない。たとえ選手とコーチの間に会話があったとしても，選手は自分の弱さの兆候（故障，やる気の低下など）を曝け出すことはしないであろう。コーチは選手がイライラしていても，それはハードトレーニングによる疲労時にありがちな現象であると，勝手に解釈するかもしれない。このような主観的な環境は，選手とコーチの意思の疎通の低下を引き起こし，オーバートレーニングによる体調の悪化やケガの温床となる。個々の

選手はだんだんと良い成績が出せなくなり，ケガをして次の競技会からの棄権を余儀なくされる。コーチは依然として，その選手にのしかかるオーバーストレスの原因を学ぼうとしない。

願わくは，コーチング教育が普及することによって，このようなタイプのコーチやそのコーチングにおける考え方は，すぐにでも姿を消してもらいたいものである。選手とコーチがより効果的なコーチングを求めて，一方通行的な関係ではなく，相互の願いに基づいて調和を保ちながら，進歩を目指すことができる環境が整うことを願うのみである。選手は自らの進歩に関する詳細な記録をつけるべきであり，それによって安定したパフォーマンスの上昇，プラトー，または下降など，自分の状態を容易に把握できるであろう。このように，コーチング関係が徐々に適正なものになるなら，次のステージでの発展に大きな力となるだろう。

2. オーバートレーニングの引き金

オーバートレーニングやケガの引き金となる疲労をもたらすものは，トレーニング環境における次のような3つの状況である。1つめの状況は，トレーニングやレースのパフォーマンスが低下する理由として，選手が単に十分な量，あるいは質，あるいは両方においてトレーニングできていないからだと，結論づけるときである。すなわち，トレーニングというものは必ずパフォーマンスの改善をもたらすものであり，パフォーマンスの低下は不十分なトレーニングによってのみ起こるという論理である。これは一見，明快なように見えるが，実は間違っている。パフォーマンスが低下した時点で，すでに選手はトレーニングストレスに対する正常時の反応がもはやできない状態にあるからである。この場合，より多くのトレーニングはよりマイナスの効果をもたらし，逆に，より少ないトレーニングがより多くのプラスの効果を生み出す，ということになる。発達のための方程式に必要な変数である量と強度に加え，3つめの変数である回復・休養の重要性はより大きくなる。

2つめの状況は，うまくいったレースのシリーズ，またはいくつかの質の高いトレーニングのメゾ周期のあとに起こる。自分が無敵であるように感じること，またはより多くのトレーニングをすることでより良い結果が出るのは当然と考える感覚である。特にその選手がそれ以前のきついトレーニングにもさほど重荷を感じることなく良い結果を達成できたこと，それがより多くの努力にも耐えられるという信念を染み込ませる。しかし実際は，よく言われている通り，その状況はまったくその正反対となりうる。おそらく，その素晴らしい結果は，単に正しい量，強度，そして回復のバランスによる結果であろう。ほんの少しの負荷の増加は選手を新しいプラトーまで伸ばし続けるかもしれない。しかし，大幅な負荷増加は過剰になる可能性が非常に高い。

3つめの状況は，ケガや病気のような後退から回復したときに起こり，それは特に，来るべき重要な試合期に向けての適正な準備のための時間があまり残っていないときである。その試合期を避け，その後の試合期に目標を合わせることをせずに，選手は十分な休養を伴わずに急速にトレーニングの量と質を増加させる。最初はその一時的休業のおかげで，選手は肉体的にも精神的にもリフレッシュしている。しかし，身体はトレーニングの負荷に耐えるだけの準備が不十分である。最初こそ大きな改善が見られるが，不十分な休養または過剰な負荷のために結果的には利益に結びつかない。

選手とコーチはこうして，トレーニング計画を考案するとき，自分たちがジレンマに陥っていることに気づくのである。ここでは3つの重要な疑問に答

- オーバートレーニングを起こさずに，パフォーマンスを改善するためには，どのくらいのトレーニングをすればよいのか？
- どのような種類のトレーニングまたはその他のライフスタイルがオーバートレーニングの危険を増加させるのか？
- オーバートレーニングやステイルネスの開始を知らせる早期の警告サインはあるのか？

最初の疑問に答えるのは最も難しい。というのも，それぞれの選手によってそれは異なるからである。トレーニング量が増加し始めるにつれてストレスに貢献してくる3つの大きな変数は，(1)ライフスタイル，(2)遺伝的因子，そして(3)初期の適応レベルである。適正なトレーニング負荷を見つけるための1つの提案は，以前うまくいった状況とよく似たトレーニング期間についてトレーニング日誌を注意深く調査し，そのときのトレーニング負荷とライフスタイルのコンビネーションを把握することであろう。大雑把に言えば（これまでの経験からではあるが），毎週5％以内の増加であれば1つのミクロ周期の間に，効果的に維持でき，健康で漸進的な適応が可能である。また，トレーニングの量と強度は同時に増加させるべきではない。

しかしながら，そのように熟考するためには，よく調査されたトレーニング記録に加えそのトレーニング期間の開始時に選手が健康であることが必要である。図表作成には週間，月間の走行距離のようなデータを含めるべきである。有気的ランニング，ロングインターバル（少し無気的），そしてショートインターバル（かなり無気的）に相当するトータルの週間の距離，1週間または1ヶ月あたりの休養日数，スピード練習であればペースと間の休養の定量化，そしてトレーニングの継続性を阻んだものについての記述（家族または仕事の問題，遠距離の旅行，病気，小さなケガなど）。しばしばそのようなデータは図表に示した形で見られ，日々のトレーニングの詳細が明快になるとき，運動の適正なパターンから外れる流れや休養が明確に見分けられる。

科学者がコーチに手を貸すべきひとつの重要な未解決の問題は，すべてのトレーニングの強度を示す数量化された指標を作ることであり，それによってより特異的にトレーニングの比較が可能になり，またトレーニング負荷の総合的な指標にもなる。人間の身体は，日々のトレーニングに慣れるにつれて，これを非常にうまくやってのける。天候，地面の状態，心理的因子，筋細胞のO_2と燃料の利用度，動作の可動域，そしてその他多くの因子がすべてトレーニングに対するトータルな身体の反応に関係する。人間の身体そのものが感じるものと同様に，この正味の効果を定量化できさえすれば，我われはトレーニング負荷と過負荷をよりうまく見分けられるようになるだろう。カナダの生理学者，Banisterは，この方面で相当な進歩をもたらした。彼の発表した研究は，すぐに利用できるようになるはずである(Anderson, 1995)。ハードトレーニングからオーバートレーニングへの変わり目を上手く予測するための大きな突破口は，そのような分析が可能になったときのみ訪れる。

2つめの疑問，すなわちトレーニングとライフスタイルに関しても，またトレーニングの記録と反応の情報があれば，少し答えやすい。オーバートレーニングをもたらすおそれのあるオーバーワークを引き起こす高い危険がある，赤信号を灯すべき活動パターンがいくつかある。それを以下に示す。

- 多すぎる試合を，十分な休養を間に入れずに，もしくは連続した試合の後にきちんと決めた休養なしに設定する。
- 徐々にというよりは突然に，トレーニングの質または量を増加させる。
- ひとつのトレーニング型式を強調しすぎ，特定の筋群に過度な負担をかける。
- トレーニングに関係のない異質のストレス因子が増加すること（旅行，不規則な日々のスケジ

ュール，睡眠不足，感情的葛藤，マイナスのエネルギー，または水分バランス，など）。

選手はハードトレーニングからの適正な回復に対して，これら異質のストレス因子が全体に抑制的に作用しうることに気づかないことが多い。オーバートレーニングに至るプロセスにおいては，大方，トレーニングにおける負荷が増大しているものである。したがって，回復過程を促進し，それら異質なストレス要因の影響を取り除くことさえできれば，より困難なトレーニングに耐えられると考えることができる。そうした理由もあって，多くの選手が定期的にトレーニング合宿を実施したいと考えているようである。いくつかの国では，選手育成のために年間単位でそのような合宿を繰り返すところもある。規則正しく栄養豊富な食事，素晴らしいトレーニング施設，マッサージその他の回復治療の方法，英気を養うための気分転換，さらに外部の影響を最小限にする工夫などが，いずれも意欲ある選手に必要な理想的環境を提供する。しかし，そのようなスポーツ天国においてこそ，過剰なトレーニングによる危険性は増大する。したがって，こうしたトレーニング合宿は，たいてい2週間以内に制限され，回復，テーパリング，そして小さな競技会，あるいはタイムトライアルなどがその後の週に設定されるのが普通である。

ブラントリーはそのような合宿の機会をとてもうまく利用した。1995年の1月，ノースカロライナのシャーロットにおけるアメリカ男子マラソン選手権に向けた秋の準備期において，彼はフロリダの自宅近くの平地で，暖かく，湿潤な気候のもと，楽なトレーニングを2, 3週間（長距離走中の水分摂取の練習をしつつ，量的なトレーニングを強調して）行った後，ノースカロライナのやや高度のある山地で2, 3週間のハードなトレーニング（筋力をつけるため，きつい坂道を利用した質的なトレーニングを強調）といった具合に，トレーニングを交互に行った。適度な高地の刺激は赤血球の産生を少しだけ増加させ，血中の酸素運搬能力を高める。2つの場所へ旅する時間は最小限に抑え，ストレスのかかり方を小さくすることに加え，相反する2つトレーニング形式によって，種々の筋群を刺激することができたのである。トレーニング以外の様々なストレス要因から解放されることによっても，与えられた負荷により良く適応するために必要な身体の新鮮さを保つことができた。そうした戦略が見事に成功したこともあり，彼は1996年のアトランタオリンピックのマラソンに向けて同じように準備した。その年の春の終わりから初夏にかけ，暑熱と多湿，そして山地がアトランタのレースの環境を完璧にシミュレートすることができたのである。

3. 主観的指標

科学や医学界でオーバートレーニングの兆候を示す生化学的指標を見いだす努力は続けられてはいるものの，現時点では"健康状態の自己報告評価"が何より実践的で便利ともいわれている（Hooper and Mackinnon, 1995）。簡単に言えば，よく鍛えられた選手は自らを熟知しているということである。彼らが自分たちが感じていることを信じさえすれば，彼らの感覚からわかる，差し迫ったオーバートレーニングの兆候をすべて明確に認識できるはずだ。表8-1に示されているように，ある選手が"限界を超えて"しまい，現行のトレーニング負荷とライフスタイルの組み合わせに適応できなくなったと感じるためのコツは意外にシンプルなものである。表8-1に示された警告サインは，オーバートレーニングでなくともトレーニングを継続している以上，しばしば単独の形で現れたり，複合的に起こるかもしれない。しかし，ハードトレーニングがオーバートレーニングに変わるとき，これらの症状は体全体に及び，パフ

ォーマンスも確実に低下し続ける。10年余に及ぶ多くの中長距離選手との管理体験のなかで、以下に示す4つの行動的指標（それらが組み合わされて見られるとき）を提案したい。それらがオーバートレーニングの兆候であり、素早く、積極的な処置が行われない限り、ステイルネスは免れられないだろう。

- 明らかによく似た環境条件において、以前は完璧に維持できたペースでのスピード練習、タイムトライアルで、レースをやり遂げるうえで必要な大きな努力の必要性を感じること。インターバルトレーニングにおいて以前は維持できたペースなのに、長い回復時間を十分とらないとできなくなった。
- 毎日のトレーニングをやり遂げるためにいつもとっている回復期間でも、早朝の心拍数の増加、または睡眠の質の低下、脱水状態の兆候などがみられるようになる。
- 態度の問題（不機嫌、口論をしがちになること、不平を言うこと、など）。これは社会において働く人がストレスの高い仕事で経験するバーンアウトにも関連するであろう。
- トレーニングに対する情熱の減退。もはやハードトレーニングをすることに楽しみを感じなくなり、悪い結果を出すのではという不安やおそれを抱くようになる。

こうした兆候をすぐに確認し、積極的な回復処置をとることで、パフォーマンスのさらなる低下を避ける回復過程へと向かわせることができる。そうした回復処置はとにかく積極的に行う必要がある。例として、トレーニング量を50〜60％減らすこと、睡眠の質（熟睡はどのくらいできているか）と規則性の改善、栄養摂取の改善、その他、外的ストレス要因に優先順位をつけて、その調整をすることなどによって疲労を取り除くことができる。しかし、それでもなお、穏やかなトレーニングが2, 3週間必要であり、以前のような強度の高いトレーニングは本当にゆっくりと再開すべきである。そして、再びトレーニングを全開にするためには、ハードトレーニングに向けて、興味や体調をリフレッシュすることができたと感じる瞬間を待つ必要がある（それまで待たねばならない）。

オーバートレーニングとステイルネスは選手の発達にとって現実的に深刻な妨げであることを肝に銘じるべきである。この悪影響は、ストレス負荷を減じることにより取り除かれなければならない。これ以外に他の選択肢などない。クロストレーニング、またはその他の積極的休養が少なくともある程度の適応を維持するのに役立つが、問題は常にどの程度のトレーニングをすればやりすぎになるのかを見極めることである。やりすぎは回復を困難にし、トレーニング効果をなくさせるのである。

オーバーユースにおけるケガやステイルネスを経験したことのあるエリートレベルランナーとの長年にわたる議論の末、次のようなことがわかってきた。彼らはまさに、我々が先に述べた初期の警告サインに気づいてはいたものの、実際にはそれを無視している。彼らのトレーニングの目標は次の試合期に合わせて設定されるだけで、オーバートレーニングやオーバーユースなどの身体の障害が起こる可能性などは無視していた。そうしたエリート選手たちのほとんどは、ケガや適応のための修復期間など必要ないとするコーチの指導下にある。ケガ、病気、そして重度のステイルネスとなり、もはや手遅れとなって初めて、選手はトレーニング計画が自分たちの適応能力を超える不適切なものであったことに気づいたのであった。こうした事実に選手は負い目を感じ、彼らをそのような状況に追い込んだ要因について考えるというより、むしろ、自責の念に駆られる傾向さえあるようである。

4. 客観的指標

　医師が，患者の健康状態をモニターするのに診療所のラボを利用するのと同じように，選手とコーチが，選手のパフォーマンスの向上を強く望む有能なスポーツ科学者やスポーツ医学専門家と相互協力関係を持つことは重要である。最近，発展してきたオーバートレーニングとステイルネスに関する研究は，心理的評価（前述したPOMSのような情緒変化のテスト）と**生化学的プロファイリング**（代謝の不均衡を知らせる生化学的変数の変化をはかること）を同時に利用することで，早期発見のためのより良い診断を可能にしている。

　ステイルネスで起こる深刻な退行現象は，1つの，または少数の簡単に測定できる生理学的変数を見つけることへの興味・関心を増大させた。オーバーストレス現象は多面的なのでそのように単純な解決法はおそらくないだろうが，今でも研究は続いている（Rowbottom et al., 1995）。理想的には，オーバートレーニングが起こる寸前にそれを見つけるのがベストである。しかしそれ自体とても難しい。なぜなら，オーバートレーニングに特異的なある特定の変数がわかったとしても，実際には，選手がオーバートレーニングに陥るまでは，その変数の変化を見いだすことができないからである。

　そのような変数を見つける第一の困難は，激しいトレーニングを行うこと自体が，生化学的プロファイリングや生理学的な数値により判断できる細胞生理学的変化を十分起こしうるということである。激しくても我慢できるトレーニングとオーバートレーニングの兆候との違いとは，本質的にはあまり差がないのである。適応のための生理学的反応は，どんなストレスであってもその需要の増大を完全には満たせない灰色の部分を常に持つからでもある。さらに個人間ならびに個人内における生化学的データのばらつきの問題もあって，オーバートレーニングの兆候をすべての人に示す変数の水準を決定することはできない。しかし，頻繁に（月1回あるいは3ヶ月に1回）測定し精選されたいくつかの変数の日常的レベルからの偏りについて，ある特定の選手の生化学的プロファイルのなかで検討することは有効である。身体がホメオスタシスを維持できなくなり，オーバートレーニングの兆候を示唆する可能性も十分にある。最もよく測定される生化学的変数のなかのいくつかは，本章と第4章で扱っているが，ヘモグロビン（貧血の指標），フェリチン（潜在的な貧血の指標），クレアチンキナーゼ（筋細胞膜透過性増加の指標），hydroxyproline（腱損傷の指標），reticulocytes（十分な赤血球産生の指標），そしてハプトグロビン（溶血増加の指標）などである。

　我々が行った，エリート選手の生化学的プロファイルの分析経験からは，先にあげた4つの行動上のマーカーが大きく変化したとき，さらに，以下に述べるような生理学的変数が大きく動くとき，トレーニング負荷と栄養状態の再評価とともに思い切ってトレーニング（量）を減少させるべきである。そうした選手たちはたいてい，オーバートレーニングの症状には至らなかったことから考えて，これらの変数をモニターすることは，オーバートレーニングを避けるための優良な方法だと言えよう。もちろん科学的には，トレーニング負荷をかけ続け，オーバートレーニングの症状とステイルネスが起こるかどうかを見極めて初めて証明できることではある。しかし実際には，我われは，この症状の発生が起きないよう十分な注意を払って，うまくやらなければならない。

　一部には，一般的な人間の生活記録をモニターすること，すなわち毎晩の睡眠時間，朝の心拍数の計測などを提案する者もいる（Ryan et al., 1983; Dressendorfer, Wade and Scaff, 1985）。しかし，これ

らのデータの採取とその解釈には問題がある。例えば，毎晩の**睡眠時間**を記録することは休養の必要性を考えるうえでは役立つかもしれない。しかし，遅く寝て次の朝遅く起きるというのは，たいてい通常の睡眠パターンほどは十分休息できる睡眠とは言えず，できれば睡眠の質とパターンも記録したほうがよい。**朝の心拍数**の測定も一般的な回復の指標として有用かもしれない。しかし，測定のいろいろな条件でかなり変わりやすい。例えば，自然に起きるのと目覚まし時計で起きること，ベッドから出る前に測る場合と後で測る場合とでは値は変わる。

　3番めに便利な変数は**体重**である。ここでも，いつ，どのように計るかが問題となる。まず，同じ体重計を使用すべきことは言うまでもない。練習後に体重を計るのが，いわゆる"トレーニング体重"を計るのに最も適当である。しかし，天候やトレーニング負荷の性質のために，すべての練習が似通っているということはあり得ない。あるいは，状況によって練習中に水分を摂るかもしれないし，摂らないかもしれないし，体重減少の程度も変動しやすい。朝の排尿，排便後で朝食前の体重を測定することがよく行われる。心拍数における評価，体重の減少，睡眠の減少および不眠，特にそれらが同時に起こったとき，オーバートレーニング状態に陥る可能性が増大する。ここで言えることは，少しのデータを採るだけでは何もわからない。それは，情報がまったくないのとさほど変わらないということである。では，役に立つ方法とは何か。それは，十分意図されたトレーニング計画のなかで，選手からうまく収集されたデータによってのみ引き出されるものである。

まとめ

●──ランニングキャリアを伸ばす

1. 適切なトレーニング負荷はパフォーマンス能力の適正な改善をもたらすはずである。重要な問題は，どのようにして適正なトレーニング負荷を保証するかということである。競技スポーツの本質は，選手に対して最高のパフォーマンスを要求する戦いであり，可能な限りの大きな適応のために必要な，すべての努力への高いモチベーションを要求するのである。この強いモチベーションは，恵まれた選手の性格特性であり，しばしばそのために適正なトレーニングと過剰なものとの違いを識別する能力を曇らせてしまう。

2. 疲労と遅発性筋痛は，パフォーマンス能力の相当な向上を望む選手のトレーニング過程にともなう構成要素である。これは組織へのハードトレーニングの代謝効果の現れである。一時的な性質の通常とは違った負荷の運動は，たいてい遅発性筋痛を誘発し，2, 3日で回復する。オーバーユースによる故障は，過剰な量のトレーニングまたは強度の結果起こるようである。筋や腱のような組織の急速な入れ替わりは，相当な時間の無気的代謝，すなわち最大下または最大運動の結果起こる。もし，適正な生理的適応があれば，回復の結果，トレーニングされた個人は同じような負荷に対する許容力が高まっていることだろう。

3. 短期のオーバートレーニング（または単にオーバートレーニング）は，トレーニング負荷がかかってからの回復が不十分であるときに生じる。心理的，生理的な兆候と症状がその存在を知らせる。そして通常の恒常性（ホメオスタシス）の回復にかかるよりも長い回復期間を要する。レースにおけるパフォーマンスもたいてい低下する。

4. 長期のオーバートレーニング（またはステイルネス）はオーバートレーニングが続いた場合に起こる。

このときも心理的，生理的兆候がその存在を知らせるが，今度はより大きくかつ明らかで，病気や故障の傾向の増加を伴う。回復には数週間ないし数ヶ月，またはもっと要するかもしれない。

5. 疲労により良いパフォーマンスを制限してしまう危険，またはオーバーユースによる故障やステイルネスが継続した進歩を妨げる危険はあまりにも大きいので，すべてのスポーツにおける競技的成功を熱望している選手とコーチは，それらが起こるのを最大限防ぐために適正なステップを踏むことを最重要課題としなければならない。どんなときにもハードトレーニング自体が即オーバートレーニングになるわけではない。というのも，オーバートレーニングは十分な超回復が起こる休養なしに，長期間ハードトレーニングが行われた結果として起こるからである。たとえ一時的にでも，うまくいっている自信があるときはハードトレーニングから身を引くのは難しいことではあるが，計画的で十分な休養はトレーニングの一部であり，発達をうまく続けるためには不可欠であるということに，選手の気持ちを向けさせなければならない。休養が本当に十分なとき，選手はトレーニングと彼ら自身に対して一貫して気分良く，前向きな気持ちと自信が持てるのである。

6. オーバートレーニングのリスクを減らす最も良い方法の1つは，過去と現在のトレーニング状態と現在のライフスタイルの状態を注意深くモニタリングし，その知識をトレーニング計画作成の際に吟味しながら利用することである。通常とは異なるトレーニング量や強度の増加，トレーニング環境の不利な変化（天候が暖かくなるとか坂の多い地形が加わること），またはその他のライフスタイルのストレス要因が加わるとき，それらに対応する休養，栄養の増加，または治療回復手段の利用が伴わないというのは良くないことであり，それを避けるための最良の方法はトレーニング記録を注意深く吟味することである。定期的に客観的な見直しと分析をしつつ，正確な記録をつけることで，オーバートレーニングから身を守る最初の予防線を張ることができるであろう。そのような分析からの結論によって，その危険の可能性も予測することができる。

7. 激しいハードトレーニングにより蓄積する影響の主観的な指標は，オーバートレーニングが起こりつつあることを知らせる効果的な初期の警告サインとなりうる。その主観的指標とは，(a)与えられた負荷に対しての努力感の増加，(b)いつも通りの休養をしているにもかかわらずパフォーマンス能力が減少した状態，(c)イライラしたり不機嫌な状態の増加，そして(d)トレーニングに対する情熱の減退である。

8. 個人に合わせたトレーニング計画，すなわちその選手の現行のトレーニングへの適応状態を逐一反映したもので最も新しいものは，一般化されたトレーニング計画よりもずっとオーバートレーニングを誘発する危険が少ない。いっぽう，グループ用の計画は，適応状態の低い，またはあまり恵まれていない選手にとってオーバートレーニングを誘発しがちだが，より恵まれた選手には刺激が低くなり，それによって後者もまた，さらにトレーニングすることになり，もし上手くコントロールされなければオーバートレーニングになってしまう可能性がある。選手は常に自分たちの発達環境が適正な改善のために妥当なものかどうか，コーチとの効果的な双方向のコミュニケーション関係とトレーニング環境における他の選手たちとの適切な相互作用を継続的に意識している必要がある。

9. 生化学的変数のなかで，これまで報告されている有用な代謝指標は，現在，実際のオーバートレーニングの兆候を示すものとしては，まだ完全なものとはいえない。オーバートレーニング状態を示す明確な基準がまだ明らかとなっていないからである。個人差もかなりある。トレーニングしている選手の健康評価の基礎的なものの一つとして，定期的な生化学的プロファイリングをあげることができる。これは，正確

に，それぞれの選手にとって典型的なそのときの状態を知るのに有用となる。定期的で長期的な（例えば数年間の）健康管理のモニタリングの恩恵にあずかっている選手にとって，それらの変数の大幅な変化は，オーバートレーニングが起こっているかもしれないと警告するための有効な指標となりうる。通常は安定している血液生化学的状態の変化が，明らかに，ある代謝的不均衡を引き起こすだけのものとなれば（一般的な異常値になる場合，あるいは，あくまで個人のレベルが普段と大きく異なる場合など），選手のトレーニングとライフスタイルの流れのなかでこれらの変化について敏速に診断を下すことにより，その後の回復過程の進行に良い影響を与えることになる。ここでは，そうした役に立つ生化学的変数のいくつかについて述べてきた。その他，トレーニングでモニターすべき有効な生理学的変化は，早朝の心拍数の増加，漸進的な体重減少，睡眠効率の減少，そして食欲減退のチェックなどである。しかし，重要なことは，常に一貫性や正当性のある情報のみを収集して，警告となるかどうかの判断をするということである。

REFERENCES

参考文献

● 女子マラソンで2時間19分46秒(2001年9月30日, ベルリンマラソン)の日本最高記録を有する高橋尚子。写真は1998年12月6日、タイのバンコクで開催されたアジア大会で当時の日本最高記録をマークしたときのもの(時事通信)。

第1章
CHAPTER 1

Adelaar, R.S. 1986. The practical biomechanics of running. *American Journal of Sports Medicine* 14:497-500.

Beck, M. 1966. The path of the center of gravity during running in boys grade one to six. PhD diss., University of Wisconsin, Madison.

Cavanagh, P.R.; Andrew, G.C.; Kram, R.; Rodgers, M.M.; Sanderson, D.J.; and Hennig, E.M. 1985. An approach to biomechanical profiling of distance runners. *International Journal of Sports Biomechanics* 1:36-62.

Cavanagh, P.R., and Kram, R. 1990. Stride length in distance running: Velocity, body dimensions, and added mass effects. In *Biomechanics of distance running*, ed. P.R. Cavanagh, 35-60. Champaign, IL: Human Kinetics.

Cavanagh, P.R.; Pollock, M.L.; and Landa, J. 1977. A biomechanical comparison of elite and good distance runners. *Annals of the New York Academy of Sciences* 301:328-345.

Cavanagh, P., and Williams, K.R. 1979. Should you change your stride length? *Runner's World* 14(7):62-66.

Henatsch, H.-D., and Langer, H.H. 1985. Basic neurophysiology of motor skills in sport: A review. *International Journal of Sports Medicine* 6:2-14.

Hutchinson, M.R., and Ireland, M.L. 1995. Knee injuries in female athletes. *Sports Medicine* 19:288-302.

James, S.L., and Brubaker, C.E. 1972. Running mechanics. *Journal of the American Medical Association* 221:1014-1016.

Kaggestad, J. 1987. So trainiert Ingrid Kristiansen 1986. *Leichtathletik* 38:831-834.

Mann, R.A. 1982. Foot problems in adults. *Instructional Course Lectures* 31:167-180.

Mann, R.A.; Moran, G.T.; and Dougherty, S.E. 1986. Comparative electromyography of the lower extremity in jogging, running, and sprinting. *American Journal of Sports Medicine* 14:501-510.

Slocum, D.B., and Bowerman, W. 1962. The biomechanics of running. *Clinical Orthopedics* 23:39-45.

Slocum, D.B., and James, S.L. 1968. Biomechanics of running. *Journal of the American Medical Association* 205:721-728.

Stanton, P., and Purdam, C. 1989. Hamstring injuries in sprinting—The role of eccentric exercise. *Journal of Orthopaedic and Sports Physical Therapy* 10:343-349.

Stipe, P. 1982. Scaling of body size and cushioning in running shoes. *NIKE Research Newsletter* 1(2):3-4.

Warren, B.L. 1990. Plantar fasciitis in runners. *Sports Medicine* 10:338-345.

Williams, K.R., and Cavanagh, P.R. 1987. Relationship between distance running mechanics, running economy, and performance. *Journal of Applied Physiology* 63:1236-1245.

Williams, K.R.; Cavanagh, P.R.; and Ziff, J.L. 1987. Biomechanical studies of elite female distance runners. *International Journal of Sports Medicine* 8(suppl. 2):107-118. *Biological Chemistry* 242:2278-2282.

第2章
CHAPTER 2

Barany, M., and Close, R.I. 1971. The transformation of myosin in cross-innervated rat muscle. *Journal of Physiology* 213:455-474.

Brodal, P.; Ingjer, F.; and Hermansen, L. 1977. Capillary supply of skeletal muscle fibers in untrained and endurance-trained men. *American Journal of Physiology* 232:H705-H712.

Brooke, M.H., and Engel, W.K. 1969. The histographic analysis of human muscle biopsies with regard to fiber types. I. Adult males and females. *Neurology* 19:221-233.

Brooke, M.H., and Kaiser, K.K. 1970. Muscle fiber types: How many and what kind? *Archives of Neurology* 23:369-379.

Buller, A.J.; Eccles, J.C.; and R.M. Eccles. 1960. Interaction between motoneurons and muscles in respect of the characteristic speeds of their response. *Journal of Physiology* (London) 150:417-439.

Close, R.I. 1969. Dynamic properties of fast and slow skeletal muscle after nerve cross-union. *Journal of Physiology* 204:331-346.

Costill, D.L.; Fink, W.J.; Flynn, M.; and Kirwan, J. 1987. Muscle fiber composition and enzyme activities in elite female distance runners. *International Journal of Sports Medicine* 8:103-106.

Deschenes, M. 1989. Short review: Rate coding and motor unit recruitment patterns. *Journal of Applied Sport Science Research* 3:34-39.

Edstrom, L., and B. Nystrom. 1969. Histochemical types and sizes of fibers in normal human muscles. *Acta Neurologica Scandinavica* 45:257-269.

Fink, W.J.; Costill, D.L.; and M.L. Pollock. 1977. Submaximum and maximum working capacity of elite distance runners. Part II. Muscle fiber composition and enzyme activities. *Proceedings of the New York Academy of Sciences* 301:323-327.

Gollnick, P.D. 1982. Relationship of strength and endurance with skeletal muscle structure and metabolic potential. *International Journal of Sports Medicine* 3(suppl. 1):26-32.

Gollnick, P.; Armstrong, R.; Saubert, C.; Piehl, K.; and B. Saltin. 1972. Enzyme activity and fiber composition in skeletal muscle of untrained and trained men. *Journal of Applied Physiology* 33:312-319.

Gollnick, P.D. and D.R. Hodgson. 1986. The identification of fiber types in skeletal muscle: A continual dilemma. *Exercise and Sports Sciences Reviews* 14:81-104.

Gollnick, P.D. and H. Matoba. 1984. The muscle fibre composition of muscle as a predictor of athletic success. *American Journal of Sports Medicine* 12:212-217.

Gregor, R.J. 1989. The structure and function of skeletal muscles. In *Kinesiology and Applied Anatomy*, 7th ed., ed. P.J. Rasch, pp. 32-47. Philadelphia: Lea & Febiger.

Henriksson, J., and J.S. Reitman. 1976. Quantitative measure of enzyme activities in type I and type II muscle fibers of man after training. *Acta Physiologica Scandinavica* 97:392-397.

Holloszy, J.O. 1967. Biochemical adaptation in muscle. Effects of exercise on mitochondrial oxygen uptake and respiratory enzyme activity in skeletal muscle. *Journal of*

Holloszy, J.O., and E.F. Coyle. 1984. Adaptation of skeletal muscles to endurance exercise and their metabolic consequences. *Journal of Applied Physiology* 56:831-838.

Hoppeler, H.; Luthi, P.; Claassen, H.; Weibel, E.R.; and H. Howald. 1973. The ultrastructure of the normal human skeletal muscle. A morphometric analysis on untrained men, women, and well-trained orienteers. *Pflüger's Archiv für die gesamte Physiologie* 344:217-232.

Huxley, A.F., and R. Niedergerke. 1954. Structural changes in muscle during contraction. *Nature* 173:971-973.

Huxley, H.E., and J. Hanson. 1954. Changes in the cross-striations of muscle during contraction and stretch and their structural interpretation. *Nature* 173:973-976.

Ingjer, F. 1979. Effects of endurance training on muscle fibre ATPase activity, capillary supply and mitochondrial content in man. *Journal of Physiology* 294:419-432.

Karlsson, J. 1986a. Muscle exercise, energy metabolism and blood lactate. *Advances in Cardiology* 35:35-46.

———. 1986b. Muscle fiber composition, metabolic potentials, oxygen transport and exercise performance in man. In *Biochemical aspects of physical exercise*, eds. G. Benzi, L. Packer, and N. Siliprandi, 12. Amsterdam: Elsevier Science.

Komi, P.V.; Viitasalo, J.H.T.; Havu, M.; Thorstensson, A.; Sjödin, B.; and J. Karlsson. 1977. Skeletal muscle fibers and muscle enzyme activities in monozygous and dizygous twins of both sexes. *Acta Physiologica Scandinavica* 100:385-392.

McDonagh, M.J.N., and C.T.M. Davies. 1984. Adaptive response of mammalian muscle to exercise with high loads. *European Journal of Applied Physiology* 52:139-155.

Miller, A.E.J.; MacDougall, J.D.; Tarnopolsky, M.A.; and D.G. Sale. 1993. Gender differences in strength and muscle fiber characteristics. *European Journal of Applied Physiology* 66:254-262.

Nadel, E.R. 1985. Physiological adaptation to aerobic exercise. *American Scientist* 73:334-343.

Pattengale, P.K., and J.O. Holloszy. 1967. Augmentation of skeletal muscle myoglobin by a program of treadmill running. *American Journal of Physiology* 213:783-785.

Peter, J.B.; Barnard, R.J.; Edgerton, V.R.; Gillespie, C.A.; and K.E. Stempel. 1972. Metabolic profiles of three fiber types of skeletal muscles in guinea pigs and rabbits. *Biochemistry* 11:2627-2633.

Pette, D. 1984. Activity-induced fast to slow transitions in mammalian muscle. *Medicine and Science in Sports and Exercise* 16:517-528.

Prince, F.P.; Hikida, R.S.; and F.C. Hagerman. 1976. Human muscle fiber types in power lifters, distance runners, and untrained subjects. *Pflüger's Archiv für die gesamte Physiologie* 363:19-26.

Ranvier, L. 1873. Propriétés et structures différentes des muscles rouges et des muscles blancs chez les lapins et chez les raies. *Compte Rendu Hebdomadaire des Séances de l'Académie des Sciences (D) Paris* 77:1030-1034.

Rice, C.L.; Pettigrew, F.P.; Noble, E.G.; and A.W. Taylor, 1988. The fibre composition of skeletal muscle. *Medicine and Sport Science* 27:22-39.

Sale, D.G.; MacDougall, J.D.; Upton, A.R.M.; and A.J. McComas. 1983. Effect of strength training upon motoneuron excitability in man. *Medicine and Science in Sports and Ex-*

ercise 15:57-62.

Saltin, B., and P.D. Gollnick. 1983. Skeletal muscle adaptability: Significance for metabolism and performance. In *Handbook of physiology: Sec. 10. Skeletal muscle*, eds. L.D. Peachey, R.H. Adrian, and S.R. Geiger, 555-663. Washington, DC: American Physiological Society.

Saltin, B.; Henriksson, J.; Nygaard, E.; and P. Andersen. 1977. Fiber type and metabolic potentials of skeletal muscles in sedentary man and endurance runners. *Annals of the New York Academy of Sciences* 301:3-29.

Taylor, C.R., and E.R. Weibel. 1981. Design of the mammalian respiratory system. I. Problem and strategy. *Respiration Physiology* 44:1-10.

Thomas, C.L. 1989. *Tabor's Cyclopedic Medical Dictionary*. 16th ed. Philadelphia: Lea & Febiger.

Uebel, R. 1987. Weight training for swimmers—A practical approach. *National Strength and Conditioning Association Journal* 9(3):38-41.

Whipple, G.H. 1926. The hemoglobin of striated muscle. I. Variations due to age and exercise. *American Journal of Physiology* 76:693-707.

Wirhed, R. 1984. *Athletic ability & the anatomy of motion*. London: Wolfe Medical Publications, Ltd., pp. 15-20.

第3章
CHAPTER 3

Costill, D.L.; Bowers, R.; Branam, G.; and Sparks, K. 1971. Muscle glycogen utilization during prolonged exercise on consecutive days. *Journal of Applied Physiology* 31:834-838.

Costill, D.L., and Miller, J.M. 1980. Nutrition for endurance sport: Carbohydrate and fluid balance. *International Journal of Sports Medicine* 1:2-14.

Coyle, E.F. 1995. Fat metabolism during exercise. *Sport Science Exchange* 8(6):1-6.

de Palo, E.; de Palo, C.; Macor, C.; Gatti, R.; Federspil, G.; and Scandellari, C. 1986. Plasma free fatty acid, carnitine and acetylcarnitine levels as useful biochemical parameters in muscular exercise. In *Biochemical aspects of physical exercise*, eds. G. Benzi, L. Packer, and N. Siliprandi, 461-467. Amsterdam: Elsevier Science.

Embden, G. 1925. Chemismus der Muskelkontraktion und Chemie der Muskulatur. In *Bethes' Handbuch der normalen und pathologischen Physiologie*, vol. VIII/1, 369. Berlin.

Gladden, L.B. 1989. Lactate uptake by skeletal muscle. *Exercise and Sports Sciences Reviews* 17:115-155.

Hawley, J.A., and Hopkins, W.G. 1995. Aerobic glycolytic and aerobic lipolytic power systems. *Sports Medicine* 19:240-250.

Hunt, S.M., and Groff, J.L. 1990. *Advanced nutrition and human metabolism*. St. Paul, MN: West.

Jarvis, W.T. 1983. Food: Faddism, cultism, and quackery. *Annual Review of Nutrition* 52:3-35.

Jéquier, E., and Flatt, J.-P. 1986. Recent advances in human energetics. *News in Physiological Sciences* 1:112-114.

Katz, A.M. 1970. Contractile proteins of the heart. *Physiological Reviews* 50:63-158.

Krebs, H. 1970. The history of the tricarboxylic acid cycle. *Perspectives in Biology and Medicine* 14:154-170.

Lehninger, A.L. 1982. *Principles of biochemistry.* New York: Worth.

Lohmann, K. 1934. Über die enzymatische Aufspaltung der Kreatinphosphorsäure; zugleich ein Beitrag zum Chemismus der Muskelkontraktion. *Biochemische Zeitschrift* 271:264.

Netter, F.H. 1987. *Musculoskeletal system, Part 1.* Vol. 8 of *The Ciba collection of medical illustrations.* Summit, NJ: Ciba-Geigy.

Rogers, M.A.; Stull, G.A.; and Apple, F.S. 1985. Creatine kinase isoenzyme activities in men and women following a marathon race. *Medicine and Science in Sports and Exercise* 17:679-682.

Sherman, W.M., and Leenders, N. 1995. Fat loading: The next magic bullet? *International Journal of Sports Nutrition* 5:S1-12.

Weight, L.M.; Myburgh, K.H.; and Noakes, T.D. 1988. Vitamin and mineral supplementation: Effect on the running performance of trained athletes. *American Journal of Clinical Nutrition* 47:192-195.

Whipp, B.J. 1987. Dynamics of pulmonary gas exchange. *Circulation* 76(suppl. 6):18-28.

第 4 章
CHAPTER 4

Allison, A.C. 1957. The binding of haemoglobin by plasma proteins (haptoglobins): Its bearing on the "renal threshold" for haemoglobin and aetiology of haemoglobinuria. *British Medical Journal* 2:1137.

American College of Sports Medicine. 1986. *Guidelines for exercise testing and prescription.* 3rd ed. Philadelphia: Lea and Febiger.

American Thoracic Society. 1979. ATS statement—Snowbird workshop on standardization of spirometry. *American Review of Respiratory Diseases* 119:831-838.

Anderson, T. 1996. Biomechanics and running economy. *Sports Medicine* 22:76-89.

Aschoff, J., and Pohl, H. 1970. Rhythm variation in energy metabolism. *Federation Proceedings* 154:29-35.

Åstrand, P.-O. 1976. Quantification of exercise capability and evaluation of physical capacity in man. *Progress in Cardiovascular Disease* 19:51-67.

———. 1982. Muscle oxygen supply in exercise. In *Oxygen transport to human tissues,* eds. J.A. Loeppky and M.L. Riedesel, 187-94. New York: Elsevier/North Holland.

———. 1984. Principles in ergometry and their implication in sports practice. *International Journal of Sports Medicine* 5:S102-S105.

Åstrand, P.-O., and Rodahl, K. 1977. *Textbook of work physiology.* 2nd ed. New York: McGraw-Hill.

Attlee, W.H.W. 1937. Hemoglobinuria following exertion. *Lancet* 1:1400.

Billat, L.V. 1996. Use of blood lactate measurements for prediction of exercise performance and for control of training. *Sports Medicine* 22:157-175.

Billat, L.V., and Koralsztein, J.P. 1996. Significance of the velocity at v-$\dot{V}O_2$max and time to exhaustion at this velocity. *Sports Medicine* 22:90-108.

Bohr, C.; Hasselbalch, K.A.; and Krogh, A. 1904. Über einen in biologisches Beziehung wichtigen Einfluss den die Kohlensäurespannung des Blutes auf dessen Sauerstoffbindung übt (Concerning an important influence in the biological relationship which the CO_2 tension of blood has on its O_2 binding). *Skandinavisches Archiv für Physiologie* 16:402-412.

Borg, G. 1973. Perceived exertion: A note on history and methods. *Medicine and Science in Sports* 5:90-93.

Bouchard, C.; Boulay, M.R.; Simoneau, J.-A.; Lortie, G.; and Perusse, L. 1988. Heredity and trainability of aerobic and anaerobic performances. *Sports Medicine* 5:69-73.

Bouchard, C., and Lortie, G. 1984. Heredity and endurance performance. *Sports Medicine* 1:38-64.

Bransford, D.R., and Howley, E.T. 1977. Oxygen cost of running in trained and untrained men and women. *Medicine and Science in Sports* 9:41-44.

Brotherhood, J.; Brozovic, B.; and Pugh, L.G.C. 1975. Haematological status of middle and long distance runners. *Clinical Science and Molecular Medicine* 48:139-145.

Brune, M.; Magnusson, B.; Persson, H.; and Hallberg, L. 1986. Iron losses in sweat. *American Journal of Clinical Nutrition* 43:438-443.

Busse, M.W.; Maassen, N.; and Boning, D. 1987. The work load-lactate curve: Measure of endurance capacity or criterion of muscle glycogen storage? I. Glycogen depletion. *International Journal of Sports Medicine* 8:140.

Caiozzo, V.J.; Davis, J.A.; Ellis, J.F.; Azus, J.L.; Vandagriff, R.; Prietto, C.A.; and McMaster, W.L. 1982. A comparison of gas exchange indices used to detect the anaerobic threshold. *Journal of Applied Physiology* 53:1184-1189.

Campbell, M.J.; McComas, A.J.; and Petito, F. 1973. Physiological changes in aging muscles. *Journal of Neurology, Neurosurgery, and Neuropsychiatry* 36:174-182.

Cavagna, G.A.; Saibene, F.B.; and Margaria, R. 1964. Mechanical work in running. *Journal of Applied Physiology* 19:249-256.

Chapman, C.B., and Mitchell, J.H. 1965. The physiology of exercise. *Scientific American* 212(5):88-96.

Christiansen, J.; Douglas, C.C.; and Haldane, J.S. 1914. The absorption and disassociation of carbon dioxide by human blood. *Journal of Physiology* 48:244.

Clausen, J.P. 1977. Effect of physical training on cardiovascular adjustments to exercise in man. *Physiological Reviews* 57:779-815.

Clausen, J.P.; Klausen, K.; Rasmussen, B.; and Trap-Jensen, J. 1973. Central and peripheral circulatory changes after training of the arms or legs. *American Journal of Physiology* 225:675-682.

Clement, D.B., and Asmundson, R.C. 1982. Nutritional intake and hematological parameters in endurance runners. *Physician and Sportsmedicine* 10(3):37-43.

Clement, D.B.; Asmundson, R.C.; and Medhurst, C.W. 1977. Hemoglobin values: Comparative survey of the 1976 Canadian Olympic Team. *Canadian Medical Association Journal* 117:614-616.

Clode, M., and Campbell, E.J.M. 1969. The relationship between gas exchange and changes in blood lactate concentrations during exercise. *Clinical Science* 37:263-272.

Conley, D.L., and Krahenbuhl, G.S. 1980. Running economy and distance running performance of highly trained athletes. *Medicine and Science in Sports* 12:357-360.

Conrad, M.E.; Benjamin, B.I.; Williams, H.L.; and Fox, A.L. 1967. Human absorption of hemoglobin-iron. *Gastroenterology* 53:5-10.

Cooper, K. 1968. *Aerobics*. New York: Bantam.

Costill, D.L.; Thomason, H.; and Roberts, E. 1973. Fractional utilization of the aerobic capacity during distance running. *Medicine and Science in Sports* 5:248-252.

Cronkite, E.P. 1973. The erythrocyte. In *Best and Taylor's physiological basis of medical practice*. 9th ed., ed. J.R. Brobeck, 4-24. Baltimore: Williams and Wilkins.

Currens, J.H., and White, P.D. 1961. Half a century of running. *New England Journal of Medicine* 265:988-993.

Dallman, P.R.; Beutler, E.; and Finch, B.A. 1978. Effects of iron deficiency exclusive of anemia. *British Journal of Haematology* 40:179-184.

Daniels, J. 1974. Physiological characteristics of champion male athletes. *Research Quarterly* 45:342-348.

———. 1985. A physiologist's view of running economy. *Medicine and Science in Sports and Exercise* 17:332-338.

Daniels, J.T., and Gilbert, J. 1979. *Oxygen power: Performance tables for distance runners*. Tempe, AZ: Oxygen Power.

Daniels, J.T.; Scardina, N.; Hayes, J.; and Foley, P. 1986. Elite and subelite female middle- and long-distance runners. In *The 1984 Olympic Scientific Congress proceedings*. Vol. 3, *Sport and elite performers*, ed. D.M. Landers, 57-72. Champaign, IL: Human Kinetics.

Davies, C.T.M., and Thompson, M.W. 1979. Aerobic performance of female marathon and male ultramarathon athletes. *European Journal of Applied Physiology* 41:233-245.

Davis, J.A.; Caiozzo, V.J.; Lamarra, N.; Ellis, J.F.; Vandagriff, R.; Prietto, C.A.; and McMaster, W.C. 1983. Does the gas exchange threshold occur at a fixed blood lactate concentration of 2 or 4 mM? *International Journal of Sports Medicine* 4:89-93.

Davis, J.A.; Vodak, P.; Wilmore, J.H.; and Kurtz, P. 1976. Anaerobic threshold and maximal aerobic power for three modes of exercise. *Journal of Applied Physiology* 41:544-550.

Dempsey, J. A.; Aaron, E.; and Martin, B.J. 1988. Pulmonary function and prolonged exercise. In *Perspectives in exercise science and sports medicine, 1*, eds. D.R. Lamb and R.R. Murray, 75-124. Indianapolis: Benchmark Press.

Dempsey, J.A.; Hanson, P.; and Henderson, K. 1984. Exercise-induced arterial hypoxemia in healthy human subjects at sea level. *Journal of Physiology* (London) 355:161-175.

Deutsch, F., and Kauf, E. [1924] 1927. *Heart and athletics*. Trans. L.M. Warfield. St. Louis: Mosby.

DeWijn, J.F.; deJongste, J.L.; Mosterd, W.; and Willebrand, D. 1971. Hemoglobin, packed cell volume, serum iron, and iron-binding capacity of selected athletes during training. *Nutrition and Metabolism* 13:129-139.

Dill, D.B., and Costill, D.L. 1974. Calculation of percentage changes in volumes of blood, plasma, and red cells in dehydration. *Journal of Applied Physiology* 37:247-248.

Doll, E., and Keul, J. 1968. Zum Stoffwechsel des Skelettmuskels. II. *Pflüger's Archiv für die gesamte Physiologie* 301:214-229.

Dufaux, B.; Hoederath, A.; Streitberger, I.; Hollmann, W.; and Assman, G. 1981. Serum ferritin, transferrin, haptoglobin, and iron in middle- and long-distance runners, elite rowers, and professional racing cyclists. *International Journal of Sports Medicine* 2:43-46.

Eichner, E. 1986. The anemias of athletes. *Physician and Sportsmedicine* 14(9):122-130.

———. 1988. Other medical considerations in prolonged exercise. *Perspectives in Exercise Science and Sports Medicine* 1:415-442.

Ekblom, B., and Hermansen, L. 1968. Cardiac output in athletes. *Journal of Applied Physiology* 25:619-625.

Essen, B.; Pernow, B.; Gollnick, P.D.; and Saltin, B. 1975. Muscle glycogen content and lactate uptake in exercising muscles. In *Metabolic adaptations to prolonged physical exercise*, eds. H. Howald and J.R. Poortmans, 130-134. Basel: Dirkhauser.

Farrell, P.A.; Wilmore, J.H.; Coyle, E.F.; Billing, J.E.; and Costill, D.L. 1979. Plasma lactate accumulation and distance running performance. *Medicine and Science in Sports and Exercise* 11:338-344.

Fay, L.; Londeree, B.R.; LaFontaine, T.P.; and Volek, M.R. 1989. Physiological parameters related to distance running performance in female athletes. *Medicine and Science in Sports and Exercise* 21:319-324.

Fleischer, R. 1881. Über eine neue form von Haemoglobinurie beim Menschen (Concerning a new form of hemoglobinuria in people). *Berliner Klinische Wochenschrift* 18:691-694.

Food and Nutrition Board. 1989. *Recommended dietary allowances.* 10th ed. Washington, DC: National Academy of Sciences.

Foster, C.; Snyder, A.C.; Thompson, N.N.; and Kuettel, K. 1988. Normalization of the blood lactate profile in athletes. *International Journal of Sports Medicine* 9:198-200.

Fric, J., Jr.; Fric, J.; Boldt, F.; Stoboy, H.; Meller, W.; Feldt, F.; and Drygas, W. 1988. Reproducibility of post-exercise lactate and anaerobic threshold. *International Journal of Sports Medicine* 9:310-312.

Frick, M.R.; Elovainio, R.O.; and Somer, T. 1967. The mechanism of bradycardia evolved by physical training. *Cardiologia* 51:46-54.

Fujitsuka, N.; Yamamoto, T.; Ohkuwa, T.; Saito, M.; and Miyamura, M. 1982. Peak blood lactate after short periods of maximum treadmill running. *European Journal of Applied Physiology* 48:289-296.

Green, R.; Charlton, R.W.; Seftel, H.; Bothwell, T.; Mayet, F.; Adams, B.; Finch, C.; and Layrisse, M. 1968. Body iron excretion in man. A collaborative study. *American Journal of Medicine* 45:336-353.

Hagberg, J.M.; Giese, M.D.; and Schneider, R.B. 1978. Comparison of the three procedures for measuring $\dot{V}O_2$max in competitive cyclists. *European Journal of Applied Physiology* 39:47-52.

Harrison, T.R., and Pilcher, C. 1930. Studies in congestive heart failure. II. The respiratory exchange during and after exercise. *Journal of Clinical Investigation* 8:291.

Haymes, E.M., and Lamanca, J.J. 1989. Iron loss in runners during exercise: Implica-

Gibson, T.M.; Harrison, M.H.; and Wellcome, R.M. 1979. An evaluation of a treadmill work test. *British Journal of Sports Medicine* 13:6-11.

Gollnick, P.D.; Bayly, W.M.; and Hodgson, D.R. 1986. Exercise intensity, training, diet, and lactate concentration in muscle and blood. *Medicine and Science in Sports and Exercise* 18:334-340.

311

tions and recommendations. *Sports Medicine* 7:277-285.

Heck, H.; Mader, A.; Hess, G.; Mücke, S.; Müller, R.; and Hollmann, W. 1985. Justification of the 4-mmol/L lactate threshold. *International Journal of Sports Medicine* 6:117-130.

Henderson, Y., and Prince, A.L. 1914. The amount of O_2 consumed by the body from the blood of one systolic discharge of the heart. *American Journal of Physiology* 35:106-115.

Henderson, Y.; Haggard, H.W.; and Dolley, F.S. 1927. The efficiency of the heart and the significance of rapid and slow pulse rates. *American Journal of Physiology* 82:512-524.

Herbert, V. 1987. Recommended dietary intakes (RDI) of iron in humans. *American Journal of Clinical Nutrition* 45:679-686.

Hermansen, L., and Osnes, J.B. 1972. Blood and muscle pH after maximal exercise in man. *Journal of Applied Physiology* 32:304-308.

Hermansen, L., and Saltin, B. 1969. Oxygen uptake during maximal treadmill and bicycle exercise. *Journal of Applied Physiology* 26:31-37.

Hill, A.V., and Lupton, H. 1923. Muscular exercise, lactic acid, and the supply and utilization of oxygen. *Quarterly Medical Journal* 16:135-171.

Hoffbrand, A.V.; Ganeshaguru, K.; Hooton, J.W.L.; and Tattersall, M.H.N. 1976. Effects of iron deficiency and desferrioxamine on DNA synthesis in human cells. *British Journal of Haematology* 33:517-520.

Holloszy, J.O., and Coyle, E.F. 1984. Adaptations of skeletal muscle to endurance exercise and their metabolic consequences. *Journal of Applied Physiology* 56:831-838.

Huston, T.P.; Puffer, J.C.; and Rodney, W.M. 1985. The athletic heart syndrome. *New England Journal of Medicine* 313:24-32.

Issekutz, B., Jr.; Birkhead, N.C.; and Rodahl, K. 1962. Use of respiratory quotients in assessment of aerobic work capacity. *Journal of Applied Physiology* 17:47-50.

Ivy, J.L.; Costill, D.L.; Van Handel, P.J.; Essig, D.A.; and Lower, R.W. 1981. Alterations in the lactate threshold with changes in substrate availability. *International Journal of Sports Medicine* 2:139-142.

Ivy, J.L.; Withers, R.T.; Van Handel, P.J.; Elger, D.H.; and Costill, D.L. 1980. Muscle respiratory capacity and fiber type as determinants of the lactate threshold. *Journal of Applied Physiology* 48:523-527.

Jacobs, I.; Sjödin, B.; Kaiser, P.; and Karlsson, J. 1981. Onset of blood lactate accumulation after prolonged exercise. *Acta Physiologica Scandinavica* 112:215-217.

Jones, N.L. 1988. *Clinical exercise testing*. Philadelphia: Saunders.

Kamon, E., and Pandolf, K.B. 1972. Maximal aerobic power during laddermill climbing, uphill running, and cycling. *Journal of Applied Physiology* 2:467-473.

Kearney, J.T., and Van Handel, P.J. 1989. Economy: A physiologic perspective. *Advances in Sports Medicine and Fitness* 2:57-89.

Kindermann, W.; Simon, G.; and Keul, J. 1979. The significance of the aerobic-anaerobic transition for the determination of work load intensities during endurance training. *European Journal of Applied Physiology* 42:25-34.

Klissouras, V. 1972. Genetic limit of functional adaptability. *Internationale Zeitschrift für angewandte Physiologie* 30:85-94.

Letsky, E.A.; Miller, F.; Worwood, M.; and Flynn, D.M. 1974. Serum ferritin in children with thalassaemia regularly transfused. *Journal of Clinical Pathology* 27:652-655.

Liljestrand, G., and Stenstrom, N. 1920. Respirationsversuche beim gehen, laufen, ski- und schlittschuhlaufen (Gas exchange experimentation with walking, running, skiing, and skating). *Skandinavisches Archiv für Physiologie* 39:167-206.

Lindhard, J. 1915. Über das minutenvolum des herzens bei ruhe and bei muskelarbeit (Concerning the cardiac output at rest and with exercise). *Pflüger's Archiv für die gesamte Physiologie* 161:233-283.

MacDougall, J.D.; Reddan, W.G.; Layton, C.R.; and Dempsey, J.A. 1974. Effects of metabolic hyperthermia on performance during heavy prolonged exercise. *Journal of Applied Physiology* 36:538-544.

Mader, A.; Liesen, H.; Heck, H.; Philippi, H.; Rost, R.; Schuerch, P.; and Hollmann, W. 1976. Zur Beurteilung der sportartspecifischen Ausdauer-leistungsfähigkeit im Labor (Estimation of sport event–specific endurance work capacity during exercise). *Sportarzt und Sportmedizin* 4:80-88.

Magnusson, B.; Hallberg, L.; Rossander, L.; and Swolin, B. 1984. Iron metabolism and "sports anemia." *Acta Medica Scandinavica* 216:149-164.

Makrides, L.; Heigenhauser, G.J.F.; McCartney, N.; and Jones, N.L. 1986. Physical training in young and older healthy subjects. In *Sports medicine for the mature athlete*, eds. J.R. Sutton and R.M. Brock, 363-372. Indianapolis: Benchmark Press.

Margaria, R.; Cerretelli, P.; Aghemo, P.; and Sassi, J. 1963. Energy cost of running. *Journal of Applied Physiology* 8:367-370.

Margaria, R.; Cerretelli, P.; and Mangili, F. 1964. Balance and kinetics of anaerobic energy release during strenuous exercise in man. *Journal of Applied Physiology* 19:623-628.

Martin, D.E. 1994. The challenge of using altitude to improve performance. *New Studies in Athletics* 9(2):51-57.

Martin, D.E., and May, D.F. 1987. Pulmonary function in elite women distance runners. *International Journal of Sports Medicine* 8:S84-S90.

Martin, D.E.; May, D.F.; and Pilbeam, S.P. 1986. Ventilation limitations to performance among elite male distance runners. In *The 1984 Olympic Scientific Congress proceedings*. Vol. 3, *Sport and elite performers*, ed. D.M. Landers, 121-131. Champaign, IL: Human Kinetics.

Martin, D.E.; Vroon, D.H.; May, D.F.; and Pilbeam, S.P. 1986. Physiological changes in elite male distance runners training for Olympic competition. *Physician and Sportsmedicine* 14(1):152-171.

Martin, D.E.; Vroon, D.H.; and Sheard, M.M. 1989. Effects of hemoconcentration during maximum-effort treadmill tests on blood lactate levels in trained distance runners. In *First IOC World Congress on Sport Sciences proceedings*, 37-38. Colorado Springs: United States Olympic Committee.

Martin, D.E., and Youtsey, J.W. 1988. *Respiratory anatomy and physiology*. St. Louis: Mosby.

McArdle, W.D.; Magel, J.R.; Delio, D.J.; Toner, M.; and Chase, J.M. 1978. Specificity of run training on VO_2max and heart rate changes during running and swimming. *Medicine and Science in Sports* 10:16-20.

McConnell, T.R. 1988. Practical considerations in the testing of VO_2max in runners. *Sports Medicine* 5:57-68.

McMiken, D.F., and Daniels, J.T. 1976. Aerobic requirements and maximum aerobic power in treadmill and track running. *Medicine and Science in Sports* 8:14-17.

Medbø, J.I.; Mohn, A.C.; Tabala, I.; Bahr, R.; Vaage, O.; and Sejersted, O.M. 1988. Anaerobic capacity determined by maximal accumulated O_2 deficit. *Journal of Applied Physiology* 64:50-60.

Miller, B.J.; Pate, R.R.; and Burgess, W. 1988. Foot impact force and intravascular hemolysis during distance running. *International Journal of Sports Medicine* 9:56-60.

Mitchell, J.H., and Blomqvist, C.G. 1971. Maximal oxygen uptake. *New England Journal of Medicine* 284:1018-1022.

Mitchell, J.H.; Sproule, B.J.; and Chapman, C.B. 1958. The physiological meaning of the maximal oxygen uptake test. *Journal of Clinical Investigation* 37:538-547.

Morganroth, J.; Maron, B.J.; Henry, W.L.; and Epstein, S.E. 1975. Comparative left ventricular dimensions in trained athletes. *Annals of Internal Medicine* 82:521-524.

Nadel, E.R. 1988. Temperature regulation and prolonged exercise. *Perspectives in Exercise Science and Sports Medicine* 1:125-151.

Nagle, F.J. 1973. Physiological assessment of maximal performance. *Exercise and Sports Science Reviews* 1:313-338.

Newhouse, I.J., and Clement, D.B. 1988. Iron status in athletes. *Sports Medicine* 5:337-352.

Ohkuwa, T.; Kato, Y.; Katsumata, K.; Nakao, T.; and Miyanura, M. 1984. Blood lactate and glycerol after 400 m and 3,000 m runs in sprinters and long distance runners. *European Journal of Applied Physiology* 53:213-218.

Owles, W.H. 1930. Alterations in the lactic acid content of the blood as a result of light exercise, and associated changes in the CO_2-combining power of the blood and in the alveolar CO_2 pressure. *Journal of Physiology* 69:214-237.

Pannier, J.L.; Vrijens, J.; and Van Cauter, C. 1980. Cardiorespiratory response to treadmill and bicycle exercise in runners. *European Journal of Applied Physiology* 43:243-251.

Pardy, R.L.; Hussain, S.N.; and Macklem, P.T. 1984. The ventilatory pump in exercise. *Clinics in Chest Medicine* 5:35-49.

Pate, R.R. 1983. Sports anemia: A review of the current research literature. *Physician and Sportsmedicine* 11(2):115-131.

Pate, R.R.; Sparling, P.B.; Wilson, G.E.; Cureton, K.J.; and Miller, B.J. 1987. Cardiorespiratory and metabolic responses to submaximal and maximal exercise in elite women distance runners. *International Journal of Sports Medicine* 8(suppl. 2):91-95.

Pattengale, P.K., and Holloszy, J.O. 1967. Augmentation of skeletal muscle myoglobin by a program of treadmill running. *American Journal of Physiology* 213:783-785.

Paulev, P.E.; Jordal, R.; and Pedersen, N.S. 1983. Dermal excretion of iron in intensely training athletes. *Clinica Chimica Acta* 127:19-27.

Peota, C. 1989. Studies counter myths about iron in athletes. *Physician and Sportsmedicine* 17(11):26-27.

Pollock, M.L. 1977. Submaximal and maximal working capacity of elite distance runners. Part I: Cardiorespiratory aspects. *Annals of the New York Academy of Sciences* 301:310-321.

Pugh, L.G.C.E. 1970. Oxygen intake in track and treadmill running with observations on the effect of air resistance. *Journal of Physiology* (London) 207:823-835.

Purvis, J.W., and Cureton, K.J. 1981. Ratings of perceived exertion at the anaerobic threshold. *Ergonomics* 24:295-300.

Reilly, T.; Robinson, G.; and Minors, D.S. 1984. Some circulatory responses to exercise at different times of day. *Medicine and Science in Sports and Exercise* 16:477-482.

Rerych, S.K.; Scholz, P.M.; Sabiston, D.C.; and Jones, R.H. 1980. Effects of exercise training on left ventricular function in normal subjects: A longitudinal study by radionuclide angiography. *American Journal of Cardiology* 45:244-252.

Roe, C.F.; Goldberg, M.J.; Blaw, C.S.; and Kinney, J.M. 1966. The influence of body temperature on early postoperative oxygen consumption. *Surgery* 60:85-92.

Rowell, L.B.; Taylor, H.L.; and Wang, Y. 1964. Limitations to the prediction of maximum oxygen uptake. *Journal of Applied Physiology* 19:919-927.

Saltin, B., and Åstrand, P.-O. 1967. Maximal oxygen uptake in athletes. *Journal of Applied Physiology* 23:353-358.

Saltin, B., and Gollnick, P.D. 1983. Skeletal muscle adaptability: Significance for metabolism and performance. In *Handbook of physiology*. Sect. 10. *Skeletal muscle,* eds. L.D. Peachy, R.H. Adrian, and S.R. Geiger, 555-631. Washington, DC: American Physiological Society.

Scrimgeour, A.G.; Noakes, T.D.; Adams, B.; and Myburgh, K. 1986. The influence of weekly training distance on fractional utilization of maximum aerobic capacity in marathon and ultramarathon runners. *European Journal of Applied Physiology* 55:202-209.

Shephard, R.J. 1984. Test of maximum oxygen uptake: A critical review. *Sports Medicine* 1:99-124.

Shephard, R.J.; Allen, C.; Benade, A.J.S.; Davies, C.T.M.; di Prampero, P.E.; Hedman, R.; Merriman, J.E.; Myhre, K.; and Simmons, R. 1968. The maximal oxygen uptake. *Bulletin of the World Health Organization* 38:757-764.

Sjödin, B., and Jacobs, I. 1981. Onset of blood lactate accumulation and marathon running performance. *International Journal of Sports Medicine* 2:23-26.

Sjödin, B., and Svedenhag, J. 1985. Applied physiology of marathon running. *Sports Medicine* 2:83-99.

Skinner, J.S., and McLellan, T.M. 1980. The transition from aerobic to anaerobic metabolism. *Research Quarterly for Exercise and Sport* 51:234-248.

Snyder, A.C.; Dvorak, L.L.; and Roepke, J.B. 1989. Influence of dietary iron source on measures of iron status among female runners. *Medicine and Science in Sports and Exercise* 21:7-10.

Staub, N.C.; Nagano, H.; and Pearce, M.L. 1967. Pulmonary edema in dogs, especially the sequence of fluid accumulation in lungs. *Journal of Applied Physiology* 22:227-240.

Stegmann, H.; Kindermann, W.; and Schnabel, A. 1981. Lactate kinetics and individual anaerobic threshold. *International Journal of Sports Medicine* 2:160-165.

Stewart, G.A.; Steel, J.E.; Tayne, M.B.; and Stewart, M.H. 1972. Observations on the hematology and the iron and protein intake of Australian Olympic athletes. *Medical Journal of Australia* 2:1339-1342.

Stewart, J.G.; Ahlquist, D.A.; McGill, D.B.; Ilstrup, D.M.; Schwartz, S.; and Owen, R.A. 1984. Gastrointestinal blood loss and anemia in runners. *Annals of Internal Medicine* 100:843-845.

Taylor, H.L.; Wang, Y.; Rowell, L.; and Blomqvist, G. 1963. The standardization and interpretation of submaximal and maximal tests of working capacity. *Pediatrics* 32:703-715.

Vellar, O.D. 1968. Studies on sweat losses of nutrients. *Scandinavian Journal of Clinical and Laboratory Investigation* 21:157-167.

Wahren, J.; Hagenfeld, L.; and Felig, P. 1975. Glucose and free fatty acid utilization in exercise: Studies in normal and diabetic man. *Israeli Journal of Medical Science* 11:551-559.

Walsh, M.L., and Banister, E.W. 1988. Possible mechanisms of the anaerobic threshold. *Sports Medicine* 5:269-301.

Wasserman, K. 1984. Coupling of external to internal respiration. *American Review of Respiratory Diseases* 129:S21-S24.

Wasserman, K., and McIlroy, M.B. 1964. Detecting the threshold of anaerobic metabolism in cardiac patients during exercise. *American Journal of Cardiology* 14:844-852.

Welch, H.G. 1973. Substrate utilization in muscle—adaptations to physical effort. In *Exercise testing and exercise training in coronary heart disease,* eds. J.P. Naughton and H.K. Hellerstein, 193-197. New York: Academic Press.

Wintrobe, M.W.; Lee, G.R.; Boggs, D.R.; Bithell, T.C.; Foerster, J.; Athens, J.W.; and Lukens, J.N. 1981. Iron deficiency and iron-deficiency anemia. In *Clinical hematology,* 8th ed., 617-645. Philadelphia: Lea and Febiger.

Yoshimura, H.; Inoue, T.; Yamada, T.; and Shiraki, K. 1980. Anemia during hard physical training (sports anemia) and its causal mechanism, with special reference to protein nutrition. *World Review of Nutrition and Dietetics* 35:1-86.

Yudkin, J., and Cohen, R.D. 1975. The contribution of the kidney to the removal of a lactic acid load under normal and acidotic conditions in the conscious rat. *Clinical Science and Molecular Biology* 48:21-131.

第 5 章
CHAPTER 5

Bompa, T. 1988. Physiological intensity values employed to plan endurance training. *New Studies in Athletics* 3(4):37-52.

———. 1993. *Periodization of strength: The new wave in strength training*. Toronto: Veritas.

Bondarchuk, A. 1988. Constructing a training system. *Track Technique* 102:3254-3268.

Bunc, V.; Hofmann, P.; Leitner, H.; and Gaisl, G. 1995. Verification of the heart rate threshold. *European Journal of Applied Physiology* 70:263-269.

Buskirk, E.R., and Kollas, J. 1967. Physiology and performance of track athletes at various altitudes in the United States and Peru. In *The effects of altitude on physical performance,* ed. R.F. Goddard, 65-71. Chicago: Athletic Institute.

Charniga, A., Jr.; Gambetta, V.; Kraemer, W.; Newton, H.; O'Bryant, H.S.; Palmieri, G.; Pedemonte, J.; Pfaff, D.; and Stone, M.H. 1986-87. Periodization. *National Strength and Conditioning Association Journal* 8(5):12-22; 8(6): 17-24; 9(1):16-26.

Conconi, F.; Ferrari, M.; Ziglio, P.G.; Droghetti, P.; and Codeca, L. 1982. Determination of the anaerobic threshold by a noninvasive field test in runners. *Journal of Applied Physiology* 52:869-873.

Costill, D.L. 1986. *Inside running.* Indianapolis: Benchmark Press.

Coyle, E.F. 1990. Detraining and retention of training-induced adaptations. *Sports Science Exchange* 2(23):1-4.

Cullinane, E.M.; Sady, S.P.; Vadeboncoeur, L.; Burke, M.; and Thompson, P.D. 1986. Cardiac size and $\dot{V}O_2$max do not decrease after short-term exercise cessation. *Medicine and Science in Sports and Exercise* 18:420-421.

Daniels, J. 1989. Training distance runners—A primer. *Sports Science Exchange* 1(11):1-4.

Daniels, J.T., and Gilbert, J. 1979. *Oxygen power: Performance tables for distance runners.* Tempe, AZ: Oxygen Power.

Daniels, J., and Scardina, N. 1984. Interval training and performance. *Sports Medicine* 1:327-334.

Dellinger, B., and Freeman, B. 1984. *The competitive runner's training book.* New York: Macmillan.

Dick, F.W. 1975. Periodization: An approach to the training year. *Track Technique* 62:1968-1970.

———. 1992. Training at altitude in practice. *International Journal of Sports Medicine* 13:S203-S205.

Edwards, S. 1992. *The heart rate monitor book.* Sacramento, CA: Fleet Feet Press.

Fox, E.L.; Bartels, R.L.; Billings, C.E.; Matthews, D.K.; Bason, R.; and Webb, W.M. 1973. Intensity and distance of interval training programs and changes in aerobic power. *Medicine and Science in Sports* 5:18-22.

Freeman, W.H. 1989. *Peak when it counts.* Los Altos, CA: Tafnews Press.

Galloway, J. 1984. *Galloway's book on running.* Bolinas, CA: Shelter.

Grover, R.F.; Weil, J.V.; and Reeves, J.T. 1986. Cardiovascular adaptation to exercise at high altitude. *Exercise and Sport Sciences Reviews* 14:269-302.

Guralnick, M. 1996. The PR promise. *Running Times* 19(1):23-25.

Humphreys, J., and Holman, R. 1985. *Focus on middle distance running.* London: Adam and Charles Black.

International Amateur Athletic Federation. 1977. *Scoring table for men's track and field events.* London: International Amateur Athletic Federation.

Karvonen, M.J.; Kentala, E.; and Mustala, O. 1957. The effects of training on heart rate. *Annales Medicinae Experimentalis Biologica Fennicae* 35:307-315.

Knuttgen, H.G.; Nordesjo, L.-O.; Ollander, B.; and Saltin, B. 1973. Physical conditioning through interval training with young male adults. *Medicine and Science in Sports* 5:220-226.

Lacour, J.R.; Padilla, S.; and Denis, S. 1987. L'inflexion de la courbe fréquence cardiaque-pussiance n'est pas un témoin du seuil anaerobic (The inflection on the graph of heart rate versus work is not a proof of the anaerobic threshold). *Science et Motricite* 1:3-6.

Larsen, H., and Bentzen, H. 1983. The effect of distance training and interval training on aerobic and anaerobic capacity, muscle fiber characteristics and performance in endurance trained runners. *Twelfth European Track Coaches Congress,* Acoteias, Portugal, January, 1983.

Léger, L.; Mercier, D.; and Gauvin, L. 1986. The relationship between %$\dot{V}O_2$max and running performance time. In *The 1984 Olympic Scientific Congress proceedings.* Vol. 3, *Sport and elite performers*, ed. D.M. Landers, 113-120. Champaign, IL: Human Kinetics.

Lenzi, G. 1987. The marathon race: Modern training methodology. *New Studies in Athletics* 2:41-50.

Levine, B.D.; Friedmann, B.; and Stray-Gundersen, J. 1996. Confirmation of the "high-low" hypothesis: Living at altitude—training near sea level improves sea level performance. *Medicine and Science in Sports and Exercise* 28:S124.

Levine, B.D., and Stray-Gundersen, J. 1992. A practical approach to altitude training: Where to live and train for optimal performance enhancement. *International Journal of Sports Medicine* 13:S209-S212.

Matthews. P. 1996. *Athletics 1996. The International Track and Field Annual* (pp. 247-258). Surbiton, England: SportsBooks Ltd.

Matveyev, L. 1981. *Fundamentals of sports training.* Moscow: Progress.

McInnis, A. 1981. Systematized approaches to peaking. In *Track technique annual,* ed. V. Gambetta, 25-30. Los Altos, CA: Tafnews Press.

Miller, D. 1992. *Sebastian Coe: Born to run.* London: Pavilion Books.

Nett, T. 1965. Die Lehre der Leichtathletik (The teaching of athletics). *Leichtathletik* 16:1023.

Okkels, T. 1983. The effect of interval- and tempo-training on performance and skeletal muscle in well-trained runners. *Twelfth European Track Coaches Congress*, Acoteias, Portugal, January, 1983.

Péronnet, F., and Thibault, G. 1989. Mathematical analysis of running performance and world running records. *Journal of Applied Physiology* 67: 453-465.

Renström, P., and Johnson, R.J. 1985. Overuse injuries in sports. *Sports Medicine* 2:316-333.

Robinson, S.; Edwards, H.T.; and Dill, D.B. 1937. New records in human power. *Science* 85:409-410.

Saltin, B.; Kim, C.K.; Terrados, N.; Larsen, H.; Svedenhag, J.; and Rolf, C.J. 1995. Morphology, enzyme activities and buffer capacity in leg muscles of Kenyan and Scandinavian runners. *Scandinavian Journal of Medicine, Science, and Sports* 5:222-230.

Smith, M.H., and Sharkey, B.J. 1984. Altitude training: Who benefits? *Physician and Sportsmedicine* 12(4):48-62.

Spiriev, B.; Spiriev, A.; and Kovacs, G. 1992. *Scoring tables of athletics.* Budapest: Elite.

Squires, R.W., and Buskirk, E.R. 1982. Aerobic capacity during acute exposure to simulated altitude, 914-2286 meters. *Medicine and Science in Sports and Exercise* 14:36-40.

Terrados, N. 1992. Altitude training and muscular metabolism. *International Journal of Sports Medicine* 13:S206-S208.

Tokmakidis, S.P., and Léger, L.A. 1988. External validity of the Conconi's heart rate anaerobic threshold as compared to the lactate threshold. In *Exercise physiology: Current selected research.* Vol. 3, eds. C.O. Dotson and J.H. Humphrey, 43-58. New York: AMS Press.

———. 1992. Comparison of mathematically determined blood lactate and heart rate "threshold" points and relationship with performance. *European Journal of Applied Physiology* 64:309-317.

Vigil, J. 1987. Distance training. *Track Technique* 100:3189-3192.

———. 1995. *Road to the top.* Albuquerque, NM: Creative Designs.

Wilt, F. 1968. Training for competitive running. In *Exercise physiology*, ed. H.B. Falls, 395-414. New York: Academic Press.

Wolski, L.A.; McKenzie, D.C.; and Wenger, H.A. 1996. Altitude training for improvements in sea level performance: Is there scientific evidence of benefit? *Sports Medicine* 22:251-263.

Yakovlev, N.N. 1967. *Sports biochemistry*. Leipzig: Deutsche Hochschule für Korperkultur (German Institute for Physical Culture).

第 6 章
CHAPTER 6

Allen, T.E.; Byrd, R.J.; and Smith, D.P. 1976. Hemodynamic consequences of circuit weight training. *Research Quarterly* 47:299-306.

Alter, M.J. 1996. *Science of flexibility*. 2nd ed. Champaign, IL: Human Kinetics.

American College of Sports Medicine. 1992. The female athlete triad: Disordered eating, amenorrhea, osteoporosis: Call to action. *Sports Medicine Bulletin* 27:4.

Anderson, B. 1989. The flex factor. *Runner's World* 24(2):38-43.

Anderson, B.; Beaulieu, J.E.; Cornelius, W.L.; Dominguez, R.H.; Prentice, W.E.; and Wallace, L. 1984. Coaches roundtable: Flexibility. *National Strength and Conditioning Association Journal* 6(4):10-22.

Atha, J. 1981. Strengthening muscle. *Exercise and Sport Sciences Reviews* 9:1-73.

Austin, D.; Roll, F.; Kreis, E.J.; Palmieri, J.; and Lander, J. 1987. Roundtable: Breathing during weight training. *National Strength and Conditioning Association Journal* 9(5):17-25.

Bale, P. 1994. Body composition and menstrual irregularities of female athletes. *Sports Medicine* 17:347-352.

Barr, S.I.; McCargar, L.J.; and Crawford, S.M. 1994. Practical use of body composition analysis in sport. *Sports Medicine* 17:277-282.

Beaulieu, J.E. 1981. Developing a stretching program. *Physician and Sportsmedicine*

Lohman, T.G. 1981. Skinfolds and body density and their relation to body fitness: A review. *Human Biology* 53:181-225.

Lohman, T.G.; Roche, A.F.; and Martorell, R. 1988. *Anthropometric standardization reference manual*. Champaign, IL: Human Kinetics.

MacDougall, J.D.; Sale, D.G.; Elder, G.C.B.; and Sutton, J.R. 1982. Muscle ultrastructural characteristics of elite powerlifters and bodybuilders. *European Journal of Applied Physiology* 48:117-126.

MacDougall, J.D.; Wenger, H.A.; and Green, H.J. 1982. *Physiological testing of the elite athlete*. Toronto: Canadian Association of Sports Sciences.

Malina, R.M. 1973. Biological substrata. In *Comparative studies of blacks and whites in the U.S.*, eds. K.S. Miller and R.W. Dreger, 53-123. New York: Seminar Press.

Malone, T.R. 1988. Evaluation of isokinetic equipment. *Sports Injury Management* 1:1-92.

Martin, A.D., and Drinkwater, D.T. 1991. Variability in measures of body fat. *Sports Medicine* 11:277-288.

Martin, D.E.; Stones, D.; Joy, G.; and Wszola, J. 1987. *The high jump book*. Los Altos, CA: Tafnews Press.

Martin, D.E.; Vroon, D.H.; May, D.F.; and Pilbeam, S.P. 1986. Physiological changes in elite male distance runners training for Olympic competition. *Physician and Sportsmedicine* 14(1):152-171.

Matveyev, L. 1981. *Fundamentals of sports training.* Moscow: Progress.

Mazess, R.B.; Barden, H.S.; Bisek, J.P.; and Hanson, J. 1990. Dual-energy x-ray absorptiometry for total-body and regional bone-mineral and soft-tissue composition. *American Journal of Clinical Nutrition* 51:1106-1112.

McDonagh, M.J., and Davies, C.T. 1984. Adaptive response of mammalian skeletal muscles to exercise with high loads. *European Journal of Applied Physiology* 52:139-155.

Moffroid, M.T., and Kusiak, E.T. 1975. The power struggle: Definition and evaluation of power of muscular performance. *Physical Therapy* 55:1098-1104.

Moffroid, M.T., and Whipple, R.H. 1970. Specificity of speed and exercise. *Journal of the American Physical Therapy Association* 50:692-699.

Moffroid, M.T.; Whipple, R.H.; Hofkosh, J.; Lowman, E.; and Thistle, H. 1969. A study of isokinetic exercise. *Physical Therapy* 49:735-746.

Morgan, R.E., and Adamson, G.T. 1957. *Circuit training.* London: G. Bell and Sons.

Morpurgo, B. 1897. Über aktivitäts-hypertrophie der willkürlichen Muskeln (Concerning the hypertrophy of voluntary muscle). *Virchow's Archiv für Pathologie und Physiologie* 150:522-554.

Morrow, J.R.; Jackson, A.S.; Bradley, P.W.; and Hartung, G.H. 1986. Accuracy of measured and predicted residual lung volume on body density measurement. *Medicine and Science in Sports and Exercise* 18:647-652.

Mueller, W.H.; Shoup, R.F.; and Malina, R.M. 1982. Fat patterning in athletes in relation to ethnic origin and sport. *Annals of Human Biology* 9:371-376.

Nicholas, J.A. 1970. Injuries to knee ligaments: Relationship to looseness and tightness in football players. *Journal of the American Medical Association* 212:2236-2239.

Nichols, D.L.; Sanborn, C.F.; Bonnick, S.L.; Gench, B.; and DiMarco, N. 1995. Relationship of regional body composition to bone mineral density in college females. *Medicine and Science in Sports and Exercise* 27:178-182.

Olson, V.L.; Schmidt, G.L.; and Johnson, R.C. 1972. The maximum torque generated by eccentric, isometric, and concentric contractions of the hip abduction muscles. *Physical Therapy* 52:148-149.

Oppliger, R.A., and Cassady, S.L. 1994. Body composition assessment in women. *Sports Medicine* 17:353.

Perrin, D.H. 1993. *Isokinetic exercise and assessment.* Champaign, IL: Human Kinetics.

Perrine, J.J. 1968. Isokinetic exercise and the mechanical energy potentials of muscle. *Journal of Health, Physical Education, and Recreation* 39(5):40-44.

Person, R.S., and Kudina, L.P. 1972. Discharge frequency and discharge pattern of human motor units during voluntary contraction of muscle. *Electroencephalography and Clinical Neurophysiology* 32:471-483.

Pipes, T.V., and Wilmore, J.H. 1975. Isokinetic versus isotonic strength training in adult men. *Medicine and Science in Sports* 7:262-274.

Rack, P.M.H., and Westbury, D.R. 1969. The effects of length and stimulus rate on tension in the isometric cat soleus muscle. *Journal of Physiology* 204:443-460.

Robertson, J.W. 1991. An ounce of prevention. *Runner's World* 26(2):40-46.

Robson, J.R.K.; Bazin, M.; and Soderstrom, R. 1971. Ethnic differences in skinfold thickness. *American Journal of Clinical Nutrition* 29:864-868.

Schutte, J.E.; Townsend, E.J.; Hugg, J.; Shoup, R.F.; Malina, R.M.; and Blomqvist, C.G. 1984. Density of lean body mass is greater in blacks than in whites. *Journal of Applied Physiology* 56:1647-1649.

Siri, W.E. 1961. Body composition from fluid spaces and density: Analysis of methods. In *Techniques for measuring body composition,* eds. J. Brozek and A. Hensheld, 223-244. Washington, DC: National Academy of Sciences.

Sorani, R. 1966. *Circuit training.* Dubuque, IA: Brown.

Thistle, H.G.; Hislop, H.J.; Moffroid, M.; and Lohman, E.W. 1967. Isokinetic contraction: A new concept of resistive exercise. *Archives of Physical Medicine and Rehabilitation* 48:279-282.

Thomas, D.W. 1988. Plyometrics—More than the stretch reflex. *National Strength and Conditioning Association Journal* 10(5):49-51.

Verkhoshanskiy, Y. 1973. Depth jumping in the training of jumpers. *Track Technique* 51:1618-1619.

Waldron, M. 1994. Stretching: The next generation. *Runner's World* 29(2):76-81.

Weltman, A., and Katch, V. 1981. Comparison of hydrostatic weighing at residual volume and total lung capacity. *Medicine and Science in Sports and Exercise* 13:210-213.

Weltman, A., and Stamford, B. 1982. Strength training: Free weights versus machines. *Physician and Sportsmedicine* 10(11):197.

Westcott, W.L. 1979. Female response to weight lifting. *Journal of Physical Education* 77:31-33.

Wilmore, J.H.; Parr, R.B.; Girandola, R.N.; Ward, P.; Vodak, P.A.; Barstow, T.J.; Pipes, T.V.; Romero, G.T.; and Leslie, P. 1978. Physiological alterations consequent to circuit weight training. *Medicine and Science in Sports* 10:79-84.

Yeager, K.K.; Agostini, R.; Nattiv, A.; and Drinkwater, B. 1993. The female athlete triad: Disordered eating, amenorrhea, osteoporosis. *Medicine and Science in Sports and Exercise* 25:775-777.

9(11):59-69.

Behnke, A.R.; Osserman, E.F.; and Welham, W.L. 1953. Lean body mass. *Archives of Internal Medicine* 91:585-601.

Benardot, D. 1996. Working with young athletes: Views of a nutritionist on the sports medicine team. *International Journal of Sports Nutrition* 6:110-120.

Berger, R.A. 1962. Effects of varied weight training programs on strength. *Research Quarterly* 33:168-181.

Brodie, D.A. 1988. Techniques of measurement of body composition. *Sports Medicine* 5:11-40, 74-98.

Brozek, J.; Grande, F.; Anderson, J.T.; and Keys, A. 1963. Densitometric analysis of body composition: Revision of some quantitative assumptions. *Annals of the New York Academy of Sciences* 110:113-140.

Brozek, J., and Keys, A. 1951. The evaluation of leanness-fatness in man: Norms and intercorrelations. *British Journal of Nutrition* 5:194-205.

Burke, R.E. 1981. Motor units: Anatomy, physiology, and functional organization. In *Handbook of physiology.* Sec. 1, *The nervous system.* Vol. 2, *Motor control, Part I,* ed. V.B.

Brooks, 345-422. Bethesda, MD: American Physiological Society.

Buskirk, E.R. 1961. Underwater weighing and body density, a review of procedures. In *Techniques for measuring body composition*, eds. J. Brozek and A. Henschel, 90-106. Washington, DC: National Academy of Sciences, National Research Council.

Buskirk, E.R., and Mendez, J. 1984. Sport science and body composition analysis: Emphasis on cell and muscle mass. *Medicine and Science in Sports and Exercise* 16:584-593.

Cavagna, G.A. 1977. Storage and utilization of energy in skeletal muscle. *Exercise and Sport Sciences Reviews* 5:89-129.

Christensen, C.S. 1972. Strength, the common variable in hamstring strain. *Medicine and Science in Sports* 2:39-42.

Clarke, D.H. 1973. Adaptations in strength and muscular endurance resulting from exercise. *Exercise and Sports Sciences Reviews* 1:73-102.

Corbin, C.B., and Noble, L. 1960. Flexibility: A major component of physical fitness. *Journal of Physical Education and Recreation* 51:23-60.

Cornelius, W.L. 1985. Flexibility. The effective way. *National Strength and Conditioning Association Journal* 7(3):62-64.

Darden, E. 1977. *Strength training principles: How to get the most out of your workouts.* Winter Park, FL: Anna.

DeLorme, T.L. 1945. Restoration of muscle power by heavy resistance exercises. *Journal of Bone and Joint Surgery* 27:645-667.

DeLorme, T.L., and Watkins, A.L. 1948. Technics of progressive resistance exercise. *Archives of Physical Medicine* 29:263-273.

Denny-Brown, D. 1949. Interpretation of the electromyogram. *Archives of Neurology and Psychiatry* 61:99-128.

Eccles, J.C.; Eccles, R.M.; and Lundberg, A. 1958. The action potentials of the alpha motoneurons supplying fast and slow muscles. *Journal of Physiology* 142:275-291.

Eyster, J.A.E. 1927. Cardiac dilation and hypertrophy. *Transactions of the Association of American Physicians* 25:15-21.

Festa, S. 1988. Stretching: The truth. *Runner's World* 23(2):39-42.

Fidanza, F.; Keys, A.; and Anderson, J.T. 1953. Density of body fat in man and other animals. *Journal of Applied Physiology* 6:252-256.

Foster, C.; Hector, L.L.; Welsh, R.; Schrager, M.; Green, M.A.; and Snyder, A.C. 1995. Effects of specific versus cross-training on running performance. *European Journal of Applied Physiology* 70:367-372.

Gandy, G. 1983. Overview of Coe's non-track training. In *Track technique annual*, ed. V. Gambetta, 89-91. Los Altos, CA: Tafnews Press.

Garrett, W.E., Jr.; Safran, M.R.; Seaber, A.V.; Glisson, R.R.; and Ribbeck, B.M. 1987. Biomechanical comparison of stimulated and non-stimulated skeletal muscle pulled to failure. *American Journal of Sports Medicine* 15:448-454.

Häkkinen, K., and Komi, P. 1983. Electromyographic changes during strength training and detraining. *Medicine and Science in Sports and Exercise* 15:455-460.

Hatfield, F.C. 1982. *Flexibility training for sports: PNF techniques.* New Orleans: Fitness Systems USA.

Henneman, E. 1957. Relation between size of neurons and their susceptibility to discharge. *Science* 126:1345-1347.

Hettinger, T., and Muller, E.A. 1953. Muskelleistung und Muskeltraining (Muscle performance and muscle training). *Arbeitsphysiologie* 15:111-116.

Heyward, V.H. 1996. Evaluation of body composition. *Sports Medicine* 22:146-156.

Huxley, A.F., and Niedergerke, R. 1954. Structural changes in muscle during contraction. *Nature* 173:971-973.

Huxley, H.E., and Hanson, J. 1954. Changes in the cross-striations of muscle during contraction and stretch and their structural interpretation. *Nature* 173:973-976.

Jackson, A.S., and Pollock, M.L. 1978. Generalized equations for predicting body density of men. *British Journal of Nutrition* 40:497-504.

Jackson, A.S.; Pollock, M.L.; and Ward, A. 1980. Generalized equations for predicting body density of women. *Medicine and Science in Sports and Exercise* 12:175-182.

Knapik, J.J.; Mawdsley, R.H.; and Ramos, M.V. 1983. Angular specificity and test mode specificity of isometric and isokinetic strength training. *Journal of Orthopaedic Sports Physical Therapy* 5:58-65.

Kohrt, W.M. 1995. Body composition by DXA: Tried and true? *Medicine and Science in Sports and Exercise* 27:1349-1353.

Komi, P., and Bosco, C. 1978. Utilization of stored elastic energy in leg extensor muscles by men and women. *Medicine and Science in Sports* 10:261-265.

Kraemer, W.J.; Deschenes, M.R.; and Fleck, S.J. 1988. Physiological adaptations to resistance exercise: Implications for athletic conditioning. *Sports Medicine* 6:246-256.

Laird, C.E., Jr., and Rozier, C.K. 1979. Toward understanding the terminology of exercise mechanics. *Physical Therapy* 59:287-292.

Lesmes, G.R.; Benhain, D.W.; Costill, D.L.; and Fink, W.J. 1983. Glycogen utilization in fast and slow twitch muscle fibers during maximal isokinetic exercise. *Annals of Sports Medicine* 1:105-108.

Levin, A., and Wyman, J. 1927. The viscous elastic properties of muscle. *Proceedings of the Royal Society* (London) B101:218-243.

Young, D.C. 1984. *The Olympic myth of Greek amateur athletics.* Chicago: Aires.

Zinovieff, A.N. 1951. Heavy resistance exercises: The Oxford technique. *British Journal of Physical Medicine* 14:129-132.

第7章
CHAPTER 7

Anonymous. 1989. *Walking and running.* Alexandria, VA: Time-Life Books.

Bell, K.F. 1983. *Championship thinking.* Englewood Cliffs, NJ: Prentice-Hall.

Buoncristiani, J., and Martin, D.E. 1993. Factors affecting runners' marathon performance. *Chance* 6(4):24-30.

Costill, D.L.; Coyle, E.; Dalsky, G.; Evans, E.; Fink, W.; and Hoopes, D. 1977. Effects of elevated plasma FFA and insulin on muscle glycogen usage during exercise. *Journal of Applied Physiology* 43:695-699.

Costill, D.L., and Miller, J.M. 1980. Nutrition for endurance sport: Carbohydrate and fluid balance. *International Journal of Sports Medicine* 1:2-14.

Coyle, E.F.; Coggan, A.R.; Hemmert, M.K.; and Ivy, J.L. 1986. Muscle glycogen utilization during prolonged strenuous exercise when fed carbohydrate. *Journal of Applied Physiology* 61:165-172.

Dwyer, T., and Dyer, K.F. 1984. *Running out of time.* Kensington: New South Wales University Press.

Elliott, R. 1984. *The competitive edge.* Englewood Cliffs, NJ: Prentice-Hall.

Gisolfi, C.V., and Copping, J.R. 1974. Thermal effects of prolonged treadmill exercise in the heat. *Medicine and Science in Sports and Exercise* 6:108-113.

Hecker, A.L. 1987. Nutrition and physical performance. In *Drugs and performance in sports*, ed. R.H. Strauss, 82-151. Philadelphia: Saunders.

Hultman, E., and Bergstrom, J. 1967. Muscle glycogen synthesis in relation to diet studied in normal subjects. *Acta Medica Scandinavica* 182:109-117.

Ivy, J.L.; Katz, A.L.; Cutler, C.L.; Sherman, W.M.; and Coyle, E.F. 1988. Muscle glycogen synthesis after exercise: Effect of time of carbohydrate ingestion. *Journal of Applied Physiology* 64:1480-1485.

Loehr, J.E. 1994. *The new mental toughness training for sports.* New York: Penguin Books.

Lynch, J. 1987. *The total runner.* Englewood Cliffs, NJ: Prentice-Hall.

Lyons, T.P.; Riedesel, M.L.; Meuli, L.E.; and Chick, T.W. 1990. Effects of glycerol-induced hyperhydration prior to exercise in the heat on sweating and core temperature. *Medicine and Science in Sports and Exercise* 22:477-483.

Margaria, R.; Cerretelli, P.; Aghemo, P.; and Sassi, J. 1963. Energy cost of running. *Journal of Physiology* 18:367-370.

Martin, D.E. 1992. Glyzerin als Marathon-Wundermittel? *Der Läufer* 9(5):46-48.

Newsholme, E.A. 1986. Application of principles of metabolic control to the problem of metabolic limitations in sprinting, middle-distance, and marathon running. *International Journal of Sports Medicine* 7(suppl. 1):66-70.

Nideffer, R.M. 1976. *The inner athlete.* New York: T.Y. Crowell.

Orlick, T. 1990. *In pursuit of excellence: How to win in sport and life through mental training.* 2nd ed. Champaign, IL: Human Kinetics.

Tsintzas, O.K.; Williams, C.; Singh, R.; Wilson, W.; and Burrin, J. 1995. Influence of carbohydrate-electrolyte drinks on marathon running performance. *European Journal of Applied Physiology* 70:154-160.

Vernacchia, R.A.; McGuire, R.T.; and Cook, D.C. 1992. *Coaching mental excellence.* Dubuque, IA: Brown and Benchmark.

Watman, M., and Matthews, P. 1995. Epic world records at Zürich. *Athletics International* 3(21):1.

Wischnia, B. 1993. The road warrior. *Runner's World* 28(9):76-83.

第 8 章
CHAPTER 8

Abraham, W.M. 1977. Factors in delayed muscle soreness. *Medicine and Science in Sports* 9:11-20.

Anderson, O. 1995. Precision training. *Runner's World* 30(4):36.

Archambault, J.M.; Wiley, J.P.; and Bray, R.C. 1995. Exercise loading of tendons and the development of overuse injuries. *Sports Medicine* 20:77-89.

Ardawi, M.S., and Newsholme, E.A. 1985. Metabolism in lymphocytes and its importance in the immune response. *Essays in Biochemistry* 21:1-43.

Armstrong, R.B. 1984. Mechanisms of exercise-induced delayed onset muscular soreness: A brief review. *Medicine and Science in Sports and Exercise* 16:529-538.

Berdanier, C.D. 1987. The many faces of stress. *Nutrition Today* 22(2):12-17.

Budgett, R. 1990. Overtraining syndrome. *British Journal of Sports Medicine* 24:231-236.

Cannon, J.G. 1993. Exercise and resistance to infection. *Journal of Applied Physiology* 74:973-981.

Cannon, W.B. 1929. Organization for physiological homeostasis. *Physiological Reviews* 9:399-431.

Costill, D.L. 1988. Carbohydrates for exercise: Dietary demands for optimum performance. *International Journal of Sports Medicine* 9:1-18.

Counsilman, J.E. 1968. *The science of swimming.* London: Pelham.

David, A.S.; Wessly, S.; and Pelosi, A.J. 1988. Post-viral fatigue syndrome: Time for a new approach. *British Medical Journal* 296:696-699.

Davies, K.J.A.; Packer, A.; and Brooks, G.A. 1982. Exercise bioenergetics following sprint training. *Archives of Biochemistry and Biophysics* 215:260-265.

Dressendorfer, R.H., and Wade, C.E. 1983. The muscular overuse syndrome in long-distance runners. *Physician and Sportsmedicine* 11(11):116-130.

Dressendorfer, R.H.; Wade, C.E.; and Scaff, J.H. 1985. Increased morning heart rate in runners: A valid sign of overtraining? *Physician and Sportsmedicine* 13(8):77-86.

Ebbeling, C.B., and Clarkson, P.M. 1989. Exercise-induced muscle damage and adaptation. *Sports Medicine* 7:207-234.

Eichner, E. 1989a. Chronic fatigue syndrome: How vulnerable are athletes? *Physician and Sportsmedicine* 17(6):157-160.

———. 1989b. Chronic fatigue syndrome: Searching for the cause and treatment. *Physician and Sportsmedicine* 17(6):142-152.

Engelhardt, W.A. 1932. Die Beziehungen zwischen Atmung und Pyrophatumsatz in Vögelerythrocyten (The relationships between respiration and phosphate turnover in bird erythrocytes). *Biochemische Zeitschrift* 251:343-368.

Evans, W.J. 1987. Exercise-induced skeletal muscle damage. *Physician and Sportsmedicine* 15(1):89-100.

Farley, F. 1986. The big T in personality. *Anthropology and Education Quarterly* 20(5):44-52.

Francis, K., and Hoobler, T. 1988. Delayed onset muscle soreness and decreased isokinetic strength. *Journal of Applied Sports Science Research* 2:20-23.

Fry, R.W.; Morton, A.R.; Garcia-Webb, P.; Crawford, G.P.M.; and Keast, D. 1992. Biological responses to overload training in endurance sports. *European Journal of Applied Physiology* 64:335-344.

Galbo, H. 1983. *Hormonal and metabolic adaptation to exercise.* Stuttgart: Thieme Verlag.

Hagerman, F.C.; Hikida, R.S.; Staron, R.S.; Sherman, W.M.; and Costill, D.L. 1984. Muscle damage in marathon runners. *Physician and Sportsmedicine* 12(11):39-46.

Hendrickson, C.D., and Verde, T.J. 1994. Inadequate recovery from vigorous exercise.

Physician and Sportsmedicine 22(5):56-64.

Hill, A.V. 1951. The mechanics of voluntary muscle. *Lancet* 261:947-954.

Hodgdon, J.; Riedy, M.; Goforth, H.; Norton, J.; Murguia, M.; Mandelbaum, B.; and Vailas, A.C. 1988. Plasma hydroxyproline and its association to overuse training. *Medicine and Science in Sports and Exercise* 20:S10.

Hooper, S.L., and Mackinnon, L.T. 1995. Monitoring overtraining in athletes. *Sports Medicine* 20:321-327.

Hough, T. 1902. Ergographic studies in muscle soreness. *American Journal of Physiology* 7:76-92.

Jemmott, J.B.; Borysenko, J.Z.; Borysenko, M.; McClelland, D.C.; Chapman, R.; Meyer, D.; and Benson, H. 1983. Academic stress, power motivation, and decrease in secretion rate of salivary secretory immunoglobin A. *Lancet* 1:1400-1402.

Jokl, E. 1974. The immunological status of athletes. *Journal of Sports Medicine* 14:165-167.

Jones, D.C., and James, S.L. 1987. Overuse injuries of the lower extremity. *Clinics in Sports Medicine* 6:273-290.

Kimiecik, J. 1988. The facts and fallacies of overtraining and staleness. *American Coach* (March/April):12.

Kuipers, H., and Keizer, H.A. 1988. Overtraining in elite athletes. *Sports Medicine* 6:79-92.

Lieber, R.L., and Friden, J. 1988. Selective damage of fast glycolytic muscle fibers with eccentric contraction of the rabbit tibialis anterior. *Acta Physiologica Scandinavica* 133:587-588.

Mackinnon, L.T., and Tomasi, T.B. 1983. Immunology of exercise. *Annals of Sports Medicine* 3:1-4.

Margaria, R. 1972. Positive and negative work performances and their efficiencies in human locomotion. In *Environmental effects on work performance,* eds. G.R. Cummings, D. Snidal, and A.W. Taylor, 215-228. Toronto: Canadian Association of Sports Sciences.

McNair, D.M.; Lorr, M.; and Droppelman, L.F. 1971. *Profile of mood states manual.* San Diego: Educational and Industrial Testing Service.

Morgan, W.P. 1985. Selected psychological factors limiting performance: A mental health model. In *Limits of human performance,* eds. D.H. Clarke and H.M. Eckert, 70-80. Champaign, IL: Human Kinetics.

Morgan, W.P.; Brown, D.R.; Raglin, J.S.; O'Connor, P.J.; and Ellickson, K.A. 1987. Psychological monitoring of overtraining and staleness. *British Journal of Sports Medicine* 21:107-114.

Morgan, W.P.; O'Connor, P.J.; Sparling, P.B.; and Pate, R.R. 1987. Psychological characterization of the elite female distance runner. *International Journal of Sports Medicine* 8:S124-S131.

Morgan, W.P., and Pollock, M.L. 1977. Psychologic characterization of the elite distance runner. *Annals of the New York Academy of Sciences* 301:383-403.

Mosso, A. [1905] 1915. *Fatigue.* 3rd ed. Trans. M. Drummond and W.G. Drummond. London: Allen and Unwin.

Mumford, J.A., and Rossdale, P.D. 1980. Virus and its relationship to the "poor performance syndrome." *Equine Veterinary Journal* 12:3-9.

Newham, D.J.; Mills, K.R.; Quigley, R.; and Edwards, R.H.T. 1982. Muscle pain and tenderness after exercise. *Australian Journal of Sports Medicine and Exercise Science* 14:129-131.

———. 1983. Pain and fatigue after concentric and eccentric muscle contractions. *Clinical Science* 64:55-62.

Newton, J., and Durkin, J.D. 1988. *Running to the top of the mountain.* Roselle, IL: J and J Winning Edge.

Nieman, D.C.; Berk, L.S.; Simpson-Westerberg, M.; Arabatzis, K.; Youngberg, S.; Tan, S.A.; Lee, J.W.; and Eby, W.C. 1989. Effects of long-endurance running on immune system parameters and lymphocyte function in experienced marathoners. *International Journal of Sports Medicine* 5:317-323.

Noakes, T.D. 1988. Implications of exercise testing for prediction of athletic performance: A contemporary perspective. *Medicine and Science in Sports and Exercise* 20:319-330.

———. 1991. *The lore of running.* Champaign, IL: Leisure Press.

Pedersen, B.K., and Bruunsgaard, H. 1995. How physical exercise influences the establishment of infections. *Sports Medicine* 19:393-400.

Peters, E.M., and Bateman, E.P. 1983. Ultra-marathon running and upper respiratory tract infections: An epidemiological survey. *South African Medical Journal* 64:582-584.

Rahe, R.H. 1972. Subjects' recent life changes and their near-future illness susceptibility. *Advances in Psychosomatic Medicine* 8:2-19.

Riedy, M.; Hodgdon, J.; Goforth, H.; Norton, J.; Murguia, M.; Mandelbaum, B.; and Vailas, A.C. 1988. A serum marker for monitoring the exercise-induced degradation of connective tissues. *Medicine and Science in Sports and Exercise* 20:S10.

Roberts, J.A. 1986. Virus illness and sports performance. *Sports Medicine* 3:298-303.

Rowbottom, D.G.; Keast, D.; Goodman, C.; and Morton, R.A. 1995. The haematological, biochemical and immunological profile of athletes suffering from the overtraining syndrome. *European Journal of Applied Physiology* 70:502-509.

Ryan, A.J.; Brown, R.L.; Frederick, E.C.; Falsetti, H.L.; and Burke, E.L. 1983. Overtraining of athletes: Round table. *Physician and Sportsmedicine* 11(6):93-110.

Schwane, J.A.; Johnson, S.R.; Vandenakker, C.B.; and Armstrong, R.B. 1983. Delayed-onset muscular soreness and plasma CPK and LDH activities after downhill running. *Medicine and Science in Sports and Exercise* 15:51-56.

Schwane, J.A.; Williams, J.S.; and Sloan, J.H. 1987. Effects of training on delayed muscle soreness and serum creatine kinase activity after running. *Medicine and Science in Sports and Exercise* 19:584-590.

Selye, H. 1976. *The stress of life.* New York: McGraw-Hill.

Siegel, A.J.; Silverman, L.M.; and Lopez, R.E. 1980. Creatine kinase elevations in marathon runners: Relationship to training and competition. *Yale Journal of Biology and Medicine* 53:275-279.

Urhausen, A.; Gabriel, H.; and Kindermann, W. 1995. Blood hormones as markers of training stress and overtraining. *Sports Medicine* 20:251-276.

Warhol, M.J.; Siegel, A.J.; Evans, W.J.; and Silverman, L.M. 1985. Skeletal muscle injury and repair in marathon runners after competition. *American Journal of Pathology* 118:331-339.

Weidner, T.G. 1994. Literature review: Upper respiratory illness and sport and exercise.

International Journal of Sports Medicine 15:1-9.

Weiner, H. 1972. The transduction of experience by the brain. *Psychosomatic Medicine* 34:335-380.

Weltman, A.; Janney, C.; Rians, C.B.; Strand, K.; Berg, B.; Tippitt, S.; Wise, J.; Cahill, B.R.; and Catch, F.I. 1986. The effects of hydraulic resistance strength training in pre-pubertal males. *Medicine and Science in Sports and Exercise* 18:629-638.

INDEX
索引

用語
TERM

英数字

数字

*1.3-ジホスホグリセリン酸 [1,3-diphosphoglycerate] *68*
*10000m走 [10000-meter run] *245*
*1500m走 [1500-meter run] *238*
*3000m障害 [3000m steeplechase] *239*
*5000m走 [5000-meter run] *242*
*800m走 [800-meter run] *234*

A

*CSM [American college of sports medicine] *130*
*ADP (アデノシンニリン酸) [ADP (adenosine diphosphate)] *53, 77*
*AMP (アデノシン一リン酸) [AMP (adenosine monophosphate)] *53*
*ATP (アデノシン三リン酸) [ATP (adenosine triphosphate)] *53, 77*
*ATPase [ATPase] *37, 40*

B

*body mass index *224*

C

*CK (クレアチンキナーゼ) [CK (creatine kinase)] *55, 278*
*CK-BB (クレアチンキナーゼ脳組織型) [CK-BB] *55*
*CK-MB (クレアチンキナーゼ心筋型) [CK-MB] *55*
*CK-MM (クレアチンキナーゼ骨格筋型) [CK-MM] *55*
*CP (クレアチンリン酸) [CP (creatine phosphate)] *54, 76*

D

*DEXA [dual-energy X-ray absorptiometry] *224*
*DNA [deoxyribonucleic acid (DNA)] *112*

F

*FAD (フラビンアデニンジヌクレオチド) [FAD (flavin adenine dinucleotide)] *71*
*fast-twitch [fast-twitch] *40*
*FG (fast glycolytic) [FG (fast glycolytic)] *40, 44, 45*
*FOG (fast oxidative-glycolytic) [FOG (fast oxidative-glycolytic)] *40, 44, 45*
*FT線維 [fast-twitch muscle fiber] *41, 42, 43, 44, 45, 46, 47, 274*
*FT線維の動員 [recruitment of fast-twitch muscle fiber] *132*

I

*isocapnic buffering [isocapnic buffering] *90*

L

*LDH (乳酸脱水素酵素) [LDH (lactic dehy drogenase)] *68, 83*

M

*MET [metabolic equivalent] *85*

O

*O$_2$消費データ [O$_2$ consumption data] *127*
*O$_2$パルス [oxygen pulse] *127*
*OBLA (血中乳酸蓄積開始点) [onset of blood lactate acummulation] *155*

P

*POMS [Profile of Mood States] *292, 299*
*PNF (固有受容性神経筋促通法) [proprioceptive nueromuscular facilitation] *217*

S

*slow-twitch [slow-twitch] *40*

*SO (slow oxidative) [SO (slow oxidative)] 40
*stiffness [stiffness] 59
*ST線維 [slow-twitch muscle fiber] 41, 42, 43, 44, 45, 46, 47, 83, 274

V

*$\dot{V}O_2$max（最大酸素摂取量）[VO_2max] 45

ア

ア

*アイシング [icing] 19
*アイソエンザイム [isoenzymes] 55, 83
*アイソキネティックス [isokinetics] 201
*アイソトニックス [isotonics] 197
*アイソメトリック [isometric] 37
*アイソメトリック（等尺性筋収縮）[isometric] 196
*アイソメトリックス [isometrics] 196
*アイドリング [idling] 80
*亜鉛 [zinic] 116
*アキレス腱 [Achilles tendon] 281
*アキレス腱炎 [Achilles tendinitis] 279, 281
*アクチン [actin] 37, 55
*アクチンフィラメント [actin myofilament] 274
*朝の心拍数 [morning pulse] 299, 300
*足 [foot] 12
*足先離地 (Toe off) [Toe Off] 17
*アシドーシス [acidosis] 57, 58, 59, 69, 77, 84, 115, 132, 274, 275, 279
*アスコルビン酸 [ascorbic acid] 116, 281
*アスピリン [aspirin] 116, 280
*アセチル基 [acetyl group] 70, 71, 72
*アセチルコエンザイムA [acetyl coenzyme A] 70, 72
*アセチルコリン [acetylcholine] 99
*圧受容器 [pressure receptor] 99
*圧力負荷 [pressure loading] 101
*アデニルシクラーゼ [adenyl cyclase] 65
*アデニン [adenine] 70
*アデノシン一リン酸 (AMP) [adenosine monophosphate] 53
*アデノシン三リン酸 (ATP) [adenosine triphosphate] 37, 53, 77, 275
*アデノシン二リン酸 (ADP) [adenosine diphosphate] 53, 77
*アドレナリン [adrenaline] 64, 65, 99, 289, 290
*あぶみ骨筋 [stapedius muscle] 32
*アミノ酸 [amino acid] 51
*アルドステロン [aldosterone] 113, 289
*アルブミン [albumin] 61
*安静時代謝 [metabolism at rest] 124

イ

*異化（作用）[catabolism] 51, 270
*怒り [anger] 293
*異常摂食 [disordered eating] 228
*胃腸管 [gastrointestinal tract] 116
*一流の競技者 [elite-distance runnner] 86
*一流の女性長距離ランナー [elite-level female distance runner] 86
*一回換気量 [tidal volume] 108, 127
*一回拍出量 [stroke volume] 95
*1分間の呼吸量 [respiratory minute volume] 104
*遺伝的要因 [genetic predisposition,genetic factor] 41, 42, 47, 120
*インスリン [insulin] 64, 289
*インターバル [interval] 143
*インターバルトレーニング [intervals] 298
*インターバルトレーニング法 [interval training] 25
*インターロイキン [interleukin] 290
*インパルス（興奮）[impulse] 194

ウ

*ヴァルサルヴァ法 [valsalve meneuver] 216
*ウイルス [virus] 290
*ウエイトトレーニング [weight training] 274
*ウォームアップ [warm-up] 70, 78, 124
*右心室 [right ventricle] 97
*運動エネルギー [kinetic energy] 4
*運動学習 [motor learning] 8
*運動強度 [exercise intensity] 123
*運動強度 [intensity of work performance] 194
*運動効率 [working effectiveness] 274
*運動後の血液濃縮 [percentage hemoconcentration of a

331

posttest blood sample] *131*
*運動後の乳酸濃度 [the blood lactate concentration in a postexercise sample] *131*
*運動スキル [motor skill] *3*
*運動性過呼吸 [exercise hyperpnea] *108*
*運動性神経 [motor nerve] *34*
*運動単位 [motor unit] *22, 35, 42, 43, 46*
*運動ニューロン [motor neuron] *35, 43*
*運動パターン [motor pattern] *3*
*運動野 [motor cortex] *8*
*運動連鎖 [kinetic chain] *11, 27, 279*

エ

*栄養状態 [nutritional status] *299*
*疫学者 [epidemiologist] *290*
*易疲労性 [fatigue-susceptible] *39*
*エステル化 [esterification] *60*
*エストロゲン [estrogen] *87*
*エネルギー保存の法則 [the total energy of the universe remains constant] *50*
*エプスタイン・バーウイルス [Epstein-Barr virus] *291, 293*
*磁気共鳴画像法 (MRI) [magnetic resonance imaging] *275*
*エラスチン [elastin] *280*
*エリスロポイエチン [erythropoietin] *87*
*炎症 [inflammation] *276, 280, 281*
*エンドルフィン [endorphins] *277*
*エントロピー [entropy] *50, 51*

オ

*横隔膜 [diaphragm] *108*
*横行小管 (T管) [transverse tubules] *37*
*横足根関節 [transverse tarsal joint] *11, 18*
*横断的研究 [cross-sectional study] *118*
*横紋筋融解症 [rhabdomyolysis] *69*
*オーバーストレス [overstress] *295, 299*
*オーバーディスタンス走 [over distance run] *282*
*オーバートレーニング [overtraining] *6, 90, 119*
*オーバートレーニング症候群 [overtraining symptoms] *121*
*オーバーペース [overpace] *243*
*オーバーユース [overuse] *138, 271, 272, 279, 280, 282, 285, 298, 300, 301*
*オーバーリーチング [overreaching] *270*
*オープンサーキットスパイロメーターシステム [open-circuit spirometry system] *124*
*オープンレーン [open lane] *236*
*オキサロ酢酸 [oxaloacetic acid] *71, 74*
*オピエート [opiate] *277*

カ

カ

*カーボニックアンヒドラーゼ [carbonic anhydrase] *90*
*カーボハイドレートローディング [carbohydrate loading] *124, 275*
*回外 [supination] *12, 17, 18*
*外呼吸 [external respiration] *80*
*介在板 [intercalated disk] *99*
*外旋 [rotate externally] *18*
*外側広筋 [vastus lateralis muscle] *17, 41*
*外的モチベーション [extrinsic motivation] *261*
*回内 [pronation] *12, 17, 282*
*外反 [extorsion] *18, 22*
*外反膝 [knock knee] *279*
*回復 [recovery] *159*
*回復局面 [recovery phase] *10, 16, 18*
*回復時間 [recovery time] *159*
*回復不足症候群 [inadequate recovery syndrome] *291*
*過回内 [overpronation] *281*
*踵の内がえし [calcaneal inversion] *12*
*踵の外がえし [calcaneal eversion] *12*
*拡散能力 [diffusing capacity] *110*
*拡散の不均衡 [diffusion disequilibrium] *107*
*核心温度 [core temperature] *70*
*(心臓の) 拡張期 [diastole] *97*
*下垂体 [pituitary gland] *289*
*ガス交換 [gas exchange] *104, 105*
*可塑性 [adaptive capability (plasticity)] *25*
*滑液胞 [bursa synovialis] *281*
*滑液胞炎 [bursitis] *281*
*滑走説 [sliding filament theory] *37*
*活動的な人 [active people] *125*

*活動電位 [action potential] 35
*活力 [vigor] 293
*カテーテル [catheter] 82
*過度に深い呼吸 [excessively deep breath] 108
*過負荷 (オーバーロード) [overload] 197
*カルシウム [calcium] 116
*カルシウムイオン (Ca^{2+}) [calcium ions (Ca^{2+})] 37, 277
*カルニチン [carnitine] 74
*カルニチンアシルトランスフェラーゼ II [carnitine acyltransferase II] 74
*カルニチンアシルトランスフェラーゼ I [carnitine acyltransferase I] 74
*加齢 [aging] 86
*カロリー (cal) [calorie] 51
*換気性閾値 [ventilatory threshold] 130
*換気量 [expired ventilation] 104, 108
*緩衝作用 [buffer action] 59
*冠状動脈 [coronary artery] 55, 96
*関節 [joint] 11, 29
*関節可動域 [a range of joint movement] 70, 217
*関節可動範囲 [joint range of motion] 5
*関節包 [joint capsule] 11
*感染症 [infections] 290

キ

*ギアチェンジ [shift gear] 238
*機械的ストレス [mechanical stress] 280
*希釈性偽貧血 [dilutional pseudoanemia] 101
*拮抗筋 [antagonist] 5, 24, 34
*キネシオロジー [kinesiology] 2
*揮発性でない酸 [nonvolatile acid] 80
*揮発性の酸 [volatile acid] 80
*逆U字の関係 [inverted-U relationship] 262
*逆氷山型 [flipped iceberg profile] 293
*求心性神経 [afferent nerve] 277
*給水 [drinking] 252
*休息 [rest] 143
*競技会 [competition] 136
*競技パフォーマンス [competitive performance] 120, 287
*胸骨 [sternum] 33
*共振 [resonance] 5
*共振周期 [resonant frequency] 5

*強制呼気流量 [forced expiratory flow (FEF)] 110
*胸椎 [thoracic vertebrae] 20
*共同筋 [synergistic muscle] 5
*胸腰椎 [lumbothorcic spine] 10
*距骨 [talus] 11
*距骨下関節 [subtalar joint] 11, 17, 18
*距舟関節 [talonavicular joint] 11
*距腿関節 [articulatio talocruralis] 11
*期分け [periodization] 140
*筋横断面積 [muscle cross-sectional area] 42, 46, 194
*筋外膜 [epimysium] 32
*筋グリコーゲン [muscle glycogen] 45, 64, 66, 74, 274, 275
*筋形質 [sarcoplasm] 55, 66
*筋-腱結合部 [muscle-tendon junction] 277
*筋原線維 [myofibril] 36, 37
*筋構造 [muscle architecture] 194
*筋収縮 [tension generation] 194
*筋周膜 [perimysium] 32
*筋小胞体 [sarcoplasmic reticulum] 37
*筋線維組成 [fiber type composition] 41, 42, 43, 86
*筋線維長 [muscle fiber length] 194
*筋束 [muscle fascicle] 32
*筋抽出物 [muscle extract] 54
*筋長 [muscle length] 5
*緊張 [tension] 24
*緊張性 [tonic] 39
*筋痛 [muscular soreness] 285
*筋電図 [electromyogram (EMG)] 278
*筋肥大 [increasing muscle size] 198
*筋フィラメント [myofilament] 37
*筋紡錘 [neuromuscular spindle] 7
*筋膜 [fascia] 32
*筋力 [strength] 3, 194
*筋力増大 [increasing muscle strength] 198
*筋力トレーニング [strength training, strengthening] 27, 29, 44, 46, 273
*筋力の低下 [diminution of the muscular force] 275

ク

*換気速度 [flow rate] 110
*クールダウン [cool-down] 59, 78, 84

*クエン酸 [citric acid] **71, 74, 116**
*クエン酸回路 [citric acid cycle] **71**
*グリコーゲン [glycogen] **60, 65, 68, 77, 289**
*グリコーゲンローディング [glycogen loading] **257**
*クリステ [cristae] **37**
*グロセリンローディング [glycerin loading] **258**
*グリセロール [glycerol] **60**
*グルカゴン [glucagon] **64**
*グルコース [glucose] **51, 58, 60, 62, 65, 77, 289, 290**
*グルコース-1-リン酸 [glucose-1-phosphate] **65**
*グルコース-6-ホスファターゼ [glucose-6-phosphate] **66**
*グルココルチコイド [glucocorticoid] **289**
*グルタミン [glutamine] **290**
*クレアチン [creatine] **54**
*クレアチンキナーゼ (CK) [creatine kinase (CK)] **55, 278, 299**
*クレアチンキナーゼ骨格筋型 (CK-MM) [CK-MM] **55**
*クレアチンキナーゼ心筋型 (CK-MB) [CK-MB] **55**
*クレアチンキナーゼ脳組織型 (CK-BB) [CK-BB] **55**
*クレアチンホスファターゼ [creatine phosphatase] **77**
*クレアチンリン酸 (CP) [creatine phosphate (CP)] **54, 77, 275**
*クレアチンリン酸シャトル [creatine phosphate shuttle] **55**
*クレブス回路 (サイクル) [Krebs cycle] **71, 277**
*クロストレーニング [cross-training] **298**
*クロスブリッジ [cross-bridge] **37, 274**
*クロスブリッジリンケージ [cross-bridge linkage] **37**
*クロトナのミロの伝説 [feats of Milo of Crotona] **197**
*グロビン [globin] **111**
*クロロフィル [chlorophyll] **51, 111**

ケ

*警告シグナル [warning sign] **288**
*警告反応 [alarm reaction] **288**
*脛骨 [tibia] **11, 17**
*頸動脈洞圧受容器 [carotid sinus baroreceptor] **99**
*ケガ [injury] **5, 22, 29, 47, 294, 295, 298**
*血液濃縮 [hemoconcentration] **131**
*血液濃縮の割合 [percentage hemoconcentration] **131**
*血液の粘性 [blood viscosity] **101**
*血管外圧力 [extravascular compression] **97**

*血管拡張 [vasodilation] **280**
*血管拡張因子 [vasodilator] **97**
*血管伝導性の増加 [an increased skeletal muscle vascular conductance] **103**
*血漿 [plasma] **74, 276**
*楔状骨 [cuneiform] **11**
*血清 [serum] **278**
*血中乳酸蓄積開始点 (OBLA) [onset of blood lactate acummulation] **155**
*血中乳酸蓄積開始点 [onset of plasma lactate accumulation] **90**
*血中乳酸濃度 [blood lactic acid concentration] **84**
*血中乳酸4mmol蓄積開始点 [onset of blood lactate accumulation to 4 mmol] **91**
*血尿 (行軍血色素尿症) [hematuria (march hemoglobinuria)] **115**
*血流 [blood flow] **82**
*腱炎 [tendinitis] **281**
*健康な人 [healthy people] **86**

コ

*後ウイルス性疲労症候群 [post-viral fatigue syndrome] **291**
*高エネルギー結合 [high-energy bond] **53**
*抗炎症剤 [anti-inflammatory agent] **280**
*交感神経 [sympathetic nerve] **291**
*交感神経系 [sympathetic nervous sytem] **65, 99**
*高強度の有気的トレーニング [higher-intensity aerobic capacity taraining] **121**
*後脛骨筋 [posterior tibialis muscle] **17, 278**
*光合成 [photosynthesis] **51**
*交叉神経支配術 [cross-reinnervation] **41**
*抗重力筋 [antigravity muscle] **39, 41**
*恒常性 [homeostasis] **277**
*酵素 [enzyme] **85, 277, 281**
*高地 [altitude] **106, 183**
*高地トレーニング [altitude training] **183**
*好中球 [neutrophil] **280**
*喉頭筋 [laryngeal muscle] **35**
*コエンザイムA [coenzyme A] **70**
*コーチング [coaching] **295**
*股関節 [hip joint] **11, 18, 27**

334

*呼気ガス [respiratory gas] *105*
*呼吸 [breathing] *82*
*呼吸筋 [ventilatory muscle] *108*
*呼吸交換率 (R) [respiratory exchange ratio (R)] *63, 127, 132*
*呼吸困難 [dyspnea] *109*
*呼吸商 (RQ) [respiratory quotient] *62*
*呼吸性不整脈 [respiratory arrhythmia] *99*
*呼吸性心拍変動 [arrhythmia] *100*
*呼吸頻度 [breathing rate] *108*
*個人の無酸素性作業閾値 [individual anaerobic threshold] *91*
*コスミンテスト [Kosmin test] *174*
*骨格筋 [skeletal muscle] *32, 35, 39*
*骨格筋の血流 [skeletal muscle blood flow] *80*
*骨髄 [bone marrow] *112*
*骨粗しょう症 [osteoprosis] *228*
*骨盤 [pelvis] *11, 21, 22*
*骨密度 [bone density] *228*
*骨ミネラル [bone mineral] *230*
*固有受容器 [proprioceptor] *7, 8*
*コラーゲン [collagen] *280, 281*
*ゴルジ腱器官 [Golgi tendon organ] *7*
*コルチコステロイドホルモン [corticosteroid hormone] *290*
*コルチゾール [cortisol] *64*
*コルチゾン [cortisone] *289*
*コレステロール [cholesterol] *116*
*コンコニテスト [Conconi test] *154*
*コンディショニング [conditioning] *8*
*混乱 [confusion] *293*

サ

*サーキットウエイトトレーニング [curcuit weight training] *209*
*サーキットトレーニング [curcuit training] *208*
*サイクリック3', 5'-AMP [cyclic 3',5'-AMP] *65, 73*
*最高心拍数 [maximal heart rate] *98*
*最終目標 *138*

*最大一回拍出量 [maximal stroke volume] *98*
*最大運動 [maximal exercise] *80*
*最大下強度 [submaximal exercise intensity] *87, 90*
*最大下スピード [submaximal speed] *181*
*最大下の酸素摂取量 [submaximal O_2 uptake] *123*
*最大下ペース [submaximal pace] *143*
*最大酸素摂取量 ($\dot{V}O_2max$) [$\dot{V}O_2max$] *45*
*最大酸素摂取量 [maximum O_2 consumption] *80, 120, 133*
*最大随意換気量 [maximum voluntary ventilation (MVV)] *110*
*最大スピード [maximal speed] *181*
*最大努力 [all-out competitive effort] *120*
*最大の換気を維持できる能力 [maximum sustainable ventilation (MSV)] *110*
*最大の動静脈酸素差 [maximal overall a-$\bar{v}O_2$ difference] *104*
*最大パフォーマンス能力 [maximum performance capacity] *84*
*最大ペース [maximal pace] *143*
*最大無気的代謝 [maximal anaaerobic metabolism] *84*
*最大有気的代謝 [maximal aerobic metabolism] *84*
*最大酸素パワー [maximal O_2 power] *84*
*最適なトレーニング [optimal training] *121*
*細胞性呼吸 [cellular respiration] *51*
*細胞生理学 [cellular physiology] *275*
*細胞内小器官 [cellular organelle] *37, 47, 69*
*座業者 [sedentary people] *42*
*作業能力の指標 [working capacity] *94*
*鎖骨 [collarbone (clavicle)] *33*
*左心室 [left ventricle] *97*
*挫折感 [frustration] *291*
*サルコメア [sarcomere] *36, 37, 194*
*酸 [acid] *104*
*酸-塩基平衡 [acid-base equilibrium] *108*
*三角筋 [deltoid muscle] *33*
*酸化酵素活性 [oxidative enzyme activity] *41*
*酸性度 [acidity] *46*
*酸素摂取量 [O_2 consumption] *83*
*酸素運搬能力 [blood O_2 -carrying ability] *297*
*酸素解離曲線 [O_2 -binding relationship] *111*
*酸素カスケード [O_2 cascade] *57*

335

*酸素消費 [O₂ consumption] *292*
*酸素消費量 [O₂ consumption] *122, 129, 132*
*酸素抜き取り [O₂ extraction] *127*
*酸素負債 [O₂ debt, deficit] *97, 127, 132*
*酸素分圧（PO₂）[O₂ partial pressure (PO₂)] *57, 105, 106*
*酸素平衡 [the equilibrium of O₂] *105*

シ

*時間 [time] *195*
*持久性競技のトップアスリート [Top athketes in endurance events] *86*
*持久性トレーニング [endurance training] *45, 47 101, 112*
*持久性パフォーマンス [endurance performance] *86*
*持久力 [endurance] *3, 141, 274*
*死腔 [dead space volume] *108*
*軸索 [neuron branch] *35*
*刺激 [stimulus] *270*
*刺激-反応パターン [stimulus-response pattern] *270, 285*
*趾骨（趾節骨C）[phalanx] *11*
*仕事（ワーク）[work] *195*
*仕事率 [power] *196*
*支持局面 [support phase] *10, 16, 17*
*脂質 [lipid] *46*
*視床下部 [hypothalamus] *7*
*姿勢 [posture] *6, 7*
*姿勢維持筋 [postural muscle] *16*
*指節骨（趾節骨）[phalanx] *11*
*膝蓋骨 [patella] *22*
*膝蓋骨腱炎 [patellar tendinitis] *279*
*膝関節 [knee joint] *11, 18, 24, 25*
*実験室 [laboratory] *118*
*質的なトレーニング [emphasizing quality training] *297*
*湿度 [humidity] *123*
*自転車エルゴメータ [bicycle ergometer] *119, 121*
*シトクロム [cytochrome] *72, 73*
*シトクロムオキシダーゼ [cytochrome oxidase] *73*
*シトクロム酵素 [cytochrome enzyme] *39, 45*
*ジヒドロリポ酸 [dihydrolipoic acid] *71*
*脂肪 [fat] *289*
*脂肪細胞 [fat cell] *289*
*脂肪酸 [fatty acid] *44, 51, 57, 77*

*脂肪酸アシルカルニチン [fatty acylcarnitine] *73*
*脂肪酸アシルコエンザイムA [fatty acyl coenzyme A] *73*
*脂肪重量 [fat weight] *223*
*脂肪量 [total fat] *224*
*若年女性 [young female] *86*
*収縮 [contraction] *194*
*（心臓の）収縮期 [systole] *97*
*収縮速度 [velocity of muscle shortening] *38*
*舟状骨 [navicular bone] *11*
*重心 [center of mass] *21*
*修正乳酸値 [corrected lactate] *131*
*重炭酸イオン（HCO₃⁻）[bicarbonate ion] *59*
*HCO₃⁻緩衝メカニズム [HCO₃⁻ buffering mechanism] *90*
*縦断的研究 [longitudinal study] *118*
*柔軟性 [flexible, flexibility] *5, 24, 26, 29*
*柔軟体操 [calsthenics] *217*
*重力 [gravity] *278*
*ジュール（J）[joule] *51*
*主観的運動強度 [rated perceived exertion (RPE)] *124*
*踵骨後滑液胞炎 [retrocalcaneal bursitis] *282*
*主働筋 [agonist] *5, 22, 33, 292*
*循環血液量の増加 [increased circulating volume] *101*
*消化酵素 [digestive enzyme] *51*
*衝撃力 [impact force] *278*
*踵骨 [calcaneus] *11, 18*
*踵骨腱 [calcaneal tendon] *281*
*踵骨立方関節 [calcaneocuboid joint] *11*
*小殿筋 [gluteus minimus muscle] *33*
*小脳 [cerebellum] *7, 8, 21*
*静脈還流量 [venous return] *95*
*上腕三頭筋 [triceps brachii muscle] *41*
*上腕二頭筋 [biceps brachii muscle] *41*
*ショートインターバル [short-interval] *296*
*ジョギング [jogging] *143*
*植物性タンパク [begetable protein] *116*
*食欲の減退 [decreased appetite] *116*
*除脂肪体重 [fat free body weight] *223*
*自律神経 [autonomic nerve] *99*
*自律神経系 [autonomic nervous system] *291*
*心筋 [cardiac muscle] *45*
*心筋重量の増加 [the increase in heart muscle mass] *101*
*心筋による酸素のとり込み [O₂ uptake by cardiac muscle]

96
*心筋の収縮力 [myocardial contractility] 102
*神経筋接合部 [neuromuscular junction] 34, 35
*神経細胞 [nerve cell] 34
*神経支配 [innervation] 47
*神経内分泌 [neuroendocrine] 291
*心室拡張末期容量 [end-diastolic volume] 100
*心臓のサイズ [cardiac dimensions] 101
*心臓の容量負荷 [volume loading] 101
*心臓の力学的要因 [cardiac dynamics] 103
*靱帯 [ligament] 11, 18, 32
*身体運動 [motor activity] 3
*身体組成 [body composition] 223
*伸張 [lengthening] 194
*伸張性筋収縮 [eccentric tension] 17
*伸張性収縮 (エキセントリック収縮) [eccentric contraction, negative work] 197
*伸張性－短縮性の張力発揮パターン [stretch-shortning cycle] 199
*伸張性張力 [eccentric tension] 278
*伸張反射 [muscle stretch reflex] 200
*浸透圧 [osmotic pressure] 66, 270
*心拍出量 [cardiac output] 80, 95
*心拍数 [heart rate] 82, 84, 158, 300
*心肥大 [hypercardia] 101
*心脈管系機能の測定 [a measure of maximum cardiovascular function] 127
*シンモアフォーシス [symmorphosis] 45
*心理学的アプローチ [psychological approach] 285
*心理学的メカニズム [psychological mechanism] 291
*心理学的要因 [psychological component] 291
*心理的因子 [psychological factor] 296
*心理的ストレス [psychological stress] 291
*心理学的側面 [psychological component] 272, 290, 291

ス

*水銀単位 (mmHg) [units of millimeters of mercury] 57
*水素イオン [hydrogen ions] 58
*睡眠 [sleep] 99
*睡眠時間 [hours of sleep] 299, 300
*スイング局面 [swing phase] 10
*スタート [start] 235

*スタミナ [stamina] 141
*ステイルネス [staleness] 270, 271, 272, 283, 284, 285, 286, 289, 291, 292, 293, 298, 299, 301
*ステージトレーニング [stage training] 205
*ステップ [step] 9
*ステップアップ [step up] 206
*ステロイドホルモン [steroid hormone] 289
*ストライド [stride] 5, 9, 10, 16, 21, 24, 27, 88, 274
*ストライド周期 [stride frequency] 5
*ストライド長 [stride length] 5, 9, 10, 16, 21, 22, 24, 25, 26, 88
*ストライド頻度 [stride frequency] 9, 16
*ストレス [stress] 10, 22, 46, 270, 281, 282, 286, 289, 290, 291, 297, 298, 301
*ストレス症候群 [stress syndrome] 291
*ストレッチ [stretching] 24, 28, 60
*ストローク [stroke] 5
*スパート [spart] 239
*スピード [speed] 3, 4, 140, 195
*スピード持久力 [speed endurance] 141
*スピードドリル [speed drill] 179
*スピードトレーニング [speed training] 47
*スプリットタイム [split time] 253
*スプリント加速 [sprint acceleration] 182
*スプリントトレーニング [sprint training] 273
*スポイラー [spoiler] 244
*スポーツ心理学者 [sport psychologist] 293
*スポーツスキル [sport skill] 3
*スポーツドリンク [sport drink] 275
*スポーツパフォーマンス [sport performance] 3, 43

セ

*生化学的プロファイリング [chemistry profiling] 299, 302
*生活ストレスと病気のモデル [life stress and illness model] 290
*生活の負荷 [lifestyle load] 286
*整形外科医 [orthopedist] 10, 16
*性差 [gender difference] 42, 47, 87
*成長ホルモン [growth hormone] 289
*静的ストレッチング [static stretching] 217
*生理学的筋横断面積 [functional cross-sectional area] 33

337

*生理学的破壊 [physiological breakdown] *288*
*生理学的不適応 [physiological maladaptation] *291*
*生理学的メカニズム [physiological mechanism] *291*
*生理学的側面 [physiological component] *272*
*セカンドウィンド現象 [second-wind phenomenon] *84*
*赤筋線維 [red fiber] *41*
*脊髄 [spinal cord] *6, 8*
*脊柱 [spine] *10, 11*
*赤血球の増加 [increased red cell mass] *112*
*接地 [landing] *12, 17, 24*
*セット [set] *143*
*セパレートスタート [separate start] *235*
*セパレートレーン [separate lane] *234*
*前脛骨筋 [tibialis anterior muscle] *278*
*仙骨 [sacrum] *20*
*漸進性の原則 [principle of progressive resistance] *197*
*漸増的筋力トレーニング [progressive resistance exercise] *198*
*漸増負荷運動 [graded exercise] *82*
*前庭系 [vestibular system] *7*
*戦略 [strategy] *234*

ソ

*双羽状筋 [bipenniform muscle] *32*
*総換気量 [breathing rate] *80*
*総血液量 [total blood volume] *110*
*総合的体力トレーニング [comprehensive conditioning program] *192*
*総酸素含有量 [total O_2 content] *106*
*総赤血球量 [total red cell mass] *101*
*相同性 [phasic] *39*
*足関節 [ankle joint] *11, 18, 26*
*足底筋膜 [plantar fascia] *19*
*足底筋膜炎 [plantar fasciitis] *19*
*速度 [velocity] *82*
*足病医 [podiatrist] *11*
*組織貧血 [tissue anemia] *116*

タ

*第一閾値 [frirst threshold] *90*
*第一鉄 [ferrous state] *111*
*第一の閾値 [the first threshold] *130*
*体温 [body temperature] *108*
*大胸筋 [pectoralis major muscle] *33*
*体脂肪 [body fat] *223*
*体脂肪率 [percent body fat] *223*
*代謝性アシドーシス [metabolic acidosis] *108*
*代謝性アシドーシスに対する呼吸補償 [respiratory compensation for metabolic acidosis] *91*
*代謝変換点 [critical metabolic level] *89*
*体重 [body weight] *300, 302*
*代償性血管拡張作用 [compensatory vasodilation] *97*
*耐性 [tolerance] *85*
*大腿 [femur] *11, 20*
*大腿筋膜 [fascia lata] *33*
*大腿骨 [femur] *22*
*大腿四頭筋 [quadriceps femoris muscle] *5, 20, 24, 32, 276, 278*
*大腿直筋 [rectus femoris muscle] *17, 32, 41*
*大殿筋 [gluteus maximus muscle] *21, 33, 276*
*第二閾値 [second threshold] *91*
*第二鉄塩 [ferric state] *111*
*第二の閾値 [the second threshold] *130*
*大脳基底核 [basal ganglia] *7*
*大脳皮質 [cerebral cortex] *6, 7*
*大脳辺縁系 [limbic system] *7*
*耐疲労性 [fatigue-resistant] *39*
*タイプIIa線維 [Type IIa fiber] *40, 44*
*タイプII線維 [Type II fiber] *40*
*タイプIIb線維 [Type IIb fiber] *40, 44*
*タイプI線維 [Type I fiber] *40*
*大腰筋 [psoas major muscle] *18, 20*
*体力 [fitness] *85*
*多羽状筋 [multipennate muscle] *33*
*多重神経支配 [multiple innervation] *35*
*脱水 [dehydration] *108*

*達成目標　*137*
*脱分極 [depolarization]　*99*
*多頻度換気ドリフト [tachypneic ventilatory drift]　*108*
*短期のオーバートレーニング [short-term overtraining]
　283, 300
*単球 [monocyte]　*280*
*短距離加速ドリル [short acceleration drill]　*180*
*炭酸 (H₂CO₃) [carbonic acid]　*59*
*炭酸水素ナトリウム (NaHCO₃) [sodium bicarbonate]　*59*
*短縮 [shortening]　*194*
*短縮性収縮（コンセントリック収縮）["concentric
　contracton, positive work"]　*197*
*短縮性張力 [concentric tension]　*278*
*炭水化物 [carbohydrate]　*44, 45, 46, 51, 60, 116*
*炭水化物ローディング [carbohydrate loading]　*7*
*弾性エネルギー [elastic energy]　*200*
*弾道的ストローク [ballistic stroke]　*5, 27*
*単糖類 [monosaccharide]　*51*
*タンパク質 [protein]　*51, 291*

チ

*チアミン [thiamine]　*72*
*知覚系 [visual system]　*7*
*遅発性筋痛 (DOMS) [delayed-onset muscular soreness]
　276, 277, 278
*着地 [footstrike]　*16, 17, 22, 25*
*中間支持局面 [midsupport period]　*17, 18, 29*
*中間目標（短期の目標）[short-term goal]　*136*
*中距離ランナー [middle distance runner]　*130, 274*
*中枢神経系 [central nervous system]　*6, 22, 274, 275*
*中枢性の調節 [central adjustment]　*98*
*中足骨 [metatarsal bone]　*11*
*中足指節関節 [metatarsophalangeal]　*11*
*中殿筋 [gluteus medius muscle]　*21, 33*
*超回復 [supercompensation]　*149*
*超回復の原理 [principle of supercompensation]　*46*
*長期計画 [long-term planning, long-range plan]　*136*
*長期のオーバートレーニング [long-term overtraining]
　284, 300
*長期目標 [long-term goal]　*137*
*長距離ランナー [long distance runner]　*130*
*腸脛靱帯 [iliotibial band]　*32, 282*

*腸脛靱帯症候群 [iliotibial band syndrome]　*279*
*腸脛靱帯摩擦症候群 [iliotibial band friction syndrome]
　282
*腸骨 [ilium]　*18*
*腸骨筋 [iliacus muscle]　*20*
*調整力 [coordination]　*3, 4*
*腸腰筋 [iliopsoas muscle]　*18, 27*
*張力発揮 [tension generation]　*194*
*張力発揮速度 [tension-generation velocity]　*292*
*直線加速ドリル [straight acceleration drill]　*180*
*鎮痛効果 [analgesic property]　*277*

ツ

*椎間軟骨 [intervertebral cartilage]　*20*
*椎体 [body of vertebra]　*20*
*底屈 [plantar flexion]　*17, 18*

テ

*テーパリング [tapering]　*66, 141, 292*
*適応 [adaptation]　*271, 272*
*テストステロン [testosterone]　*42, 87*
*テストの環境条件 [environmental data collection
　condition]　*123*
*テストプロトコール [test protocol]　*118*
*鉄 [iron]　*111, 114, 115*
*鉄含有酵素 [iron-containing enzyme]　*115*
*鉄欠乏 [iron deficiency]　*114*
*鉄摂取の低下 [lowered iron intake]　*117*
*鉄貯蔵 [iron stores]　*117*
*鉄貯蔵と鉄利用システム [iron storage and utilization
　system]　*115*
*鉄貯蔵分子 [iron-storge molecule]　*113*
*デッドスペースの量 [dead space volume]　*105*
*鉄補充 [iron supplementation]　*117*
*鉄を失う経路 [routes for iron loss]　*116*
*殿筋 [gluteus]　*18*
*電子伝達系 [electron transport chain]　*72, 73*
*テンポ [tempo]　*143*

ト

*糖 [sugars]　*51*
*動員数 [recruitment]　*194*

*同化 [anabolism]　*270*
*同化（作用）[anabolism]　*51*
*動作 [movement]　*3, 6, 8*
*動作の可動域 [range of motion]　*296*
*動作パターン [movement pattern]　*3, 4, 7, 25*
*等尺性筋収縮（アイソメトリック）[isometric]　*196*
*動静脈酸素差 [arteriovenous O_2 difference]　*96*
*動的筋力トレーニング [dynamic resistance training]　*197*
*動的ストレッチング [dynamic stretching]　*217*
*洞房結節 [sinoatrial node]　*99*
*動脈血圧 [arterial blood pressure]　*103*
*動脈血酸素含量 [arterial O_2 content]　*103*
*動脈血低酸素 [arterial hypoxemia]　*107*
*動脈硬化 [arteriosclerosis]　*97*
*トータルボディコンディショニング [total-body conditioning]　*5*
*特異性の原則 [principle of specificity]　*198*
*トリグリセリド [triglyceride]　*9, 51, 60, 77*
*トルク [torque]　*17, 195, 27*
*トレーナビリティ [trainability]　*86*
*トレーニング [training]　*4*
*トレーニング過程 [training process]　*271, 272, 288*
*トレーニング強度 [training intensity]　*142, 158*
*トレーニング計画 [training plan]　*136*
*トレーニング施設 [training facility]　*297*
*トレーニングストレス [training stress]　*295*
*トレーニング日誌 [training diary]　*187, 296*
*トレーニング頻度 [training frequency]　*142*
*トレーニング負荷 [training load]　*272, 284, 294, 296*
*トレーニング密度 [training density]　*143*
*トレーニング量 [training volume]　*141, 286*
*トレッドミル [treadmill]　*82, 120*
*トレッドミルテスト [treadmill test]　*131*
*トロポニン-トロポミオシン複合体 [troponin-tropomyosin complex]　*37*
*トロポミオシン [tropomyosin]　*132*

ナ

*内呼吸 [internal respiration]　*80*

*内旋 [anteversion]　*22*
*内側広筋 [vastus medialis muscle]　*17, 22*
*内的モチベーション [intrinsic motivation]　*261*
*内転 [adduction]　*11*
*内転筋 [adductor muscle]　*27*
*内反 [invert]　*18*

ニ

*肉体的トレーニング [physical training]　*294*
*ニコチンアミドアデニンジヌクレオチド [nicotinamide adenine dinucleotide (NAD)]　*68*
*ニコチン酸 [nicotinic acid]　*68, 70*
*二酸化炭素の産生 [CO_2 production]　*130*
*二酸化炭素排出量 [VCO_2]　*90*
*ニードルバイオプシー法 [needle biopsy]　*39*
*乳酸 [lactic acid]　*44, 58, 59, 75, 77, 80, 89*
*乳酸イオン [lactate ion]　*58*
*乳酸性/換気性閾値 [lactate/ventilatory threshold]　*85, 89, 130, 133*
*乳酸性閾値 [lactate threshold]　*84, 118*
*乳酸脱水素酵素 (LDH) [lactic dehydrogenase (LDH)]　*68, 83*
*乳酸の代謝回転速度 [lactate turnover rate]　*90*
*ニュートン [newton]　*195*
*ニュートン・メーター (N·m) [newton-meters]　*195*
*ニューロン [neuron]　*34*

ネ

*ネガティブスプリットタイム [negative split time]　*253*
*熱拡散 [thermodiffusion]　*80*
*熱産生 [heat production]　*109*
*熱力学 [thermodynamics]　*50*

ノ

*脳 [brain]　*6, 8*
*脳下垂体ホルモン [pituitary gland hormone]　*288*
*脳幹網様体 [reticular formation]　*6*
*能動輸送 [active transport]　*62*
*能力 [ability, capacity]　*4*
*登り傾斜 [uphill]　*122*
*ノルアドレナリン [noradrenaline]　*64, 99, 289, 290*

ハ

ハ

- *パフォーマンステスト [performance test] *123*
- *ハードトレーニング [hard training] *285, 290, 296, 297, 298, 301*
- *ハードリング [hurdling] *241*
- *ハードルドリル [hurdle drill] *242*
- *ハーフスクワット [half squat] *206*
- *バーンアウト [burnout] *117, 270*
- *肺 [lung] *104*
- *バイオプシー [biopsy] *42, 275*
- *バイオメカニクス [biomechanics] *10, 20, 22, 24, 29*
- *拡散能力 [lung diffusing capacity] *110*
- *肺活量 [vital capacity] *108*
- *肺機能テスト [pulmonary function test] *110*
- *背屈 [dorsiflexion] *16*
- *肺気量 [lung flow] *110*
- *ハイニーリフト [high knee lift] *179*
- *肺のサイズ [lung volume] *110*
- *ハイパーハイドレーション [hyper hydration] *258*
- *肺胞換気(量) [alveolar ventilation] *105*
- *肺胞と動脈の酸素差 [alveolo-arterial O₂ gradient] *105*
- *肺胞の酸素分圧 [alveolar O₂ partial pressure] *105*
- *肺胞毛細血管膜 [alveolocapillary membrane] *104*
- *肺毛細血管通過時間 [pulmonary capillary transit time] *110*
- *白筋線維 [white fiber] *41*
- *バソプレッシン [vasopressin] *113*
- *発汗 [sweating] *52*
- *バックエクステンション [back extension] *206*
- *白血球 [white blood cell] *278, 280*
- *発射頻度 [stimulus frequency] *194*
- *パフォーマンス [performance] *3, 26, 29, 43, 44, 45, 47, 80*
- *パフォーマンスの改善 [improved performance] *103*
- *パフォーマンス評価システム [performance evaluate system] *174*
- *ハプトグロビン [haptoglobin] *114, 115, 117, 299*
- *ハプトグロビン-ヘモグロビン複合体 [haptoglobin-hemoglobin complex] *114*
- *ハムストリング [hamstrings] *5, 18, 20, 22, 24*
- *バランス [balance] *4, 7, 17, 28*
- *バリア [barrier] *240*
- *パルミチン酸 [palmitic acid] *52, 63*
- *パワー [power] *196, 274*
- *半羽状筋 [penniform muscle] *32, 34*
- *ハンガリアン得点表 [Hangarian scoring table] *174*
- *半腱様筋 [semitendinosus] *33*
- *パントテン酸 [pantothenic acid] *71*
- *反応 [response] *270*
- *半膜様筋 [semimembranosus muscle] *32, 34*

ヒ

- *ピーキング [peaking] *24*
- *ヒールフリックス [heel flick] *179*
- *皮下脂肪測定法 [skinfold measurement] *223*
- *腓骨 [fibula] *11*
- *膝関節 [knee joint] *278*
- *肘関節 [elbow joint] *28*
- *ビタミンC [vitamin C] *281*
- *ビタミンB₅ [vitamin B₅] *68, 71*
- *ビタミンB₃ [vitamin B₃] *71*
- *ビタミンB₂ [vitamin B₂] *71*
- *必須脂肪 [essential fat] *223*
- *ピッチ [cadence, frequency] *5, 88*
- *必要脂肪量 [essential fat] *223*
- *ヒドロキシプロリン [hydroxyproline] *299*
- *腓腹筋 [gastrocnemius muscle] *17, 18, 26, 33, 41*
- *皮膚血管 [skin blood vessel] *52*
- *氷山型 [iceberg profile] *292*
- *病理学 [pathology] *291*
- *病理学的破壊 [pathological breakdown] *288*
- *病理生理学的な消耗 [pathophysiological exhaustion] *291*
- *ヒラメ筋 [soleus muscle] *17, 18, 41, 278*
- *ヒルトレーニング [hill traning] *176*
- *ピルビン酸 [pyruvic acid] *40, 58, 67, 68, 71, 72*
- *ヒルランニング [hill training] *176*
- *疲労 [fatigue] *108, 141*
- *疲労困憊 [exhaustion, all-out] *80, 82, 126, 134*
- *疲労の谷 [valley of fatigue] *272*
- *貧血 [anemia] *101, 112, 114*

フ

*ファルトレク [fartlek] 175
*不安 [anxiety] 262, 290
*フェリチン [ferritin] 113, 114, 117, 118, 299
*フォロースルー [follow-through period] 6, 17, 21, 29
*フォワードスイング [forward swing] 17, 29
*副交感神経系 [parasympathetic nervous sytem] 99
*副交感神経 [parasympathetic nerve] 291
*副腎 [adrenal gland] 289
*副腎ホルモン [adrenal gland hormone] 288
*浮腫 [edema] 270
*麩繊維 [bran fiber] 116
*不整脈 [arrhythmia] 124
*プッシュアップ [push up] 206
*フット・ポンド (ft・lb) [foot-pounds] 195
*不慣れ [unaccustomed] 276
*不飽和脂肪酸 [unsaturated fatty acid] 61, 63
*浮遊相（フロート）[period of float] 17, 20
*プライオメトリックス [plyometrics] 199
*プラセボ効果 [placebo effect] 117
*プラトー [plateau] 132
*フラビンアデニンジヌクレオチド (FAD) [flavin adenine dinucleotide (FAD)] 71
*振り降ろし局面 [foot descent period] 6, 17, 29
*フルクトース-1, 6ビスリン酸 [fructose-1,6-bisphosphate] 67
*breath-by breath分析 [breath-by breath gas analysis] 122
*プレッシャー [pressure] 286, 291
*プロスタグランディン [prostaglandin] 280, 282
*プロトン [proton] 58

ヘ

*平滑筋 [smooth muscle] 84
*平均静脈血酸素含量 [mean venous O_2 content] 104
*平衡感覚 [balance] 4, 7
*平行筋 [longitudinal muscle] 33
*ペース [pace] 82, 143
*ペースメーカー [pacemaker] 99, 238
*ベータ酸化 [beta-oxidation] 74
*pH [pH] 91

*ヘキソキナーゼ [hexokinase] 65
*ヘマトクリット値 [hematocrit] 101
*ヘム [heme] 111
*ヘム構造 [heme structure] 111
*ヘム鉄 [heme iron] 115
*ヘモグロビン [hemoglobin] 39, 73, 87, 106
*ヘモクロマトーゼ [hemochromatosis] 118
*ヘモシデリン [hemosiderin] 115, 118
*ヘモシデリンテスト [hemosiderin test] 117
*ベルグラード得点表 [Belgrade scoring table] 174
*ベロシティ [velocity] 195
*ベントニーシットアップ [bent knee sit up] 206
*扁平足 [flat foot] 19

ホ

*ボア効果 [Bohr effect] 111
*縫工筋 [sartorius muscle] 17, 33
*飽和脂肪酸 [saturated fatty acid] 61, 62, 116
*補酵素Q (CoQ) [coenzyme Q (CoQ)] 73
*ホスファーゲン系 [phosphagen system] 56, 77
*ホスホフルクトキナーゼ [phosphofructokinase] 75, 132
*ホスホリラーゼ [phosphorylase] 65, 74
*ホメオスタシス [homeostasis] 270, 277, 300
*ポリフェノール [polyphenol] 116
*ポリモーダル受容器 [polymodal receptor] 277
*ボルグのスケール [Borg scale] 125
*ポルフィリン環 [porphyrin ring] 111
*ポルフィリン [porphyrin] 111
*ホルモン [hormone] 64
*ポンド [pound] 194

マ

*マグネシウムイオン [magnesium ion] 65
*マクロ周期 [macrocycle] 141
*マッサージ [massage] 297
*末梢性の調節 [peripheral adjustment] 98
*マラソン [marathon] 249
*マルチティアトレーニング [multi-tier training] 144
*マルチペーストレーニング [multipace training] 144

*慢性疲労症候群 [chronic fatigue syndrome] *291*

ミ

*ミオグロビン [myoglobin] *39, 45, 97*
*ミオシン [myosin] *35, 36, 37, 38, 41, 54, 75*
*ミオシンATPase [myosin ATPase] *274*
*ミキシングチャンバー [mixing chamber] *122*
*ミクロ（周期）サイクル [microcycle] *141, 270, 296*
*ミオシンフィラメント [myosin myofilament] *274*
*密度法 [densitometory] *223*
*ミトコンドリア [mitochondria] *36, 37, 41, 45, 55, 58, 60, 70, 71, 74, 75, 78, 80*
*ミルキングアクション [milking action] *160*

ム

*無酸素性作業閾値 [anaerobic threshold] *89*
*無気的運動 [anaerobic work] *274*
*無気的解糖 [anaerobic glycolysis] *83, 85*
*無気的解糖系 [anaerobic glycolysis sytem] *56, 67, 77*
*無気的キャパシティトレーニング [anaerobic capacity training] *157*
*無気的コンディショニング [anaerobic conditioning] *154*
*無気的コンディショニングトレーニング [anaerobic conditioning training] *103*
*無気的持久力 [anaerobic endurance] *141*
*無気的代謝 [anaerobic metabolism] *57, 58, 69, 274*
*無気的能力 [anaerobic capability] *121, 133*
*無月経 [amenorrhea] *228*

メ

*迷走神経 [vagus nerve] *99*
*メゾ（周期）サイクル [mesocycle] *141*
*免疫グロブリン [immunoglobulin] *289*
*免疫グロブリンA [immunoglobulin A] *291*
*免疫系 [immune system] *289, 290*
*免疫の抑制 [immunological suppression] *290*

モ

*毛細血管 [capillary] *41, 45, 85*
*毛細血管密度 [skeletal muscle capillary density] *45, 104*
*網（状）赤血球 [reticulocyte] *113, 299*
*モーターポイント [motor point] *34*

*目的意識 [the realization of distinct aim] *4*
*目標 [goal] *136*
*目標記録，目標タイム [time of goal] *137*
*モチベーション [motivation] *261, 274, 300*

ヤ

ユ

*有気系の最適なトレーニング [optimal training of the aerobic system] *127*
*有酸素性作業閾値 [aerobic threshold] *90*
*有酸素性作業閾値（2mmol）[aerobic threshold（2mmol）] *90*
*有気的運動 [aerobic work] *274*
*有気的解糖系 [aerobic glycolysis system] *56, 77*
*有気的キャパシティトレーニング [aerobic capacity training] *156*
*有気的コンディショニング [aerobic conditioning] *121, 152*
*有気的持久力 [aerobic endurance] *141*
*有気的代謝 [aerobic metabolism] *58, 59, 84*
*有気的トレーニング [aerobic training] *130*
*有気的能力 [aerobic capability] *121, 133*
*有気的脂肪分解系 [aerobic lipolysis system] *56, 74, 77*

ヨ

*溶血 [hemolysis] *115*
*腰椎 [lumbar vertebrae] *20*
*抑うつ [depression] *290, 291, 293*
*4-hydroxyproline [4-hydroxyproline] *280*
*4mmol/ℓの無酸素性作業閾値 [anaerobic threshold 4 mmol] *91*

ラ

*ライソゾーム [lysosome] *69, 75*
*ライフスタイル [lifestyle] *285, 286, 287, 296, 301, 302*
*ライフスタイルのマネージメント [lifestyle management] *287*

ラ

*ランセット [lancet] *131*
*ランニングエコノミー [running economy] *87, 118, 130*
*ランニング効率 [running efficiency] *42*
*ランニングサイクル [running cycle] *6, 9, 14, 16, 21, 22, 29*
*ランニングスタイル [running style] *4, 24, 25, 27*
*ランニングフォーム [running form] *10, 22, 132*

リ

*リクルートメント [recruitment] *43*
*離地 [takeoff] *9, 10, 13, 18, 19*
*立方骨 [cuboid bone] *11*
*リパーゼ [lipase] *74*
*リフティング法 [system of lifting] *199*
*リボース [ribose] *70*
*リボ酸 [lipoate] *71*
*リボフラビン [riboflavin] *72*
*量的なトレーニング [emphasizing volume training] *297*
*リラクセーション [relaxation] *286*
*リン酸 (PO_4^{3-}) [phosphate] *53*
*臨床的兆候 [clinical sign] *291*
*リンパ球 [lymphocyte] *280, 290*
*リンパ球のサブタイプ [subtype of lymphocyte] *290*

レ

*レースパフォーマンス [race performance] *120*
*レースペース [race pace] *88*
*レートコーディング [rate coding] *43*
*レジスタンストレーニング [resistance training] *46*
*レニン [renin] *113*
*レバーアーム [lever arm] *195*
*レペティション [repetitions:reps] *143*
*レペティションマキシマム [repetition maximum] *198*
*連合野 [association area] *7*

ロ

*老化過程 [aging process] *86*
*ロードレース [road race] *248*
*ローマン反応 [Lohmann reaction] *54*
*肋間筋 [intercostal muscle] *108*
*ロングインターバル [long-interval] *296*

ワ

ワット [watt] *196*

人名
THE NAME OF PERSON

A

*Aaron, E. [E. Aaron] 109
*Abe, Tomoe [安部友恵] 144
*Adamson, G.T. [Adamson] 205
*Aouita, Said [Said Aouita] 29, 43
*Ardawi, M.S. [M.S. Ardawi] 290
*Armstrong, Robert [Robert Armstrong] 40, 276, 277
*Asari, Junko [浅利純子] 144
*Åstrand, Per-Olof [Per-Olof Astrand] 86, 122
*Atha, John [Atha] 200

B

*Banister, Eric [Eric Banister] 296
*Barany, M. [Barany] 41
*Beck, Marjorie [Marjorie Beck] 25
*Bedford, Dave [Dave Bedford] 244
*Bentzen, Henning [Bentzen] 160
*Berdanier, C.D. [C.D. Berdanier] 288
*Berger, Richard [Berger] 198
*Bergstorm, J. [Bergstorm] 257
*Bikila, Worku [Worku Bikila] 243
*Bohr, Chiristian [Bohr] 111
*Brantly, Keith [Keith Brantly] 172, 247, 279, 297
*Brooke, M.H. [Brooke] 40
*Borg, Gunnar [Gunnar Borg] 124
*Brodal, P. [Brodal] 45
*Brown, D.R. [D.R. Brown] 285
*Buller, A.J. [Buller] 41
*Byers, Tom [Tom Byers] 33

C

*Campbell, John [Campbell] 86
*Cannon, Walter [Walter Cannon] 270, 288
*Castillo, Maurilio [Maurilio Castillo] 184
*Catuna, Anuta [Anuta Catuna] 252
*Cavanagh, Peter [Peter Cavanagh] 21
*Ceron, Dionicio [Dionicio Ceron] 184

*Cerretelli, P. [Cerretelli] 85
*Clarke, Ron [Ron Clarke] 28
*Claude, Bouchard [Bouchard Claude] 86
*Clayton, Derek [Derek Clayton] 88, 89
*Close, R.I. [Close] 41
*Conconi, Francesco [Francesco Conconi] 154
*Coogan, Mark [Mark Coogan] 279
*Copping, J.R. [Copping] 259
*Costill, D.L. [D.L. Costill] 131, 258, 275
*Cova, Alberto [Alberto Cova] 247
*Cram, Steve [Steve Cram] 6, 26, 239
*Cullinane, E.M. [Cullinane] 163

D

*Daniels, J.T. [J.T. Daniels] 129
*DeLorme, Thomas [Delorme] 198
*DeMar, Clarence [Clarence DeMar] 97
*Dempsey, J.A. [J.A. Dempsey] 107, 109
*Denny-Brown, Derek [Derek Denny-brown] 6
*Deschenes, M. [Deschenes] 43
*Deutsch, Felix [Felix Deutsch] 101
*Dill, D.B. [D.B. Dill] 131
*Dinsamo, Belayneh [Belayneh Dinsamo] 249
*Doll, E. [El. Dol] 91
*Donovan, Paul [Paul Donovan] 247
*Dougherty, S.E. [Dougherty] 20

E

*Eccles, J.C. [Eccles] 41
*Eccles, R.M. [Eccles] 41
*Edstrom, L. [Edstrom] 40
*Eichner, E. [E. Eichner] 292
*Ellickson, K.A. [K.A. Ellickson] 285
*Embden, Gustav [Gustav Embden] 54
*Engel, W.K. [Engel] 40
*Engelhardt, W.A. [W.A. Engelhardt] 288
*Elena, Zhupieva [Elena Zhupieva] 264
*Eyster, John [Eyster] 198

F

*Farley, Frank [Frank Farley] 286
*Fujimura, Nobuko [藤村信子] 144

G

*Gabriel, H. [H. Gabriel] 289
*Galbo, H. [H. Galbo] 289
*Gandy, George [George Gandy] 205
*Garcia, Donna [Danna Garcia] 12
*Gebrselassie, Haile [Haile Gebrselassie] 43, 243
*Gerschler, Woldemar [Woldemar Gerchler] 145
*Gibson, T.M. [T.M. Gibson] 129
*Gisolfi, C.V. [Gislfi] 259
*Gollnick, P.D. [Gollnick] 40, 103

H

*Hanson, P. [P. Hanson] 107
*Harrison, M.H. [M.H. Harrison] 129
*Harrison, T.R. [T.R. Harrison] 89
*Hasselbalch, Karl [Karl Hasselbalch] 111
*Heilmann, Michael [Michael Heimann] 254
*Henderson, K. [K. Henderson] 107
*Henes, Laurie [Laurie Henes] 201
*Henner, Julian [Julianne Henner] 16, 17, 18
*Hermansen, L. [Hermansen] 45
*Hettinger, T. [Hettinger] 196
*Hill, A.V. [A.V. Hill] 85, 119, 278
*Hislop, Chick [Chick Hislop] 239
*Hissou, Salah [Salah Hissou] 245
*Holloszy, J.O. [Holloszy] 45
*Hultman, E. [Hultman] 257

I

*Ingjer, F. [Ingjer] 45
*Igloi, Mihaly [Mihaly Igloi] 145

J

*James, S.L. [James] 16
*Janicki, Don [Don Janicki] 124
*Junxia, Wang [Wang Junxia] 245

K

*Karlsson, J [Karlsson] 45

*Kauf, Emil [Emil Kauf] 101
*Kempainen, Bob [Bob Kempainen] 279
*Keul, J. [J. Keul] 91
*Kindermann, W. [W. Kindermann] 91, 288
*Kiptanui, Moses [Moses Kiptanui] 239
*Komi, P.V. [Komi] 41
*Koskei, Christopher [Christopher Koskei] 241
*Kratchvilova, Jarmila [Jarmila Kratchvilova] 234
*Krebs, Hans [Hans Krebs] 71
*Kristiansen, Inglid [Inglid Kristiansen] 29, 250
*Krogh, August [August Krogh] 111
*Kunze, Hans-Jörg [Hans-Jörg Kunze] 247

L

*Larsen, Henrik [Larsen] 160
*Lauck, Anne Marie [Anne Marie Lauck] 279
*Lehninger, A.L. [A.L. Lehninger] 56
*Liljestrand, G. [G. Liljestrand] 120
*Lindhard, J. [J. Lindhard] 120
*Lohmann, Karl [Karl Lohmann] 54
*Lopes, Carlos [Carlos Lopes] 87
*Lupton, H. [H. Lupton] 85, 120
*Lydiard, Arthur [Arthur Lydiard] 145
*Lyons, T.P. [Lyons] 259

M

*Machado, Maria Manuela [Maria Manuela Machado] 252
*Mader, A. [A. Mader] 91
*Mangili, F. [Mangili] 85
*Mann, R.A. [Mann] 18
*Margaria, Rodolfo [Margaria] 85
*Matveyev, L [Matveyev] 200
*McComas, A.J. [A.J. McComas] 86
*McKean, Tom [Tom McKean] 26
*McIlroy, M.B. [M.B. McIlroy] 89
*Moorcroft, Dave [Dave Moorcroft] 243
*Moran, G.T. [Moran] 18
*Morgan, W.P. [W.P. Morgan] 285, 292
*Morgan, R.E. [Morgan] 205
*Morpurgo, Benedetto [Morpurgo] 198
*Mosso, Angelo [Angero Mosso] 275, 276
*Muller, W.H. [Muller] 196

N

*Nakayama, Takeyuki [中山竹通] 254
*Ndeti, Cosmas [Cosmas Ndeti] 197
*Newham, D.J. [D.J. Newham] 277
*Newsholme, E.A [E.A Newsholme] 258, 290
*Nurmi, Paavo [Paavo Nurmi] 145
*Nystrom, B [Nystrom] 40

O

*O'Connor, P.J. [P.J. O'Connor] 285
*Okkels, Thomas [Okkels] 162
*O'Mara, Frank [Frank O'Mara] 243
*Ostrowski, Ryszard [Ryszard Ostrowski] 6
*O'Sullivan, Sonia [Sonia O'Sullivan] 244
*Ovett, Steve [Steve Ovett] 239
*Owens, Jesse [Jesse Owens] 4
*Owles, W.Harding [W. Harding Owles] 89

P

*Palm, Evy [Evy Palm] 87
*Perrine, James J. [James J. Perrine] 201
*Piehl, K. [Piehl] 40
*Peter, J.B. [J.B. Peter] 40
*Petito, F. [F .Petito] 86
*Pilcher, C. [C. Pilcher] 89
*Pokkala, Lauri [Lauri Pokkala] 145
*Porter, Pat [Pat Porter] 210
*Pugh, L.G.C.E. [Pugh] 123

R

*Raglin, J.S. [J.S. Raglin] 285
*Rahe, R.H. [R.H. Rahe] 290
*Rerych, S.K. [Rerych] 100
*Ribeiro, Fernanda [Fernanda Ribeiro] 245
*Rodahl, K. [Rodahl] 86
*Rowell, L.B. [L.B. Rowell] 123

S

*Salah, Ahmed [Ahmed Salah] 254
*Saltin, B [Saltin] 40, 41, 45, 104, 122, 145
*Saubert, C. [Saubert] 40
*Schnabel, A. [A. Schnabel] 91
*Scrimgeour, A.G. [A.G. Scrimgeour] 130

*Seabury, Kristen [Kristen Seabury] 224
*Selye, Hans [Hans Selye] 288, 291
*Sheard, Meryl [Meryl Sheard] 124
*Shephard, R.J. [R.J. Shephard] 122
*Shildhauer, Werner [Werner Shildhauer] 247
*Sinclair, Jon [Jon Sinclair] 120, 248
*Sjodin, B. [B. Sjodin] 121
*Slocum, D.B. [Slocum] 16
*Sly, Wendy [Wendy Sly] 120,210
*Sorani, R. [Sorani] 205
*Stahl, Kjell-Erick [Kjell-Erick Stahl] 88, 89
*Stegmann, H. [H. Stegmann] 91
*Stenstrom, N. [N. Stenstrom] 119
*Straub, Jurgen [Jurgen Straub] 237
*Svedenhag, J. [J. Svedenhag] 121

T

*Taylor, H.L. [H.L. Taylor] 123

U

*Urhausen, A. [A. Urhausen] 289

V

*Vainio, Martti [Martti Vainio] 247
*Verkhoshanskiy, Yuriy [Verkhoshanskiy] 200

W

*Wang, Y. [Y. Wang] 123
*Wasserman, Karlman [Karlman Wasserman] 89
*Watkins, A.L. [Watkins] 198
*Weiner, H. [H. Weiner] 290
*Welch, Priscilla [Priscilla Welch] 87
*Wellcome, R.M. [Wellcome] 129
*Westcott, Wayne [Westcott] 199
*Whipple, G.H. [G.H. Whipple] 45
*Williams, Keith [Keith Williams] 21
*Wysocki, Ruth [Ruth Wysocki] 238

Y

*Yakovlev, N.N. [Yakovlev] 144

Z

*Zatopek, Emil [Emil Zatopek] 24
*Zinovieff, A.N. [Zinovieff] 198

推薦文

　本書の初版である"Training Distance Runners"をハワイのアラモアナショッピングセンター内の本屋で見つけたとき，長い間捜し求めていた待望のランナーのバイブルに出会った喜びを感じた。原著書の英語には難解な部分が随所にあるが，それはただの生理学書，バイオメカニックス書，トレーニング書等というだけでなく，指導する際に最も大切な指導者の姿勢，哲学が文脈の中にちりばめられているためである。そのため，精読すればするほど含蓄があり，陸上中長距離・マラソン選手や指導者にとって手元に置いて毎日開いて見たくなる名著である。

　原著者は世界的な生理学者のデビッド・マーティン博士と，イギリスが生んだ最も偉大な中距離ランナー，セバスチャン・コー選手の父親であり，コーチでもあったピーター・コー氏である。言うまでもなく，セバスチャン・コー選手は1980年代の中距離種目の世界記録保持者であり，約20年経た今日でも世界歴代記録では800m第2位（1分41秒73），1500m第10位（3分29秒77），1マイル第8位（3分47秒33）である。イギリスは古くから中長距離王国として君臨し，多くの著名なランナーや指導者を輩出している。例えば，1982年に5000mに12分台突入の先駆けを作ったD.ムーアクロフト（13分00秒41），また1984年には当時のマラソン世界記録を凌ぐ2時間08分05秒を樹立したS.ジョーンズ（ベスト記録2時間07分13秒）がいる。その他，陸上競技の歴史を作った人として有名な，4分の壁（1マイル）を世界で初めて破ったR.バニスター選手，偉大なランナーとして，また今日の長距離トレーニングの原理原則をあみだしたことで世界的に知られているアーサー・ニュートン氏も忘れることはできない。

　現在でもニュートン氏のトレーニング哲学は世界のランニング界に隠然と脈うっている。その精神は本原著書にも受け継がれている。例えば，トレーニング（実践）を通してデータを細かく記録し，それを十分分析・吟味し，新しい理論を導き出す。その理論に従ってトレーニングを行い，さらに試行錯誤的に個人に合った最もベターなトレーニング方法を見いだして行く。ニュートン氏が選手として，そして指導者として活躍したのは1920年から1950年の約30年間である。当時はイギリスにおいてもスポーツ科学は十分進歩していなかった。このニュートン氏の手法をさらに一歩進めてイギリスの中長距離・マラソンの伝統的トレーニングに今日の科学的成果を最大限に加味し，さらに二人の原著者の特性，すなわち，コー氏の長年月にわたって築いた経験から生み出されたトレーニング理論とマーティン博士の近年のスポーツ科学の粋を集めて作り出されたトレーニング理論を巧みに融合し，選手個々人の特性に応じたトレーニング法を導き出したのが本書である。例えば，原著者は言う。「人類は古代ギリシャから今日まで，どうすれば速く，そして長く走れるかを追い求めてきた。ランニングは練習によって完成する。しかし，完璧を目指すにはただ練習するだけでは不十分である。選手個々人がどんな練習が最善なのかを探り，その理論に従って試行錯誤的に練習することによってさらなる改善が約束される」と。

　監訳者の征矢英昭博士（筑波大学助教授）はスポーツ科学の生化学分野の第一人者であり，また尾縣貢博士（筑波大学助教授）はかつて全日本選手権の十種競技チャンピオンの経歴を持ち，陸上競技のオールラウンドな指導者の第一人者である。難解な英文の一語一句を吟味し，原著者の意を最大限に生かそうとした真摯な姿勢と情熱は本書に原著に優るとも劣らない重みと輝きを与えた。必要なことを，必要な時に，必要なだけ提供してくれるのが本書である。本書は才能のある選手のためだけのものではない。平凡でも個人が持つ力の限界を追い求めようとするランナー，そしてその力を導き出そうとする指導者達，あるいは陸上競技

をこよなく愛し，ランニングを愛する多くのジョガーやランナーにも役立つバイブル書である．多くの方がランニングのバイブル書として利用されることを期待する．しかし，どんなにすばらしい書も読まれてこそ意義があり，価値が生まれる．最後に読者にマタイ伝の有名な言葉を贈り，推薦文に替えたい．

「求めよ，さらば与えられん
　尋ねよ，さらば見い出さん
　門をたたけ，さらば開かれん」

富山大学教授
前ランニング学会会長 山地啓司

監訳者あとがき

　1993年頃だったろうか，本書の初版(Training Distance Runners)に初めて出会い，その斬新さに驚かされた。中長距離の教本であるにもかかわらず，最初にランニングフォームや足の解剖，そしてケガの予防について述べられていたのだ。そして，「走る」とは，その1歩のエネルギー効率を最大限に求める技芸(arts)であると主張する。私(征矢)が三重大学におり陸上部の監督をしていた頃，訳者の一人である伊藤氏(現，カネボー陸上部コーチ)と共に本書をトレーニングに役立てようと何度も読み返したものである。

　本書はスポーツ科学がどう実践に通ずるか，その点を終始貫いた内容になっており，生理学や生化学，バイオメカニクス，そしてコンディショニングなどの専門的内容が「走る」ことに統合され，さらに具体的なトレーニング計画，そしてレースの戦略までが盛り込まれていた。読めば読むほどその迫力と説得力に納得させられ，競技やコーチングの哲学まで学びとることができた。リディアードやセラティらによるトレーニング書にはない「科学」の応用の醍醐味を味わうことができた。その甲斐あって，伊藤氏は2年後に30歳に近い年齢ながら大幅な自己記録で1500m三重県選手権などを取ることができた。

　残念ながら初版を翻訳することは叶わなかったが，その後，改訂版が出たことを知り，実践と研究を両立する陸上競技研究者の尾縣博士と翻訳作業の検討に入った。そして本書の秀逸さに賛同いただいた大修館書店編集部の粟谷氏の協力のもと，安田博士を初めとする訳者4人とともに共同訳出作業を行い，ようやく出版にこぎつけることができた。

　原書のモデルアスリートであるセバスチャン・コー(前，英国上院議員)は，1980年代を代表する不世出の中距離ランナーであり，約10年もの間，世界のトップに君臨した(世界記録更新は12回を数える)。"理論家で，綿密なトレーニング計画のもとにつくられた天才"，その程度のことは私自身も知っていたが，詳細に関してはあまり知られていなかった。本書はまさにその全貌を語るもので，彼のコーチであった父親のピーター・コーと，実践的運動生理学者デビッド・マーティンによる合作である。そして，セバスチャンが序文で述べたように，本書はまさに，現場の生きたコーチングと最先端の科学とが初めて融合した中長距離走ランナーのための先駆的なトレーニング教本となっている。

　本書にはまず，生理・生化学，そしてバイオメカニクス領域では当たり前のことから，最先端の研究結果や理論までがわかりやすく解説されている。いずれも実践でどう使えるかが吟味され，コーチや選手が知っておかなければならないことが強調されている。偉大なランナー，コーのコーチングを背景とした独特のトレーニング理論・作戦については，トレーニングの周期化理論を基礎に展開されているが，多くの経験を織り交ぜた実践的，具体的な内容となっている。例えば，日本では一流の選手でさえ一年切りの計画しか立てない場合が多いなか，本書では，20歳で5000mを14分で走るランナーが13分丁度を目指す場合，向こう7年間で記録を1分縮めるためのトレーニング計画を作成することが推奨されている。5000mの世界記録における平均達成年齢が27歳だからである。斬新なトレーニング概念としてはマルチティアトレーニングがあげられる。年間を通じて必要なトレーニング項目は，その項目の比重が変わったとしても1年を通じて計画的に盛り込む必要があるという。また，日本の中長距離界では信じられないほど，計画的で十分な筋力トレーニングが推奨されている。いずれも，良いトレーニングほどストレスであり，一時的にはからだを壊すが，適切な休養や栄養，そして計画的な運動負荷の漸増により発達するとする「生物学的原則」に則したものだ。限界ギリギリのハードトレーニングこそが選手を強くするいっぽう，一歩間違えば，オーバートレーニングやステイルネスになる。ど

こまでいっても，脳をふくむ我われのからだ自身が生物として統合的に機能し，その動的バランスの保持ができなければ，望ましい適応は生まれない。言い換えれば，そういうバランスを求めない限り，どんな素晴らしいトレーニングも疲労の素でしかないということを一貫して主張している。さらにコーチの資質にも言及している。情熱的なコーチほどハードトレーニングをさせたがる。やり過ぎをいかに押さえるか，そして休養をいかにうまくアレンジするかが成功の鍵を握る。この方法にはいまだgolden standardはないが，それゆえに，生化学的検査に心理的な態度分析などを加味した縦断的なトレーニングモニタリングと総合的コンディショニングが重要だと説く。

本書は多くの陸上競技指導者・選手はもとより，保健体育に携わる教師，スポーツ医・科学の専門家はもちろん，陸上競技の他の種目も含めた多くのスポーツのトレーディング教本として手元に置いて是非とも活用してもらいたいと願う。なかでも，若いアスリートやその指導者には，間違ったトレーニングやオーバートレーニングにより短命で終わることのないよう本書を熟読いただきたい。監訳者の相棒である尾縣博士は，筑波大学陸上競技の監督及びコーチ学の研究者として，本書が実践での高い活用性をもつことを保証している。私自身は，本書が運動生理・生化学のテキストとして，さらに，より速く「走る」ための斬新なスポーツ科学教本であることを保証する。

翻訳にあたっては，共訳者全員で話し合い，原著に忠実に訳出した。厖大な数の専門単語を吟味し，原著にはみられない多くの索引や脚注を設け，初心者にも十分読めるよう配慮した。文章は何度も推敲したが，それでもなお不明な点は監訳者の責任である。

最後に，本書の出版にあたり，絶大なる協力をいただいた大修館書店の粟谷修氏には心からお礼を申し上げたい。彼は最後の最後まで，できるだけわかりやすいものをと我われを叱咤激励し，自らも文章校正に多大な協力を惜しまなかった。また，索引の作成にあたっては大岩奈青氏（筑波大学大学院），解剖学用語の確認では大山圭悟氏（筑波大学体育科学系講師），校閲では加藤智氏（たら工房）に協力をいただいた。この場を借りて感謝の意を表したい。そして，本書が素晴らしい内容をもつことに同意し，訳出を全面的に支持していただいた富山大学の山地啓司教授，群馬大学の山西哲郎教授（現，ランニング学会会長），ならびに，こうした理論と実践の融合こそが望ましい現場の姿であることを早くから気づかせてくれた齋藤三郎氏（現，群馬県体育センター次長），そして4人の共訳者（征矢，安田，大森，高本）をご指導いただいた運動生理学の権威，勝田　茂教授（現，東亜大学教授）に本書を捧げたい。

"One man's meat is another man's poison"

自らの遺伝子や性格に合ったトレーニング（学習）の開発と適用，それこそが力を育む。それは，科学であり技芸である。こうした研究と実践の試行錯誤を記録し，体系化することが我われの課題であり夢である。

2001年6月
征矢英昭
尾縣　貢

● 著者紹介

デビッド・マーティン（David Martin）
生理学者としてアメリカの男女の長距離選手の育成に長年携わる。
元ジョージア州立大学健康科学教授（評議員）。
おもな著書に「The High Jump Book」「The Marathon Footrace」「Training Distance Runners」など。

ピーター・コー（Peter Coe）
不世出の中距離ランナー，セバスチャン・コーの父親であり，彼のコーチでもある。セバスチャンを二度のオリンピック（モスクワ，ロサンゼルス）に出場させ，1500m走で金メダル2個，800m走で銀メダル2個を獲得させている。
イギリス陸上競技協会から上級コーチ賞を授与。
おもな著書に「Training Distance Runners」「Winning Running」など。

● 監訳者紹介

征矢英昭（そや　ひであき）
1959年群馬県生まれ。
医学博士（群馬大学）。専門は運動生化学，スポーツ神経科学。
筑波大学大学院修士課程コーチ学専攻，群馬大学大学院医学研究科修了。
筑波大学体育系教授。ヒューマン・ハイ・パフォーマンス先端研究センター（ARIHHP）・センター長。
日本体力医学会評議員，米国神経科学会会員。Frontiers in Physiology, Scientific Reportsなど国際誌の編集委員。
エジンバラ大学，ロックフェラー大学客員研究員。
高校時代は走り幅跳びなど3種目でインターハイに出場。大学時代は110mHなどで，関東インカレ1部，日本インカレに出場。
著書には「運動生理学20講」（朝倉書店，共著），「使えるスポーツサイエンス」（講談社サイエンティフィック，共著），「脳フィットネスを高めるスローエアロビック」（NHK出版）など多数。
イントロダクション，第1章，第3章（共）担当。

尾縣　貢（おがた　みつぎ）
1959年兵庫県生まれ。
博士（体育科学（筑波大学））。専門は陸上競技コーチング学，スポーツ・マネジメント。
筑波大学大学院修士課程コーチ学専攻修了。
筑波大学体育系教授。
日本陸上競技連盟会長，JOC専務理事，日本コーチング学会会長。
高校時代は110mHでインターハイ優勝。大学・大学院時代は日本選手権大会十種競技，日本インカレ十種競技に優勝。アジア大会出場。
著書には「混成競技」（ベースボールマガジン社，共著），「陸上競技を科学する」（道和書院，共著）など多数。
第5章担当。

●共訳者紹介

伊藤喜昌（いとう　よしまさ）
1969年三重県生まれ。
修士（体育学）。専門は陸上競技コンディショニング，運動生化学。
IT'S ITO'S PILATES!!!主宰。
全国高校駅伝出場。三重県選手権1500m優勝。
第8章担当。

大庭恵一（おおば　けいいち）
1974年大分県生まれ。
修士（体育学）。専門は陸上競技コーチング学。
大分工業高等専門学校一般化文系教授。
大学時代，国体800m7位。
第7章担当。

大森武則（おおもり　たけのり）
1973年福井県生まれ。
博士（体育科学）。専門は運動生化学。
ペンシルバニア州立大学精神医学科研究員。
アイエムエフ株式会社企画・調査部部長。
日中友好万里の長城駅伝出場。
第2章，第3章（共）担当。

高本恵美（たかもと　めぐみ）
1977年岡山県生まれ。
修士（体育科学）。専門は陸上競技コーチング学。
大阪体育大学体育学部教授。大阪体育大学陸上競技部監督。
日本インカレで七種競技で2位。
第6章担当。

安田俊広（やすだ　としひろ）
1969年大分県生まれ。
博士（体育科学）。専門は運動生理学。
福島大学人間発達文化学類教授。
第4章担当。

中長距離ランナーの科学的トレーニング
ⒸHideaki Soya & Mitsugi Ogata 2001

NDC782／xii,351p／24cm

初版第1刷　2001年7月20日
第4刷　　　2023年9月1日

著　者　デビッド・マーティン／ピーター・コー
監訳者　征矢英昭／尾縣　貢
発行者　鈴木一行
発行所　株式会社　大修館書店
　　　　〒113-8541 東京都文京区湯島2-1-1
　　　　電話03-3868-2651(販売部)　03-3868-2297(編集部)
　　　　振替00190-7-40504
　　　　［出版情報］https://www.taishukan.co.jp

装丁者　中村友和
表紙カバー写真　ALLSPORT/AFLO FOTO AGENCY
扉写真　PANA通信社，フォート・キシモト
印刷所　図書印刷
製本所　図書印刷

ISBN978-4-469-26471-5　　Printed in Japan

Ⓡ本書のコピー，スキャン，デジタル化等の無断複製は著作権法上での例外を除き禁じられています。本書を代行業者等の第三者に依頼してスキャンやデジタル化することは，たとえ個人や家庭内での利用であっても著作権法上認められておりません。